亚洲文化研究丛刊（二）

当代中国思想探索中的"责任"观

The Idea of Responsibility
in Contemporary Chinese Thinking

赵轶峰　主编
Edited by Zhao Yifeng

东北师范大学出版社
长　春

图书在版编目（CIP）数据

当代中国思想探索中的"责任"观/赵轶峰主编.
—2版.—长春：东北师范大学出版社，2015.4（2024.8重印）
ISBN 978-7-5602-9055-3

Ⅰ.①当… Ⅱ.①赵… Ⅲ.①外交史—思想史—中国—文集 Ⅳ.①D829-53

中国版本图书馆CIP数据核字（2015）第030051号

□责任编辑：张含鋆　　□封面设计：李冰彬
□责任校对：曲　颖　　□责任印制：刘兆辉

东北师范大学出版社出版发行
长春净月经济开发区金宝街118号（邮政编码：130117）
网址：http://www.nenup.com
东北师范大学出版社激光照排中心制版
河北省廊坊市永清县晔盛亚胶印有限公司
河北省廊坊市永清县燃气工业园榕花路3号（065600）
2015年4月第2版　2024年8月第3次印刷
幅面尺寸：170mm×227mm　印张：35.5　字数：638千

定价：98.00元

本书出版得到查理·梅耶
人类进步基金会资助

The publication of this collection
is supported by Foundation Charles
léopold Mayer for Human Progress

目 录

责任文化的苏醒
——代序言 赵轶峰 ··· 1

责任伦理的基本视域
现代人的价值处境与"责任伦理"的自觉 贺来 ··············· 12
责任伦理：现代社会伦理精神的必然诉求 高湘泽 ··············· 22
人：基于一种责任视角的解读 宋周尧 ······················· 29
角色论
——责任伦理的逻辑起点 程东峰 ······················· 38
启蒙与责任
——康德和"五四"思想家的启蒙观 顾红亮 ··············· 50

西方责任伦理诸流派
凸显"责任"的西方应用伦理学
——西方责任伦理述评 毛羽 ··························· 58
西方道德责任理论研究述评 郭金鸿 ························· 67
责任伦理与信念伦理：韦伯伦理思想中的康德主义 冯钢 ········ 78
政治家应该恪守什么样的道德准则
——马克斯·韦伯论"克里斯玛"领袖和责任伦理 王小章 ··· 89
比维特根斯坦更伟大，比海德格尔更有用
——汉斯·约纳斯《责任原理》评介 方秋明 ··············· 96
约纳斯的责任概念辨析 张荣 李喜英 ······················· 106
交谈伦理能够涵盖责任伦理吗？ 甘绍平 ····················· 117
责任与应答
——海德格尔原伦理学初探 孙筱泠 ····················· 122
对哈耶克"自由与责任"思想的一种阐释 张文喜 ············· 134
责任与他者
——列维纳斯的责任观 顾红亮 ························· 143

儒家传统与责任伦理

孔子的责任感与责任论及其当代意义　冯浩菲 ················· 150
中国传统儒家责任心理思想探究　任亚辉 ····················· 160
谁之责任？何种伦理？
　　——从儒家伦理看世界伦理宣言　陈来 ··················· 172

经济伦理视野中的责任概念

企业伦理学：国外的历史发展与主要问题　龚天平 ············· 177
资本手段与人的道德责任　鲁品越 ····························· 188
企业的社会责任的几个伦理问题　谭忠诚 ····················· 194
SA8000 企业社会责任的伦理解读　唐一之　李伦 ············· 205
社会责任标准（SA8000）与劳动者维权　钱箭星　肖巍 ········ 213
中国企业社会责任博弈分析　杜兰英　杨春方　吴水兰　石永东 ··· 222
金融机构的企业社会责任基准：赤道原则　张长龙 ············· 229
试论企业的社会责任
　　——以烟草企业为例　唐一之 ····························· 239
论跨国公司的社会责任　谢军　苏勇 ··························· 247

"社会责任"与"政府责任"

西方现代民主政治视域中的公民责任　吴威威 ················· 257
由自由达致责任
　　——关于契约自由的内在规定性理论　孙学致 ············· 263
试论"责任性权力"及其建构　魏吉华 ························· 272
责任政府论　张成福 ··· 281
论政府责任法制化　田思源 ··································· 293
制度公正与政府责任　高国希 ································· 304
论政府责任及其限度　常健 ··································· 311
政治家的责任伦理　何怀宏 ··································· 324

环境保护和可持续发展视野中的"责任"

环境伦理作为责任伦理　罗亚玲 ······························· 331
论国家的国际环境责任　刘湘溶　刘雪丰 ····················· 340
试论空间环境损害的国际责任　李寿平 ······················· 347

社会问题对策中的"责任"

全球化时代的个人自由、危机与责任　沈湘平 …… 355
责任伦理与城市居民的家庭养老
　　——以"北京市老年人需求调查"为例　杨善华　贺常梅 …… 363
论消费者的社会责任行动　周中之 …… 386
网络社会伦理
　　——一种基于责任伦理的建构　李涛 …… 395

科技伦理视野中的"责任"

"科学家的社会责任"问题的由来与发展　莫少群 …… 404
科学家的社会责任
　　——以"曼哈顿计划"为例　叶继红 …… 411
工程活动的伦理责任　朱葆伟 …… 421
技术发展与责任伦理　方秋明 …… 431
论科技伦理主体与伦理责任的结构性失衡　李侠　邢润川 …… 439
科学家和工程师的伦理责任　曹南燕 …… 448
伦克的技术伦理思想评介　王飞 …… 457
米切姆关于科技人员责任伦理的观点述评　朱勤　莫莉　王前 …… 468
武器研发的伦理困境与科学家的道德责任　曾华锋　钱彦琮　陈晓兵 …… 477

国际关系视野中的"责任"

"中国责任论"析论　牛海彬 …… 485
"中国责任"与和平发展道路　胡键 …… 494

学术责任

大学学者的使命与学术责任　王恩华 …… 502
社会批判：大学与知识分子的历史使命与学术责任　周玲　谢安邦 …… 512
自治·自由·责任：马克斯·韦伯的大学观　易红郡 …… 520
美国大学的社会责任与学术自由理念　王晓阳　张京顺 …… 530

附　录

当代中国思想探索中的"责任"概念（综述）　赵轶峰 …… 539

Contents

[Preface]

The Revival of the Culture of Responsibility ·················· Zhao Yifeng/1

[Principal Perspectives of the Ethic of Responsibility]

The Ethical Situation of Modern Mankind and Their Consciousness
  of Responsibility Ethics ·· He Lai/12
The Ethics of Responsibility: An Inevitable Request of Modern
  Ethical Spirit ·· Gao Xiangze/22
An Interpretation of Man from the Viewpoint of Responsibility
  ·· Song Zhouyao/29
On The Theory of Role as the Logical Starting Point of the Ethics
  of Responsibility ·· Chen Dongfeng/38
Enlightenment and Responsibility: Immanuel Kant and the Enlightenment
  Mentality of the May Forth Thinkers in China ········ Gu Hongliang/50

[Diversified Perspectives of the Ethics of Responsibility in the West]

On the Western Responsibility Centered Applicable Ethics:
  A Review ··· Mao Yu/58
A Review of the Western Theories of Moral Responsibility
  ·· Guo Jinhong/67
Ethic of Responsibility and Ethic of Conviction: The Kantianism
  Factors in Max Weber's Idea of Ethics ·················· Feng Gang/78
What Moral Rules Do Politicians Should Follow: On Max Weber's
  Theory of Charismatic Leaders and Ethics of Responsibility
  ·· Wang Xiaozhang/89
A Comment to Hans Jonas' The Imperative of Responsibility:
  In Search of an Ethics for the Technological Age ······ Fang Qiuming/96

An Analysis of Hans Jonas' Conception of Responsibility
.... Zhang Rong and Li Xiying/106
Can Discourse Ethics Contain Ethics of Responsibility? ....
.... Gan Shaoping/117
Responsibility and Response: A Primary Study of Heidegger's
　　Meta-ethics .... Sun Xiaoling/122
An Explanation to Hayek's Idea of "Freedom and Responsibility"
.... Zhang Wenxi/134
Responsibility and Others: A Study of Emmanuel Levinas' Idea
　　of Responsibility .... Gu Hongliang/143

[Confucian Tradition and the Ethics of Responsibility]

The Sense and Theory of Responsibility of Confucius and Their
　　Contemporary Relevance .... Feng Haofei/150
An Analysis of the Traditional Chinese Confucian Mentality of
　　Responsibility .... Ren Yahui/160
A Comment on the World Declaration of Ethics from a Confucian
　　Ethics Point of View .... Chen Lai/172

[Responsibility in the Perspective of Economic Ethics]

Business Ethics: Its Historical Development and Main Issues in
　　Foreign Counties .... Gong Tianping/177
Capitalist Methods and Man's Moral Responsibility .... Lu Pinyue/188
Several Ethical Issues about Corporate Social Responsibility
.... Tan Zhongcheng/194
An Interpretation of the Business Social Responsibility in Social
　　Accountability 8000 .... Tang Yizhi and Li Lun/205
Social Accountability 8000 and Workers' Right Protection
.... Qian Jianxing and Xiao Wei/213
An Analysis of Chinese Corporations' Social Responsibility Game
.... Du Lanying, Yang Chunfang, Wu Shuilan, Shi Yongdong/222
The Foundation of Financial Institutions' Corporate Social Responsibility:

The Equator Principles ·················· Zhang Changlong/229
A Tentative Study of Enterprise's Social Responsibility: Taking
 Tobacco Industry as the Case ················ Tang Yizhi/239
On the Social Responsibility of the Multinational Enterprises
 ·················· Xie Jun and Su Yong/247

[Social Responsibility and Governmental Responsibility]

Citizen's Responsibility in the Perspective of the Western Modern
 Democratic Politics ·················· Wu Weiwei/257
From Freedom to Liability: A Discussion of the Internal Nature of
 the Theory of Contract Freedom ·················· Sun Xuezhi/263
A Tentative Discussion of the Responsible Power and Its Construction
 ·················· Wei Jihua/272
On Responsible Government ·················· Zhang Chengfu/281
On the Legislation of Governmental Responsibilities ········ Tian Siyuan/293
System Justice and Governmental Responsibility ·········· Gao Guoxi/304
On Governmental Responsibility and Its Limitation ·········· Chang Jian/311
The Ethics of Responsibility to the Politicians ·············· He Huaihong/324

[Responsibility in the Perspectives of Environmental Protection and Sustainable Development]

On Environmental Ethics as A Responsible Ethics ··········· Luo Yaling/331
On Nation States' Responsibility to International Environment
 ·················· Liu Xiangrong and Liu Xuefeng/340
A Tentative Discussion of the International Responsibility to Space
 Environmental Damage ·················· Li Shouping/347

["Responsibility" in the Countermeasures of Social Problems]

Individual Freedom, Crisis, and Responsibility in the Era of Globalization
 ·················· Shen Xiangping/355
Ethics of Responsibility and the Family Provide for the Aged among

the Urban Residents: A Case Analysis of the "Survey of the Needs of the Senior Citizens in Beijing City" ·················· Yang Shanhua and He Changmei/363

On the Responsible Activities of Consumers in Society ·················· Zhou Zhongzhi/386

Internet Social Ethics: A Construction based upon Responsibility Ethics ·················· Li Tao/395

[Responsibility in the Perspective of the Ethics of Science and Technology]

The Origin and Development of the Issue of Scientists' Social Responsibility ·················· Mo Shaoqun/404

On Scientists' Social Responsibility: A Case Analysis of Manhattan Project ·················· Ye Jihong/411

Technological Development and the Ethics of Responsibility ·················· Fang Qiuming/421

A Comment on Hans Lenk's Idea of Technological Ethics ······ Wang Fei/431

An Introductive Comment on Carl Mitcham's Opinions about the Ethics of Scientists and Engineers ············ Zhu Qin, Mo Li, and Wang Qian/439

On the Subject of the Ethics of Science and Technology and the Imbalance of the Structure of Ethical Responsibility ·················· Li Xia and Xing Runchuan/448

The Ethical Responsibility of Scientists and Engineers ······ Cao Nanyan/457

The Ethical Responsibility of Engineering Projects ············ Zhu Baowei/468

The Ethical Embarrassment of Armament Research and Industry and Scientists' Moral Responsibility ·················· Zeng Huafeng, Qian Yancong, and Chen Xiaobing/477

[Responsibility in the Perspective of International Relations]

An Analysis of The Theory of China's Responsibility ········ Niu Haibin/485

China's Responsibility and Its Strategy of Peaceful Development ·················· Hu Jian/494

[Academic Responsibility]

University Scholars' Mission and Academic Responsibility
.... Wang Enhua/502
Social Critique: The Historical Mission and Academic Responsibility
    of Universities and Intellectual .... Zhou Ling and Xie Anbang/512
Autonomy, Freedom, and Responsibility: Max Weber's Idea of University
.... Yi Hongjun/520
The Idea of Social Responsibly and Academic Freedom of the Universities in
    the United States of America
        .... Wang Xiaoyang and Zhang Jingshun/530

[Appendix]

The Concepts of Responsibility in Contemporary Chinese Thinking:
    A Review (2000——2007) .... Zhao Yifeng/540

责任文化的苏醒
——代序言

赵轶峰

大抵自 20 世纪 90 年代以来，国内学术界各个专业领域乃至社会新闻领域，逐渐出现了一个以"责任"概念为核心的探讨潮流。至于近年，这种探讨已经累积成为一个庞大的文献系统。这本文集分类收录了 57 篇文章，是在大约 600 篇公开发表的相关期刊论文中选择出来的，其目的是反映当代中国"责任"问题研究所涉及的基本学术领域、思考的维度、探索的深度、现实社会问题关照的指向，以及这种探讨与国际思想话语环境的关系。这种普查选编的方式，有便于思想者和学术研究者跨越学科的分界，从更普遍的意义上看到从各种视角对责任问题进行探讨的深度共性和可互补性，从而可能将对这一话题的讨论推向更深的层次。为此，文章的选择，尽量兼顾研究视角的代表性、学术和思想深度、动态信息价值。不过，由于篇幅限制而拟定的上述选编思路，使得许多优秀的论文由于所出发的视角、覆盖的领域发表的文章较多，不能尽皆选入；还有个别文章，主要由于反映某一特定视角探索的动态面貌而选入，研究的内容尚可进一步深入。[①]

读者翻开这部论文集，会马上感觉到当代中国有关责任问题所做探讨的学术、思想和现实参考价值的分量。这些文章覆盖了以下 10 个领域的探讨：一、责任伦理的基本视域，主要回答当代世界性的责任伦理讨论的思想基点和现实需求。二、西方责任伦理诸流派，对当代西方主要责任伦理研究的思想学术谱系加以追溯和评价。三、儒家传统与责任伦理，从中国文化传统和儒家思想的视角考察当代责任伦理再思考的学理和现实相关性。四、经济伦理视野中的责任，对现代经济社会行为的社会责任进行跨伦理、法律、社会角度的追问。

[①] 本集编辑过程中，尽量保持原文面貌，不做内容上的修改，但统一了小标题书写和注释的体例，补充了原文注释中缺失的一些义项，对一些引文、注释做了核对，改正了原行文中少量错字，删除了极个别表意不清、引文查无出处且于全文主旨关系不大的句、段。此外，全书的英文目录是根据各篇论文的中文标题重新翻译的，并未采用原发刊物英文提要所译文字。

五、"社会责任"与"政府责任",考察作为现代社会公共权力强势握有者的各类政府对于公共社会所负责任的性质、制度框架和伦理基础。六、环境保护和可持续发展视野中的"责任",讨论个人、国家、国际组织关于人类共同生存环境的责任意识。① 七、社会问题对策中的"责任",参照当代中国社会快速发展、社会生态快速变动的现实探讨社会生活中的责任伦理和责任归属问题。八、科技伦理视野中的"责任",反思科学技术进步所触发的人类责任观念。九、国际关系视野中的"责任",讨论民族国家在国际社会所担负责任的意识。十、学术责任,反思学者因其职业而需要思考的特殊责任。这10个领域的分类,大体反映出当代中国责任伦理反思的向度,其中既涉及伦理学的学理追问、中外学术思想的交叉互动、当代人类面临的新处境,更直接触及到当下中国特有社会问题的应对等等。责任,显然不仅仅是一个学究书斋里的话题,而是一个当代人类需要梳理清楚的具有直接现实性的根本性问题。

人类文明史上的不同文化传统中,都有内涵接近但又不尽相同的表达"责任"意识的语汇。这类语汇在现代化的世界性潮流中沉浮,从来也没有被遗忘,但如果与自由、权利、独立、民主、科学、平等、利益等等主流语汇相比,却是边缘化的。至少,责任并没有在现代化发展过程中与前述的几种主流语汇一起作为现代社会的基本思想价值特征而凸显起来,而是作为从属、衍生或者工具性的价值而存在。这正是近半个世纪以来关于责任的研究在世界范围内引起极大关注的基本背景。

"现代社会"为什么对于责任会相对淡漠呢?所谓现代社会无非就是晚近的、当下的社会,将来的人们还会把自己时代的社会称为"现代社会"。不过,语汇的内涵有历史和经验的介入,我们这个时代的人们在使用"现代"这个语汇的时候,是把当下的社会与先前的社会在特质意义上加以区分的,在这种语境中,"现代"不仅是一个线性推移的相对时间段概念,而且是一个属性概念,这种属性就是"现代性"(modernity)。现代性的基本内涵——无论是明晰定义的还是朦胧认同的——是参照工业资本主义世界性发展的历史经验而形成的。也就是说,从历史经验的实际而言,现代社会的基本特征是欧洲主导的大约近400年的世界历史所塑造的。因此,责任意识的淡漠,与现代社会演进的经历有内在的关联。近400年世界现代化过程最突出的特点是发展和进步。推

---

① 与环境相关且涉及责任问题的诸多论文,已经被选到本丛刊的第一种《当代中国的"人——自然"观》(长春:东北师范大学出版社,2008年版)中,故此集仅收录了3篇此类文章。读者如欲了解更全面的情况,可参阅该集。

动了这种发展和进步的主要因素是科学发现、技术进步、工业革命、世界市场、民主政治、世俗文化和社会自由。这些相关的文明现象在一个不太长的时间段中相互推动，形成了人类社会不断有所进步的事实，同时也塑造了自由竞争的意识形态。这种自由竞争意识形态的基本逻辑是从个人的充分自由和权利保障推演出集体、社会、人类世界的合理性，因而个人权利和自由竞争就成了现代精神的集中体现。相比之下，以对他者所承担的义务为核心的责任作为一种价值的意义，就相形失色了。这时责任当然没有从话语和制度体系中消失，在有些领域中——如法律领域——还要比先前的时代更为凸显，但是这时的责任主要从属于个人的集团归属认同，因而是高度具体化的，责任的普世伦理价值则是浅淡的。相比之下，以往时代的一些伟大的哲人，则在其人生中践行了更为深沉的普遍责任意识，如孔子的汲汲救世，范仲淹的先天下之忧，佛的慈悲为怀、普度众生等等。

　　责任作为一种文化价值在现代社会的浅淡带来了许多后果。其中，最突出的就是对于环境的忽略。环境所以会在整个现代化的过程中被忽略，部分上由于对自然资源有限性认识的滞后，部分上是因为环境的归属常常是不具体的。领土一旦划定归属，拥有领土的人群就把捍卫领土当做自己的神圣责任——这其实是对自己所属共同体利益的责任意识。大气层从来不曾被划分归属，对大气层的责任就被相互推诿——这反衬出现代社会的责任意识其实已经被利己主义和功利主义的逻辑严重扭曲。责任意识浅淡后果的另一个晚近的事例是我们至今还没有彻底摆脱其阴影的最近一次国际金融危机。无论这次金融危机背后隐藏着多少难以理析的因果关系，整个现代国际金融体系本身缺乏对于世界的责任担当和责任保障机制是肯定的，而所以如此，是因为这个体系是服从于市场逻辑——也就是自由竞争和谋取个人和集团利益的逻辑的。虽然市场是一种有活力而且必要的体系，但是国际市场没有责任主体，因而对任何结果都不承担责任。人们在具体情景下似乎是"自愿"地参与到市场体系中，所以要自己对后果负责，但是在市场体系覆盖了整个人类社会的情况下，难道个人有可能不卷入这个体系吗？迄今对于金融危机的问责其实只限于民族国家和公司实体从自身利益出发而对个别人的一些具体行为的追究，受到巨大伤害甚至故意伤害的遍布全球的普通人却没有问责的对象。只要人类仍然对市场机制的责任机制缺失熟视无睹，这样的金融危机就还会发生——这反映的深层问题是，责任价值边缘化了的现代思维对市场经济只有无可奈何地去承受甚至崇拜，缺乏克制市场经济缺陷的内在欲望和探索的概念工具。这种情况难道真的没有任何可能加以改变，就是"现代人"的宿命吗？责任意识浅淡的另一个切近的后果是严重的信用败坏。以中国当下的学术信用败坏为例，在中国历史上，学者作为一种职业的信誉从来也没有遭到社会如此普遍的质疑,也从来没有同一个时代出现这样普遍密集的学术造假、剽窃行为。无论存在多少体制、社会氛围方面的原因,过于功利化的评价体系等问题毕竟还没有到了强迫那些学者去造假、剽窃的地步,在同样的社会环境下,毕竟还有许多学者拒绝造假,所以这种现象毕竟是学者中大批人丧失责任自觉的表现。学者以求真为职业,学者不求真,社会诚信危机一定是非常严重的了。学者责任自觉的丧失绝不可能是学者群体自己的事情,而是一种更普遍意义上的文化性责任价值缺失状态的表现——这表明责任自觉并不可能单纯依赖利益鼓励机制而建立起来。至于商业领域中的信用败坏甚至故意欺诈,本来不是晚近才出现的新鲜事物,但问题是,这种现象并没有随着现代化的进程而减少,反而有泛滥的迹象。人们自然而然地希望法制可以遏制这种现象,但是如果普遍缺乏责任自觉,法律就会因为面对太多的需要究办的人而变得无能为力。

这样的事例不胜枚举,它们都表明,责任价值的边缘化是现代社会的人们面临的许多重大问题的深层根源之一。这种深层根源并不仅仅是由于某些个别因素的不足,而且是一种文化缺陷;它不是个别社会的问题,而是整个现代社会的问题。正是由于在全世界范围内都存在责任价值缺失的问题,对于责任的思考才终于成为当下世界性和时代性的话题。这种思潮的意义,在于调适400年来的现代化历程逐渐沉积从而恶化起来的价值意识失衡。

在20世纪以来的中国,"责任"这个语汇一直是大量使用的,但是,作为一般伦理概念的责任之终极意义及其与社会体制关系的追问,却从来没有彻底地清晰起来,这时的"责任"是个一般词汇,而非内在的文化精神。而且,近年特别地运用了经济利益驱动机制来推进经济发展和技术进步,责任更密切地与利益关联,形成利益衍生责任,无直接利益就无责任的意识倾向,这就进一步抵消了责任价值的超越取向。于是我们会看到大量这样的情形,掌握公共权力、资源的人,在履行自己的公职责任时,还要附加上私人、小团体利益条件,从而在公共事务流程中掺进私人关系机制,"公"的价值从公共关系中蒸发,沉淀下来的都是私利。关于这个问题,应该特别注意本集中贺来先生的《现代人的价值处境与"责任伦理"的自觉》一文。该文指出:"随着市场经济的发展,'物化'的逻辑不可避免地侵入人们之间的社会关系与个体、群体的心性结构,并对人们的价值观念产生深远的影响。在这样一个时代,人们究竟应该如何进行价值判断和价值选择?生命个体如何为自己的生活意义寻求阐释和决断?这已越来越成为人文学者乃至普通人关心的重大问题。"要回答这些问题,需要切实澄清现代社会和现代人所面临的特殊的'价值处境'。他认为现代社会与传统社会的根本区别在于"理性化"和由于"理性化"而导致的

"世界的祛魅"。这两点在很大程度上塑造了现代社会的面貌,支配了现代人的生存品性。这种所谓"理性"指的是"工具理性"而非"价值理性",意为"将特定目的、为达成特定目的所采取的可能手段、这种手段可能产生的结果等都一一纳入考虑和计算的态度,为了达到某种实际的经验性的目标而寻求和选择最有效手段,是其关注的中心。"在现代性展开的历程中,工具理性逐渐远离、遮蔽、消解和否定了价值理性,"效率"成为任何事物唯一的价值标准。"工具理性"的全面统治与"价值理性"的消退带来的后果是意义的消解,人生价值和目的这类"超验"的问题,由于不具有"工具"的意义而变成"非理性"的。贺来先生的结论是,解决现代人意义缺失感的出路就在于建立责任伦理的自觉。这篇文章的特殊意义是表明,意义感和责任价值的缺失并不是现代社会发展不充分带来的临时性问题,而是所谓现代社会的文化特质,因而它并不会随着现代化的推进而自然地消失,它需要无可避免地身处现代社会的人们做出主动的、新的努力来化解。当代中国思想界显然已经在做出这种努力。本集第一栏"责任伦理的基本视域"所收入的五篇文章,都具有尝试从基本概念意义上重新界定责任概念和责任伦理范畴的意义。这种工作是非常必要的。

无可否认,当代中国对于责任问题的深入思考受到近年西方责任伦理学思潮兴起以及责任价值诉求为主旨的公民社会运动的影响。本集的"西方责任伦理诸流派"栏就收录了10篇介绍和评论当代西方责任伦理思潮的代表性文章,包括综述和专论。这组文章,有助于我们了解和梳理当代西方责任伦理探索的思想渊源、社会关注、文化语境、概念内涵和推论逻辑。这里边还缺少的是一种对于责任伦理思潮与体现西方现代性主流思想关系的深入研究,期待今后学界会有这类文章发表。现代社会的大多基本结构和观念是从西方推演开的,随后具有了世界性,这是一个事实——正是因为这样,所以现代社会的演变不尽意味着进步,也包含着大量的偏见和国际不公正。由于这个事实,进入了世界性现代化过程的社会、文化、人民共同体无法根本摆脱现代西方的一些基本思想的影响。对于现代社会的反思以及对于责任价值本身的探索就是这样。所以,正视和严肃地研究西方责任伦理各流派,是深化责任伦理思考的必要环节。可喜的是,近年来的中国学术思想界,已经罕有在评介西方思想的时候采取简单拿来主义方式的做法。

"儒家传统与责任伦理"栏的设立,本意在于梳理责任伦理这一话题在中国主流文化传统中的相关性。我们在选编过程中发现,虽然对于中国传统文化的研究涉及"责任"这一语汇的成果堪称丰厚,但是假定"责任"内涵不言自明者多,对"责任"内涵详明推究者少,所以收入文章数量不多。其中,特别应该注意陈来先生从儒家伦理视角对《世界伦理宣言》的评价文章,这是从儒家伦理本位角度对当代西方伦理改造运动的一次直接回应。这种回应提醒我们必须充分注意责任伦理的普世性诉求和当代世界文化传统差异性之间的复杂关系。

接下来的各组文章，是从不同的实践领域对责任问题的探讨，其中既涉及伦理问题，也涉及制度安排和策略问题。如果读者在阅读此前各组文章时还会有对于责任问题的研究是纯粹书斋里的话题甚至杞人忧天之事的印象，那么下面的各组就会将责任问题与当代中国的社会建设、民生处境、安邦立国联系到一起。

"经济伦理视野中的责任概念"一组9篇文章，以企业社会责任为中心，涉及国外企业伦理学兴起情况的介绍、企业社会责任的基本伦理问题、国际社会出现的SA8000企业社会责任公约的解读、跨国公司社会责任界定、落实企业社会责任中的博弈关系等等。这些都是当代中国经济和伦理学界共同集中探讨的话题。这表明，当中国的持续经济发展达到一般繁荣程度的时候，资本和资本关系促进经济发展的作用相对于资本力量影响社会生活的程度而言触发了普遍的焦虑，对于资本负载社会责任的要求从而凸现出来。经济发达国家先期遇到了这种情况，所以国内的相关思考，也有发达国家已有研究动态作为参照。企业社会责任或者企业伦理这类命题本身的合理性还在争议中，其间的基本问题是，企业是否构成道德主体？许多人在这个问题上把经济从社会中抽象出来看，主张企业以运用资本实现股东利益最大化为目标，因而是道德盲视的。但是谁也无法否认，市场经济时代，企业具有巨大的社会行为能力，其所有盈利行为都是针对社会的行动，所有这种行动都造成后果，企业如果只对内部承担盈利的责任，不对其所由以盈利的社会承担责任，企业就成了真正意义上的社会掠夺者。这其实是马克思时代就提出的老问题，他曾经说过，资本来到世间，就从毛孔里滴着血和肮脏的东西。但是马克思虽然承认这是当时的一种事实，却并不承认这种事实的永恒性。马克思以后，人类探索了各种革除或者弱化资本罪恶的途径，对于企业社会责任的诉求，也在这一探索的链条中。经济只是社会的一个面相，没有超社会的经济，构成社会共同体的所有单元，小到个人，大到政府和跨国公司，都通过参与社会共同体的运作而获得自己的权益，因而都有相应的责任。对企业做纯粹经济体的定义，从一开始就漠视了企业的社会本质。资本是一种社会关系，它从来不能独立地存在，从资本的非人属性推导出资本运作的非道德本质的逻辑，其实只是公开屈服于人的资本异化。企业为股东盈利、对员工提供报酬和对政府纳税主要只是企业作为经济体的基本功能，却不直接体现企业的社会责任，企业守法经营也不体现企业的社会责任，因为那是社会强制性的框架。伦理意义上的企业社会责任应是指企业就其所有行为对公共社会所造成的后果负责。比如，企业对其生产过程对环境造成的危害负有责任；企业对自己的产品在消费者正常使用情况下不造成健康危害及其他权益损害负有责任；企业对生产过程中保障劳动者人身安全负有责任；企业对劳工在企业运作中享有人权负有责任；企业对防止自身经济活动直接或者间接导致公共社会混乱负有责任等等。至于这类责任中哪些需要通过制度、法规来强调并落实问责机制，哪些应该作为公共期待来做道义上的提倡，是另外的问题。企业承担社会责任不应当仅仅被当做企业战略问题来考虑，而应当被作为企业社会角色本质定义问题来考虑。资本和以资本运作为基础的企业在当代中国社会中已经成为巨大的强势存在，企业社会责任的冷静思考关系到中国社会能否与如何保持社会合理性问题，也关系到当代中国人价值精神的根本倾向与生存方式问题。

接下来的一组文章以"'社会责任'与'政府责任'"为标题，也收录了9篇文章，内容分为公民责任与政府责任两个相关的部分，思考的其实都是责任价值与公共社会治理的关系。所有生存于公共社会中的人都对共同体以及同一共同体内的他者负有责任。这种责任关系构成社会秩序的基础。同时，承担责任的方式与角色与所承担角色带来的权益相关。社会上的绝大多数人在公共生活领域以社会合法成员的角色对社会负有责任，这就是由公民构成的相对于政府的公民社会的责任。公共生活中履行公共权力的直接主体是政府，政府通过合法实施公共社会治理、推进公民福祉而履行其对于公民的责任。这些看法虽然都是在现代社会发展的早期就已经为人熟知的，但是在东西方社会中都曾经被淡化。在西方社会，掩蔽了公民责任意识的主要是自由主义。自由虽然并不与责任直接对立，但是在无限强调个人自由和市场自由的文化氛围中，责任文化的苍白和对于公共权力运作的缺乏效率性、不合理性问题的干预无力状况激发了对于公民责任的新思考。这是西方公民社会运动日益活跃，俨然成为当代公共领域一大崛起力量的基本背景。在这方面，中国的情形并非相同。中国的个人自由主义从来没有发展到西方社会中的那种地步，各种各样的群团主义在伦理语汇中长期占据上风地位。但是近年以来出现的情况是，在自由的价值没有彻底讨究的情况下，群团价值意识却发生了变异——以往的群团意识以大共同体即整个社会为基础，近年的群团意识却在很大程度上转移到以小利益集团为基础。这种情况下，公民个人对于社会的责任意识就变得扑朔迷离。所以西方与东方的语境虽然不同，却都在这个时代发生了对于公民责任问题的反省。公民责任还不限于作为公民这种共同身份所带来的责任，公民个体所从事的职业不同，各种合法职业都附有相应的责任和相应的禁忌，如歌唱演员不应当假唱，医生不应当卖假药，学者不应当剽窃等等，这些其实都已经是当代中国各界广泛讨论的问题，许多行业也都自发地制定了行业公约，这是非常积极、理性的动向。当代中国关于政府责任的讨论是因应国家体制改革和公民社会建设等深刻变化的。在和平建设的时代，政府不仅要领导公民为实现共同体的长久目标持续努力，而且要服务于公民的社会需求，从而政府对于社会的责任就变得非常具体化、日常化，革命或危机时代用长久目标需要来取消对当下事务责任的做法就失去了合理性。法制社会的形成，也要求更明晰地界定政府机关与经济实体、公民组织、公民个人之间的责、权、利关系。正如魏吉华在《试论"责任性权力"及其建构》一文中指出的那样，"随着我国法治进程的推进，权力在经历了漫长的迷途后，正在不断恢复曾经被掩盖的本来面目，正在积极回归一度失却的真实位置"，正在形成一种契合现代法治国家需要的崭新权力范式——"责任性权力"。中国宪法宣称："一切权力属于人民"，人民是"实质权力主体"，官僚机构和官员是"形式权力主体"，认真使用好人民赋予的权力，自然是"形式权力主体"不可推辞的责任。没有无责任的权力，有多大的权力，就有多大的责任。在配置任何权力时，都必须为其预设相应的责任。责任需要监督，不履行责任需要追究。政府只有在保障社会利益，即履行其责任时才是合法的。公民责任与政府责任并不能相互替代，关于两种责任关系的探讨还有待深入。这里其实还有一个问题需要深入探讨，这就是自由与责任的关系。人们不会责备一个被绑架的人或者瘫痪的人没有履行养家糊口的责任，自由意志和自由权益是履行责任的前提，所以，要建设责任文化，就要维护自由。但是同时，自由并不直接导致负责任的行为，享有自由的人可能做出不负责任的事情——历史上的暴君享有的自由可能超过其他人。这样，如何在保障个人自由与通过公共权力一定程度地制约个人行为从而保障公共道德秩序之间形成一种适度的关系，责任意识与公共制度之间的关系，就成为非常复杂的问题。

如前所述，由于此前已经专门编辑出版了以人与自然关系为主题的文集，"环境保护和可持续发展视野中的责任"一组此次只收录了3篇文章，以展现在责任探讨语境中环境问题的相关性。同时，此集所收入的3篇文章偏重于国家对于国际环境的责任，这既是前所出版的文集中所欠缺的，也是责任伦理复兴的特殊时代出发点之一。西方现代伦理学的逻辑，大致由个人为原点推导展开，依次及于他者、集体、社会、国家、人类。故而其涉及责任的时候，与个人愈切近者，阐述愈充分，与个人较远者，则愈是语焉不详，环境是人类直接生活于其中的最大的公共领域，所以对环境的责任到晚近时期才得到充分关注。也正因为如此，环境意识的觉醒——也是人类共同命运意识的觉醒，对先前的伦理学乃至社会理念具有更强的颠覆性。由于环境的非私属的性质，个人和小群团的环境责任意识和即使是最细小的环境保护行为,也具有"天下为公"的超越性的伦理价值。然而,由于同样的原因,环境责任需要大共同体——国家承担更多的责任。分散的个人行为,无论如何不足以导致阻止气候变暖的趋势,也不足以改变人类生存大量依赖高碳经济的现实。

"社会问题对策中的责任"一组中的5篇文章,针对当代中国的一些社会问题讨论责任伦理建构的意义和途径。这些问题包括全球化导致的个人社会存在状态、个人自我意识及相互影响能力与方式的改变,已经来临的老龄化社会的赡养责任,市场诚信危机背景下的消费者责任,以及网络虚拟社会触发的相关责任等等。沈湘平指出:全球化深刻地改变了个人生存的时空框架,个人和企业的大量行为突破了国家的界限,整个世界都成为每个人活动的舞台,远距离、即时的人际交往方式日益顺畅起来,"个人成为世界性的、普遍的个人,在世界的意义上获得了自己的独立性与自由。"个人影响世界的能力扩大,个人被没有直接关系的他者行为影响的可能也增加了。个体自由的扩大与丧失成为一种悖论式的现实。基于这种现实,个体主体层面的全球伦理,即"个体层面领悟人类生存状态后的类的责任意识"变得更为必要了。杨善华、贺常梅在对北京市老年人需求进行调查基础上提出,中国人"未富先老",传统的家庭养老仍将是养老的基本方式之一,当代中国,尤其是在大城市中,"家庭养老的现实可能性则是建立在老年人对其下一代的'责任伦理'的基础上的。"周中之《论消费者的社会责任行动》触及到一个人们多少忽略的问题,即在对商业企业诚信败坏提出大量批评的同时,不应该忽略消费者自身的责任。这种责任除了自觉依法监护自己作为消费者的权益之外,还包括监督商品和服务的"清白",不为低价格而接受血汗工厂的产品等等。

"科技伦理视野中的责任"收录9篇文章,所讨论的科技伦理是第二次世界大战以来日益突出的一个具有伦理学和社会观根本意义的话题。科学研究曾被认为是价值中立的,但是愈来愈多的事实表明,科学家研究的工作过程可能价值中立,也可能并不中立,如关于克隆人的研究从一开始就触及人类的根本价值观念。至于科学研究的成果如何运用于社会,则大量涉及价值问题。科学家没有理由彻底无视研究成果的社会后果,如参与美国研发核武器的"曼哈顿计划"的科学家中,很多人长期限于伦理困境。大量科学研究成果被运用到军事、政治竞争中,促使人类内部冲突的潜在和现实破坏性不断升级。科学家不仅是科学家,他们还是公民,还是与任何其他人一样的人,所以即使科学本身价值中立,还是不能合理地推导出科学家对于他们研究的东西不承担社会责任。还有一些科学研究,暂时看不到其是否可能导致对人类的伤害,但潜在的可能性却不能排除,如转基因植物食品对人类身体的长期影响尚不明确,然而却被大力推广。科学的快速发展在增进人类福祉的同时,增加了人类自身的破坏力和人类社会的风险性。在这种背景下,"科学家的社会责任"成为严峻的问题,科学家已经对其专业角色与社会道德义务之间的冲突展开了深入的思考,"对科学的社会后果的关注是科学家的伦理责任"成为一种强烈的呼声。对科学家社会责任的诉求不应也不会导致对科学的贬低,问题的核心是,人类要掌握科学,但不能被科学所左右。

近年以来,中国学术界在繁荣起来的同时,腐败也达到触目惊心的地步,海内海外都对此给予了强烈关注。因而,当代中国关于学术责任的讨论既是责任文化兴起的表现,也是针对学术腐败而提出的解决意见。这里收入的几篇文章,限于在期刊论文中选出的一少部分,还有大量相关主题的文献是通过互联网、报纸、学位论文公布的。各种意义上的学术腐败古已有之,中外皆同,不足为怪,但是近年来中国包括大学在内的学术界所出现的腐败程度和普遍性是人类历史上从来没有出现过的。这既分外令人担忧,也促使人去思考是什么变化使得学术界在很短的时间内卷入了如此严重失范的漩涡。这种问题虽然复杂,但其基本范围无非出在制度安排和文化风气两个领域。制度安排中最突出的新变化也很明显,就是量化学术评价体系的推行。学术需要评价,但是这些年实际建立起来的学术评价是以行政管理机构为评价主体的,通过经济报酬和行政机关颁布的名誉来激励学者尽量快速产出成果的体系。以市场经济加官僚主义的理念管理学术,是从根本上反学术的。所以,制度安排上的缺失,既不难认识,也不难克服,取消上述特征的学术评价体制,还学术评价于学术界本身,由学术评价而催化的学术腐败趋势就会延缓下来。学者安身立命的生存条件改善一些,邪念对于学者的诱惑力就小一些。然而文化风气既然已经变化,要扭转趋势却不容易。所谓文化风气指逐渐积淀而成为学术界普遍价值取向和行为方式的社会氛围。中国的学者与西方的学者在很多方面气质不同,西方的学者受更长时期的大学传统的熏陶,自由精神更强,中国的学者受科举制度的影响,庙堂之思更切,然而他们都是富有求真、求实、济世和探求新知精神的,抄袭、剽窃、造假、出卖功名从来都是为人不齿的。鸦片战争以后百年社会震荡,中国知识分子的道德意识不仅没有消泯,反而益发昂扬,所以社会压力未必一定导致学术责任意识的沦丧。文化革命时期,知识分子人格遭受严重的政治扭曲,文革结束后不久,尚没有完全调整恢复其被弱化了的天下关怀和自我尊重精神的知识分子,迅速遭遇经济结构的大改造,所有人的生存体验都与经济效益直接对应,知识分子便在很大程度上被经济现实主义席卷而去。与此同时,投机官场、商场、江湖中的人们看到了学术领域其实包含大量"经济资源",以自己的方式去开发,本来心志游移的知识分子便随风飘远了。这个历程提醒我们，文化风气的流变是何等严峻的事情！从这个意义上说，当代中国的学术文化的风气很难由学者们自身的净化来扭转，必与社会文化风气的改善而一起改善。不过，学者既然身处这种文化流变的中心，又不断地在那里启发别人的心智，认真思考自身的社会角色，自身的独立价值，承担自律的责任，更是应有之义。这一组中收入的文章，主要不是在讨论如何克制学术腐败的问题，而是在讨论大学学者的自我意识和社会定位，后者是前者的基础。

"国际关系视野中的责任"栏收录两篇文章，讨论当代国际关系领域出现的"中国责任"论。其中一篇重点在于分析国外人士提出的"中国责任论"的背景、涵义；另一篇讨论中国在快速发展的情况下如何承担对国际社会的责任。可以看出，国际关系语境中的"责任"并不是伦理中心的，关于责任问题的研究有不同的视角。

作为附录，本集最后收入本序作者在2007年所写的关于2000到2007年间中国学界有关责任问题研究的一篇综述。其中所提到的一些文章，收入本集之中，还提及多篇博士、硕士论文，此集无法收录，故有独立参考价值。

重建责任伦理是面对实践中遇到的临时问题而作出的多少有些夸大的反应，还是对现代人类社会处境的一种更本质性的、深层的审视的结果？责任伦理在何种意义上是普世的，在何种意义上是与文化特质相应的？普世性的责任伦理是可能的吗？对于责任伦理的反思，会在哪些维度挑战我们关于生存、社会关系、价值体系、信仰、国际秩序的现有意识？无论关于这类问题的答案如何，可以肯定的是，"责任"不是一个简单的词汇或者概念，而是一个需要认真思考的问题。

感谢本集所收录文章的作者们慨然允许在此汇集他们杰出的思想成果，感谢查理·梅耶人类进步基金会为本集的编辑出版提供资金，感谢东北师大出版社贾国祥社长一直支持《亚洲文化研究丛刊》的出版。东北师大亚洲文明研究院研究生陈玉芳为协助选编本论文集付出了大量的时间和精力，在此一并致以谢意。此集所收论文及本序，作于不同时间，虽然都以责任问题为核心，但视角和观点都有各自的特点，故当申明，文责自负。

2010年1月10日于长春

[责任伦理的基本视域]

现代人的价值处境与"责任伦理"的自觉

贺 来

随着市场经济的发展,"物化"的逻辑不可避免地侵入人们之间的社会关系与个体、群体的心性结构,并对人们的价值观念产生深远的影响。在这样一个时代,人们究竟应该如何进行价值判断和价值选择?生命个体如何为自己的生活意义寻求阐释和决断?这已越来越成为人文学者乃至普通人关心的重大问题。在笔者看来,要真正回答这些问题,重要的不是站在单纯道德主义的立场来谴责或痛心于"价值危机"、"信仰失落"和"意义毁灭",而是要采取一种历史的态度,切实澄清现代社会和现代人所面临的特殊的"价值处境",并在明确这种"价值处境"的前提下,审慎地考虑自己的价值定位。

一、在"祛魅"的世界中寻求价值:现代人的基本价值处境

要理解现代人的价值处境,必须先理解"现代社会"的特质。社会理论家马克斯·韦伯曾指出,现代社会之区别于传统社会,有两个最为基本的特质,第一是"理性化",第二便是由这种理性化所导致的"世界的祛魅"。这两点,在很大程度上塑造了现代社会的面貌,支配了现代人的生存品性,现代社会和现代人特殊的价值处境,深深地植根于现代社会的这一特质之中。

这里所谓"理性",指的是"工具理性"和"计算理性",而非"价值理性",它意指一种将特定目的、为达成特定目的所采取的可能手段、这种手段可能产生的结果等都一一纳入考虑和计算的态度,为了达到某种实际的经验性的目标而寻求和选择最有效手段,是其关注的中心。因此,严格地说,这里的"理性化"实质是"理智化"。

在现代性发轫之初,"价值理性"与"工具理性"二者之间存在一种相互推动、相互支撑的亲和力。新教的禁欲伦理精神,促使新教徒在世俗生活中采取一种理性化的生活态度,以便在世俗生活中通过成为一个尽职的职业人而回应上帝的召唤,这种理性化的生活态度,有力地推动了人类社会的"现代化"

进程，现代社会赖以成立的社会经济组织、科学技术、科层制度、法律系统等等，都深深植根于这种理性化的精神气质。丹尼尔·贝尔等人曾指出，在现代价值秩序的原初设计中，"宗教冲动力"（价值理性）与"经济冲动力"（工具理性）两种相互制约的因素，一开始保持着一种内在亲和力，前者为后者提供"神圣意义"与"终极目的"，后者则为前者提供实现途径，二者相互支撑、相互依赖，共同为现代价值秩序提供合法性基础。①

然而，随着时间的推移，二者的关系导向了一个充满悲剧意味的悖论。工具理性以价值理性为根据，大踏步地征服着人的现世生活，然而，这种征服的结果却是：工具理性逐渐远离作为其源动力的价值理性，手段压制了目的，工具理性"反客为主"，遮蔽、消解和否定了价值理性，"大获全胜的资本主义，依赖于机器的基础，已不再需要这种精神的支持了"②，财富的追求已被剥夺了其原有的宗教和伦理涵义，只剩下赤裸裸的与世俗情欲的关联。作为"一个范围及于社会、经济、政治的过程，其组织与制度的全体朝向以役使自然为目标的系统化的理智运用过程"③，"现代化"对任何事物唯一的价值标准就是"效率"，任何社会政治、经济的过程，其制度与组织及理智的创造等是"好"还是"坏"，其终极价值在于擅理智的功利性和效率性。④ 于是"经济冲动力"逐渐占据主导地位，由它所代表的消费享乐的"贪婪攫取欲"越来越成为压倒一切的力量，与此相反，"宗教冲动力"所代表的超验的、神圣的意义维度则日益衰微。工具理性实现了价值理性，同时也谋杀和终结了价值理性。

"工具理性"的全面统治与"价值理性"的消退所带来的后果就是"世界的祛魅"。在前现代社会，人们相信世界是一个有意义的体系，在传统社会人们的意识深处，"包含着'世界'作为一个'宇宙秩序'的重要的宗教构想，要求这个宇宙必须是一个在某种程度上安排得'有意义的'整体，它的各种现象要用这个要求来衡量和评价"⑤。世界上各种事件的安排都有其内在的根据和理由，都可以在某种神圣的秩序里发现和确定自己的位置。这种根据和理由或者是神的旨意，或者是"周行而不殆"的天道和天理，每个人的生活只要与这种神圣的秩序联系起来，就可以获得其目的和意义，个体生命也可在这种有意义的体系里获得安顿之地。然而，工具理性的单向发展，所摧毁的正是这一

---

① 参见丹尼尔·贝尔著，赵一凡等译：《资本主义文化矛盾》导言，北京：三联书店，1989年。
② 马克斯·韦伯著，于晓、陈维纲译：《新教伦理与资本主义精神》，北京：三联书店，1992年，第142页。
③ 艾恺：《世界范围内的反现代化思潮》，贵阳：贵州人民出版社，1991年，第5页。
④ 艾恺：《世界范围内的反现代化思潮》，第5页。
⑤ 马克斯·韦伯著，林荣远译：《经济与社会》，北京：商务印书馆，1997年，第508页。

"目的论式的世界秩序",工具理性只能告诉我们在确定了某一具体目标之后,什么是达到这一目标的手段和策略,在它的视野里所存在的只是"物"、"事实"和"工具",除了满足人们的工具性目的,世界不具有任何目的,人生价值和目的这种"超验"的问题,由于不具有"工具"的意义,因而是完全非理性和无意义的。

"世界的祛魅"在现代科学中达到了顶点。在现代科学看来,知识只有建立在可观察的事实和逻辑推理的基础上才是合理的,除此之外,一切都是无意义的"胡说"。它要求的是"价值中立",关心的是"客观性",强调的是"事实"和"逻辑"。如果说在中世纪,人们相信能够在"解剖跳蚤中看到上帝的证明",那么,现代科学则彻底解除了一切"魔咒",消灭了一切不能用科学语言叙说的"神秘之域"(维特根斯坦意义上的),"今天还有谁会相信,天文学、生物学、物理学或化学,能教给我们一些有关世界意义的知识呢?即便有这样的意义,我们如何才能找到这种意义的线索?姑不论其他,自然科学家总是倾向于从根底上窒息这样的信念:即相信存在着世界的'意义'这种东西"①。"科学不思想",它向人们呈现的是一个赤裸裸的机械化和数理化的宇宙。因此,在它所主宰的世界里"意义"和"价值"被抽象理智彻底驱逐,再也找不到其容身之所,人们可以充分发挥其"认知旨趣"去认识事物的因果规律,以满足人的功利需要,但整个世界已完全失去给人提供一个普遍的、客观的意义和价值秩序的功能,因而也再不可能为个体生命的安顿和生活的价值提供方向和目标。

以上所描述的景况,构成了我们生活于其中的世界的本质特征之一。无论对于西方人,还是中国人,这种"合理化"和"祛魅"的趋势已成为一种无法逃避的现实,它"以不可抗拒的力量决定着降生于这一机制之中的每一个人的生活,而且不仅仅是那些直接参与经济获利的人的生活。也许这种决定性作用会一直持续到人类烧光最后一吨煤的时刻"②。一个多世纪尤其是近几十年以来,中国社会已不可逆转地、越来越深地卷入了这一进程。今天,当人们提出生命的意义、生活的价值等问题时,每一个人背后所耸立的巨大背景即是这样一个正不断"理性化"和"祛魅"的世界。

---

① 马克斯·韦伯著,冯克利译:《学术与政治》,上海:三联书店,1998年,第33页。
② 马克斯·韦伯著,于晓、陈维纲译:《新教伦理与资本主义精神》,第142页。

二、"事实领域"与"价值领域"的分化：
世界"祛魅"的重大后果

世界的"祛魅"给人们的生活价值和生活意义带来了十分严重的后果，其中最直接和最重大的便是它导致了价值的"分化"以及由于价值分化所导致的终极价值的"多神化"。

世界的"祛魅"，消解了统一的宇宙秩序和通过这种宇宙秩序所设定的价值原则，赶跑了前现代社会人们信奉的"唯一的必然之神"，把人的生活分裂为两个截然区分的领域，即"事实领域"（或"公共领域"）与"价值领域"。

"事实领域"是指依照工具理性的原则所组织起来的生活空间。在此领域，我们必须遵循理性的社会秩序，按照理性的法则和要求，在社会的分工体系中寻求自己的位置。这一领域最典型的表现便是现代官僚体系，它完全按照合理化的原则组织起来，通过这种组织方式，使得现代社会大规模的、稳定持久的政治、经济活动成为可能。

"事实领域"要求排除私人性，"排除爱、恨和各种纯个人的感情，尤其是那些不合理的、难以预测的感情"而遵循"价值中立"的原则。① 在此领域，人们根本无需提出人生的"终极意义"是什么这类问题，也不可能从它出发推演出人"应该如何生活"、"什么样的人生是真正有意义"等问题的答案。肇始于休谟的"事实"与"价值"两分、从"事实"不能推出价值的观点在这里被实践并获得了完全的胜利。

对于这一"事实领域"，尤其对于"现代官僚组织"，尽管已有为数甚多的现代哲人们从多方面作过声讨和批判，认为它给现代人制造了一个使人失去自由的"铁笼"，把现代人变成了机器上的"齿轮"，谴责其"非人化"的性质。然而，冷静务实地考察现代社会而不是采取浪漫主义的美学态度就不难发现，以官僚制度为代表的现代组织管理方式已成为现代社会演变中不可抗拒的趋势，因此，"问题不在于怎样才能改变这种演变，因为那不可能，问题在于这种演变会带来什么后果"②。这一点，对生活在中国社会的人来说只要稍加反省就可看得很清楚。

"事实领域"无需也无法解决"价值"问题。然而，作为每个生命个体总

---

① 转引自科瑟著，石人译：《社会学思想名家》，北京：中国社会科学出版社，1990年，第253页。
② 转引自科瑟著，石人译：《社会学思想名家》，第254页。

是要不断地追问生活的意义和价值,以使自己的生命获得安顿之所,而留给这一问题的合法空间,便只剩下属于个人良知决断的"私人领域"。

把生命价值和意义的问题归属于个人的"私人领域",这意味着价值问题不具有"客观"与"普遍性",它是主体赋予的,是由每个生命个体自由抉择的私人行为,关于人生意义、人生目的和人生价值的问题完全属于私人的信仰,个人灵魂深处的事情应由个人自己来负责处理,人生的终极意义问题是个人生活的基本信仰,在此领域个人拥有完全的"治权",他是自己的"立法者",个人必须自行建构自己生命的目的,为自己作出关于生活意义和价值的阐释。个人坚持何种价值信念,秉承何种生活态度,执著何种人生追求,完全属于他一己之事,没有任何外在权威为个体提供先定的价值知识,也没有任何外在的力量干涉个体对生命意义的阐释和选择。如果说在公共生活领域,个人作为社会的公民必须无条件地服从法律等社会公共规范,那么,在个人的私人生活领域则完全是其本己的"自由"领地,个人是生活的"终极意义"的唯一合法权威,社会没有合法性来规定一套关涉人的生命意义与终极眷注的思想体系,否则,就将被认为既是对个人自由的威胁,又是对社会正义的损害。这一点,正如德沃金指出的,现代社会最重要的特质便是所谓"中立性"原则,根据这一原则,政府应在公民的终极价值问题上保持中立,它不应该偏袒任何一种人生观和人生理想,更不应该把某种人生价值信念强加在个人身上。[①]

"事实领域"与"价值领域"、"公共领域"与"私人领域"的分离,导致了两个十分重大的后果:首先是"价值的多神化"、"终极价值"的私人化,使得生命意义和价值变成个体的自我认证和良知决断,统一性的价值原则消失了,"价值的多样性"变得不可避免;第二就是由"价值的多神化"所导致的"价值的争斗",每个人坚执自己选定的价值信念,必然就会排斥其他人的价值信念,你"侍奉这个神,如果你决定赞成这一立场,你必得罪所有其他的神",这里有"不同的神在相互争斗……那些古老的神,魔力已逝,于是以非人格力量的形式,又从坟墓中站了起来,既对我们的生活施威,同时他们之间也再度陷入了无休止的争斗之中"[②]。

这二者,以一种集中的方式凸显出了现代人所遭遇的特殊的价值处境:在一个祛魅的世界上,随着"事实领域"与"价值领域"的分化,生活的意义和价值这一安顿每一个人精神生活的重大问题,已不可推卸地落到每一个人自己

---

① Ronald Dworkin. Liberalism. In *Public and Private Morality*, edited by Stuart Hampshire, London: Cambrige University Press, 1978, pp. 114—143.

② 马克斯·韦伯著,冯克利译:《学术与政治》,第40—41页。

身上，再没有神，也没有先知来为价值提供客观的基础，也无从在各种价值之中排出一个高下先后的顺序，来指导你应当如何生活，我们每个人是自己终极价值的"当事人"，我们必须自主地为自己寻觅和选择自己的生活目标和方向，这是现代社会带给每一个现代人的一个沉重的责任。

三、责任伦理：现代人所应确立的基本价值立场

以上所述，就是每一个现代人不得不面对的客观的价值处境。正如一个人无法脱离自己的皮肤一样，我们也不可能抛开现代社会造成的这一价值处境来讨论生活的价值和意义问题。置此不顾，仅凭古道热肠或浪漫情怀，是不可能对问题作出恰切的判断和解决的。直面这一价值处境，实现"责任伦理"的自觉，才是现代人所应具备的基本价值意识。

"责任伦理"是与"信念伦理"相对的一种价值立场。"信念伦理"认为，伦理价值的根据在于行动者的意图、动机和信念，只要意图、动机和信念是崇高的，那么，行动者有理由拒绝对行动的后果负责。与此不同，"责任伦理"则强调伦理价值的根据在于个人行动的后果，它要求行动者为自己的行动后果义无反顾地承担起责任，前者注重的是行动者主观的"善良意志"，后者注重的是行动后果的价值和意义。

这并非说"信念伦理"等于不负责任，"责任伦理"等于毫无信念的机会主义，而是说，二者在思想前提和基本原则上有着重大区别。"信念伦理"具有鲜明的"彼岸性"，它把行动的价值完全置于主观意图和信念上，而对此岸的目的和手段之间的关联不予以考虑，他认为人只需考虑自己主观意图和动机的价值即可，行动的后果及其责任应交给人之外的彼岸的他者——那"唯一必然之神"去承担，因此，"信念伦理"所暗含的是一种"出世性"的思考方式，它在实质上把价值的最高权威归于彼岸的神圣实体，并要求人在主观动机、意图和信念上对彼岸的神圣价值实体保持绝对的虔诚和信任。与此不同，"责任伦理"则具有鲜明的"此岸性"，它充分考虑到采取行动的手段以及由这种手段所造成的后果，并对这种后果承担完全的责任，它要求对行动的手段与后果之间的关联进行充分的考察，强调行动者自身是唯一对行动的价值负责的主体。因此，"责任伦理"所暗含的是一种"入世性"的思考方式，它在实质上否认了彼岸的神圣价值实体的存在地位，认为生活价值只能由现世的个体来自我创造和负责。

不难看出，"责任伦理"与"信念伦理"的这种区别有着十分深刻的社会基础。"责任伦理"充分地自觉到，随着现代世界的"理性化"和"祛魅"，以

及由此所导致的价值的"多神化",前现代社会占据统治地位的"神"魔力已逝,客观的代表价值法则的宇宙秩序已经无可挽回地崩解,现代社会已无法找到可把生活的意义寄托皈依于斯的彼岸的绝对神圣价值实体。在此情势下,"信念伦理"仍然把行动的价值和意义委身于彼岸的价值之神,这一点注定了它在现代社会人们特殊的价值处境中必然是不合时宜和格格不入的。在"理性化"和"祛魅"之前的传统社会,它无疑有其重大的合法性,然而,如果在现代社会,仍然一厢情愿地偏执于"信念伦理",那么就将遗忘现代人应该为自己行动所应承担的责任,甚至会导致为了实现"善"的意图而不惜采取"恶"的手段的灾难性后果。

因此,责任伦理是一种与现代人所面临的特定价值处境相适应的价值立场,它为现代人如何阐释生命的意义、如何做出自己的价值抉择提供了方向。

首先,"责任伦理"意味着一种敢于承担一己之命运的自我承当精神,它要求我们在世界的"多神化"与"多神争斗"的价值处境中,不逃避现代性特有的现实条件和要求,而是直面"时代肃杀的面容",在一个"既无先知,也无神"的年代里,为每个人自己选择和确定所要侍奉的"神",并且为之付出自己全部的忠诚和努力。

处身于祛魅化的世界这一"无神"的荒凉之野,有可能产生两种极端的态度,一是无法忍受这种悲凉之境,因此寄希望于某种能赐予终极意义的神圣实体的降临,来提供某种个人可委身皈依的现成的价值权威,以免除个体必须自行解决价值问题的"不能承担之重";二是面对祛魅的世界,深感万念俱灰,"上帝已死,一切皆成可能",对生命的意义和价值问题产生了一种麻木虚无的态度,于是选择了游戏人生、及时行乐,在随波逐流中推卸放弃本应承担的责任。

"责任伦理"的价值立场与这二者不同,它既不自欺欺人,也不怨天尤人,而是像一个真正的勇士,"敢于直面惨淡的人生",自觉地意识到:既然没有神定的秩序给我提供意义,那么,就让我自己来勾画和赋予生活以意义,来给自己规定和确立信仰。一旦作出决断,就不计成败利钝,以一种虔诚的、超功利的态度献身于这种信仰,按照这种信仰去行动,并为行动的结果勇敢地承担起责任,譬如一个政治家,如果他选择了某种政治信念,那么,他必须"意识到了对自己行为后果的责任,真正发自内心地感受着这一责任。然后他遵照责任伦理采取行动,在做到一定的时候,他说:'这就是我的立场,我只能如此。'这才是真正符合人性的、令人感动的表现……才构成一个真正的人——一个能够担当'政治使命'的人"①。

在此意义上,"责任伦理"的价值立场代表着一种既抛弃幻想,又拒斥苟且的坚韧、冷静而现实的人生态度。

其次,"责任伦理"意味着一种恪尽职守的"天职"意识,它要求我们在一个工具理性占据统治地位的"祛魅"世界中,把自己所从事的专业或职业活动视为一项超功利的事业,以一种真正超然的态度、超越的精神,通过勤勉敬业、尽忠奉献的工作,在入世的热诚中展现出世的情怀。

如前指出的,"理性化"是现代社会的一个重要特质,"合理化"的社会是一个工具理性占据统治地位的社会,这意味着,专业化的分工是现代人必须面对的一个现实,每个人都不得不处身于一个庞大的专业分工系统中,并在其中占据一个极其精细的位置。对于现代社会所带来的专业化分工,社会理论家们评价不一,但人们一致同意,分工以及由分工产生的专业化和职业化,是现代人不可抗拒的"天命",对此,浪漫的思古之幽情和逃避现实的犬儒主义均无济于事。

"责任伦理"的价值立场主张,既然专业化分工不可避免,那么,我们就应该诚实地直面现实,把自己所从事的工作视为神圣的"天职",全身心地、不计利害地献身于它。例如,你所从事的是科学研究的职业,你应该清醒地意识到这一职业所蕴涵的风险,你必须能承受"年复一年看着那些平庸之辈爬到你头上去",估计到一生勤奋却无所成就的可能性,并能以一种泰然的态度投身到工作中,要求自己"通过专业化学科的操作,服务于有关自我和事实间关系的知识思考"②,不靠祈求和等待,而是采取行动,去做其应当做的工作,以尽自己天职方面的"当下要求"。如果做到这点,那么,虽然所从事的是狭隘的专业工作,但由于把它视为一种"神圣"的"天职",因而职业化的活动就被赋予了超越性的精神价值,人的生命也因此而获得了充实的意义。

最后,与上述二者相关,"责任伦理"的价值立场强调,承担一己之命运的自我承当精神、恪尽职守的"天职观念",最根本的旨趣是为了在"祛魅"化的现代社会中,确立独立的、真正具有尊严的"人格意识",它提醒和启示人们:在一个没有先知、没有神的年代里,我们究竟如何才能真正成为一个"人"。

按照"责任伦理"的要求,在现代社会这种特定的价值处境中,要"做人",要"成为人",最关键地体现在勤勤恳恳地"做事",决定一个人人格的,

---

① 马克斯·韦伯著,冯克利译:《学术与政治》,第116页。
② 马克斯·韦伯著,冯克利译:《学术与政治》,第45页。

是其把所从事的专业视为神圣天职的献身精神,是那种如醉如痴、超然物外的对事业的投入和执著态度。一旦选定了某种职业,就不仅仅把它视为一种谋生的手段,而是把它当成一种必须全心服膺的生存方式和生活方式,对它付出自己的全部热诚和努力。这样的人最后可能历经磨难仍遭失败,但由于其"职业性的献身",由于敢于为其行动后果承担责任的无畏勇气,其生活获得了自足的意义,其人格也真正得以挺立和丰盈。

因此,确立自己的"人格",不在于把自己所从事的专业当作"一项表演事业",企图"说出点在形式或内容上前无古人的话"来,[①] 更不在于遁入"神秘生活的超验领域",乞灵于某种神圣的价值权威,来作为自己生活意义的保护神,而在于通过不懈的行动,来实践这样的信念:"我只为我的天职而活着!"

四、结　语

在上面,我们澄清了现代社会给现代人所带来的特殊的价值处境,并讨论了与这种特定价值处境相适应的基本价值立场,即责任伦理的立场。通过上述论述,我们可以获得如下启示:

首先,我们应该对现代社会特定的价值处境保持高度的清醒,并自觉地意识到:今天谈论一切价值问题,如果离开对这一特定的价值处境的考察,都将是无所作为和没有效果的。正如上面指出的,现代社会特定的价值处境,是"现代性"所带来的重大后果之一,从全世界范围来看,"现代性"的追求已成为事实上难以抗拒的趋势,中国目前的社会发展状况已十分典型地表明了这一点。自上世纪90年代以来,国内人文学界围绕着"市场经济条件下价值观念"进行了多次的讨论,综观这些讨论中的众多声音,可以发现其中有不少是在对人们所处的基本价值处境完全缺乏省察的情况下发出的,它们或者表现为对高了还要再高的"人文精神"和"神圣价值"的单向吁求,或者表现为对"交换价值"和完全"世俗化"的热切渴望,而对现代社会特殊的价值处境的考察却被严重地耽搁了。在此意义上,我们有必要强调:今天思考人生的意义和生命的价值等问题时,合适的提问方式应该是:在一个业已"祛魅"的世界上,生活的价值究竟何以可能?

其次,在澄清现代社会特殊价值处境的前提下,我们必须自觉地拒斥那种不负责任的先知似的价值态度,并自觉地意识到:"祛魅"了的现代社会是一

---

① 马克斯·韦伯著,冯克利译:《学术与政治》,第27页。

个再没有先知的世界,价值的"多神化"与"诸神的争斗"是现代社会不得不面对的价值现实。为了减轻"祛魅"世界"信仰失落"的焦虑,人们经常服膺于那些自命"先知"者所兜售的声称可克服现世一切缺陷和罪恶的"价值乌托邦",然而,这不过是逃避时代命运的自我安慰,其结果有可能对人的生存造成更大的灾难。因此,在一个没有"先知"的世界上,我们有必要对种种虚假的偶像保持高度的警觉。

最后,接受现代社会特定的价值处境,并不意味着承诺价值上的虚无主义,而是要求我们信守责任伦理,以天职般的献身精神,来确证自己的尊严和人格。在生命价值和人生意义问题上,中国传统文化有着十分深厚的资源,但从总体而言我们偏重于"信念伦理"一脉而对"责任伦理"相对关注不够,今天,随着中国日益深化的市场经济建设,责任伦理的价值立场已越来越凸显其重要性和迫切性。当人们大声疾呼"价值危机"之时,我们应当自觉地意识到,与那些宏大的价值主张相比,同每个人生活最为密切的、最为基本的"责任伦理"对于克服"价值危机"其实具有更大的现实力量,因而恰恰是我们最需要予以弘扬的。

作者:贺来(1969—),男,湖南宁乡人,吉林大学哲学基础理论研究中心教授。

原载:《江海学刊》,2004年第4期。

责任伦理
——现代社会伦理精神的必然诉求

高湘泽

一

1919年，德国学者马克斯·韦伯在其于慕尼黑大学所做的一场题为《以政治为业》的演讲中，提出和区分了"责任伦理"（Verantwortungsethik）与"信念伦理"（Gesinnungsethik）两种不同的伦理精神，并认为在政治行为领域中应当倡行的是责任伦理。① 照韦伯的解释，所谓责任伦理，实际上是一种以"尽己之责"作为基本道德准则的伦理，其判定道德主体之道德善恶的根本标准，在于看道德主体在一定的道德情境中是否尽了自己应尽的责任：是则善，否则恶。而判断道德主体"是否尽了自己应尽的责任"的最重要依据，则在于看其行为的后果是否是其所肩负的责任所要求的应然后果——是，就尽了应尽之责；否，就未尽应尽之责。

从韦伯当时的具体语境来看，他之提出"责任伦理"作为一种独特的伦理精神，显然只是意在从对政治行为的道德评价所应有的特殊道德准则的分析和论述，来说明何为"以政治为业"。韦伯身后，尤其是20世纪70年代以来，责任伦理先是在西方伦理学界被当作全人类应当遵循的一种普遍（而非仅仅适用于对政治行为做道德评价）的伦理精神，出现了汉斯·约纳斯（Hans Jonas）、约翰·莱德（John Ladd）、汉斯·伦克（Hans Lenk）等享有世界级知名度的责任伦理理论家，尔后又日益受到包括当代中国伦理学界在内的许多东方国家伦理学界的广泛关注和高度重视。在当今中国，责任伦理不仅已成为伦理学学者们耳熟能详的一种伦理精神（或伦理观念），而且已然成为不少道德教育和道德建设实际工作者的重要思想参照。那么，责任伦理何以能够在当代伦理学界获得如此地位呢？笔者认为，其重要原因之一，在于它适应了现代

---

① 马克斯·韦伯著，冯克利译：《学术与政治》，上海：三联书店，1998年，第99—111页。

社会在公民权责关系状况、道德生活境况和道德主体的道德推理方式等等方面所形成的特点，是现代社会伦理精神的必然诉求。

二

首先，现代社会文明状态中的公民权责关系状况及其伦理道德意蕴，是责任伦理在当代伦理学界受到广泛关注和高度重视的必然性根据之一。

众所周知，相对于传统的即前现代的社会而言，现代社会是一个以理性自觉为基础，"以政治民主、经济自由和文化多元为基本特征的文明社会"。[①] 不仅如此，现代社会还是一个科学技术高度发达，科技作用无处不在的技术文明社会。理性自觉、政治民主、经济自由和文化多元，加上高度发达且得到广泛传播和普遍应用的科学技术的作用，使得现代人在现实生活中的权责关系状况明显不同于其在前现代社会中的情况。首先，理性自觉、政治民主、经济自由和文化多元的结果，造成了罗纳德·德沃金所说的"公共领域"与"私人领域"的明显界分，[②] 进而带来了个人行为选择的自由自主（freedom）程度之前所未有的伸张——在法律禁止的范围之外，个人在政治、经济、文化生活及其在家庭和社会生活中信奉什么价值准则，做出什么样的行为选择，最终都有赖于个人自主自由的决断。其次，正如著名德裔美籍伦理学家汉斯·约纳斯所说的那样，高度发达且得到普遍传播和广泛应用的现代科学技术，不仅使人的能力（power）及其影响和效应（impact and effect）的时空范围得到了史无前例的扩展，而且从根本上改变了人的行为的性质——以现代科技力量武装起来的现代人及其日常生活的作用对象、能力范围和影响后果都达到了在以往的时代中人们连想都想不到的广度和深度。从空间上讲，以现代科技武装起来的现代人及其日常生活的作用对象、能力范围和影响后果已不仅仅限于与行为主体的行为直接相关的身边、眼前的人和事、甚至不仅仅限于地球上的人和事，而且涉及遥远的他人、他物、他事，甚至远及太空和整个生物圈、大气层。从时间上讲，现代人的行为影响已不仅限于与行为主体共时或同时代的人和事，而且涉及人类子孙后代和整个大自然的未来。更重要的是，从人与人、个人与社会、人与大自然的相互关系来说，用现代科技武装起来的现代人的行为之性质已然发生了根本的变化——前现代科技时代的人的行为只能在一定的程度上造

[①] 万俊人：《追寻普世伦理》，北京：商务印书馆，2001年，第39页。
[②] Ronald Dworkin. Liberalism. In *Public and Private Morality*, edited by Stuart Hampshire. London: Cambridge University Press, 1978, pp. 114—143.

福或贻害于他人和社会,其改造和利用自然界的行为对大自然造成的影响乃至创伤,尚处于大自然能够消化、承受和自我修复的范围和程度之内,因而实质上是一种并不导致人类毁灭和灾难,不造成自然界生物圈实质性和毁灭性变化的行为。以现代科技武装起来的现代人的行为,则具有"足以导致人类类的毁灭并毁灭整个大自然生物圈"的性质。① 现代社会所有的这些特点汇集一起,不仅使得与人的自由和权能密切相关的人的道德责任在大小程度上得到了空前放大,而且使人的责任的对象和范围也得到史无前例的扩展——现代人的道德责任不只包括对属于人类范围之内的事物的责任(例如对个人、家庭、社会、国家和全人类的责任),而且确如约纳斯所指出的那样,已然增加了"新的责任向度",即增加了对整个大自然生物圈的责任,从而更加凸显出主体道德责任的重要性。② 在此情况下,强调作为道德主体的公民的道德责任,提醒人们自觉、全面、充分地认识到自身所应承当的道德责任,便成为现代文明社会公民道德建设的一项突出任务;而把"尽己之责"作为基本道德准则,以"是否尽到自己应尽的责任"作为判断人们行为的道德善恶的"责任伦理",也因而广泛流行并受到高度重视。当前的中国社会虽然尚未全面实现社会文明的现代化,但是,现代文明已在其基本政治、经济、文化和社会生活中居主导地位,这是一个不争的事实。上述现代文明社会中公民的权责关系状况已然成为,至少是将日益迅速地成为,我国公民权责状况的基本方面,似乎也是一种无可否认的客观事实。因而,关注和重视责任伦理,强调责任伦理的必要性和重要性,是理所当然的。

其次,现代社会的道德生活境况,在这种境况中形成的公民的道德推理方式、特点以及责任作为在现代社会具有普遍主体必然性和合理性根据的道德律令所具有的对于这种道德生活境况和道德推理方式的特殊适应性,也使责任伦理成为现代社会伦理精神的必然诉求。

所谓社会道德生活境况,是一个包含多重因素的复杂构成体,其中既包括道德主体所处时代的社会政治经济和文化结构状况,也包括由这种社会结构状况造就的社会基本价值观念和社会伦理秩序规范状况等等。所谓道德推理,亦即道德主体基于对自身所处的道德生活境况、自身的身份角色、自身的能力和权责、眼前的具体道德情景和所面临的可供选择的行为可能性的认识,依据自

---

① Hans Jonas. The Imperative of Responsibility: *In Search of An Ethics for the Technological Age*. Chicago: The University of Chicago Press, 1984, pp. 1—9.

② Hans Jonas. The Imperative of Responsibility: *In Search of An Ethics for the Technological Age*, pp. 6—9.

认为应当遵从的道德准则（或称道德原则或道德律令），通过一定的逻辑运演程序，在不同的行为可能性中做出一定的道德决断和行为抉择的过程。作为道德主体的一种自觉的有意识的心理活动，道德推理方式及其结果，从主体本身来看，实际上是主体自身的知识水平、情感状况、认知能力、价值观念和思想方式等等因素在面对一定道德情景的时候，共同参与作用的过程和结果。其中，思想方式和价值观念，特别是被主体认为具有主体必然性和合理性根据（亦即有基于道德主体自身的理由）并因而为主体所自觉遵从的道德准则，往往对道德推理过程的展开路向及其结果起主导作用。从更深刻的层面来看，道德主体的道德推理方式及其特点，既是个体主观努力的结果，更是社会道德生活境况的产物——不同时代的社会道德生活境况，必然造就在该不同时代具有一定普遍性的主体道德推理方式。因此，任何伦理精神或伦理观念，只有其所倡导的基本伦理道德准则与一定社会时代中人们的道德生活境况，以及在这种境况中形成的人们的道德推理方式特点相适应，才有可能成为在该社会时代中兼具普遍有效性根据和主体道德心理活动基础，对作为个人的道德主体来说富有感召力和说服力，并因而受到该社会时代中的人们广泛关注、高度重视和自觉践行的伦理精神或伦理观念。责任伦理之所以在当代社会成为受到人们关注和推崇的一种伦理精神或伦理观念，其必然性根据之一正在于：对于当代社会道德生活境况和在这种境况中形成的人们的道德推理方式特点来说，责任伦理所倡导的"尽己之责"这一基本道德准则，具有较高程度的普遍有效性根据和适应性。为说明这一点，需要对当代社会的道德生活境况，以及当代人的道德推理方式的基本特点和在当代人的道德生活中具有普遍主体必然性和合理性根据的道德准则作一扼要分析。

在构成社会道德生活境况的诸多因素中，社会政治、经济、文化生活状况对社会的基本价值观念和伦理秩序规范具有基础性的制约作用。因此，为深入把握当代社会的道德生活境况，有必要从当代社会政治、经济、文化生活的基本特点及其对人们道德观念和道德行为的巨大影响来认识问题。当代社会政治、经济和文化生活之最基本、最显著的特点，概括而言主要有三。其一，由于市场经济、民主政治、科学理性与信息工程日益社会化和普世化，导致社会的公共化程度空前提高：一方面，社会的生活秩序、生活方式和生活价值观念的公共分享范围，信息与行为的交流范围，各种人际、群际关系及其处理方式的透明和规范程度，等等，都获得了前所未有的广度和深度；另一方面，个人生活在获得了空间上的空前扩展的同时，其所具有的公共性和非一己私密性也与日俱增，个人生活的时空维度显示出空前的公共取向和公共意义。其二，法制和法治成为现实社会赖以维系和发展的基础，"权利与义务对等交换"正日益成为社会最基本的正义原则。社会生活的公共化程度必然呼唤和要求以制度化、规范化和秩序化与之相辅相成,由此导致对国人行为的普遍同质化的规范约束:无论你从事何种职业、出身何种民族、属于何种性别,只要你生活在同一个社区、同一个国家甚至同一个星球,你就要遵守你作为社区成员,作为国家公民或者作为地球公民所必需承担的义务。当然,与此同时,你也合法地拥有作为社区成员,作为国家公民或地球公民的相应权利。其三,由于上述两点特征的强大作用,当今国人的身份或角色也发生了重大改变,即:你、我、他或她,每一个人都越来越多地以社会公民的身份而不是单纯的个人身份生活于社会之中,社会公民成为每个人的基本角色和身份。

上述当代社会政治、经济、文化生活之基本而显著的特点,势不可挡地对当代人的道德观念和伦理行为方式产生了深刻的影响,使人们的道德生活的基本范式已然或正在发生着具有根本意义的转变。第一,自然经济、封建政治和传统文化条件下形成的那种基于自然等级结构和血亲人伦关系要求的个人内省主导型美德,已经让位于市场经济、民主政治和现代文化环境下基于社会公共制度和个体社会身份或角色要求的社会规范主导型伦理,个人美德的主要内涵已经转换为作为个体的社会公民美德。因此有第二,个体道德生活的实践情景更为开阔和复杂。与以往时代相比,当代人的道德生活实践不再限于诸如家庭人伦和较小范围的自然伦理关系,而是在更加广阔复杂,因而也更具有不确定性或更具变动性的社会伦理关系中展开。第三也是最重要的一点是,当代人的道德价值观念系统产生了革命性的转变,即:它不再是基于自然血亲人伦之等级结构的天然不平等的权利分配和道义承诺,更不是基于这一天然合法化的自然价值等级结构之上的"主奴关系"式伦理,而是基于现代自由、民主和平等之现代价值观念之上的新型伦理道德。换言之,行为的道德正当性和伦理合理性不再以伦理等级权威为判断标准,更不是屈从于封建权威主义的政治命令,相反,必须以社会公共认同的社会伦理规范为基本评价尺度,最根本的是以是否有利于人自身的幸福和发展为终极圭臬。因此,对于当代人来说,公平的正义、人格的自由与尊严、人际的平等和宽容、为人处事的正直与诚信,以及社会责任与公共爱心,已然成为最基本的伦理道德规范。

需要特别指出的是,当代社会伦理因社会公共化和法制秩序化程度的提升而具有了更为普遍和确定的规范性约束,这并不等于说当代人只需要被动地服膺社会公共伦理规范便可万事大吉。恰恰相反,由于这些普遍的社会伦理秩序和道德规范是建立在自由、平等和公正的价值基础上的,因而意味着:它比任何时候都更需要作为个体的人的道德参与和价值认同(否则它就与权威主义道德没有区别,也就不可能产生真正普遍的道德效力),更需要每个人自身在丰富多样的道德价值中做出理性自主的选择并为自己的选择承担相应的伦理责任，更需要每个人在复杂的社会生活环境中意识、确立和追求自己的生活目标，实现自身的价值。由于当代社会既是一个秩序化的公共社会，也是一个开放竞争、公共领域与私人领域明确界分的法治自由社会，所以，对每个人来说，虽然在事关法律的事情上有着种种明确且刚性的许可或禁忌，足以规范人们的言行，但从道德的领域来看，情况则全然不同：在这里，不存在什么永久可靠的伦理依赖，而只有需要付出道德责任承诺的道义约束；不存在如传统社会的伦理长辈或政治权威那样天然赋予的道德资源和伦理优势，而只有靠自身的道德资源积累才能使自己获得为立足于现代社会所必需的道德资本。况且，任何社会伦理规范首先也是公民共同创建的结果。

身处上述现代社会道德生活境况之中，当代人的道德推理方式也表现出与其在前现代社会中极不相同的基本特点。要而言之，其基本特点大体有三。第一，重视独立自主的理性思考。在民主自由和公平正义等现代社会价值观念的雨露滋润下，如今大多数人在面临需要处置的道德情景并为之进行道德推理的时候，越来越诉诸于自己独立自主的理性思考，越来越习惯于在自己头脑中问几个"为什么"，并且只有在对这些"为什么"给出令自己满意和信服的答案之后，才会做出一定的道德决断和行为抉择，很少盲从于外部道德说教或传统道德权威。这一点不仅在当今中国公民处置其所面对的"横向"道德关系（例如在处置与自己角色地位平行的同事、朋友、邻人等等的道德关系）时所进行的道德推理中表现突出，而且，即使是在处置其所面对的历来被视为最容易受传统权威主义道德支配的"纵向"道德关系（如与上级领导、与自己的家族长辈等等的道德关系）的时候，也日益明显地表现出来。第二，重视对社会伦理秩序和道德规范做基于个人主体理由的必然性和合理性拷问，只有能够经得起这种拷问的社会伦理秩序和道德规范，才可能被自觉奉为个人道德决断和行为抉择所遵从的道德律令。本来，诚如麦金太尔所说，任何先在于道德主体的普遍的伦理道德规范和原则，其之所以能够被作为现实具体的道德主体的"我"选择和接受来作为规范"我"的行为的权威性原则，就在于其能够经得起"我"对"选择它们的理由"的追问，"当且仅当这些理由是充足的理由，这些原则才会具有相应的权威"。所以，作为一种自觉、自律的行为，任何理性的道德推理过程都理所当然地本该包含着主体从自身立场出发所做的对普遍伦理规范或普遍道德原则的主体必然性和合理性根据的追问。但是，在封建伦理秩序观念和权威主义道德观念盛行，独立自主的理性思考尚未蔚为风气的前现代中国社会中，事情却并非如此。如今，随着国人自主理性观念的觉醒，其道德推理方式中也便有了这第二个特点。第三，"权利与义务对等交换"的公平观念和"合理利己主义"的价值观念在道德推理中越来越普遍地具有支配性地位，从"权利与义务对等交换"的公平观念和"合理利己主义"的价值观念出发，来判断既有伦理秩序和道德规范是否具有基于其个人自身理由的必然性和合理性根据（即所谓道德原则的主体必然性和合理性根据），是否应当被遵奉为道德决断和行为抉择所应遵奉的道德律令，成为日益普遍的道德推理思维方式。

受上述社会道德生活境况和主体道德推理方式特点的影响，在当代人心目中，不仅诸如康德所说的基于"人类良心"之类的道德原则和道德律令因为"缺乏"明显或可直接体认的基于道德主体个人的理由，亦即因"缺乏"与上述公平观念和价值观念的直接对接关系而显得虚无缥缈、苍白无力，即使是诸如"最大多数人的最大幸福"之类更具现实功利色彩的道德原则和道德律令，似乎也于己遥远，缺乏现实道德说服力和约束力。在此情况之下，只有对绝大多数当代人来说既具有全社会层面的普遍有效性，又具有个人主体必然性和合理性根据的，能够与上述现代公平观念和价值观念相对接的道德原则，才能兼具普遍有效性和主体必然性根据，成为能够为当代人自觉遵奉的，用以规范和鞭策自己的行为走向道德之善的基本道德准则。作为责任伦理的基本道德准则的"尽己之责"，便是这样的道德准则：所谓"道德责任"，即由道德主体的角色身份，由主体自身的权利和能力所决定的该主体在道德上来说的"分内应做之事或为没有做到分内应做之事所应承当的道德过失"；每个作为道德主体的当代人，都是在一定社会关系中担当一定身份角色，具有一定权能和利益需要的人，因而，每个作为道德主体的当代人都有其不可推卸的道德责任；以"尽己之责"作为每个公民应当遵从的基本而普遍的道德准则，便既具有普遍、充足且容易为作为道德主体的个人所体认的基于个人自身的理由，也实现了与"权利与义务对等交换"的现代公平观念和"合理利己主义"价值观念的理论对接。

作者：高湘泽（1956—），男，河南灵宝人，浙江财经学院教授。
原载：《长沙理工大学学报》，2007年第1期。

人：基于一种责任视角的解读

宋周尧

透析当今人类生存面临的诸多矛盾和问题，不难给出判断：矛盾和问题出自于人自身。理性的人们不能不反思：人该怎样地生存？人究竟是怎样的一种存在物？我们认为，矛盾和问题的解决，实现人的文明生存和文明发展，一个重要的方面是，必须确立人是一种责任性存在物，责任是人为社会存在物的本质规定，人于现实世界具有内在的、不可拒斥的责任关系，责任观是人的科学的世界观、实践观、生存观、发展观的基本内容。

一、人为责任性存在物的根据

认定人为一种责任存在物，其客观根据何在？这是我们首先要讨论的问题。无可疑义，责任范畴，早已内存于人类思想发展史中。西方思想家和中国古典哲学在各自的思想文化传统中，对人的责任规定问题都给予了探讨。在西方思想家那里，人的责任问题的讨论主要在政治、法、伦理领域。罗马帝国思想家奥勒留认为，人的道德责任来自于人对自身生存中所形成的关系的认识。"每个人都可以从三种关系来认识自己：你与那包裹着你的躯体的关系；你与那将一切事物给予人的神圣原因的关系；你与你的邻人的关系。"[①] 黑格尔将道德责任与人的行为联系起来考察，他认为，"意志一般来说，对其行为是有责任的"[②]。皮亚杰提出，人必须对行为的主观动机负责，对行为的实质后果负责，人的责任感与人的认知能力的发育程度相关。萨特对黑格尔和皮亚杰的论点作了进一步推升："不管我做什么，我一刻也不能从这种责任中撕开，因为我对我逃避责任的欲望本身也负有责任。"[③] 石里克、斯金纳等人不满足于人

---

① 奥勒留著，何怀宏译：《沉思录》，北京：中国社会科学出版社，1988年，第87页。
② 黑格尔著，范扬、张企泰译：《法哲学原理》，北京：商务印书馆，1961年，第118页。
③ Sartre Jean—Paul. *Being and Nothingness*, translated by Hazel Barnes. London: Washington Square Press, 1957, p. 796.

有没有责任的讨论,进一步提出,人该怎样地承担责任,怎样具有责任感即对责任的体认。斯金纳认定,"我们要一个人对自己的行为负责,即是指他会受到公平和公正的惩罚"①。石里克认为,责任感意味着人自愿接受行为不良后果带来的惩罚。随着当代西方责任伦理学的兴起,人的道德责任问题得到了更为深入的讨论。美国学者汉斯·约纳斯主张,要从责任这一"新维度"对伦理学的基本问题做更合理的诠释,责任关涉社会个体的行为利益及人类整体的行为利益,行为的道德价值取决于行为的责任性。解析西方思想家对人的道德责任的诠释,应可看出,思想家们充分确认人有道德责任,人应对自己的行为承担责任。我们应予肯定,人的道德责任问题的讨论,尤其是当代责任伦理学的建构,对人及社会的生存和发展具有重要意义。

在中华民族思想文化传统中,人的责任问题也同样受到关注和探讨。中国古典哲学主要立足于人的生存层面来讨论人的责任问题。在中国古代思想家看来,责任不是外在设定的规范,而是人生存于世的应有价值取向,责任感不是源于人对惩罚的畏惧,而是人生存于世的应有理念、智慧及境界。"仁"这一孔子思想体系的核心范畴,不只具有伦理学的意蕴,其深刻的内涵更在于揭示和指示人的一种生存理念和生存境界,是对人生存于世应有责任的一种表达。"克己复礼为仁";仁者"爱人";"己所不欲,勿施于人";"己欲立而立人,己欲达而达人",这些论断是对人的行为的责任取向和人的生存的责任观念的深刻阐发。孟子言:"父慈子孝,兄良弟悌,夫义妇听、长惠幼顺、君仁臣忠,十者谓之人义",揭示出人与人之间的权利与责任的互生共存性,"天人合一"、"不以人助天"、"裁成天地之道,辅相天地之谊"、"与天地合德",是对人于自然界的责任关系的阐释。范仲淹的"先天下之忧而忧,后天下之乐而乐";张载的"民吾同胞,物吾与也";顾炎武的"天下兴亡,匹夫有责";等等,正是中华民族思想文化传统中人的责任观念和责任理性自觉的充分展示。这些思想构成中华民族成为具有强烈责任感之伟大民族的内在的心理、文化、观念结构之内核。总之,在中华民族思想文化传统中,责任主要地被理解为人的生存理念、生存境界、生存智慧及生存的理性自觉。

由上观之,西方思想家和中国古代思想家对人的责任问题作了有益的探索。然而,需要进一步指出的是,西方思想家将责任的根据归因于人之行为及其后果,将责任观念的建构置于道德惩罚上,虽不失其意义,但没有深刻揭示人的责任生成的客观根据。中国古典哲学也未达到从人的社会性存在的维度来实现对人的责任的阐释。因此,对人的责任研究需要继续深化,而马克思的

---

① 斯金纳著,陈维纲等译:《超越自由和尊严》,贵阳:贵州人民出版社,1988年,第71页。

"社会人"思想为我们深化这一研究提供了科学指引。

众所周知,马克思强烈地否决从思辨、抽象的层面来探讨人的存在。马克思对康德的"理性人"、黑格尔的"理念人"、费尔巴哈的"抽象人"给予无情的"颠覆",指出:"德国哲学从天上降到地上;和它完全相反,这里我们是从地上升到天上。就是说,我们不是从人们所说的、所想象的、所设想的东西出发,也不是从只存在于口头上所说的和想象出来的、设想出来的人出发,去理解真正的人。我们的出发点是从事实际活动的人。"立足于人的实际活动来理解真正的人,马克思的科学结论是,人是"社会人"。

从社会关系的视角来研究人的存在,那么,社会关系中的人即"社会人"的存在本质的基本规定究竟是什么?这是我们解读马克思的"社会人"理论时必须作深刻分析的一个重要问题。目前,学界对马克思"社会人"的存在本质的基本规定的理解中歧义尚多。归结起来,论者将实践、自由、劳动、利益、需要等认定为人的存在本质的核心规定和要素。在此,笔者认为,对上述观点稍作分析不难发现,人的存在本质理解上的诸种观点和歧见,其实贯穿着根本同一的理解取向:都是从人的"为我"的功利性及需要性出发来诠释人的存在本质,实践、自由、劳动、利益、需要的实质是,人的至上的功利期待及满足,其底蕴是人的"为我"理念。在这里,自由被理解为人的功利的最充分最完全的实现,实践和劳动被赋予完全的功利价值、目的及意义。其实,这是对马克思"社会人"的科学内涵及存在本质的一种误解。完整地解读马克思的"社会人"理论,我们应当作出如下的理性判断:马克思的"社会人",既是"利益人",又是"责任人"。利益与责任互动共生,两者构成人的存在本质的核心要素及规定整体。

从人为"社会人"出发,马克思指出:"作为确定的人、现实的人,你就有规定,就有使命,就有任务","这个任务是由于你的需要及其与现实世界的关系而产生的。"[①] 马克思在这里提出的人的生存中不可拒斥的"规定、使命、任务",是对人为责任性存在物的深刻揭示,人为责任人的根据在于人是现实的人,人的责任生成于人生存发展的现实社会关系中,源生于人的需要的生产和满足的现实活动中。马克思在对人的社会关系的分析中提出了一个十分重要的观点:"社会关系的含义是指许多个人的合作,至于这种合作在什么条件下、

---

① 中共中央马克思恩格斯列宁斯大林著作编译局:《马克思恩格斯全集》,第3卷,北京:人民出版社,1995年,第329页。

用什么方式和达到什么目的,则是无关紧要的。"① 马克思认定合作性是人的社会关系的本质特征和根本内涵。从人的生存发展的根基来理解,合作、共生、依存、互通、协作、和合,成为人的社会关系构筑的最根本最主要的方面,合作性、共生性的社会关系构成人为责任人的客观基础。

  进一步看,人的社会关系的合作共生性具有原生性的特质,它内生原发于人的生存发展的现实过程中,由此,人为责任人必然具有原发性的特质。在人的最初始的社会关系中,已内含一定的合作性。在原始的人群共同体中,"生产在本质上是共同生产,消费也归结为产品在较大或较小的共产制公社内的直接分配"。在这种"自然形成的社会中",人与人之间的合作共生性,以血缘关系为基础,以生活资料需要的满足为动因,并且原始人对氏族部落、家庭公社的义务和责任,以习惯、风俗的形式得以表达和自觉履行。随着人类社会的发展,在人的需要、新的生产工具、社会分工的共同作用下,"破坏了生产和占有的共同性,它使个人占有成为占有优势的规则","自然长成的"社会结构被消解,整个社会分裂为统治阶级和被统治阶级,产生了阶级间的对立和斗争。在这种状态下,对立阶级在价值观念和意识形态上没有根本的合作性,但从人的生存的现实过程来看,对立阶级间是相依共存的,即便在资本主义社会中,资本的作用也是以除劳动能力以外一无所有的阶级的存在为"必要前提"的,而且,本质地看,对立阶级间的冲突之根源恰恰在于,统治阶级从自利本性出发,拒绝履行对社会和他人的义务和责任。马克思在对资本主义社会的分析中指出,资本主义社会,一方面造成了虚假的共同体同作为独立个人之间的对立,另一方面,资本的增值运动又形成了"世界历史","随着资产阶级的发展","各国人民之间的民族隔绝和对立日益消失了。无产阶级的统治将使它更快地消失。"② 最终将实现地域的个人为世界历史性的真正普遍个人所代替,各个个人间形成全面的依赖关系,各个个人间形成世界历史性的共同活动形式。这里马克思揭示出人的合作共生性的社会关系的演进过程和发展趋势。可以肯定,人的全面依赖共生关系的形成扩展,也是人的义务责任的生成扩展过程。

---

  ① 中共中央马恩列斯著作编译局:《马克思恩格斯选集》,第1卷,北京:人民出版社,1972年,第34页。
  ② 中共中央马恩列斯著作编译局:《马克思恩格斯选集》,第1卷,第270页。

二、人的责任内涵的基本构成

　　进一步，我们有必要对人的责任范畴及其基本规定作具体分析。所谓责任是指社会人在生存发展中对现实世界的合理性、正义性存在的理性自觉认定以及作必要的有意义的给付。责任以对现实世界中合理性、正义性存在的认定为取向，以人的必要的有意义的给付为核心。客观性、公正性、自负性、支付性是责任范畴的一些基本规定。第一，责任的客观性。责任植根于人的社会性的生存发展中，人的责任存在不以人的主观意愿为转移，不因人对责任的逃避、拒斥而消解，也不因人的理性认知能力的强弱而发生改变。作为社会关系存在物，人必然地有对现实世界的责任。第二，责任的公正性。人的责任的认定，在不同的社会个体、类体那里，具有不同的范围和量度，应根据社会个体、类体生存发展的社会关系状态，社会实践的域界、利益需要的范围、社会生活中人的角色功能和定位等，来确定其责任的范围和量度。此外，人的责任的认定应与人的权益的认定互补、互动。第三，责任的自负性。各司其职，各负其责，是社会有序运作和人的权益实现的重要基础和条件，责有攸归，责无旁贷，对社会个体、类体责任的明断，必然要求社会人对自己的责任作自我承担。责任的主体具有不可替换性，责任的内容具有不可替代性，责任的对象具有不可消解性。第四，责任的支付性。从根本的意义上来说，责任意味着支付。人的责任的认定和体认意味着社会人处在一种支付状态。责任既包括社会人的必为规定，也包含社会人的不为规定。责任的履行过程是社会人的支付和给付过程，责任的认定也就是对人做必要的有意义的支付认定，责任的实现和履行意味人的劳动、生产、体力、知识、技能、智慧、利益的有效的支付，对失责所造成的劣果，必须实行必要的支付，接受赔偿、惩罚及追究，实行物质利益或精神利益的支付、给出。

　　在此，我们还有必要对责任的内在结构作一分析。论及人的责任必然涉及如下的基本判断：谁之责？为谁有责？为谁有何责？由此可以断定，责任范畴的构成具有三要素：责任主体、责任对象、责任内容。一般来说，责任的主体，既可能是个体和群体，也可能是类体以及人类整体。责任主体的确认，以人的实践活动的具体过程、对象、人的社会关系的具体范围，以及人的权益的内容和界限等为尺度，就人以实践为生存根基和存在方式，权益为人的生存指向而言，社会中的一切人都是责任主体，当然，不同人的责任程度、量度、性质、范围具有差异性，因而，社会个体、群体又可能是一些特殊的责任主体。简言之，人既是普遍的责任主体，又是特殊的责任主体；既含普遍责任，又有特殊责任。所谓责任对象，是指人的活动所涉及的一切可能与现实的领域。就人类主体整体而言，自然和社会是人生存和活动的基本领域，是人的基本的实践对象，因而也逻辑地成为人类主体整体的责任对象。当然，就每一社会个体、群体而言，其责任对象就是其活动的特殊界域。人的责任对象和领域，随着人的活动的变更而呈现伸张性和变易性，但总趋势是不断生成和扩散。就人的责任内容来说，从社会关系构成看，人的责任包含对自然的责任、对社会的责任、对他人的责任、对自我的责任。从人的行为活动领域来讲，社会人有道德责任、法律责任、角色责任、职业责任，等等。从根本上来说，人的责任内容是由人为社会存在物所直接决定的，是以人的合理利益的满足为基础而形成的各种责任规定的整体。人的责任内容确认的根本取向是，自然、社会、人的契合交融。

三、确认人为责任性存在物的意义

认肯责任是人作为社会存在物的根本规定，人是"责任人"，人有责任并要作责任承担，人对现实世界具有内在的责任关系，那么，必然合逻辑地得出：责任观是人的世界观、实践观、生存观、发展观的当然内容。如果说，世界观是对整个世界及人与世界关系的总体性、根本性的观点，那么，基于人与世界关系中人对世界的客观的必然的责任关系所形成的责任观，便有足够的理由而成为人的世界观的重要内容，世界观内含人的责任观。由此出发，我们必须对人的实践观、生存观、发展观作更为深入更为科学的理解。

首先，有必要从人的责任规定的维度对人的实践及其本质作更合理的释义。人是有需要的存在物，人有其功利本性，这必然决定人的实践是一种创价性活动；人是责任存在物，具有责任规定，这必然决定人的实践应是一种责任活动，创价和责任是人的实践本质的双重整体规定。马克思曾提出人的实践两种尺度的理论：实践活动中人的内在尺度，即是人的功利尺度，"任何一个种的尺度"，即为人的责任尺度。马克思的这一人类实践的新理念的构造是建立在对人的社会存在的科学认识的基础上。在马克思看来，一个完整的实践活动必须做两种尺度的契合。马克思两种尺度相统一的实践新理念，内含着有我与无我、功利与责任、自我与外物的辩证统一，人与自然社会的息息相通。人依从自己的目的和需要来构造现实世界，这是人的本性使然，显现着实践的有我性、功利性、权益性；人按照任何一个种的尺度来建构现实世界，这是人的责任规定的展现，内含着实践中的无我性、责任性、他物性。功利性和责任性统一于人的实践过程，这是人之实践的崇高境界，是科学实践的必然要求和体现，也是马克思科学实践观的本质所在。功利和责任相融通的实践，是人类文明生存和发展的基础，在这里，人通过实践构造对象世界，不是造成人与对象世界的对峙、断裂，而是使人走入对象世界领域，对象世界走进人的生活领域，实现人与对象世界的相互贯通、相互映照。

确立实践的责任本性，必然要求对实践的目的作责任设计，实践目的是人对自身利益满足的一种期待，这种期待正是人从事实践活动之深刻动因，因而对实践目的作利益价值预设是合乎情理的。但是，实践目的的预设不应限于单一的利益价值维度，而必须同时做责任维度的预设，实践目的责任指向对实践目的的利益指向起着规范、约束、引导的作用，科学的合理的实践目的应是价值性与责任性的整合。确立实践的责任本性，也必然要求对实践结果的评价必须运用功利与责任相统一的尺度。通常人们自觉或不自觉地以实践结果是否满足了主体的利益需要为尺度来评判，这是一种单一的、至上的利益价值评价，这种评价虽有其合理的层面，但又有不可避免的缺陷。因为，在现实中常常会出现这样的情况：实践结果对某一主体而言是成功的，但对另一类主体而言并不意味着成功；当下是成功的，但长远看，又不一定是成功的，这种情况警示着人对实践结果的评价不应陷入唯利益价值评价的误区。由此可见，科学的实践结果的评价尺度应是价值评价与责任评价的契合。

其次，有必要从人的责任规定的维度对人的生存理念作更科学的构造。生存自由是人不懈追求的一种状态取向和行为理念。何谓自由？见仁见智。但若从人的责任本质的维度来看，我们认为，人的生存自由实质上是人的一种可负责任的状态。人的自由不可能在幻想中实现，也不可能在恣意妄为中实现。马克思指出："自我实现，主体的物化，也就是实在的自由。"[①] 这里的"自我"，按照马克思的理论逻辑意指"社会人"，"自我实现"也就是人作为利益人和责任人的价值实现，达到利益的满足与责任的承担。"主体的物化"过程，也就是人在对外在必然性认识的基础上实现对现实世界的合理改造，从而也就是实现利益和责任这一人的内在必然性。自由是责任的自负状态这一判断，内含着自由与责任的内在统一性。诚然，在一定层面上看，责任意味着对人的行为意向的限制，而自由自觉的活动是人的"类本性"，表面看来，两者是不相容的，但深层考察，结论截然相反，即责任与自由融通、互动、共生。责任是现实世界客观的必然本性对主体的一种要求，是主体对现实世界正义性、合理性存在的认可状态，自由是现实世界客观的必然本性在主体中的内化，并在此基础上

---

① 中共中央马克思恩格斯列宁斯大林著作编译局：《马克思恩格斯全集》，第46卷，北京：人民出版社，1972年，第112页。

对现实世界作合理改造。从此意义上看,自由是对责任的认可及履行,两者相互贯通。在这里,"自我实现"既是人的功利价值的实现,也是人的责任价值的实现,"自我实现"与他我实现互动,没有他我实现,也就无"自我实现","一个人的发展取决于他直接或间接进行交往的其他一切人的发展"。①"主体的物化",既是人改造现实世界的过程,也是人对现实世界的合理性存在的认同、维护、受纳过程,人由此获得自由和发展。随着社会的进步,人愈来愈自由,但人的责任也愈来愈显。人的全面发展过程,既是自由的增进过程,也是人的责任的增生过程。人的自我实现程度愈高,人的责任程度也就愈大。人类认识改造自然社会领域的拓展,也就是人的责任对象的伸张。人的自由度与责任度相关涉,自由以责任为衡度,责任以自由为量度。

生存利益是人生存发展的需要,人的合理利益的满足,是社会文明进步的表征。所谓生存利益需要,从人的责任本质维度来看,它是人实负责任的应然回报。抽象地释义,似乎责任的确立是对利益的根本否定,言人的责任必然危损人的利益,应该说,这种观点是片面的。诚然,如前所述,责任意味着支付,责任的履行就是支付的实现,而有意义的实在的支付是获取和受益的必要条件。在一个公平、正义、规范的社会中,支付意味着受益,给付意味着收获,支付和收取两极相通,人对自然社会作责任承担,通过主体确立人与自然界的良性互动,人与人、人与社会的协调和谐,人与人之间生产互换劳动商品的继起并存,人的利益需要的满足就有了持续的来源及可靠的实现通道。社会生活中的拜金主义、享乐主义、利己主义和极端个人主义,说到底,是对人的存在责任本质的否决及拒斥,其最终必定毁掉自身。概而言之,责任是利益的表达,利益是责任的映现,行责取利是人类应有的一种生存理念。

再次,有必要从人的责任规定的维度对人的发展观念作更深入的理解。人的发展,是自身的内在要求,也是社会进步的内在指向,从一定意义上说,人的发展是内含人的责任的履行过程。人的责任本质理论和责任观是人的全面发展、社会可持续发展的重要观念基础。具有责任内涵的发展是代际内人的"有机身体"和"无机身体"的同时性发展,也是代际间的"当代人"与"后代人"的均衡发展。就"人的有机身体"的发展而言,物质财富的可持续增长具有重要的意义,是人类生存和发展的基础,对仍未摆脱贫困的地区和人们来说仍有着头等重要的意义。但物质财富的增长只是人的生存和发展水平的一个量度,无以覆盖其全部内容,正如摩尔根所言:"只要进步仍将是未来的规律像

---

① 中共中央马克思恩格斯列宁斯大林著作编译局:《马克思恩格斯全集》,第3卷,第515页。

它对过去那样，那么单纯追求财富就不是人类的最终命运了。"① 应该说，人的素质的可持续增长应居于人生存发展的核心层面。人的素质的全面提高，有赖教育的普及、科技的昌明、理性的自觉、管理的民主、社会的正义，等等，其中，有必要构筑物质财富的可持续增长与人的素质的可持续增长的协同机制，责任观念是这一机制的重要内容。在实现"人的有机身体"发展的同时，必须实现"人的无机身体"的发展。马克思指出，"自然界，就它本身不是人的身体而言，是人的无机身体。人靠自然界生活。这就是说，自然界是人为了不致死亡，而必须与之不断交往的、人的身体"②。全面发展的人，应是其"无机身体"、"有机身体"的同步发展，自然界的发展直接地是人的发展的一个现实部分，人在改造自然界的同时，必须在社会中实现"自然界的真正的复活"，实现自然界的"再生产"。马克思认为，"自然界在何种程度上成了人具有的本质"，"从这种关系就可以判断人的整个发展程度"③。人的全面发展，不仅包含同代人的发展，还包括为后代人的发展构造良好的生存发展空间和条件，其中核心层面是，确立"后代人"与"当代人"在自然资源利用上的平等权利，实现自然资源的永续利用。对此，马克思曾指出："整个社会，一个民族，以及一切同时存在的社会加在一起，都不是土地的所有者。他们只是土地的占有者，土地的利用者，并且他们必须像好家长那样，把土地改良后传给后代。"④ 马克思在这里已经提出了一种基于生态伦理与责任观念的代际共同发展的人类可持续生存发展的新理念，这一论断在今天仍具有重要的现实意义。总起来说，人的发展应是以责任观念为主导理念的全面的可持续的发展。

作者：宋周尧（1962— ），男，安徽太湖人，安徽省委党校理论研究所所长、《理论建设》主编。

原载：《长白学刊》，2005年第4期。

---

① 中共中央马恩列斯著作编译局：《马克思恩格斯选集》，第4卷，北京：人民出版社，1972年，第175页。
② 马克思：《1844年经济学哲学手稿》，北京：人民出版社，1985年，第52页。
③ 马克思：《1844年经济学哲学手稿》，第76页。
④ 马克思：《资本论》，北京：人民出版社，1975年，第875页。

角 色 论
——责任伦理的逻辑起点

程东峰

角色是什么？角色是人的面具，角色是人的身份的象征，有多少种身份就有多少个角色。人的身份是由人的社会地位决定的，人的社会地位是由人们所处社会关系决定的，人们的社会地位就是人们在社会关系网中的坐标点。因而，一旦涉入人际关系之中，社会马上就赋予人一个与此关系对应的社会角色；随着角色的出现，责任接踵而至。以角色责任为研究对象的学问叫责任伦理学。

责任伦理属于社会伦理。社会是由一个个"个体"组成的，"个体"既包括单个人的个体，也包括以集体出现的组织。社会伦理既要调节个体与个体之间的关系，还要调节组织与组织、个人与组织之间的关系，所以，这种以组织出现的"个体"，只能存在于社会伦理体系之中。无论是集体个体还是个人个体，他们都是以"角色"的名义出现的，因而，角色是个体在特定社会关系中的坐标定位，角色是责任伦理的逻辑起点。角色研究，实际上就是对责任伦理逻辑起点的研究。

为什么角色可以成为责任伦理的逻辑起点呢？原因如次：一是因为责任依附于角色，角色是责任伦理中最基本最简单最抽象的范畴。比如，没有父亲这一角色，也就没有父亲的责任，没有警察角色，也就没有维护社会治安的直接责任，至少维护社会治安不是他的分内之责。二是角色是人们认识责任的中介，有角色就有责任，角色在先，责任紧随其后；角色解除了，责任也自动解除，履行没有角色的责任往往会被认为是越权、侵权或多管闲事，人的责任的大小多少全系于角色的大小多少之中。三是角色和责任同时产生，也就是责任伦理学的逻辑起点和其历史起点是一致的。四是作为责任伦理逻辑起点的角色和作为责任伦理研究对象的责任永远联系在一起，角色和责任贯穿于本研究的始终，角色和责任是表和里的关系，角色失去责任支撑就名不副实，责任没有角色引领标志则名不正言不顺。五是作为责任伦理逻辑起点的角色直接存在于各种社会关系之中,且这一关系为三方(关系的双方和社会)承认的标志。综上所述,角色作为责任伦理的逻辑起点是当之无愧的。

一、角色是个体的社会面具

人从娘胎肚里呱呱坠地时起,社会就给了他(她)一个角色:相对社会来说,他(她)是婴儿的角色,相对父母来说,他(她)是儿子或女儿的角色,如果他(她)是父母的第一个孩子,由于他(她)的诞生又增添了一个父亲和母亲的角色,如果他(她)是父辈中第一个下辈,则又新生出爷爷、奶奶、叔叔、姑姑、婶婶等等角色来。与这个婴儿诞生连带新生出的其他角色,都要和这个婴儿构成一种社会关系,相应的,这些角色也因这个婴儿的诞生连带出一系列的责任和义务,也连带出一些权利和荣誉。随着这个婴儿的成长,他的社会角色会越来越多,因而权利和责任也越来越大。角色总是和人的活动范围和活动能力联系在一起的。同理,任何一个社会组织面世,社会也会赋予他一个角色,相应地他也要承担这个角色要承担的社会责任。下文中不再专论集体角色。

角色是社会赋予的,角色又是个体争取的。因自然联系而承担的角色,是社会赋予的,甚至是从娘胎里带来的,对于这一类角色的获得往往是不自觉的,甚至是不自愿的;还有一类角色是社会强行分配的,如承担社会义务的公民角色,战争爆发时全民皆兵的战士角色,自然灾害降临时挽救危难的志愿者角色,等等;也有一些角色是主体凭能力争取的,如:工学博士角色,主任、厂长、市长的角色,等等。

角色是人的社会地位和身份的显现。人的角色多、角色大,意味着这个人在社会上的影响大、贡献大。角色是作为行为主体的社会面具出现的,就像演员一样,演什么角色,就要按这个角色的外在形象着装,就要按照这个角色的内在要求去思考问题,最重要的就是要按社会对这个角色的要求去承担责任和履行义务,也可享受这个角色应该享受的权利。鲍曼称角色为"人的工作服",下班后就把"工作服脱了",即卸下了角色的"面具",显出自我本色。然而,角色虽然只是一种标志,但是这个标志所代表的内容却是实在的、丰富的。角色也是一种符号,但当这种符号出现以后,紧跟着的就是责任。

作为社会面具的角色,其获得和分配,是要遵循一定的社会规律和自然规律的。对规律的遵从,是角色的根基,有根基的角色是名副其实的,没有根基的角色是蹩脚的、虚假的,甚至是冒名顶替的。那么什么是角色的根基呢?先拿演员做例子,有的演员属本色演员,只能演与他的本色相仿的一类角色,演其他行当、性格的角色就不像，就蹩脚；另一类演员属于功夫演员，能演多种角色，甚至是男演员能演女性角色，女演员能演男性角色；也有一些演员，演不了角色（重要的有个性的角色），只能当替身跑龙套。演技就是演员的根基。社会角色的根基有三：一是自然的血缘关系形成的根基，比如父子、母女和兄弟等角色；二是经过社会法律关系形成的根基，比如夫妻、师徒和合法收养的子女等角色；三是凭能力、经验、影响和群众认同形成的根基，比如学术上的头衔，科学技术上的荣誉，政府官员和社会职务等的角色。当然，这三种角色根基有相通相融的地方，也有互相交叉的地方，但是其最基本的根基仍然是以上分述的三种。以上所列角色的根基，是仅就其形式上、能力上和程序上说的，一个称职的社会角色，还有更为根本更为深刻的内在因素构成的根基，即德性根基。关于角色的德性，下文将有更深入的论述。

角色是人的面具，人顶着各种各样的面具，出入于各种各样的场合，从事各种各样的工作，解决各种各样的问题，调解各种各样的矛盾，满足各种各样的需要。有根基有角色责任实现能力的人，可以让角色"扮演"得惟妙惟肖；无根基无角色责任实现能力的人，无法演绎角色应该"扮演"的"戏"，只能给自我给他人给社会带来损失和痛苦。以上是两个极端。还有五种情况值得研究：即，有根基无能力，有能力无根基，有根基能力弱，有能力根基弱，或是根基不坚实能力也不坚实。这些情况的出现，都会给社会，给他人，也给顶着角色的行为主体造成损失。

可见，社会角色的分配是与社会运行紧密联系在一起的，公平、合理、科学地分配社会角色，将成为社会良性运行的关键。

二、角色是个体社会关系的定位

行为主体社会角色的出现是因为行为主体社会关系的形成，行为主体有多少社会关系，就有多少社会角色依附于行为主体之上。

人的社会关系是动态的，是处于不断生成和不断消除状态之中的。角色除了和关系联系在一起之外，角色还和行动联系在一起。角色行动，既可以是主动的，也可以是被动的，既可以是肢体实践性的，也可以是意念思想性的。因而，关系的定位是在动态中形成的，也可以说关系是实践的结果。不行动，无实践，是不可能形成关系的。静态是关系的中止，静止不可能生成关系。关系中止了，角色也就卸任了；生成不了关系，也就形成不了角色。无论是自然生成的，还是主动争取的，或是社会分配的，都少不了行动或实践。儿子不脱离母胎，不发出第一声啼哭，这父子母子关系就不能形成；农民不拿锄头去耕耘土地，这耕种关系就不存在。

社会角色的动态存在不仅表现为行为主体在行动中争得社会角色，还表现为行为主体在实践中保持社会角色，更表现为社会角色是流动的。角色既可以为任一行为主体获得，也可以离开不称职的行为主体另选新的行为主体造就新角色。

社会角色的动态性是由社会的发展性和竞争性引起的。社会是不断发展前进的，前进发展着的社会也会赋予各种社会角色以不同的内涵和要求。社会的进步发展不仅仅赋予同一角色以不同内涵，还会因社会进步发展的需要而生出许多新的角色。新角色的诞生既表现为新的社会关系的生成，也表现为社会分工的细化和新的职业的出现；新角色的诞生既可能是新的生产力的产生，也可能是人们新的服务需求的出现。有生就有灭，既有新角色的诞生，就有老角色的终止或死亡。角色的新陈代谢、生生不息，是与人类的新陈代谢和生生不息一致的。角色的本质是人的社会责任的分配和实现，是社会责任在人与人之间的交接和继承。

三、角色与责任

角色和责任的关系，是名和实的关系，是表和里的关系，是形式和内容的关系。社会角色如果失去角色责任实现的支撑，则角色与傀儡无异。

责任是角色的连带物，无角色就无责任，有角色就有责任。"责任依赖于角色，而不是依赖于完成任务的人。角色并不是'自我'——只是在我们工作期间穿上的工作服，当下班后，我们就又会把它脱下来。"[①] 历史上形成的和历史上流传下来的角色，有约定俗成的责任，我们称之为旧有责任；也有因社会发展社会进步生出的新角色，我们称之为新责任。旧有责任随着社会的进步也有新内容的加入，新责任中也有与其相连的旧有责任的因素。责任的继承创新与文化的继承创新是一致的。

那么，什么是责任，什么是角色呢？二者之间的关系怎样呢？

责任是行为主体在特定的社会关系中对定在任务的自由确认和自觉服从。责任首先是任务，是每一个行为主体在特定的社会关系中必须完成的任务。这个任务必须是正当的。行为主体完成这一任务是保证社会运行和发展的需要，也是行为主体生存进步和价值实现的需要，如果这一任务不完成，就将影响他

[①] 齐格蒙特·鲍曼著，张成刚译：《后现代伦理学》，南京：江苏人民出版社，2003年，第22页。

人和社会的进步与发展。但是责任并不等于任务，只有被行为主体自由确认和自觉服从自觉自愿去做的任务才叫责任。同时责任还有一个承诺的问题，既然是行为主体自觉自愿承担的责任，就要充分认识这个责任，积极寻找实现责任的途径和方法，充分发挥主观能动性，千方百计地去兑现承诺，履行责任，完成任务。没能实现责任，就要承担责任失误的责任，就要接受社会、他人和自我良心的谴责。有时，这种谴责以中止或结束这一责任所对应的角色为表征。

在一个法制健全、政治清明、经济发达、社会运行良好的社会，免除责任也就是免去行为主体的角色。这种关系解除的方法，既可以是社会人为的解散这种关系，使角色消失；也可以是自然地消除角色。拿夫妻关系来说，既可以以离婚方式解散这一关系，也可能是以一方死亡解散这一关系。"夫妻本是同林鸟，大限来时各自飞。"也有法律和社会都无法解散、自然死亡也无法解散免除的关系，这是人类最基本的血缘关系，如父子母女关系。

以上分析的关系解散和角色免除，还只是就形式上说，就其实质内容来说，形式上的关系解除了还有感情的存在，角色解除了还有影响存在。比如夫妻之间，形式上关系还存在，但在感情上早已形同陌路，相反的情况也是存在的，即：没有夫妻之名，享有夫妻之实；名实背离，必然导致侵权、伤害和混乱。如老干部，他虽然退休了，曾担任过的行政职务的角色免除了，但他执政期间的影响还在，权力和利益依然像幽灵一样地紧紧地环绕在身边。而这种没有角色，不承担责任，但仍然享受权力和利益的情况，还较为普遍地存在。这是当代中国社会角色和社会责任错位的重要原因，也是社会进步受到影响的重要原因。

那么什么是角色呢？角色是行为主体在特定的时空所处社会关系的标志和确立。这种确立是由人为法、习惯法和自然法所确认的。角色只是对一种社会关系的确立和认证，只是社会结构的一个结点。获得了这一角色，只是获得了一种资格和名义，能否真正成为这一角色，名副其实，还得看他能否正确认同这一角色的责任，能否按质按量地履行这一角色的责任。能履行这一角色责任，是尽职尽责，是名副其实，是一种社会运行的正常状态；能超额履行这一角色责任，是这一角色的楷模和榜样，是引领社会进步的这一角色群的领袖；如果不能履行这一角色责任，是不称职，将要被这一组关系所淘汰。淘汰表现为：一是解除关系，免去角色，剥夺角色权利；二是关系弱化，角色名存实亡，愧儡就是对这种情况的描述。可见，角色只是符号，只是头衔，角色的实质是履行责任。

履行角色责任的根本在行为主体的心智，即行为主体的责任认同能力、责任实现能力和责任心。责任是社会结构结点上的凝聚力、承载力，角色只是这个结点上力量的表征。

四、角色认同与责任认同

认同是知和信的问题,仅知不信不叫认同,认同应是认知、信守和承诺的统一。认同是角色行为的开始。

角色认同是对在特定时空中社会所赋予的社会关系的认同。角色认同有两方面的含义,一为自己对社会赋予的角色的认同,二为社会对行为主体所处社会关系应得的角色的认同。社会角色认同的本质,是对行为主体角色根基的审查和对行为主体所在社会关系的确认。只有当行为主体对所处角色的自我认同与社会认同相一致时,才是真正的角色认同;失去了其中任何一方的认同,都将对关系的维护和巩固,对责任的履行与逃避,产生重大影响。

角色认同是行为主体的一种能力。角色认同取决于行为主体的形势洞察力、关系控制力、角色认知力和角色亲和力。角色认同的过程是一个获得关系双方承认的过程,也是获得第三方(社会或政府)承认的过程。"'名誉'揭示的是一种肯定的自我关系,这种关系在结构上与个体特殊性获得主体间承认的前提密切相关。"[①] 霍耐特所说的"名誉"就相当于"角色"。所以,角色虽然只是一个符号,一个象征,一个头衔,其获得应以行为主体的心智为根基,没有足够的能力、德性和智慧,要争得一个社会角色是很难的。反过来说,社会对角色的分配和任免也应以行为主体的能力、德性和智慧为依据,舍此,便有失公允,会引发社会的杂音,杂音多了就不和谐。

责任认同是角色认同的继续,责任认同往往与角色认同同步。一个明智的人,在进行角色认同时,首先考虑的就是我有没有资格和能力来承担这一角色。资格者,社会影响也;能力者,履行角色责任的知识储备和履行这一角色责任的经验、技能也。因为明智的人知道,责任是集责、权、利于一体的,造成责任失误,是要追究责任、受到谴责和惩处的。与其受到谴责和惩处,不如不就任这一角色,不承担这一责任。特别是对角色的追求,尤其要与自己的心智相匹配。在这儿我用心智一词,不用能力一词,因为心智包括德和才两个方面,而能力往往被人们误解为仅指技能技巧。实际上能力本身也应该包括德能和才能,包括做人和做事。正如孔子所说:"知及之,仁不能守之,虽得之,

---

① 阿克塞尔·霍耐特著,胡继华译:《为承认而斗争》,上海:上海世纪出版集团,2005年,第27页。

必失之。"①

做人和做事，对于一个领导者和组织者来说，二者是统一的。人能做事，众多的事要众多的人去做。会做人的人能动员大家一起做事，众人拾柴火焰高，人多力量大，这个时候的做人就是做事。但无论如何会做人的人，也要会做事。要大家一起做的事，独自一人去做，做不了也做不好，是吃力不讨好，是笨伯；可以你做也可以叫别人做，你让别人做了，且别人心甘情愿地做，为你负责，是聪明的人；本应该你去做，且是你这一角色的分内之责，却让别人代劳，是失职，久而久之会大权旁落，是先当懒虫后当傀儡。所以，做人做事是不可能截然分开的。做人与做事，对任何一个角色来说，相当于鸟之两翼，车之双轮，缺一不可。认识到哪些事不可做，哪些事必须做，哪些事可做可不做，哪些事可以不做而又不得不做，哪些事应该做而在特定的场合又不能不放弃做，是大智慧。

角色认同与责任认同既有约定俗成的定则，又不能拘泥于约定俗成的定则；既不放弃角色逃避责任，又不能不知权衡，对任何一个可属于你的权利都要逮住不放，而致使丧失更多的权利和责任。对角色和责任的认同也是一个灵活的动态的过程，要注意方法和策略。这种方法和策略的核心是轻重缓急的支配和利害得失的权衡。

五、角色期待和角色解除

行为主体的角色期待和角色解除，是人的主体性的体现，是人实现理想过程中的主动追求和自觉放弃。角色期待和角色解除，是有所为有所不为。

角色期待和角色解除应该都是人的积极的选择。期待是为了获得，放弃也是为了更好地获得。不放弃，腾不开空间和精力，不能有效地争取新的获得；不期待就没有新的追求，满足于已有的空间，是消极固守。所以积极争取和主动放弃，是一个事物的两面，是生存辩证法在角色获取上的运用。

那么什么是角色期待呢？角色期待有两种类型，一种角色期待往往表现为人们对高于自己优于自己目前所处角色的一种更高级的角色的向往和追求。角色期待是一种积极上进的表现。另一种角色期待往往表现为对个人兴趣爱好的追求和向往，在常人看来，他所追求的新角色并不比老角色好（比如，县长不当了要去当演员），但新角色是他的兴趣爱好和理想所在，他以为在新的角色生涯中更能实现自己的价值。这种角色期待，从表面上看好像不是为了进步，

---

① 《论语·卫灵公》。

实际上仍然是根据自己的兴趣爱好追求更理想更幸福更有意义的生活，亦是为了实现人生价值，仍然是积极上进的表现。

角色解除和角色期待应是一致的，新的角色的获得往往表现为对旧的角色的解除。当然，新角色和旧角色同时存在的角色期待也是有的，那是为了获得更宽更广的生活生存空间的做法。与此相对的是，不以获得新的角色为目的而解除旧的角色，这种解除往往表现为不堪其责任重负，或是不堪其关系纠缠，为了寻求解脱，被迫做出角色解除的选择。有些人的自杀亦属于谋求角色解除。

就角色期待和角色解除的选择来看，角色期待是积极的向上的乐观的明智的进取的选择；而角色解除则是被动的甚至是无奈的选择。角色选择受到人的主客观条件的限制，期待的东西往往一辈子得不到，想解除的东西也可能到死才能实现。人的很多痛苦，特别是精神上的痛苦，大多数就来自这种"得不到"和"解不脱"的纠缠、挣扎。

为什么有的人想什么有什么，欲摆脱则马上能摆脱呢？是命运之神对他们特别惠顾吗？是机遇专门青睐他们吗？非也！机遇特别惠顾那些有准备的人。那么要作哪些准备呢？一是心理准备，不要不切实际，不要好高骛远，不要期望值过高，更重要的是实事求是地看待他人，实事求是地看待自己，实事求是地看待社会，非如此不能作出正确的选择和抉择。二是能力准备，任何一个角色，任何一种责任，其承担和实现都要有一定的甚至是特殊的能力，要了解承担新角色需要哪些条件哪些能力，应早作准备，长期积累才可偶然得之。所谓不作非分之想，就是毫无准备时不要贪图意外的收获。三是要作道德准备，优化自己的人格，净化自己的灵魂，磨炼自己的意志，消除自己的贪欲。这是角色期待和角色解除中最重要的准备。四是艰苦卓绝，持之以恒，长期努力，百折不挠。任何理想的达到都是与追求者的长期努力分不开的，一蹴而就的成功算不得真正的成功。

六、角色的主次与大小

角色本无主次，也无所谓大小，且主次大小是变动的，小可变成大，大可变成小，主能变成次，次能驾驭主。我这里之所以要把主次大小作一个问题拿出来讨论，是因为社会上都习惯于把角色分成主次大小。

所谓大角色，是因为他相对于其他众多角色而言，其责任大、影响大、权力大、利益大；所谓小角色，是因为他相对于一些大角色而言，其责任小、影响小、权力小、利益少；所谓主要角色是因为他相对于其他次要角色而言，他居于领导地位、统治地位、决策地位,起关键作用;所谓次要角色,是因为他相对于一些主要角色而言,他居于从属地位、被领导、被支配地位,起一般作用。大角色之上还有大角色,小角色之下还有小角色。所以角色的大小主次,都是相对的,是可以互相转化的。

就整个社会而言,有多人共同承担一个角色,有一人承担多个角色;即:社会角色是一对多和多对一的关系。角色的大小主次是与行为主体活动的时空联系在一起的。随着活动的空间的增大,大角色可能变成小角色;随着活动空间的缩小,小角色可能变成大角色。更为重要的是大角色的贡献不一定比小角色大,从古至今,小角色作出大贡献的大有人在;次要角色超过主要角色的也大有人在。我们只有把握住了角色大小主次的辩证法,才能正确对待自己的角色,才能居大角色时不骄横,处小角色时不气馁,居主要角色时不傲视小角色,处小角色时不献媚大角色。

正确处理角色大小主次的关系,是一个人在社会上不断进步的关键所在。任何时候任何地方,处于大角色、主角色地位者,掉以轻心,忘乎所以,都可能向其反面逆转;任何时候任何地方,处于小角色或次角色地位的人,若能自强不息,积极进取,也定能向相反方向转化,进入大角色、主角色。从小到大,从次到主,是社会发展进步的正常规律。

命运的主动权,有时的确掌握在自己手里,关键是看你如何运作。

七、角色的知性、理性与德性

本论所言知性,是指角色对感性材料的认知、判断和综合处理后显示出的能力气质;本论所言理性,是指角色对感觉、欲望所应有的理智控制力;本论所言德性,是指行为主体在理性指导下,正确处理角色与自我、角色与他者、角色与社会、角色与自然、角色与角色、角色与责任的关系,也就是角色所应有的道德认知能力和道德实践能力。

先说角色的知性。任何一个成熟的社会角色,都要有一定的认知能力,而这种认知能力应是建立在受过良好的教育,有较为宽厚的社会科学知识和自然科学知识,有一定社会经验,有正常社会交往能力,具备一般的从现象到本质、从个别到一般的分析概括能力基础之上的。角色的知性是由人的感性、直觉和体悟构成的。所谓感性是由人的眼、耳、鼻、舌、身对外在事物的观察、感知和体悟(我把阅读也归入观察中),由观察而分析,由分析而联想,由联想而推测,既有横向的对周边事物的联想推测,也有纵向的对历史和未来的推测。在获得知性的过程中脑起了重要的作用。斯宾诺莎说:"我们首先必须尽力寻求一种方法来医治知性,并且尽可能于开始时纯化知性,以便知性可以成功地、无误地、并尽可能地完善地认识事物。"①

具备了必要的认识基础以后,角色能够认知到作为这一角色所需要的技能技巧,从事社会交际活动时所需要的沟通技能和心理承受能力,以及在各种活动中可能遭遇到的突发事件的应变能力,以及对行动后果的预测能力、多重角色之间可能发生的矛盾冲突的调解能力和控制能力,等等。知不是目的,实现角色责任才是目的。知性,应是角色在生产、生活、学习中,为实现角色责任而应该具有的认知、判断、抉择能力和实践能力。

再说理性。理性是科学态度和民主精神的结合。所谓科学态度,是指尊重科学和尊重科学的思维。要确立科学态度:一要克服经验形成的成见和偏见,公平正义,实事求是;二要行为主体能独立思考,不人云亦云,不见风使舵,不出尔反尔,不迷信权威,不独断专横;三要对事物认识清楚明白,既不一叶蔽目不见泰山,也不只见表象不见本质。所谓民主,这里不是指民主制度,而是指民主精神,民主是既尊重自己也尊重别人,人人都按自己的意愿发表意见,人人都能按自己的意愿发表意见。理性同愚昧和迷信是死敌。② 角色的理性是要以理智、理性来指导行为,在于使思想服从理性,在于使人格趋于完善。理性要求作为行为主体的角色,能达到自由和必然的统一。

理性的基础是知性,但理性又高于知性。理性是有理想、有信仰、有认识判断标准的知性。理性指挥知性在什么方向什么区域去认知,认知的目的是什么;理性左右主体的行为目标选择,理性是角色的价值标准。理性为角色的行为取舍定标准,定方向。理性是角色的方向盘和控制器;理性为角色之舟掌舵、导航。

当角色遭遇情绪、情感和直接欲望的干扰不能作出正确抉择时,理性发挥导航纠偏作用,让角色不为情感所左右,避免做出错误的选择。近年来流行的跟着感觉走,就是缺乏理性的表现;一些年轻人整天沉溺于网上虚拟世界,甚至迷上网恋,亦是缺乏理性的结果。为情所困,为情所惑,为情所累,殉情,仇杀,均是情感泛滥、缺乏理性控制酿出的恶果,都是不理智的表现。理性是情感的龙头,理性让情感沿着正确的轨道运行。理性表现为尊重科学,破除迷信,有科学精神和科学态度,善于运用科学方法分析问题判断问题。

最后说德性。"德性能够使一个人在追求自己的生活目的的过程中拥有善,使他能够在困惑和迷乱中清醒地知道自己将要做什么,自己有什么样的目的,

---

① 斯宾诺莎著,贺麟译:《性改进论》,北京:商务印书馆,1960年,第24页。
② 陈宣良:《理性主义》,成都:四川人民出版社,1988年,第311—316页。

自己信守的道德标准是什么。在追求美好生活中，德性的践行是必要的，因为德性使人从当下的存在情态向可能的生活目的超越，从现实的人性向明确生活的本真目的后的人性转化。"① 麦金太尔更是说得清楚：德性"不仅维持实践，使我们获得实践的内在利益，也将使我们能够克服我们所遭遇的伤害、危险、诱惑和涣散，从而在对相关类型的善的追求中支撑我们，并且还将把不断增长的自我认识和对善的认识充实我们"②。德性是行为主体对角色与本我、角色与他者、角色与自然、角色与社会、角色与角色、角色与责任之间的关系的正确处理。何谓正确处理？就是要在处理这些关系时遵循理性的原则，比如在处理角色与本我的关系时遵循主体性原则，其核心是自尊自立，个性的全面自由发展；在处理角色与他者的关系时要遵循自由平等原则，其核心是己所不欲，勿施于人；己欲立而立人，己欲达而达人；在处理角色与自然、角色与社会的关系时，要遵循共生共存和可持续发展的原则，其核心是不要浪费透支资源，不要损害他人利益，力争做到互补双赢；在处理个人承担的角色与角色之间的关系时，要遵循统筹兼顾原则，其核心是要把握住众多角色间的亲、疏、远、近和轻、重、缓、急关系，处理的结果应是福德双赢；在处理角色与责任的关系时，要遵循知行合一原则，其核心内容是言必信，行必果，言行一致，不逃避责任，不推卸责任。

从处理以上各组关系的意义上理解，德性就是理性，理性力量对自然的控制是社会进步的唯一途径。角色的理性最终表现为角色的德性。理性让角色独立思考，不盲从、不轻信、不投机取巧，尊重规律，相信科学，勤劳勇敢，俭朴诚实，与人为善，积极进取，有眼光，有判断力，有鉴别能力，有正义感，有同情心。理性让角色识大体、顾大局，知道事物的轻、重、缓、急，善于处理远和近、轻和重、情和理、内和外的关系，立潮头而身正，处下流而昂首。

八、角色的精神寄托和角色的终极关怀

角色是活的，角色是能动的，角色连带着责任，责任推动着角色。因而，角色是有精神追求的，角色的精神追求表现为角色的终极关怀。

什么是终极关怀？什么是角色的终极关怀？终极关怀是人类超越自己的直接的和次终极的利益和要求，无条件地追寻存在的价值和意义。终极关怀是人的精神的制高点，也是人对最高伦理价值的追求。精神是人的知、情、意的结

---

① 金生鈜：《德性与教化》，长沙：湖南大学出版社，2003年，第30页。
② 麦金太尔著，龚群译：《德性之后》，北京：中国社会科学出版社，1995年，第277页。

合，精神是人们在实践中形成的一种有明确目标追求的意志力。这种意志力推动着人们对生存、生产和生活方式的选择；这种意志力使人们的生活充满阳光、五彩斑斓；这种意志力既是人们追求理想的风帆，又是人们战胜困难的动力；这种意志力既是交往中的亲和力、感召力，又是人们在孤独中、困苦中、危难中摆脱困境、起死回生、转败为胜的生命活力。因而，终极关怀是推动人的生命的活力。有生命活力的人，高位截瘫的残疾人能成为顶天立地的英雄；没有生命活力的人，即使是身强体壮的小伙子也不堪一击。孕育精神就是培养生命活力。生命的活力是人的终极关怀的直接表现。

生命的活力表现为一种百折不挠的韧性，愈挫愈奋的斗志，吃苦耐劳的品性，宽宏大量的胸怀。脆弱、浅薄、虚荣、娇嫩和短视，都谈不上精神和活力。精神是理念对物质的轻视，精神是意志对肉体的驾驭。视死如归表现出精神的高贵，宁死不屈表现出理想的坚定。

角色是人的整个生命的一角，众多的一角合在一起才构成了人的完整的生命。角色是生命的碎片，角色还不是生命。人们面对依附于生命之上的众多角色，每天象赶场一样地穿梭在角色的丛林之中，忙忙碌碌，东奔西走。忙，是人的生命的原色。但是忙并不体现终极关怀，忙的价值取向才体现终极关怀。因而，人们在忙中千万不要忘记了自我，千万不要丢弃了本色。而这不能忘记的自我和不能丢弃的本色，就是人的终极价值追求，也就是人的终极关怀。人的终极关怀是统率角色责任的最高统帅，如果所有角色责任的实现都是围绕终极关怀进行的，那么这个人的人生将是辉煌的，也是极具生命力的。如果角色责任实现价值不明确，甚至是混乱的，那么这个人的终极关怀也是灰暗不明的。

精神是肉体的灵魂，精神是生命的火焰，没有精神充盈其间的生命是黯淡的黑夜，没有精神支撑的肉体与行尸走肉无异。

角色的终极关怀是精神对生命之火的点燃；角色的终极关怀是精神赋予肉体以力量；角色的终极关怀表现为精神对行为主体生命力的激活；角色的终极关怀表现为责任伦理的最高价值。

作者：程东峰（1948—），男，安徽金寨人，皖西学院政法系教授。
原载：《皖西学院学报》，2007年第4期。

启蒙与责任
——康德和"五四"思想家的启蒙观

顾红亮

一、启蒙、理性与责任

随着启蒙理性的发展,启蒙带来的理性灾难、文明灾难已经使我们深受其害,如人凭借理性能力发明的技术反过来控制人,启蒙理性告诉人有能力认识和改造自然,然而无节制地改造自然不是更好地营造而是恶化我们的生存环境。当代社会的现实状况使知识分子纷纷谴责启蒙运动和理性哲学,对启蒙运动以来的西方理性传统多加指责,尤以霍克海默和阿多诺的《启蒙辩证法》为最,他们对启蒙的批评火力主要集中在对理性的批评上。霍克海默和阿多诺指出,启蒙运动在解放人的同时,也强化了奴役人的力量。启蒙理性在凯歌行进的过程中,也创造了毁灭自身的力量。在某种意义上,启蒙运动的理性力量已经把启蒙信念给打垮了。"启蒙运动是极权主义的。"[①]虽然霍克海默和阿多诺对启蒙理性多有微词,但是,他们并不反对启蒙与理性本身,而是反对关于启蒙与理性的神话。现代性的发展不断制造启蒙理性的神话,致使启蒙理性处于自我矛盾的境地。

针对这种状况,笔者想指出另一种情况,理性固然有不完善的地方,但是不能把启蒙与现代性的罪责全归到理性的头上,其实,真正的问题在于我们自身,我们从一开始就对启蒙的理解有偏差,把启蒙几乎等同于理性。张申府直截了当地指出:"启蒙运动其实就等于理性运动。"[②] 这个启蒙观本身就是有问题的,是对康德启蒙观念的误读。要正确理解启蒙,我们必须重读康德的文章《答复这个问题:"什么是启蒙运动?"》。

康德关于启蒙的定义是:"启蒙运动就是人类脱离自己所加之于自己的不

[①] 霍克海默:《启蒙概念》,载于上海社会科学院哲学研究所编:《法兰克福学派论著选辑》上卷,北京:商务印书馆,1998年,第120页。

[②] 张申府:《张申府文集》第1卷,石家庄:河北人民出版社,2005年,第289页。

成熟状态。不成熟状态就是不经别人的引导，就对运用自己的理智无能为力。"① 这段话特别点出了理性与启蒙的密切关系。一些学者侧重从理性的视角来理解康德的启蒙定义，把启蒙视为理性的自我运用。笔者觉得这个理解是不完整、偏颇的。康德这个经典的定义不仅指出了启蒙与理性的关系，而且指出了启蒙与责任的连带关系。这种关系主要体现在以下两点上：

第一，人类运用自己的理性不仅是可能的，而且是必要的，理性的运用是自身担负的一种责任。理性的运用就是要把我们从不成熟的状态中解放出来。对于这种"解放"，福柯指出："他（指康德）形容它是一个现象，一个正在进行的过程；但他也把它表述为一个任务和责任（义务）。从第一段起，他指明人本身应对他的不成熟状态负责。"② 康德把个人从不成熟状态脱离出来的理性化要求视为一种责任。一个人只有把理性的运用看作是自己的责任，才有可能成为启蒙的人。康德举了一个例子来说明这个观点。国王应该怎么做才算是一个启蒙者呢？"他认为自己的义务就是要在宗教事务方面决不对人们加以任何规定，而是让他们有充分的自由，但他又甚至谢绝宽容这个高傲的名称；这位国君本人就是启蒙了的。"③ 启蒙的国王的义务或责任在于运用自己的理性，不干涉别人的自由，使别人也有运用理性的自由。当理性运用成为一个人的责任的时候，他离启蒙者的位置也就不远了。

在《纯粹理性批判》中，康德对知性（understanding）与理性（reason）范畴做了区分。两者都是指逻辑思维能力，但有不同的逻辑形式，知性与判断相连，理性与推理相连。理性不满足于知性所得的知识，试图寻求知识的最高的统一性。人的认识能力的发展体现为由感性到知性再到理性的过程。当然，按照康浦·斯密（Norman Kemp Smith）的说法，康德也常常把知性和理性等同，把心灵区分为感性和主动性两种功能。④ 尽管康德对理性概念的运用比较复杂，其含义也多样，但是有一点含义是基本的，那就是指批判思维能力，对经验或知识进行批判性考察的能力。我们大致可以在这个意义上来理解康德的启蒙理性概念，就像福柯所说："在某个意义上，批判是在启蒙运动中成长起来的理性的手册，反过来，启蒙运动是批判的时代。"⑤ 当这种理性能力被误用的时候，理性已经背离了自身的含义，它不仅不再批判地考察对象，而且

---

① 康德著，何兆武译：《历史理性批判文集》，北京：商务印书馆，1996年，第22页。
② 福柯：《什么是启蒙》，载于汪晖、陈燕谷主编：《文化与公共性》，北京：三联书店，2005年，第425页。
③ 康德著，何兆武译：《历史理性批判文集》，第29页。
④ 参见李泽厚：《批判哲学的批判》，北京：人民出版社，1979年，第204页。
⑤ 福柯：《什么是启蒙》，载于汪晖、陈燕谷主编：《文化与公共性》，第428—429页。

不再批判地考察自己。从这个意义上说，责任性是理性内涵的应有之义。

第二，理性的运用有两种形式，一是公开运用理性，二是私下运用理性。启蒙所要求的是前者。这里，公开的运用包含着负责的运用的意思。康德举的关于私下和公开运用理性的例子有助于说明这个问题。康德说，一个牧师在运用理性时有不同的情境，当他作为一个牧师在演讲宗教教义时，哪怕他是面对着众多的听众，他仍然是在私下运用理性；而当他作为一个学者在演讲时，他是在公开运用理性。为什么呢？"作为一个学者，他却有充分自由、甚至于有责任，把他经过深思熟虑有关那种教义的缺点的全部善意的意见以及关于更好地组织宗教团体和教会团体的建议传达给公众。"① 学者是在负责任地运用理性，自由地表达自己的意见。这种理性的运用被称为公开的运用。而牧师的演讲则不同，牧师是教会任命的职位，他必须按照教会的要求去演讲，虽然，他在演讲中也是在很负责任地发表自己的想法（其实是教会的想法），但那是在履行他的职业道德。如果他不负责任，他有可能被解除职务。康德认为，启蒙理性的运用指的是公开的运用，而不是私下的运用。"我所理解的对自己理性的公开运用，则是指任何人作为学者在全部听众面前所能做的那种运用。一个人在其所受任的一定公职岗位或者职务上所能运用的自己的理性，我就称之为私下的运用。"② 由此可见，启蒙的过程不仅是一个理性化的过程，而且是一个公开地、负责地运用理性的过程。责任是启蒙观念的内在成分之一。换言之，启蒙主体不仅是理性的主体，而且是负责的主体，是对理性负责的主体。

启蒙理性的公开运用之所以必须是负责任的运用，是因为理性的运用存在着被误用的可能。对此问题，与康德同时代的犹太启蒙思想家摩西·门德尔松（Moses Mendelssohn）有着更深的认识。他指出："启蒙的误用弱化道德情感，导致铁石心肠、利己主义、无宗教和无政府主义。"③ 这是启蒙理性被误用所导致的最可怕的结局。门德尔松的警告已经在现代生活中部分兑现了。

进一步说，负责的启蒙主体有两个层次的含义。第一层次，抽象地说，当主体为自身的理性运用而负责的时候，这类主体（人）是自我负责的主体。第二层次，具体地说，根据康德的定义，启蒙要摆脱不成熟状态，个人摆脱不成熟状态可能需要"我"的引导，由"我"来启蒙别人运用理性，这样，"我"就为别人的启蒙而担负责任，这个时候，"我"作为责任主体不仅仅是自我责

---

① 康德著，何兆武译：《历史理性批判文集》，第 25 页。
② 康德著，何兆武译：《历史理性批判文集》，第 24—25 页。
③ Moses Mendelssohn. *Philosophical Writings*. London: Cambridge University Press, 1997, p. 316.

任的主体，而且是为他人负责的主体。在这两种责任主体中，前者是基础。人作为自我负责的主体是根本的启蒙观念之一。

启蒙与责任的关系还可以从另一个角度加以理解。运用理性的一个目的是祛除不成熟状态，开民智与新民德。从开民智的角度看，责任主体的责任性体现在对真理的追求，为真理负责。"他"敢于坚持真理，敢于和任何与真理背道而驰的力量作斗争。从新民德的角度看，责任是最基本的道德价值。按康德的观点，责任主体的行为之所以具有道德价值，是因为该主体的行动出于责任，而不是合乎责任。出于责任是关乎行动者动机的问题，而合乎责任是关于行动结果的问题。

在现代思想家中，韦伯对责任问题有较深的认识。他从伦理原则的角度谈及这个问题。他谈到新教伦理与资本主义精神的关系，认为西方的现代化是一个合理化的进程。在此进程中，涉及责任伦理与信念伦理的关系。韦伯认为，责任伦理高于信念伦理。在社会的合理化过程中，责任伦理发挥着更加重要的作用。换言之，只有合理化与责任伦理的相互配合，现代化进程和启蒙事业才会取得成功。韦伯对启蒙运动以来的现代化进程与责任伦理之间关系的认识，无疑是对康德启蒙观的极好发挥。

二、实质性启蒙与形式性启蒙

在大部分人的观念中，五四新文化运动和科学实验、个性解放、民主自由思潮联系在一起。在把"五四"启蒙与科学、民主相连接的背后，隐含着一种危险，那就是人们可能会忽略了另一个维度，即对责任的关注。启蒙与责任观念密切相连。这种相连性在上文对康德启蒙概念的讨论中表现得很清楚。其实，"五四"时期，现代中国哲学家对责任和理性观念也有一定程度的论述，这些论述丰富了我们关于启蒙观念的理解，也体现了中国哲学家关于现代性启蒙的独特思路。

在五四新文化运动期间，有两篇文章可谓中国思想启蒙的重要文献，一是陈独秀的《吾人最后之觉悟》，二是胡适的《新思潮的意义》，他们都谈到了有关理性、责任与启蒙的理解。

陈独秀是"五四"时期提倡科学和民主最有力的思想家。他不仅提出"赛先生"和"德先生"两个口号，而且充分认识到理性之于启蒙的重要性。他说："今且日新月异，举凡一事之兴，一物之细，罔不诉之科学法则，以定其得失从违；其效将使人间之思想云为，一遵理性，而迷信斩焉，而无知妄作之风息焉。"① 陈独秀把科学理性看做迷信与蒙昧的对立面。他也谈到了和康德类似的思想,个人必须运用自己的理性,把理性当作评价的尺度审查一切学说教条。"唯有听命各自固有之智能,断无盲从隶属他人之理。"② 他在《吾人最后之觉悟》中提出政治的觉悟和伦理的觉悟,而且这两种觉悟被视为启蒙的关键。他所说的政治的觉悟,指的是认识到由专制政治向民主政治转化的必要性;伦理的觉悟,指的是认识到由礼教纲常向自主的、功利的现代伦理观转化的必要性。究其实,这两种觉悟的背后都有理性的作用。我们可以把陈独秀的觉悟理解为一种理性的认识,这样,政治的觉悟和伦理的觉悟都可视为理性的觉醒,最终的目的指向都是民族国家的建构。也就是说,理性服务于救国任务,理性与启蒙的责任在于挽救民族危机,"欲图世界的生存"。陈独秀提倡科学理性的背后潜伏着救亡的思想和救国的责任意识。他后来接受马克思主义学说和这一思想背景是不可分割的。

  胡适在《新思潮的意义》一文中所说的新思潮,可以指很多具体的思潮,如实验主义、意志主义、民主主义、无政府主义等等,在总体上,我们可以把它们称为启蒙思潮或具有启蒙性质的思潮。胡适指出,启蒙思潮的实质是评判精神。什么叫评判?胡适用尼采的"重新估定一切价值"来解释评判的含义。这个界定至少包含两个意思:第一,评判是一种理性的审查,评判者的工作是对研究对象进行理性的考察和批评。胡适借用杜威的"创造的智慧"(creative intelligence)来说明理智的运用。intelligence 也可译作"理智"。理智的作用在于审慎地研究并解决疑难问题。第二,评判有一种现代性的价值取向。评判属于价值论范畴,而不属于知识论范畴,对某一事物进行评价总有评价的标准和尺度。在现代社会里,现代性的价值取向自然成为评判的基本尺度,因此,对孔教或儒教思想的讨论就是要评估它的现代价值。启蒙精神的目的是什么?是再造文明,复兴中华文化。这既是启蒙的目的,也是启蒙者的责任。在胡适眼里,责任是启蒙者担负的为国为民的责任,是为新文化发展担负的责任。无论是理性的评判,还是现代性的评判,其目的都指向民族国家的复兴,为国家负责。

  从比较视域看,"五四"主流思想家的启蒙观和康德的启蒙观是有距离的。康德的启蒙概念与理性、责任联系在一起,是理性的启蒙和责任的启蒙。康德讲的理性与责任有两个意思:一指理性就是负责任的理性;二指理性的公开运用也就是负责任的运用。康德所阐述的责任侧重于形式性的责任,而以陈独秀

---

  ① 陈独秀:《独秀文存》,合肥:安徽人民出版社,1996年,第9页。
  ② 陈独秀:《独秀文存》,第5页。

和胡适为代表的"五四"思想家讲的责任侧重于为民族国家负责的责任,侧重于实质性的责任。据此看来,康德和"五四"思想家分别代表了两种启蒙观,以不同的理性和责任观念为基础建立起来的启蒙观,前者注重理性的、负责任的运用,如何使人解蔽,后者注重理性运用的责任目的与结果,看重科学与民主,看重民族危机的化解。根据责任观念的区别,我们可以把前者称为形式性的启蒙观,把后者称为实质性的启蒙观。康德侧重形式性的启蒙,而"五四"主流思想家侧重实质性的启蒙。

三、启蒙与救亡之辨

上文关于两种启蒙观的讨论让我们想起"救亡压倒启蒙"这个著名的命题:"五四时期启蒙与救亡并行不悖相得益彰的局面并没有延续多久,时代的危亡局势和剧烈的现实斗争,迫使政治救亡的主题又一次全面压倒了思想启蒙的主题。"[①] 我们从启蒙与责任的关系来看,这个命题表达的是一个思想表层的意思。从表层上看,启蒙与救亡是一对矛盾的范畴,思想启蒙与政治救亡是相反对的。可是,从启蒙与责任一致论的视角看,启蒙培育的不仅是理性主体,而且是责任主体,而政治救亡活动锻炼的主体也是责任主体,为集体、为民族国家负责的主体。如果没有这样一种责任意识,我们很难想象"五四"运动以后的救亡与革命运动会有如此浩大的声势与规模。在现代中国知识分子的启蒙与救亡意识的背后,潜伏着一种责任意识。这是连接启蒙与救亡的中介环节与思想平台。换言之,在现代中国,启蒙与救亡的关系固然有对立的一面,但也有统一的一面。章太炎的"竞争生智慧,革命开民智"一说,以简明扼要的形式表达了启蒙("开民智")与救亡("革命")的内在联结。对于"五四"启蒙思想家来说,培育具有科学意识和民主意识的现代主体无疑是启蒙的重要任务。但是,仅仅如此还是不够的,现代主体必须是一个责任主体,一个不仅为自己负责,而且为民族国家负责的主体。启蒙思想家本身就是这样一群践履责任观念的现代主体。培育这样的责任主体正是中国现代性发展的根本要求。因此,谈"五四"的启蒙观,如果不谈责任观,那是不全面的。

"救亡压倒启蒙"论主张,在"五四"时期,启蒙与救亡短暂并存,但是,很快启蒙被救亡压倒了。这个命题引起很多争议。我们假设这个命题是合理的,那么,值得思考的问题是,为什么救亡压倒了启蒙。当然,回答这个问题很难,不仅有现实的原因,而且有理论的原因。笔者认为,从学理上分析,有

[①] 李泽厚:《中国现代思想史论》,合肥:安徽文艺出版社,1994年,第36页。

一点是应该引起我们重视的,那就是启蒙观念与救亡观念本身是不可分割的,这两个观念不一定是并列的概念,也可以理解为有主次关系的一对概念:启蒙的目的是救亡,救亡是启蒙的价值取向。把救亡与启蒙沟通起来的中介是责任观念。在为民族国家负责这个层面上,救亡和启蒙的对峙意义消解了。启蒙是为民族国家的复兴而启蒙,民族国家的复兴工作就是救亡,因此,启蒙是以救亡为指向的,具体的革命斗争也是以民族国家的救亡为指向的。所以,启蒙是救亡的途径,救亡是启蒙的方向。只有在这种语境下,我们才能理解"五四"的启蒙在本质上具有救亡的意义。20 世纪 30、40 年代的新启蒙运动在一定程度上是对"五四"启蒙精神的继承,同样具有民族救亡的意义。张申府明确指出:"中国的新启蒙运动不但要更深入,更批判,不但要与救亡运动相配应,更是民族的,以前的启蒙运动还有一个特点是个人主义,这在今日也必然要变成大众的,集体的,而且是建设的。"[①] 启蒙与救亡的相互配合是现代中国的历史处境决定的。20 世纪 30—40 年代的新启蒙运动在一定程度上折射出"五四"启蒙的基本特征:启蒙话语与救亡话语都指向一种民族责任话语。

我们还可从中国现代化发展的历程来考察启蒙和救亡的关系。1923 年,梁启超在《五十年中国进化概论》中指出:"近五十年来,中国人渐渐知道自己的不足了……第一期,先从器物上感觉不足……第二期,是从制度上感觉不足……第三期,便是从文化根本上感觉不足……革命成功将近十年,所希望的件件都落空,渐渐有点废然思返,觉得社会文化是整套的,要拿旧的心理运用新制度,决计不可能,渐渐要求全人权的觉悟。"[②] 梁启超把中国的现代化发展分成三个阶段:器物的现代化、制度的现代化和文化(观念)的现代化。这个过程是在外国列强入侵的历史背景下发生的。在一定意义上,中国的现代化是对外国势力侵略的一个回应。这个回应可以理解为民族救亡的运动。从这个意义上,我们可以把中国的现代化展开看作一个救亡的过程。这样,器物、制度与观念的现代化就被视为民族救亡的三个阶段。当然,我们同样可以把这三个阶段理解为启蒙过程和社会的合理化过程。我们很难说,观念文化的觉悟属于启蒙,而器物文化和制度文化层面上的觉悟就不是启蒙。套用康德的启蒙界说,启蒙理性既可以公开地运用于观念文化领域,也可以运用于器物和制度文化领域。因此,器物、制度和观念的现代化也可视为中国启蒙的三个阶段。由此可见,现代中国的启蒙和救亡话语共享着相同的历史语境。在此语境的背后隐含着为民族国家的振兴负责的观念。

[①] 张申府:《张申府文集》,第 1 卷,第 292 页。
[②] 梁启超:《梁启超文集》,北京:燕山出版社,1997 年,第 450—451 页。

根据上文的阐释，现代中国的启蒙运动属于实质性的启蒙，启蒙所涉及的责任主要是实质性的责任，不是形式性的责任。在现代中国，实质性的启蒙观念与救亡观念具有某种共生性，它们缠绕在一起形成了具有中国特色的现代性启蒙观。进入21世纪，中国的现代性任务已经从救国救亡向富国强民转移，与此相应，当代的启蒙事业的方向也应该发生转换：当代启蒙思想家更要关注形式性的启蒙，即关注如何对理性进行公开地和负责地运用。笔者认为，"五四"开启的启蒙之路并未完成，还需要后人的持续努力与推进。虽然"五四"以来的实质性启蒙事业的任务已经初步告捷，但是，康德意义上的形式性启蒙事业才刚刚开始。这是一项任重而道远的事业。

作者：顾红亮（1971—），男，浙江萧山人，华东师范大学哲学系暨中国现代思想文化研究所副教授。

原载：《天津社会科学》，2007年第1期。

[西方责任伦理诸流派]

凸显"责任"的西方应用伦理学
——西方责任伦理述评

毛 羽

自 20 世纪下半叶以来,北美、欧洲诸国的伦理学界相继出版了相当数量的关于责任伦理的论著,例如美国著名哲学家范伯格(Joel Feinberg)的《责任理论》,唐纳德·肯尼迪(Donald Kennedy)的《学术责任》,特里·库帕(Terry Cooper)的《行政伦理学:实现行政责任的途径》;英国约翰·M. 费舍尔和马克·拉威泽(John Martin Fischer and Mark Ravizza)的《责任与控制:关于道德责任的理论》;德国汉斯·约纳斯(Hans Jonas)的《责任之原理》,伦克(Hans Lenk)的《应用伦理学导论:责任与良心》,汉斯·昆(Hans Küng,又译孔汉思)的《全球责任》等等。"责任"成为应用伦理学的核心范畴之一,既是对伦理理论发展需要的反映,也是当今现实对伦理规范提出的新要求的一种回答。本文试图就责任伦理在应用伦理学的几个分支中的状况进行简要的综述并对"责任"问题的凸显展开初步的分析。

一、企业社会责任

企业伦理学(Business Ethics)是应用伦理学中规模最大也是最重要的分支之一。企业社会责任,即企业对社会承担的责任,近年来成为企业伦理学探讨的中心问题之一。企业是否应当承担社会责任,并不是一个自明的问题。早在 20 世纪 30 年代这个问题就已经引起了伦理学界和企业界的关注。到了 50~60 年代,诺贝尔经济学奖获得者弗里德曼对企业责任有一个具有代表性的说法:企业的责任就是使利润最大化。弗里德曼认为,企业的天职是获取利润,企业有一个而且只有一个责任,那就是"在公开、自由的竞争中,充分利用资源、能量去增加利润"①。在弗里德曼理论的影响下,企业的社会责任在很长一段时期被当做所谓的仁慈的利他行为而被处理为"外部性"问题置于人们的视野之外。自 70 年代始,"企业的社会责任就是使利润最大化"的观点失去了统治地位。源自于霍华德·R. 鲍恩 50 年代出版的《企业家的社会责任》一书中的观点,即企业追求自身权利的同时必须尽到责任和义务的现代企业社会责任观念重新复苏。企业应该保护社会大众的利益并在改善社会的活动中发挥积极作用成为一种伦理共识。90 年代的企业伦理学中,企业社会责任已经明确为"超过法律和经济要求的、企业为谋求对社会有利的长远目标所承担的责任"②。与此同时,还进一步明确了企业社会责任中的两个概念:社会义务、社会责任。

进入 21 世纪,企业的社会责任被进一步视为包含着经济、法律和伦理责任等在内的一种综合责任。它是一个多方位的概念,突出强调企业的社会性。企业除了获取利润外,还有更重要、更合理、更高尚的社会责任与价值目标,这直接影响着企业的收益和形象。企业的社会责任被进一步具体化为几个方面的伦理责任:第一,企业在履行经济责任的同时,必须讲道德、讲诚信、透明,不能损人利己;第二,企业必须承担对多重利益相关者的责任,如对消费者、供应者、竞争者、所有者、员工,以及对政府和社区等承担责任;第三,企业必须对环境负责任;第四,企业必须承担社会可持续发展的责任,等等。

目前,企业社会责任的概念被认为对所有类型的企业都是适用的,它甚至被"经济合作与发展组织"(OECD)等国际性机构确认为国际标准。这些机构认为,通过企业社会责任的概念来改进对企业的基本预设,可能会对企业改善他们的环境和社会记录具有积极的价值;这样,企业社会责任就不应视为一种替代性的法律义务,而应当视为对法律义务的展开和补充,从而使企业社会责任的理论和实践更丰富和充实。③ 此外,企业社会责任也可以成为对企业进行的另一种独特的审计:社会审计。

---

① 密尔顿·弗里德曼著,高榕、范恒山译:《弗里德曼文萃》,北京:北京经济学院出版社,1991 年,第 43—46 页。
② Robbins, P. Stephen. *Management*. Englewood Cliffs: Prentice—Hall. Inc., 1991, p. 124.
③ 欧盟"雇佣与社会事务委员会"2003 年报告:《企业对可持续发展的贡献》,参见 http://europa. eu. int/comm/ employment_social。

二、学　术　责　任

　　学术责任讨论的是学术界、尤其是大学的伦理责任问题。早在20世纪初，马克斯·韦伯就曾经对学术教育工作者应当承担的职责进行过专门的讨论。①美国的著名教育家亚伯拉罕·弗莱克斯纳在20世纪30年代也提出了大学教授应当"承担完全客观的责任———一种对待学问的责任，对待其学科的责任"，即追求真理的责任。面对大学现代化出现的种种问题，弗莱克斯纳追问到：在这个动荡的世界里，除了大学，在哪里能够产生理论，在哪里能够分析社会问题和经济问题，在哪里能够理论联系实际，在哪里能够传授真理而不顾是否受到欢迎，在哪里能够培养探究和讲授真理的人，在哪里可以将根据我们的意愿改造世界的任务尽可能地赋予有意识、有目的和不考虑自身后果的思想者呢？②

　　20世纪后半叶，美国大学普遍受到社会"尖锐而刺耳"的批评，这导致了斯坦福大学前任校长唐纳德·肯尼迪的反思。在他看来，社会对大学这样的学术机构不满的根源在于"大学内部不能认真承担责任"③。大学的工作者只体认到学术自由的意义，却没有注意到事物的另一面，即学术责任。

　　"在谈论职业时，责任和伦理两个词经常可以互换使用。"④ "职业责任包括但不局限于职业道德。"⑤ 学术责任与伦理的关涉表现在几个方面：首先是学术自由与学术责任的关系。大学需要学术自由，重视学术自由，这无疑表现了学术的基本价值所在；然而，在学术自由受到广泛认同之时，大学中对"同等重要的学术责任却难以理解"⑥。其次是学术责任与社会责任的关系。大学的学术责任与公众对大学的社会责任期待存在着分歧：大学工作者的注意力集中于知识的生产，他们希望自己的责任仅限于严格的纯学术领域，而且通过履行他们自己的学术责任来承担社会责任。而社会公众则普遍希望，大学的工作者是"以某种方式对提高下一代人的能力和潜力负责的人。这是相当大的责

---

① 马克斯·韦伯著，冯克利译：《学术与政治》，北京：三联书店，1998年，第37—38页。
② 亚伯拉罕·弗莱克斯纳著，徐辉、陈晓菲译：《现代大学论》，杭州：浙江教育出版社，2001年，第10页。
③ 唐纳德·肯尼迪著，阎凤桥等译：《学术责任》，北京：新华出版社，2002年，第26页。
④ 唐纳德·肯尼迪著，阎凤桥等译：《学术责任》，第23页。
⑤ 唐纳德·肯尼迪著，阎凤桥等译：《学术责任》，第2页。
⑥ 唐纳德·肯尼迪著，阎凤桥等译：《学术责任》，第5页。

任，而且是学术责任的本质"①。因此，大学与公众之间的分歧、误解、冲突乃至敌视，实际上是对学术责任理解上的偏差导致的。最后，学术责任是一种特殊的职业伦理责任。唐纳德·肯尼迪指出：这是大学教师的职业所要求的责任，"是对学校应尽的义务（duty）——首要的是对他的学生应尽的义务。这意味着他在授课之前需要进行充分的准备，并且保持较高的学术水平；这也意味着花时间帮助学生解决问题；这还意味着对那些可能对学生产生不公正影响的、带有党派意识的问题保持某种独立和超脱"②。对学生负责任，实质上就意味着全力支持学校的目标。

三、政 府 责 任

在公共行政与管理伦理学中，责任是最为重要的概念，成为建构行政伦理学的轴心和关键。任何政体都存在着领导者与被领导者、管理者与被管理者。现代民主政治是责任政治，负责任的政府是为人民服务的政府。责任政治中的"责任"具有两个方面的特性：可算账性（accountability）和可解释性（explicability）。前者是指人民可以找政府行政人员"算账"，后者有义务向人民"交账"或"报账"；而"算账"的结果可以帮助人民判断"账目"是否清楚，责任是否分明，从而决定政府行政人员去留。可解释性则是指政府行政人员的行为可以做出合理的解释，行为的动机、过程、结果及影响，都能得到相应的合理说明，否则就是不负责任，可以问责的。

美国行政伦理学专家特里·库帕在他的《行政伦理学：实现行政责任的途径》中，以"责任"为出发点和轴心对行政的伦理责任进行了探讨。这种"伦理责任"，着重研究行政人员在履行自己的职务时面临的伦理困境及其可供参考的解决方式。在现代社会中，政府行政人员由于承担着多种角色，各种角色相关的责任之间经常发生冲突，从而使任何履行责任的行为都成为一个相当困难的问题。如在社会生活中，行政人员既是公民的雇员又是公民中的一员；不仅是"大众公仆"，而且又从属于某一特定组织。这种不寻常的角色使行政人员承担双重义务：既有责任为公民提供服务，同时作为公民的一员又有权接受服务。在道德约束力和激励机制方面，二者是有区别的。一般而言，政府行政人员更容易受制于特定组织。在效忠组织的义务与维护公众利益的职责之间，经常出现某种张力。这种张力常常将当事人推进独特的伦理困境之中。库帕认

---

① 唐纳德·肯尼迪著，阎凤桥等译：《学术责任》，第2页。
② 唐纳德·肯尼迪著，阎凤桥等译：《学术责任》，第23页。

为,行政责任可以分为主观责任和客观责任。客观责任与从外部强加的可能事物相关;主观责任则与那些我们自己认为应该为之负责的事物相关。客观责任具有两种形式:第一是职责,表现为对人,即对上级、下级、他人负责。第二是对事负责,表现为义务。在行政过程中,从相对重要性角度看,义务比职责更根本职责是确保义务在等级制结构中得以实现的手段。职责包含上下级关系以及自上而下地行使权威以确保实现既定的目标。公共行政人员面临着三重职责:第一是最为直接的对上级负责,贯彻上级指示;同时也对下级的行为负责。第二是对民选代表和选举的官员负责,把他们的意志当做公共政策的具体表现来贯彻。虽然这层关系不及对上级那么直接,但表现为更根本的义务。第三是对公民负责,洞察、理解和权衡他们的需求和其他利益。这是最不直接的职责关系,但是最根本的义务关系。这三重职责有时是冲突的,行政人员在面对冲突时,会不由自主地坠入伦理困境之中。在这类困境中,当事人的行为只有当它能够在伦理的基础上被合理地解释时,才是负责任的行为。因此,伦理职责必须最终是占优势的。[①]

四、全 球 责 任

全球责任或全球伦理的主要倡导者,是德国哲学家、神学家汉斯·昆。1989年和1990年,汉斯·昆分别在联合国教科文组织的学术研讨会和在瑞士召开的世界经济论坛上,直接讨论了全球伦理问题。这两次会议上的讲座奠定了他的《全球责任:寻找新的世界伦理》(1990)的写作基础。由于这本书以及与之相关的讲座的缘故,汉斯·昆受邀起草了1993年在芝加哥举行的世界宗教会议的宣言——"走向全球伦理"。此后,他又起草了由世界多个国家的前领导人和政府首脑组成的世界互动委员会的"人类责任全球宣言"。

两份宣言提出了全球伦理的两项基本原则最核心的内容。第一项:必须人道地对待每一个人。第二项:己所不欲,勿施于人。根据上述两项原则,有四条不容变更或者必须遵从的人道准则:(1)尊重所有的生命。(2)公平诚实地交易。(3)讲诚实,做诚实事。(4)彼此尊重,彼此爱护。每一条都体现着相应的尊重、公正、宽容、诚信、平等等伦理责任。汉斯·昆相信,如果以上述两项基本原则和四条不可更改的准则为先决条件建立起全球人类价值观,那么这个新的世界秩序将会更加美好。

[①] 特里·库帕著,张秀琴译:《行政伦理学:实现行政责任的途径》,北京:中国人民大学出版社,2001年,第62—79页。

汉斯·昆在陈述全球伦理时特别注意到，近代以来对人的权利的肯定，虽然张扬了人的主体地位和作用，体现了人的尊严，但是，却引发了人权价值理想的优先性考虑与人权现实实践的正当合理性考虑之间的紧张和失衡。人的权利被突出地个体化和理想化了，作为权利之对应的义务（责任）却被淡化了。于是便有了所谓现代人的权利要求膨胀，有了人类中心主义和利己主义的恶性扩张。这是现代社会之所谓"现代性"道德的严重后果之一。权利与义务（责任）失衡的一个突出的例证，表现在1945年联合国通过的"世界人权宣言"中。面对战争对人权的残暴蹂躏和践踏，该宣言再次肯定人权的重要性。然而，在整篇宣言中，仅有一句话提到责任。正是出于对当代社会过分强调权利的纠偏，汉斯·昆在"人类责任全球宣言"中逐条与"世界人权宣言"相对应，强调责任的重要性，突出人类伦理责任在当代社会生活中的不可替代性，以期弥补人权宣言在伦理方面的不足。

全球伦理突出关注的另一个维度是：生态或环境的危机。生态危机不仅仅是"生态的"危机，更是人类关于生态的"伦理价值"的危机。这一危机不仅仅是区域性的危机，而且是全球性的危机。汉斯·昆对德裔美国哲学家汉斯·约纳斯的主张深表赞赏："汉斯·约纳斯在他的杰作《责任之原理》（1984）中，着眼于整个人类生存的危险，向我们展示，在这个以划时代性的方式改变着的世界形势中，我们所面临的是一个真正的全球责任的问题。这个问题扩展到整个生物、地质、水和大气的领域；它是一个对围绕着我们的世界、环境和子孙后代的责任的问题，它关系到整个人类的前途和命运。"①由于人对自然界的其他生命体的关系是非对称的关系，因此人类在面对自然时，权利和义务是不对称的。人在自然界处于优势地位，人就要承担维护自然界的其他生命体的重大责任。

五、"责任"为什么成为应用伦理学的核心范畴

责任问题引发伦理学的广泛而深切的关注不是偶然的。它既是伦理理论发展的一种需要，也是对当今的现实对伦理规范提出的新要求的一种回答。

第一，"责任伦理"是对传统伦理学的一个突破。责任是应用伦理学的核心范畴之一。

在传统的德性论伦理学中，无论中西方都没有"责任"（responsibility）

---

① Hans Kung. *A Global Ethic for Global Politics and Economics*. Oxford: Oxford University Press, 1998, p. 65, 246.

这一范畴。近代以来,洛克等对权利的重视,边沁等功利主义者对效果的强调,康德义务论等对动机的突出,尽管已经蕴含有责任的意识在其中,但"责任"仍未凸显而受到伦理学家们的关注。马克斯·韦伯晚年对"信念伦理"和"责任伦理"进行了区分,他强调在行动的领域里责任伦理优先于信念伦理。①20世纪70、80年代以来,国际伦理学界,特别是在应用伦理学或职业伦理学中,责任问题引起哲学家或伦理学家们,以及来自社会生活实际工作部门的人们的普遍关心,成为研讨的主题或主线。从本质上讲,伦理行为应该是一种以自由意志为前提,由选择机制和责任能力共同决定的责任行为。然而,传统与近代社会的伦理实践尚未充分展示这一本质特性。在传统社会中,社会生活以静态的等级伦常为主要关系特征,主体的知识和技能限于相对不变的共识性常识和经验,传统伦理主要是建立在权威与信念基础上的道义性的纲常理念。近代以降,资本主义和市场经济的发展,西方社会在权利的实现、自由意志的表达、利益的公正分配等方面进行了开放性的伦理反思和实践,从不同的角度,建构了道义论、目的论、德性论、自然律论等伦理标尺,形成了较为完善的伦理规范体系。但是,由于人类交往实践的复杂性和主体活动后果的深远性尚未显现,真正的自由意志基础上的责任意识没有得到应有的重视。而责任伦理是对传统的德性论和近代的权利论(自然法)、道义论、目的论伦理学的反思和延伸。当代社会各种关系全面而充分地展开,才使得"责任"真正成为日益令人瞩目的问题。

第二,"责任"概念的内涵得到丰富。"责任"在18世纪时主要是个法律概念,现在已经拓展成为蕴含更丰富伦理内容的概念。这种变化可以从"责任"概念在英语的多种表达方式中得到某种解释。这些表达方式都有"责任"之义,然而,却从多个层面体现出人类对自己的生存处境、工作职业、行为活动及其结果和影响的伦理关怀。在通常的理解中,"责任"一般是指与职位或职务相关联的义务。②这种解释已经显得有些狭窄。在我们上述的简要介绍中,企业社会责任中的"责任"(responsibility),与义务对应,强调的是一种对义务,特别是法律义务的伦理补充。也就是说,企业的社会责任,实际上是企业应当承担的义务的拓展和延伸,是企业对其行为所产生的结果和影响的伦理担当。而学术责任中的"责任"(duty),则主要是与特定职业相关联的伦理职责。作为学术界的工作者,如科技工作者、研究人员、大学教师等,应当不辱自己职业的使命,承担起这种职业所要求的伦理责任。政府责任中的"责

---

① 马克斯·韦伯著,冯克利译:《学术与政治》,第116页。
② 王海明:《新伦理学》,北京:商务印书馆,2001年,第317页。

任"（accountability），则更多地强调作为公共行政与管理的机构以及在其中工作的当事人必须使其行为及其后果具有"可计算性"、"可度量性"以及"可解释性"，这种行为必须是透明的，其后果是可以进行"问责"和追究的。全球伦理探讨的"责任"（responsibility），则突出的是一种对全球化事实和全球生态危机的回应（response），体现了对人类新的公共实践活动的深切伦理关怀。这种责任的焦点在于责任的公共性。

第三，"责任"解释度的拓展。责任伦理是关于行为过程整体的伦理，是包括事前、事中、事后，或者行为的决策、执行、后果的全过程伦理。责任之所以成为应用伦理学的核心范畴，还因为它的适用范围非常富有弹性，具备更大的解释度。责任并不像有些学者所说的，只是外在的"必须"。[①] 作为社会伦理，责任伦理是衔接个体道德与社会法律体系的环节。实际上，责任同样可以是一种个人内心的道德诉求或责任感，同时又可以是通过强硬手段进行追溯的刚性法律责任。责任伦理也是衔接道德形而上学与实践性规范的环节，既可以上溯到当事者的形上诉求，也可以追溯到行为者的社会责任。责任伦理还可以是道义论和目的论的环节。道义论过于突出道德行为的动机，而目的论又偏于行为的结果，二者对行为本身或行为过程都缺少伦理理论的关注；责任伦理在这个意义上，也可以看作是一种新形态的伦理理论。通过与法律、道德的互动，责任可以呈现出双重特性：一方面通过外在的强化，社会责任转为内在的、个人的基本道德修养或我们通常所说的公德意识；另一方面，又不失为一种社会的伦理规范，成为一个组织或一批人的行为指南。责任正是现代性社会的基本规范。

第四，"责任"凸显伦理学的"实践维度"。伦理理论在较长的时间里，远离人们的生活实践和人类的生存境况，成为纯粹书斋里的反思；无论是康德伦理学的形式化的模式，还是元伦理学对伦理语言的探讨，都使伦理学这门"实践性"很强的学科远离它的出发点。从20世纪50、60年代开始，应用伦理学迅速崛起，成为真正意义上的"实践哲学"。从实践层面来说，责任伦理是对科技进步结果的哲学反思；经济发展后果的伦理回顾；社会变迁结构的道德追问；人类未来趋势的忧患求索。进入21世纪，责任不仅在理论上受到重视，在实际工作中也发挥着价值导向作用。欧美企业正在广泛开展"企业社会责任"（CSR）的教育和推行工作，欧盟已经于2002年启动"企业社会责任"计划。美国出现安然公司等一系列丑闻后，引发"企业社会责任"的新一轮行动，希望以负责任的行动营造诚信、透明、公正，同时又是可持续发展的伦理

---

① 王海明：《新伦理学》，第317—318页

环境。在政治行政领域，新公共管理运动的任务之一，就是进行公开、透明、负责任的行政改革。在科技与学术部门，基因、克隆、安乐死、网络、生态、环境、核利用等等问题，把科技工作者的伦理责任问题提到了首位。全球化时代把每个人都不可避免地牵扯其中，使得全球责任变成了每个人的公共责任。

作者：毛羽（1950— ），男，华中科技大学哲学系，华中科技大学公共管理学院行政管理系副教授。

原载：《哲学动态》，2003年第9期。

西方道德责任理论研究述评

郭金鸿

目前随着对自由思想的反思和应用伦理学的勃兴,人们越发意识到"责任"所起到的比以往巨大得多的作用,"责任在当代道德理解中已经成为一个关键术语"[①],道德责任问题又被重新置于伦理学研究的重要地位,并获得了现代意义。自20世纪50年代以来,西方社会对于道德责任的研究所涉领域之广,认识之深,关注之切,成果之多,可以说达到了前所未有的地步。总起来说,其研究主要从三条路径展开。第一条路径是从应用伦理学层面来阐释如何使人承担起道德责任的实践,以1919年韦伯提出"责任伦理"概念为起始,"责任"成为应用伦理学的核心范畴和原则之一。全球责任伦理、技术责任伦理、行政责任伦理、媒体责任伦理、大学责任伦理等等受到关注,且有大量相关论著问世,如德裔美籍哲学家约纳斯的《责任原理》、孔汉斯发表《全球责任》并起草了《世界责任宣言》、特里·L. 库帕(Terry Cooper)的《行政伦理学:实现行政责任的途径》、伦克(Hans Lenk)的《应用伦理学导论:责任与良心》、唐纳德·肯尼迪(Donald Kennedy)的《学术责任》等等。第二条路径是以分析哲学的方法来深入探寻道德责任的概念,道德责任与意志自由、决定论的关系,道德责任的判断条件等形而上的理论问题。就笔者目前所搜集到的资料而言,其代表性人物及其论著有:英国当代分析哲学家彼得·斯特劳森(Peter F. Strawson)《自由与怨恨》,英国哲学家鲁卡斯(J. R. Lucas)的《责任》,美国加利福尼亚大学河滨分校伦理学教授约翰·马丁·费舍(John Fischer)和马克·拉维扎(Mark Ravizza)合著的《责任与控制:一种道德责任理论》,芝加哥大学神学伦理学教授威廉·史维克(William Schweiker)的《责任与基督教伦理学》,费迪南·斯库曼(Ferdinand Schoeman)主编的《责任、品格和情感——道德心理学新论》,约尔·范伯格(Joel Feinberg)主编的《理性和责任》,2000年腾·凡·戴恩主编的《道德责

---

① 陆晓禾:《国际企业、经济学和伦理学研究面临的五大挑战》,《哲学动态》,2005年第4期。

任与本体论》。这是西方学者道德责任理论研究的主流，却为我国学者所鲜知。不过近期由徐向东教授编译的《自由意志与道德责任》一书已经开始对此予以介绍。第三条路径是从美德伦理的层面即个体品格方面来研究道德责任。这突出表现为对亚里士多德的道德责任观进行现代诠释。例如，泰伦斯·厄温的《亚里士多德的理性与责任》，苏珊·索福·迈耶（Susan Sauvé Meyer）的《亚里士多德论道德责任：品格与原因》，兰德尔·R. 柯伦（Randall R. Curren）的《〈尼可马克伦理学〉III·5 对亚里士多德理论的贡献》，让·罗伯茨（Jean Roberts）的《亚里士多德论行动责任和品格》等。上述三条研究途径各有侧重，本文主要对第二条研究路径的成果做一述评，以期为我国伦理学研究提供一些参考。

一、关于道德责任的概念

如何界定概念是整个道德责任理论研究的基础。西方伦理学史上关于道德责任的概念主要有两种：一是基于功过是非、应得意义之上进行的理解。根据这一观点，只要行为具有某种价值，赞赏或谴责（道德责任归因的外在表现形式）就是恰当的；二是结果论者的观点，认为如果赞赏或谴责将有可能导致行为者自身或其行为的一个预期变化，那么这种责任归因就是适当的。后者得到较多学者的认同，像斯马特、弗兰克纳、石里克、勃兰特（Brandt）、戴内特（Dennet）和库伯曼（Kupperman）等。不过近年来有越来越多的学者开始把目光日益集中在第一种观点上。同时研究者也在思考，在价值多元化的时代是否存在唯一标准的道德责任概念。① 因此，对于道德责任的界定也就越发呈现出不同的特色。概而言之主要有以下三种：

1. "反应性态度"

1962年，彼得·斯特劳森在其划时代的文章《自由与怨恨》一文中以"反应性态度"（reactive attitudes）来界定道德责任概念，引起强烈反响，并成为当今英美伦理学界大多数研究者所接受的道德责任概念。

虽然道德责任问题经常与自由意志、决定论紧密联系在一起，但是斯特劳森认为决定论是否为真的与我们是否可以被确切地说成是自由的问题无关，也与道德责任无关。在《自由与怨恨》中，斯特劳森把批判矛头直接对准结果论和传统德性论的责任观，认为两者使得道德责任问题过于智能化，持责任结果论的相容论者和持价值根据论的不相容论者都歪曲了道德责任的概念。他把注

---

① 参见 http://plato.stanford.edu./entries/moral-responsibility/index.html.

意力集中在某种态度和反应上。在他看来,当某人应该为一个事件或行为负责任时,人们通常用一些情感和态度对某人作出反应,像感激、愤怒、尊重、赞赏、谴责和宽恕等等。这些反应态度"属于和别人一起牵连进去或参与到人与人之间的人际关系中去"①,强调"我们把别人对我们的态度和意向联系起来的极端重要性,以及我们的个人感受和反应态度的程度,依赖于或包含着我们对于这些态度和意向的信念"②。

斯特劳森的独创之处不在于承认这些态度和让人们负责这两者之间的联系,而在于他阐明了两者发生联系的方式。他指出这些反应性态度就是道德责任的构成部分,而不是次要的或情感上的附带效应;把自己或他人看作是负责任的,就是倾向于在某些条件下用这些方式来对待他们。斯特劳森通过对"反应性态度"的精湛研究,开辟了道德责任研究的新途径,其重要意义在于通过强调道德社群的观念并把重心转向社会关系,从而提供了在伦理学内部把康德式概念和德性论概念整合到一起的新思路。③ 其观点得到众多学者的基本共识,认为关于反应态度的讨论对于我们理解承担责任的实践活动是一个有价值的贡献。但是,斯特劳森的观点存在着把实践(社会关系)孤立化的缺陷。他主张反应态度是我们生命形式的本质特征,"既不要求也不允许,一个外部的'合理'理由"④。也就是说,反应态度是来自于我们心理结构的自然回应,不能从实践外部考虑它们的正当理由。由此可看出斯特劳森的道德责任观点带有明显的主观情感色彩,由于否认外部客观规范存在的合理性,使得道德责任的评定易倒向伦理相对主义。于是,20世纪80年代以来,他的责任概念受到了其理论内部和外部学者不同程度的修正和质疑。在学派内部,华莱士(R. Jay Wallace)专门写了一篇名为《道德责任与实践观》的文章,对斯特劳森的"反应性态度"概念进行了一些修改,仅把怨恨、愤慨和内疚等消极的态度看作反应态度,而把赞赏、感激等积极反应态度排除在外。⑤ 费舍和拉维扎在《责任与控制——一种道德责任理论》一书中也提出异议,认为不能根据现有

---

① 彼得·斯特劳森著,薛平译:《自由与怨恨》,载于应奇、刘训练编:《第三种自由》,北京:东方出版社,2006年,第27页。
② 彼得·斯特劳森著,薛平译:《自由与怨恨》,载于应奇、刘训练编:《第三种自由》,第26页。
③ 参见 Patricia Greenspan. The Problem with Manipulition, American Philosophy Quarterly, Vol. 40, No. 2, April 2003.
④ 彼得·斯特劳森著,薛平译:《自由与怨恨》,载于应奇、刘训练编:《第三种自由》,第30页。
⑤ 参见 R. JayWallace. Moral Responsibility and the Practical Point of View. *Moral Responsibility and Ontology*, edited by Ton Van den Beld, Kluwer: KluwerAcademic Publisher, 2000.

实践来说明一个人是否负有责任,而应当从具有理想性和应当性的因素来考虑。在学派外部,托马斯·内格尔指出,一些个人的社会经历背景可能会在某种程度上减轻或改变反应态度,例如当我们知道某人曾在儿童期被虐待过,那么在对其不良行为进行道德评价时,愤恨反应情感会有所减轻。

2. "墓石"观

与斯特劳森从情感反应态度来界定道德责任不同,墓石观强调作为品质的责任,认为判断一个行为者是否负有责任的核心在于行为是否具有行为者自身本性的某种东西。① 主要代表人物有加里·沃森（Gary Watson）、约尔·范伯格、米歇尔·齐默曼（Michael J. Zimmerman）等。齐默曼曾解释道:"赞赏一个人就是说,在他的'人生墓石'上有一种'信誉',或者在他'作为一个人的记录中'有一道'光彩',他的道德地位得到了提高;谴责一个人也就是说,在他的'人生墓石'上有一种'污点',他的道德地位降低了。"② 这是美德论在道德责任概念界定中的表现。针对斯特劳森的观点,加里·沃森在《责任与恶的极限:一个斯特劳森主题的变奏》一文中指出其在形式的重要方面是不完善的,认为"反应性态度确实有内在的标准,因为它们就是对个人的态度和行为显示出来的道德品质的反应"③。责任并不只是与关注他人的态度有关,更是行为者道德品质的展现。"当我们认为一个人在道德上对某些事件负有责任时,我们不仅仅是在确认她在引发该事件的因果链中所扮演的特殊的重要角色。我们是在她扮演的角色的基础上把她看作是一个可以给予荣誉或者耻辱的合适主体。在这个背景下,当我们认为一个个体值得责备或者赞扬时,我们不仅仅是在判断与该个体具有如此亲密关系的事件的道德性质;我们是在判断该个体本人在某些更为集中的、非工具性的,并且看起来更为严肃的方面的道德品质。"④

3. "应答"观

就责任这一术语的源头而论,当一个人应当回应"为什么要做那个行为?它如何得到解释或辩护?"的时候,他是负有责任的。进入到道德责任层面就是,他要说明该行为是否是有意识进行的,是否知道其行为的道德性质,以及

---

① Gary Watson. Two Faces of Responsibility. *Philosophical Topics* 24, 1996, pp. 227—248.
② Michael J. Zimmerman. *An Essay on Moral Responsibility*. Totowa N. J.: Rowman & Littlefield, 1988, p. 38.
③ 加里·沃森著,张亚月译:《责任与恶的极限:一个斯特劳森主题的变奏》,载于徐向东编:《自由意志与道德责任》,南京:江苏人民出版社,2006年,第309页。
④ 苏珊·沃尔夫著,李曦译:《真实自我的观点》,载于徐向东编:《自由意志与道德责任》,南京:江苏人民出版社,2006年,第269—270页。

表明如何为之辩护等等。1993 年,英国牛津大学哲学教授鲁卡斯在《责任》一书中指出:"责任概念的核心是,人们可以问我这样一个问题,'你为什么要做它?'而且可以迫使我做出回答。"① 这是一种从可接受的合理理由为责任判定依据的观点。如果一个人不能合理地回答为何做某事,那么他就应当为此事负责。在由中英学者于 2001 年编著的《西方哲学英汉对照辞典》一书中,"责任"的辞条就采取了鲁卡斯的概念。② 这也是目前较为普遍采用的道德责任含义,道德责任的相关理论(特别是负责或免责的情况)也往往由此而展开。

通过以上简介可以看出,斯特劳森的"反应性态度"概念仅仅把责任理解为一种对行为或行为主体的情感反应,而并不认为道德责任的概念应当与道德上的对错联系起来,如此一来极易滑向主观主义和相对主义。而且如果说对一个行为没有类似于怨恨、感激、赞扬或责备等反应感受的话,是否就可以认为行为主体没有责任呢?在某种情况下可以这么说,但是在某些情况下,就是不妥的。例如,在奴隶社会奴隶主对于奴隶的残忍统治,并不引起奴隶主的赞赏或谴责之反应,但是我们并不能由此就可以说奴隶主对此没有责任。这一概念虽然强调在社会关系中理解道德责任概念,但是却没有认识到不同的社会有着不同、甚至相反的责任判断标准。道德责任既是一个社会概念又是一个历史概念。"墓石观"正确地认识到应当从行为者本身具有的品质来判定道德责任,从而使得道德责任的判断具有连续性和一致性,可信度较强。但是,对于具体情景中的责任判断则有可能因为对于行为者品质的过多重视而使得判断失去公允,并且在不了解行为者品质的情形下,这种观点也难以发挥其作用。"应答观"强调理由的可接受性和共识性,肯定责任判断的客观标准的存在,强调关系之中的责任,但是却难以解释是否应该为其品质负责,也难以保证其理由是否是真正的理由。因为只是偏重于动机、理由对其行为的影响,往往造成只要有充分的理由和善良意愿就可以减免责任分量的情形出现,对于行为所造成的后果则并不十分关注。因此,以上三种责任概念的界定都有所偏失。笔者以为应当从行为者的情感反应、理性认识、行为动机和后果等多方面加以综合考虑。道德责任是指具有自由能力和认知能力的责任行为主体(包括个体、团体与国家)基于一定的道德认识和道德价值,以社会客观道德价值作为评价标准,履行(包括非自觉自愿和自觉自愿两种态度)一定社会赋予其上的对他人、社会、自然的责任,对于自我行为或由其控制的行为所导致或可能导致的

---

① J. R. Lucas. *Responsibility*. New York: Oxford University Press Inc., 1993, p. 5.
② 尼古拉斯·布宁、余纪元编著:《西方哲学英汉对照辞典》,北京:人民出版社,2001 年,第 881 页。

有利于或有害于他人和社会的行为后果承担相应的责任，以及自觉自愿履行责任所形成的良好道德品质。

二、相容论与不相容论之争

所谓不相容论（incompatibilism）是指以自由意志为前提的道德责任与决定论是不相容的。因为要想保证人类承担道德责任，就必须承认自由意志的存在，否定决定论的真实性，因果决定论和选择的可能性是不相容的。这一观点的关键就是论证意志自由的存在，以及自由的可理解性问题。

目前不相容论主要有三种最显著的论证策略：" 卡尔·吉内特（Carl Ginet）的简单非决定论"，"可能模式"（包括"简单的可能模式"和"复杂的可能模式"）以及"行为者—原因论"[①]。其中最有影响力的当属皮特·凡·英瓦根（Peter Van Inwagen）的"简单的可能模式"。"简单的可能模式"是指行为者的先前动机状态像愿望、信仰等能够引起结果，而且并不受制于因果决定论。英瓦根把精力主要放在自由意志的消极意义上，确信我们有自由意志并承担道德责任，主张因果决定论与道德责任是不相容的，因果决定论必定是错误的。[②] 实际上，自由的不相容论中最为传统和通行的一直就是各种形式的行为者原因理论（AC理论），它由托马斯·里德（Thomas Reid）提出，罗德里克·齐硕姆（Roderick Chisholm）（他称之为"内在因果关系"）、理查德·泰勒（Richard Taylor）、威廉姆·L. 罗维（William L. Rowe）所发展。他们认为，在道德责任、行为者因果关系和自由三者之间，存在着逻辑上的联系，这种联系以一个人的行为为中心概念。这一理论建立在"行为者引起的非事件的因果关系"这一观念之上。所谓"非事件的原因"等同于既有精神属性又有物质属性的行动者，"非事件的因果关系"是指行为者的自我能动性。这是行为者自由的体现，也就是说，行为者是其自由选择的唯一原因；其因果关系能够在两个不同方向上进行；发生事件是由某一特定事物而不是其他事物所引发的。此后，威廉姆·L. 罗维为复兴这一理论作出了有意义的贡献。[③] "复杂的可能模式"代表罗伯特·凯恩（Robert Kane）认为，行为者原因理论的说明并不充分，因为非事件作为原因的实体会引发不同的理解，由实体所引发的因

---

① John Martin Fischer. Recent Work on Moral Responsibility, *Ethics* 110, 1999, pp. 93—139.
② Peter van Inwagen. Fischer on Moral Responsibility. *The Philosophical Quarterly*, Vo. l 47, No. 188, 1997, pp. 373~381.
③ 参见威廉姆·L. 罗维著，凌金良译：《责任、行动着因果关系与自由：一种18世纪的观点》，载于徐向东编：《自由意志与道德责任》，第179—199页。

果关系一般的确能够被理解为事件由其他事件引起这种类型的因果关系,而且行为者的理由或动机并不能成为行为选择的充分条件,更没有说明"为什么行为者此时拥有这些理由或动机?"因此他从不相容论的自由的可理解性入手,更多地留意意志自由的积极意义,提出了"目的论上的可理解性理论"。在《自由意志的意义》一书中,他提供了一个更精细的"复杂可能模式",对意志自由进行更系统、清晰的阐释。他认为,是行为者先前的特性和动机——明显的欲求、信仰、价值、计划等等(意向性内容)——决定了行为的目的和意图(意志的结果)这一过程。① 但是,凯恩对这些先前状态为什么会作出目前的选择而不是别的选择存而不论,也并没有彻底说明行为者的自由目的问题。

在与不相容论的争论中,相容论(compatibilism)一直占据着优势,以捍卫进行道德责任判断条件的有效性。所谓相容论是指意志自由、责任与决定论可以并存。就是说,在自由意志和决定论之间没有冲突,当没有约束或障碍阻止我们做我们想要做的事情时,我们就是自由的。也就是说,在"我们就能够以别的方式行动的"意义上,自由就在于我们的行动必定是"取决于我们的"。自由意志是符合某种意义的决定观,关键在于如何理解自由。沿着这个思路,当代的新相容论者除了沿用传统的直觉论证方法,如自然相容论(natural compatibilism)外,还提出了一些更加精致的理论,例如,哈里·法兰克福(Harry G. Frankfurt)的"二阶意志"说,苏珊·沃尔夫(Susan Wolf)的"真实自我"理论。

1971年,法兰克福在《意志自由与人的概念》这篇不足两万字的宏文中,提出其独特的"二阶意志"(second-order volition)的意志结构,把人定义为能够形成"二阶欲望"的生物。法兰克福把一阶欲望(对自己的欲望)界分为可欲与不可欲,而对自己的欲望的欲望就是二阶欲望,它是对一阶欲望的反思评价能力。法兰克福的二阶意志就建立在其提出的二阶欲望概念之上。在经过反思评价后运用意志的力量主动地放弃一种一阶欲望而选择另一种一阶欲望,这一能动力量就是法兰克福所讲的二阶意志。② 只有当一个人自由地拥有他想要的意志时其意志才是自由的,因此其在决定论问题上持中立态度,为以后较为合理地理解自由意志扫除了某些障碍。

在相容论与不相容论的激烈辩论中,出现了试图调和双方观点的半相容

---

① Kane, Robert. *The Significance of Free Will*. Oxford: Oxford University Press, 1996, pp. 117-139.

② Harry G.. Frankfurt. Freedom of the Will and the Concepts of A Person. *The Journal of Philosophy* 68, 1971, pp. 5-20.

论。这一观点的代表是约翰·马丁·费舍和马克·拉维扎。他们指出法兰克福案例的倡导者要么预设了因果决定论是真的,要么预设了因果决定论是假的。他们在近期论著如《意志自由的形而上学》、《责任与控制——一种道德责任理论》等著作和《自由意志与迁移原则》、《责任与历史》等文章中系统、全面地表达了这一论点。其思想核心就是:道德责任不需要自由意志。例如,在《责任与控制——一种道德责任理论》中,费舍和拉维扎在开篇指出:"我们将首先提出一种行动的道德责任观点,根据这种观点,行动的道德责任与因果决定论是相容的。"①"按照我们的解释,道德责任与因果决定论相一致的观点是非常可信的。""我们对道德责任的论述与因果决定论的虚假性是完全一致的。"②由此对以英瓦根为首的决定论责任观进行批驳。但是他们把意志自由仅仅理解为行动的自由,并且把决定论看作是不变的规律。

三、关于道德责任判断的必要条件

道德责任判断的条件一直是西方哲学史上学者们关注的重要问题。道德责任的必要条件是指,在什么情况下一个人应该负有道德责任。对这一问题的关注又常常与道德责任的归因交织在一起。

传统观点认为,如果没有一种真正地可获得的选择可能性,即开放式的选择可能性,一个人只能是被迫去做他实际做的事,那么,他就不能为其行为负道德责任。可选择的多样性、相对自由就成为道德责任的必要条件。(也有的学者用"选择—可能性"、"控制"等术语来表达这一思想)但是当法兰克福说出"在我看来,道德责任与意志自由之间的关系已经遭到了十分广泛的误解。只有当一个人做一件事时他的意志是自由的,他才能对他所做的事承担道德责任,这种看法是不正确的。即使他的意志是根本不自由的,他可能也要对所做的事承担道德责任"之后,③ 情形大为改变。法兰克福认为道德责任的存在和判断无需以意志自由为前提条件,他通过一些设计巧妙的案例(如"布克莱利用自动防障碍机制控制琼斯刺杀"案例),来支持自己这一学说。

法兰克福的观点对于传统的以意志自由作为承担道德责任的前提的观点提

---

① 约翰·马丁·费舍、马克·拉维扎著,杨韶刚译:《责任与控制——一种道德责任理论》,北京:华夏出版社,2002年,第7—8页。

② 约翰·马丁·费舍、马克·拉维扎著,杨韶刚译:《责任与控制——一种道德责任理论》,第241页。

③ Harry G. Frankfurt. Freedom of the Will and the Concepts of a Person, *The Journal of Philosophy* 68, pp. 5—20.

出了挑战,破除了道德责任判断上的一些定见,引起伦理学界、哲学界乃至心理学界的强烈反响,出现了自17、18世纪以来关于自由意志与道德责任问题的再次激烈辩争,并一直延续至今。许多学者加入了支持这一观点的行列并对其不断完善。如麦肯纳(Michesl McKenna)、怀玛(Keith Wyma)、奥特苏卡(Michael Otsuka)、卡斯皮尔·里珀特－拉斯玛森(Kasper Lippert－Rasmussen)、埃利·诺斯顿普等。埃利·诺斯顿普在《可供选择的可能性与道德责任:自由的闪烁》一文中指出,"我同意道德责任确实要求非决定论,我也将论证说,一个非决定地行动的人不需要具有对他开放的可供选择的行动可能性"[1]。

费舍和拉维扎在其半相容理论基础上提出了两种不同的控制(自由):管理控制和指导控制,并指出,"由于因果决定论对我们的道德责任提出的间接挑战是通过论证不考虑管理控制来进行的,因此,管理控制并不是道德责任所必需的"[2]。是指导控制而不是管理控制才是道德责任的基础和条件。所谓管理控制包括可选择的可能性,它是一种自由行动的双重力量;而指导控制就其本质而言,并不包括可选择的可能性,它包括两部分:导致行为的机制必须是行为者自己的,并且是对该机制的适度理性反应(而不是过弱或过强的理性反应)。

有的学者通过援引自主性来理解责任与自由意志问题,认为责任必然要求自主性。针对此,苏珊·沃尔夫用"真实自我的观点"来取代,认为"把行动者的行为归于她的真实自我构成了责任的充分必要条件"[3]。"真实自我的观点"并不要求一个行为者对她自己负有没有止境的责任,也就是说,它并不要求她自己可以被她的自我无限地支配。行为者被要求具有真实的自我,并且能够依照这个自我来支配她的行为。一个行动者只对那些被归于她的真实自我的行动负责,即在采取这些行动的时候一个人是在其评价系统的基础上自由地支配她的行动的。[4]而一旦自主性观念被引入,就会造成一种直觉性的理解,并混淆因果性观念和约束观念。

---

[1] 埃利·诺斯顿普著,葛四友译:《可供选择的可能性与道德责任:自由的闪烁》,载于徐向东编:《自由意志与道德责任》,第369页

[2] 约翰·马丁·费舍、马克·拉维扎著,杨韶刚译:《责任与控制——一种道德责任理论》,第47页

[3] 苏珊·沃尔夫著,李曦译:《真实自我的观点》,载于徐向东编:《自由意志与道德责任》,第265页

[4] 苏珊·沃尔夫著,李曦译:《真实自我的观点》,载于徐向东编:《自由意志与道德责任》,第264页

由以上可知，一些传统的道德责任判定条件正在发生变化甚至是颠覆。如何深入剖析这些观点，还需要做大量的工作。不过在努力的过程中应当始终把握住"人是什么？人应当如何更好地负责"这一要旨。笔者以为道德责任的必要条件依然离不开人的理性、自由选择以及外部客观条件。

四、对于道德责任理论的总体研究和建构

威廉·史维克在《责任与基督教伦理学》一书中指出，"以前所有的道德责任理论可以归为三种类型：行为者的（agential）、社会的（social）和对话式的（dialogical）"①。具体而言，所谓行为者理论就是把责任建立在活动的行为者之上，把行为者当做世界中存在的一个原因，认为行为者应当为其行为负责。其核心的伦理难题就是自由与决定论的问题。社会责任理论集中于赞赏和责备的社会实践，认为责任不应当根据行为者与其行为之间的因果关系，而应根据行为者所担当的角色和社会职业来判断。例如，公司的总裁也可能为其没有直接做的行为负责。根据这一理论，道德团体及其界定就成为关注的焦点。对话式的理论集中于与别人遭遇的事情，根据我怎样应答他人对我的要求，我被指定为一个道德存在者。像列维纳斯的责任本质说当属此列。对这种理论类型来说，人类生活是一种对他人责任的基本模式。因此史维克概括说，责任的行为者理论集中于行为者/行为关系，社会理论集中于社会实践，对话式理论集中于自我/他人遭遇。②

这些理论都从各自的角度在一定程度上清楚地表达了一种对道德生活的真实洞察，但是它们都没有充分阐述道德责任的主题。行为者的责任理论通常由于过分重视个人自律而忽视社会角色的重要性；社会角色的责任理论通常不能深入探索作为个体的内在生活；而关注个人之间遭遇的责任伦理学太容易把责任问题归为个人的应答。因此，从整体方面和综合角度来理解道德责任问题，就是一种较为合理的解决方案。我们是存在于社会关系中的行为者，与他人和社会有着千丝万缕的联系，应当为涉及上述事实中的每一方面负责，而不只是为某一方面负责。因此，史维克主张建立一种整体的、综合的道德责任理论，而"一个综合的责任理论应该包括行为责任、行为者品格、服务于其他价值的

---

① William Schweiker. *Responsibility and Christian Ethics*, London: Cambridge University Press, 1999, p. 40.
② William Schweiker. *Responsibility and Christian Ethics*, p. 78—105.

能力，能够解释其他的责任理论，并保持和人类的神圣相联系，保持开放性"①。这种综合的责任理论也就是他所说的基督教责任伦理学。但是，由于他本人的宗教信仰和对于历史、社会的较为狭隘的理解，使得其对于道德责任理论的设想并没有达到综合的效果。

如果说史维克是从宏观角度，从社会、文化等视角来思考道德责任理论问题，那么费舍和拉维扎则从微观角度，从心理、理性和形而上学层面来构建其独特的道德责任理论。在《责任与控制——一种道德责任理论》一书中他们从道德责任的概念入手，从历史的延续和社会的关联方面研究对行动、后果、疏漏所应负的责任。其理论核心是强调道德责任是以"指导控制"为基础的，主张道德责任的"外周论"，即道德责任不仅仅是行为者的心理状态结构和倾向的内部特征的一种功能，它也是行为者的经历以及他与外界的联系。

尽管费舍和拉维扎的道德责任理论极富有特色和启迪性，但是他们对于决定论的态度，对于道德责任的选择可能性的论证如何更具有说服力，对于道德责任的"历史性"不能仅仅从个体的生活经历、时间延续方面来论证等等，都还需要进一步研究，而且该理论的一个致命缺陷是在进行责任归因和判断时，没有一个明确的标准。到底是向谁负责？谁来评定？没有标准，也就难以有合理而公正的道德责任判定，而道德责任判定之后的实现问题，也是作者忽视的一个重要方面。

当今时代，我国的伦理学研究不仅具有自己独特的问题域，也面临着全球性共同的和相似的问题系，这就需要我们不断拓展视野和思路。虽然西方伦理传统崇尚推理形式，关于道德责任问题的论证经常是逻辑公式充斥其间，但是对于这种与我们传统的习惯的思维方式和研究思路大相径庭的道德推理，我们不应当因为其繁琐、细微的推理而漠然处置。② 同时我们也应当意识到，由于国外学者在研究道德责任问题时"基本上忽视了自由意志概念的规范根源，也面临着一些不可解决的困难"③。一些理论没有真正认识到自由意志最终来源于人们的社会实践活动，人们的道德责任也当由此找到生发点。而这恰恰是研究道德责任理论问题努力的方向。

作者：郭金鸿（1970—），女，青岛大学师范学院哲学系副教授。

原载：《哲学动态》，2008年第4期。

---

① William Schweiker. *Responsibility and Christian Ethics*, p. 104.
② 德里克·帕菲特著，王新生译：《理与人》译序，上海：上海译文出版社，2004年，第11—12页。
③ 徐向东：《自主性、责任和自我》，《哲学门》第4卷，2003年第1册。

责任伦理与信念伦理
——韦伯伦理思想中的康德主义

冯 钢

一、价值中立与理性诚实

韦伯关于"世界脱魔"的说法，在很大程度上导致了后人在理论上把"诸神复活"视为现代人面临的价值领域的基本现状。对韦伯世界观进行的批判，大多都是从这个问题切入的。麦金太尔不仅把韦伯归入"情感主义"伦理观之列，并认为韦伯的世界观就是"当代主导地位的世界观"。① 哈贝马斯从另一侧面批评韦伯因强调工具理性而只能把价值领域视为无法通约、缺乏共识的主观世界。然而，无论麦金太尔还是哈贝马斯都不会否认，在宇宙大序不复存在的现代社会，价值多元性乃是一个不争的事实。问题只是，我们是否还有可能重新建构秩序，而这又与我们如何理解"世界脱魔"直接相关。以麦金太尔为代表的悲观论对重构大序并不抱希望，他认为，世界从一种人与人之间的非操纵性关系进入另一种操纵性关系，其实质是，前者赖以存在的共同道德基础已经完全丧失，因此，启蒙运动以来的一切重建道德的努力都只能归于失败。所以，这个时代是以韦伯社会学的权力取向和控制理论作为基本特征的。哈贝马斯则对秩序重建持有乐观态度，在他看来，现代性问题的症结在于现代人片面强调功利取向的理性化发展，而忽略了整体社会生活的理性化发展。他认为，韦伯以"工具理性"对现代性的解释恰恰反映了这个问题，所以他提出要以"沟通理性"取而代之，以求社会交往秩序的重建。② 尽管麦金太尔和哈贝马斯是从两个不同角度对韦伯提出批评，但是双方都认为韦伯在"世界脱魔"的现代社会条件下，通过对目标合理性的强调，来提倡"价值中立"的立场，而这种"价值中立"实际上是虚假的、不存在的。麦金太尔认为，"价值中立"

---

① 麦金太尔著，龚群等译：《德性之后》，北京：中国社会科学出版社，1995年，第137页。
② 参见 Habermas, Jurgen. *The Theory of Communicative Action*, Vol. 1. Boston: Beacon Press, 1984.

在韦伯的知识论和科层制管理理论中对操纵性、控制性人际关系起着虚伪的掩饰作用。① 哈贝马斯则认为,"价值中立"是韦伯在理解人类社会行动时因偏执于目标合理性而产生的错觉。他借用 H. 米德的互动理论指出,我们理解一个社会行动不可避免地要用第一人称"我"来评价行动者的理由,因而必有价值判断掺入其中。② 应该说,这些批评都没错,只要人们期待的是一种外在的客观性。但正如施洛赫特所强调的那样,韦伯自己并没有这种期待。③

人们似乎已经习惯于把韦伯关于"价值中立"的论述视为其科学方法论的问题,却又对这样一种"道德冷漠"与韦伯方法论中的"价值关联"之间的矛盾表示不可思议。其实,在韦伯看来,"价值关联"才是作为解释学的社会科学方法论的基础,是人们用以选择和组织经验科学的手段;④ 而"价值中立"则是现代性条件下,作为一个现代人应该具备的一种道德原则,其实质是理性的诚实。换句话说,正是因为不存在统一的价值,因而才需要学者以严肃、诚实的态度对待一切价值观。所以,"价值中立"只是指不作价值判断,而非指否定"价值关联"。社会学家在经验研究基础上的确没有特别立场来鼓吹价值观,但这并不是、也不可能是经验研究本身的要求,因为任何经验研究,无论是对象选择或加工,都不可能不涉及研究者基于其价值观的"问题预设";强调"价值中立",只是因为现代社会已不再是一个被绝对价值统辖的"迷人的花园",这里没有先知来解释上帝的旨意,没有卡里斯玛领袖来解救我们的危机,也没有我们可以遁入其中的不可理喻的另一世界。⑤ 因此,"价值中立"并不意味着可以因此而发现客观真理或找到出路,而是除此之外我们没有别的办法。韦伯认识到在这样的现代性情景下,我们唯一的办法就只能是保持理性上的诚实,因为我们只能生活在动荡和冲突之中。"在我们的眼睛被遮蔽了一千年——被那种所谓的和假定的排外指向,即基督教伦理学夸大了的道德偏爱遮蔽了一千年后,我们的文明如今注定要使我们更清楚地再次认识这些斗争"。⑥ 可见,"价值中立"在韦伯这里的含义无非是说,在各种不确定的价值充斥于世的今天,我们必须对自己诚实,即使必须在"上帝"与"魔鬼"之间

---

① 麦金太尔著,龚群等译:《德性之后》,第 108—109 页。
② Habermas, Jurgen. *The Theory of Communicative Action*, Vol. 1, p. 115.
③ Sechluchter, W. &Roth, G. *Max Weber's Vision of History*. Berkeley: University of California Press, 1979, p. 58.
④ 冯钢:《马克斯·韦伯:文明与精神》,杭州:杭州大学出版社,1999 年,第 46—53 页。
⑤ Turner, B. S. *For Max Weber: Essays on the Sociology of Fate*. London: Routledge & Kegan Paul, 1981, p. 175.
⑥ Weber, M. *From Max Weber: Essays in Sociology*. New York: Oxford University Press, 1979, p. 149.

抉择时，也是一样。

在《以政治为业》的演讲中，韦伯说到"在伦理世界中政治的家园在哪里"这个问题时，谈到了"终极的世界观相互冲突，人们必须在各种世界观中做一抉择"。但是他立刻指出，谈论这个"抉择"问题，首先应该摆脱一种关于道德的"十分不足道的谬误"，即认为道德是在虚构"正当理由"。[①] 男人移情别恋了，需要有个说法——是她不值得我爱；战争失败了，也得找个理由——谁是罪魁祸首；胆小懦弱，也不是没有根据——是我不愿为不道德的理由去战斗……总之，只要需要，就能编出种种"道德"理由为我所用。然而韦伯指出，这并不是道德，而是卑劣。"以'道德'作为手段，获得'唯我正确'的地位，所谓卑劣之事，正是这种行为方式的结果。"[②]

显然，韦伯并不认为"抉择"是随意的。他在这里至少表达了两层意思：第一，不同意把道德当成达到其他目的的手段。韦伯坚持康德的道义论伦理观（自律型、责任论），在他看来，道德在任何情况下都不能作为"招之即停的出租车"。如果可以如此应人之需随意服务于其他目的，那么也就没有什么道德原则可言了。在道义论看来，道德行为的价值，既不在于它可能带来好的后果，也不因为它所抱有的目的实现了，而只是因为它本身是善。第二，抉择对象是"世界观终极立场"，而非"当下立场"。韦伯认为，一个人的每一种具体的"当下立场"都必须是从他所持守的世界观方面的"终极立场"推论而来，这也是理性诚实的一个重要内容，即"一贯性"。用韦伯十分形象的譬喻就是："你将侍奉这个神，如果你决定赞成这一立场，你必得罪所有其他的神。"[③] 而上述那些把道德视为可以随意变动的"方便措施"的例子之所以是卑鄙的，正是因为这些行为者甚至缺乏最基本的对自己的诚实。其实，上述两层意思相互之间是有联系的：当人们把道德作为手段"服务于"其他目的时，他便不可能忠实于自己的"世界观"终极立场。因为基于满足自然欲望的各种目的之间并没有一种理性秩序，所以服务于这些目的的手段（"道德"）就只能是"应人之需，招之即停的出租车"。反之，只要人们不能忠实于自己的终极立场，那么彼此之间相互冲突的各种价值立场，就必定会成为他们用来证明自己行为合理的各种"方便措施"。

因此，任何道德原则只有当它在一切方面都无条件地得到彻底贯彻时，它才具有意义。这也就是道德自律的诚实原则。不管是"登山训众"还是"不许

[①] 韦伯著，冯克利译：《学术与政治》，上海：三联书店，1998年，第103页。
[②] 韦伯著，冯克利译：《学术与政治》，第103页。
[③] 韦伯著，冯克利译：《学术与政治》，第44页。

说谎",如果不能在全部生活中予以贯彻,那就没有任何意义。韦伯以(有人打你右脸)"再把左脸给他"这一要求为例,说"它是无条件的,你不能追问他打人的权力依据……一个人必须在所有的事情上都是圣人。他要活得像耶稣,像使徒,像圣方济各,或者如此类的人物,他至少要有这样的愿望,唯有如此,这种道德才能具有意义,才能表现出尊严,不然一切都谈不上"①。同样,在宗教伦理发展史上,韦伯从新教徒身上,也看到了这种一贯性原则的彻底体现——即在任何方面、任何情况下都拒斥以魔法的手段来追求拯救的做法,没有任何世俗的东西可以代表拯救和绝对超验的另一个世界。

"世界脱魔"把一切伦理基础重新抛入了这个没有上帝和先知的此岸世界;"价值中立"又使理性诚实义无反顾地担当了"神前诚实"的角色。"此岸性"和"一贯性",这便是"责任伦理"的两大特征。②

二、责任伦理与道德命令

人们很容易从韦伯的"信念伦理"与"责任伦理",联想到康德的"无条件命令宣示"与"有条件命令宣示"。但是否就可以说前者隐含着后者呢?③从表面上看,"责任伦理"的确有些类似康德的"有条件命令宣示",也就是说,"责任伦理"必须考虑的是行为的结果。但是,如果说"责任伦理"就是从结果出发来判断行为是否"好",那么这就完全成了"结果论"了。而韦伯恰恰认为结果是不可能使手段圣化的,因而也不可能用结果来判定行为的善或恶。那么,"责任伦理"的真实含义究竟是什么呢?既要承担后果,又不以结果定善恶,如此,"责任伦理"的道德价值又体现在哪里呢?我们知道,康德所谓"有条件命令宣示"有两种情况:一种是说,一个行动对于某一种可能的目的是好的;另一种是说,一个行动对于某一种现实的目的来说是好的。虽然前者是盖然性的,后者是断然性的,但是,只要现实的目的可以确定,那么,后者就与前者一样,这两种有条件的命令宣示都是说,如果追求一个特定目标,就必须使用达到这个目标的手段。因此,在讨论这些命令何以可能时,运用的都是分析判断,即,在愿意有这个目标的观念里,直接包含着达到这个目标所必需的行动的意愿的。所以,在愿意有达到目标的手段的这种情愿中,是预先假定有知识的某些综合判断的。但是,这些都不是道德的综合判断,因为

---

① 韦伯著,冯克利译:《学术与政治》,第106页。
② 金子荣一著,李永炽译:《韦伯的比较社会学》,台北:水牛出版社,1986年,第145页。
③ 韦伯著,冯克利译:《学术与政治》,代译序。

它们与意志的原理无关。与意志相关的道德命令宣示，是"无条件命令宣示"，它与那些行动的特别种类，或以"愉快"的形式作为预期从它得出的种种后果都没关系。因为道德宣示直接出自理性，而且直接把行动和理性存在者本身的意志联系在一起，因而，相关的只是行动者的原则或动机。如此看来，责任伦理必须是一种"无条件命令宣示"，才有其道德意义，否则就只是一种机会主义。事实上，在韦伯那里，"责任伦理"要求的正是"无条件地"对自己的行为承担责任，而没有什么"为了……所以要负责任"的逻辑。"能够深深打动人心的，是一个成熟的人（无论年龄大小），他意识到了自己行为后果的责任，真正发自内心地感受着这一责任。然后他遵照责任伦理采取行动，在做到一定的时候，他说：'这就是我的立场，我只能如此。'这才是真正符合人性的、令人感动的表现。我们每一个人，只要精神尚未死亡，就必须明白，我们都有可能在某时某刻走到这样一个位置上"①。在这里，无论是"意识到责任"、"感受着责任"，还是"遵照责任伦理行动"，都不是作为达至某一目的而采取的手段，它自身就是目的。也就是说，不能追问"承担责任"的理由，它是无条件的。

所以，如果不是从"无条件命令宣示"来理解，我们就无法把握"责任伦理"的真正的含义。换言之，"责任伦理"作为道德原则，它所关注的不是工具理性的"目的—手段"的事实关联，而是承担行动后果的"当为"，即价值关联。那么，与此相关联的又是一种什么价值呢？

韦伯在演讲中一再提及：只有对行动结果承担责任，即使是在战争中失败了，也要考虑对未来的责任，"任何其他做法都是有失尊严的"。他说，一场战争一俟结束便至少让它从道德上被埋葬，要做到这一点就只能凭借客观精神（即价值中立）和保持尊严的态度，而依靠"道德"（寻找正当理由）是绝对做不到这一点的，"这实际上意味着让双方都失去尊严"。②③ 韦伯在这里说的"尊严"究竟是什么意思呢？为什么只有承担责任才有尊严，否则都会有失尊严？显然，在韦伯看来，尊严是唯一最高的价值，是"承担责任"背后的价值。在康德伦理学中，康德认为，讲责任是不能讲"好"的。因为"好"或幸福归根结底都是感性经验的、因人而异的，我们不可能先验地确定一个好。用韦伯借老穆勒的话说，"如果从纯粹经验出发，必入多神论的领地。"因此，道德的合法性不能以这种不确定的、多变的"好"来作为依据，它必须是客观

---

① 韦伯著，冯克利译：《学术与政治》，第116页。
② 韦伯著，冯克利译：《学术与政治》，第39页。
③ 韦伯著，冯克利译：《学术与政治》，第104页。

的、普遍的，因而只能是理性的、自主的，否则就会走到"以目的证明手段"的目的论境地，从而使道德底线彻底崩溃。康德用道德命令的学说揭示了责任感的先验本质，论证道德的合法性依据只在于形式上的绝对命令，而非生活上的或实质性的"好"或幸福。因此，如果我们把责任用它的对立面来理解的话，那么责任的意义就在于它拒绝跟着感性走，拒绝感性的"好"。但这只是否定性的理解，肯定性的理解又是什么呢？或者说，康德把什么视为终极价值呢？康德说："理性存在者本身从来不仅仅被用作手段，而被当作限制全部手段应用的最高条件，在每种情况下都同样被当作目的。"① 也就是说，按照责任感行事的意志具有宇宙中最高价值，而不待行动的结果。这种最高价值就是尊严。这是另一种"好"，一种独立的、自立的"好"，它并不需要通过"服务于"其他"好"来证实自己存在的合法性。"构成了任何事物都能成为自身目的的全部条件的东西不仅具有相对价值即价值，而且具有内在价值，也就是尊严。"② 这也就是说，按照责任感行事，不仅可能带来能满足人们一般爱好或意愿的价值，即相对价值，还具有伦理价值。"自然科学有一个不证自明的预设：在科学所能建构的范围内，掌握宇宙终极规律的知识是有价值的。所以如此，不但是因为这样的知识可以促进技术的进步，而且当获取这样的知识被视为一种'天职'时，它也是'为了自身的目的'。"③ 这也就是我们在韦伯那里每每都能体会到的"天职"思想，或者所谓"职业伦理观"。根据"责任伦理"，一个有道德的人就必须忠诚于他自己选择的职业，因为在今天，这种现实的选择既不可能由宗教传统来指引，也不可能受对人类目标毫不重视的科学的指导；在缺乏知识和神意的情况下，在黑暗中，人类不得不自己选择，并最终自己负责。正是在这种现代"天职"精神中，一方面是以责任为前提的目标合理性行动（工具理性）创造着相对价值；另一方面是以信念为前提的"职业成为它自身目的"而产生的内在价值——尊严。这也就是韦伯在《以学术为业》和《以政治为业》两篇演讲中的中心思想和基本原则。

让我们还是通过韦伯的例子来看一看他是如何运用这个原则的。韦伯认为，作为一名政治家，必须有三种素质：激情、责任感和判断力。在三者的关系上，韦伯强调的是判断力。④ 但是，韦伯却没有从康德"实践理性"的角度彻底阐述这个概念，而只是形象地把它解释为"距离感"。这就造成了后人在

---

① 康德著，郑保华等译：《康德文集》，北京：改革出版社，1997年，第101页。
② 康德著，郑保华等译：《康德文集》，第97页。
③ 韦伯著，冯克利译：《学术与政治》，第34—35页。
④ 韦伯著，冯克利译：《学术与政治》，第100—101页。

理解判断力时将它当成了对"手段—结果"的判断,从而把"目标合理性"看成了责任伦理的主要内容。这必然会导致最终将责任伦理推向"目的论"。譬如,卢卡奇在《存在主义还是马克思主义?》的第三章中,就把韦伯的责任伦理作为以结果来判定手段善恶的"结果论",运用到对萨特和波芙娃的批判中去。① 应该看到,韦伯强调判断力,是因为只有恰如其分的判断力才是唯一可能证明责任感的路径。这就如同新教徒的"有效信仰"只能通过抵御一切靠魔法救赎的诱惑才有可能证明一样。这里特别需要注意的是,我们该如何理解判断力。判断力并不能保证政治行为结果与目标一致,就像"价值中立"并不能避免价值牵涉保障认识无误。在这里,判断力起自我克制作用,以抵御头脑以外的"身体或心灵的其他部分"的爱好意向来干扰内心依照责任感行动的要求,用韦伯的概念说,这是一种为了与人、与事、与自我保持距离的"灵魂驯化"。而我为了强调这种"驯化"的自觉,更愿意把它理解为是"政治生活内的禁欲"。尤其在政治领域,出于责任和出于欲望,这两种对权力的追求极易混合在一起。因此,除非具备这种"禁欲精神",使自己远离诱惑,否则,虚荣心便会导致政治家去犯缺乏客观性和无责任心的错误。康德说:"能引起我尊重或者能叫我承担责任去行动的唯一东西,只是不作为一种后果,而是作为一条原则的和我的意志有联系的规律;这原则不根据什么自然的爱好而是控制自然的爱好的,或者至少是使它对于决定我的行为过程毫无影响。"② 这就是说,道德行为是依照责任感行动,而不是根据爱好意向行动。然而,在某些场合下,责任要求与爱好意向是重合在一起的,这就更难来分辨行动的动机了。③ 很不幸,政治正是这样一个领域,因它可以让人产生权力感,追求权力既是责任要求,也是爱好意向。于是就有了如下问题:"一个人,如果他获得允许,把手放在历史的舵盘上,他必须成为什么样的人呢?"④ 当然,要求他具备判断力,即通过对自然爱好意向的控制,来判断自己究竟在何等程度上是依照责任感行动而不是在满足虚荣心。其实,判断力体现的也正是尊严,"义务的命令的崇高和内在尊严越是明显,主观冲动越是少赞成它、越反对它,虽然丝毫不能削弱规律的强制力或消除其有效性"⑤。

---

① 卢卡奇著,韩润棠等译:《存在主义还是马克思主义》,北京:商务印书馆,1962年,第79页。
② 康德著,约翰·华特生编:《康德哲学原著选读》,北京:商务印书馆,1987年,第195页。
③ 康德著,约翰·华特生编:《康德哲学原著选读》,第194页。
④ 韦伯著,冯克利译:《学术与政治》,第100页。
⑤ 康德著,郑保华等译:《康德文集》,第89页。

三、责任伦理与信念伦理

　　显然，按"责任伦理"行事，就会产生目标合理性要求。或者说，承担行为后果的责任意识推动了"目的—手段"的关联。在韦伯看来，所谓工具理性、科技理性等，都只是作为依照"责任伦理"行动而产生的结果，但这些结果都不能用来作为道德评判的依据。我们可以根据某种价值标准来评判工具理性、科技理性及其现代性后果；但是，我们不能依照这种评价来评判"责任伦理"。从这个意义上说，"责任伦理"恰恰是"不问后果"的，无论后果如何，都与它毫无关系。任何人，只要他坚持内在精神，按照责任伦理行动，都有可能在一定时候走到这种"不顾后果"的境地。这时，如路德所说"这就是我的立场，我只能如此"，反映的正是所谓"信念伦理"的要求。韦伯曾说："一切伦理，不问其实质内容为何，均可划分为下列两大组：其一是'英雄伦理'，即以之为表示人类努力方向的目标，藏于无穷的彼方，因此提出了他在伟大的生存奋斗中，如无此，即不能忍耐的原理要求。其二为'平均伦理'，亦即谨慎地接受人类的日常性质为要求的准则。依我所见，只有第一范畴即'英雄伦理'，才可称为'理想主义'。古代未被歪曲的基督教与康德伦理都属此范畴。"[①] 韦伯在这里所说"如无此，即不能忍耐的原理要求"指的是康德的"道德原则"，它是伦理学上"信念伦理"的典范。

　　我们已经知道，康德认为，有条件的命令宣示都只是作为达到一种随意确定的目的的手段才被规定的准则，这种准则都将随着那个目的被放弃而失去效力，所以最多只是意志的原则，而不可能是规律。唯独道德命令是无条件命令宣示，因而它是以自身为目的的，不依赖于其他的"好"，是自足的。因此，康德的"纯粹实践理性的基本法则"（道德原则）是，"你的行动应做到这样，使支配你的意志的准则同时总能够如同一个普遍法则原理那样有效"[②]。它有三种等值表述：

　　第一，行动起来，好像你的行动准则能通过你的意志成为普遍的自然规律。

　　第二，在行动中，要把不管是你自身的还是任何其他人的人性都永远当作目的，永远不能只当做手段。

---

① 转引自金子荣一著，李永炽译：《韦伯的比较社会学》，第157页。
② 康德著，郑保华等译：《康德文集》，第161页。

第三，每个理性存在者的意志的观念是普遍的立法意志。①

在这里，第一表述是说，道德律具有如同自然规律一样的普遍性和不可违背性，但这不是说行动受自然规律支配，而是说行动受存在于我们道德直觉中的"责任感"支配。第二表述是说，绝对的、最高的"好"是人格的价值。人，作为理性存在者是把自己作为客观目标，且永远不应成为手段。第三表述是说，道德律是道德主体自己为自己立法。因为人作为理性存在者，他是客观目标，所以，人的一切主观目标（达到即能产生愉快后果）都必须受客观目标的支配。"人，其实而且每一个有理性的存在者本身，是自身为一个目的而存在的，不只作为一种手段为这个或那个意志所利用而存在的，因而在其一切的行动，无论这些行动是对于自己或对于其他有理性的存在者，都必须总是看为一个目的的。"②

这里尤其值得注意的是，理性存在者的意志是不能服从产生于利害关系的规律。人毫无疑问是与自己的幸福有利害关系的，而他认为，并且正当地认为，这和对规律的服从是有联系的，但是不能让那种对于规律的利害关系来决定他的意志。所以康德把道德原则称为意志"自决原则"，而把服从产生于利害关系的规律称为"他律原则"。例如不说谎，若是害怕因说谎而受惩罚才不说谎，这就没有遵守道德原则，而是服从他产生于利害关系的规则，即他律。同理，马丁·路德在沃尔姆斯城答辩时，没有因为处罚而改变立场，而是根据道德命令说"只能如此"，他遵循了自决原则。

"信念伦理"，按韦伯所说，并不等于不负责任。只是说坚持某种信念，以致行动"只能如此"。问题在于这是一种怎么样的信念。如果是在"世界是一个由上帝支配的宇宙这一在道德上还有某种意义的伦理学上的公设"之下，③那么，行动"只能如此"，后果上帝负责。但是，在上述"公设"不复存在的今天，后果就只能归因于我们自己的"上帝"了。在价值多元的条件下，选择哪一个作你的"上帝"，并忠实于它，这就导致了当今"信念伦理"的产生。韦伯并不否认"脱魔"的世界依旧需要信仰，他认为，如果没有信仰，现实生活的根据就只在于其本身，也就只能是现实生活可能采取的各种立场之间永无宁日的"诸神大战"。所以，各种立场之间冲突的不可调和性及其无结果性，

---

① 康德著，郑保华等译：《康德文集》，第 84—94 页。
② 康德著，郑保华等译：《康德文集》，第 209 页。
③ 雷蒙·阿隆著，葛智强等译：《社会学主要思潮》，上海：上海译文出版社，1988 年，第 580 页。

表明了当代人在它们之间作出某种抉择的必要性。更主要的是，现实世界的无理性也要求人类行为具有强大的内在支持。譬如在政治领域，"政治行为的最后结果往往——甚至经常——完全不合初衷，甚或时常同它截然相悖，这是一切历史的基本现实"；因此，"某种信念是一定要存在的，不然的话，即使是世界上最重大的外在政治成就，也免不了为万物皆空的神咒所吞噬，这一点是毫无疑问"①。这也就是说，按照责任伦理行事，要求对行为后果承担责任，因此，客观上需在能力所及的范围内尽量地估计与行动相关的各种可能因素。但是，这种"可能因素"无论从数量或范围来说都是无限的，因而，从责任伦理对外在行为后果的承担来说并没有绝对必然的保证。在韦伯所说的"一定时候"，便会走到对"信念伦理"的要求上来，即直接要求信念的内在支持，而不顾后果。当然，前提是"精神尚未死亡"，而且信念伦理是经由责任伦理"援引出台"的。"就此而言，信念伦理和责任伦理便不是截然对立的，而是互为补充的，唯有将两者结合在一起，才构成一个真正的人——一个能够担当'政治使命'的人。"②

　　韦伯坚信，科学理性不能解决道德判断问题，那么道德判断问题该由谁来解决呢？一般认为，韦伯把这个问题交由每个人自己来解决，"哪一个是上帝，哪一个是魔鬼，你自己决定"。如果仅此而已，那么在韦伯这里也就没有道德理想可言了。事实上，韦伯始终把价值抉择与责任担当联系在一起。不负责任的立场选择，只是招之即停的出租车；而没有终极立场的规束，也就没有责任可言。韦伯意识到，基于不同生活领域的各种实质合理性之间的矛盾是不可调和的，因此，只能寄希望于形式合理性，即抽象于一切实质合理性的实践原则。实质合理性是对某种事物的合理性，形式合理性则是"不对任何事物"的合理性，是作为目的本身的自身合理性。在康德的形式主义伦理学中，他找到了这种"把自身作为目的"的实践原则（"道德律"），并把"价值中立"、"一贯性"、"理性诚实"、"判断力"等一系列概念贯穿于道德主体的"意志自决"之中，通过"责任伦理"来体现这种"自律原则"。韦伯明白，在没有上帝、没有先知的当今时代，经验科学和功利取向已经把所有神圣的东西都从这个世界上驱逐出去了；因此，任何纯粹的"信念伦理"不仅在理论上难以立足，而且在实践上也显得荒唐可笑。唯一出路即在于"责任伦理"。通过"责任伦

---

① 韦伯著，冯克利译：《学术与政治》，第102—103页。
② 韦伯著，冯克利译：《学术与政治》，第116页。

理",一方面可以导出目标合理性行动,为经验理性的行动方式提供伦理价值;另一方面又与"信念伦理"相接,为抽象的道德理念奠定现实的实践基础。换言之,在当今现代性条件下,任何一种信念,唯有当它与责任伦理结合在一起时,才可能是有效的。

作者:冯钢(1953—),男,浙江杭州人,浙江大学社会学系教授。
原载:《社会学研究》,2001年第4期。

政治家应该恪守什么样的道德准则
——马克斯·韦伯论"克里斯玛"领袖和责任伦理

王小章

一

雅斯贝尔斯认为，马克斯·韦伯是一个集政治家、科学家、哲学家于一身的人物。"尽管由于命运和环境的作弄，他没有在政治方面享有显赫的地位，却毫不减损他杰出政治家的本色，他的伟大就像一个没有手的拉斐尔，没有功绩却有无限的潜力。"[①] 确实，韦伯终其一生都热衷于政治、渴望献身于政治。而作为一个政治家，特别是作为一个现代世界中的政治家，他无疑必须清楚两个问题：第一，什么是政治，尤其是是什么是现代的政治？对此，从1895年发表"就职演讲"开始，一直到生命的最后岁月，在韦伯对于政治的理解中，"权力斗争"和"民族—国家"始终是他定义政治的核心因素。权力斗争是政治的本质，民族—国家这一政治统一体则是现代政治的基本单元。简言之，政治就是在民族—国家层面上展开的权力斗争，包括，或者说，尤其是，对"暴力使用权"的争夺。而献身于政治，也就是投身于这种权力斗争。而由此就引申出第二个问题：对于国家来说，政治，或者说，这种权力斗争之所以存在，除了因为"在尘世生活中到处充满着人与人之间的严酷斗争"，因而是生存性的，是"人类基本的生存方式"之外，[②] 还有什么内在的理据？而对于献身于政治的政治家来说，为什么要投身于这种权力斗争，其根本价值何在？"政治能够完成什么使命？也是说，在伦理的世界中，政治的家园在哪里？"特别是，"政治的运作，要依靠以暴力为后盾的权力这种十分特殊的手段"[③]，那么，在什么意义上，动用这种使用暴力的权力是正当的（legimitat）？对此，在马基

---

① 雅斯贝尔斯著，鲁燕萍译：《论韦伯》，台北：桂冠图书公司，1992年，第37页。
② 刘小枫：《施米特论政治正当性——从〈政治的概念〉到〈政治的神学〉》，载《施米特：政治的剩余价值》（"思想与社会"第2辑），上海：上海人民出版社，2002年，第42页。
③ 韦伯著，冯克利译：《学术与政治》，上海：三联书店，1998年，第103、105页。

雅维利、卢梭、康德、黑格尔、马克思、尼采之后的思想视野中、也即在西方世界中宗教和政治分离之后的语境中提出并思考这个问题的韦伯立足于"人义论"的立场，联系"历史的有效性"①（即19世纪中叶以后德国社会政治的特定历史语境），而将现代政治的正当性所系的政治的"终极的决定性价值"定位在民族国家的强盛和世界权力，即所谓"国家（民族）理由"。而政治自由、民主等，在他这里从根本上讲只是促进民族的政治成熟、强化民族的凝聚力、实现世界强权地位和威望的手段。韦伯多次表示："我们提出'国家理由'这一口号的目的只是要明确这一主张：在德国经济政策的一切问题上……最终的决定性因素端视它们是否有利于我们全民族的经济和政治的权力利益，以及是否有利于我们民族的担纲者——德国民族国家。"②"民族的重大利益理所当然地优先于民主或议会制的原则。""对我来说，'民主'本身从来就不是目的。我唯一的兴趣一直是并且依然是如何实施一种能够导致一个强大的、外向的德国的现实主义的民族政策。"③

二

但由韦伯对上述第二个问题的回答就又自然地提出了一个问题：谁能够担当起使民族国家走向强盛和世界强权的历史使命？韦伯认为，这显然不能寄希望于普通大众。大众"只知道考虑明后天之内的事"，并且总是为非理性的情绪所支配。④ 正因此，即使从"手段"的层面上讲，民主也不是韦伯一生所关注的核心问题。相反，跟托克维尔一样，他对民主，特别是大众民主，所隐含的对民族政治的潜在危险有着清楚的认识。同样，这也不能寄希望于那些他在《以政治为业》这篇著名的讲演中所提到的那种"靠政治谋生"的毫无理想和信念的庸官俗吏。⑤ 韦伯指出，这些官吏，"就其适当职责而言，是不能投身

---

① 当代著名的韦伯诠释者施路赫特指出，"伦理价值维系着绝对义务观，而政治价值（更准确地说是现代政治价值——引者）维系着历史义务观……政治价值观是成为行动原因并与集合体相维系的某种历史的有效性。"见施路赫特著，李康译：《信念与责任——马克斯·韦伯论伦理》，载《韦伯：法律与价值》，上海：上海人民出版社，2001年，第272页。也就是说，与宗教分离之后的（现代）政治的价值可以从历史的要求中推导而出，政治的使命是一种历史的使命。
② 马克斯·韦伯著，甘阳编选：《民族国家与经济政策》，北京：三联书店，1997年，第93页。
③ M. Weber. *Political Writings*. London: Cambridge University Press, 1994, pp. 133—217.
④ M. Weber. *Political Writings*, p. 230.
⑤ 马克斯·韦伯著，冯克利译：《学术与政治》，第63页。

于政治的……他的适当工作是从事无党派立场的'行政管理'"①。而一个民族如果完全落在这些人的控制之下,那么,唯有放弃任何试图参与世界政治的念头,而只好安于像瑞士、丹麦、荷兰这样的小国家的角色。② 只有具有高超的智慧、坚定的信念和远大的理想的真正的政治家才能担当起民族的历史使命,才能带来民族的强盛和荣誉。但问题是,从德国的特定历史情境看,俾斯麦的铁腕统治造成了德国民族普遍的政治冷漠和不成熟,抑制了真正的政治家的产生,以至在他下台后数十年间连一个像样的继承者都找不到。而从现代世界普遍的趋势看,在现代社会大行其道的科层制(官僚制)不可能产生——反而只会窒息——杰出的政治领袖,而只能生产出大量上面所说的那种"靠政治谋生"的庸官俗吏。从就职演讲开始,一直到发表《以政治为业》的演讲,韦伯所一直念兹在兹的一个中心问题就是,在现代社会中,这种既能够担当起民族国家的历史使命、又能以其巨大的人格魅力吸引民众追随而将其理想付诸实践的真正的政治领袖从何以及如何产生。③ 事实上,他对于民主和议会制度的思考都与此有关:大众普选可以使当选政治家获得"克里斯玛"的权威,从而产生恺撒式的政治领袖,④ 他不仅能够摆脱官僚机器的掣肘,还能驱使它服务于他的目的,从而实现挟"机关"而治;而议会,则是现代社会中政治领袖的训练基地。⑤

如果说,在韦伯看来只有"克里斯玛"式的领袖才能突破现代社会科层制(官僚制)的例行化牢笼,赋予政治以活力、方向和价值目标,唯有让真正的政治家而不是行政官僚来掌握像德国这样的大国的大政方针,才能免于国家(民族)在世界政治中的沉沦的话,那么,接下来却又有一个问题:当恺撒式的政治领袖掌握了巨大的权力之后,当一个民族由一个天才政治家来统治之后,会不会又重复俾斯麦统治德国的情形呢:"对一个政治家的个性的毫无节制的景仰竟然使一个骄傲的民族毫无保留地牺牲了它自己的客观信念。"⑥ 或者,从政治家的方面说,他该如何来看待和使用他手中的权力?他会不会将它看作自己的私有物,看做为自己牟取私利、满足自己个人欲望的便利手段?或

---

① 马克斯·韦伯著,冯克利译:《学术与政治》,第 76 页。
② M. Weber. *Political Writings*, p. 127.
③ 参见马克斯·韦伯:《民族国家与经济政策》,第 99—107 页;《学术与政治》,第 90—99 页;*Political Writings*, pp. 104, 209—225, 230, 251.
④ M. Weber. *Political Writings*, pp. 220—221.
⑤ 参见比瑟姆著,徐鸿宾等译:《马克斯·韦伯与现代政治理论》,杭州:浙江人民出版社,1989 年,第 99—106、259—277 页。
⑥ M. Weber. *Political Writings*, pp. 135.

者他会不会在"虚荣心"的驱使下"变成一名演员,对于自己的行为后果承担责任满不在乎,只关心自己的表演给人们的'印象'……像暴发户一样炫耀权力,无聊地沉浸在权力感之中"①,韦伯事实上对此不无忧虑。当然,议会在某种程度上可以制约政治领袖的权力;②讲究"形式理性"(程序理性)的法律也能规范他对权力的使用。③但是,这些对政治领袖的权力的外在约束在提高政治的安全性、稳定性(可预见性)的同时,也可能限制了政治家的创造力,使他或无所作为,或向行政官僚的方向靠近。不过,除了外在的约束,还有内在的约束。这就是伦理的约束。确实,在现代社会中,政治和宗教的分离事实上已意味着政治的价值已经独立于伦理(道德)的价值,但政治家却不能没有伦理,或者说,他不能脱离伦理评判。因此,我们必须问,政治家"要具备什么素质,才有望正确地使用这种权力……他怎样才能正确履行这种权力加于他的责任呢……一个人,如果获得允许,把手放在历史的舵盘上,他必须成为什么样的人呢?"④从发表就职讲演开始,中间经过对俄国 1905 年资产阶级革命与德国 1907 年前后的性革命的思考,一直到发表《中间反思》、特别是《以政治为业》,韦伯心中一直在思考着一个重要问题,那就是,什么是政治家应该恪守的、也是我们用以评论政治家的伦理准则?⑤而他的回答就寄寓在他对于"信念伦理"和"责任伦理"的著名区分中:

  我们必须明白一个事实,一切伦理取向的行为,都可以受两种准则中的一个支配,这两种准则有着本质的不同,并且势不两立。指导行为的准则,可以是"信念伦理",也可以是"责任伦理"。这并不是说,信念伦理就等于不负责任,或责任伦理就等于毫无信念的机会主义。当然不存在这样的问题。但是,恪守信念伦理的行为,即宗教意义上的"基督行公正,让上帝管结果",同遵循责任伦理的行为,即必须顾及自己行为的可能后果,这两者之间却有着极其深刻的对立。⑥

那么,政治家的行为应该遵循哪一种准则呢?是"信念伦理",还是"责任伦理"?如果说,这个世界是一个具有伦理合理性的世界,即所谓"善果者,惟善出之,恶果者,唯恶出之"的世界,那么,信念伦理是合理的选择。你只

---

  ① 马克斯·韦伯著,冯克利译:《学术与政治》,第 102 页。
  ② M. Weber. *Political Writings*, p. 222.
  ③ 参见马克斯·韦伯著,张乃根译:《论经济与社会中的法律》,北京:中国大百科全书出版社,1998 年,第 351—357 页。
  ④ 马克斯·韦伯著,冯克利译:《学术与政治》,第 100 页。
  ⑤ 马克斯·韦伯著,冯克利译:《学术与政治》,第 246—269 页。
  ⑥ 马克斯·韦伯著,冯克利译:《学术与政治》,第 107 页。

要禀着真诚良善的信念去行善,上帝自会掌管与此相应的结果。但是,这个世界恰恰陷于伦理非理性的泥沼之中。特别是政治这个领域,如前所述,权力斗争是其本质,暴力是其决定性的手段。这些都与"恶魔"的势力联系在一起。投身于政治的人,是在"让自己周旋于恶魔的势力之间,因为这种势力潜藏在一切暴力之中……为自己和他人追求灵魂得救的人,不应在政治这条道上求之,因为政治有着完全不同的任务,只能靠暴力来完成。政治的守护神,或者说魔鬼,同爱神、同教会所描绘的基督教的上帝之间,处在一种固有的冲突之中"①。对于政治家的行为,"真实的情况不是'善果者唯善出之,恶果者惟恶出之',而是往往相反"。换言之,要获得"善的"结果,往往不得不采用在道德上令人怀疑的手段;而善完全可以导致恶。既然如此,既然上帝已从这个世界中隐退,不再负责这个世界中的行为结果,那么,唯有政治家自己对自己的行为担当责任。

那么,怎样才能对自己的行为担当责任,或者说,什么才叫对自己的行为担当责任?这当然不是指一个人可以随随便便采取行动,然后在把事情搞得一团糟之后宣布:我对此负责。于是或辞职,或谢罪,甚或自杀。这和无赖行径没什么区别,这绝不是责任伦理所要求于政治家的行为。"一项行动,若是期望在责任伦理的角度上获得道德的地位,就必须同时满足两项条件。首先,该行动必须产生于道德信念;其次,它必须反映出这样一种事实:自身深陷于伦理上属于非理性的世界的泥沼之中,从而对善可以导致恶这一洞见深表赞同。换句话说,这种行动必须从道德信念的角度证明自己的正当性,还要从对可预见后果的估价方面证明自身的正当性。"②韦伯将第一项条件叫做"信念价值",第二项条件叫做"效果价值"。因此,责任伦理要求:"依据你对自身义务的最高信念而行事,除此之外,你的行事方式还得保证,可以依据你的最充分的知识,同时考虑自己行动的(可预见)后果。信念伦理的遵行者担当的似乎是单一的责任,即其行动的信念价值;而责任伦理的遵行者则必须承担双重的责任,除了其行动的信念价值,还有在这个伦理上属于非理性的'世界'上,信念价值与其他价值——尤其是效果价值——彼此之间的关系。"③

责任伦理不等于"毫无信念的机会主义",这只要问一下"为什么我必须选择对自己的行为负责"这个问题就可以明白。因此,恰恰相反,对自身义务之最高信念是责任伦理的首要前提。韦伯认为,政治家需要三种决定性的素

---

① 马克斯·韦伯著,冯克利译:《学术与政治》,第114页。
② 施路赫特著,李康译:《信念与责任——马克斯·韦伯论伦理》,第313页。
③ 施路赫特著,李康译:《信念与责任——马克斯·韦伯论伦理》,第314—515页。

质：激情、责任感和恰如其分的判断力。① 激情和责任感在某种程度上都来源于对自身义务之最高信念，来源于对一项"事业"的献身感。政治家的工作固然离不开追求权力这一不可缺少的手段，但是如果毫无信念地仅仅为了权力本身而享受权利，像个演员或暴发户那样无聊地炫耀权力，则不是真正的政治家所应该的，必须加以批判和贬斥。② 在分析韦伯对责任伦理和信念伦理的划分时，施路赫特指出这两种伦理准则"具有严格的形式特征，并就此独立于任何既定伦理的特定内涵，这便意味着只能在业已确定行动的信念价值的情况下采纳这两种准则"③。这就引出了一个现实的问题：如何确定政治家的信念价值？虽然韦伯说：政治家为了事业而追求和运用权力，至于这事业具体是什么，属于信仰问题。政治家可以服务于民族的、人道主义的、社会的、伦理的、文化的、世界性的或宗教的目的。④ 但是他关于政治正当性的论证却表明：他内心里认为，今日世界中的政治家必须将致力于民族国家的强大作为最高的政治目标。确实，与维系着绝对义务观、以个体为指称对象的伦理价值不同，政治价值维系着历史义务观，指称对象是"集合体"，政治价值观念是"成为行动原因并与集合体相维系的历史有效性"⑤，但对于在既定的历史时代里投身于现实政治的政治家来说，在谈到政治家的伦理时，事实上是要求他将政治价值作为他个人的伦理价值，将民族－国家的历史的义务作为他个人的使命即他的绝对义务。不如此，不配做政治家。

但是，单有对自身义务之最高信念还不够。纯正的信念并不能保证良善的后果，这是一个伦理非理性的世界。责任伦理要求政治家要时刻清醒地意识到这一点，因而在采取每一个行动时，都必须关注它与可能的、可预见的结果之间的关联。这才叫对自己的行为结果负责。而要做到这一点，就要求政治家要有恰如其分的判断力。韦伯认为，政治家要能够在现实作用于自己的时候，保持内心的沉着冷静，这对于他们来说是一种具有决定性意义的心理素质。而唯有与事和人保持距离，才能做到这一点。"'缺乏距离'，乃是政治家致命的罪过之一……使一个充满激情的政治家有别于常人，使他不同于徒有'无生育能力的亢奋'的纯粹政治票友的，是他对灵魂的坚定驯化，而唯有通过习惯于保

---

① 马克斯·韦伯著，冯克利译：《学术与政治》，第 100 页。
② 马克斯·韦伯著，冯克利译：《学术与政治》，第 101—102 页。
③ 施路赫特著，李康译：《信念与责任——马克斯·韦伯论伦理》，第 268 页。
④ 马克斯·韦伯著，冯克利译：《学术与政治》，第 102—103 页。
⑤ 施路赫特著，李康译：《信念与责任——马克斯·韦伯论伦理》，第 272 页。

持一切意义下的距离感,他才能做到这一点。"①

出以对政治使命的真诚承诺,也即对自身义务的最高信念,清醒地认识到自己置身于一个伦理非理性的世界之中,从而审慎地关注自己所采取的每个行动与可预见的结果之间的关系,并勇于为这种结果担当责任,这就是责任伦理所要求于"为政治而生"的政治家的,也就是以权力为必不可少的基本手段的政治家所必须恪守的伦理准则。在《以政治为业》的结尾处,韦伯说出了两段非常动人的话:

一个成熟的人(无论年龄大小),他意识到了对自己行为后果的责任,真正发自内心地感受着这一责任。然后他遵照责任伦理采取行动,在做到一定的时候,他说:"这是我的立场,我只能如此。"这才是真正符合人性的、令人感动的表现。我们每一个人,只要精神尚未死亡,就必须明白,我们都有可能在某时某刻走到这样一个位置上。就此而言,信念伦理和责任伦理便不是截然对立的,而是互为补充的,唯有将两者结合在一起,才构成一个真正的人——一个能够担当"政治使命"的人。②

一个人得确信,即使这个世界在他看来愚陋不堪,根本不值得他为之献身,他仍能无怨无悔;尽管面对这样的局面,他仍能够说:"等着瞧吧!"只有做到这一步,才能说他听到了政治的"召唤"。③

这些话,当然是说给当时在场的以青年学生为主体的听众听的,在某种意义上也是一面怀着对学术的真诚与承诺、一面则对现实政治有着一种不可遏止的献身感的韦伯自身的写照,但同样也是我们今天的从政者不妨认真听听的。

作者:王小章(1966—),男,浙江德清县人,南京大学社会学系副教授
原载:《浙江学刊》,2004年第4期。

---

① 马克斯·韦伯著,冯克利译:《学术与政治》,第101页。顺便提一下,在一战期间,韦伯对实际政治情况的一系列精确的判断反映了他自己所具有的这种恰如其分的政治判断力。参见雅斯贝尔斯:《论韦伯》,第40—42页。
② 马克斯·韦伯著,冯克利译:《学术与政治》,第116页。
③ 马克斯·韦伯著,冯克利译:《学术与政治》,第117页。

比维特根斯坦更伟大,比海德格尔更有用
——汉斯·约纳斯《责任原理》评介

方秋明

大卫·列维(David Levy)做了一个惊人的断言,说德裔美籍哲学家汉斯·约纳斯(Hans Jonas)的著作比维特根斯坦的更伟大,比海德格尔的更有用,因为前者具有学院式的局限性,后者具有反科学的非理性主义性质。[①] 他所指的主要是《责任原理:技术文明时代的伦理学探索》(以下简称《责任原理》),它是约纳斯的代表作,1979年以德文本出版,售出将近20万册,1984年出了英文版,1987年获得德国书业和平奖,1992年有意大利译本出版。[②]

一、面临危险的世界需要人类承担责任

《责任原理》在全球首次系统地倡导责任伦理学,试图为技术时代的伦理学建立基础,把责任推向伦理学舞台的中心,把人类存在作为责任伦理学的首要要求。提倡这样一种责任伦理学,是因为现代技术使人类活动无论在规模、对象和后果等方面都发生了巨大变化,以至于传统伦理学已经不适应新的形势。

首先,现代技术使人与自然的关系发生了重大改变,自然再也不能像过去那样面对人类的入侵不屑一顾,而恰恰是软弱无助。其次,现代技术因为对人类、自然和未来的深远影响,已处于人类目标的中心地位,因而负有了伦理学意义,也因此,责任向不确定的未来敞开了它的地平线。最后,现代技术把人变成自己的对象,使人有可能扮演造物主的角色,任意创造地球上的任何物

---

① David Levy. *Hans Jonas: The Integrity of Thinking*. Missouri: University of Missouri Press, 2002, pp. 80—81.
② Lawrence Vogel. Hans Jonas's Exodus: From German Existentialism to Post—Holocaust Theology, in Hans Jonas, *Mortality and Morality: A Search for the Good after Auschwitz*. Illinois: Northwestern University Press, 1996, p. 3.

种，至此，人类完成了他对自然的最终征服。

在对现代技术进行现象学描述的基础上，约纳斯对其过度发展将产生的结果作了预测，这使他看到了深深的隐患，其中最突出的有两种：一是原子弹或者类似的一次性大毁灭，一是整个地球生态圈的渐进的灾难。由于原子弹的危险存在于主观选择领域，人们的理性决定还会起作用，因而在原则上，原子弹不是必然被使用，它恰恰用来预防运用它的必然性。约纳斯更忧虑的是"内在于技术文明结构之中的无意识现代组织的威胁，迄今技术以几何级数的累加任意地漂流着：这就是产生伴随耗竭、污染、星球荒凉等'发展太多'的启示。这里可信的推断是可怕的，可估计到的时间跨度正惊人地缩小。在这里，避免灾难要求废除现存的全部生活方式，甚至发达工业社会的（生活）原则，然而这将触犯无数利益。"①

所以这种时间炸弹的毁灭性力量比核灾难更难防止，而且抵得上任何数量的氢弹，其结果同样是不可逆的，而且对于它的到来我们每个人都难辞其咎。如果我们幸运地躲过了核危险的话，那么这种前景正等待着我们的子孙。正由于对现代技术的深刻透视，使约纳斯宣称，现代技术实践构成了他的责任伦理学的理论前提："首先，我们共同的技术实践形成了一种新的人类行为，这不仅是因为它的方法的新颖性，更是因为它的一些对象的前所未有的特征，它的工程的十足庞大以及它的效果的无限累加的蔓延。由于上述三个特点，我们又得出第二个前提：无论它的任何直接目的有什么特殊性，我们以这种方式所做的一切，作为一个整体再也不能中立于伦理学之外了。"②

这意味着伦理学再也不能局限于此时此地，不能局限于人与人之间的关系。为了人类和整个大自然的安危，它必须把视野扩展到未来的地平线，扩展到自然界乃至整个地球生物圈。这样，就应在伦理学中引入责任的新维度。这新的维度便是对未来人类负责，对自然负责，这要求我们决不可把人类和自然的存在置于危险的境地，要使公共政策介入技术活动，认真研究预测知识，预测科技发展对人类、自然和未来造成的各种可能的后果，从而提出有效措施，引导技术发展而不是让它盲目发展。这就是责任伦理学的基本要求。

---

① Hans Jonas. *The Imperative of Responsibility*: *In Search of an Ethics for the Technological Age*. Chicago: University of Chicago Press, 1985, p. 202.

② Hans Jonas. *The Imperative of Responsibility*, pp. 23—24.

二、为什么要对遥远的后代和大自然负责：
责任伦理学的本体论证明

随着时间的流逝，约纳斯的忧患为越来越多的人所认同。然而人们在承认必须考虑未来后代和大自然的存在的同时，鉴于当前利益与长远利益的冲突，不能不进一步追问：为什么我要对与我无关的遥远后代和大自然负责？这是约纳斯责任伦理学面临着的一个根本问题。

约纳斯认为，仅仅通过煽情的道义感的说教是无法回答的，而应借助于理性证明才可能真正说服人，为此他进行了本体论的证明，其思路如下。首先，对未来人类负责是因为人类必须存在。为什么人类必须存在？因为在这个世界中必须存在万事万物而不能让万事万物不存在，也就是说整个自然界必须存在。为什么自然界必须存在？因为它有价值。为什么说自然具有价值呢？因为它具有目的性。因此约纳斯首先要论证大自然是有目的的，然后由自然的目的性过渡到自然的价值性，再由自然和人类的自身价值过渡到存在，最终论证了这种具有客观价值的存在向人发出了"应该"的要求。

（一）目的论证明

约纳斯认为整个自然界的事物包括人为事物和自然事物，自然事物又包括生命体和非生命体，他称前者为主体性存在者，后者为非主体性存在物。通过论证这三者都是具有目的或目的性的存在，他证明了整个大自然就是有目的的。

人为事物主要包括人造器具和社会机构，这两种目的性实体都是人造物，所以赋予它们的相应目的也都是作为它们的制造者和使用者的人的目的，它们都服务的目的是人类主体，都用来满足人的种种需要，因而具有外在的使用价值。

约纳斯的主体性存在者包括人、动物和一切有生命的实体。他指出，人的行为是一个目的——手段链，其中每个行动都是有意去做的，这个链条可能有个终点，即最终目的，也可能没有，但一般地，后者是前者的阶段目标，前者是实现后者的手段。这些目的手段都打上了主体意愿的烙印，所以我们说人是具有自身目的的。

动物不可能预设目的，其行为更多的是出于本能，它的活动环节依循客观的手段——目的的次序。动物主动功能的器官行为都服务于缓解紧张这个目的，由于这主要是生理因素造成的，所以这种目的具有客观性。从心理学的角度看，动物行为主要是在程序图式的引导下达成缓解紧张的目的，但它在此之后获得的满足感也是存在的,这里就有很多主体性的作用。因此我们说,动物既有客观目的也有主观目的,其目的和人一样也是自为的,服务于生命本身这个最高目的。

约纳斯指出,非主体性存在物的整体便是自然,主体性目的是非主体性的自然赋予的,是非主体性的显现。在某种意义上,主体性是非主体性或自然的一种表面现象,好比冰山之一角,它充当它之下的沉默的内在性质的代言人。

主体性是一种骤然出现的自然的表面现象,所以它也扎根于自然,并与根本的连续性并存,而那连续性又使主体性和自然都从属于"目的"。因此,借助于生命的显现,我们说目的一般地讲天生就属于自然。我们还可以说,自然界产生生命,这表明它至少有一个确定的目的——生命自身,我们说生命正是自然界的"一个目的"就足够了。"目的性存在"是所有目的的目的,解放目的的生命正是使目的开花结果的一种最佳形式。① 通过这样的有点神秘色彩的论证,约纳斯比较令人信服地相信,大自然本身就是目的的温床,是孕育生命的母体。

通过以上论证,约纳斯表明:人为事物的目的归根结底是人的目的,主体性存在者的目的则是属于生命体本身的,非人为而又非生命的事物的整体可称为前意识的自然界,它也是有目的的,它通过主体性的存在者表现出来。因此,整个大自然就是一个有目的的存在。

目的总是指向主体所欲望的事物,这内在地表明这种被欲望的事物对主体是善的、有价值的,那么当主体把自身作为目的时,意味着他本身就是他所欲求的,这样,主体、目的与价值就三者合一了,所以从这个角度讲,有目的的就是有价值的。人和整个大自然都具有自身目的,因而也就具有价值。"世界具有价值乃是直接因为它有目的。"②

(二) 价值论证明

如果有价值的是"应该"的,那么约纳斯就能有力地证明人类应为子孙后代以及自然界负责这个命题了。

约纳斯指出,价值分主观价值和客观价值,在主观价值中,凡是对行为者有利的,就是"应该"追求的,但这样"价值"或"善"就没有命令的权力而只有因果力量,因此其中的"应该"是不可靠的。只有在客观价值中,才能产生客观有效的"应该"。客观价值又称内在价值,是指事物本身就存在的价值,是一种自身善(good in itself),是一种目的性存在。自身善是拥有目的的纯

---

① Hans Jonas. *The Imperative of Responsibility*, p. 74.
② Hans Jonas. *The Imperative of Responsibility*, p. 76.

粹能力，它比任何无目的性的存在绝对优越。自身善的目的在存在中是与生俱来的，这一点应视作一个本体论公理。自身善是在意志的支配下产生的，但无论何时它都会向这意志提出"应该"的要求。因为既然自身善是拥有目的的能力，这就说明它与目的和能力都有关，而目的是一种意志的产物，能力的产生同样离不开意志。

正是这客观价值向我们发出了"应该"的要求。人和大自然是具有目的的，因而也具有内在价值，因此它们当然也向作为意志主体的人发出了"应该"的呼唤，这种呼唤体现在人和大自然的存在之中。

首先，在自然自身善的目的中，存在对自己进行根本的肯定，与非存在相比，它把自己置于绝对优越的地位。其次，生命是大自然中最高的存在，自然凭此进一步显示存在的自我肯定。存在通过生命展示自我、肯定自我，在生命之中，它与死亡抗争，这种现象鲜明地反映了存在本身就是基本的善和价值，存在因此而发出了"应该"的呼唤。

大自然中存在的自我肯定是盲目地进行的，只有到了自由的人那里，才获得了义务性的力量。人的力量已如此巨大乃至于对人本身以及自然的存在构成了威胁，因而一方面要一如既往地保留生存意志，另一方面又要防止人自身的力量成为他的非存在的力量。由于人的力量正是他的命运，并迅速成为整个自然界的命运，因此从其意欲中产生"应该"，以自觉控制这种正在实践的力量。

那么这"应该"的内容是什么呢？显然是对人类和大自然的存在负责。这里的责任是有区别的，我们的根本责任是针对自然本身的，但首先要对作为自然目的性的最高结晶的人负责，不过我们不是简单地对单个的人负责，而是对作为目的性自然的理念的一部分的人的理念负责——未来人类的个体重要是因为人的理念重要。[1]

对于人的理念来说根本的是责任能力。人是我们所知的能承担责任的唯一存在者，承担责任是人类存在的突出而有决定性的特征。责任能力不仅是人的本质，而且具有一种作为我们责任的最终对象的存在的价值性。生而为人，就决定了他具有责任能力，人本身是人必须负责任的本体论基础。

因此责任能力"变成了责任自身的对象，因为拥有它便使我们有义务使它在世界的存在永远保存下去"[2]。一个人要负责任，首先得有负责任的能力，所以一个人首先得为自己拥有一种负责任的能力负责。不仅如此，他还要让责

---

[1] Lawrence Vogel. *Hans Jonas's Exodus: From German Existentialism to Post—Holocaust Theology*, p. 15.

[2] Hans Jonas. *Mortality and Morality: A Search for the Good after Auschwitz*, p. 106.

任有其他的承担者，也让其他人（后来者）拥有责任能力，因为这也是我们的一个先天的责任，因为如果不让其他人具有责任能力，不让责任有其他的承担者，责任能力就不能持续存在。由此约纳斯就从"是"转向了"应该"，从本体论基础上证明了人类为什么必须存在的问题。

三、"去乌托邦马克思主义"：责任伦理的实现途径

既然危险的趋势是由技术的过度发展造成的，显然我们负责任的核心是要节制技术发展，这就要求个人过节制的生活。然而人类的欲望列车高速行驶，已经很难回到从前了。为此就要寻求一种能够控制现代技术的新的力量，个人是不可能拥有这么强大的力量的，因而只能在社会中寻找，并且只能是建立这样一种政治制度，即它能有效地推行紧缩政策，让民众过节制的生活，对科学技术的发展采取审慎的态度。为此约纳斯从经济、政治、道德等方面考察了人类现存的两种主要制度——资本主义和社会主义，希望从中寻求新的力量。

（一）需要经济与利润经济

社会主义的需要经济可以节省大量自然资源而又充分合理地利用之，提供物质财富，但这优势又被官僚主义大打折扣——它导致来自上层的错误指挥和下层的奴颜媚骨。利润经济刺激了消费，但它又有内在动机节俭资源以降低成本。

而在实践中社会主义国家又不可避免地跟世界其他地区竞争以追逐利润，甚至同样残酷掠夺自然资源与外国的经济潜力。因此经济（利润）最大化对马克思主义和对资本主义一样是先天的，而且马克思主义因为乌托邦理想、与资本主义成功的工业体系共存等原因也难以制止它。

（二）集权主义与自由主义

需要经济反映到政治上就是集权统治，它首先具有专制的优势：更有利于在紧急情况下强制推行紧缩政策，把责任伦理学付诸实施。当然，这种集权政府必须具有善良意志、广闻博见以及良好的洞察力。但是它需要一个能在伦理和智慧上承担这种未来责任的精英阶层，这在集权制度中很难产生。另外，集权政体与某些伦理标准相冲突，也倾向于腐蚀它的运作者和牺牲者。

自由政体则至少避免了腐败的根源，"只要能预防自身的过度扩张，出于伦理原因就是比不自由的制度好"[①]。但自由制度不能担保它们的持续性，在安全稳定方面可能不比集权社会好。如此看来，任何一方的制度都不能同时拥

---

① Hans Jonas. *The Imperative of Responsibility*, p. 174.

有自由和稳定的好处。在约纳斯那里，未来人类的生存占据压倒一切的分量，因而安全稳定就更为重要，如此一来，他还是更倾向于集权制度。

（三）禁欲道德与平等原则

约纳斯认为，马克思主义强调"'为全人类'而活着并且为此而'义无反顾'"[①]，厉行节俭精神，推行禁欲道德。这对即将到来的危险时代有巨大帮助，但问题是共产主义一旦分享了物质繁荣，能否抵制成功的诱惑，是否愿意急剧降低生活水平。

马克思主义还有一份伟大财产，就是激发它的追随者产生宗教式狂热，诱使人们自动放弃享乐主义以追求未来乌托邦的实现。为了实现责任伦理，约纳斯希望改造马克思主义，即假乌托邦之名，行责任伦理之实，让群众过禁欲的生活，建立自我克制的社会，以避免未来的灾难。

（四）乌托邦的诱惑

通过考察，约纳斯发现马克思主义比资本主义在履行责任伦理学方面具有优越条件，然而它还是有一个最不利的方面，那就是"乌托邦"的诱惑。

约纳斯指出马克思主义预示了一个诞生"真正的人"的乌托邦，要实现它就要通过革命建立无阶级社会。这种前景的确诱人，但对实行责任伦理学是巨大的障碍，因为要建立乌托邦就必然要追求丰富多样的物质生存，那么技术就被用作巨大的群体财富的推动力，成为服务乌托邦的崇高责任。这种技术崇拜和经济最大化正是责任伦理学所要极力避免的。

首先他认为乌托邦社会的物质产品最大化必然要无限制地掠夺自然资源和能源，然而资源是有限的，对能源的无尽开采又会产生无法消除的污染，这些都会导致地球灭亡，因而马克思主义式的乌托邦是不可能的。其次，马克思主义理论家批判人类的一切历史都是史前史，真正的历史只有到共产主义社会才能产生，因而在此之前的人都不是"真正的人"。他们继而向人们勾勒出"自由王国"、"积极闲暇的人间天堂"等美妙蓝图，然而约纳斯指出人自古就已达到了人性可能达到的高度，人性从来都是具有两面性的。因此，从历史的角度上看，乌托邦也是没有必要的，甚至是有害的。

通过比较可以看出，约纳斯倾向于建立节制的马克思主义全球政府。具体操作起来就是，改造马克思主义，吸取其禁欲道德、集权主义等成分，假借乌托邦的名义，让民众改变过去那种奢侈的生活方式，过着节制的生活，培养审慎的美德，建立全球责任政府、责任社会。

---

① Hans Jonas. *The Imperative of Responsibility*, p. 147.

四、瑕不掩瑜：对《责任原理》的评价

《责任原理》出版之后，尽管好评如潮，但也受到一些学者的批判。对其进行系统批判的是德国学者维兰德，他专门出版了一本书：《责任——伦理之原则？》。① 其主要论点有二。一是责任伦理不是新伦理，对此约纳斯其实也并没有直接宣称他的伦理就是新伦理，然而即便如此，他所倡导的前瞻性、关护性责任确实与传统责任完全不同，从这个意义上说他的伦理学是新伦理也未尝不可。

我们重点看看他的第二个批评："责任伦理学"不成立。首先，责任伦理学要求行为者以行为的后果为导向、为基础，这种要求不可能实现，因为未来的不确定性决定了对行为后果的预测不可能拥有百分之百的准确性。其次，它没有可靠的主管和相应的制裁机制，因而难以发挥作用，因为未来人不可能承担主管之职责和行使制裁，所以谁也不能指望人们仅仅是为了履行伦理义务而真的去承担对后代的责任。最后，它没有从内容上对特定的价值规范或终极的价值目标进行论证，告诉人家应当如何去做及为什么要这样做，因而称不上是一种伦理学。

然而维兰德的论断是难以成立的。对于第一点，我认为，以对行为后果的认知为导向来控制和影响人类整体的行为，即使不能对所有的后果有效地负责，至少也能减少更多的灾难。

我们再看第三点。维兰德的批评有正确的部分，《责任原理》只是隐晦地向人们暗示了建立全球责任政府的设想，而很少涉及责任伦理的具体行为方法。不过，虽说它缺乏清晰的价值系统与价值观念体系，然而约纳斯把整体存在作为责任伦理学中的终极目的或最高价值，他通过目的论、价值论所做的正是要证明这一点。为了实现这样的目的，他提出了"负责"的价值规范。从这方面讲，责任伦理学是具备了维兰德所要求的伦理学内容的，约纳斯只是没有进一步深入地论证这些内容以及如何行动而已。

我认为维兰德最有价值的是第二点。责任伦理学和许多其他伦理学一样缺少制裁机制，这使得它的规范内容很难实施，比如说要对人类未来负责，用什么去惩罚对它的违背呢？显然仅靠伦理学本身是不可能充分履行责任的，也正因此约纳斯才诉诸于政治哲学，期望从中探求有效的途径。我们从《责任原

---

① 参见甘绍平：《应用伦理学前沿问题研究》，南昌：江西人民出版社，2002年，第127–135页。

理》就可以看出，这本书虽然是一本伦理学著作，但也涉及哲学、政治学、宗教学等多学科的内容，也许约纳斯并不在乎他的理论属于什么学科，而专注于如何解决人类的现实困境。所以从这个角度说去评判责任伦理学是否成立已无多大意义，关键是我们循约纳斯的足迹继续求索人类文明的安全路径。《责任原理》确实存在着一些缺陷，但纵观维兰德等人的批评可知，人们大多没有反对他的基本思想（即对人类及其未来负责），而只是质疑责任伦理的可行性，而这正是约纳斯留给后人继续探索的问题。尽管如此，经典之作的光辉还是遮掩不住的。

（一）本体论证明的贡献

约纳斯试图恢复亚里士多德自然目的论传统，较为雄辩地论证了自然价值的客观性，并运用存在主义方法，找到一种能够沟通主观和客观的存在，也就是此在。这个此在在世界之中，与自己、他人、社会乃至整个自然界发生互动关系，他首先能亲自感知到自身的存在，然后能感知他者的存在，由于此在是一种智慧的存在，所以他能认识世界中价值的客观性。而且此在作为自然目的性的最高级体现，就有理由听到大自然向他发出的"应该"的呼唤。[①]

（二）伦理学的新大陆

传统伦理学几乎不关注未来和人类之外的生命的存在，是近距离的伦理学。而责任伦理学则在尊重和认可传统伦理学的合理成分之外，把目光投向遥远的未来，它关心我们千秋万代的子孙的生存，关心整个大自然的存在，关心作为类存在的整体，是一种远距离的伦理学。这从时间和空间两个维度大大地拓宽了伦理学的视域，意味着伦理学从此要思考更加广大的对象，为人类和自然的未来尽更大的责任，因而我们说约纳斯开辟了伦理学的新大陆。

（三）对未来的意义

西方社会有不少思想家对科学技术的负面作用也作了猛烈的批判，但在哲学伦理学层面上像约纳斯这样给出较为明确的指导的人却不多见。约纳斯从自然目的论和价值论出发，有力地论证了人类和自然的存在是一个绝对律令，为此人必须也为自身和大自然的未来负责。这样就能推进人类对预测科学的深入发展，加强对科学技术的控制，尤其是对具有重大威胁的技术力量的警惕。以往无视人类及自然未来命运的发展现在已经过时了，代之而起的是可持续发展，尽管这些对约纳斯的思想来说还是一种折中的做法，但至少比盲目地追求无限发展是一个巨大进步。

---

① 参见张庆熊：《为子孙万代生存的责任——评汉斯·约纳斯的责任伦理学》，选自《西方哲学名著提要》，南昌：江西人民出版社，2002年。

20多年过去了，切尔诺贝利核电站事件、海湾战争以及全球各地大大小小的杀戮、"911"事件、印度洋海啸、生态环境的持续恶化……无不证明了约纳斯的忧虑绝不是杞人忧天。随着基因技术令人不安的发展，约纳斯在英美等经验论传统的国家也日益受到重视，不少高校已经专门开设课程研究约纳斯的思想，而他也被列入了当代经典哲学家的行列。

作者：方秋明（1969－　），男，安徽桐城人，湘潭大学哲学社会学学院教授。

原载：《社会科学评论》，2006年第1期。

约纳斯的责任概念辨析

张　荣　李喜英

汉斯·约纳斯（Hans Jonas）是20世纪后半叶德国最深刻、最重要的哲学家之一。他通过《有机体与自由》和《责任原理》等著作，对科学技术进行了深刻的哲学批判与伦理论证。他的思想具备某种后现代的维度，并获得了世界性声誉。

本文不准备对约纳斯的思想作全面研究，而主要探讨其"责任"概念的起源、基础、本质、主体和特征，说明面对现代科学技术对人的统治，人类该怎样应对。约纳斯的代表性作品《责任原理》于1979年发表。他向技术时代的人们阐明："在一个受到败坏的时代，一种责任伦理是必不可少的。"那么，为什么说在一个"受到败坏的时代"责任伦理是不可缺少的？责任伦理究竟是怎样一种伦理？相对于传统意义上的义务或责任概念，他的责任概念又有什么不同？责任伦理学与形而上学是怎样一种关系？这些问题是本文试图回答的。

一、不再全能的上帝——责任的神学根基

在约纳斯看来，自培根以来，人类就渐渐踏上了科技统治的道路。科学技术在20世纪给人类带来了诸多灾难，最大的灾难莫过于奥斯威辛事件。① 约纳斯呼吁人们对这个已经败坏的时代进行反思，对科学技术进行伦理学评估和形而上学的终极论证。他的责任伦理学就是这种反思和论证的成果。约纳斯的宗教哲学家身份决定他的反思极具深度。作为海德格尔的学生，他也面对人的在世存在这一事实，不过，他并不是抽象地分析存在概念，而是从宗教哲学的视野出发，围绕奥斯威辛这样的具体生存事件，为神正论进行新的辩护，同时揭示出其"责任"概念的神学根基。

---

①　编者按："奥斯维辛"是波兰南部的一个小城，第二次世界大战期间纳粹德国在这里建立了囚禁和屠杀犹太人的集中营，内设绞刑架、毒气杀人浴室和焚尸炉等，100多万人在这里失去生命。

在约纳斯看来,"奥斯威辛"既是"一个败坏时代"的象征,又是一个变化了的上帝观的见证。上帝不再是全能的上帝,而是受难的、生成的和担忧的上帝。他说:"与一个受难的和生成的上帝概念密切相关的,是一个担忧的上帝概念",上帝并非是不义的,担忧的上帝"没有冷眼旁观、把自己封闭起来,而是为他担忧的事揪心"。因此,他在为神正论进行辩护时指出,上帝之所以对奥斯威辛事件保持沉默,不是他的冷漠,而是为了成就人的正义。"不是因为他不愿意,而是因为他不能。""不再全能"意味着上帝的一种自我放弃,上帝把自己的主动行动让渡给他的义人——正义的人,以人的正义选择回应上帝的救赎目标。所以,约纳斯说:"永恒的始基借助放弃自己的神圣不可侵犯而允许世界存在。一切受造物都因这一自我否定而存在。伴随着生存,它们接受了从彼岸世界得到的东西。上帝把自己完全交付给生成的世界之后,他就不必再付出了:现在是该人为他付出的时候了。"①

这是约纳斯早期对诺斯替宗教研究的积极理论成果。同时,作为 R. 布尔特曼的学生,他把存在主义哲学和新约神学的主张创造性地结合起来,为人在世界上的责任进行终极论证。"现在是该人为他付出的时候了",这一观点非常深刻地揭示出责任伦理学的神学起源:人的在世责任(Verantwortung responsibility),无论是对他人、社会还是自然的责任,都源自"人对上帝召叫的应答",人应当把自己交付给上帝,对上帝负责。这本是"基督教伦理的应答性",但恰恰反映了约纳斯责任伦理学的深度。在他看来,如果人对上帝的"召叫"没有反应,那么,一种伦理学就很难为责任的绝对性做出彻底的论证。约纳斯的上帝观和传统上帝观最大的不同在于"上帝不再全能"。这是他借以分析、解读奥斯威辛事件,为神正论辩护的最主要观点。

"上帝不是不愿意,而是他不能"表明"上帝和人一样在受难"。人滥用上帝赋予人的自由,通过意志的自由选择犯下原罪,使人承担罪"责"——在世俗世界受苦受难——这种原罪需要上帝救赎(道成肉身和十字架之死)。这本来是传统基督教的原罪论和神正论,但约纳斯通过强调上帝的"受难",一方面继续捍卫神正论——恶来自人的意志选择,与上帝无关;另一方面,由于上帝是"为人受难",因此,人对上帝的"应答"就更显得"绝对必要",这正是约纳斯对"责任原理"的神学论证,也是对"人义论"的深刻辩护。回应"上

---

① Hans Jonas. Der Gottesbegriff nach Auschwitz, eine juedische Stimme, suhrkamp taschenbuch, 1516, in *Philosophische Untersuchungen und metaphysische Vermutungen*, Frankfurt am Main: Insel Verlag, 1992, S. 190ff. 引文出自:张荣译:《奥斯威辛之后的上帝观念——一个犹太人的声音》,北京:华夏出版社,2002 年,第 22、32、37 页。

帝召叫"的人就是义人。所以，人为上帝付出——将自己"交付"给上帝就意味着担当起人自己的责任，面对人自己的恶做出积极的回答。可以看出，约纳斯的演讲《奥斯威辛之后的上帝观念》的显著特征就是把神正论和人义论结合起来。

约纳斯的思想具有德国哲学家一贯深刻的自我反思特征。正如布罗伊尔等人所说："奥斯威辛不仅是德国人罪过的象征，而且是20世纪中叶剥夺人道主义的见证，是对启蒙运动和理性生活指南全部价值的毁灭，确切地说，是自20世纪60、70年代以来伦理学转向的标志。这表明：人们需要恢复责任规范和责任原理，重提责任问题并为之辩护，以免这种骇人事件的重演。"① 这恰恰说明，在一个受到败坏的时代，一种新的责任伦理是必不可少的。

二、自然——责任的现实基础

约纳斯的责任伦理学像其他伦理学一样，也需要进行某种"终极论证"。也就是说，伦理学企图使人的行动为之负责的价值是如何被合法化的？在他看来，康德以来的大多数现代伦理学家要么以功利主义方式，要么以理性哲学的方式，围绕主体构造行为的价值。功利主义伦理学从人的自我保存出发，得出保护自然、爱自然这一要求。约纳斯反对这种做法，否认自我保存的伦理价值。他的责任概念是从康德出发的，而且具有形式主义特征。不过，由于他对现代性危机的深刻反思，使他的责任伦理学超越了康德的义务论伦理学。因为，在现代理性主义传统中，无论康德的义务论伦理学（坚持个体主体性原理），还是哈贝马斯的商谈伦理学（坚持主体间性原理），由于他们很少给予自然以特殊的考虑，因此在人与自然之间存在一道裂痕。在约纳斯看来，现代理性主义传统的共同特征是：否认人是自然的一部分，否认自然是价值的基础，从根本上颠倒了人与自然的关系，违背了责任原理。所以，约纳斯说："一切传统伦理学都是以人为中心的（anthropozentrisch）。"②

约纳斯恪守价值客观主义，坚信自然的生命与有机体都有独特的价值和尊严。与传统的功利主义与理性主义不同，他试图转换思维方式，重视自然的价

---

① Breuer/Leuch/Mersch, *Welten im Kopf, Profile der Gegenwartsphilosophie - Deutchland*, Hamburg: Rotbuch Verlag, 1996. 引文参见张荣译：《德国哲学家圆桌》，北京：华夏出版社，2003年，第2—3页。

② Hans Jonas. *Das Prinzip Verantwortung, Versuch einer Ethik fuer die technologische Zivilisation*. Frankfurt am Main: Insel Verlag, 1979, S. 22.

值基础地位。一方面,他仍然强调"责任首先是人对人的责任"①;另一方面,他信奉世界是上帝创造的,自然和人一样,是受造世界的组成部分,世界是一个整体性的意义关联世界。所以,反对人类中心论并非要求给自然和人一样的待遇,而是要以对待人的态度对待自然。弥合人与自然的裂痕的恰当方式就是抬高动物与植物的地位,而不是贬低人。自然概念不仅构成责任概念的一部分,而且本身就是责任的基础。"作为人的责任,不是特别对自然而言,而首先是在自然面前。"② 自然不再仅仅是责任的对象,而是责任基础本身。"人在技术上怎样损害了生命,人就有义务怎样保护生命。"③ 这就是人对自然的责任。

自然对人的责任、义务(人对自然的权利)是现代理性主义的伦理观。即便近代功利主义伦理学提到对自然有保护的义务、责任,但也是出于自我保存的后果考虑(实质在讲人对自然的权利、自然对人的义务),所以,这种责任是交互性的,是以某种好处为条件的,依然没有逃脱"以人为中心"的窠臼。因此,约纳斯强调自然对人的权利和人对自然的责任,这种思维方式的转变是革命性的。

约纳斯坚持认为,责任固然首先是人对人的责任,但其依据是人对自然的责任。这从根本上保证了他的责任概念的非交互性品质。所以,他在《技术、医学与伦理学——责任原理的实践》中全神贯注于人的生物学和医学领域的研究,试图在这些领域实践其责任原理。他相信,哲学伦理学可以而且必须以自己的力量同新的医学技术力量进行斗争。约纳斯认为,"在现代自然研究中,从前关于'纯粹的'和'应用的'科学之间、理论与实践之间的区分,明显地呈逐渐消失的趋势,因为二者已经在研究程序本身中融合了"④。基因技术已经表明,科学和技术是一个整体,它们已经在实验室里通过实验理解生命的结构,创造了不可逆的生物材料。因此,约纳斯提出"一个自愿的自我检查观念"⑤ 以限制科学技术的统治,杜绝对人本身的操纵和使用。他建议人们重新理解古老的德性——"节制"和"适度",把它们提高到责任原理的高度。

---

① Hans Jonas. *Das Prinzip Verantwortung*, *Versuch einer Ethik fuer die technologische Zivilisation*, Frankfurt am Main: Insel Verlag, 1979, S. 184.
② Breuer/Leuch/Mersch, *Welten im Kopf*, *Profile der Gegenwartsphilosophie - Deutschland*, 引文参见张荣译:《德国哲学家圆桌》,第 137 页。
③ Breuer/Leuch/Mersch, *Welten im Kopf*, *Profile der Gegenwartsphilosophie - Deutschland*, 引文参见张荣译:《德国哲学家圆桌》,第 138 页。
④ Hans Jonas. *Technik*, *Medizin und Ethik*, *Zur Praxis des Prinzip Verantwortung*, Insel Verlag Frankfurt am Main, 1985, S. 106.
⑤ Hans Jonas. *Technik*, *Medizin und Ethik*, *Zur Praxis des Prinzip Verantwortung*, S. 107.

约纳斯的责任伦理首先是针对现代科学技术统治的，尤其是对工具理性的一种批判，他呼吁一种善待自然、善待有机体的新科技伦理的出现。他发展了康德的绝对命令，他的责任最终要求绝对命令的一个新版本："'如此行动，以便使你行动的后果足以使地球上的人真正能持续生活、和平相处'……或者简单地说，不要殃及地球上人类无限持续生存的条件。"[①] 与康德的绝对命令相比，约纳斯的责任命令有以下特点：首先，它不是对康德绝对命令的拒斥，而是通过未来这一角度对它的扩展；其次，当康德的绝对命令仅仅求助于作为理性载体的个体时，约纳斯的责任命令则在此之上针对行动的集体，尤其是针对政治；最后，康德的绝对命令表达了志向（gesinnung）伦理学，而他的命令则是为责任伦理学辩护。[②]

三、担忧——责任的本质

约纳斯不是一般性地提出以自然为基础的未来责任原理，而首先要为责任伦理进行存在论论证，证明一种责任伦理学何以可能。

他的责任伦理学和海德格尔的存在论密切相关。海德格尔指出，担忧是人的存在方式。

人感到自己被"抛入"世界中，这个世界在任何反思之前就已经把自己展现在人的存在面前。

然而，生存（existieren）同样意味着这种事实中的自我筹划，在多种可能性中进行选择，并且以这种方式承担起生存的重任。

约纳斯首先把"担忧"这个概念从海德格尔早期存在论的此在分析中剥离出来，并运用到有机体哲学的思辨上去。其核心构成一个命题：对任何有机体而言，无论植物、动物还是人，在其存在中都涉及这种有机体本身。每个生命，就其是有死性的生存（existenz）而言，意味着"在存在与不存在之间徘徊"，"生命自身就携带着死亡"[③]。生命需要为拒绝死亡和自我保存持续不断地搏斗。在斗争中，生命显示出自身的尊严。

约纳斯强调，对自然进行价值评估是不可放弃的工作，这种评估需要以形

---

① Hans Jonas. *Das Prinzip Verantwortung, Versuch einer Ethik fuer die technologische Zivilisation*, Frankfurt am Main: Insel Verlag, 1979, S. 36.

② Breuer/Leuch/Mersch, *Welten im Kopf, Profile der Gegenwartsphilosophie - Deutschland*, 引文参见张荣译：《德国哲学家圆桌》，第133页。

③ Hans Jonas. *Philosophische Untersuchungen und metaphysische Vermutungen*. Insel Verlag Frankfurt am Main und Leipzig, 1992, S. 86.

而上学的方式加以论证。所以他说:"致力于一种伦理学的世界性哲学家必须首先研究一种理性形而上学的可能性。"① 如果没有形而上学的支撑,传统伦理学就会陷入人类中心论不能自拔。在他看来,无论是希腊伦理学、犹太教伦理学、还是传统的基督教伦理学,之所以都是人类中心论的伦理学,是因为它们缺乏形而上学的终极论证。约纳斯的这种思维方式的转变——从以人为中心的伦理学向以自然为基础的伦理学——导致了从人的存在论转向自然存在论的伦理学。这种伦理学终于能够消除海德格尔哲学一开始就存在的问题:道德命令的缺失和伦理的真空。

可以看出,约纳斯之所以能够不仅补充、发展了康德的伦理学,而且发展了海德格尔的早期思想,最主要的原因在于他把担忧的对象从人扩展到整个世界,尤其是自然(人的自然和非人的自然)的整体世界。担忧不再局限于对人的担忧,而是对整个世界的担忧。他在批判现代虚无主义时指出:在近现代哲学家那里,不仅自然与人的关系被曲解了,而且认识的视野和道德的视野脱钩了。"首先,就价值而言,自然被这种知识'中性化'了,其次,人也被中性化了。现在,我们在赤裸裸的虚无主义面前感到畏惧,其中最大的力量是最空虚的,最强大的能力意味着最渺小的知识。这就是我们为什么感到畏惧的原因。"②

基于他对现代性危机的深刻反思,约纳斯认为,现代虚无主义在价值观上的最集中表现就是抽空了道德价值的自然根基,一切对象之所以有价值,都是基于人的主体地位。的确,康德的理性主义(人为自然立法)虽然对道德主体提出了严格的要求,但过于强调了人的理性力量。人对理性的信念使人在自然面前毫不畏惧。这导致了近现代哲学伦理学对自然的基础地位的忽视,或者说,对自然表现出冷漠的态度。这种态度恰恰反映了伦理学对自然命运的漠视。对自然冷漠的直接后果,就是对人自身的漠视,特别是对未来持续发展的不负责任,这正是约纳斯所担忧的。

约纳斯认为,自然在现代的命运远不如在古代的状况。在古希腊时代,自然还完全被看作有机体,看作一个有生命的他者。一方面,自然是一种比人还要强大的神秘力量,人们敬畏自然,并试图通过克服这种恐惧而保护自己;另一方面,自然也是伟大的母亲,是她哺育了人类并赋予人以新的生命。即便在

---

① Hans Jonas. *Das Prinzip Verantwortung*, *Versuch einer Ethik fuer die technologische Zivilisation*, Frankfurt am Main: Insel Verlag, 1979, S. 94f.
② Hans Jonas. *Das Prinzip Verantwortung*, *Versuch einer Ethik fuer die technologische Zivilisation*, Frankfurt am Main: Insel Verlag, 1979, S. 57.

中世纪，自然也作为上帝的作品，和人一样具有存在的尊严和善，与人一起构成有秩序的整体世界。但是，自近代以降，自然被看作单纯的知识对象，它被"自由"地支配、利用。所以在约纳斯看来，伴随着科学技术的进步，自然的地位经历了一个巨大的变化过程："从母亲（mater）发展到物质乃至材料。"①自然由基础地位下降为有形物质、认识的对象，最终沦为单纯的认识工具乃至实验材料。约纳斯在这里批评的是工具理性对待自然的态度，说明科学技术的统治导致对自然的冷漠。伴随着自然在人心目中地位的下降，人本身的自然（人性）价值也在急剧下跌。终于在 20 世纪导致了"奥斯威辛"这种惨绝人寰的自我灭绝事件。

约纳斯对现代虚无主义和科学技术统治的批判是非常深刻的。对自然的漠视必然导致对人的价值的不尊重。担忧不仅是对人的生存的担忧，更是对自然的担忧，因为人性和自然在根本上是一致的（无论在希腊哲学还是在中世纪神学中）。

四、人——责任的主体

在《哲学研究和形而上学猜想》中，约纳斯首先指出，在伦理学中，是否在逻辑上存在着一个从存在到应当的桥梁并且因此存在道德的客观性这一问题，通常总是毋庸置疑的。但是，这需要加以论证。于是他指出："首先须知我的形而上学信仰是为了奠定未来伦理学的基础：存在，正如其所示，它不只使我们明白：存在是什么（存在的本质），而且使我们知道，我们对它有什么责任。伦理学也有一个存在论基础。这一基础是多层的，首先基于人的存在，但随后基于存在本身（sein ueberhaupt）。"②

如前所述，约纳斯把存在（sein）概念扩大到一切有机体，因此担忧不单是对人的担忧，而且是对存在本身的担忧。担忧就是担忧者的行为。那么，担忧者又是怎样的呢？他指出："人是唯一为我们所知的、能够有责任的存在者。人有责任，是由于他可以有责任。责任能力就已经意味着假定有责任命令：能够本身包含了应当。但是，责任的能力——一种伦理能力——基于人的存在论能力：能够在凭借认知和意愿的行为的抉择之间进行选择。因此责任是对自由

---

① Breuer/Leuch/Mersch, *Welten im Kopf, Profile der Gegenwartsphilosophie - Deutchland*, 引文参见张荣译:《德国哲学家圆桌》，第 128 页。
② Hans Jonas. *Philosophische Untersuchungen und metaphysische Vermutungen*, Frankfurt am Main: Insel Verlag, 1992, S. 130.

的补充。责任就是一个自由地行为的主体的负担：我以自己的行为本身负责（正如以放弃的行为负责一样）。"① 很显然，责任的主体、承担者是人。

在指出责任的主体是人之后，约纳斯接着指出， "在什么面前负责（wovor）"其实要比"为什么负责（wofuer）"更根本。当然，责任并不意味着对什么的责任，而是在什么面前——在一个使人承担义务的、对这种承担做出辩解的法庭面前负责。如果人们不再相信神圣法庭，那么，这种法庭就是人的良心。但是这样一来，问题就成了：首先，良心究竟是从哪儿获得其准绳的？究竟是谁赋予良心以判决权？其次，我们在我们的良心深处是在谁面前或者在什么面前负责？我们究竟能不能从"为什么负责"推论出"在什么面前负责"？② 他的回答是否定的。约纳斯一贯的立场是：责任起源于人对上帝召叫的应答，或者对无神论者而言，起源于对良心呼声的遵从。"为什么负责"的问题始终从属于"在什么面前负责"。约纳斯把人这个责任主体首先置于神的法庭（或者人的良心）面前，然后再谈对什么负责的问题。换句话说，如果人不能把自己交付给上帝（或人的良心），倾听上帝的召叫（或良心的声音），他就不能真正负起世间的责任。所以，人在世界上的责任有一个神圣的起源。确立了这种责任的次序之后，约纳斯才谈及为什么负责的问题。

他指出，"我为什么负责，当然是为我的行为后果负责。所以，我的责任的真正对象就是受我侵袭的存在本身（sein selber）。但是，这种存在只有当它具有某种价值时才有伦理意义：在一个对价值漠不关心的存在面前我可以承担全部责任，而这就等于说：我不必负任何责任"③。约纳斯在此试图阐明，人并非首先是为自己本身负责，而是为自己的行为对存在本身产生的后果负责。对世界的关怀始终是他的责任伦理学的价值目标，他总是强调人的行为究竟对这个整体性世界造成了什么影响，力图克服"以人为中心"的传统伦理学对自然之价值基础地位的疏忽。约纳斯的这种视角转换就是以上述区分为基础的。只有确立了在什么面前负责优先于为什么负责的问题，才可能走出"以人为中心"的伦理价值观念，真正奠定自然的伦理基础地位。

所以，约纳斯认为，人是责任的主体，但不是责任的基础；人对自然有义务，但要淡化人对自然的权利。他指出："现在，（无论任何时候）只要存在这

---

① Hans Jonas. *Philosophische Untersuchungen und metaphysische Vermutungen*, Frankfurt am Main: Insel Verlag, 1992, S. 130f.
② Hans Jonas. *Philosophische Untersuchungen und metaphysische Vermutungen*, Frankfurt am Main: Insel Verlag, 1992, S. 131.
③ Hans Jonas. *Philosophische Untersuchungen und metaphysische Vermutungen*. Frankfurt am Main: Insel Verlag, 1992, S. 131.

个前提——存在论的前提——存在的东西是有内在价值的,那么,它的存在就包含了一个对我的要求。而且,由于这种特殊之处,整体存在的内在价值吸引了我的注意……因为它的价值向我提出了一种权利,因此就是说,可能从事物本身的存在出发——不是首先从一个人格化的创造神的意志出发——颁布一个命令,并且可能是针对我的。"而"这种'针对我'或者'对我的一个权利'首先而且完全是一种对我的感知的权利要求,并且要求我去尊重(敬重)"①。基于自然对人的权利要求,约纳斯提出了责任伦理的存在论论证。这种论证是离不开形而上学的。因为"只有形而上学才使我们明白,真正的人性和应该存在的根据是什么。今天,形而上学的名声在哲学界不太好,但是我们不能缺少它,并且我们必须为之再次冒险。因为只有它才能告诉我们:人究竟应该为什么而存在……而且它也告诉我们,人应该怎样存在,以便使他应该存在的根据显得庄严并且保持有效"②。

人之所以是唯一可以承担责任的存在者,正在于自然对人的权利要求,这种观念的变化其实和前面所述的"人对上帝召叫的回应"是一致的。

五、非交互性——责任的特征

约纳斯以反对人类中心论伦理学的斗士自居。因此,他在强调自己的"责任"概念时没有遗忘传统伦理学对责任的理解。传统伦理学往往把责任概念理解为因果性的,尤其在功利主义伦理学看来,每个人都要为自己的行为后果承担责任,这种责任可能是道德的,也可能是法律意义上的。所以,因果性意义上的责任概念首先可能与人们必须负道德责任的行为有关,也可能和人们要负法律责任的行为有关。也就是说,传统的因果性责任概念容易导致道德责任和法律责任的模糊不清。对此,他在《责任原理》一书中专门对"作为有因果责任的行为的责任"③ 进行了分析。

与传统的责任概念相比,约纳斯的责任概念反映了一种"非交互性关系"

---

① Hans Jonas. *Philosophische Untersuchungen und metaphysische Vermutungen*. Insel Verlag Frankfurt am Main und Leipzig, 1992, S. 131f.
② Hans Jonas. *Philosophische Untersuchungen und metaphysische Vermutungen*. Insel Verlag Frankfurt am Main und Leipzig, 1992, S. 136.
③ Hans Jonas. *Das Prinzip Verantwortung, Versuch einer Ethik fuer die technologische Zivilisation*. InselVerlag Frankfurt am Main, 1979, S. 172ff.

(ein nicht—reziprokes Verhaeltnis)。① 这和康德的动机论、义务论相似,因为康德强调责任对绝对命令的严格遵守,反对从效果判断人的行为的道德与否。而约纳斯的"非交互性"责任典型地反映在父母对孩子的教养义务(fuersorgepflicht)之上,除非孩子长大成人了,否则父母的这种责任不会终止。这种教养义务不仅包括操心(fuersorge),也包括养育(aufzucht)和教育(erziehung)。而且,他把这种教养义务的非交互性(与"养儿防老"的人伦不同)附加在他的未来责任上,在亲子关系和政治家范例上进行了阐明。他指出,"孩子是责任的原初对象",同时,父母对子女的责任是"一切责任的永恒典范"②。因为,父母之所以为子女承担责任,不只是因为他们生养了子女,而且是因为子女需要他们。无助的子女享有无条件的权利,有权要求有行为能力的父母承担义务。不单单是出于爱,也因为子女对他们的依赖,他们必须为子女的幸福尽自己最大的努力。父母的操劳着眼于未来,他们为自己的行为制订了目标,并且知道不仅要为所做的负责,而且更要为应做的负责。③

约纳斯之所以以父母对子女的责任为例描述他的责任概念,不仅是为了说明责任的"非交互性",更重要的是为了描述责任概念的"未来性"特征。在一定意义上说,"未来的"责任是约纳斯的责任伦理与康德德性——义务论伦理的主要区别所在。在他看来,这种立足于未来的人对人的责任(以人对自然的责任为前提),包含着与人的存在和人类生活的幸福相关的"整体性、连续性和未来"④ 这三个基本的共同要素。

未来不仅指人类的未来,也包括自然的未来。一切有机体的未来,都在担忧之列。当父母为子女的未来担忧的同时,政治家所关心的是地方政府的集体利益,而且是从未来视野出发的。正如布罗伊尔等人分析的那样,"向未来责任伦理学的过渡意味着:现代人巨大的技术行为能力使人担负起一种道德的教养义务。我们必须在道德上保护我们在技术上能够做到的一切和因此危及到的一切:人类的自然(本性)和非人类的自然、当下的及未来的生命"⑤。

---

① Hans Jonas. *Das Prinzip Verantwortung*, *Versuch einer Ethik fuer die technologische Zivilisation*. InselVerlag Frankfurt am Main, 1979, S. 176.
② Hans Jonas. *Das Prinzip Verantwortung*, *Versuch einer Ethik fuer die technologische Zivilisation*. InselVerlag Frankfurt am Main, 1979, S. 234.
③ Breuer/Leuch/Mersch. *Welten im Kopf*, *Profile der Gegenwartsphilosophie - Deutchland*,引文参见张荣译:《德国哲学家圆桌》,第134—135页。
④ Hans Jonas. *Das Prinzip Verantwortung*, *Versuch einer Ethik fuer die technologische Zivilisation*. InselVerlag Frankfurt am Main, 1979, S. 184.
⑤ Breuer/Leuch/Mersch. *Welten im Kopf*, *Profile der Gegenwartsphilosophie - Deutchland*,引文参见张荣译:《德国哲学家圆桌》,第135页。

责任概念的非交互性和未来视野充分表明：约纳斯对科技世界人的存在及其世界整体进行的深刻伦理反思，正如《责任原理》一书副标题所宣示的：这是对技术文明的一种批判的尝试。约纳斯的责任概念不仅是伦理学的核心概念，而且是哲学形而上学的核心概念。所以，我们与其把他的以责任为核心的伦理学叫做责任伦理学，不如说是以责任为原理的责任哲学。在某种意义上说，约纳斯的责任概念是自康德的绝对命令概念之后又一个具有形而上学深度和高度的实践哲学范畴，它对当代生态哲学、技术哲学，乃至政治哲学都具有某种范式的意义，而且，在后现代思维极其活跃的今天，约纳斯的责任哲学对我们应对这种局面具有极大的启发性。

作者：张荣（1964—），男，甘肃天水人，南京大学哲学系教授；
　　　李喜英（1967—），女，南京大学思想品德教研部教师。
原载：《哲学动态》，2005年第12期。

交谈伦理能够涵盖责任伦理吗?

甘绍平

众所周知,责任伦理与交谈伦理是最近几十年来在德语区内最活跃的两个伦理学派。这两个相互竞争着的学派起源于同一个时代,而且都是鉴于科技时代威胁人类的巨大灾难,为了回答科技发展的后果所造成的严峻挑战而提出的。[①] 因此人们自然会问:这两个学派是一种什么样的关系?它们是相互包含,相互独立,还是相互补充?从责任伦理的角度来看,汉斯·约纳斯(Hans Jonas)[②] 从未认为过以自主、公正原则为核心的交谈伦理可以还原为责任伦理,相反,他强调责任伦理原则并不要求涵盖全部伦理学领域,而只是涉及传统道德理论中一个被忽视了的伦理焦点,因此是一种扩充性的伦理。而从交谈伦理的角度来看,该伦理学的宗旨在于涵盖伦理学的全部领域,因此阿佩尔曾指出,交谈伦理中已经蕴涵着责任伦理的基本诉求。在他看来,交谈伦理可以统摄责任伦理。而实际情况果真如此吗?要回答这个问题,我们有必要首先考察一下这两种伦理的特点。

从理论兴趣来看,责任伦理的提出,完全是为了应对科技发展的后果对人类的持续生存所形成的巨大威胁,它试图借助于责任原则,唤起作为一个整体的行为主体的危机意识,从而为防止人类的共同灾难的出现寻求一条出路。因此,责任伦理对实际问题的兴趣要远远大于对伦理规范的严密论证方面的理论兴趣。况且约纳斯的责任伦理的提出,大体上是建立在前理论的直觉的基础上的,他对责任原则也从未进行过很强的哲学论证。而交谈伦理则不同,在它看来,最重要的问题并不在于应对现实社会中的具体威胁,而在于回答理论、哲学问题。作为典型的哲学理论论证的一种尝试,交谈伦理探究哲学伦理学是否

---

① 关于交谈伦理产生的动因,请参阅 Karl — Otto Apel. Das Apriori der Kommunikationsgemeinschaft und die Grundlagen der Ethik, *Transformation der Philosophie*, edited by Karl—Otto Apel, Frankfurt am Main: Suhrkamp, 1973, Vol. 2, pp. 359—361.

② 编者按:Hans Jonas 在此文原文中翻译为"忧那思",今与本论文集中其他文章统一,皆译作"汉斯·约纳斯"。

可能？绝对命令如何可能？是否存在着一种有约束力的义务？对最终的伦理规范与准则的论证是否可能？如果可能，哪些规范可以得到论证？如何得到论证？因此，从这个意义上可以说交谈伦理是对康德规范伦理学的一种承袭。但是与传统的规范伦理学不同，交谈伦理的出发点并不是个人抽象的先验意志，而是现实社会中实际存在着的交往共同体，这样，交谈伦理从一开始便呈示着一种很强的实践色彩，它是一种伦理学理论，同时也是一种实践哲学的纲领。作为一种规范伦理学理论，交谈伦理反对对道德规范能够作出客观有效论证这一点持怀疑态度的唯科学主义，反对对前哲学的道德直觉持怀疑态度的尼采理论（理由是：例如人们在直觉上都会感到纳粹的行径是一种罪恶，因而都谴责之），坚信存在着一种客观有效的道德义务，坚信能够对伦理作出最终的论证。交谈伦理的论证思路分为两步：第一，道德、伦理来自于人的理性。而理性从一开始便拥有着一种社会的维度，即交往共同体构成了理性主体，属于此理性主体的不仅有社会联系，也有参与者的合作规则。第二，交往共同体中的成员拥有正确地解决问题的意志。而这种解决只有通过一种方式——即交谈中的合作——才能实现。

从核心原则来看，责任伦理的原则是关护。约纳斯提出责任伦理，是为了推动整个社会建立起一种防范意识，预防人类不负责任的行为后果给人类本身带来的威胁，阻止罪恶与痛苦，维护生命及生命种类的延续。而这样一种关护意识和责任的感觉，是作为行为主体的我们主动提出来的，它并不以被关护者的回报为前提，也无需以同样权能的理性主体之间的关系为前提，责任感、关护意识体现的是一种非对等、非对称、非交互的关系，是"善意的一种特殊的形式"[①]。因此，责任伦理不是公正伦理。约纳斯在论证我们今天的人类对未来人类的义务时，从未根据过公正标准，而是根据一种自身为目的的本体论观念，根据有关人类整体应当存在下去的信念。一句话，责任伦理的特点是"同情"、"参与"、"温暖"。而交谈伦理的核心原则则是自主与公正。交谈伦理的基本诉求就是，所有的实践问题与实践冲突都应通过当事人的交往，在理性的交谈中达成共识得以解决。这是一项普遍性的原则，它要求交谈中的当事人应是大致同等强大的、拥有同等权能的理性主体，交谈的结果——共识应体现对所有当事人利益的一种公正的平衡的考量，体现着一种公正的、交互性（Reziprozitaet）的关系。与体现着关护原则的责任伦理不同，体现着公正原

[①] 请参阅 Wolfgang Kuhlmann. 'Prinzip Verantwortung' versus Diskursethik, In Ethik für die Zukunft: *Im Diskurs mit Hans Jonas*, edited by B? hler Dietrich, München: C. H. Beck, 1994, p. 288.

则的交谈伦理的特点是"严格"与"冷酷"。

既然责任伦理与交谈伦理拥有各自不同的特点,那么能够说交谈伦理可以包含、统摄责任伦理吗?关于这个问题,阿佩尔和哈贝马斯分别从不同的角度做出了肯定性的回答。阿佩尔认为,交谈伦理所体现的公正原则有一个不证自明的前提,那就是作为当事人的论辩者的存在。如果人类无法持续生存,那么"公正"的实现也就失去了必要的条件,道德也就不可能延续。就此而言,约纳斯责任伦理所强调的主要义务,即关护人类持续生存之可能性的义务,在交谈伦理中是蕴涵着的。阿佩尔指出,我们必须承认,"人类现存的交往共同体应在平等权利的条件下拥有其未来连续的持存。因而在我看来交谈伦理的最终论证也蕴涵着对约纳斯的基本假设的理性论证,这基本假设是:人类在未来也应存在下去"。① 哈贝马斯则从交谈伦理体现着公正原则,而公正原则又包含着责任伦理所体现的关护、仁慈原则角度作出论证。在哈贝马斯看来,"关护"、"仁慈"可以被统摄在"团结"(solidaritaet)这一概念之名下,而公正本身则蕴涵着对团结的召唤。公正与团结并非相互补充的两个因素,而是一种事物的两方面:"任何自主的道德都必须同时完成两个任务。它通过要求平等权利及对每个人的尊严的同等的尊重,而凸显社会性的个体的不可侵犯性;它通过要求作为在其中被社会化了的一个共同体之成员的个体的团结,而保护了相互认可的主体间关系。公正关涉不可替代的自我确定的个体的同等自由,而团结则关涉在一主体间生活方式中达到亲密无间的同仁志士的福祉,借此也关涉这种生活方式的完整性的保持之本身。道德规范所能保护的缺一不可:一是个体同等的权利与自由,二是亲近的人及个体所附属的共同体的福祉"。② 因此,在哈贝马斯看来,公正本身包含着团结,交谈伦理本身包含着责任伦理的诉求。

然而在我们看来,交谈伦理的这两位主要代表的论证其实并不是无懈可击的。首先,这里涉及"公正"与"善"(关护、仁慈)两个基本伦理学范畴之间的关系问题。从理论上看,按照严格的定义,"公正"原则并不涵盖着"善",因为前者实际上并不直接致力于他人的福祉,也不允许这样做,充其量它只与他人的需求相涉。如果硬是从"公正"中导出"善"的理念,这种行为只能令人感到颇有混淆概念及牵强附会之嫌。更重要的是,在实践中运用公正

---

① Karl—otto Apel. *Verantwortung heute*, in *Zukunftskritik und Industriegesellschaft*, *edited by* T. Meyer & S. Miller, München: J. Schweizer, 1986, p. 29.

② Habermas Jürgen. *Gerechtigkeit und Solidarit?t*, in *Zur Bestimmung der Moral*, *edited by* W. Edelstein and G. Nunner Winkler, Frankfurt am Main: Suhrkamp, 1987, p. 311.

原则与运用善的原则在实际效果上的差别更是显而易见的。其次，如果纯粹从交谈伦理学的立场出发，我们可以赞同哈贝马斯的观点，相信公正与善良（团结）之间存在着一种密不可分的关系，因而认可交谈伦理中蕴涵着责任伦理。但交谈伦理本身所体现的公正原则及与之密不可分的团结、善良、责任原则的适用范围十分有限，它只适用于所有参与交谈的同等权能的交往主体，从某种意义上讲是拥有理性论辩能力的当事人意志的体现。然而一旦超出这一范围，当谈论的对象不是当事人的事情，而是涉及未来人或不具备交谈主体之权能的人的利益的事情，那么交谈伦理还能体现约纳斯所倡导的责任伦理的诉求吗？我们完全可以设想，参与交谈的当事人作出有利于本当事人这一代人的决定，在本代人身上实现公正与善良（团结）的原则，并不一定利于后代。而对后代、未来人类的关护，正体现了约纳斯责任伦理的主要特色。这里就显示出约纳斯伦理模式的优点与魅力了：约纳斯不强调对等关系，完全是基于一种直觉性的责任意识，这种责任来源于成人对无助儿童的那样一种关护，它与被关护者的理性能力无关，与被关护者是否参与交谈、是否能为自己的利益进行辩护无关，也与被关护者和关护者之间的协议无关。于是，约纳斯的责任伦理就超出了包括交谈伦理在内的所有理性伦理的适用范围，大大拓展了伦理学的视野。总而言之，只要交谈伦理无法克服理性伦理在适用范围问题上的这一最大困难，那么它也就无法囊括责任伦理；它只适用于拥有理性能力的同等权能的交往主体，而不能为无法参与交谈与论证的人的利益提供保障，就此而言，责任伦理有其不可替代性。

  交谈伦理不能统摄责任伦理。相反，责任伦理从某种意义上倒是对交谈伦理的一种补充。再反过来，交谈伦理对责任伦理也是一种补充与精细化。我们知道，约纳斯在论述责任伦理时，从来不谈公正问题，在他看来责任只涉及当代人与未来人之间的关系，前者对后者有着一种责任，且这种责任是非交互性的。但在交谈伦理学家看来，责任与公正原则是不可分割的，因为这里不仅涉及当代人与未来人之间的责任关系问题，且也涉及当代人中穷人与富人之间的公正关系问题。为了保障后代人的利益，在当代人之间可以采取公正的方法，也可以采取不公正的方法，于是责任伦理便忽视了一个重要的现实冲突：今天活着的人应当忍受多大的不公正，来保障未来人能够过上一种真正人道的生活？阿佩尔以讥讽的口吻说："纯粹从生态学的角度来看，人类的持存在当代的情形下可以借助于饿死一部分地球人口，如第三世界的人口来得到保障。"①
阿佩尔有理由质疑：难道这样一种种族主义的解决方式竟可以从责任伦理那里获得辩护的理由吗？由此可见，不谈当代人之间的公正与平等，只谈对未来人的责任，这样一种伦理就永远也无法摆脱空洞抽象的色彩。就此而言，以公正原则为核心的交谈伦理完全可以弥补责任伦理的某些缺失。

作者：甘绍平（1959—），男，江西南昌人，中山大学哲学系"禾田讲座教授"，中国社会科学院哲学所研究员。
原载：《哲学动态》，2001年第8期。

---

① 转引自 Micha H. Werner: Dimension der Verantwortung: Ein Werkstattbericht zur Zukunftsethik von Hans Jonas, In *Ethik für die Zukunft: Im Diskurs mit Hans Jonas*, edited by: B? hler Dietrich, p. 319.

责任与应答
——海德格尔原伦理学初探

孙筱泠

在《存在与时间》关于此在本真状态的分析中,海德格尔引人注目地使用了一系列富于伦理暗示性的术语,如良知(gewissen)、罪责(schuld)等。但海德格尔随即表明他对良知及罪责现象的分析所着眼的是它们对此在(dasein)生存结构的更为原始的揭示,故我们不能直接从伦理学的角度解读此一分析。基于此一告诫,许多海德格尔学者认为,海德格尔之启用这些伦理性术语并没有表达出任何伦理关怀。相反,海德格尔借此所寻求的是对伦理关怀的解构。对于这些学者而言,海德格尔之断然拒斥对其存在论的伦理性解读本身暗示了他的存在论和伦理学的断裂。所以,海德格尔的存在论即使不是反伦理性的,也是非伦理性的。似乎是有意驳斥这一论断,海德格尔在对罪责现象的分析中写道:

其存在为烦的存在者不仅能背负实际的罪责,而且它在其存在的根据处就是有罪责的;唯有这种"是有罪责的"才提供了使此在实际生存着能够成为有罪责的存在论上之条件。这种本质性的有罪责存在也同样原始地是"道德上的"善恶之所以可能的生存论条件,这就是说,是一般道德及其实际上可能形成的诸形式之可能的生存论条件。①

在此,海德格尔尽管没有进一步阐述其存在论在何种意义关涉伦理学的基础性问题,却已表明了对此在的生存论分析与对伦理基础的探讨的关联——对此在的本真状态的探讨不仅是对此在的生存结构的更为原始的展示,也展示了此在作为伦理性存在的存在论根据。在1948年发表的《关于人道主义的通信》中,针对法国哲学家让·保尔弗莱特(Jean Beaufret)关于他的存在论与伦理学间关系的追问,海德格尔更为明确地指出,关于存在的思考——这一思考在《存在与时间》中已获得展开——本身已经是一种"原始意义上的伦理学"

---

① M.海德格尔著,陈嘉映、王庆节译:《存在与时间》,上海:三联书店,1987年,第342页。

(die ursprüngliche ethik)。① 如果海德格尔的回答不是在伦理关怀的严肃性前的托辞，那么我们对其存在论的解读就不应该忽略其深刻的伦理蕴含。本文将主要通过诠释海德格尔关于此在本真状态的分析中所蕴含的责任（verant-wortlichkeit）概念，以探讨在何种意义上海德格尔可以宣称其存在论展示了此在伦理性存在的存在论根据，② 并在此基础上力求显示海德格尔之原伦理学的本原性与伦理性。具体而言，本文将循海德格尔 1927 年马堡讲座中的提示探讨其责任说与伦理责任的关联。在对伦理责任作出定义时我们将以康德的相关讨论为哲学根据，这并不意味着我们将在本文展开对海德格尔的存在论与康德的实践哲学的比较性研究，③ 而是考虑到康德对伦理责任之哲学根据的追问的不可否认的哲学深度及其对当代西方伦理学的深远影响——这种影响在海德格尔所处身的新康德主义占主导地位的时代尤为明显。

一

责任通常意指个体（或相当于个体的团体）对自身行为及其后果的承担，我们可以在伦理或非伦理（如法律）的意义上谈论责任。伦理责任有其自身的特殊规定性，它所界说的是对行为伦理性的责任。由于对行为的伦理性格的判断（伦理判断）必须以道德义务的规定性为根据，伦理责任以道德义务为其必要前设，也就是说伦理责任是基于人所承负的道德义务，如果人没有道德义务的概念，即没有"应当"（ought）的意识，那么伦理责任也就无从谈起，故伦理责任可被定义为对道德义务的责任。

人具有道德义务感的事实是康德的实践哲学的出发点，但康德的实践哲学并不是为了界说具体的道德义务及其在实践中的应用，而是致力于对伦理学的形而上学根据的探讨，故可被称为——按康德自己的术语——道德形而上学（metaphysics of morals）。对于康德而言，作为哲学的伦理学首先应该在形而上层面解决关于道德义务的哲学（理性）根据的问题，即为了解答人承负道德义务可能性的条件问题。按照康德的理论，道德义务由先验的道德律所规定，

---

① Martin Heidegger. *Wegmarken*. Frankfurt am Main: Vittorio Klostermann, 1996, p. 356.
② 在 1927 年马堡讲座中，海德格尔明确指出本真意义上的此在即是承负责任之我，参阅 Martin Heidegger *Die Grundprobleme Der Phänomenologie*. Frankfurt am Main: Vittorio Klostermann, 1975, pp. 193—196.
③ 在此，海德格尔在 1927 年马堡讲座中对康德的道德人格及敬重概念的诠释为这样的比较性研究提供了重要的线索，但一项比较性研究或许应该从康德哲学本身而非从海德格尔对康德哲学的诠释出发，就此而言，本文并不自称为比较性研究。

故伦理责任是对道德律的责任,[①] 并体现为对道德律的遵从,在伦理意义上负责即是使自身行为的准则（maxim）与道德律相符合。这种符合界说了道德意志的概念。道德意志概念在康德伦理学中的核心地位标志着康德的实践哲学从传统伦理学对于作为超验事实的善恶的哲学思辨或对伦理行为（生活）的经验性（按康德的观点，前哲学的）描述转向对伦理责任及其先验根据的探讨。对于康德来说，正如他在其《道德形而上学原理》开篇处所表明，唯有道德（善良）意志才是伦理意义上绝对的，无条件的善；善的根据在道德意志中，而不是相反，所以我们只能在道德意志，即在对道德律的责任中而不是在超验的存在中寻找作为伦理生活标准和目的的善。

就人的自然性或感性面而言，道德律如同一般法律一样具有胁迫性，并以绝对命令（categorical imperative）的形式出现，但道德律就其本质而言却是实践理性为意志规定的法则，故对道德律的责任是对理性自身法则的遵从，是对人自身的理性本质——即人所特有的尊严的肯定。显然，对道德意志的可能性根据问题，康德的答案乃是：我们之所以能够使自己的行为准则合乎道德律是因为我们在本质上是理性的存在，故在对道德律的遵从中我们所遵从的是自己为自己制定的法则。换一句话，康德在理性或者说在人的理性本质中找到了道德行为乃至我们全部伦理生活的根基。对于康德而言，由于人就其本质而言是理性的存在，伦理责任是为我的责任或对自我的责任，其所遵循的是与他律相对的自律的原则，故道德律虽然以强制的形式出现，对其的遵从却表明了我们作为理性存在的自由。

当然，康德所指谓的自由（意志）与在他看来受感性支配的任意性截然无关，毋宁说自由即是对道德律的遵从，但在更深的意义上，自由即是为自己制定法则，是成为自己的根据。[②] 这一意义上的自由所表述的乃是（实践）理性的本质规定性。被表述为自由意志的道德意志即是纯粹意志。从表面看来，纯粹意志，正如许多批评者注意到的那样，是个自相矛盾的概念，因为意志所指称的是对行为指导法则的自由选择，这种法则——按照康德的解说——或者来自理性（道德律）或者为感性的考虑所主导，而纯粹意志则似乎否定了意志概念中所蕴含的自由，但事实上，康德在此是以立法的自由取代与任意性不能截然界分的行为选择的自由，其所着眼的乃是更为纯粹的，更高意义上的自由，

---

① 康德对道德意志的诠释事实上界说了作为对道德律的责任之伦理责任，正如他在《实践理性批判》中表明："这样一个[纯粹]意志与这法则的关系就是以责任为名的从属性。"见康德著，邓小芒译：《实践理性批判》，北京：人民出版社，2004年，第42页。

② 按照康德自己的界分，前者可被称为消极理解的自由，后者为积极理解的自由。参看康德著，邓小芒译：《实践理性批判》，第44页。

即为自己确立法则并因此成为自身根据的自由。理性只有作为自由意志才是自我奠基与奠基的理性，康德因此宣称关于道德意志（伦理责任）的哲学根据问题可以归结为自由意志的可能性问题。

尽管自由及其根源拒绝形而上思辨或理论理性的僭越，却是道德意志的根据和必要前设并体现于对道德律的遵从，即对伦理责任的承负中。此一自由所界说的伦理主体乃是自我奠基与奠基的主体，故伦理责任是此一主体从自身出发为自己设定的（责任）限制，并在此更深的意义上显示为自我责任或为我的责任。当然，此处的为我之"我"绝非特殊的个体，而是指称同一的，剥离了任何感性与其他特殊规定性的理性之我或理性的存在，伦理责任因此可以宣称理性的普遍性；但另一方面，每一具体个体原则上都可以转向自身内在的理性本质去认识、承担自己应负的责任，而不需要考虑自己与他人共在的在世存在的特殊性，包括在特殊处境中特殊的他人对同样在特殊处境中特殊的我的要求。这并不是说康德的伦理学排斥对他人的伦理责任，而是说与他人共在的在世从未成为康德伦理学的必要前设，就此而言，康德所界说的责任是无须对自己与他人共在的在世存在的特殊性做出应答的责任（responsibility without responding）。所以，虽然康德为我们展示了目的王国（kingdom of ends）的美好理想，其目的王国中的每一个体或主体都只是无窗户的单子，封闭于自身的目的，即自身的主体性中。

显然，康德的伦理主体乃是笛卡尔所确立的理性的、非世界化、非历史化的孤独的主（个）体的伦理学版本。事实上，只有在其实践哲学中，康德才真正深刻地阐发了作为近代哲学标志的主体——这种主体的主体性最终体现于自我奠基并通过自我奠基而使主体能够取代传统哲学中的最高实体成为存在的基础的自由（意志）。因此，也只有在其实践哲学（伦理学）中，康德才真正确立了纯粹理性的概念。如果说康德在其《纯粹理性批判》中尚为感性留了一席之地，那么就其本质而言是超感性的实践理性则意味着对感性的彻底拒斥，从而也是对生存的有限性的拒斥——因为在康德那儿，感性是有限性最根本的标志。对于康德而言，自由（道德）的王国与自然（必然）的王国截然分离，但也因此，自由对自然（包括人的存在的自然面）的作用，即道德的可能性重新成为问题，对此康德从未给出令人信服的答复。[①] 事实上，由于康德的实践哲

---

① 康德虽然试图借助自由的原因性（causality of freedom）这一歧义性概念解决此一问题，却也被迫承认关于道德性的本质问题，即"一条规则如何能独立地直接就是意志的规定根据"与"一个自由的意志是如何可能的这个问题"一样，是"一个人类理性无法解决的问题。"康德著，邓小芒译：《实践理性批判》，第99页。

学所阐释的从根本而言是笛卡尔式主体——此一主体意味着无限的自由和责任——不仅道德意志（伦理责任）的可能性及其哲学根据成为问题，而且作为康德实践哲学的出发点的道德义务的事实性（facticity）都变得可疑，因为"应当"所传达出的正是为康德最终否认或更恰切地说"超越"的人的存在的有限性。换一句话，康德很难解释为什么本质上无限的自由要为自身设置限制，从而成为负有义务的，负有责任的存在。就此而言，康德为伦理学奠基的努力遮蔽而非澄清了我们伦理生活的生存论根源。

与康德相反，海德格尔并未在自我限制的主体中，而是在前（非）主体性的生存的责任中寻找责任的根据，此一生存论意义上的责任所基于的乃是有限的自由，或者说对自由（生存）的有限性的领悟。

二

在其《本真性和罪责》一文中，盖尔文（Michael Gelvin）富有洞见地指出，海德格尔"对于罪责现象的生存论解释的核心问题是关于责任的问题"①。如果说海德格尔关于本真存在的阐释所着眼的不是一种具体的生存形态，而首先是对此在存在结构的更为原始的展示，即是为了显示此在之为负有罪责的存在，那么责任问题显然是海德格尔关于此在的生存论分析的一个中心问题。当然，如拉富尔（FranÔois Raffoul）告诫的那样，我们在此必须区分海德格尔的存在论中包含的责任概念与通常谓之的伦理责任。② 通常所谓的伦理责任主要指行为主体对其行为的伦理性的承负，海德格尔则在存在论的层面上讨论责任问题，故其谓之的责任可被称为生存的责任（existential responsibility）。这种责任先于主体有意识或无意识的行为，甚至先于作为伦理行为必要前设的伦理主体而规定了此在的我性（jemeinigkeit）。故海德格尔指出，不是作为主体的我为自己规定了自身应负的责任，恰恰相反，原始或本真意义上的自我"最初仅在责任（verantwortlichkeit）中显示自身"③，是责任使我之个别化或个

---

① Michael Gelvin. Authenticity and Guilt. in *Heidegeer's Existential Analytic*, edited by Frederick Elliston, New York: Mouton Publishers, 1978, p. 240.

② FranÔois Raffoul. Heidegger and the Origin of Responsibility. in *Heidegger and Practical Philosophy*, edited by FranÔois Raffoul & David Pettigvew, New York: New York State University Press, 2002, p. 205.

③ Martin Heidegger. *Die Grundprobleme Der Phänomenologie*, p. 194.

别化的实存之我成为可能。

由于此原始意义上的自我或我性（jemeinigkeit）乃是此在的规定性，生存论意义上的责任已蕴涵在此在的概念中。按照海德格尔的解说，此在是我的此在，但此在的我性不能被理解为无论是认识论或伦理学意义上的主体，毋宁说我们应该由此在的生存（existenz），即从此在与存在的原初性关联中理解此在的我性。此在之我性所界说的不是我思（ego cogito）的原初性被给予，而是我对我的存在的义务之承担。只有在这承担中，此在才成为（zu sein）自我。对于海德格尔，生存即是成为自我，是对存在作出应答。

在对其存在的应答中此在已经是与他人共在的在世，在世（In-der-Welt-Sein）与共在（Mitsein）是此在存在论的规定性，而不是对此在某一生存形态的经验性描述。所以，成为自我不是成为孤独个体，而是在与他人共在的在世中负起属于我的责任。就其为我性而言，生存的责任乃是自我责任，其唯一的绝对命令是：成为自我。但作为对存在的应答，此在之成为自我同时是对世界，对他人负责。在生存的重负面前，此在可以选择逃避。但连这一逃避也只有在此在与他人共在的在世中才有可能。海德格尔关于常人（das Man）的分析提供了一种在存在论意义上最富有意味的逃避方式，逃避于常人的蔽荫中的此在所逃避的正是自我，即为我的责任。这一逃避遮掩了此在由其存在而来的责任，却不能从根本解除此在生存的责任，所以海德格尔指出，正是在此在的常人状态中，生存的呼唤以良知的形式出现。

良知召唤此在越出丧失自我的常人状态去趋向其本真的自我，应答良知的呼唤即是去选择选择，去筹划此在最本己的能在（SeinkÊnnen），在此意义上，良知所唤起的是此在的自由。面对良知的呼唤，此在可以选择一种（理解）聆听的方式，去回应或规避良知的呼唤，良知的呼唤本身却不在此在的选择范围之内："呼唤恰恰不是而且绝不会是由我们本身有计划的或准备的或有意做出的。一声呼唤，不期而来，甚至违乎意愿。"① 此一不期而至的呼唤已在此在任何作为之前将其置于应答者的位置上，良知本身的非选择性印证了此在由其生存而来的责任。选择愿有良知即是去承担为我的责任。

罪责此在并不意味着道德意义上的过错，也与道德意义上的负罪感无关。即使没有任何负罪感，此在仍是有罪的，有罪责先于此在的一切作为而规定了此在的存在，此在由其存在而有罪。这当然不是对此在的道德属性的判断，从伦理学意义上判定此在由生而来的罪责只能消解伦理善恶的界线，并因此摧毁伦理判断的可能性。故海德格尔仔细区分了对罪责现象的生存论分析和关于罪

---

① M. 海德格尔著，陈嘉映，王庆节译：《存在与时间》，第329页。

责的伦理界说,并一再表明他对罪责现象的阐释所着眼的是其存在论意义。但这并不是说对罪责的生存论分析与伦理学决然无关。毋宁说对罪责现象的生存论分析有助于澄清伦理罪责所蕴含的(对罪责承负)的责任概念的意义,并因此显明对罪责作为伦理概念的日常理解的根本性欠缺。日常理解并非偶然地将责任与债务混为一谈,因为它是从沉沦的此在所烦心(besorge)之物去理解罪责现象的伦理性,其结果是将罪责(责任)理解为结算。要与这类计算的伦理学划清界限,以及此在存在之伦理性,不能仅在伦理原则层面上摈弃功利性考虑,而必须从此在本身的存在性,而非从其所操心之物出发,这也是海德格尔为其生存论分析所确定的首要原则。

从其生存论意义着手,罪责被界说为"作为无的根据"(grundsein einer nichtigkeit)。此处的无不是与存在(有)对立的非存在,恰恰相反,无是存在自身向处于畏(angst)的情态中的此在的显示。在畏的情态中,此在得以领会存在之无性:存在不是存在者,故不能由存在者领会存在,包括此在本身的存在。无所无化的是此在在世界中与他人杂然共处中所繁忙操心之物,乃至此在熟悉的世界。这一此在一向熟悉的世界却并非此在真正的家园,恰恰相反,它遮蔽了此在与存在的关联及在此关联中展示出的存在的意义,故畏将此在抛向自己最个别化的能在,却并不把此在引领出其与他人共处的在世,毋宁说存在之无将畏的个别化的此在带回其被抛掷于世的存在,并促使此在去承担自身的被抛性(geworfenheit)。

作为被抛的存在,此在不能在自身中找到自己存在的根据。被抛性不是此在的抽象属性,而是意味着此在总是在特定的处境中发现自己。此在不能越过其被抛性,而只能带着其被抛性去筹划自己最本己的能在,换一句话,此在只能从其被抛掷入的特定处境出发去作出自己的选择。由于并不是所有的可能性都向被抛于特定处境中的此在开放,此在从其被抛性出发的选择已有负于未向其开放的可能性。事实上,此在对自身的每一选择都已为其被抛性所渗透,因为选择一种可能性即是"否定"(不选择)其他可能性,即是有负于此在未选择的可能性,并因此而有负于他人①——因此在所筹划的总是其与他人共在的在世的某种可能性。故此在的无根基性同样体现于其对自身的筹划中,即显现于这一筹划所基于的自由中。就此而言,自由就其本质而言是有限的。

---

① 鉴于对罪责概念的道德解释之诱惑,我们有必要澄清我们在此是在生存论而非道德心理学意义上使用"有负于"一词。事实上,如果我们将本真状态的此在误读为笛卡尔式孤独的主体,我们将无法理解海德格尔谓之的"对他人有罪责的"。见 M. 海德格尔著,陈嘉映、王庆节译:《存在与时间》,第 344 页。

对自由的有限性的强调从根本上区分了海德格尔的生存论与萨特所代表的存在主义哲学。对于萨特而言，生存即是不可否弃的自由，因而也是必须承担的责任，人是自己自由选择的结果。就对个别化的自我的选择的强调而言，萨特的存在主义哲学与海德格尔对此在的生存论分析确乎有着诸多相似之处，在某种意义上，萨特提供了对海德格尔生存论的存在主义解释的一个经典范例，从而影响了后世对海德格尔存在论的读解。但萨特所谓的自由仍是笛卡尔式的主体性所蕴含的无限（绝对）的自由，这不是说以萨特为代表的存在主义哲学对人生存的有限性视而不见，恰恰相反，存在主义哲学以对有限性的敏感性为标志，但从其往往是隐秘的主体性哲学立场出发，[1] 它将有限性视为本质上无限的自由的反面，对自由的否定。于是生存无可否认的有限性使自由成为令人绝望的责任，其结果是生存被表述为与有限性的荒谬的战斗，一场注定不能赢的战斗。在此意义上，存在哲学所透露的正是笛卡尔式主体必然遭遇的困境。由于拒绝任何对其的制约，对此一自由而言，正如萨特的名言所表达：他人乃是地狱，因为与我共同在世的他人总是构成对我的制约。所以尽管萨特提出了一种激进的责任观：我不仅要为我的过错负责，而且要为他人的过错或罪负责，并因此表达了其真诚的伦理关怀——这种关怀所注目的是在具体的，往往是困难的处境中的个体，而不是普遍的，剥离了任何特殊性的人，因此萨特也不可能在理性的普遍性中找到蔽荫——他却没能也不可能在其主体性哲学的框架中愈合为我的责任与为他（人）的责任的鸿沟，因为正如格兰恩（Marjorie Grene）指出："我的自由是我的，对自由的意识不允许任何入侵者。"[2]结果是终其一生，萨特都未能撰写出一部令他自己满意的伦理学著作。

与萨特的存在哲学此相反，对海德格尔来说，有限性并不外在于自由，而是栖居于自由的中心，两者不可分离。有限性也不是对自由的否定，而是自由的必要条件。故逃避自身的有限性——无论其表现为常人对死亡的忌讳还是哲学家对无限的，绝对的自由的"英雄"的肯定——即逃避自由。但正如此在在否认其有限性中丧失自由，它也能在对其有限性的承担中获得自由，即其为最本己的可能性筹划的能力。在此，自由首先是对生存的有限性——包括死亡作为有限性的极端形态——的肯定。海德格尔对死亡现象的生存论分析所展示的正是这样一种向死而在的自由——对死亡的超越不在于否定死亡，而在于接受

---

[1] 当然，萨特并不讳言其哲学的出发点是笛卡尔之我思（ego cogito），见 Jean Paul Sartre. *Existentialism and Humanism*, trans. Philip Mairet, N. Y., Blooklyn: Haskell House Publishers Ltd., 1977.

[2] Marjorie Grene. *Introduction to Existentialism*, Chicago: University of Chicago Press, 1948, p. 69.

作为此在终结的死亡。唯有在先行于死亡中,此在方真正领悟到自身存在的无根基性——作为必死的存在,生与死皆不属其控制。故对死亡的领会同时也是对此在被抛性的领会,即使在其最本己的个别化中,此在仍然是被抛的与他人共在的在世的存在。自由作为我的自由仅在于我承担起自身的被抛性,只有在与他人共在中我才可能是自由的,才可能去筹划自己最本己的能在。这并不是说自由是我的潜质,只有通过与我共在的他人的认可(recognition)才获得其现实性。毋宁说与他人共在的在世是我的自由的必要前设,此在只有作为与他人共在的存在才可能是自由的。唯其如此,对彼此自由的认可,即海德格尔所言的本真共在才成为共在的一种可能性。

所以,如果说良知将此在唤向其为本己可能性筹划的自由,那么对良知的应答或选择愿有良知即是去承担这一有限的属人的自由。海德格尔对良知与罪责现象的生存论分析所界说的是基于本质上有限的自由的生存论意义上的责任。在此,自由并不先于责任而规定了责任的主体,相反,只有在对自己由生而来的罪责,即对自身无根基性和被抛性的承担中自由才成为我的自由,故自由即是责任,是对存在的召唤的应答。本真意义的自我是对此召唤作出回应之我,它显明此在(dasein)就其本质(wesen)而言是向存在的开放中对存在作出应答之我——是"我在这儿"。

三

显然,海德格尔对罪责现象的生存论阐释从根本上了摈弃了笛卡尔式主体,在其存在的根据处就是有罪责的此在不仅不是自身的根据,也不可能为自身设置根据。此在作为被召唤的存在就其生存的源头而言已经是作为应答者的存在,并因此从根本上有别于自我奠基与奠基的主体。故海德格尔对责任的存在论根据的澄清事实上拒斥了所有从主体性出发的自我奠基与奠基的尝试,包括康德为伦理生活寻找理性根基的努力。如本文第一部分显示,康德的道德形而上学寻求确立具有理性普遍性的,适用于一切情景的伦理准则,即其先验的道德律,但其更深的动机却是将伦理生活置于理性可控的范围内,故康德所致力证明的是"应当"(ought)在其自身已蕴含了"能够"(could),即对道德律遵从的自由意志,并最终将自由表述为立法的自由,即成为自身根基的自由。

与康德不同,海德格尔拒绝将(伦理)生活置于理性的控制之下,他对生存的责任性的分析——这一分析强调了人生存的有限性——促使我们去直面伦理生活不可还原的特殊性与个体性,并准备迎接伦理生活不可避免的风险乃至失败。但海德格尔并未因此屈服于任意性,有限的自由不可能成为我们宣布"上帝死了,一切行为都是可以允许的"的根据,因为对存在的召唤作出应答的自由在其自身已经为此召唤所约束。对于海德格尔来说,自由就其本质言从来不是我们可以支配的占有物,而是对存在召唤的应答。正如他在《真理的本质》中表明,与其说我们拥有自由,不如说我们在向存在的开放中,在对存在的回应中"被自由所拥有"①。被自由所拥有——被召唤到自由中去即是去承负起生存的责任。此一生存论意义上的责任先于一切责任规定了责任之责任性或云其生存论意义,故海德格尔对生存的责任之阐释显示了责任(包括通常意义上的伦理责任)之为可能的存在论根据。对于海德格尔来说,我之所以是有责任的并可能负责的存在乃是因为我在我存在的根据处总是已经被(存在)召唤到自由中去,此一存在的召唤,而不是由笛卡尔及其追随者所炮制(posit)的主体之主体性才是此在的责任的最终根源。这也就是说,责任并不基于主体性,而是基于此在被召唤的存在。故责任在其本原的意义上是对存在的应答,是选择愿有良知,尽管我们的应答与选择并不绝对保证我们行为的合伦理性。但唯有在此应答中,在与他人共在的在世的具体情景中,我们才可能领承能够指导约束我们生活的规则(norms)——包括伦理规则,正如海德格尔在《关于人道主义的通信》中所写:

只有当人生存入存在的真理中并从属于存在之时,来自存在本身的那些必定会成为人所需的律令与规则的指示之颁发才会来到……准则(nomos)不仅是律令,在更原始的意义,准则蕴含于存在颁发的指示中。只有这种指示的颁发能够把人调配到存在中去。只有这种调配才能够担带与约束。否则一切律令始终不过是人类理性的滥造之品。②

显然,海德格尔并没有否认我们生活必要的规准性(normativity),并且表明规则和律令不仅构成了对我们共在的在世的否定性制约,而更多地是在肯定意义上将我们带到存在的真理中并由此提供了对我们存在的支持。生存入存在的真理中是此在自由的标志,故自由并不与规则律令相对立。海德格尔所反对的是将规则和律令仅视为理性的产物。这并不是说海德格尔全然否认理性的适度应用,其所拒斥的毋宁说是试图成为存在(者)根据的理性,是将万物(包括自身)置于理性的控制下的意志及此一理性(意志)所定义的主体性。这种主体性表述了一种在我们这个技术时代占主导地位的与存在的关系,其特征是将存在思为存在者,将存在者(包括作为存在者的人)思为可占有、支配

---

① Martin Heidegger. *Wegmarken*, p. 190.
② Martin Heidegger. *Wegmarken*, p. 360.

和计算之物。

与此相反，海德格尔对存在意义的追问，即其关于存在真理之思寻找的是人与存在的一向被遮蔽的原初性关联。生存的责任在最深的意义上表述的正是此一原初性关联，其所寻求的不是奠基，而是应答；不是占有与控制，而是服务和与守护。对生存意义上的责任而言，重要的不是律令和对律令的遵从，因为我们从奠基的理性（或主体性）出发所制定的律令在其根基处已经被占有与控制的欲望所玷污。故海德格尔指出："比一切制定规则工作更重要的事情是人找到居留到存在的真理中去的处所。"① 只有对存在真理的思才能够真正显明我们伦理性存在的存在论根据，并因此使一种本真意义上的伦理学成为可能。在此意义上，海德格尔可以将其关于存在之思称作本原的伦理学。此一本原的伦理学不仅澄清了责任的存在论根源，从而恢复了责任一词所内蕴却为主体性哲学框架中对责任及其根据的阐释所遮蔽的应答的维度，② 而且在其自身中指示了一种基于对存在的应答而非为存在奠基的伦理哲学，此一伦理学之首要原则乃是：让存在存在，让存在者成为其所是的存在者。

在《存在与时间》中，此一伦理学体现于海德格尔关于此在本真存在的思想中，本真意义上的此在即是对存在，即其被抛的与他人共在的在世作出应答之我，此一应答使此在能够让与之共在的他人成为其所是的存在，即让他人自由地筹划自身最本己的能在。让他人存在并不意味着对他人漠然，毫不关心，相反，它意味着对他人最深切的关怀乃至去"成为他人的'良知'"③，意味着与他人处于一种"此在对此在的存在关系"④ 中。这种"存在的关系"既不可被还原为此在与自身的关系，从而将他人视为我的投射物，也不可被还原为此在与上手或在手之物的关系，从而将他人视为物而非此在。某种意义上，此一本真的共在——正如多尔迈（Fred Dallmayr）指出——在存在论层面重新阐释了康德的目的王国的理想。⑤ 但海德格尔的本真共在所描述的不是由主体性界说的自由或目的，正如海德格尔在论及康德的目的王国时所强调，目的所意指的不是作为普遍理性的存在之人，而是每一实存的人："目的王国是实存的人互相共处的王国。"⑥

---

① Martin Heidegger. *Wegmarken*, p. 360.
② 责任一词，就其词根而言，无论在英文（responsibility）与德文（Verantwortlichkeit）中都有回答或应答（response/Antwort）之意。
③ M. 海德格尔著，陈嘉映、王庆节译：《存在与时间》，第 194 页。
④ M. 海德格尔著，陈嘉映、王庆节译：《存在与时间》，第 153 页。
⑤ Fred Dallmayr. *Heidegger on Intersubjectivity*, in Human Studies 3, 1980, p. 226.
⑥ Martin Heidegger. *Die Grundprobleme Der Phänomenologie*, p194.

但海德格尔对存在之思不仅拒绝将人仅视为手段，即其所拒绝的不仅是人的物化，还有物的物化，即将物变成可被绝对控制之物，这事实上是海德格尔后期对我们处身的技术时代作出批判的伦理基础。对存在的应答，成为存在的守护者即是让万物成为其自身所是者，让万物沐浴于存在的光辉之中。唯其如此，我们方可体悟万物本性之善，欣赏万物本性之美，并因此感恩于存在的慷慨赐予，而非沉湎于戒律和审判的阴暗图景中。

所以，尽管海德格尔强调了此在无家可归的生存状态，他却并未因此去寻找一个超世的家园，毋宁说对自身无家可归状态的深切体悟所激发的是荷尔德林诗题所表达的返回家园的决心（Entschlossenheit）——家园不在彼岸，而在此处。伦理在最本原与最高的意义上所意指的即是此在在存在中的居所（Aufenhalt），是诗意栖居的大地。原伦理学即是去寻找"居留到存在的真理中去的处所"。

事实上，如果我们所求于伦理学的不是或至少不仅是可以应日常生活之急的规则与指令，如果我们已经意识到为这些规则奠基的理性与正名的努力之隐秘的脆弱性，那么我们应该能够从海德格尔对存在问题的追问中见到其对人的存在的伦理性的本原的思考。但是本文并无意将海德格尔的存在论读解成通常意义上的伦理学而忽视了其对存在之思的深度与广度。如果我们将伦理学仅视为一门与其他哲学分支，如认识论、本体论相并置的学科，或者将其视为关于道德的科学，那么，海德格尔并未去作伦理学，毋宁说他借此在对生存论分析，与在此基础上展开的对存在真理的思考显示了一种原伦理学的可能性。此一原伦理学要求我们重新思考人与存在的关系及在这一关系中人在存在者中的位置，本文即是在对海德格尔存在之思的回应中对我们自身伦理性存在作出反思的一次尝试。

作者：孙筱泠（1968—），女，上海市人，复旦大学哲学系博士后。
原载：《复旦学报》，2006年第2期。

对哈耶克"自由与责任"思想的一种阐释

张文喜

读当代新自由主义思潮代表人物哈耶克有关自由与责任这一主题的论说,实给人一种对传统观念做出重要改变的领悟:从现代人的自由观念出发,发展出一种与市场经济相适应的自由与责任观,这可说是哈耶克对此一主题分辨的重心,哈耶克倡导的"责任伦理"出入于经济学、法理学与政治哲学之间,超脱出那种始终纠缠于人的自由与行为责任之因果关系的狭窄的传统伦理视域,启发我们对这一问题作出有意义的和合乎逻辑的思考。

一

哈耶克对"自由与责任"这一问题的申论散见在多部著作中,在《自由秩序原理》一书中有专章集中论述,我对哈耶克有关此一主题的讨论试图从他的"自由辨"开始。哈耶克在《自由秩序原理》第一章里,把他心目中的自由同五种其他意义上的自由概念之间的关系及其差异作了细致的辨析。本文限于讨论与主题有密切关系的三种区分。在讨论这三种区分之前,拟先指出一项概念性的区分,借以说明哈耶克思想的特定预设。照邓正来先生的了解,哈耶克意义上的自由,亦即否定性自由,否定性自由指除规则禁止者以外一切都许可,哈耶克所采纳的就是自由的这一原始意义,所谓个人的自由状态,乃是一个人不受制于因另一人或另一些人的专断意志而产生的强制状态。哈耶克的意思是,一个人的自由所要求的绝不是其他人以某些方式的作为,而是其他人以某些方式的不作为,是对其他人作为的否定。对自由作了如此界定后,哈耶克通过揭示与其他意义的自由之间的差异来详尽地阐明否定性自由的概念。正是在这种阐明中,我们引申出哈耶克的"自由与责任"这一主题。

(一)哈耶克把否定性自由同"意志自由"概念相区分。在哈耶克看来,"意志自由"的说法在哲学史上是引起混乱的主要概念之一。而这种混乱主要在于人们在把握自愿行动和责任的意义方面所存在的种种困难。在这一问题上存在着两种对立的立场：决定论的和唯意志论的立场。决定论者一般都认为，由于人的行动完全是由自然原因决定的，所以认为他们要对其他人对其行动的赞扬或谴责负有责任就是没有合理根据的；而另一方面，唯意志论者则主张，由于人具有某种处于因果链之外的力量，所以这种力量就成了责任的承担者，也是赞扬和谴责的确当对象。然而，哈耶克认为，上述论争双方的各自结论都背离了他们所宣称的前提。因为，责任的观念事实上是立基于一种决定论的观点。因此，宣称意志是自由的观点，与那种否定意志是自由的观点一样，并无什么意义，整个问题本身只是一种语辞之争。

回溯传统对自由意志概念的讨论，核心问题主要集中在两个方面：人们能够充分掌握对其行动负有责任的社会生活的各个方面吗？人们所处的社会生活的方方面面是引起他们自己行动的原因吗？形式地看，这些问题并不难回答，因为基本上我们可以说，人对自己的行为负有责任，如果这一行为是他自己自愿（依其意志）做出的话。人有意志自由，实则是在选择与责任上说，不是由行为主体依其意志作出的选择，我们无法对其加以评价，也无法对行为主体课以责任。人们能够自己决定自己的行动，人们能够使自己成为导致某一行动的原因。这种观点虽然是人们常常持有的观点，但是严格地说，哈耶克认为却是一种谬论。一方面，导致人们作出选择的因素相当复杂，意志正如休谟指出的，只是人的性质的一方面而已。另一方面，从社会知觉的角度看，意志自由并不纯粹是个人的。意志自由与人的社会境况之间有密切的关联。问题并不在于确定某一行动是否出于意志自由，而在于知觉到别人行动的起因，不论是内部的自由意志还是外部的社会影响。社会知觉把人们行动的表现归因于事件，比如当问及一个职员从一个公司到另一个公司就职时，他会说"那个公司所提出的待遇比前一个公司好多了，我根本无法拒绝"，这个回答表明他的选择行动并不是完全由意志支配的。所以，哈耶克说："事实上，我们常常可以通过教育和示范、理性的劝说，以及赞成或反对的方式影响人的行动，这一点很可能从未有人做过持之一贯的否定。"

因此，哈耶克认为，对于我们究竟有多大的自由的决定论或唯意志论的回答，都是令人不可接受的。对我们有多大自由的追问，必须考虑到我们的许多方面既受到因果律的限制，但同时，作为人，我们的内在本性的复杂性却并不把人的选择自由消融至尽。人创造自己及世界的经验，其间表明了人的精神维度及其感知能力是极其丰富和具有无限可能的。因此，就道德向善上说，我们主张人有意志自由，而作恶也是意志自由的原本含义之一，对这一点儒家和康德早已认识到。人既拥有自由意志，其直接所蕴涵的即是，人同时拥有责任。而对于责任感，哈耶克认为，唯一的意义是，如果没有责任感那么人们的行为将会很不一样。一个医生尽可以申辩说病人的死亡是由于意外事故，不是他的责任，但是，只有让他承担对病人生命的重大责任，他才会时时考虑到可能存在的意外因素而更加谨慎小心。哈耶克的意思是，课以责任的目的在于使人们的行动比他们在不具有责任的情况下更具有理性。一个自由的社会很可能会比其他任何形式的社会都更要求做到下述两点：一是人的行动应当为责任感所引导，而这种责任的范围应远远大于法律所强设的义务范围；二是一般性舆论应当弘扬责任观念，当人们被允许按照他们自己视为合适的方式行事时，他们也就必须被认为对其努力的结果负有责任。

（二）哈耶克把个人自由同以整体人群为对象的政治自由相区分。在哈耶克那里，所谓政治自由乃是将否定性的自由用于整体意义上的群体而形成的概念，它指涉一群人作为整体能够在多大程度上实现整体的"意志"。在哈耶克看来，固然，我们可以把个人自由的概念推广到人群（民族、阶级等）自由，即一群人不受外来强权干涉的自决状态，但是对政治自由的追求往往使人们倾向于放弃个人自由转而臣服于外在强权，因为反对外界强权的最有效手段就是强权本身。因而，享有政治自由的民族，却未必就是一个由自由人构成的民族；此外，要成为一个自由的个人，亦无须以享有这种人群自由为前提，对人群自由的追求并不总是能够增进个人自由的。

个人自由不可侵犯的观念在哈耶克那里已经成为教条，因而，他反对那种以"善"（如政治自由、享有各种福利的自由等等）代替"自由"，自由并不意味着"善"。哈耶克认为，我们也许是自由的，同时又是痛苦的，自由选择往往要求我们承担选择的一切后果、责任以及种种人生的不确定性，一个自由社会所能提供的种种允诺，对于特定的个人而言，始终只能是各种机遇而非种种确定性。在哈耶克眼里，自由并不是一种价值，而是价值的基础，是其他价值欲得到充分发展所必需的土壤，如果自由不被视作最高原则，那么，自由社会所提供的种种允诺，就会因性质的缘故而被证明为致命的弱弊，并使自由渐渐丢失。在此一意义上，自由是一种独特的善，人类只有在拥有自由的基础上才能追求各种值得追求的东西。

正是立基于自由主义的个人主义本体论，哈耶克毕其一生与法国激进主自由传统进行抗争。从而哈耶克的自由概念与卢梭的自由概念形成了鲜明对比。哈耶克的理论也同卢梭的理论一样，其出发点与归宿都是人之自由。但是，卢梭的"自由"是与"道德"焊接在一起的，卢梭的"自由"通向"道德"，而不是通向"利益"，这是卢梭和同样谈论"自由"的哈耶克的根本区别之一。卢梭不同于哈耶克，卢梭对社会发展持有强烈的不信任心理，故而才有动用政治国家打断社会自发倾向，重建社会道德秩序的理论设计。而道德理想国的入口唯有使个人意愿与"公意"同化,因而,在卢梭那里,个人自由不在于这一自由本身,反而在于由全体社会成员达成社会契约,通过对个人自由的让渡去掌握政权。经过一番抽象推演,卢梭鼓吹的自由,即使装饰上"公意"的花环,却依然不过是以自由为名的奴役而已。这就难怪他声称要通过强制来迫使人们"自由"了。法国大革命开始之后的第一个月,一个法国人已经敏感到法国式自由理想的悖论:"我们已经迅速地从奴役走向自由,我们正在更迅速地从自由走向奴役!"① 事实上,这一悖论早在法国大革命的实践历程之前,已经在卢梭的政治设计中开始了。这种用"公意"来合法地剥夺一切个人自由的政治设计,在哈耶克看来是最不可容忍的错误,这不仅在于人类的道德只能是演进的。你尽可以对现存社会的道德体系表示不满甚至激烈批评,但是你无法设计出可行的能够取而代之的新道德体系,一切传统的东西都只能演进而无法激变。而且,更根本地在于,哈耶克相信如果每个人的自由都得到维护,那么他们取得的成就便往往会超出个人理性所能设计或预见到的结果。那些同意放弃个人自由转而追求政治自由的民族,最终由于缺失了个人自由而失去其他所有的自由。

(三)哈耶克把指涉社会关系的自由同"人——自然"关系中人的自由相区分。毋庸置疑,哈耶克的理论是一种个人主义的哲学,然而,哈耶克将自己的"真个人主义"与"伪个人主义"的基本特征作了分明的界分。哈耶克认为,"真个人主义"主要是一种旨在理解那些决定人类社会生活的力量的社会理论,他坚决批评那种最愚蠢的一般误解,即认为个人主义当然以孤立的或自足的个人的存在为先决条件。哈耶克认为社会不能够分化于那些只具有私利的孤独的个人之中,对自由主义的捍卫并不需要把人假设为一孤立的、非社会的存在,人的自由问题也只是指涉社会关系的自由。处于孤立的自然状态中的人,即使人的存在总体上受到自然的高度制约而使得人只有很少的自由,人的自由问题仍然不可能还原为自然的问题。人的自由在自然中可以说是一个小问题,但对社会中的个人则是一个最大的问题。或者可以说,在一个人的世界里,无论做什么都不会涉及自由或不自由的问题。

哈耶克将自由视为一社会学概念,这切合于以下几个不同概念的释义。蔡元培认为,中国儒家的"义"就包含"自由"这个价值,因为"义"的一个含义是人作为社会行为者的行为之"宜"。他这样诠释孟子的"义":"性善,故以仁为本质。而道德之法则,即具于其中,所以知其法则使人行之各得其宜

---

① 转引自朱学勤:《道德理想国的覆灭》,上海:三联书店,1994年,第73页。

者，是为义。"① 自由就是个人依照作为"人"即群体的本质的"仁"即伦理的善自行其是。所以，在中国文化所包容的价值观中，一个人对一切关系的他人都行善戒恶，他便处处左右逢源，所及广远，这不是自由自在吗？类似的思想也可见于西方文化中，虽然，西方文化对自由本身基本上规定为个人的自由，但是，它从形而上层面说也是从群己关系着眼提出"自由"的。对此，英语里"right"所代表的三个不同概念提供了一个重要的语义学事实："正确"（right as truth）是说你在真理知识的意义上正确（你对问题的回答是正确的）；"确当"（right as justice）是说你从正确的知识把握了正当的行为准则；"权利"（right as claiment），从而你有了自由去做你想做的事情，并且别人（由于你行为的确当性）不会干涉你做这件事的自由（这两点合起来就是西方哲学所理解的"权利"）。所以，"自由"这一概念从一开始就和人之行为之宜或道德相关联。②

　　密尔在《论自由》中曾主张，社会对于只涉及个人自己的事务所进行的干涉，绝不能认为是正当的。但是，就我们看来，个人的事务并非单纯地只对个人本身发生影响。由于人人之间有着千丝万缕的微妙的和间接的联系，每个人的行动都会影响他人。因此，"自由"在哈耶克那里，包含着人与人在具体分工合作的场合下逐渐熟悉相互联系并建立协调的规范和相互责任感的学习过程。个体协调自己的行为以适应他人的行为，这是劳动分工社会中每一个人对他人的"责任"。哈耶克认为，每个人对他人的责任感是自由社会的道德基础的核心。从文化哲学的视域看，现代自由市场制度，就是人类文化伦理精神在当今经济领域内形成的信用制度及其配之以灵活的具体环境下的责任制度，只有讲信用、责任，即人之行为之宜的市场，才是对人类文化伦理的发展"合目的性"的经济形式。

二

　　世间没有无责任的自由，也没有无自由的责任。哈耶克对"自由与责任"的逻辑关联的把握正是立基于自由与责任是互为证成的这一基本观点。然而，任何理论的普遍品格，都把作为权利的自由与作为义务的责任两相照看，互不分离。这种不可分性既表明理论的内在一贯原则，同时又借此看到似乎对立的

---

① 张汝伦编选：《文化融合与道德教化——蔡元培文选》，上海：上海远东出版社，1994年，第38页。
② 参见汪丁丁：《哈耶克"扩展秩序"思想初论（中篇）》，见《公共论丛——经济民主与经济自由》，北京：三联书店，1997年，第129页。

两极所呈现的内在紧张关系而加强对立双方的践行。在我看来，哈耶克所依凭的理论在既反对"强制责任观"，又反对"放任自由观"的前提下提供了进一步发展的思想空间。在哈耶克的理论中，现代社会中的人们之所以缺乏相应的责任意识，并不在于没有强化责任。那种强化责任，甚至将人们的许多行为规范用法律的形式固定下来，其结果只能导致压制"未知的少数"人的创新活动。欲使责任有效的关键，在于将责任具体落实到个人。哈耶克认为，在一自由的社会中，不存在由一群体成员共同承担的集体责任，除非他们通过商议而决定他们各自承担责任。那种"不断提醒我们对我们的社区，我们的国家或者我们的世界中所有需要帮助或不幸的人负有'社会'责任的做法，无疑会造成这样的结果，即它会不断地强化我们的责任感，甚至我们无从界分那种需要我们采取行动的责任与那种不需要我们采取行动的责任之间的差别。"① 哈耶克的这一思想显然受到休谟思想的影响，因为按照休谟的看法，人的心灵天然不能够去关心那些不常与之发生联系的人的利益。而从根本上说，这一观点根源于哈耶克的方法论的个体主义。作为资产阶级思想家的哈耶克有意无意地从个体的观点出发考察社会现象，所有具体有关"人"的事情最后都要落实到个人身上，他的理论不存在从个体通达整体（民族、群体、社会）的途径，充其量只有从个体达到特殊范围的诸方面的考察，达到对简单事实的描述性分析，因而，这样的观点显然是片面的。哈耶克的方法论的个体主义本质上受制于他的个人主义立场。哈耶克曾对个人主义立场的本质有过清楚的论述，他说："在限定的范围内应当让个人遵循他们自己的（而不是别人的）价值和偏爱；并且在这个领域内，个人的目标体系应当高于一切，不受他们任何命令的约束。就是这种承认个人作为其目标的最后判断者，以及对个人行动应当尽量受他自己意志的支配的这种信念，形成了个人主义立场的本质。"② 这种个人主义立场必然会否定客观价值（社会需要、整体利益等）对个人自由、责任的规定性。

与个人主义不同，在马克思主义那里，个人的自由与社会的自由是辩证统一的，"每个人的自由发展是一切人的自由发展的条件"③。"一切自由的首要条件：一切公务人员在自己的一切职务活动方面都应当……向每一个公民负

---

① 哈耶克著，邓正来译：《自由秩序原理》，北京：三联书店，1997年，第101页。
② 哈耶克著，滕维藻、朱宗凤译：《通向奴役的道路》，北京：商务印书馆，1962年，第59—60页。
③ 中共中央马恩列斯著作编译局：《马克思恩格斯选集》，第1卷，北京：人民出版社，1995年，第273页。

责。"① 现代社会责任感之可能被削弱，根本在于与人们缺乏公心，割裂个人价值与社会价值的统一相联系。对于这一点，那被资本主义历史扭曲的哈耶克的眼睛是无法看见的。不过，哈耶克的如下思想，无论作为实践或理论，对当下中国社会的发展都是绝不能忽视的。

首先，哈耶克在反复说明市场经济的核心内容时，是建基于"不确定性假设"上的。哈耶克说："在充满不确定性的世界里，个体不能追求一个确定的最终目标。个体只能追求一系列的'手段'，这些手段可能帮助他们实现那些最终目标。这些手段或'中间目标'是人们（在不确定的世界里）能够确定地看见的东西。人们能够确定这些中间目标，是因为他们在各自局部的领域了解各自面对着的具体的机遇"。在哈耶克看来，市场社会中人的行为和具体环境的变动性是自由市场制度本性使然。自由市场社会中的不确定性意味着倡导人们自由选择、分散决策，但它同时也意味着人们有义务、有责任承担由自己的选择和决策可能带来的风险。设若市场社会中的每个人或集团都只想行使自己的自由权利，但又都不想承担相应的责任、义务和风险，那么，人与人之间的合作就成为不可能，整个社会就随之分崩离析。因此，强调义务、责任，尊重合作精神，构成现代市场制度另一个重要的道德基础。

对自由市场制度人们往往会因它充满种种不确定性而忧心忡忡。人们希望有稳定的职业和收入；对一个具备专业知识的工程师因竞争而下岗，深感不安。对诸如此类的问题的解决，在哈耶克看来，不可能指望依靠某个权威机构来指定每个人的工作方式来解决，这不仅因为人的需要千差万别而人的理性有限无法作出恰当的安排，而且，即便无此困难，让外在权威来安排每个人的工作，那只是一种更大的不自由。只要人们为了实现自己的才智而去寻求市场，就必定会面临这种风险和不确定性。毋庸讳言，就此而言，一个自由社会将大多数人置于了一种压力之下，而且这种压力往往会导致人们的不满。但是，哈耶克认为，那种认为一个人在其他类型的社会中不会有这种压力的观点，却只是一种幻想。深谙人性的哈耶克确实看到了压力对人的行动意志的激发作用，就他而言，他并不希望竞争少些，而多些歌舞升平的合作和博爱。因为，正如奥肯所说："过度贬低竞争就意味着放弃对个人的激励因素。"况且，就是取消了市场的社会，为争取物质利益的竞争依然存在。现代自由市场制度的进步在于，它使人人之间的客观的利益冲突明朗化、制度化，给予这种冲突一套合乎规则的调节机制，这也许是迄今为止人类历史上代价最小、收益最大的调节方

---

① 中共中央马恩列斯著作编译局：《马克思恩格斯选集》，第3卷，北京：人民出版社，1995年，第30页。

式。任一社会中的人们，只要他们的行动还被"幸福"所召唤，他们就注定应承受压力，而且"哪怕最低水平的幸福标准（如'温饱'）和最高程度的努力，都不能保证人能达到幸福，这一方面因为人的欲求是不确定的，人总是不会满足的，另一方面自然的不确定的变动并不特别照顾人，再者，人们出自自己的恶劣的情欲追逐着自己的目的，甚至不惜对抗、斗争，从而造成历史中的无数的不幸"。康德的如上观点，实际上也是把"不确定性"作为理论上的预设。"不确定性假设"可说是社会科学、人文科学的基本假设。现代自由市场制度把"不确定性"空前地凸现出来，一个企业面对的是一个不确定性的世界，企业要在这个世界中生存，就得随机应变；一个个体作为自由选择的主体，必须对他自己在这不确定的世界里所选择的生活方式和前途负责，这是市场经济加给我们的负担，也是市场经济能够成功的原因。

哈耶克的"不确定性假设"的理论前提是"不可知论"，哈耶克认为，必须承认所有的人对于实现其目的及福利所赖以为基础的众多因素都存在不可避免的无知。而这恰使自由成了可能。人既然无法"全知"、"全能"，那么，人的一切成功的、正面的经验也都必然要通过那个"不确定性"环节，因而表现为"自然"的一种"合作"、"配合"，于是"生活世界"常展现为一种"恩惠"。

其次，哈耶克认为，"决定我们责任的，乃是我们从其他人提供给我们的服务中所获致的利益，而不是他们在提供此类服务时所具有的品行"，"自由人的标志乃是其生活并不依赖于其他人对他品行的看法，而只依赖于他给其他人所提供的产品或服务"。在此，哈耶克已在完全不同于传统伦理意义上使用"责任"概念。其意在将人的价值与品行作区分。将道德价值或品行看成价值之一种，但并不是所有的价值都是道德价值，而且我们大多数的价值判断也都不是道德判断，这在哈耶克看来，是自由社会的必然。

由于道德环境（文化）的不同，生活在中西方的道德个体大都接受了各自文化环境的熏陶，中国传统道德取向在实际生活中的表现就是：当某种努力对他人具有某种较高价值的时候，我们往往会轻易地把它归之于个人的品行，而且一个人的行为只有在得到绝大多数与之相熟的人的赞同，否则绝无成功之途。我们也太过于习惯于认定在我们认为有价值的场合就一定具有某种品行。这种习惯也时会产生负效应，可能会阻碍社会进步和人的自由发展，它往往会摧残人的创造性和主动性，这种习惯思维的实质是混淆了道德价值与非道德价值在本体论与价值论层面上的区分。从价值论上说，道德价值往往高于非道德价值，道德价值容易给人以超越、崇高和充沛之感；在本体论上，非道德价值高于道德价值，不仅是因为可以设想一个无道德的生活世界，但无法设想一个无生活的道德世界；而且是因为生活在逻辑上的在先性，所以它是本源性的。

如此看来，正确理解了的责任并不狭隘地对应道德世界，它所限制的并不是自由，而只是自由的抽象，即不自由（黑格尔语）。它仅仅限制个人的任性，如此的"责任"概念包含着更积极的"意志"和决定，而不是人们不得不时刻面临的萨特式的种种无可奈何的"选择"。

显然，哈耶克提出的问题基本上也是我们的问题，如何在个人的自由、责任与对个人品行评判的尊重之间维持一种个人创新精神和创新活动的平衡，这是背负几千年文明社会传统的中国人的现代课题。

作者：张文喜（1961— ），男，浙江东阳人，复旦大学哲学系副教授。
原载：《学术研究》，2000年第5期。

责任与他者
——列维纳斯的责任观

顾红亮

责任是当代犹太哲学家列维纳斯（Emmanuel Levinas）的伦理形而上学的主要观念，是理解他者哲学的重要维度。列维纳斯对责任的哲学思考集中在四个相关的问题上：第一，责任不仅是哲学思考的对象，而且是生活方式的践履，这就引出责任与哲学的关系问题。第二，作为生活方式的责任是有指向的，有个为谁担负的问题，这就引出为己责任与为他责任的关系问题。第三，指向他者的责任的践履是一个行动，这就有个责任行动如何展开的问题。第四，承担责任的主体是我，强调为他责任是不是意味着我之主体性的消解？这四个问题的展开立体地构成列维纳斯的责任观的全貌，揭示出责任是一种诫命（commandment），而不是儒家所说的德性。

一、负责任的生活与哲学

在第二次世界大战期间，列维纳斯遇到的第一个现实问题是作为犹太人的生存（生活）问题。这个问题进一步引发了他对责任的哲学思考。在列维纳斯看来，责任首先预示一种生活方式，其次才有责任哲学的可能。因此，责任与哲学的关系也是生活方式与哲学的关系。

列维纳斯论述责任问题有现实的考虑，这主要指对犹太人的集中营生活的反思。他对第二次世界大战的磨难有亲身的经历。他曾以法国士兵的身份被关在战俘营，他在立陶宛的许多亲人（如父母、兄弟）被纳粹帮凶所杀。因此，列维纳斯对责任伦理学的偏爱不仅出于哲学理论上的兴趣，更主要的是基于犹太人以至整个人类的现实生活困境。列维纳斯认为，犹太人的现代生活困境集中展现在奥斯维辛的集中营生活上。在集中营中，针对犹太人的灭绝性屠杀不仅体现在身体上和种族上，而且体现在精神上和伦理上。从精神层面来看，集中营所揭示的象征意义绝不仅限于犹太人，全人类都可以从中吸取深刻的教训。教训之一在于,这幕惨剧不能仅仅作为极权政治的表现加以谴责,而应该深入挖掘其哲学内涵。从我与他的关系看,正是因为每一个我放弃了我所承担的对于他人的责任,参与了压迫他人的事业,极权政治和奥斯维辛集中营才有可能出现。极权政治是表象,责任伦理的丧失是根本。丧失了责任伦理的生活是无意义的生活。大屠杀的出现意味着负责任的生活方式的丧失。对集中营生活的反思,使他导向对人与人交往关系的哲学思考,导向对责任伦理问题的关注。他认为,责任是生活中的第一要务。相对于负责任的生活而言,哲学思考永远是第二位。

战争的现实促使他从哲学的角度进一步思考残酷现实的文明源头,反思西方文明的症结所在,其中我与他之间的责任关系界定是他关注的一个中心哲学问题。我们用他的术语分析大屠杀:纳粹的思路是以"我"为中心,作为主体的我拥有绝对的权力和责任,可以主宰、控制一切,可以压制非我者(他者),使他者同化、归顺于我,一切他者纳入我的总体性设计之中,我为我的总体而不为他者负责。这是主体形而上学思维发展的极致,这种自我负责的哲学必然在政治上结出大屠杀的恶果,人与人的关系类似于霍布斯所说的狼与狼的争斗状态。要走出大屠杀的悲剧必须转换思路,由不负责的生活转向负责的生活,由自我负责的生活转向为他者负责的生活。也正是这段经历和其后对"我他责任关系"的严肃思考使他对海德格尔在第二次世界大战期间的表现非常不满,他认为,"人们可以宽恕许多德国人,但是,有一些德国人很难让人宽恕。海德格尔就是难以让人宽恕的"[①]。列维纳斯说,"事实上,我对总体性的批评源于我们无法忘怀的政治经历"[②]。这个经历指的正是纳粹的大屠杀。这指示我们,基于负责任的生活所产生的伦理形而上学必须走出近代西方的主体论哲学模式,重新思考为己的责任与为他的责任之间的关系。

二、为己的责任与为他的责任

广义地讲,责任有两种,一种是主体客体层面上的责任,是主体对客体负责,是"我"对"它"负责。另一种是主体间关系层面上的责任,是主体对另一个主体负责,是"我"对"他"或"他们"负责。笼统地说,以培根为代表的近代西方哲学家侧重讲的是前一种责任,强调主体(自我)的占有性和奴役

---

① 列维纳斯著,关宝艳译:《塔木德四讲》,北京:商务印书馆,2002年,第32页。
② E. Levinas. *Ethics and Infinity*, translated by Richard A. Cohen, Pittsburgh: Dequesne University Press, 1985, pp. 78—79.

性；列维纳斯侧重讲的是后一种，强调主体（他者）的不可占有性和不可奴役性。

在主体间层面上，根据主体的差异，我们还可以继续区分三种不同类型的责任，即为自我负责的责任、为社会负责的责任和为他者负责的责任。尽管列维纳斯不否认前两者，但他所说的责任主要指后者。自我责任的出发点是为己的，不在他者。社会责任也指公共责任，例如在社会中，每个公民都需要尽一个公民的相应责任，遵守公民的规则，只有这样才是一个被社会公认的好公民。社会责任的出发点在社会或政治组织，而社会可能是一个总体，担负责任的我是社会总体的一分子，我与总体之间的种属关系根本不同于我与他者之间的"断裂"关系。因此，为社会的责任显然不同于为他者的责任。当然，在一个社会关系的网络中，上述三类责任是共存的。

列维纳斯认为，责任是一个主体间性的事件，关涉我与他的关系，不单是为己的，而且是为他的。在为他责任的层面上，我们可以在列维纳斯的伦理学框架内区分出二类责任。一类指伦理责任，这是比社会责任要求更高的责任，不仅包括我对自我的道德约束，而且包括我为他人的言行负责。为他责任优先于为己责任，也优先于一般的社会伦理规范。另一类是最高的责任，那是宗教或准宗教责任。它指在人与上帝的关系中，上帝爱护人，人为上帝尽责，完全服从上帝的旨意，按照上帝的盼咐去行事。按列维纳斯的说法，上帝是他者，[①] 人为他者担责也是为上帝担责。

把上面的分析综合起来，我们得到四个层级的责任，即自我责任、社会责任、伦理责任与宗教责任。举个例子，某人家因用火不小心突然失火，一场火灾正在蔓延。情况一：主人自己开始盛水救火，这是他在履行自我责任。情况二：有邻居发现火势后，跑去报警或打电话报警，这个邻居尽了一个公民的社会责任。情况三：有人拿出自己家的水桶，帮着去救火，这表明这个人是有伦理责任感的，把他人的困难放在首位。情况四：关心他者程度比前者更甚，有人奋不顾身，完全不考虑自己的生命，冲进火海去抢救一个还被困在房子里的老太太。他根本不考虑这样做可能会牺牲自己，内化了的神圣的信仰或使命在驱使着他。这样的人是在实践宗教责任或者说准宗教责任。根据列维纳斯的观点，为他者的责任是包括了伦理责任和宗教责任在内的。这个责任是我担负的，但是有明确的指向，那就是为他的，不是为己的。而且这个责任的履行是出于他者的命令。

相应地，社会责任是伦理责任与宗教责任的后果，是把后两种责任推广到

---

① E. Levinas. *Ethics and Infinity*, translated by Richard A. Cohen, p. 211.

社会领域的结果。伦理责任和宗教责任涉及的是两个人（或人与神）的交往，社会责任涉及的是三个或三个人以上的人际交往。这就意味着我对所有的人要平等看待，我需要权衡、协调我承担的所有为他者的责任，协调的结果是平等待人。因此社会责任对所有人都是一样的。

从理论上看，自我责任与为他责任（伦理与宗教的责任）的关系更值得探讨。两者的假设前提不同。自我责任的隐含假设是：自我是一个独立自主的主体，我有能力也有义务为我的言说或行为担负责任，我对此有自觉的意识。在这个语境中，没有他人的位置。我只关注我自己，保持我的存在的连续性，我为我自己负责。自我具有优先性。为他责任隐含的假设是：在我之外还有他人存在，而且他人优先于我。"他者以他的超越性主宰我，他者是陌生人、寡妇和孤儿，我对他负有义务。"① 我有能力和义务首先为他人担负责任，他人的需求是第一位的，我是第二位的。他人具有优先性。因此，为他责任是自我责任的前提条件，是原初的责任。正如他说："主体性不是为己的，首先是为他的。"② 据此，列维纳斯批评说：如果海德格尔讲责任，那也只是在为寻求本真存在所担负的责任，责任是关乎自己的，为他责任的维度不在他的视野之内。这是他对纳粹暴行保持沉默的深刻原因之一。

三、责任即回应与言说

作为生活方式的责任是名词，转化为动词是负责。我为他者负责是一个行动，有一个发生、发展的过程。简单地说，这个过程包括命令与回应的运动。当我与他者面对面时，他者脸上写着"你不可杀人"的命令，这是他给我的伦理要求。在他者的要求下，我被迫应答，担负起为他者的责任。这是负责的行为的发生过程，也即对话的过程。

列维纳斯指出，当我"看"着他人的脸的时候，我不仅是在观察他，更重要的是在回应他的诉求，这种回应也是一种责任。这里，责任有三个意思：第一，回应（response）就是负责（responsibility），这两个词有共同的词根，表明了享有共同的意义，即揭示出我与他人的伦理关系。第二，我有责任去回应，有责任对他人的问询、命令作出反应。第三，我有责任对我所回应的内容担负责任，换言之，不仅是负责任地言说（saying），而且对所说的东西（said）负责。因此，不能从认识论的角度理解"看"，而应该从伦理学的角度

---

① E. Levinas. *Ethics and Infinity*, translated by Richard A. Cohen, p. 215.
② E. Levinas. *Ethics and Infinity*, translated by Richard A. Cohen, p. 96.

把"看"理解为一种负责的行动或回应。这里,回应具有伦理学的意义。

动态地看,对他者的回应或负责是无止境的,永不能满足。当我完成当下的责任的时候,他人又提出进一步的责任,责任在不断地生长,我的回应也在无限地生长。这是回应的一个特点,即无限性。第二个特点是,我的回应或负责首先不是主体主动承担的,而是他者施命令的结果,因此回应具有被动性。

从语言哲学的角度看,担负责任也是一种言说,具有语言学的意义。在原始的意义上,话语的主要功能不在于指称一个对象,"而是在于某个人对他人承担的一种职责……责任或许是语言的本质"①。当我面对他者的脸,我不只是站在那里沉思或描述对象,更重要的是对他的言说(或回应),而且言说先于沉思。"言说是问候他者的方式,问候他者已经是对他的应答了。"② 当他人出场时,一个人很难对此保持沉默,必须对他说些什么东西,不管说什么。这种言说就是一种回应,一种为他所做的应答,就是在为他负责。③ 这样,负责行动就展现为一个对话结构,他者的命令是言说的一方,我的回应是言说的另一方。在这个对话、言说的结构中,他者的言说具有优先性,我的回应是以他者的命令为基础的。但是,也只有在我的真正回应与言说中,他者命令才被领会和呈现。

四、负责任的主体性

我是处在与他者的关系中的,因此,一谈主体性就必须涉及他者,涉及为他者的责任。列维纳斯认为,正是在负责中,与他者的关系建构起我的独特的主体性。建立在为他责任观念的基础上,列维纳斯提出了一个新的主体观,即责任主体观:我担负着关心(non-indifference)他人的重任。这个主体不同于近代哲学中与客体相对的占有性的主体,而是带有主体间性的主体。这个主体的挺立是以他者为前提的。正是与他者的关系揭示了主体之为主体的独特性。

粗略地看,有两种主体性建构的方式。一种是近代西方哲学家奉行的认识论的建构方式。每个人是通过自己的思考、自己的意识建立起自己的唯一性,不是别人给我一个唯一性,不是别人说我是唯一的,我就自认为是唯一的。我的唯一性是我自己的理性、意识选择建构的。简言之,我是我自己。这表明我具有强烈的主体性,每个理智健全的人都具有这样的主体性意识。另一种是列

---

① 列维纳斯著,关宝艳译:《塔木德四讲》,第 25—26 页。
② E. Levinas. *Ethics and Infinity*, translated by Richard A. Cohen, p. 88.
③ E. Levinas. *Ethics and Infinity*, translated by Richard A. Cohen, p. 88.

维纳斯认可的伦理学的建构方式。虽然我对他人一无所知,因为他者是超越于我的,他者是另一个与我完全不同的主体,具有他性,这是我所陌生的、无法思议的领域,但是,我被要求去为他人负责,为他人的成功、错误、过失承担责任。从表面上看,我被他者"俘虏"了,成了他者的"人质",我失去了独立的主体性,但实际上这一说法是在曲折地肯定我的独特的主体性。这是从责任的角度来解说主体性。为他负责的观念已经预先假设了我是一个可以担负责任也有能力负责的主体。这样一种担负责任的能力及其主体性在负责的过程中真正被确立起来。当我在为他者负责的时候,我的主体性意识才被唤起,才意识到自己是一个真正的道德的人。因此,主体性与责任性是一致的。我的主体性在很大程度上就表现为为他人的责任。"无限责任的命令和处于辩护地位的主体性具有一致性。"① 在对他人的负责中,我真正成为一个独立的主体,不可替代的主体。这样,责任与独立是统一的。独立主体是在负责中得到确证和进一步强化的。列维纳斯认为,以伦理学方式建构起来的主体性比以认识论方式建构起来的占有性的主体性更为原初、更为本真。和那些喜欢谈论道德选择的哲学家不同,他强调责任的无可选择性。道德选择和自由意志、自觉意识联系在一起。在列维纳斯看来,主体性在原初状态上就是伦理的,和责任的担负勾连在一起。

　　近代西方哲学家讲的主体性是与客体相对的主体性,它的一个特点是主动性或能动性。主体能动地认识和改造世界,化自在之物为为我之物。列维纳斯不同意这样的主体性界定,他认为责任主体的一个特点是被动性。主体担负的为他者的责任是压在主体身上的,主体无法选择,在选择之前就已经承受了这份责任。不仅无法选择,主体同样无法界定责任的内涵和范围。我该在多大限度上承担责任呢?列维纳斯说担负责任是无限的。负责有没有尽头?列维纳斯说没有尽头。在任何时候,人都不能说,我已经完成所有对他者的责任了。② 从一开始,负责就是无限的,不仅是对无限负责,这个负责过程也是无限的。这是压在主体身上的重负,无法摆脱。主体被为他的责任所困扰,所压迫。正是这种重负、困扰(obsession),锻造着唯一的主体性。这是一种被动的主体性。因为主体是始终负载着为他责任的主体。同样是讲主体支撑着世界,但是意义不同,现象学家讲的是主体的意识(意向性)支撑着世界,列维纳斯讲的是责任主体支撑着世界。

　　总的来说,列维纳斯的责任观在以下几个方面推进了已有的对责任的理

---

① E. Levinas. *Ethics and Infinity*, translated by Richard A. Cohen, p. 245.

② E. Levinas. *Ethics and Infinity*, translated by Richard A. Cohen, p. 105.

解：第一，负责任的生活比责任哲学更重要。第二，为他者的责任比为自己的责任更原初。第三，担负责任与回应、言说联系在一起，构成活的伦理对话活动。第四，负责任的主体性比占有性的主体性更本真。这些观点为我们思考现代性背景下的人的存在意义提供了一个新的维度。对于当代人来说，人的存在意义处于匮乏的状态，无"家"可归感越来越强烈。从责任哲学的视角看，这些现代性的弊病在很大程度上表现为：负责任生活方式的匮乏，过分偏重为己责任，忽视了对来自他者的责任命令的倾听与回应，过于看重自由选择与过高估价自由价值，对以主客体之间占有性为主导原则的主体性的过度开发等等。列维纳斯的责任观至少帮助我们更加认清现代性的弊病所在，并启示我们继续思索现代人的生存境况和存在意义。

作者：顾红亮（1971—），男，浙江萧山人，华东师范大学哲学系暨中国现代思想文化研究所副教授。

原载：《社会科学研究》，2006年第1期。

[儒家传统与责任伦理]

孔子的责任感与责任论及其当代意义

冯浩菲

孔子生活在春秋晚期,当时的华夏虽然跟周代早期一样,仍处于三个层次的社会政治结构中:上有周天子之王室,中有各诸侯国,下有各诸侯国的大夫之家。但是,这三个层次的社会政治结构之间的关系、作用、影响等等,却发生了极大的变化,不仅不同于西周时期,也不同于春秋前期和中期,礼乐征伐不但不从天子出,也往往不从诸侯出,甚至还有不从大夫出者。周天子和他的王室虽然名义上仍是天下共主,但有名无实,谁也不把他放在眼里。一些诸侯国,如齐、晋、鲁等,国君仅仅起一种象征性的作用,大权操在强宗和大夫手里。更有甚者,好长一段时间,鲁国的权柄不但不操在国君手里,也不操在大夫手里,而操在季氏的家臣阳虎手里。因此,不但昭公可以被三桓逐出国门,客死他国,鲁国执政季桓子也可以被阳虎随意囚禁和追杀。从周王室到各诸侯国,为了争权夺利,君臣相杀、父子相杀、兄弟相杀者则屡有发生。总之,当时天下动乱,战争频仍,华夏无宁日。统治阶级内部互相猜忌,仇杀不已。苛政猛于虎,民生凋敝。国自为政,各地经济、文化发展极不平衡,是非失去准绳,人们思想混乱,道德失衡。面对鲁国的困境、华夏的危机、人民的灾难、民族的兴亡和道德的沉沦,孔子表现出志道据德、传承文明、振兴华夏的高度的社会责任感,同时发表了一系列有关责任论的言谈,成为我国责任论方面一个继往开来的里程碑。

一

孔子的责任论思想首先表现在有关他本人的责任感方面的言行中。他的责任感启自忧患意识。或忧人情虚伪,曰:"巧言令色,鲜矣仁。"[①]"亡而为有,

---

① 《论语·学而》,见杨伯峻《论语译注》,北京:中华书局,1980年,第3页。以下《论语》引文均见该书。

虚而为盈，约而为泰，难乎有恒矣。"① 或忧不守信用，云："人而无信，不知其可也。大车无輗，小车无軏，其何以行之哉？"② 或忧社会风气衰败，云："甚矣，鲁道之衰也！洙、泗之间龂龂如也。"③ 更忧道德的沉沦，曰："中庸之为德也，其至矣乎！民鲜久矣；"④ "知德者鲜矣。"⑤ "已矣乎！吾未见好德如好色者也。"⑥ "德之不修，学之不讲，闻义不能徙，不善不能改，是吾忧也。"⑦

由于具有深切的忧患意识，孔子以传承、振兴中华文明为己任，一方面自强不息，刻苦学习；一方面开门办学，有教无类。"学而不厌，诲人不倦。"⑧ 如云："见贤思齐焉，见不贤而内自省也。"⑨ "志于道，据于德，依于仁，游于艺。"⑩ 自谓："十室之邑，必有忠信如丘者焉，不如丘之好学也。"⑪ 又谓："自行束脩以上，吾未尝无诲焉。"⑫ 周游列国，经过宋国，宋司马桓魋欲杀孔子。离去时，弟子惧，劝加快速度。孔子道："天生德于予，桓魋其如予何？"⑬ 即认为他有在华夏大地上培育仁德的重任在身，谅桓魋不敢拿他怎么样。孔子从卫国去陈国，经过一个名叫"匡"的地方。匡地之人曾受过鲁国阳虎的侵害，孔子相貌像阳虎，匡人误以孔子为阳虎，囚禁了孔子。孔子道："文王既没，文不在兹乎？天之将丧斯文也，后死者不得与于斯文也；天之未丧斯文也，匡人其如予何？"⑭ 即认为他负有传承中华文明的重任，匡人也不会把他怎么样。这些事例说明，伟大的哲人孔子当时虽然际遇不佳，没有哪国君主肯施行他的政治主张，以致他们师徒四处奔波，风餐露宿，有时身处危境，但他依然乐观自信。这种乐观自信正来源于他的高度的社会责任感。

孔子认为，欲改变当时的混乱局面，必须从改变颓俗开始；欲改变颓俗，必须从改变人们的思想观念，培养仁德入手。因此，他时时处处都以宣扬仁德

---

① 《论语·述而》，第 73 页。
② 《论语·为政》，第 21 页。
③ 司马迁：《史记》，北京：中华书局，1985 年，第 1548 页。
④ 《论语·雍也》，第 64 页。
⑤ 《论语·卫灵公》，第 162 页。
⑥ 《论语·卫灵公》，第 164 页。
⑦ 《论语·述而》，第 67 页。
⑧ 《论语·述而》，第 66 页。
⑨ 《论语·里仁》，第 39 页。
⑩ 《论语·述而》，第 67 页。
⑪ 《论语·公冶长》，第 53 页。
⑫ 《论语·述而》，第 67 页。
⑬ 《论语·述而》，第 72 页。
⑭ 《论语·子罕》，第 88 页。

为己任。强调仁者"爱人"①，能"克己复礼"②，"居处恭，执事敬，与人忠"③，"己所不欲，勿施于人"④，"己欲立而立人，己欲达而达人"⑤。并谓："民之于仁也，甚于水火。"⑥ 说明对于一般老百姓而言，仁德也是非常需要的。他还指出："苟志于仁矣，无恶也。"⑦ "人而不仁，如礼何？人而不仁，如乐何？"⑧ 并声称："当仁，不让于师。"⑨ 孔子在宣扬仁德的内涵、作用及重要性的同时，又指出一个人若要具有仁德，也不是什么十分艰难的事情。如谓："仁远乎哉？我欲仁，斯仁至矣。"⑩ 意在鼓励社会大众努力培养仁德。

孔子的高度的社会责任感，更表现在他排除一切干扰，积极寻求入仕机会方面。从个人的角度来讲，自强不息，开门办学，宣扬仁德，自然是传承文明、振兴华夏的重要步骤，但如果能够进入仕途，则可以利用行政之便，直接推行仁政主张。因此，当孔子仕鲁不久，齐国施行奸计，遗赠女乐，鲁国君臣沉湎女色时，孔子毅然去鲁，周游列国，寻求新的入仕机会。十多年中，他不仅历尽千辛万苦，还时常遭到人们的讥讽和鄙视，均在所不辞。石门司门者讥刺他为"是知其不可而为之者"⑪。卫国的荷蒉者取笑他不识时务，曰："鄙哉，硁硁乎！莫己知也，斯己而已矣。深则厉，浅则揭。"⑫ 楚国的一个隐士佯狂而歌，劝孔子道："凤兮凤兮，何德之衰？往者不可谏，来者犹可追。已而，已而！今之从政者殆而！"⑬ 这些隐逸之士都认为当时世道黑暗，执政者都是危险人物，无法参与变革，仁政行不通，讥笑孔子不识时务。孔子当然不会为他们的消极言论所影响，故谓"如果天下太平，我就不会同大家一起来从事变革了"。表明他有着高度的社会责任感和变革乱世的坚强信念。

---

① 《论语·颜渊》，第131页。
② 《论语·颜渊》，第123页。
③ 《论语·子路》，第140页。
④ 《论语·卫灵公》，第166页。
⑤ 《论语·雍也》，第65页。
⑥ 《论语·卫灵公》，第169页。
⑦ 《论语·里仁》，第36页。
⑧ 《论语·八佾》，第24页。
⑨ 《论语·卫灵公》，第170页。
⑩ 《论语·述而》，第74页。
⑪ 《论语·宪问》，第157页。
⑫ 《论语·宪问》，第158页。
⑬ 《论语·微子》，第193页。

二

孔子具有传承文明、振兴华夏的高度的社会责任感,同时他认为社会各界人士都应该具有各自的责任感,只有这样,才能调动全社会的力量,共同努力,变革现实,建成理想社会。因此,他在教授弟子与回答时人的提问时,发表了一系列有关责任论的谈话。其中既有总论各界人士之责任的内容,也有分论各界人士之责任的内容。关于前者,如谓:"君君,臣臣,父父,子子。"①即认为国君要像国君,臣下要像臣下,父亲要像父亲,儿子要像儿子。也就是说,各自必须尽到自己的责任:国君尽到国君的责任,臣下尽到臣下的责任,父亲尽到父亲的责任,儿子尽到儿子的责任。这样,每个家庭和睦兴旺,国家自然就万众一心,繁荣昌盛了。一个诸侯国如此,推而广之,天下也就太平了。反之,所造成的恶果便是不言而喻的:君、臣、父、子互相仇杀,只能是家无宁日、国无宁日、天下无宁日,于公于私,均有百害而无一利。可见短短八个字,其作用何等深切著名!又谓:"昔万乘之国有争臣四人,则封疆不削;千乘之国有争臣三人,则社稷不危;百乘之家有争臣二人,则宗庙不毁;父有争子,不行无礼;士有争友,不为不义。"②表明臣下、儿子、朋友都有向君主、父亲、友人进谏,规改其过失的责任。

孔子分论各界人士之责任的论述比较多,大致可分为家庭责任论、社会责任论、国家责任论三个方面。孔子的家庭责任论,主要集中在"孝悌"方面,也就是强调了子女对父母、老人及长辈应有的责任心和应尽的责任。总论子弟自身修养方面的责任,则曰:"弟子,入则孝,出则悌,谨而信,泛爱众,而亲仁。行有余力,则以学文。"③论侍奉父母的态度,一则曰:"今之孝者,是谓能养。至于犬马,皆能有养;不敬,何以别乎?"④即谓子女奉养父母一定要尊敬,否则,就跟饲养犬马没区别了。二则曰:"色难。"⑤是说子女在父母跟前经常能和颜悦色是件难事,但必须这样做。论侍奉父母的方法,或曰:"事父母几谏,见志不从,又敬不违,劳而不怨。"⑥意谓劝阻父母的过错,要

---

① 《论语·颜渊》,第 128 页。
② 《荀子·子道》引孔子语,见《诸子集成》本《荀子集解》,上海:上海书店,1990 年,第 348 页。
③ 《论语·学而》,第 4—5 页。
④ 《论语·为政》,第 14 页。
⑤ 《论语·为政》,第 15 页。
⑥ 《论语·里仁》,第 40 页。

轻微婉转,不冒犯,不怨恨。或曰:"善则称亲,过则称己,则民作孝。"① 是说事情办得好归功于亲人,办得不好自己负责,意味着始终能让父母亲高兴。论孝行的范围,既谓从天子到庶人都应该孝敬自己的父母;② 又谓:"夫孝,始于事亲,中于事君,终于立身。"③ 是说人小时候倘能孝顺父母,长大成人便能忠于国家,年老之后必能功成名就。

孔子的家庭责任论之所以集中于孝悌方面,究其原因,主要有二:第一,人们从小养成孝顺父母、尊敬兄长的美德,至关重要,在今后的成长过程中,便可以顺理成章地养成其他各种美德,成为敬业爱国、遵纪守法的有用人才。故曰:"天地之性,人为贵。人之行,莫大于孝。"④ 其弟子有若亦曰:"君子务本,本立而道生。孝悌也者,其为仁之本与!"⑤ 第二,每个人都是从小时候走过来的,因此重视了子女小时候的教育,就等于重视了每个社会成员的教育,具有广泛性和全面性。大概正是出于以上两种考虑,孔子的家庭责任论对其他家庭成员的责任涉及较少,主要集中在子弟的责任性方面,即孝悌方面。

孔子的社会责任论主要涉及两个层面,即君子的社会责任与士的社会责任。

在孔子时代,"君子"这一概念主要指有道德的人,往往也包括政治地位较高的人。"士"主要指有道艺的人,往往也包括有一定社会地位的人。由于君子和士这两个阶层的人士所具有的特定的身份及其社会地位,他们的言行和所作所为对社会及民众影响较大,因此,孔子社会责任论的关注点主要集中在这两个阶层的人士身上。

孔子关于君子的社会责任的论述包括两方面的内容,即君子的社会责任及其应有的品质。孔子所论君子的社会责任主要有四个方面:1. 明道、卫道。孔子所说的"道",主要是指真理、道德、学术等。他认为,道是极其重要的,以至于有"朝闻道,夕死可矣"⑥ 的说法,因此他以明道、卫道为君子的首要责任。既曰:"君子谋道不谋食","君子忧道不忧贫"⑦;又曰:"笃信好学,守死善道。"⑧ 2. 依仁、树仁。如谓:"君子去仁,恶乎成名?君子无终食之间

---

① 《礼记·坊记》引孔子语,《十三经注疏》,北京:中华书局,1980年,第1620页。
② 《孝经》引孔子语,《十三经注疏》,第2545—2549页。
③ 《孝经》引孔子语,《十三经注疏》,第2545页。
④ 《孝经》引孔子语,《十三经注疏》,第2553页。
⑤ 《论语·学而》,第2页。
⑥ 《论语·里仁》,第37页。
⑦ 《论语·卫灵公》,第168页。
⑧ 《论语·泰伯》,第82页。

违仁，造次必于是，颠沛必于是。"① 又谓："君子笃于亲，则民兴于仁。"② 说明履行仁德是君子必备的条件，也是其必尽的责任。只有这样，才能引导民众走向仁德。3. 扶正，扬善。或曰："君子不以言举人，不以人废言。"③ 或曰："君子成人之美，不成人之恶。"④ 意谓君子应该大力扶持正气，发扬善举，促进社会风气的好转。4. 托孤，寄命。其弟子曾子曰："可以托六尺之孤，可以寄百里之命，临大节而不可夺也，君子人与？君子人也。"⑤ 说明君子一身正气，才具卓然，足以受人之重托。

孔子认为，君子为了担当如上重任，必须具备非凡的品质。论其生活要求，则曰："君子食无求饱，居无求安，敏于事而慎于言，就有道而正焉。"⑥ 论其学行修养，一则曰："君子博学于文，约之以礼，亦可以弗畔矣夫。"⑦ 二则曰："君子有三戒：少之时，血气未定，戒之在色；及其壮也，血气方刚，戒之在斗；及其老也，血气既衰，戒之在得。"⑧ 三则曰："君子有九思：视思明，听思聪，色思温，貌思恭，言思忠，事思敬，疑思问，忿思难，见得思义。"⑨ 论其气度，则曰："君子坦荡荡。"⑩ 又曰："君子泰而不骄。"⑪ 论其方略，则曰："君子之于天下也，无适也，无莫也，义之与比。"⑫ 又曰："君子周而不比"，⑬ "和而不同"。⑭

总之，孔子认为君子品格非凡，应该而且能够负担诸多重要的社会责任。孔子关于士的责任的论述比君子的少得多，也涉及其应负责任与必备品质两个方面。论其责任，或曰："志士仁人，无求生以害仁，有杀身以成仁。"⑮ 说明卫护仁德、成全仁德是志士仁人的崇高的社会责任。或曰："行己有耻，使于

---

① 《论语·里仁》，第 36 页。
② 《论语·泰伯》，第 79 页。
③ 《论语·卫灵公》，第 166 页。
④ 《论语·颜渊》，第 129 页。
⑤ 《论语·泰伯》，第 80 页。
⑥ 《论语·学而》，第 9 页。
⑦ 《论语·雍也》，第 63 页。
⑧ 《论语·季氏》，第 176 页。
⑨ 《论语·季氏》，第 177 页。
⑩ 《论语·述而》，第 77 页。
⑪ 《论语·子路》，第 143 页。
⑫ 《论语·里仁》，第 37 页。
⑬ 《论语·为政》，第 17 页。
⑭ 《论语·子路》，第 141 页。
⑮ 《论语·卫灵公》，第 163 页。

四方，不辱君命。"① 表明能很好地完成出使别国的使命，也是士的责任。

孔子认为，士要担负得起其社会责任，也必须具备非常的品格。既曰："士志于道，而耻恶衣恶食者，未足与议也。"② 表明士应该具有艰苦奋斗的品质。又曰："士而怀居，不足以为士矣。"③ 也表明了同样的意思。

三

孔子的国家责任论主要涉及君主的责任与臣僚的责任两个层面。有时候两者是分论的，有时候则是统论的，视有关事类而定。

君臣责任分论的情形有以下三类：1. 论君臣关系。如谓："君使臣以礼，臣事君以忠。"④ 等于说君主的责任是依礼来使用臣子，臣子的责任是忠心地服侍君主。2. 论让位。如谓："泰伯，其可谓至德也已矣。三以天下让，民无得而称焉。"⑤ 联系《论语·尧曰》篇"尧曰：'咨！尔舜！天之历数在尔躬，允执其中。四海困穷，天禄永终。'舜亦以命禹"⑥之文合而观之，可知孔子有感于春秋时代统治阶级争权夺位、弑杀不已的局面，称颂让位让贤的高风亮节，认为君有责任发扬这种优良传统。3. 论事君。强调臣子应有敬业的责任，则曰："敬其事而后其食。"⑦ 强调忠君的责任，一则曰："勿欺也，而犯之。"⑧ 二则曰："善则称君，过则称己，则民作忠。"⑨

孔子关于君臣责任统论的情形主要有五类：

1. 通政令，悦民心。有谓："谨权量，审法度，修废官，四方之政行焉。兴灭国，继绝世，举逸民，天下之民归心焉。"⑩ 意谓推行、落实所述六件大事，是君臣共同的责任。

2. 富国强兵。论施政中心问题，则曰："所重民、食、丧、祭。"⑪ 论营造安定团结的局面，则曰："有国有家者，不患贫而患不均，不患寡而患不安。

---

① 《论语·子路》，第140页。
② 《论语·里仁》，第37页。
③ 《论语·宪问》，第145页。
④ 《论语·八佾》，第30页。
⑤ 《论语·泰伯》，第78页。
⑥ 《论语·尧曰》，第207页。
⑦ 《论语·卫灵公》，第170页。
⑧ 《论语·宪问》，第153页。
⑨ 《礼记·坊记》引孔子语，《十三经注疏》，第1620页。
⑩ 《论语·尧曰》，第208页。
⑪ 《论语·尧曰》，第209页。

盖均无贫，和无寡，安无倾。夫如是，故远人不服，则修文德以来之。既来之，则安之。"① 论行政的切要措施，则曰："足食，足兵，民信之矣。"② 意谓推行这些政策，达到富国强兵的目的，是君臣共有的责任。

以上两类情形，属于孔子关于君臣在实现施政目标方面应尽责任的论述。

3. 推行德政。或曰："为政以德，譬如北辰居其所而众星共之。"③ 或曰："道之以政，齐之以刑，民免而无耻。道之以德，齐之以礼，有耻且格。"④ 季康子问曰："如杀无道，以就有道，何如？"孔子对曰："子为政，焉用杀？子欲善而民善矣。君子之德风，小人之德草。草上之风，必偃。"⑤ 均谓推行德政是君臣共同的责任。

4. 举贤才。或曰："举直错诸枉，则民服；举枉错诸直，则民不服。"⑥ 或曰："臧文仲其窃位者与！知柳下惠之贤而不与立也。"⑦ 皆谓举用贤良正直的人才是君臣共有的责任。

5. 使民、教民。论使民的态度，则曰："使民如承大祭。"⑧ 论使民应注意的问题，则曰："使民以时。"⑨ 或曰："民可使，由之；不可使，知之。"⑩ 论教民的必要性，则曰："以不教民战，是谓弃之。"⑪ 皆谓妥当使民、及时教民是君臣共有的责任。

以上三类情形，属于孔子关于君臣在施政方略方面应尽责任的论述。

由于君主与臣僚是封建社会中国家权力的主宰者和运用者，因此孔子的国家责任论主要包括君主责任论与臣子责任论两方面的内容。

四

2000多年来，在华夏大地上，孔子的责任感与责任论激励、鼓舞、培养了一代又一代富有责任感的政治家、军事家、教育家、思想家、科学家、学问

---

① 《论语·季氏》，第172页。
② 《论语·颜渊》，第126页。
③ 《论语·为政》，第11页。
④ 《论语·为政》，第12页。
⑤ 《论语·颜渊》，第129页。
⑥ 《论语·为政》，第19页。
⑦ 《论语·卫灵公》，第165页。
⑧ 《论语·颜渊》，第121页。
⑨ 《论语·学而》，第4页。
⑩ 《论语·泰伯》，第81页。
⑪ 《论语·子路》，第144页。

家和其他英雄人物，创造了无数伟大业绩，产生了大量可歌可泣的动人事迹，推动了各个时代政治、经济、文化的不断发展，丰富了中华民族的优良传统，为民族的繁衍和国家的振兴作出了巨大的贡献。

当今工业文明风行全球，正处在高科技时代，科学技术和社会生活环境飞速发展，瞬息万变。毋庸讳言，产生于2500多年前的孔子的责任感和责任论有着明显的时代局限，其具体内容和人事关系早已随着他那个时代而远去，不复存在，但其所体现的自强不息、关心国事、爱护子女、孝敬父母、培养道德、扶正扬善、艰苦奋斗、主持正义，为政以德、讲究礼让、关心人民、忠于国家、注重人才、勤政廉洁等积极向上的责任意识和精神原则却带有普世性和永恒性，在我们建设社会主义和谐社会的过程中，仍然有着强烈的现实意义和针对性。举例而言：

倘在家庭生活中各个家庭成员都能够发挥各自应有的责任，做父母的能尽到父母的责任，从小抓好孩子的思想品德教育，那样，孩子就能够健康成长，在家里是好孩子，走上社会就是好公民，不会违法乱纪、抢劫杀人，因为他们害怕做了坏事会拖累自己的父母亲。做子女的能尽到子女的责任，吃苦在前，享受在后，孝敬父母，孝敬老人，那样，就不会有虐待老人、遗弃老人的不道德现象发生。家庭成员各尽其责，团结兴旺，既是家人的福分，也是社会的福分，因为，只有每个家庭安定团结，才能保证整个社会安定团结。

倘社会上的每个部门、每个单位、每个成员都能尽到自己应有的责任，多为集体利益、国家利益、人民大众的利益着想，依照法规办事，讲究信用，发挥敬业精神，人尽其能，物尽其用，那样各行各业就兴旺发达。比如，生产部门能尽到自己的责任，就会生产出高质量的合格产品，既能造福于社会，又能得到合理的回报，而不会生产伪劣产品，害人害己。商业部门倘能尽到自己的责任，就会购销合格商品，货真价实，取信于广大消费者，既能繁荣市场，又能获得应有利润，而不会购销伪劣商品，以次充好，漫天要价，坑害广大消费者，做一锤子的买卖。

饮食服务部门倘能尽到自己的责任，就会保证食品的质量、安全和卫生，既能方便广大群众的日常饮食需要，又能获得应有的报酬，而不会制造和供应有损于广大群众身心健康的伪劣食品和有害食品，以致砸掉自己的牌子。

医疗部门倘能尽到自己的责任，就会发扬人道主义精神和高尚的医德，让患者花不太多的钱，顺利地解除病痛，既能救死扶伤，又能得到一定的报酬，而不会一心向钱看，小病大治，高价售药，狠掏患者的腰包，引起民众的不满和愤恨。

教育部门倘能尽到自己的责任，就会执行正确的办学方针，努力提高教学质量，合理收费，照章办事，搞好管理，既能为社会、为国家培养各类各级合格人才，又能保证全体教职员的生活稳步提高，而不会故意高收费，将众多困难学子拒之门外，或加大他们的经济负担，受到社会的指责。

学术科研部门倘能尽到自己的责任，就会讲究学术道德和学术规范，刻苦钻研，不断拿出高质量的科研产品和著作，既能传承文明，造福于社会，造福于全人类，也能得到一定的报酬，而不会为了满足短期利益，或挖空心思剽窃他人的成果，或专门泡制文化垃圾，或上蹿下跳拉关系，混职称，混奖励，一旦露馅，身败名裂。

倘国家机关的各级领导和公务员都能够具有高度的政治责任感，尽到各自应尽的责任，急国家之所急，想人民之所想，勤政廉洁，多作贡献，就能不断提高党的执政能力，不断加强同人民群众的密切联系，很好地贯彻执行党的各项路线、方针和政策，而不会出现以权谋私、损公肥私、行贿受贿、腐化堕落等违法乱纪行为。

总之，如果全国各级行政部门，各行各业及广大人民群众都能够发扬对家庭、对社会、对国家高度负责任的优良传统，具有各自的责任感，努力尽到自己应尽的责任，那么，我们党所提出的建设社会主义和谐社会，全面奔小康的伟大奋斗目标，就一定能够及早地实现，中华民族的前途将会更美好，我们对人类文明的发展所作的贡献也将会更大。

作者：冯浩菲（1942— ），男，甘肃甘谷人，山东大学文史哲研究院教授。

原载：《天津社会科学》，2005年第6期。

中国传统儒家责任心理思想探究

任亚辉

一、引言：责任心理的文化建构品性

责任，就其本意而言，是指个体对自身分内事务的体验及由此引发的相应社会行为。它是社会成员以至人类群体之间关系形态生成与维系的重要前提，并且因参与主体的具身化实践特性而凸显出深厚的心理学蕴含：任何特定的责任内容、类型结构与实现机制，都同责任主体所秉持的角色自我意识、关系体验及其潜在的本体论、人性论与价值论构想存在着直接相关。梁漱溟在《人心与人生》自序中即开宗明义地指出："凡是一个伦理学派或一个伦理思想家，都有他的一种心理学为其基础；或说他的伦理学，都是从他对于人类心理的一种看法，而建立起来。"[①]而依照后经验主义的社会建构论观点，并不存在超越历史与文化的内在意识和心理结构，对心理现象的理解也不是所谓经验归纳的产物，其本身是一种社会建构，是植根于特定历史和文化的人们协商、对话的结果。[②]基于上述立场，作为一种具体社会形态下伦理与价值践履集中表达的责任心理观，不可避免地会被刻上该地域独特的文化烙印，展现出典型的文化依存特征。从而对于当前我国的责任心理研究而言，准确廓清浸润于本民族文化传统语境中有关责任本质内涵之视域，则是保证相关研究结论有效可信的基本要件。

关于中华文化精神传统，儒、道、释三家向来被视作其中的源流主干。尤其是儒家心忧天下、仁民爱物的性命伦理之学，更是被奉为中国传统文化的核心价值理念。牟宗三曾将此精当地概括为"开辟价值之源，挺立道德主体，莫过于儒"，并指出"在危疑时代，能挺起来作中流砥柱的，只有儒家"[③]。儒家所强调的"内圣外王"、"以天下为己任"的士人精神，"修己济世"、"兼善天

---

① 梁漱溟：《人心与人生》，上海：上海人民出版社，2005年，第1页。
② 叶浩生：《后经验主义时代的理论心理学》，《心理学报》，2007年第1期。
③ 牟宗三：《中国哲学十九讲》，上海：上海古籍出版社，2005年第49页。

下"、"弘毅力行"的君子人格,皆关乎一种独特责任意识、责任心理动力结构的形塑,直接影响到国人民族性格的孕育、积淀。可以说,责任心理思想在儒家传统教化中是以一种"缄默知识"的面貌出现的,广泛渗透入身心安顿的人伦日用之中。因此,若要透彻了解中国人的责任心理,儒家传统始终是一道无法绕过的命题。

二、儒家责任心理思想的立论之基

与其他许多研究主题类似,当代中国的责任心理研究俨然也是一个受到西方学术潮流影响而降生的"混血儿"。这种中、外时空交错的多维理解与阐释语境,在极大丰富了现有责任心理研究的视角理路的同时,无形中也增大了研究者在分析、研判传统责任心理思想时发生歧义性认知的几率。为了有效甄别儒家责任心理观的主旨内涵与整体追求,准确客观地揭示其心理实现机制与内在品质构成,要求我们必须做到正本清源,经由回观流传至今的经典经籍文本,以认真求证儒家责任心理孕育产生的思想背景。以此出发,本文认为,责任心理作为儒家文化衍生的一种重要品质,与其传统的天人观和伦理观具有紧密的内在相关,先哲大儒所极力推崇倡导的"天人合一"思想及在此基础上构建的关系伦理价值体系,作为世人人格自我成长转化的行动指南,构成了儒家责任心理思想的立论之基。

(一)天人观

我们之所以在此将"天人观"设定为儒家责任心理思想研究的逻辑原点,不仅仅是由于儒学认定"天"是一种始终处于形上之维的"超验"存在,具有普遍性的在场地位;更重要的是,作为人世的道义原型,"天"的周流运演规律,即"天道",在源初意义上划定了人之修为合宜性的标准,成为人类社会伦理秩序和个体内在超越性的基本逻辑前提,成为现实"人道"实践的价值本源。《易传》在解说世间万物运行的原始动力及创造原则时指出:"乾道变化,各正性命。保合大和,乃利贞。"[①] 万物若能各安其位,循序而行,自然就会融洽和谐。从而对作为"天地之心"、"最为天下贵"的"人"而言,只有以"天人合契"为主旨,参赞天地之化育,才能达致安身立命,实现自身的存在价值。《周易》有云:"夫'大人'者,与天地合其德,与日月合其明,与四时合其序,与鬼神合其吉凶。先天而天弗违,后天而奉天时。"[②] 楚简《性自命

---

① 《周易·乾卦·彖传》,见周振甫译注:《周易译注》,北京:中华书局,1991年,第2页。
② 《周易·乾卦·文言》,见周振甫译注:《周易译注》,第9页。

出》中也明言:"性自命出,命自天降。"这是对于周人"敬天"思想的进一步拓展,明确地表达出人之本性得自于天、天人相通的基本理念。

儒家学者中最早将天人关系上升至世界观、本体论层面详加论证的,当属孟子。他在谈及个人的修身问题时提到:"尽其心者,知其性也。知其性则知天矣。存其心,养其性,所以事天也。"① 人必须发挥心思之能,才能了解人的本性,并由此上达天道。及至宋明时期,关学鸿儒张载在天人关系问题上第一次明确提出了"天人合一"的命题,"天人不二本"自此成为道学家达成的共识性结论。如张载主张"大其心,则能体天下之物",认为"圣人尽性,不以见闻梏其心,其视天下无一物非我"②。程颐则极力强调"只心便是天,尽之便知性,知性便知天。当处便认取,更不可外求"③。朱熹进而将其解释为"盖天地万物,本吾一体,吾之心正,则天地之心亦正矣"④。王阳明更是直接把先天之理置于人心之中"仁人之心,以天地万物为一体,訢合和畅,原无间隔"⑤。以上各家虽对"天人一体"的理解各有侧重,甚至在某些基本立场上针锋相对("朱陆之辩"即最典型),但在借"人道"以明"天道"这一点上却是大概一致的。孔子"人能弘道,非道弘人"的积极入世精神,在经历了先秦、汉魏时期儒学的演化、发展后,在宋明道学家这里实现了否定之否定的更高层次回归。

牟宗三曾断言:"主体和天可以通在一起,这是东方文化的一个最特殊、最特别的地方,东方文化与西方文化不同最重要的关键就是在这个地方。"⑥西方近代理性启蒙运动对人所做的单子式理解,直接塑造了一种个人自由、利益至上的个体本位文化,人我关系被描述成是一场"一切人对一切人的战争"。这致使他们理解的责任更多的是一种以自身为疆界、被动消极的外铄式契约型责任。而中国儒家文化信奉的天人相通理念,则提供了一种完全不同于前者的责任心理萌生土壤。正是这种相通使得人以复归天之正道并尽收天地于己的胸襟,以懔懔危惧、不敢懈怠的态度,主动承担起"仁民爱物"、照管家国天下的责任。无限延展的责任意识成为人之为人的根本特征。这就有效地解答了人为什么必须、并且能够主动负责的问题,同时决定了中国人的责任意识与行为

---

① 《孟子·尽心上》,见焦循:《孟子正义》,《诸子集成》本第1册,上海:上海书店,1986年,第517页。
② 《张子正蒙·大心篇》,见王夫之:《张子正蒙注》,北京:中华书局,1975年,第121页。
③ 程颢、程颐:《二程遗书》卷2上,上海:上海古籍出版社,1992年,第17页。
④ 朱熹:《四书章句集注》"中庸章句",上海:上海古籍出版社,2001年,第21页。
⑤ 王守仁:《与黄勉之二》,见《王阳明全集》,上海:上海古籍出版社,1992年,第194页。
⑥ 牟宗三:《中国哲学十九讲》,第462页。

主要不是依赖刑罚威慑，而是径需向内求取，即"为仁由己"、"躬自厚而薄责于人"，经由修身而深造自得。

(二) 伦理观

作为一种以天人相通为立论前提的道德价值学说，儒学对于伦理秩序的论证体现出鲜明的"上本天道，下理人情"的思维结构特征；而其对"善"的性质内涵的界定，以及礼义思想所关涉的理论宏旨，则意在说明人在心理和行为上寻求与天道融通契合的可能性。

在中国传统文化中，天道运演的规律往往是作为一种和谐的完满存在而予以先在承认、存而不论的。孔子尝言："天何言哉？四时行焉，万物生焉，天何言哉？"① 荀子则将其阐释为"天行有常，不为尧存，不为桀亡"②。恒在有序、化秩万物构成了天道运行的基本特征。那么，如何能在天人交感相通的过程中使"人道"有效地符合参配"天道"？周人开出的处方是"敬天保民"。他们在深刻反思商灭周兴的历史经验教训后，得出了"皇天无亲，唯德是辅"③的结论，从而改变了殷人只顾"率民事神，先鬼而后礼"的做法，实现了"人"的发现。"天已不再是外在于人或个我活动的主宰者，而是根据人自己的活动（德行）而辅佐有德的主宰者。这一思想无疑预设了这样的可能性：至少人们对于与自己有关的天，不全是无所为的，或个我以自己的活动而影响甚至参与'天'作为主宰者的活动。"④ 这样，"天命"问题转化成了人的德行问题，也即实现了从"敬天保民"到"敬德保民"的思想进化。并且，为贯彻德治理念，周人更是创设礼乐制度以为外在保障。王国维在考察周之彝伦时曾指出，"使天子、诸侯、大夫、士各奉其制度典礼，以亲亲尊尊贤贤，明男女之别于上，而民风化于下，此之谓治，反是则谓之乱。是故天子、诸侯、卿、大夫、士者，民之表也；制度典礼者，道德之器也"⑤。这种以人的自然生存状态为基础的宗法礼治关系的确立，实开后世儒家德治、人伦礼乐教化之先河。

以孔子为代表的儒家学派在继承周人开创的"以德配天"传统的基础上，对礼乐制度做出了理论上的系统完善，形成了以朴素的血缘亲情为基础，以孝

---

① 《论语·阳货》，见刘宝楠：《论语正义》，《诸子集成》本第1册，上海：上海书店，1986年，第379页。
② 《荀子·天论》，见王先谦：《荀子集解》，《诸子集成》本第2册，上海：上海书店，1986年，第205页。
③ 《尚书·蔡仲之命》，见孔安国：《尚书正义》，《十三经注疏》本，北京：中华书局，1980年，第227页。
④ 龚建平：《意义的生成与实现——〈礼记〉哲学思想》，北京：商务印书馆，2005年，第201页。
⑤ 王国维：《殷周制度论》，见《观堂集林》卷10，北京：中华书局，1959年，第475页。

悌为核心，外推扩及君臣、社会、国家天下的一整套伦理规范，并自觉将其确立为社会成员应当普遍遵守的实践原则。在《礼记》中，这种礼乐制度被集中阐释为以"节"、"义"为特征的礼义之道。"何谓人情？喜、怒、哀、惧、爱、恶、欲，七者弗学而能。何谓人义？父慈、子孝、兄良、弟弟、夫义、妇听、长惠、幼顺、君仁、臣忠、十者谓之人义。"然而民存好恶争夺相杀之心："故圣人所以治人七情，修十义，讲信修睦，尚辞让，去争夺，舍礼何以治之？"①只有以礼节制，才能使人守"义"，即在关系伦理中自觉保持身份与言行的合宜性，进而进达人道合于天道的理想"中和"状态："喜怒哀乐之未发，谓之中。发而皆中节，谓之和。致中和，天地位焉，万物育焉。"②

《易传》中说："一阴一阳之为道，继之者善也，成之者性也。"③在儒家学者看来，个体若能够做到贯彻礼义，肯定并维护伦理关系的纲常正道，其社会行为就是一种"善"的践履，其人格也会达致"止于至善"的境界。孔子本人即终生笃守仁道、行礼乐之教，坚信"不知命，无以为君子也；不知礼，无以立也"④。他认为个人只有明于性命之道，行为合于礼义，才能获致君子圣贤的完满人格，挺立于天地之间。

在"天人合契"的恢弘语境下，儒家以"致中和"为鹄地的伦理价值观表现出一种"唯义所适"的"天下"情怀。受其影响，儒家知识分子逐渐养成了一种"躬行仁义、修己济世"的内在心理品质，并将其自觉运用于个体弘道修德的具体生活境遇之中。从而"舍生取义"这种处于西方文化边缘的"非主流"心理品质，却成为中国人责任人格实现的应然选择。这对于我们理解传统儒家责任心理的构成内容与形成机制，具有基础性指导价值。

三、儒家责任心理思想的基本观点

基于上述天人观和伦理价值观，自孔孟以降至于宋明的心性学说强调，人作为"天地之心"，其意义不仅仅在于使人心与天道秩序相感通而连为一体，更重要的还在于使人对万物负有了一种不可推卸的道义上的责任感。正是这种责任心理体验构成了儒家道德理想得以返回现实生活世界的必要条件，也使得"礼义"原则避免了沦为苍白说辞的尴尬境地。因此，就现实功用而言，责任

---

① 《礼记·礼运第九》，见郑玄注：《礼记正义》，《十三经注疏》本，第1422页。
② 《礼记·中庸第三十一》，见郑玄注：《礼记正义》，第1625页。
③ 《周易·系辞上传》，见周振甫译注：《周易译注》，第235页。
④ 《论语·尧曰》，见刘宝楠：《论语正义》，第419页。

心理是个体主动担负起天地万物的"主持者"角色、融贯儒家伦理思想体系、实现"诚于中而形于外"的重要环节。

反观传统儒家学者在责任心理的基本内容、实现条件，以及养成机制等方面的见解，其中不乏真知灼见。限于篇幅，本文在此择要整理概述之。

(一) 责任心理的主要内容

1."民胞物与"的仁爱精神

"民胞物与"思想出自张载的传世名篇《乾称篇》（亦名《西铭》）。在文中，他从"天地之塞，吾其体；天地之帅，吾其性"的"天人一体"高度出发，经由天道宇宙法则来推衍人世的价值秩序结构，将"仁爱"的思想内涵扩展成为一种普适于人类社会与自然界的博爱。张载说："大君者，吾父母宗子；其大臣，宗子之家相也。尊高年，所以长其长；慈孤弱，所以幼其幼。圣，其合德；贤，其秀也。凡天下疲癃残疾惸独鳏寡，皆吾兄弟之颠连而无告者也。'于时保之'，子之翼也；'乐且不忧'，纯乎孝者也。"① 其主旨意在以"孝悌"原则为中心，把君臣、老弱、鳏寡等一切社会关系尽收于"父、母、兄、弟"这样的亲族伦理之中，通过恪守人伦礼义以达于井然有序的和谐治世。张载本人即以实际行动践履着自己"四为"——"为天地立心、为生民立命、为往圣继绝学、为万世开太平"为目标的人类大爱理想。

"民胞物与"的仁爱精神在先秦以来儒学发展脉络中早已有所显现。其中，孟子"亲亲而仁民，仁民而爱物"的主张可被视为这种仁爱精神的直接思想来源。当然，与"仁民爱物"思想一起被继承下来的还有"爱有差等"的宗法层级观念。孔子说："夫仁者，己欲立而立人，己欲达而达人。能近取譬，可谓仁之方也已。"② 孟子也说："君子之于物也，爱之而弗仁；于民也，仁之而弗亲。"③ 可见，这里倡导的博爱，其基础不是墨家意义上的兼爱、泛爱，而是"近譬诸身"、"施由亲始"的天然之爱。但也正是这种本于人的原初血缘亲情而建立起来的仁爱思想，才让家族观念浓厚的国人感觉更为真实、朴素、可信，从而"在'推己及人'的感性体验和'天人一体'的理性论证的辩证统一基础上，成长为一种基于亲情而又高于亲情的伟大人类之爱"④。

---

① 《张子正蒙·乾称篇上》，见王夫之：《张子正蒙注》，北京：中华书局，1975年，第121，316—317页。
② 《论语·雍也》，见刘宝楠：《论语正义》，第134页。
③ 《孟子·尽心上》，见焦循：《孟子正义》，第559页。
④ 王克奇：《"民胞物与"思想的性质及其文化溯源——兼论仁爱发展的历史进程》，《东岳论丛》，2006年第6期。

2. "敬德保民"的王道信念

"王道"是与"霸道"相对应的国家治理思路。孟子曾对双方的差异做过如下精辟论断:"以力假仁者霸,霸必有大国;以德行仁者王,王不待大,汤以七十里,文王以百里。以力服人者,非心服也,力不赡也;以德服人者,中心悦而诚服也,如七十子之服孔子也。"① 与"霸道"强调凭借武力征服的观念不同,"王道"政治主张通过布施仁政,上合天道、下恤万民,以实现社会的长治久安。从历史上看,这种理念兆始于周统治者"以德配天"的治世思维,完善于孟子"民贵君轻"的德治理想。

王道是儒家学者倾其一生努力追寻的社会政治理想。王道信念作为一种人格心理品质,体现出儒家知识分子的积极入世情怀,也关乎其自我身份认同与角色定位。对士人君子而言,其在"行仁义"与"由仁义行"问题上的立场采择,② 很大程度上会影响"敬德保民"王道信念的达成。"行仁义"者易把"仁义"理解成客观既定的纲常教条,从而沦为皇权统治者手下的顺民、奴仆;"由仁义行"者则能较准确地把握"仁义"中节、合宜之内涵,这也使他们能够在参与政事的过程中,不完全囿于特定阶级利益的挟制,而是站在审视、反思现实王权统治的立场上,更好地为民请命。古代很严正的儒者往往经由"学优而仕"的途径,来实现自己"唯义所适"的道义责任。他们把"立德、立功、立言"之"三不朽"作为自己的人生价值目标和理想追求,以达致"天听自我民听,天视自我民视"③ 的高远境界为己任,勇敢地担负起济世安民的王道使命。这种王道信念向内作用而形成的儒家"内圣"人格品德,与向外延伸发展出的"外王"政治实践,以及具体情境中儒家知识分子表现出来的"死守善道"的牺牲精神,构成了儒者社会责任意识的核心价值理念。

3. "心忧天下"的忧患意识

"忧患"一词最早出现于《周易》:"《易》之兴也,其于中古乎?作《易》者,其有忧患乎?"④ 统观《周易》全书不难发现,忧患意识可谓其成书的根本动力。正如徐复观指出的,"把一切问题的责任交给神,此时不会发生忧患意识";"只有自己担当起问题的责任时,才有忧患意识"⑤。伴随"人"作为"天地之心"的意识觉醒,儒家最终实现了忧患对象从神道天命到人道、礼治的转变。

---

① 《孟子·公孙丑上》,见焦循:《孟子正义》,第130—131页。
② 梁漱溟:《人心与人生》,第195页。
③ 《尚书·泰誓》,见孔安国:《尚书正义》,第181页。
④ 《周易·系辞下传》,见周振甫译注:《周易译注》,第268页。
⑤ 徐复观:《中国人性论史:先秦篇》,上海:三联书店,2001年,第20页。

儒家的忧患意识主要包括两方面的内容，即对自己践行礼义的忧虑和对家国天下礼治的忧虑。对于前者，孟子尝言："是故君子有终身之忧，无一朝之患也。乃若所忧则有之：舜，人也，我，亦人也，舜为法于天下，可传于后世，我由未免为乡人也，是则可忧也。忧之如何？如舜而已矣。"① 孟子在此忧的不是担心天下礼治的毁灭，而是自己不能像舜那样担负责任、作为榜样昭于天下。也正是这种诚惶诚恐、充满戒惧的忧患意识，成为士人君子积极践行责任的原动力，成为催促中华民族砥砺磨志、奋发有为、积极向上的精神来源。对于后一种忧虑内容，自孔子始就形成了一种对现实社会治道的深刻忧患意识。面对春秋时期那样一个礼崩乐坏的"无道"时代，孔子明确指出："德之不修，学之不讲，闻义不能徙，不善不能改，是吾忧也。"② 这里突显的是对现实政治的忧虑，强调的是个人的社会责任感。而现实儒者身上具备的忧患意识往往兼具关怀自身与天下的双重蕴含，如宋代范仲淹的"居庙堂之高则忧其民，处江湖之远则忧其君"、"先下之忧而忧，后天下之乐而乐"，明代黄宗羲的"盖天下之治乱，不在一姓之兴亡，而在万民之忧乐"，以及顾炎武提出的"天下兴亡，匹夫有责"的道德责任思想。上述忧患意识从反思、检视个人的责任践履出发，以家国民族兴衰为关怀宏旨，历经世代积淀而成为后人济世献身精神和爱国情怀的内在动力源泉，成为维护中华文明绵延永续的思想保证。

（二）责任心理的实现条件

责任心理品质的内化认同与实践转换，需要责任承担者的一种主体理性自觉。对传统儒家责任心理观而言，人格自我的扩展与超越是保证责任心理得以实现的关键。

从孔子强调"克己复礼为仁"开始，儒家就基本上封堵了"自足式个人主义"的进路。他们并不否认个人独特的生命存在，但认为这绝不是生存论意义上的目的归宿，而是责任伦理关切的起点。梁漱溟在谈到传统中国人的社会生活时指出，"中国人就家庭关系推广发挥，而以伦理组织社会，消融了个人与团体这两端。每个人一生下来就存于各种伦理关系之上，且对于四面八方有伦理关系之人负有相当义务。全社会之人，不期而辗转互相连锁起来，无形中成为一种组织"③。台湾学者黄光国将此称为"儒家关系主义"。他认为，"在儒家关系主义的影响之下，华人所建构出来的自我，既不是西方个人主义文化所

---

① 《孟子·离娄下》，见焦循：《孟子正义》，第35页。
② 《论语·述而》，见刘宝楠：《论语正义》，第136页。
③ 梁漱溟：《中国文化要义》，上海：上海人民出版社，2005年，第70—73页。

强调的'独立的自我',也不完全是所谓的'相依的自我',而是一种'关系自我';他们通常会依个人与互动对象之间关系的不同,而对自我做不同的界定"①。因此,与现代西方责任心理学中使用的那种边界清晰的"主体"概念内涵不同,传统儒家对责任的人格主体更多是从关系性存在的角度加以考量。曾子说:"吾日三省吾身。为人谋而不忠乎?与朋友交而不信乎?传不习乎?"②此处与他人的关系是生活于社群中之个人实践责任伦理的基本方式,也是自身内省的主要内容。

以关系性理解为前提,儒家倾向于将人格自我的成长发展视为一种以个人为起点、旨在包容天下的内在超越过程。无论是《大学》中讲"修、齐、治、平",还是程朱理学主张"格物致知",皆是从个体出发的。但是,从个人出发并不等于说是以"我"为中心,并不意味着承认人格发展是一个以主体为原点向四周辐射的水波涟漪般扩展过程。传统儒家认为,要真正实现"仁民爱物"的为他责任,这个中心恰恰是要予以克服的对象。依张东荪的解释,"在中国思想中,所有传统的态度总是不承认个体的独立性,总是把个人认作'依存者',不是指其生存必须依靠于他人而言,乃是说其生活在世必须尽一种责任,无异为了这个责任而生"③。正如"仁"只能存在于人我关系之间,儒家视域中的"我"也正是在特定的责任情境中建构成型的:只有时时处处互以对方为重、以自己为轻,遇事恒只见对方而忘了自己,做到"为人君止于仁;为人臣止于敬;为人子止于孝;为人父止于慈;与国人交止于信"④。才能有效避免与外在世界的利益冲突,实现人格疆界的超越、扩展,促成责任承担的范围从家庭向国家以至大同世界的升华。《礼记》形容圣人"以天下为一家,以中国为一人"⑤,其中就昭示着心怀天下的理想人格,而由此塑造的国人反省向内用力之人生,虽增添了些许沉重,却是将忧国爱民的道义责任真切地贯穿于"克己让人"的"自为"实践中。

(三)责任心理的养成机制

1. 反身而诚,修己以敬

儒家相信人心在循礼义以合天道过程中的价值效用,因此他们认为,个人要实现责任心理品质的认同、人格内涵与疆界的拓展,首先应做到"反求诸己",即通过"反身而诚、修己以敬",来修养自己内在的伦理责任意识。

---

① 黄光国:《儒家关系主义》,北京:北京大学出版社,2006年,第118页。
② 《论语·学而》,见刘宝楠:《论语正义》,第5页。
③ 张东荪:《理性与民主》,转引自梁漱溟:《中国文化要义》,第81页。
④ 《礼记·大学第四十二》,见郑玄注:《礼记正义》,第1673页。
⑤ 《礼记·礼运第九》,见郑玄注:《礼记正义》,第1422页。

"诚"作为个人修身的基本方面，在儒学体系中占据着重要位置。儒家历来坚信，人本身始终具备这种价值自觉的能力。孟子说："万物皆备于我，反身而诚，乐莫大焉。"①《中庸》也讲："诚者，天之道也。诚之者，人之道也。诚者，不勉而中，不思而得，从容中道，圣人也。诚之者，择善而固执之者也。"② 本心真诚是符合天道自然的状态，也是个人努力保持的心灵境界。只有做到心意至诚，才不会为名利私欲所惑，其行为才会合于中道；也只有先诚其意，才能正其心并担负起家齐、国治、天下平的普世道义责任。

如果说"诚"强调的是责任心理形成过程中有关自身内在本性的省察，"敬"则是责任承担者在接人待物时应当具备的主观态度。朱熹明确把"主敬"涵养功夫视为定心之大本，认为这是责任品质由外在规则向内在信念转化并有效指导实践的重要前提。曾国藩将其概括为："内而专静纯一，外而整齐严肃，敬之工夫也；出门如见大宾，使民如承大祭，敬之气象也；修己以安百姓，笃恭而天下平，敬之效验也。"③ 从源头上看，"敬"产生于对"天"的畏，后重心转化为督促言行合乎礼义的内在戒惧状态。孔子曾指出"修己以敬"是君子的基本修为，"仁人之事亲也如事天，事天如事亲，是故孝子成身。"仅心存"爱亲"之情不足以使人达致"仁民爱物"的责任情怀，尚需借重于尊奉天地的"敬畏"心态，"是故君子兴敬为亲，舍敬是遗亲也。弗爱不亲，弗敬不正。"④ 只有通过"敬"才能保证夫妇、父子、君臣等人伦关系得以合理安置。在社会治理方面，儒家也强调"往敬用治"⑤，通过在治世过程中贯彻"敬德"原则，实现保民以安天下的王道责任。

2. 知行合一，弘毅力行

在儒家看来，弘毅力行以达致知行合一，是个人道德修养的最终目的，也是责任心理品质培养的关键所在。

儒家责任心理观所重视的不仅仅是道义知识水平与心灵境界，更为重要的是一种以天下为己任、知行"一以贯之"的生活方式。梁漱溟曾以"理智"与"理性"来对二者加以区分。他认为前者涉及的是一组关于责任规范的静态知识集合，后者则是在特定情境中对责任规范的体知与实践过程。"科学之理，是一些静的知识，知其'如此如此'而止，没有立即发动什么行为的力量。而

---

① 《孟子·尽心上》，见焦循：《孟子正义》，第520页。
② 《礼记·中庸第三十一》，见郑玄注：《礼记正义》，第1632页。
③ 曾国藩：《曾国藩家书家训》，天津：天津市古籍书店，1991年，第91—92页。
④ 《礼记·哀公问第二十七》，见郑玄注：《礼记正义》，第1611页。
⑤ 《尚书·君奭》，见孔安国：《尚书正义》，第225页。

中国人所说的理，却就在指示人们行为的动向。"① "知行合一"在儒家责任心理的实现过程中，始终占据着无可替代的重要地位。正如王阳明所言："未有知而不行者。知而不行，只是未知。"② 只有贯彻落实到行动上，责任心理的修养才算真正完成。

面对个人无法抗拒的时代境遇，无论自己身处顺逆两境，儒家学者从未放弃对于伦理责任的执守、追求。他们不像老庄道家那般采取"知其不可而安之若命"的无为游世态度，而是以"达则兼善天下，穷则独善其身"的姿态，尽可能地发挥积极有为的奋斗精神，弘毅进取，"知其不可而为之"。曾子说："士不可以不弘毅，任重而道远。仁以为己任，不亦重乎？死而后已，不亦远乎？"③ 士人君子正是以"鞠躬尽瘁、死而后已"的坚韧勇气，克服前行道路上的艰难险阻，责无旁贷地担负起经世济民的道义责任。

3. 德主刑辅，明德慎罚

对于责任心理的外在影响机制，儒者主张应以道德化育为先，"明德"、"尚德"是责任意识养成的基本条件。他们尤其重视礼乐之教在德化万民过程中的重要作用，强调"不学礼，无以立"④，"人无礼则不生，事无礼则不成，国家无礼则不宁"⑤。儒家认为"德"、"礼"教化常以润物细无声的精微方式，使人不知不觉中徙善远罪。《大学》中说："德润身"，即是主张经由道德文章的润泽促成个人天然本性的修明开朗，以逐步养成具有崇高道义责任感的君子品格，达到责任实践的自主。

虽然礼义制度在现实中起着规约、塑造社会成员责任意识的作用，但因其非强制性，仍需刑罚等形式予以补充。《礼记》即指出，现实中有"以怨报德"的"刑戮之民"或"淫邪之人"，故不可无刑。然而两者之间并非对立而是一种互补关系，"礼者，禁于将然之前，而法者禁于已然之后"；且在刑罚律令的制定与执行过程中，广泛渗透着"礼"的观念标准。当然对儒家而言，双方在责任意识培养过程中的价值地位绝不是等同的，孔子早就此做过判定："道之以政，齐之以刑，民免而无耻；道之以德，齐之以礼，有耻且格。"⑥ 对于责任感这种需要主观积极参与、长期培养的心理品质，刑罚的强制约束不足以使人内省慎终，"德"、"礼"之教才是兴"人道"之根本。

---

① 梁漱溟：《梁漱溟全集》卷3，济南：山东人民出版社，1990年，第127页。
② 王守仁：《传习录上》，见《王阳明全集》，上海：上海古籍出版社，1992年，第4页。
③ 《论语·泰伯》，见刘宝楠：《论语正义》，第159—160页。
④ 《论语·季氏》见刘宝楠：《论语正义》，第363页。
⑤ 《荀子·修身》，见王先谦：《荀子集解》，第14页。
⑥ 《论语·为政》，见刘宝楠：《论语正义》，第22页。

四、小　　结

黑格尔发现孔子时，表现出极大的失望，他认为人们读孔子的书所得到的与围绕这位圣人的至高荣誉相差甚远，称人们在其言教中将毫无所获。[1] 的确，捧读先贤流传下来的古训箴言，我们听不到西方哲人所擅长的逻辑雄辩，听不到唤醒个性自我意识的呐喊，也听不到权利自由之吁求；但在那经验性叙事陈述中娓娓道来的却是一种悲天悯人的中国文化之气象，一种"吾侪所学关天意"（陈寅恪语）的高远境界。传统儒家的责任心理思想诚然未达致现代人那般对责任心理结构细致缜密的因素分析水平，也远不如当今研究方法之客观精当；然其"上本天道、下理人情"，融贯道德理想于人伦日用的意旨可谓"致广大而尽精微"，并现实地形塑了国人铁肩担道义、以血荐轩辕的责任心理情怀。"治史之意不在古，论古之旨却在今"，本文在此展开专论，意在慎终追远，藉述儒家责任观之微言大义，希冀对当代中国责任心理与人格理论的研究及实践有所助益。

作者：任亚辉，男，南京师范大学心理学研究所博士研究生。
原载：《心理学报》，2007年第11期。

---

[1]　弗朗索瓦·于连著，杜小真译：《迂回与进入》，北京：三联书店，1998年，第210－211页。

谁之责任？何种伦理？
——从儒家伦理看世界伦理宣言

陈 来

90年代，一个"走向全球伦理"和促成"世界伦理宣言"的运动方兴未艾。然而，我们为什么要订立一份"世界伦理宣言"？这个宣言与人权宣言的关系是什么？已有的种种论述显示，这个问题仍然是不清晰的。

到目前为止，"走向全球伦理"的运动，一直在追求和寻找"世界各宗教在伦理方面现在已有的最低限度的共同之处"。很明显，在上百种宗教中能找到的他们间的相同处，可能远远少于它们间的不同处。这不仅会导致"最少主义"的空洞形式的伦理，更重要的是，即使找到一些共同处，并在将来发展出更多的一些共同处，又能怎么样？不要忘了，基督教和伊斯兰教同源，它们的共同处要比现在宣言中各宗教的共同处多，可是它们间的冲突难道不比基督教和佛教更厉害吗？两次世界大战在欧洲不都是发生在基督宗教信仰传统的国家间吗？不是文明内的冲突吗？

所以，重要的也许不是宗教信仰和宗教伦理间的共同处有多少，而是应当努力发展各宗教中的和平主义和宽容精神，销蚀各宗教内对异教的排斥冲动，从而引导世俗世界的多元共存。找共同处，其实仍是一种一元论的思维方式，难道我们就不能想像一种中国式的"和而不同"的思路吗？没有必要期望所有宗教最后的趋同并由以解决世界的冲突，这种期望只能是对多元文化的否定。信仰、伦理上的共同处不能保证和平共处，共同处多也不等于共处容易。

在我们问世界伦理宣言的意义是什么的时候，还包含有这样的意思：这一伦理宣言所欲对应的究竟是什么范围的问题？是各个宗教内部、各个民族国家内部的道德危机、行为失范，还是国家间、民族间的冲突、压迫？换言之，责任宣言要面对的责任主体是谁？

1995年在勃兰特领导下，提倡"全球性的公民伦理"，以"作为不同国家和文化之间合作解决全球性问题的基础"。照这个说法，宣言是着眼在国家间和文化间的关系准则，其伦理的主体就是冲突的主体，即是"国家"和"文化"（亨廷顿说是文明）。孔汉思博士发起世界伦理运动的最初动因，也是基于这样一种信念："没有宗教间的和平，就没有民族间的和平"，以后演变为"没有一种全球性伦理，便不可能有美好的全球性秩序"。这似乎是说，"世界伦理"对应"世界秩序"，这里的"世界"是指各个民族国家组成的世界，从而世界秩序即是国家间的秩序，于是世界伦理就是民族—国家间行动之伦理准则。

道德对国际事物和外交活动确有约束作用。但现代国家的行为不再依赖个人的良知和荣誉，而受制于党派、选民；普遍伦理与民族国家利益冲突时，往往是民族国家占上风。近代历史表明，国际法、国际道德准则、世界舆论等规范体系对主权国家由权力意志出发的行动很难有效加以规范。这是由于"国际社会"与一个现实的民族国家的社会不同，现在的世界仍然是一个没有世界政府和世界社会的世界，规范自然难起作用。一切道德都是对存在实体的欲望企求、权力意志加以限制，但在国际领域，道德言辞常常流为掩盖真实利益动机的装饰，不能真正起作用。冯友兰早指出，一团体或社会的行为道德，是依据此团体或社会之上更高的团体或社会所规定的基本要求；但国家之上没有更高的社会，故国家之行为不能如国家内的行为那样易于受道德的规范。

因此，伦理宣言或责任宣言不必把国家间行动之伦理准则当做主要着眼点，而应当阐明基于各大宗教伦理传统的对当今世界道德状况的不满和改造人心状态的看法，阐明道德危机的原因，谋求从根本上改变人类的精神生活。

在责任宣言和世界伦理宣言中，有着一种对人权话语的谨小慎微的态度："我们，世界各族人民，以此方式在此强调已在《人权宣言》中宣布过的那些承诺，即承认人有尊严，承认它们的不可剥夺的自由与平等，以及它们在利益上的休戚与共，这世界上的每一个人都应当通过学习而获得对这些责任的意识，并且提高对于它们的认同态度。"（《人的责任宣言》）这意味着什么呢？意味着人的责任宣言就是要再次承诺在人权宣言中被肯定的人的自由、尊严和权利？

又如，在1997年3月的巴黎会议，"与会者同意，现在的有关普遍权利、价值和标准的文件，比如《人权宣言》和其他相关条约，应该成为这次寻求普遍伦理的出发点，《人权宣言》现已为越来越多的文化所接受，它在一个重要意义上已成为了普遍伦理的先驱"，"普遍伦理旨在认定全球社会的基本伦理和原则，人权文件中所列举的那些人的权利和责任将在这个过程中担任重要角色。"如果说《人权宣言》成为伦理宣言的起点和重要内容，责任宣言的必要性和特殊性又在何处？

更有进者："也许总有一天，甚至可以制订一份联合国的全球伦理宣言，它将对常常遭到忽略和粗暴破坏的《人权宣言》提供道德的支持。"① 难道，"为《人权宣言》提供道德支持"，这就是全球伦理宣言的全部目的和实质？或者，难道《人权宣言》本身没有包含道德理念，需要另找一些道德理念来支持它？

最后，"我们想起了1948年联合国的世界人权宣言，它从权利这一层面正式宣告的东西，我们在此希望从伦理角度加以肯定和深化。这些东西是：人的固有的尊严的充分实现，一切人本质上不可让渡的自由与平等，所以人都必须团结一致和相互生存"②。于是，伦理宣言就是从伦理的角度去肯定人权宣言的内容。

其实，责任与权利是如此明显的不同，这使得孔汉思也承认："从否定的方面来说，一份全球伦理宣言不应当是什么？概括地说，不应当是《人权宣言》的重复。如果各宗教基本上只是重复联合国《人权宣言》的种种说法，那么，人们不要这一份宣言也是可以的。但是，伦理意味着比权利更多的东西，而且这样一份伦理宣言就不能免除这一指责：即它是一份典型的西方文件。"③ 事实上，伦理不仅意味着比权利更多的东西，甚至意味着与权利不同的东西！

我是赞成有一份世界伦理宣言的。而在我看来，这份伦理宣言不应当是为《人权宣言》服务的，恰恰应是对《人权宣言》的补充和对权利话语的救正，是对现代性的道德反思，是对启蒙主义的灵性回应，是对一切宗教传统和价值的理性的承认。它不应是对《人权宣言》已有的东西的重新论证，而应当着重于提出《人权宣言》所没有、所忽略的道德态度。

自由主义的道德的中心原则是个人的权利优先，人人有权根据自己的价值观从事活动，认为用一种共同的善的观念要求所有的公民，将违背基本的个人自由。而儒家和世界各大宗教伦理则都强调社会共同的善、社会责任、有益公益的美德。"责任"与"权利"是两种不同的伦理学语言，反映着两种不同的伦理学立场，适用于不同的价值领域。伦理宣言或责任宣言必须明确自己的立场：宣言究竟是以责任为基础，还是以权利为基础。它应当在表明坚持《人权宣言》的条目的同时，不含糊地申明它不赞成权利话语的伦理立场。

毫无疑问，我们必须坚持和守护《人权宣言》中的所有要求，并努力使之

---

① 孔汉思、K. 库舍尔编，何光沪译：《全球伦理——世界宗教议会宣言》，成都：四川人民出版社，1997年，《全球伦理序》。
② 《世界宗教议会走向全球伦理宣言·全球伦理的原则》，载于孔汉思、K. 库舍尔编，何光沪译：《全球伦理》，第11页。
③ 《走向全球伦理的历史、意义与方法》，载于孔汉思、K. 库舍尔编，何光沪译：《全球伦理》，第56页。

实现。但是，这不意味着伦理宣言仅仅是为《人权宣言》提供支持。宣言应当指出，在伦理问题上，权利话语和权利思维是有局限的，是远远不够的，权利中心的思维的泛化甚至是当今众多问题的根源之一。权利话语又往往联系着个人主义。个人主义的权利优先态度，其基本假定和把个人权利放在第一位，认为个人权利必须优先于集体目标和社会共善。在这样的立场上，个人的义务、责任、美德都很难建立起来。权利优先类型的主张只是保障人的消极的自由，而不能促进个人对社会公益的重视，不能正视社会公益与个人利益的冲突。责任宣言要推进的是建设有积极意义的价值态度。

在西方文化的主流理解中，人权是个人面对国家而要求的一种权利。它是每个人都需要的、对其政府提出的道德的和政治的要求。在这里，个人的权利要求即是政府的责任和义务，故人权观念只涉及了政府的责任和应当，却无法界定个人对社会、家庭、他人的义务和责任。这样的权利观念是西方近代以来的自由主义哲学的核心，是近代市场经济和政治民主进程的产物。但由于把焦点集中在个人对社会的要求、集中在个人对自己权利的保护，因而忽视了个人对社会的责任、忽视了个人也具有尊重他人权利的责任。（一个美国人在自己的家前开枪打死误入的日本人，便是一例。）

儒家伦理的价值，用简单的方式说明，也许可以用亚洲价值的说法来参考。亚洲价值的提法虽然可能受到有关西亚、南亚文化的质疑，不过，按提出者的解释，亚洲价值主要是指东亚受儒家文化影响的价值体现。亚洲价值是亚洲传统性与现代性的视界融合中所发展出来的价值态度和原则。这些原则根于亚洲文化、宗教和精神传统的历史发展，这些原则又是亚洲在现代化过程中因应世界的挑战，淘除传统不合理的要素，适应亚洲现代性经验所形成的。亚洲价值被概括为五大原则：第一，社会、国家比个人重要；第二，国家之本在于家庭；第三，国家要尊重个人；第四，和谐比冲突有利于维持秩序；第五，宗教间应互补、和平共处。可以看出，这几条在儒家伦理中都是满足的。

这五项原则可以说是当代东亚文化中的适用价值。因而，这五项原则中不仅有亚洲的传统价值，也有百年来吸收西方文明和建立市场经济、民主政治过程中生长起来的新的价值，如尊重个人。因此，所谓"亚洲价值"并不是说它的价值体系中的所有要素只有亚洲性。现代亚洲的价值与现代西方的价值的不同，不是所有的要素都不同，而是价值的结构、序列不同，价值的重心不同。质言之，这是一套非个人主义的价值观体系，却是亚洲现代性的价值观。这也是新的、现代的儒家文明的价值观。其核心是，不是个人的自由权利优先，而是族群、社会的利益优先。这种社会公群利益优先的价值态度，不能用来作压制人权的借口，它靠民主制度和尊重个人的价值实现人权的保护。而与现代西方价值的不同在于，这种价值态度要求个人具有对他人、公群的义务与责任心，这种义务与责任心是与公群的基本共识和共享价值是一致的。这种价值态度要求人保持传统的美德，这种美德既是人性的体现，又是社会普遍利益的升华。

作者：陈来（1952—），男，北京人，北京大学哲学系教授。
原载：《读书》，1998年第10期。

[经济伦理视野中的责任概念]

企业伦理学：国外的历史发展与主要问题

龚天平

一、企业伦理研究的兴起与发展历程

企业伦理学（business ethics）是当代西方企业管理学流派中的一个重要流派，也是由管理学与伦理学的双向互动和交叉而产生的，在不长的时间里已成长起来，属于应用伦理学领域中一棵枝繁叶茂的大树。本来，企业伦理问题研究从亚当·斯密就已开始，马克斯·韦伯则最先提出了"企业伦理"的概念。但是，企业伦理学的学科范式的确立以及研究的大幅度开展，则是近几十年的事。

国外企业伦理研究的兴起及发展历程经历了三个阶段：20世纪50～60年代在欧美的酝酿期、70～80年代初在美国的形成期以及80年代后期至今的发展期。

20世纪50～60年代，欧美诸国在经济迅速发展，取得巨大成就的同时，也带来了许多社会问题，如环境污染、商业欺骗、侵犯消费者权益、员工歧视等。企业的这种单纯谋利而损害社会利益的经营管理行为，引起了社会公众的强烈不满，这促使欧美许多大学的工商管理学院提出了企业组织的社会责任问题。这一阶段重要的历史文献主要有1962年美国政府公布的《对企业伦理及相应行动的声明》、1963年T. M. 加瑞特（T. M. Garret）等人编写的《企业伦理案例》、1968年美国天主教大学原校长C. 沃尔顿（C. Walton）撰著的《公司的社会责任》等。

70～80年代初，企业组织的不道德行为暴露得更加突出，各种社会矛盾愈发激化，而接连不断的经济丑闻，如贿赂、胁迫、欺骗、偷窃、不公平歧视等，则成为人们思考企业组织的信任危机和伦理危机的直接原因，政府也开始出面健全法规，加强管理，大学教授也无法安坐"象牙塔"，纷纷加盟企业伦理学的研究。企业伦理学诞生的标志是1974年11月在美国堪萨斯大学召开的第一届企业伦理学讨论会，此次会议为企业伦理学的诞生制定了一份相当重要的文献,即《伦理学、自由经营和公共政策:企业中的道德问题论文集》。此后,有关企业伦理学的学术论文和著作纷纷问世,研究企业伦理的专业刊物也得以创办和出版。

80年代后期,企业伦理学从美国到世界各地逐渐扩展,受到许多发达国家的高度重视,学界甚至兴起了一股企业伦理研究的热潮。1987年,欧洲建立了欧洲企业伦理学网络,其宗旨是要在所有的经济管理层次上为改进整个决策过程的伦理质量做出贡献。目前这一组织的成员已有600余人。这一时期的具体情况是:企业伦理学引起了欧美各国经济学家、管理学家、伦理学家的广泛兴趣;许多大学建立了企业伦理学研究机构,开设了企业伦理学课程;相关的理论研究深入到企业伦理学的理论基础、公司的道德地位、伦理道德与企业经营管理活动等问题,有的学者还设计了企业管理决策的伦理分析模式;企业伦理规范在美、英、加、澳等国的企业中得到广泛应用,企业的伦理建设战略得以广泛开展。

进入90年代,企业伦理学继续向纵深迅速发展。1993年,美国已有90％以上的大学的管理学院开设了企业伦理学课程。到1995年3月,国外企业伦理学研究和交流机构已达300余家,如"国际企业、经济与伦理学会"和"社会合作欧洲网络"等,而具有世界影响的交流活动就是1996年在日本东京以及2000年在巴西圣保罗召开的两届"世界企业、经济与伦理大会"。企业伦理学的有关刊物有14种,如《经济伦理学杂志》、《欧洲经济伦理学评论》等。企业伦理学方面的教材、专著、工具书已多达1000余部,有代表性的包括P. H. 沃恩(P. H. Werhane)和R. E. 弗里曼(R. E. Freeman)主编的《企业伦理百科辞典》、W. 科夫(W. Korff)等人主编的4卷本的《企业伦理手册》、乔治·恩德勒(Georges Enderle)等主编的《经济伦理学大辞典》、霍尔斯特·施泰因曼(Horst Steinmann)和阿尔伯特·勒尔的《企业伦理学基础》、托马斯·唐纳森(Thomas Donaldson)和托马斯·邓菲(Thomas W. Dunfee)的《有约束力的关系——对企业伦理学的一种社会契约论的研究》、理查德 T. 德·乔治(Richard T. De George)的《企业伦理学》和《国际商务中的诚信竞争》等。各种研究企业伦理学的学术论文更是不胜枚举。

此外,自20世纪80年代以来,西方各国还出版了许多与企业伦理学密切相关的著作和案例选集,其中包括林恩·夏普·佩因(Lynn Sharp Paine)的《领导、伦理与组织信誉案例:战略的观点》和《公司道德:高绩效企业的基石》、阿奇 B. 卡罗尔(Archie B. Carroll)和安 K. 巴克霍尔茨(Ann K. Buchholtz)的《企业与社会——伦理与利益相关者管理》、R. 爱德华·弗里曼(R. Edward Freeman)和丹尼尔·R. 吉尔伯特(Daniel R. Gilbert)的

《公司战略与追求伦理》、戴维 J. 弗里切（David J. Fritzsehe）的《商业伦理学》、理查德 A. 斯皮内尔（R. A. Spinell）的《世纪道德——信息技术的伦理方面》、肯尼斯·布兰查德的《道德管理的力量》、索南伯格的《凭良心管理》、乔 L. 皮尔斯和约翰 W. 纽斯特朗的《管理宝典》等。

二、企业伦理研究的主要问题

国外企业伦理研究的主要内容集中于以下几方面。

（一）企业伦理精神

企业伦理精神就是企业的经营信念或企业的价值观。这方面的代表作主要有劳伦斯·米勒（Lawrence M. Miller）的《美国的企业精神》、彼得斯（Thomas J. Peters）和沃特曼（Robert H. Waterman）的《追求卓越——美国优秀企业的管理圣经》，以及 J. 柯林斯（J. Collins）和杰里·波勒斯（Jerry I. Porras）的《基业长青》等。米勒指出，公司的组织和管理应具有其价值和精神基础，像改进生产力、革新公司，单从管理技巧下手都只是治标，而治本则必须从新价值观的培养、倡导和实践上着手。他认为，"管理的灵魂与精神"就是成功的管理者所应具备的崇高的情操、通达的胸襟和高尚的价值观，它是经理人管理的基础；对于企业本身来说，就是由领导者倡导的身体力行的企业文化。彼得斯和沃特曼指出："分析任何一家存在了多年的大企业，我相信你都会发现它的适应性不是归功于组织形式或管理技巧，而是归功于我们称之为'信条'的力量以及它们所产生的对员工的巨大凝聚力。这就是我的理论：我坚持认为，为了生存和取得成功，任何一个企业首先要提出一套完整的信条作为所有政策和行动的前提。接下来，我认为企业取得成功的最重要的单一因素就是要忠诚地拥护这些信条……与技术或经济资源、组织结构、创新和调配相比，一个公司的基本生活观、精神活力和驱动力与它的成功有着更为密切的关系。"① 他们在研究了 43 家有代表性的著名企业后，认为贯穿在这些企业中的基本伦理精神就是"崇尚行动"、"贴近顾客"、"自主创新"、"以人促产"、"价值驱动"、"不离本行"、"精兵简政"、"宽严并济"等八大属性。柯林斯和波勒斯则把企业伦理精神称为"核心理念"，他们制定了一个公式，即"核心理念＝核心价值＋目的"，其中"核心价值＝组织长盛不衰的基本信条，即少数几条一般的指导原则不能与特定的文化或作业方法混为一谈，也不

---

① 托马斯·彼得斯、罗伯特·沃特曼著，彭俊明等译：《追求卓越——美国优秀企业的管理圣经》，北京：中央编译出版社，2004年，第262页。

能为了财务利益或短期权益而自毁立场"①。他们没有指出一个企业的伦理精神是什么,而是认为不同的企业具有不同的伦理精神,但只要是伦理精神,都具有表述的明晰性和广泛性、历史连续性、超越利润、与行动的一致性等特性。

(二)企业行为的道德推理方式与模型

道德判断标准是企业经营伦理的准绳,是人们判断经营决策的道德价值的工具,也是决定企业经营行为是否正确的基础。道德判断标准由特定的道德规范和普遍的道德原则所组成,其中道德规范禁止特定行为,道德原则提供普遍的行为指导方针,而且广泛适用于各种经营决策。这些内容是企业伦理学的基础性内容,它决定了企业伦理学的"伦理学属性"。国外企业伦理学家都非常重视此问题的研究,但也有许多不同的看法。

一是以托马斯·唐纳森和托马斯·邓菲为代表的综合社会契约理论。他们在这种理论中认为,企业是通过与社会建立社会契约而获得合法性的,这种社会契约不是一种正式的书面合约,而是一种从人群或社会共有的目标、观念和态度中产生的关于行为准则的非正式协议②,"是为了通过发挥企业特有的优势和使劣势最小化的方式来增加消费者和工人的利益,进而增进社会财富。这就是企业作为生产性组织的'道德基础'。也就是说,当企业履行契约的条款时就做得很好,否则,从道德角度来说,社会有权谴责之"③。这种社会契约有三类:最高规范、宏观社会契约和微观社会契约,其中最高规范是普遍性的,提供了世界上基本的道德结构,是社会契约发展的基础,它包括个人自由、人身安全和健康、政治参与权、知情权、财产所有权、生存权、平等和尊严;宏观社会契约提供的全球性的企业经营伦理标准,包括道德的自由空间、自由同意和退出的权利、与最高规范一致、优先准则;微观社会契约是企业为社会提供最佳服务所应做到的道德规范,它包括谈判中不说谎、尊重一切合同、优先雇用本国人、优先向本地供应商购买并提供安全的工作场所。④

二是斯皮内尔综合运用以目的为基础的伦理学、以义务为基础的伦理学和

---

① 詹姆斯·C. 柯林斯、杰里·I. 波勒斯著,真如译:《基业长清》,北京:中信出版社,2002年,第94页。

② Dunfee, T. Business Ethics and Extant Social Contracts, in *Business Ethics Quarterly*, Vol. 1, No. 1, 1991, p. 32.

③ Donaldson, T. *Corporations & Morality*. N. J.: Prentice—Hall, Inc. 1982, p. 54.

④ Donaldson, T. & Dunfee, T. Toward a Unified Conception of Business Ethics: Integrative Social Contracts Theory, in *The Academy of Management Review*, Vol. 19, No. 2. 1994, pp. 252—284.

以权利为基础的伦理学而提出的"伦理学分析一般框架"。这一框架有以下步骤：1. 确认并系统地提出每个案例中的道德问题。2. 考虑一下你对这些问题的第一印象或反应。换言之，你的道德直觉是怎样考虑该行动或政策的：它是正当的还是错误的？3. 道德问题是否关系到规范性原则？如果是，它们对解决道德问题具有什么样的影响？4. 再从一个或多个伦理学理论的角度对这些问题进行考察，并将上面的问题纳入理论分析的框架。5. 规范性原则和伦理学理论是否指向一种决策或行为准则，抑或它们能使你得出不同的结论？如果是这样，哪一个应优先考虑？6. 你的规范性结论是什么？换言之，机构或个人的行为准则应是什么？7. 最后，该案例的公共政策的含义及你的规范性结论是什么？所建立的行为准则应如何确立下来，是通过立法还是通过行政命令？①

三是拉杰罗（Vincent R. Ruggiero）综合传统伦理学的目的论与义务论思想而提出的"道德判断三要素框架"。三要素是"义务"（obligations）、"理想"（ideas）和"效果"（effects）。拉杰罗认为，考察企业行为是否道德就是看企业是否履行了义务，增进了理想，给人们带来了利益，在运用三要素分析和评价企业行为时，要分两步走：第一是确认义务、理想和效果。义务有哪些？该行为尊重和促进了什么理想？忽视和妨碍了什么理想？谁受到该行为的影响？如何受影响？该行为的结果与其他行为的结果比较起来如何？第二是确定三者中哪一个应予以特别重视。②

四是佩因提出的"类似于一个典型的民间社团的成员等级制度的道德维度"模式。她将企业分为两类及三个等级：一类是经营行为合乎伦理的，有三个等级，第一等级（可接受）是缴纳会费者，它们仅仅做最少的、为了其良好的声望所必需的努力。这一等级的企业实行遵守规则的伦理。第二等级（良好）是基本会员，它们实行基于互谅互惠的回报伦理。第三等级（优异）是资助者或赞助会员，它们实行奉献伦理。另一类是不可归入这三个等级的"自由骑士"和"破坏分子"，它们都是在道德上有问题的。佩因认为，企业要成为一个有道德的行为人，就应该做到"积极管理公司"、"遵守普遍接受的伦理原则"、"在制定决策和计划时考虑道德判断"、"为公司行为承担责任"、"为寻找机会作贡献"等规范。③

---

① 理查德·A. 斯皮内尔著，刘钢译：《世纪道德——信息技术的伦理方面》，北京：中央编译出版社，1999年，第58页。
② 陈炳富、周祖城：《企业伦理学概论》，天津：南开大学出版社，2000年，第51—52页。
③ 林恩·夏普·佩因著，韩经纶等译：《领导、伦理与组织信誉案例：战略的观点》，大连：东北财经大学出版社，2004年，第144页。

(三) 企业伦理与经济绩效的关系

经济绩效是企业的最基本目标，也是企业产生、存在和发展的基本动力，这决定了企业的利己本性。但是，任何企业又不是纯粹的经济机器，而是存在于社会之中并且必须依靠社会环境才能生存，这又决定了企业的公益本性。所以，企业的性质直接体现了其本身是一个矛盾复合体，它必须处理经济绩效与企业伦理规约的关系，这一问题也是企业伦理学首先要处理的基本问题。国外企业伦理学家都比较自觉地在著述中对此问题作出交代，以指导企业在经营管理中作出合理的选择。在这一问题上，主要有两种理解。

第一，企业管理学和经济学视野的理解，这主要是一些企业管理学家和经济学家的看法。他们认为，企业伦理学是研究企业经营管理活动过程中的伦理道德价值体系，而企业管理学和经济学都是强调经济绩效的，因而经济绩效比企业伦理更为重要。美国著名经济学家弗里德曼（Milton Friedman）是这一观点的代表，他认为：“在一个自由的经济中，商业企业具有而且仅仅具有一种社会职责，即充分利用自身的资源并且在遵守游戏规则的条件下从事各种能够增加利润的活动。”[①] 支持这种观点的还有产权学说和契约联系理论。赞同契约联系理论的经济学家认为，利润最大化应当是企业经营的唯一目标，在通过契约联系起来的股东、债券持有者、经理、劳动者、供应商和消费者之间，股东应该拥有优先权，因为"它促成了风险承担与控制功能之间的有效分工，促成了许多经理人之间为了获得最好的收益而互相竞争的市场，从而提高了总体社会福利"[②]。威廉·鲍莫尔（William Baumol）于1991年还发表了"防止浪费定理"一文并对此表示认同：“市场将厂商慈善行为带来的支出自动解释为十足的浪费行为”，“任意的自愿支出的增加就意味着破产”，“那些由不关心社会的（缺少伦理的）人所管理的企业拥有竞争优势，企业自愿的（关心社会的）行为会使自身得不到保护”[③]。

第二，伦理学视野的理解，这主要是经济伦理学家的观点。其中代表性的观点有：佩因认为，社会衡量一个公司取得成功的全新标准正在形成，这一标准整合了道德和财务两个维度，即不仅要有优异的财务成果，同时还必须在处理与员工、客户和社会的关系等方面显示其道德智慧，在道德和财务中，道德

---

① 詹姆斯·L. 多蒂、德威特·R. 李著，林季红等译：《市场经济：大师们的思考》，南京：江苏人民出版社，2000年，第14页。

② 小约瑟夫·L. 巴达拉科、玛丽·C. 金泰尔著，吴易明、张巨勇译：《伦理化商业决策》，北京：中国人民大学出版社，2003年，第7页。

③ 小约瑟夫·L. 巴达拉科、玛丽·C. 金泰尔著，吴易明、张巨勇译：《伦理化商业决策》，第9页。

是财务业绩的基石。① 建立在合理的伦理准则基础上的组织价值体系也是一种资产，可以带来提高组织功效，拓展市场关系，提升社会地位等多种收益。她建议，经理人在建立和维持有效的组织时，应把伦理看作是一种促进因素，而不是一种阻碍。②

二是哈特利（R. F. Hartlery）和罗宾斯（Stephen P. Robbins）等人的观点，即"道德是一种长远利益"。哈特利指出："高度诚实和符合道德规范的行为更有利于业务，更有利于利润。""从长远来看，符合道德标准的做法与日渐增多的利润是一致的"③。罗宾斯也认为，足够的证据表明，一个公司的道德行为并没有明显降低其长期经济绩效，公司的道德行为与经济效益之间存在着一种正相关关系。④

三是德·乔治等人的观点，即"道德是经营活动的润滑油"。他认为，企业是社会不可或缺的构成部分，道德是人类行为的基本规则，人类的任何行为都可以从道德的角度加以审视。经营行为是一种人类行为，因而也可以从道德角度对其进行评价。如果经营活动的所有参与者中任何一个采取不道德的手段，或忽视行为的道德性，企业将难以为继。"道德是整个社会，自然也是经营活动的润滑油与黏合剂。"⑤

四是詹姆斯 E. 波斯特（James E. Post）等人的观点，即"企业伦理与经济绩效是一种极为复杂的关系"。波斯特等人认为，公司的道德行为与经济绩效的关系极为复杂，两者无论是正相关还是负相关都难以证明。其中可能存在一种因果关系，即如果有证据表明社会参与和经济绩效是正相关的，这也许并不意味着社会参与产生了更高的经济效益，也可能正好相反，这就是说，它可能表明正是高利润才使企业有条件广泛参与社会活动，作出道德的选择。因此，问题的关键在于寻求使两者得以协调的广泛的原则，包括长期利润和短期利润关系的原则、适度利润和最大利润关系的原则、股东利益和其他利益相关者关系的原则。他认为，管理者在任何情况下都不应该只考虑股东的利益，而应该考虑所有的利益相关者，其中心目标是改进和增加公司的整体利益，实现

---

① 林恩·夏普·佩因著，韩经纶等译：《领导、伦理与组织信誉案例：战略的观点》，前言。
② 林恩·夏普·佩因著，韩经纶等译：《领导、伦理与组织信誉案例：战略的观点》，第3页。
③ 罗伯特·F. 哈特利著，胡敏等译：《商业伦理》，北京：中信出版社，2000年，第5—6页。
④ 斯蒂芬·P. 罗宾斯著，黄卫伟等译：《管理学》，北京：中国人民大学出版社，1997年，第100—101页。
⑤ 理查德·T. 德·乔治著，李布译：《经济伦理学》，北京：北京大学出版社，2002年，第17页。

公司的多方面的指标，而不仅仅是利润目标。①

（四）企业的社会责任

企业的社会责任问题是企业伦理学的核心问题，也是企业伦理学最早讨论的话题，即便是现在，也有很多学者在研究中没有直接使用"企业伦理学"这一名称，而是采用隐喻企业社会责任的"企业与社会"，"企业、政府与环境"等提法。关于这一问题，国外自20世纪50年代就开始了激烈的争论，主要观点也可以分为两类。

第一，经济主义的观点。这种观点也称股东理论，主要是以弗里德曼为代表，他认为，企业的社会责任主要是其经营管理者的责任，他们按照股东的利益来经营业务，追求最大化的利润。弗氏的观点也得到一部分人的响应，他们或者借用产权学说、契约理论，或者运用亚当·斯密"看不见的手"来支持这一观点。

第二，超经济主义的观点。这种观点也称社会责任论。虽然得到了一些经济学家的支持，但是，弗氏的观点一出笼也受到了激烈批判，人们或者认为他的论证不适当，或者认为所有的道德考虑从属于利润考虑是不道德的，企业经营并不仅仅是针对股东的责任，它还有针对消费者、雇员、社区以及下一代的责任，而且这些责任比针对股东的责任更为重要。② 在超经济主义的观点中也有两种看法。一是有限度的超经济主义，持这种看法的人认为，企业的责任是利润最大化，但要在其中作出理性选择，或者认同顾客导向，即把消费者放在首位；或者认同员工导向，即把提供有意义的就业作为商业的首要目标；或者认同利益相关团体导向，即平衡利益相关方。二是扩展的超经济主义，主要包括核心道德责任论、多层次责任论和企业社会责任金字塔等等。

其一，核心道德责任论。这一观点由 P. 普拉利（Peter Pratley）提出。普拉利指出："正如实行质量管理一样，企业也接受具体的道德责任。在最低水平上，企业须承担三种责任：1. 对消费者的关心，比如能否满足使用方便、产品安全等要求；2. 对环境的关心；3. 对最低工作条件的关心。"普氏把这三种责任称为"最低限度的核心道德责任"，并将核心道德责任分为三个层次："首先，企业有义务承担最基本的道德责任，即为消费者提供安全而又性能良好的商品和服务。在这一基础性和永久性的责任上，现在又增加了新的道德责任。第二层次的道德责任的范围扩大了，涉及关心环境和减少资源消耗。最后

---

① 赵德志：《现代西方企业伦理理论》，北京：经济管理出版社，2002年，第29—31页。
② 陆晓禾：《走出"丛林"——当代经济伦理学漫话》，武汉：湖北教育出版社，1999年，第194页。

一个层次的道德责任指的是企业作为一个道德共同体的质量,这意味着起码没有滥用(道德责任)。"①

其二,多层次的企业责任框架。这一观点由乔治·恩德勒提出。恩德勒认为,企业的责任范围包括经济责任、社会责任和环境责任三个方面。其中经济责任是:赢利或使利润最大化;提高生产率;保护或增加所有人或投资者的财富;尊重供应商;公平对待竞争者;关心雇员,为消费者服务。其社会责任是:尊重法律和规则的精神及条文;尊重社会习俗和文化遗产;有选择地参与文化和政治生活。其环境责任是:致力于可持续发展;消耗较少的自然资源;让环境承受较少的废弃物。他还指出,企业责任是可分为层次的,上述每一方面都可分为"最低限度的道德要求"、"超出最低限度道德要求的积极义务"和"理想的道德要求"三个层次。比如企业对环境的起码责任是不污染环境;积极责任是保护环境;理想责任是促进和改善环境。②

其三,企业社会责任金字塔,这一观点由阿奇 B. 卡罗尔提出。卡罗尔认为,企业社会责任意指在某一特定时期社会对组织所寄托的经济、法律、伦理和自由决定(慈善)的期望。企业的所有社会责任等于经济责任、法律责任、伦理责任和慈善责任之总和,其中经济责任指盈利,法律责任指守法,伦理责任指合乎伦理地做事,慈善责任指成为良好的企业公民,如为社区捐献资源,改善生活质量等。这4种责任构成一个金字塔,经济责任处于最底层,第二层为法律责任,第三层为伦理责任,最高层为慈善责任。③

(五)利益相关者理论及其管理

所谓利益相关者,其英文表达是 stakeholder,由股东一词套用而来。据考证,这一术语是1963年由斯坦福研究所在一份备忘录中最早提出的。自90年代以来,利益相关者理论又有了新的发展。首先,企业伦理学家把"利益相关者"的概念扩展到能够影响企业或受企业决策和行为影响的个人与团体,这就在原来的基础上把政府也纳入进来,使利益相关者从原来的六类扩展为七类。企业伦理学家将环境也归入利益相关者的范畴,因为拥有一个良好的生态环境也是广大利益相关者的需要。其次,把企业与利益相关者的关系看作是相互内在、双向互动的关系,从而扩展了企业的经营管理范围,利益相关者从被视为企业的经营环境或外生变量转变为被视为企业的构成要素或内生变量。其

---

① P. 普拉利著,洪成文等译:《商业伦理》,北京:中信出版社,1999年,第98—119页。
② 乔治·恩德勒著,高国希、吴新文等译:《面向行动的经济伦理学》,上海:上海社会科学院出版社,2002年,第229—234页。
③ 阿奇 B. 卡罗尔、安 K. 巴克霍尔茨著,黄煜平等译:《企业与社会——伦理与利益相关者管理》,北京:机械工业出版社,2004年,第26页。

三，研究者们认为，企业经营要处理好与利益相关者的关系，就必须正确认识不同利益相关者的各种不同的权利，具备回应和处理这些不同权利和要求的能力与技巧，承担起对利益相关者的责任和义务。

具体到利益相关者的管理问题，卡罗尔和巴克霍尔茨的研究是最为详尽和系统的。他们在已出到第 5 版（2003 年）的《企业与社会——伦理与利益相关者管理》一书中，将利益相关者定义为"在一家企业中拥有一种或多种权益的个人或群体"，将利益相关者分为外部利益相关者和内部利益相关者两类，外部包括政府、消费者、自然环境、社区；内部包括雇员、公司所有者。他们认为，企业与这些利益相关者之间是互动和交叉影响的关系。在具体的管理中，必须处理好 5 个重要问题：谁是我们的利益相关者？我们的利益相关者都拥有哪些权益？我们的利益相关者给企业带来了哪些机会，提出了哪些挑战？企业对其利益相关者负有哪些责任？企业应采取什么战略或举措，以最好地应对利益相关者的挑战和机会？①

三、企业伦理学研究的特点

国外企业伦理的研究起步相对较早，经历了一个从不成熟到较为成熟，从不完善到较为完善的发展阶段。目前，国外企业伦理学的研究异常活跃，每年都有大量的文献出版，不同学科的专家经常开展企业经营管理中的伦理问题的对话和交流，国际性的企业伦理学会议不断举办，研究队伍和机构逐渐壮大，内容也渐趋深入，方法日趋综合与合理。总体来看，国外企业伦理学研究具有以下特点。

第一，历史性。企业伦理学在不同阶段都具有不同的特点、不同的内容。20 世纪 50~60 年代，关于企业伦理问题的研究主要是探讨管理者的道德观，并对企业的伦理现状进行调查，此时关于企业伦理的文献也不过就是 2~3 种。企业伦理学还没有成为一门正式学科，属经验研究阶段；70~80 年代初，企业伦理学作为一门学科得以建立，但或者偏重于企业哲学理论，或者偏重于案例分析，各种文献也表现出"哲学+案例"的特点；到了 80 年代后期~90 年代，企业伦理学已从早期单纯的道德批判发展到道德批判与企业伦理建设的结合，企业伦理理论与案例有机地结合起来，企业伦理学逐步完善。

第二，地域性。乔治·恩德勒在《面向行动的经济伦理学》一书中就北美

---

① 阿奇 B. 卡罗尔、安 K. 巴克霍尔茨著，黄煜平等译：《企业与社会——伦理与利益相关者管理》，第 51 页。

（美国和加拿大）与德语国家（欧洲大陆）的经济伦理学的特点，从语义学、关注的层次、触及的层面、选择的参数、论据、对实践的关注程度、学科范式、教学、企业动议以及经济伦理学家的作用等10个方面，进行了仔细的比较。他认为，在研究内容上，北美主要探讨个人和微观层次上的问题，而欧洲大陆则重点研究宏观的制度层次；在方法上，北美强调自由以及与此相应的责任，而欧洲大陆则强调从道德上负责任的方式来塑造企业的状况，同时，北美的方法是先实践后理论，而欧洲大陆则是先理论后实践；在学科范式上，北美没有建立起有充分根据的企业伦理学学科，重视探讨企业伦理学的规范层面，而欧洲大陆则比较注重吸收其他社会科学如工商学科的知识，关注企业伦理学的认知层面，建构企业伦理学的知识体系。[①] 这说明，企业伦理学的研究具有地区差异，深受研究者所在国家和地区的文化传统、思维方式和研究方法的影响和制约。从地域性的特点来看，北美研究的是企业伦理学，而欧洲大陆由于更多地关注宏观制度层次的伦理问题，应该属于比企业伦理学宽泛得多的经济伦理学；北美尤其是美国以实用主义为行动指南，因而更多地关注企业经营管理实践中的伦理问题，而欧洲大陆尤其是德国富有思辨传统，深受康德哲学的影响，因而更多地关注可以统领企业伦理学的经济伦理学的知识层面。

第三，可操作性。国外企业伦理的研究十分注重企业伦理的实用性和可操作性，注意把伦理融合到企业日常的经营管理活动之中。这主要表现在制订伦理守则，设置企业伦理主管，设置道德委员会等专门机构，开展伦理培训和企业伦理建设等。此外，国外还注意通过多管齐下的措施，使企业伦理作为一种价值观念融入企业经营管理活动的各个环节和方面，以使经营管理活动向"更道德"的方向发展，使效益原则得以实现。

作者：龚天平（1968—），男，湖北省公安县人，中南财经政法大学哲学系副教授。

原载：《国外社会科学》，2006年第1期。

[①] 乔治·恩德勒著，高国希、吴新文等译：《面向行动的经济伦理学》，第42—43页。

资本手段与人的道德责任

鲁品越

黑心矿主不顾工人死活而导致矿难频频发生;一些企业主利欲熏心而污染环境;资本操纵股市房市汇市攫取大众血汗;一些外国公司对中国企业"合资劫",抢夺中国公司生产要素与市场;苏丹红事件、多宝鱼事件威胁食品安全……在诸如此类的事件中,应当承担道德责任而受社会谴责的是谁?是作为投入生产中追求价值增值的资本本身,还是掌握与支配这些资本的人?这不是一个纯粹的学理问题,而是具有重要现实意义的问题。因为我们必须找到这些事件的责任者,才能找到克服其缺陷的根本途径。如果责在资本本身,那么就应当消灭资本而无需谴责掌握资本的人;如果责在资本掌管者与调控者,则需要惩处与制约支配资本的行为,规范资本的运行机制,使资本服务于社会。为此,探讨与辨别这些事件的道德责任,是社会主义市场经济建设过程中的重要课题。

一、资本:扩大再生产的经济工具

"资本"一词起源很早,但真正成为理论研究对象可能由重农主义者萨雷·迪贝卡里亚(Cesare Beccaria)在 1771 年所提出,此后由亚当·斯密则清楚地区分了"生产性资本"的概念,以与"非生产性消费"相对照。[①] 而对"生产性资本"的理解,则可以分为两类,这就是《新帕尔格雷夫经济学大辞典》所列的"作为社会关系的资本"和"作为生产要素的资本"。西方经济学将资本作为"生产要素",只抓住表面现象而未把握本质。生产要素古已有之,只有当它被纳入到可以实现价值增值的生产关系中它才成为资本。马克思深刻地指出:"黑人就是黑人,只有在一定的关系下,他才成为奴隶。纺纱机是纺

---

① 《新帕尔格雷夫经济学大辞典》,第 1 卷,北京:经济科学出版社,1996 年,第 394 页。

棉花的机器,只有在一定的条件下,它才成为资本。"① "资本不是物,而是一定的、社会的、属于一定历史社会形态的生产关系,它体现在一个物上,并赋予这个物以特有的社会性质。"② 资本本身并非生产要素,而是支配生产要素的社会关系力量,这种社会关系力量就是由劳动创造的剩余劳动价值所具有的市场交换能力。生产要素只有通过被资本所支配,从而纳入到资本运行轨道之后,才成为资本的外在表现形式。因此,资本是投入到生产中追求自身增值的作为社会关系力量的剩余价值。这样的资本本身是一种工具,还是一种具有道德属性的社会实体?

在我们看来,资本本身并不是具有道德属性的社会实体,而只是被人们用来实现其目的的经济工具。无论从资本的价值实体、其所具有的力量、其进行的增值运动来看,都是如此。资本本身的价值实体是剩余劳动价值,是凝结在商品中的人们为社会上他人进行劳动而付出的血汗,这种价值实体并不是恶,并不具有道德属性,而只是一种劳动在社会关系上的结晶。从资本的价值实体所具有的支配资源的社会力量来看,这种力量只是起源于人们为社会上的他人进行了劳动,从而产生了社会对他的劳动的依赖性,因而其产品承载了与他人等量劳动进行交换的权力,这种力量也并非恶或善,而只是分工体系中各种劳动之间的依赖关系。从资本用这种力量来实现价值增值的目的来看,这种目的也并非恶或善,因为价值增值只是意味着经济增长。虽然这种增长可能带来各种道德后果,但这种道德后果并非资本的价值增值本身,而在于这种价值增值所产生的对他人与社会的影响。资本的掌管者在处理资本增值对他人与社会的影响时所具有的道德属性,赋予资本运行过程之中,从而使资本被承载了道德属性。正像掌权者将自己的道德观念贯穿于自己行使权力的过程中,从而使权力承载了道德属性一样。在这里,资本也好,政治权力也罢,都只是其支配者与行使者实现自己目的的工具,是这些行为者将自己的道德属性赋予资本与权力。

所以,无论是资本的实体、资本的力量,还是资本追求价值增值的目的,都非恶非善,都是人类社会用来配置资源的手段。那么,如何理解马克思的名言"资本来到世间,从头到脚,每个毛孔都滴着血和肮脏的东西"?其实,马克思的这句话是在分析了资本的原始积累之后得到的结论。所谓资本原始积累过程,是统治者用各种罪恶手段掠夺农民的土地与生产资料,从而使生产者和

---

① 中共中央马恩列斯著作编译局:《马克思恩格斯选集》,第1卷,北京:人民出版社,1995年,第344页。
② 中共中央编译局:《马克思恩格斯全集》,第25卷,北京:人民出版社,1975年,第920页。

生产资料（生产者所创造投入到生产中的劳动价值）相分离，将这些劳动价值转化为资本。这些转化为资本、作为资本力量来源的劳动价值本身是好东西，但这种掠夺过程则是血腥的过程，因而资本就带着罪恶而出世，每个毛孔都滴着血和肮脏的东西，具有了来自暴力掠夺的"原罪"。正像一个强盗抢来的财富并不是恶而是好东西，只是抢劫的过程是罪恶。这才是对马克思的话的确切理解。

实际上，人类社会要发展，总要使用各种形式的社会关系力量，驱使人类把剩余劳动投入到社会经济系统中，支配资源以进行扩大再生产。这种支配资源的社会关系力量主要是两种：一是作为政府力量的权力，用它来配置社会资源进行扩大再生产就是计划经济；一种是作为市场力量的资本，用它来配置社会资源进行扩大再生产就是市场经济。所以，"计划与市场都是经济手段"。而实现计划配置的政府权力与实现市场配置的资本也就必然同样都是经济手段。它们都是投入到社会经济系统中进行扩大再生产的社会关系力量，都是作为支配资源的社会力量的工具，其本身并不具有道德属性。否认资本是手段，实质上就是否定市场是手段。就道德属性而论，政府运用政治权力进行的资源配置既可干好事也可干坏事，因而政府具有道德属性，而不是权力本身具有道德属性。我们不能因为某人利用手中的权力贪污腐败而谴责权力，搞消灭权力的无政府主义，而是需要对权力的运行进行规范与监督。同样，资本作为通过市场配置生产要素的社会关系力量，既可干坏事也可干好事，我们不能因为资本掌管者们利用其可以支配的资本干了坏事而谴责资本本身，从而消灭资本以消灭市场，而是需要对资本的运行进行规范、引导与制约。资本增值所产生的道德责任的承担者是能够支配与控制资本的人与阶层，而不是资本本身。正像人们可以利用自然科学进行的各种社会活动会产生种种伦理后果，但是自然科学本身并不具有道德属性一样。

所谓市场经济，说到底就是利用价值力量来配置资源（特别是生产要素）的经济，而支配生产要素来进行扩大再生产的价值力量就是资本。十七大报告指出"从制度上更好发挥市场在资源配置中的基础性作用"，就是要发挥资本力量在资源配置中的作用。在这里资本只是作为市场配置资源的手段，社会主义市场经济就是要使资本手段服务于社会主义目的，而扼制其破坏社会公共利益的恶的行为。这就要求以公有制为主体，用国有资本体现社会主义国家的意志和人民的意志，引导和组织全社会的各种资本力量（包括境外资本、民营资本、资本市场所聚集的民营资本等等），沿着社会主义轨道运行。而资本运行的正确轨道，就是邓小平同志所说的"三个有利于"，江泽民同志所指出的"三个代表"所指引的方向，以胡锦涛同志为首的党中央的科学发展观的发展道路。虽然各种资本都要实现自身价值增值，但必须在沿着符合社会主义核心价值体系的前提下实现价值增值，从而实现资本增值目的与社会主义价值目的的统一，从而使我国经济体系真正成为社会主义市场经济体系。改革开放以来的实践表明，这不仅是必须的，而且是完全可能的。

二、道德责任者：资本的支配者与控制者

资本本身无道德属性，其追求价值增值的行为与结果却既可能符合道德，也可能危害道德，这种道德上的结果取决于支配资本的人们的主观目的与社会发展的客观需要是否一致。资本增殖欲望驱使人们把剩余劳动投入到扩大再生产中追求价值增值，这构成了推动社会生产力发展的强大动力：它努力生产市场需要的产品和服务，节约成本与资源，进行技术创新，有利于生产力的发展，有利于人民生活水平的提高，有利于增强我国的综合国力，这是资本符合道德的一面。正是因为这一面，所以社会主义社会仍然必须充分利用资本力量。然而资本家为了追求自己手中资本的价值增殖而不顾一切，则会危害社会与国家的公共利益。不仅各种违法资本会做出伤天害理的事情，而且即使那些遵循市场规则的合法资本，也会因追求增殖而压低劳动者工资，因盲目投资而导致生产过剩，因大量消耗公共资源而导致生态环境危机，并且因追求劳动生产率不断提高而无限制地分工，使人成为受资本力量支配的"单面人"。这些道理，马克思，甚至西方许多思想家们已经进行了充分而透彻的剖析。

而资本运行所产生的道德后果，则由各个层次的能够影响资本运行方式的人所决定。他们在用自己的决策来支配资本运行途径的时候，就必须尽可能地预见资本的价值增值过程必然会引起各种社会后果，从而承担起这些社会后果的道德责任。谁对资本运行方式的支配权力越大，因而其能够支配的社会资源越多，其能够对社会上他人发挥的影响就越大，因而所负的道德责任也就越大，谁就越应当受到社会道德与法律的制约。这是一条处理资本与道德关系的基本准则。

由资本扩张所引起的道德事件的直接责任者是资本的直接支配者，也即能够支配资本运行的资本家与企业家。在上述列举的种种现象中，黑心矿主国外垄断资本集团等等就是这样的直接责任者。具体地说，企业家一方面是资本利益的代表者，同时也是社会公民与企业法人代表。作为公民，企业家在追求资本利益时必须不能侵害他人利益与公共利益循守社会公认的道德规范。作为企业法人代表，企业家必须恪守国家法规，并为社会公共产品的生产作出贡献，否则就失去成为社会法人的资格。那些认为企业家只能是单纯代表资本利益的

"纯资本家",而不应当考虑任何其他利益的说法,不符合企业家实际扮演的角色,不符合社会对企业家的价值期待和社会定位。企业家是社会利益与资本利益的交汇点他作为资本使用权的拥有者,必须把国家与社会对资本的利用、引导与制约的强大意志,通过自己的决策而实施到资本身上,在这个前提下来实现资本的增值。我们不能把这些人所犯下的罪行与恶行推诿于他们手中掌握的资本,而认为他们完全是受资本力量支配的傀儡。这是因为资本增值过程拥有各种自由度,可以通过各种方式来实现,而并非一定要通过非法的恶行来实现,在一个健康的社会环境中尤其如此,在社会主义市场经济体系中更是如此。正像人类的其他道德行为的发生原因总含有某种生理的、自然的、社会的客观因素一样,我们不能把道德责任归咎于这些客观因素,而使行为者本身摆脱其主观的行为责任。一般地说,资本支配者掌握的资本运行的自由度越大,其所承担的道德责任也就越大这同样是处理资本与道德关系的准则之一。

　　在典型的资本主义制度下,由于社会制度从总体上以社会上占据优势地位的大资本家的利益为本位,特别是以垄断集团的利益为本位,于是社会经济发展的主要目标是资本增值,而不是社会福利。整个社会由此形成了一部资本增值的机器。由此形成的资本运行环境将会使资本对公共利益的侵犯变成天经地义的合法行为,并且不承担道德责任。在这种经济环境下,资本能够增值的可能性空间主要处于非道德领域,而引导资本进入有利于社会公共利益的机制与途径则被封闭起来。在这种环境下掌握个别资本运行的资本家只能成为社会资本机器上的一只螺丝钉,是社会资本家集体意志的执行者。因此,在这种情况下,社会资本家集体支配作为工具的资本来侵犯全社会的公共利益,因而其道德责任的承担者是社会资本家集体,是资本家集体所形成的社会关系,而不是个人。所以马克思在《资本论》序言中指出:"我的观点是:社会经济形态的发展是一种自然历史过程。不管个人在主观上怎样超脱各种关系,他在社会意义上总是这些关系的产物。同其他任何观点比起来,我的观点是更不能要个人对这些关系负责的。"① 因此,我们不仅要制约各个资本家的行为还要改变资本的运行环境,这就要从根本上结束资本家利益集团对社会的统治,建立以代表公共利益为核心的社会政治经济权力结构。

　　而在社会主义条件下,代表社会公共利益的力量占据统治地位与主导地位。由此建立的政治经济环境应当以公有资本为主体,并且利用各种政治的社会的非资本力量,构成引导与约束资本运行的社会环境,引导全社会资本在追求自身增值的过程中消除与减少危害公共利益的方面,增强其有利于公共利益

---

① 马克思:《资本论》,第1卷,北京:人民出版社,1975年,第1版序言。

的方面。由此形成资本运行环境,包括法制环境、政府治理环境和社会的文化舆论环境。法制环境使资本沿着社会能够允许的轨道运行,政府治理环境鼓励资本有利于社会公共利益的方面,限制与惩处其有害于社会公共利益的一面。而以社会主义道德观为基础的社会的文化舆论环境,则会形成对资本的强大的道德约束力,使资本追逐自身利益的行为必须保持在不危害社会公共道德与公共利益的范围内。一旦我们建立了引导、利用和制约资本的强大的社会力量,一旦我们的企业家成为社会这种强大力量对资本行为的实施者,那么我们社会的经济环境就会健康而和谐。在这种健康而和谐的环境下,作为工具的资本会遵循社会的法制与道德而运行,这时资本增殖的实现与社会公共利益的实现就会统一:因为在这种环境下,只有那些遵循社会法制与道德的资本其运行成本会趋于最小化,市场份额会趋于最大化,而那些违背社会法制与道德的资本则会处处碰壁而倒闭,那些拒绝公共意志的资本家将会面临全社会的处罚。然而我们必须记住:这不是资本自身的自觉意志。如此美好的经济环境,并不能指望资本自身承担资本责任,而需要社会在"资本无道德"的预设下,建立起强大的、系统的、制度化的非资本力量,以引导、利用和制约资本力量,使其沿着社会主义公共利益的轨道运行。这就是社会主义市场经济的本义。

作者:鲁品越(1949—),男,安徽芜湖人,上海财经大学教授。
原载:《晋阳学刊》,2008年第4期。

企业的社会责任的几个伦理问题

谭忠诚

一、前　言

　　企业的社会责任是当今社会各界普遍关注的一个热点话题。早在1924年，美国的谢尔顿就提出来了"企业的社会责任"这一概念，但至今对于这一概念的表述尚无定论。那么，究竟什么是企业的社会责任？为什么要强调企业的社会责任？企业能否像单个的人一样来承担其行为及其后果的道德责任？企业作为一个道德主体能否成立？本文从理论上尤其是从道德理论上进行探讨。

　　美国学者成中英先生在谈及企业伦理问题时，把企业对政府、环境、消费者及其他企业等这样的外部经营环境的义务和责任当成企业的社会责任来看。成先生所持的理由是，企业发展是社会发展的一个环节，也是社会整体的一部分，因此，它对整体社会应有一层权利与责任的关系。当然，企业家以他的脑力、精力和资本来发展他的企业，从而也相应地增进了他个人的财富，这是合理的；同时，企业家追求个人的利益，也是促进社会繁荣的要件，否则，如果他的企业行为损害社会利益，那么他的企业不但没有伦理可言，也没有存在的理由。① 目前还有一种观点认为，我们应该把企业经营中以利润为目的的经济行为纳入"企业社会责任"的范围来考察。因为一个企业经营得当，效益高，不仅为企业赢得了丰厚的利润，使其员工获得了更多的福利，而且为国家增进了税收，因而也相应地提高了整个社会的福利。反之，如果该企业经营不善，其业主只顾牟取个人或小集团的私利，不但视其员工的生命安全和福利于不顾，还大肆鲸吞企业中的公有财产以中饱私囊，从而导致企业濒临倒闭，大批员工下岗、失业，酿成了许多社会问题。这种"穷了和尚，富了方丈"的经营观念是否有悖于即将探讨的企业的社会责任？要对这个问题有一个清晰明了的认识，必须先要了解什么是企业的社会责任。

---

① 成中英：《理论：中国管理哲学》，北京：学林出版社，1999年，第261页。

二、企业社会责任的含义

(一) 国外关于企业社会责任概念的提出及其相关背景

"企业的社会责任"一词源于美国,而且在美国商业界和企业(公司)法学界使用的频率很高。Werhane 认为,所谓"企业的社会责任",是指"企业具有的那种超出于对其业主或股东狭隘责任观念之外的替其整个社会所应承担的责任"①。1953 年,霍华德文发表了《商人的社会责任》一书,书中对"企业的社会责任"下的定义是:"商人按照社会的目标和价值,向有关政府靠拢、作出相应的决策、采取理想的具体行动的义务。"② 时至 1961 年,伊尔斯和沃尔顿对"社会责任"的解释,进一步深化了人们对于这一观念的理解。他们说:"当人们谈及企业的社会责任时,他们正是从这样两个方面来思考的:一是立足于企业给社会的伤害所带来的问题,二是根据那些应该支配着企业与社会间之关系的伦理原则。"③ 1975 年,戴维斯和布洛姆斯彻姆依照自己的主张,给"社会责任"下了一个更精细的定义:"社会责任是决策者们采取行动的责任(或义务),他们采取行动以保护和改善那些与他们自己的利益相一致的整个社会的福利。"④ 他们向企业提供了两个应该采纳以助长其社会责任的行动措施:第一,企业应该"保护"社会,即暗示着企业应避免对社会的负面影响;第二,企业应"改善"社会福利,即隐含着为社会带来好处。

1963 年,迈克伽尔提出了一个从企业的经济和法律义务的情境看企业社会责任的问题:"社会责任的观念意味着,企业不仅具有经济的和法律的义务,还具有某些超出这些义务之外的对社会的责任。"⑤ 但是,从他的定义里我们并不清楚那些除了经济和法律之外的社会责任是什么。1975 年,塞思间接地揭示了迈克伽尔尚未言说的责任,他说,社会责任"暗指把企业行为提升到这

---

① Patricia H. Werhane and R. Edward Freedman ed. *The Blackwell Encyclopedic Dictionary of Business Ethics*. Malden: Blackwell Publishers, 1998, p. 593.
② Howard R Bowen. *Social Responsibility of the Businessman*. New York: Harper, 1953.
③ Patricia H. Werhane and R. Edward Freedman ed. *The Blackwell Encyclopedic Dictionary of Business Ethics*, p. 594.
④ Patricia H. *Werhane and R. Edward Freedman ed*. The Blackwell Encyclopedic Dictionary of Business Ethics.
⑤ Patricia H. *Werhane and R. Edward Freedman ed*. The Blackwell Encyclopedic Dictionary of Business Ethics.

样一个等级以至于与当前风行的社会规范、价值和目标相一致"①。基于迈克伽尔和塞思的定义之上,为了便于把企业的经济责任和社会责任协调起来,卡洛尔试图给出一个将二者结合起来的定义,并对企业的责任(除经济和法律之外)作了一个较为清晰的阐述:"企业的社会责任囊括了经济责任,法律责任,伦理责任和自由决定的责任。"卡洛尔认为,这种划分有助于描述企业的全部社会责任。在卡洛尔看来,经济责任要求企业为顾客提供有价值的商品和服务,并使所有者或股东获得盈利;法律责任要求企业在法律和规范允许的范围内经营;伦理责任要求企业除了满足法律的最低要求之外,还要满足为社会做正确事情的期望;自由决定的责任是除了经济、法律、伦理责任之外,由企业判断和选择为社会自觉作出贡献的社会责任(致力于慈善事业等)。②

环保主义思想在20世纪60年代蓬勃兴起以后,企业承担社会责任的中心由赞助行为、提高产品安全度等类似事宜,转向改善空气和水的质量问题。其他有关的社会活动还包括企业在社会的变迁中遇到的旧城改造问题、犯罪问题以及约翰逊总统关于"大社会"的观点的回应。

20世纪70年代的中叶,消费者权益运动一浪高于一浪。人们开始探讨对企业开展社会监督,以辨别企业戴的是"白帽子"还是"黑帽子"的问题。这种探讨一直持续到今天。在此期间,美国经济发展委员会发表了具有历史创新意义的文章《商事公司社会责任》。该文为此后的企业社会责任大讨论奠定了基调。文章中指出,主动地承担社会责任,可以使企业经营者更加灵活地、建设性地、高效率地开展经营活动,还可以避免企业在对社会责任麻木不仁而导致商业道德危机时政府或社会对企业进行的不必要的制裁措施。③

20世纪80年代以来,企业的社会责任被普遍地理解为企业对股东之外的利害关系人的责任。

(二)国内学者对"企业社会责任"的理解

随着国外关于"企业社会责任"研究的高潮迭起,国内一些学者也对此有所回应,并且有这方面的专著问世,如刘俊海所著的《公司的社会责任》。不过该著作不是从商业伦理的角度,而是专从法律的角度,尤其是从公司法学的角度来探讨"公司的社会责任"。该书对"公司的社会责任"下的定义是:"所谓公司社会责任,是指公司不能仅仅以最大限度地为股东们营利或赚钱作为自

---

① Patricia H. *Werhane and R. Edward Freedman ed.* The Blackwell Encyclopedic Dictionary of Business Ethics.
② Archie B. Carroll1A. Three-dimensional Conceptual Model of Corporate Performance, *Academy of Management Review*, 1979 (4), pp. 497—505.
③ 刘俊海:《公司的社会责任》,北京:法律出版社,1999年,第5—6页。

己的唯一存在目的,而应当最大限度地增进股东利益之外的其他所有社会利益。这种社会利益包括雇员(职工)利益、消费者利益、债权人利益、中小竞争者利益、当地社区利益、环境利益、社会弱者利益及整个社会公共利益等内容"①。

《市场经济百科全书》对"企业的社会责任"所作的解说:"企业的社会责任是企业为所处的社会福利而必须关心的道义上的责任。"② 该书认为,企业应具体承担的社会责任包括两部分:对社会利益集团承担责任;企业对解决社会问题应负的责任。另外,从一些国内教科书中也可以找到一些有关"企业社会责任"的说法。例如"企业的社会责任主要是企业为社会的福利、稳定、发展等方面必须关心的责任,包括环境保护、生产更多更安全的产品等。"③ 企业的社会责任"是指企业在争取自身的生存与发展的同时,面对社会需要和各种社会问题,为维护国家、社会和人类的根本利益,对社会履行的职责、应做的奉献和应尽的义务"④。

从国内学者对企业社会责任的理解上来看,已基本上同国外学者达成了相当的共识。不过,值得我们特别地予以关注的是,国内学者虽然已在极力向社会大众尤其是企业界人士发出了"社会责任"的呼吁,然而在广大企业界人士中,对"企业社会责任"的认识仍然停留在这样的一种层面上,即认为企业加强社会责任的观念有助于增进企业的经济效益。企业界人士普遍地认为,在企业内部倡导一种良好的道德意识,对外积极弘扬"社会责任"观念,就可以在社会大众心中替企业树立良好的道德形象,从而更好地为企业的经济发展服务。停留在这样一种"社会责任"意识层面的企业界人士说:"虽然企业道德不是直接创造生产力和财富的要素,但一个企业如果树立了正确的道德观并加强这方面的建设,却会促进其与社会关系的和谐,从而为企业发展服务。"⑤ 持这样一种观念的人士认为,企业致力于社会责任的一系列行动只不过是为企业经济发展服务的一种手段罢了。这种把企业加强"社会责任"做法单纯是为了更好地服务于企业经济发展的观念是不对的。实际上,这是那种将道德本身沦为一种服务于其他行为目的的道德工具论的观点和立场。这种道德工具论观点一直遭到来自道德方面的各派理论的批判。

---

① 刘俊海:《公司的社会责任》,第6—7页。
② 尹世用等主编,《市场经济百科全书》,上卷,成都:四川人民出版社,1993年,第261页。
③ 黄瑞荣:《现代企业管理学》,广州:暨南大学出版社,2000年,第13页。
④ 郑天一:《现代企业管理模式》,北京:经济科学出版社,1999年。
⑤ 郑天一:《现代企业管理模式》,第131页。

三、关于"企业是否应承担社会责任"的相关争议

自从"企业的社会责任"概念提出以来,针对"企业应否承担社会责任"的争论也一直绵延不绝。围绕这个问题的争论一直有两派理论,道格拉斯称之为"原教旨主义理论"(一般又称为"传统主义的"或"古典主义的"理论)和"社会容许理论"(这种划分源于 Howard 的观点)。[1] 所谓"原教旨主义理论"的主张是,企业除了在一个自由与公开竞争的环境从事对"利润"的追求之外,不再承担任何其他的义务。这一派理论的代表人物是密尔顿·弗莱德曼和西奥多·勒夫特。与此相反的"社会容许理论"则认为,企业是笼统地遵照社会或国家的允许而存在和行动的,因此企业也就有义务去考虑所有的这些可能的"构成要素",因为正是所有这些可能的"构成要素"笼统地形成了整个社会。所以,这一派理论一般倾向于这样一种观点,即社会决定着道德义务或责任的性质和幅度,并按照这种观念来支持企业社会责任的道德基础。[2]

以密尔顿·弗莱德曼为首的"原教旨主义理论"认为,在一个自由公开的竞争社会里,企业的存在是追求最大的利润,为社会提供最低成本的产品及服务,只要企业不从事欺诈行为,即是尽了社会责任。总之,密尔顿认为,企业只需承担有限的社会责任,其理由如下:1. 在一个竞争性的经济体系下,企业追求最大的利益往往会导致最大的社会福利;2. 负起社会责任的企业往往牺牲了企业利润。因为一些生产同样产品而较少承担社会责任的竞争性企业可以预定较低的价格,获得更高的利润,这对负起社会责任的企业是不公平的,因此,要求企业负起社会责任就等于惩罚了这类企业。3. 大企业的领袖不拥有制定重要的社会决策的权力,这些社会决策应由政府来做;4. 企业领袖只管利润、价格、成本等决策,如果要求他们同时作重要的社会决策,则不能充分利用他们的专长及经验,这对社会有不利的影响;5. 企业的利润分散,同时亦不稳定,不能有效地解决社会问题。因此,主要的社会责任应由政府负

---

[1] Howard F. Sohn. The Social Responsibility Debate, *Journal of Business Ethics*, New York: Springer, 1982, pp. 139—1441.

[2] Douglas J. Den Uyl. The New Crusaders: The Corporate Social Responsibility Debate, Studies in *Social Philosophy and Policy Center*, No. 5, Ohio: Bowling Green State University, 1984, pp. 8—12.

起，政府的功能就是利用税收从事种种社会需求的工作。①

之所以持上述观点，主要是受到了19世纪西方社会中自由主义经济思潮的影响。在当时，许多企业家都认为他们的主要义务是赚取利润。早在19世纪，西方自由经济学的鼻祖亚当·斯密即认为，如果企业在竞争的环境下追求最大利润，则国家得益，私利与公益是不相违背的。因为这种自利心会使大众得到所需的产品和服务，国家因而得益，这是企业唯一的社会责任。然而，对于这种论调，历来在人们心中存在着理解上的分歧。

与之相对的另外一派是主张应扩大企业的社会责任，认为企业有道义上的责任来考虑某些社会因素。这一派的代表人物有克里斯托夫 D. 斯顿和罗伯特·爱默德，他们所持的理由是：第一，如果企业负起社会责任，这对企业本身亦有好处。如协调解决社会失业问题，可以增加整个社会的购买力，整个经济和企业亦蒙受其利；第二，企业是社会组成的一部分，如果社会需要不能满足，就容易造成社会骚乱（罢工、暴动等），打击企业及其经济；第三，如果企业不负社会责任，则人们会要求政府管制企业，从而打击企业；许多社会问题如污染及废品销毁等问题，部分是企业造成的，企业应有道义上的责任积极参与解决。②

随着现代社会商业化速度的日趋加快，企业与社会的关系也有了新的变化，现在人们在企业是否应该承担社会责任的问题上已愈来愈倾向于赞同第二种立场。

四、对密尔顿·弗莱德曼观点的质疑和批评

针对前面所援引的相关争议，我们会自然地产生类似这样的追问：企业除了赚钱的责任之外还有道德上的责任吗？企业是否该迎合一种道德观，按照这种道德观，他们理所当然地应该去关注他人的福利？他们是否仅仅应该以追求"利润"的自利方式去从事经营活动？弗莱德曼即是后一种观念的拥护者，他在这方面最有名的一个论断是："企业存在着一种唯一的社会责任，即利用其资源以从事那些旨在增进企业利润的行为，只要该行为不违背商业活动的规则。"道哥拉斯·邓恩尤艾把弗莱德曼的这一观点概括为"利润最大化"原则。

---

① Milton Friedman. The Social Responsibility of Businessis to Increase Its Profits, in *Business Ethics: Readings and Cases in Corporate Morality* (2nd Ed.), edited by W. Michael Hoffman & Jennifer Mills Moore, N. Y.: McGraw Hill Publishing Company, 1990, pp. 153—157.

② James White. *Contemporary Moral Problems* (2nd Ed.). Minnesota: West Publishing Company, 1988, pp. 193—204.

从这一原则出发,弗莱德曼强烈抨击那种所谓的"社会责任"的观念,这种观念即是,企业除了赚钱之外,还负有其他的诸如减少污染或消除种族与性别歧视的社会责任。针对这种观念,弗莱德曼指出,只有"人"才具有责任,而作为一个整体的企业和公司并不是严格意义上的"人",从这个意义上说,他或许具有"非自然"的责任,但是,作为一个整体的"企业",不能说负有一般意义上的"人"所具有的责任。当然,有一点是不容否认的,即企业的管理人员是具有责任的"人",但他们的责任是为企业的股东赚钱,而不是无视股东的意志去挥霍他们的钱。如果企业的管理人致力于诸如减少污染之类的"社会责任",那么他们实际上正在把一些税收强加在股东和消费者头上,弗莱德曼把这种税收称之为"没有代表的税收"。而且,弗莱德曼还进一步指出,这种社会责任的观念甚至会导致极坏的结局,使得遵照此观念行事的企业管理人员面临解雇,按此观念来证明为"正当"的工资限制将会导致罢工和工人暴动。最后,弗莱德曼谴责这种"社会责任"的观念为"一种从根本上讲具有摧毁性的学说",且与自由社会的基本理念毫不相容。

纵览弗莱德曼的陈述,可以从中提炼出两个问题:一是弗莱德曼所提出的企业行为的"利润最大化"原则究竟在何种程度上具有合理性?二是像弗莱德曼所坚持认为的那样,作为一个整体而存在的"企业"能否像个体的"人"一样来为其行为及其后果承担道德上的责任?沿着这两个问题,我们可以再作一些更细致的分析。

首先,关于弗莱德曼的"利润最大化"原则问题。为了理解上的方便,我们借助道哥拉斯·邓恩尤艾的分析来把握弗莱德曼的论据,他是把弗莱德曼的论据与"社会责任"的理论进行比较分析,从而得出"利润最大化"之论据为:1. 企业管理人是企业主(如股东)的信用委托人;2. 企业主对于雇用管理人员的唯一兴趣和理由是利润最大化;3. 因此,如果企业管理人员从事于一些与"利润最大化"无关的行为,那将违背他们与企业主之间的委托信用。且得出"社会责任"之论据为:1. 企业慈善行为(社会责任)削减了公司或企业主所得利润的数目;2. 如果企业管理人员以 1 中所提到的方式而行动,那么他们将违背其对企业主所应承担的契约义务;3. 要求企业管理人员承担社会责任,无异于要求他们违背其与企业主的契约义务,因此企业管理人员不应该引导其公司去从事"社会责任"之类的活动。[①]

[①] Milton Friedman. The Social Responsibility of Businessis to Increase Its Profits, in *Business Ethics: Readings and Cases in Corporate Morality* (2nd Ed.), edited by W. Michael Hoffman & Jennifer Mills Moore, p. 157.

通过分析，不难发现，弗莱德曼坚持的"利润最大化"原则所依据的恰恰是一种强烈的道德理由，这种理由来自于西方传统中的"社会契约"理论，该理论强调一种人与人之间的相互订约的神圣不可侵犯性。一旦一名公司管理人员被其企业主所雇用，他就对该企业主负有一种契约的义务，那就是最大可能地追求企业的经营利润。克利斯托夫·斯顿把弗莱德曼这一饱含道德理由的契约式论据称为"约定式论据"。这种论据认为，一个公司的管理人员在被雇佣时已向股东作出了将使"利润最大化"的承诺，因此，如果他不这样做，他就是违背契约。斯顿在驳斥这种"约定式论据"时说，管理人员并未作出如此承诺，即使作出了，该承诺也是针对现存的股东而言的，而且，无论如何，一种承诺终究可以被一些更重要的道德关注所压倒。

显然，在弗莱德曼的论据中存在着某些难以明辨的模糊性。其中最明显的模糊性即体现在他对"利润最大化"原则并未给出一个时间上的界限。事实上，利润究竟是在短期内还是在长期内获得，这在一个企业的行为活动中是有显著差别的。现实中存在的情形往往是，如果一个企业的决策部门把"社会责任"的观念置之不顾，只专注于企业的经营利润而不择手段，那么该企业有可能赢得某种短期的较高利润；反之，如果一个企业在经营中特别关注其企业行为的"社会责任"，那么该企业在短期内的经济利润可能不太明显，但是却有望获得长远的利润。因此，在这种没有时间界限的情形中，该如何把握"利润最大化"原则，这是弗莱德曼尚未厘清的一个问题。

弗莱德曼论据中涉及的第二个问题是有关"企业行为的道德主体"问题，即"企业"能否像单个的人一样替其行为及其后果承担道德责任。

关于企业的道德主体及其责任问题，曾引起过广泛热烈的讨论。约翰 R·丹恩利认为，企业作为一个集合体，不同于那些有意图的人。当谈到企业是有责任的时候，我们乃是委婉地在说，企业中"某些人"是有责任的，只有那些在企业中的个人才能为其行为承担责任或遭受惩罚。

与丹恩利持同样立场的迈克尔·克利认为，从理论上来探讨作为单一集合体的企业是很困难的，把企业与企业中的个人相互比较来谈论所谓企业和企业中的个人的意图及责任是毫无意义的。当我们说到"意图"时，几乎不可能只提及组织的意图而不诉诸其参与者个体的意图。[①]

约翰·兰德也认为，企业也不应被指望着具有同人一样的道德属性，正式组织或其代理人在正式行动时，我们不能、也无必要去期望它们诚实、勇敢、

---

① Rogene A Buchholz. *Fundamental Concepts and Problems in Business Ethics*, London: Prentice Hall, Inc., 1989, p. 108.

考虑周到、富有同情心或怀有某些道德感。考虑到其组织内部结构的影响，一个企业必须一心一意地追寻其目标，而不能过于严肃地关注着道德问题。由组织作出的决策只能指向企业的整体目标，而不能基于这些决策者的个人利益或意愿之上。因此，管理部门作出的决策必须采纳那些为组织所确立的目标来作为伦理前提，而不能受制于那些来自于道德原则的伦理前提。所以，期望一个组织的行为去迎合那些通常的道德原则是不合适的：企业决策从属于合理的效率准则，而个体的行为则是受制于一般的道德标准。在这里，事实上存在着双重标准，一种是当这些个体为企业工作时所适用的标准，一种是他们在家中与亲朋邻里相处时所适用的标准。①

针对这种双重标准，肯尼思·歌德帕斯特和约翰·马修斯在《企业是否有意识》一文中加以反驳。他们认为，一个企业可以也应该有一种意识，因此，诸如企业之类的组织主体应该在道德上负有同一般人一样的责任。为了论证这一观点，他们给定并运用了两个关于个体行为责任的重要概念：理性和尊敬。所谓理性，即"采纳一种道德观念，该观念包括一些我们通常称之为合理的决策所具有的特征，即不冲动，谨慎地对待一些选择及其后果，明确目标与目的，关注实施细节"②。所谓尊敬，"包括特别关注某人的决策和措施对他人的影响，尤其是这种关注有时超出了一般意义上的理性范围，即把他人不仅仅看成达到自己目的的工具。这是对他人生命的尊重，并涉及了要严肃地对待他人的需要和尊敬……这就是康德要求的按'绝对命令'来对待他人"③。根据人们行为责任的这两个概念，他们还指出，一个有理性且充满敬重心的决策者，无论如何会关注其行为的后果是否会给他人导致伤害或羞辱。不仅如此，肯尼思·歌德帕斯特和约翰·马修斯还把个人道德行为中的这两个概念"投射"到了企业之类的组织行为中去。首先，从理性方面看，同任何一个正常人的有意识的理性行为一样，在企业内部也有一个指导企业行为的"理性机制"即企业的"内部决策机构"。这个"内部决策机构"可以根据其所获得的信息来判断其企业行为可能会给他人或社会带来伤害，并据此作出某种企业行为的决策。因此，我们可以这样说，如果单个的个体能够凭借理性对其行为及其后果作出判断，则该行为者就需为其行为承担责任，这一原理同样适用于企业的组织行为。其次，从尊敬这一方面来看，企业虽不是严格意义上的"人"，却是由人

---

① Rogene A Buchholz. *Fundamental Concepts and Problems in Business Ethics*, p. 109.
② Kenneth Goodpaster, John Matthews. Can A Corporation Have A Conscience, *Business Ethics: Readings and Cases in Corporate Morality* (2nd Ed.), p. 186.
③ Kenneth Goodpaster, John Matthews. Can A Corporation Have A Conscience, *Business Ethics: Readings and Cases in Corporate Morality* (2nd Ed.), p. 186.

构成的,这个由人构成的整体也能与单个人一样作为一个联合体去行动,并且依据其内部的决策机构去判断其行为是否给他人带来伤害,从而作出相应的行为决策。而在这一决策过程中,其行为也必须受到康德所称的"绝对命令"的支配。最后,肯尼思·歌德帕斯特和约翰·马修斯据此认为,像约翰·兰德所声称的那种同时存在于个体身上的双重标准实际上是不存在的。

在对企业"内部决策机构"的认识上,彼得·弗伦奇与肯尼思·歌德帕斯特和约翰·马修斯均持同样立场,稍微不同的是,弗伦奇比他们俩还更进了一步,他根据企业"内部决策机构"这一点,认为企业是一个完全意义上的道德主体,企业可以看作具有完全资格的"道德人",且享有与道德人一样的权利和义务。在他看来,道德责任产生于承诺、契约、合同、雇用、指派与任命。这样,他也倚赖"企业内部决策机构"作为企业道德的基础,并认为"企业内部决策机构"正是"企业意图"的必不可少的设施。企业拥有政策、规则和制定决策的程序,这一切合起来,使得企业有资格具有道德主体的地位。因此,当一企业行为符合企业所确立的政策时,可以把这一企业行为作如下描述:该行为是按照企业理性完成的,或者说,该行为是由同企业信仰相关的企业的欲求所导致的,换言之,该企业行为是有"意图的"[①]。

以上所述只是试图说明:企业能否成为一个道德主体,从而像单个的人一样来承担其行为及其后果的社会责任。在这个问题上,肯尼思·歌德帕斯特、约翰·马修斯和彼得 A. 弗伦奇均持同样的立场,抓住"企业内部的决策机构"来把握企业行为的"意图",从而据此认为,由人所构成的作为整体而存在的"企业"同单个人一样,也是有"意识"的。因此,把企业看作一道德主体的理由是成立的。除了道德上的论证之外,我们还可以援引法律上的理由加以旁证。从一般的法律意义上来说,像企业这样依法成立的组织称之为"法人",它们在社会生活中享有同一般人一样的权利和义务。因此,法律在许多的方面是把企业同单个人一样来看待的,但这是否就意味着,企业也能成为负有道德责任的道德主体呢?理查德 T. 德乔治认为:"一种道德行为是这样一种行为:该行为之实施应包含有行为者的特定意图,行为者在实施时必须有所选择,且作出这种选择的行为者必须知道其所做事情的性质。即是说,该行为实施必须不带有强力的胁迫而被行为者自由且谨慎地实施着。"[②] 显而易见,根据德乔治的这一观点,一种行为能够从道德上进行评判的依据是:该行为者

[①] See Peter A French. Corporate Moral Agency, *Business Ethics*: *Readings and cases in Corporate Morality* (2nd Ed.), pp. 194—196.

[②] Richard T DeGeorge. *Business Ethics* (2nd Ed.), New York: Macmillan Co., 1986, p. 83.

必须有理性；该行为者必须有所选择；行为者必须有所知，即知道并能判断自己行为的性质及其后果给他人带来的可能影响。一种行为只要符合这三个条件，人们就可以对该行为进行道德上的评判，无论该种行为出自个体还是群体，都毫无例外地适用于这一原则。

作者：谭忠诚（1971—），男，湖南衡阳人，中南大学哲学系讲师。
原载：《武汉科技大学学报》，2003年第1期。

SA8000 企业社会责任的伦理解读

唐一之　李　伦

SA8000 社会责任标准（Social Accountability 8000）是全球第一个针对企业的社会责任认证标准。它是 1997 年 10 月由总部设在美国的"社会责任国际"（SAI）发起，并联合欧美跨国公司制定的企业社会责任国际标准认证。这个标准也被称为企业的"道德标准"。SA8000 企业社会责任关注的是人，而不是产品和环境。作为解决人的问题的 SA8000，它具有深厚的伦理意蕴。[①] 但是，在关于 SA8000 的认识和实践中，也出现了一些需要澄清的问题。SA8000 是一种什么样的社会责任？它是发达国家强加给发展中国家企业的社会责任，还是全球企业共同的社会责任？SA8000 是否是企业的额外负担？本文通过对这些问题的辨析和回答，进一步揭示 SA8000 的伦理意蕴。

一、SA8000：企业的内部社会责任

一谈起 SA8000，有人认为它是企业社会责任标准的典范，但是通过对企业社会责任概念和发展历程的考察，不难发现这种认识是不完全的，甚至是错误的。SA8000 实际上没有囊括企业社会责任的全部内容，它仅是企业社会责任的子集，仅是企业社会责任的一部分，即企业的内部社会责任。

企业社会责任（Corporate Social Responsibility，CSR）是指企业作为一种社会组织所应尽的社会责任，是企业在生产经营过程中的经营决策和企业行为对企业和社会所负有的责任，它包括企业对消费者、员工、股东乃至社区、政府、环境所应承担的经济责任和社会责任。企业社会责任运动的宗旨是"赋予市场经济以人道主义"，强调企业在赚取利润的同时，还要承担对环境和利益相关者的责任。世界银行把企业社会责任定义为：企业与关键利益相关者的关系、价值观、遵纪守法以及尊重人、社区和环境有关的政策和实践的集合。

[①] 杨维富：《SA8000 与企业道德实力》，《企业文明》，2004 年第 4 期。

斯蒂芬在《管理学》一书中指出："企业的社会责任是一种工商企业追求有利于社会长远目标的义务，而不是法律和经济所要求的义务。它促使人们从事使社会变得更美好，而不做那些有损社会的事情。"① 也就是说，他认为一个有社会责任的企业生产或销售的产品要考察其产品是否有利于人类长远的利益。

企业社会责任运动已经历了三个发展阶段：1. 20世纪50年代至70年代，强调企业应当承担社会义务以及由此产生的社会成本，企业应当以不污染、不歧视、不从事欺骗性的广告宣传等方式来保护社会福利，融入自己所在的社区及资助慈善组织，在改善社会中扮演积极的角色；2. 20世纪80年代至90年代，企业社会责任运动开始在欧美发达国家逐渐兴起，强调企业关注环境，注重劳工和人权等方面，关注点从仅关心产品质量转向关心产品质量、环境、职业健康和劳动保障等多个方面；3. 20世纪90年代至今，社会责任运动广泛兴起，出现了"企业生产守则运动"，促使企业履行自己的社会责任。②

从企业社会责任的定义及其发展历程可以看出，企业社会责任实质上包括两个方面的内容：内部社会责任和外部社会责任。内部社会责任主要包括企业治理的道德、保护劳动者的合法权益和遵守商业道德等方面的内容。企业治理的道德，主要包括对法律、法规遵守情况，防范腐败贿赂等交易中的道德行为准则问题；保护劳动者的合法权益，主要包括员工安全计划、就业机会均等、反对歧视、生育福利保障、生产安全、职业健康、薪酬公平、保障员工的尊严和福利待遇等；遵守商业道德，主要处理供应链伙伴的关系，包括对供应链中上、下游企业提供公平的交易机会。外部社会责任主要是指企业在社会环境改善中应发挥良好作用，满足社会各界利益相关者的需求，保护环境、支持慈善事业、捐助社会公益、保护弱势群体等。③

SA8000是企业社会责任运动的产物，它是美国"社会责任国际"1997年根据国际劳工组织宪章、联合国儿童权利公约、世界人权宣言制定的，其核心条款包括童工、强迫劳动、健康与安全、结社自由和集体谈判权、歧视、惩戒性措施、工作时间、工资报酬、管理系统等9个方面的要求。其核心内容简要概括如下：1. 童工准则。SA8000规定，企业不得招用童工或支持招用童工

---

① 中国企业联合会：《共享和谐——解读SA8000社会责任体系》，北京：企业管理出版社，2004年，第251—252页。
② 黄珍美：《烟草企业承担企业社会责任的探索与实践》 [OL/EL]. http://www.tobaccotrade.com.cn/mag/200612/mag200612022.htm
③ 邓红卫：《从沃尔玛采购谈烟草企业社会责任》 [OL/EL]. http://www.xtyx.com/newsShow.aspx?newsTypeId=15&newsId=59

的行为。2. 强迫性劳动准则：企业不得有（或支持）强迫性劳动的行为，不可要求员工缴纳押金或扣押员工的身份证。3. 健康与安全准则：企业应为员工提供一个健康和安全的工作环境，采取适当措施防范工作伤害，减少工作环境的危险因素。4. 组织工会的自由与集体谈判的权利准则：企业应尊重所有员工自由成立和参加工会，以及集体谈判的权利。5. 歧视准则：企业在聘用、报酬、训练机会、升级、解聘或退休等事务上，不可从事或支持任何给予种族、社会阶级、国籍、宗教、残疾、性别、性别取向、工会会员等资格或政治关系的歧视行为。企业不得干涉员工尊奉涉及种族、社会阶级、国籍、宗教、残疾、性别、性别取向和工会的信条、规范或要求的权利。企业不可允许带有强迫性、威胁性、凌辱性或剥削性的性侵犯行为，包括姿势、语言或实际的接触。6. 惩罚性措施准则：企业不得从事或支持肉体上的惩罚、心理或生理上的压制和语言上的凌辱。7. 工作时间：企业应遵守法律规定的工作时间要求。8. 工资报酬准则：企业应确保法律或行业规定的最低工资标准，所支付的工资应可以满足员工的基本需求并提供一些可随意支配的收入。企业不得为了惩罚的目的而扣减工资。9. 管理系统准则：企业管理高层应制定有关社会责任和劳动条件的企业政策，以确保履行企业社会责任。企业应对供货商进行管制，确保供货商履行其社会责任。

SA8000 是继 ISO9000 和 ISO14000 之后的又一个重要的国际性标准。ISO9000 是国际化标准组织（ISO）1987 年制定发布的质量管理体系标准，ISO14000 是 ISO1996 年颁布的环境管理体系标准。而 SA8000 标准关注的是人，是员工的生存质量。从 SA8000 的内容来看，它主要是对企业内部社会责任做出了规定，没有涉及企业对环境、对企业外部社会的责任。由于其特定的使命和宗旨，SA8000 主要依据国际劳工组织宪章，其内容和范围是特定的，它没有穷尽企业社会责任的各个方面。因此，我们不能简单地把 SA8000 看成企业社会责任的全部[①]，把它作为企业社会责任标准的典范。也就是说，在企业社会责任这个方面，我们不能拔高 SA8000，把 SA8000 看成无所不包、万能的，否则就会忽视企业对环境、对社会的责任，从而降低企业社会责任的标准。在企业实践中，尤其应当注意到这一点。反过来，正是由于 SA8000 的专门性，即主要保护员工人权和工作条件，保障社会公正，因此，SA8000 在这方面将发挥越来越重要的作用。

---

① 王丽丽：《企业社会责任与 SA8000》，《世界标准化与质量管理》，2006 年第 12 期。

二、SA8000：全球企业共同的社会责任

经济全球化和企业管理国际化要求企业树立全球经营和国际管理意识，形成共同的企业价值观，只有这样才能有利于商品和服务的国际交换，有利于世界各国企业在各个方面进行合作。但是，在企业共同价值观的形成过程中，发达国家拥有绝对的先发优势，在制定企业共同价值观中具有领导地位。通过这种途径制定的企业共同价值观不可避免地带有浓厚的发达国家的文化色彩。因此，在关于 SA8000 的讨论中，有人认为 SA8000 是发达国家贸易保护主义的产物，是继绿色壁垒之后发达国家设置的又一新的非关税贸易壁垒。我们该如何看待这一问题和观点？SA8000 仅仅是发达国家强加给发展中国家企业的社会责任？还是全球企业共同的社会责任？

SA8000 是一个国际标准，而不是一个针对发展中国家企业的区域性标准，这可以从 SA8000 制定的出发点、宗旨和内容看出。SA8000 社会责任标准是由总部设在美国的"社会责任国际"发起的，并联合欧美跨国公司制定的。SA8000 是全球第一个可用于第三方认证的社会责任国际标准，它旨在通过有道德的采购活动改善全球工人的工作条件，最终达到公平而体面的工作条件。SA8000 体现的是一种伦理关怀和义务，是企业为改善员工的工作条件的一种承诺。SA8000 虽然由发达国家有关组织发起制定的，但它是基于国际劳工标准和联合国人权宣言等制定的，它是一个通用的标准，不仅适用于发展中国家的企业，而且适用于发达国家的企业。1999 年，联合国秘书长安南建议全球企业参加关于企业社会责任的《全球协议》，希望企业自动遵守在人权和劳工标准等方面的九项基本原则：企业应尊重并维护国际公认的各种人权；绝不参与任何漠视和践踏人权的行为；企业应支持结社自由，承认劳资集体谈判的权利；彻底消除各种形式的强制性劳动；消灭童工；杜绝任何在用工和行业方面的歧视行为；企业应对环境挑战未雨绸缪；主动增加对环保所承担的责任；鼓励无害环境科技的发展与推广。①

从目前 SA8000 认证的现状来看，经过认证的企业大多是发展中国家的企业，要求对发展中国家的企业进行 SA8000 认证的企业大多也是发达国家的企业。这似乎表明，SA8000 是针对发展中国家的。这种看法实际上忽视了发达国家和发展中国家企业履行企业社会责任的水平不平衡这一事实，同时也忽视了如下事实：许多发达国家企业制定了企业责任守则，而这些守则有些与

---

① 中国企业联合会：《共享和谐——解读 SA8000 社会责任体系》，第 252—253 页。

SA8000 的要求一致，有些则是 SA8000 来源的雏形。早期的社会责任守则出现在 20 世纪 60 年代至 70 年代，主要是作为企业内部管理措施出现的。到了 20 世纪 80 年代至 90 年代，社会责任守则发生了根本性的变化，传统概念的企业往往"只是为自己和股东创造财富的工具"，新概念的企业则是为社会创造财富的发动机，不仅为企业和股东，还要为雇员、社区，以及供应商和销售商及其雇员创造财富。

我们承认，SA8000 的兴起与发达国家贸易保护主义密切相关。由于发展中国家具有比较优势，拥有廉价的劳动力，加上发达国家向外扩张的需要，许多发达国家的公司将投资转移到发展中国家，这样势必减少发达国家国内的就业机会，造成其国内失业问题的恶化。这种压力在发达国家内部难以释放，它必然会在发展中国家中寻求解决方案，要求发展中国家提高工人工资、改善工作环境等。同样因为发展中国家劳动力价格低廉，生产成本自然也低，其产品在全球化经济竞争中具有很强的价格优势，这样就会对发达国家国内生产企业造成冲击，使发达国家的生产企业尤其传统制造业无法生存，也会导致其国内失业率的提高。因此，发达国家迫切希望提高发展中国家劳动力的价格，改善工人的工作条件，一句话就是希望降低发展中国家比较优势的水平，弥补发达国家生产企业的竞争力。因此，有人认为，跨国公司并不是真正关心发展中国家的工人状况，他们只是不希望因血汗采购而失去本土市场的消费者，不希望供应商损害自己的企业形象。另一方面，发展中国家企业拥有比较优势可能具有一定的合理性，例如劳动力价格低廉，但也有很多企业使用极端手段增强自身的市场竞争力，这主要表现在一些发展中国家的企业为了争夺订单和扩大出口，竞相压低工人的工资标准和劳工标准，不顾员工的权利和福利，唯利是图，损害员工的利益，压制工人运动的发展。这些状况显然与 SA8000 所强调的人权和企业社会责任的理念不相符合，因此，发达国家企业必然要求发展中国家的企业必须切实履行企业社会责任，否则不与其进行贸易和合作。也就是说，SA8000 的兴起不只是与发达国家贸易保护主义相关，也与发展中国家企业实行企业社会责任不够密切相关。

旨在保障员工人权和良好的工作条件的 SA8000 标准具有普遍性。企业社会责任不是指企业从事慈善事业，不是可做可不做的慈善性的"义举"，发展中国家也不例外。如果以这种方式看待这一问题，发展中国家企业就应该把 SA8000 看作企业发展的动力，增强社会责任意识，切实履行社会责任，而不应该把 SA8000 仅仅看作障碍，不能一味地诉诸所谓的"地区性"，而忽视企业社会责任的"普遍性"。如果说 SA8000 可能成为贸易保护主义的工具，那么必然是基于我们上面所提到的事实：发展中国家的企业对其所应承担的社责任不够。如果发展中国家的企业已经能够很好地履行其社会责任，SA8000 就不可能成为发展中国家不可逾越的门槛。

当然，我们也不能对 SA8000 所引起的经济问题的政治化现象视而不见。在跨国贸易中，的确存在一些发达国家企业把 SA8000 作为一种贸易保护主义的工具，对发展中国家的企业进行限制，国际人权组织也通过跨国公司在对发展中国家企业进行社会责任标准检查时，将获得的企业违反劳动法律的情况，扩大为这些国家的人权问题，把经济问题上升为政治问题，对发展中国家的国际贸易和国际关系产生负面影响。[①] 但是，这并非 SA8000 本身的问题，而是 SA8000 在应用中出现的问题。在此，我们应当区别对待 SA8000 本身的问题与其应用中的问题。只有这样，才能以积极的心态和态度应对 SA8000 给发展中国家企业带来的挑战和机遇。同时，也必须指出，遵守 SA8000 不只是发展中国家企业的事，也是发达国家企业的事。无论是对发展中国家的企业，还是对发达国家的企业，这都是一种挑战，也都是一种机遇。

三、共赢理念：企业社会责任与企业经济绩效

SA8000 是由发达国家发起制定的，在实践中 SA8000 的认证也是由发达国家启动的，因此有人认为，SA8000 是强加给发展中国家企业的额外负担，会妨碍发展中国家企业的发展。那么，SA8000 是否真的是一种负担？真的会阻碍企业的发展？这些问题实际上涉及企业伦理的一个核心问题，即企业社会责任与企业经济绩效的关系问题。这个问题包括两个方面的问题：1. 承担企业社会责任是否会损害企业经济绩效？2. 实行企业社会责任是否仅是企业赢利的竞争手段？或者说，实行社会责任是否能够实现企业共赢？

实行企业社会责任是否会损害企业经济绩效？承担企业社会责任是否会损害企业的赢利能力？企业社会责任是否是社会强加给企业的额外负担？关于这些问题的回答，存在三派不同的观点。以诺贝尔经济学奖获得者 M·弗里德曼（M. Friedman）为代表的学者认为，伦理道德问题不是企业的事，企业承担社会责任与企业经济绩效是矛盾的，企业承担非经济责任，生产社会产品，实际上是一种资产的再分配，总有人会为这种再分配付出代价，这将破坏市场机制的基础。他指出："企业除了赚钱没有其他责任，如果它受善行驱使试图

[①] 中国企业联合会：《共享和谐——解读 SA8000 社会责任体系》，第 22 页。

额外去承担一些责任，其结果往往弊大于利。"① 以佩因、罗伯特 F. 哈利特和斯蒂芬 P. 罗宾斯等为代表的学者则认为，企业的社会行为与经济绩效之间存在一种正相关关系，高度诚实和符合道德的行为更有利于业务，也更有利于利润。从长远看，符合道德标准的做法与日渐增多的利润是一致的。美国斯坦福大学商学院教授詹姆士·柯林斯和杰里·波拉斯用 6 年的时间，研究了 17 家真正出类拔萃、长盛不衰的公司，并把它们与其最大的竞争对手进行比较，结果发现，这些长盛不衰的公司有一个共同的特点，即它们都拥有一套尊重人、尊重社会、尊重文化的核心价值观。② 巴斯麦在《企业灾难》一书中分析了 15 个案例，得出结论：企业灾难的根本原因是人们的利欲熏心，如相互的私心和地道的贪婪。IBM 公司更是在企业存亡的高度看待企业社会责任，IBM 认为，"道德行为是公司存在的基础"③。上述两派观点针锋相对，第一派认为社会责任会妨碍企业的赢利能力，社会责任不是企业的分内事；第二派认为企业的社会行为与经济绩效是一种正相关关系，企业的德行是企业存在的基础。

以乔治·斯蒂纳、约翰·斯蒂纳和詹姆斯 E. 波斯特等为代表的学者认为，企业的社会责任行为和企业的经济绩效之间的关系非常复杂，存在双向的因果关系。如果有证据表明企业承担社会责任与企业经济绩效是正相关的，那么这并不意味着承担企业社会责任能产生更高的经济效益，也可能正相反，是高利润才促使企业有条件承担社会责任。这一派认为企业社会责任和企业的经济绩效的关系非常复杂，不是简单的线性关系。企业社会责任与企业经济绩效的关系实际上是一种共赢的关系。

实行社会责任是否能够实现企业共赢？这些问题的答案可以从 SA8000 兴起的背景找到线索。SA8000 兴起的核心理念是人权和社会公正。随着世界各国人权意识的增强和普及，企业越来越尊重员工的人权和工作条件。对员工而言，工作不再只是一种谋生手段，更是实现自身价值的方式。企业只有人道、公正地对待员工，尊重员工，为他们创造实现自我价值的工作环境，才能激发员工的积极性、创造性和对企业的忠诚。对采购企业而言，在他们采购原材料等生产资料时，也越来越强调生产企业履行社会责任的状况。采购企业在大量采购前，除了考虑产品的价格和质量之外，还要考察生产企业员工的生活状

---

① 热罗姆·巴莱著，丽泉、侣程译：《企业与道德伦理》，天津：天津人民出版社，2006 年，第 30 页。
② 中国企业联合会：《共享和谐——解读 SA8000 社会责任体系》，第 284 页。
③ 中国企业联合会：《共享和谐——解读 SA8000 社会责任体系》，第 286－287 页。

况、员工的加班情况、员工的工资收入和各类福利等情况。如果供应商只是一味地追求降低成本来满足市场需求,势必会忽视和损害员工的利益,将会成为竞争对手的攻击对象。因此,在欧美发达国家中,SA8000已经成为社会公认的企业行为准则。在欧美国内舆论和非政府组织的压力下,跨国公司纷纷以SA8000为蓝本制定自己的企业社会责任守则,并要求发展中国家的供货商严格遵守,否则撤销订单。要赢得市场,获得收益,企业就必须履行其社会责任。当做到这一点时,企业实际上就已经实现了共赢。

需要强调指出的是,一个企业既可能是生产企业,也可能是采购企业。当它作为生产企业出现在市场中时,它必须应对采购企业对其履行社会责任的要求;当它作为采购企业出现在市场中时,它也会要求供应商履行其社会责任。一个企业在市场中无论是作为生产企业还是采购企业,都会注重企业社会责任,不管是要求自己企业还是要求其他企业。因此,在市场运作中,一个企业既是生产者,又是采购者。在这种双重角色中,企业既是要求其他企业履行社会责任的监督者,又是被其他企业要求履行社会责任的实施者。只有每一个企业都切实履行企业的社会责任,才能实现每个企业的赢利目的。也就是说,实行企业社会责任是一种共赢的发展之路。

作者:唐一之(1971—),男,湖南长沙人,北方交通大学交通与运输学院博士研究生,湖南大学计算机与通信学院讲师。
李伦(1965—),男,湖南省隆回县人,湖南师范大学伦理学研究所教授。
原载:《伦理学研究》,2008年第1期。

社会责任标准（SA8000）与劳动者维权

钱箭星 肖巍

作为一项关注劳动者权益的标准①，SA8000（Social Accountability 8000，社会责任标准）被认为是继 ISO9000（国际质量标准）和 ISO14000（国际环境标准）之后，又一项重要的国际性标准，这个标准的推行势必对劳动密集型的中国企业构成不小压力；但是，如果我们化压力为动力，促使我国的劳动标准迈上一个新台阶，就能够在全球化竞争中既保持自己的优势，又较好地实现作为一项基本人权的劳动权。

一

早些时候，经过多轮回合的谈判，关贸总协定（GATT）削减了不少关税壁垒，而随着发展中国家贸易地位的上升，发达国家又筑起了许多新的非关税壁垒（譬如技术标准、环境标准）；世界贸易组织（WTO）成立以来，国际贸易又开始与劳工标准挂起了钩，这主要也是针对发展中国家的。发展中国家劳动力低廉，出口产品主要集中在劳动力密集型的产业，如纺织、服装、制鞋、玩具等行业；而发达国家在这些行业则因为劳动力成本较高缺乏价格竞争优势，它们在不可能大面积降低劳动力成本的情况下，试图通过劳工标准限制进口来保护国内同类产品的生产和就业，从而引发了旷日持久的劳工标准之争。争论的实质问题是发展中国家的劳动力低成本究竟是比较优势，还是"劳动力倾销"或"社会倾销"②？很清楚，这个争论带有强烈的保护主义色彩，"大多数发展中国家无力承担发达国家的这种社会保护政策，而有些规定显然对发展

---

① 有关劳动者的"权益"（rights & interests）往往与"权利"（rights）混用，好在中文权利中的"利"就含有利益的意思。但后者更严格地应用于法学政治学领域，有时也被译为劳动权、或劳工权利。

② "劳动力倾销"是指企业以压低与劳动者权益有关的一切开支来提高竞争力，结果导致劳动者生存状况的恶化；"社会倾销"则更多地是指国家行为，即以降低社会保障水准来谋求竞争力。

中国家来说是不公平的"①。

发达国家试图将劳工标准纳入 WTO 框架，遭到了发展中国家的强烈抵制。发展中国家既担心实施这样的劳工标准会丧失其劳动力优势，也反对发达国家以此为借口实行人权干预政策和变相的贸易保护主义。1996 年底 WTO 新加坡部长会议，美国等西方国家提议成立一个"社会条款"（social clause）②工作组，最后形成的部长宣言重申遵守国际承认的核心劳工标准，并指出："我们相信，由增加贸易和进一步贸易自由化所带来的经济增长与发展有助于改进这些标准。我们反对把劳工标准用作保护主义目的，并承认一些国家，特别是低工资的发展中成员在这方面的相对优势。"③ 这就在承认发展中国家劳动力比较优势的同时，又提出了改进各国劳工标准的要求，并提请反对利用它来进行贸易保护。1999 年，美国正式向 WTO 建议成立"贸易与劳工"工作组，并与欧盟一道提出有关议案。克林顿总统在西雅图会议前表示，贸易制裁终有一天会被用来报复违反劳工标准的做法。在多哈谈判（2001）中，发达国家与发展中国家在是否将劳工权利纳入谈判问题上尖锐对立。可以说最近一些年，恐怕没有什么比劳动标准更能在 WTO 框架内引起争议的了。

就在这个时候"社会责任标准"（SA8000）引起了人们的广泛注意。早在 1990 年代初，美国服装制造商 Levi-Strauss 为了改变形象，推出第一份公司社会责任守则，随后一些跨国公司为了应对全球化的激烈竞争，也纷纷制定了类似守则，社会责任运动浮出水面。1990 年代中期，这个运动扩展到了处于全球生产—供应链上的发展中国家企业。1997 年，长期从事社会与环境保护的非政府组织经济优先委员会（CEP）成立认可委员会（CEPAA），2001 年更名为社会责任国际（SAI），这个组织设计了 SA8000 标准及其认证体系（2001 年修订）。

与先前的 ISO9000 和 ISO14000 不同，SA8000 一开始就是国际标准（ISO 是整合各国国家标准的国际标准），并且只有一个认证机构（SAI）；更重要的是它关注的是劳动（劳资）关系，是将有关维护劳动者权益的道德规范引进企业及其市场行为的行动准则。它要求企业在赚取利润的同时，对社会，尤其

---

① 布瑞恩·麦克唐纳著，叶兴国等译：《世界贸易体制——从乌拉圭回合谈起》，上海：上海人民出版社，2002 年，第 302 页。
② "社会条款"是在国际贸易和投资协议中加入人权、劳工标准和环境保护等内容的专门条款，一旦某缔约方违反了这些条款，就要受到其他缔约方的制裁。
③ 刘光溪主编：《多哈会议与 WTO 首轮谈判》，上海：上海人民出版社，2002 年，第 306 页。

利益相关者（stakeholder）①也要负责（accountable）。这种社会责任包括九个事项：1. 不可雇用童工或支持雇用童工的行为；2. 不可雇用或支持雇用强制性劳工的行为；3. 应提供健康与安全的工作环境，并最大限度地降低工作环境中的危害隐患，建立系统来侦查、防范或反应那些潜在威胁；4. 应尊重员工组织工会的自由与集体谈判的权利，当这些权利受到法律限制时，应协助员工采用别的方法来达到这种权利；5. 不可从事或支持任何基于种族、社会阶级、国籍、宗教、残疾、性别、性别取向、工会会员资格或政治关系的歧视行为；6. 不可从事或支持肉体上的惩罚、精神或肉体胁迫以及言语凌辱；7. 应遵守适用法律及行业标准有关工作时间的规定，所有超时工作应付额外报酬，而且协议加班必须是自愿性质的；8. 应保证支付的工资达到法律或行业规定的最低工资标准，不可巧立名目逃避对员工应尽的义务；9. 管理系统应制定有关社会责任和劳动条件的政策，定期审查政策、措施及其执行结果，决定其是否充分、适用和持续有效，包括指定专人负责、进行沟通，建立和维持适当的程序来评估和挑选供应商/承包商，定期提供相关数据和资料等等。②

二

　　SA8000 标准将（企业的）道德要求指标化、制度化，是一个更加明确企业社会责任的劳动标准。一般说来，国际劳工标准所包含的，一是道德方面的标准，包括结社自由、集体谈判权、同工同酬、禁止就业及职业歧视、禁止使用童工等等；二是国际贸易的标准，包括工作时间、工资水平、劳动环境和社会保障等等。SA8000 标准的要素就来自国际劳工组织（ILO）有关结社自由和集体谈判、废除强迫劳动、消除童工、消除就业和职业歧视等 8 项国际劳工公约和若干建议条款，以及《世界人权宣言》、联合国《儿童权利公约》、《消除一切形式歧视妇女行为公约》等有关内容。这些公约在 1998 年国际劳工大会通过的《国际劳工组织关于工作中的基本原则和权利宣言》被确认为核心劳工公约，对所有会员国都具有道义上和国际法的约束力"目标是促进社会正义和国际公认的人权与劳工权利"③。
　　SA8000 对企业社会责任的要求是与企业的市场行为联系在一起的，也就

---

① 相对于股东而言，利益相关者是指企业对之负有道德责任的所有人，包括股东、员工、供应商和顾客。利益相关者分析不否认股东利益高于其他利益相关者的利益，但应保证尽力考虑所有利益相关者的利益。

② 可参见 http://www.cccwto.net/sa8000/sa8000.asp.htm 有关 SA8000 标准的内容。

③ 刘旭：《国际劳工标准概述》，北京：中国劳动与社会保障出版社，2003 年，序言。

是说这种社会责任应该内在于企业行为,而不是什么额外的道德负担。SA8000又是一个通用标准,即适用于不同国家、不同行业和企业。SAI作为SA8000标准统一的国际认证机构,对企业的道德行为和社会责任能力进行独立审核,颁发证书。随着这个标准不断修订,它将可能有一个更完善的、覆盖道德、社会与环境领域的版本,并深刻影响各国、行业和企业维护劳动权的实践。

尽管人们对将劳工标准与国际贸易"挂钩"的做法还有很大争议,但发展中国家就业压力大、劳动者维权不力也是事实。无论如何,尊重劳动者权益、提高劳动标准毕竟是人类文明的进步表现。国际社会对企业竞争力的要求也越来越注重这个问题,正如《国际劳工组织章程》指出的:"任何一国不采用合乎人道的劳动条件,会成为其他国家愿意改善该国状况的障碍。"在经济全球化条件下,如果各国以降低劳动标准来提高国际竞争力,结果必然导致"竞相趋劣"(race to the bottom),变成真正的劳动力倾销或社会倾销,最终受害的也必然是全世界的劳动者。

为了防止这种情况的出现,似乎就应该在贸易协议中引进"社会条款",确立国际最低劳工标准;但问题并不那么简单,特别是发达国家的贸易保护主义使发展中国家为达到有关标准规定的目标、方法与步骤具有某种复杂性。"因此,最大限度地降低劳动和环境标准既与多国公司有关,同样也与第三世界政策的抵制有关。从长远看,解决这个问题的关键,只能是真正实现全球资源的重新分配,这样才能消除第三世界的担心:他们唯恐这些标准是工业化世界获得竞争优势的另一个企图。"[①] 应该说,在当今世界经济秩序仍很不公平情况下,发展中国家的担忧不是没有道理的。

SA8000标准之所以引人注目,乃是因为对于已成为全球化经济主要行为体的跨国公司来说,它在全球范围配置资源谋求更大经济利益的同时,必须承担更大的社会责任;不能把资本内在地倾向于使用更长的劳动时间、更大的劳动强度、更低廉的小时工资、更马虎的生产环境的做法扩散开去;而对于发展中国家的地方政府来说,通过开放市场和自由贸易参与经济全球化,从中获取好处本身无可非议,但不能为了招商引资,为了追求GDP增长和财政收入,一味屈从于资本,不断降低劳动标准(还有环境标准)而美其名曰创造"宽松的"投资环境,而对劳动者恶劣的生存状况(还有环境状况)熟视无睹、麻木不仁。因此,设置这样的"门槛"很有必要,SA8000也有望与ISO9000和

[①] 保罗·赫斯特、格雷厄姆·汤普森著,张文成等译:《质疑全球化:国际经济治理的可能性》,北京:社会科学文献出版社,2002年,第266页。

ISO14000一样成为新的国际标准。这些标准"不仅决定公司的信用，而且越来越多地决定国家的信用"；"从根本上讲，这些制定标准的活动是国际贸易体制的一部分：它们的存在是为了促进国际贸易和投资，然而，它们也以授予真正的政治权力的方式决定着经济参与者的命运"①。包括SAI这样的非政府组织制订和督促企业必须遵守SA8000标准才能进入国际市场，本身也是一种参与"全球治理"的积极形式。

没有社会责任的企业，往往意味着有较大的道德风险，而这种道德风险随时可能转化为商业风险。虽然SA8000标准迄今尚未对我国企业构成特别大的影响，但近年我国沿海地区已有几千家企业接受过跨国公司的社会责任调查，发生了多起因企业违规而被追究的事例。2002年，美国客户对深圳某玩具厂进行童工调查，发现有严重加班加点和工资偏低情况，而且所提供的工时工资资料是虚假的，因此取消了其供应商资格，其他客户也相继取消订单，结果这家有8000名工人的集团公司被迫关闭。2003年，福建泉州某玩具公司也是因为被发现使用童工，取消了几千万元的出口订单。2003年3月开始，美国全国劳工委员会对产品销往美国的16家中国工厂进行调查，发表了一批负面报告。2004年2月，全球最大零售商沃尔玛被指其在广东的供货企业违反了国际劳工标准，引起很大反响。广东、江苏两省2004年发生多起企业拒绝接受SA8000认证，被中止合作的事例。随着SA8000的影响力的不断扩大，企业如果通不过SA8000标准就很可能失去客户和订单，在这个问题上，谁掉以轻心，谁就将为之付出沉重代价。

由于我国的外贸依存度现在正处在一个迅速上升期，而出口产品仍然以处于全球产业链低端的劳动密集型为主。据测算，每出口1亿美元产品可为112万人提供就业机会，按2004年出口规模（6千亿美元），就有7千万人的就业，可见其与国计民生关系重大。2004年，欧美一些国家开始强制推行SA8000标准认证，许多跨国公司也纷纷要求供应商遵循这个标准"准入"（截至2003年8月，全世界共有36个国家259家企业组织获得了SA8000认证证书，涉及35个行业。其中我国有42家，都是外资企业）。从目前情况看，"一方面，推动企业社会责任运动，借助相应的市场惩处手段，有助于改善劳动条件和劳工状况，提高企业经营者的劳动保障法律意识和企业管理水平；另一方面，推行企业社会责任运动，势必加大外贸出口企业的经营成本，削弱企

---

① 保罗·赫斯特、格雷厄姆·汤普森著，张文成等译：《质疑全球化：国际经济治理的可能性》，第268页。

业的低成本竞争优势,甚至有可能威胁到企业的商业安全"①。因此,接受这个标准对中国企业无疑是一个严峻的挑战。

三

　　劳动权的实现是一个世界性问题,劳动密集型产业又历来是劳动者维权的薄弱环节。"工作权和就业中的权利不仅构成社会—经济权利的核心内容,也是基本人权。按照它们的目的或内容,与工作相关的人权的主要标准是'劳动'(工作)。"② 劳动权(劳动者权益)是就业前、就业中和失业后的权利集合,包括个体劳动权和集体劳动权,前者包括就业权、获得报酬权、休息休假权、劳动安全卫生权、职业技能培训权、社会保险权和提请劳动争议处理权,后者包括组织工会权、集体谈判权和民主参与权,主要通过工会组织行使权力。相应地劳动者权益受损也就表现为对劳动者个人权利的侵害和劳动者集体权利的缺失两个方面。劳动权也是当代人权体系中发展较快的一种权利类型。③

　　我国是一个社会主义国家,维护劳动者权益责无旁贷。劳动者权利理应得到法律的保护,并作为"国家尊重和保障人权"的重要内容予以落实,这既顺应了世界潮流,也是社会主义本质的体现。在国际上,我国到 2002 年底已批准 23 项国际劳工公约,特别是第 100 号《同工同酬公约》、第 122 号《就业政策公约》、138 号《准予就业最低年龄公约》、第 144 号《三方协商促进实施国际劳工标准公约》和第 182 号《禁止或立即行动消除最恶劣形式童工劳动公约》,并承诺履行这些公约规定的义务。在国内,我国已形成了包括《劳动法》(1994)、《安全生产法》(2002)、《矿山安全法》(1992)、《煤炭法》(1996)、《建筑法》(1997)等一系列劳动法律体系,刑法也作出了相应规定。2003 年,国家发布《工伤保险条例》等配套规章,将工伤保险的覆盖面扩大到各类企业和有雇工的个体工商户;发布《关于做好农民进城务工就业管理和服务工作的通知》,在全国范围开展农民工维权专项行动,对拖欠农民工工资、工作环境恶劣、社会保障不完善等问题进行综合治理。国务院新近颁布的《劳动保障监察条例》于 2004 年 12 月 1 日开始施行。制定这个条例,一是以立法的形式强

---

① 劳动科学研究所课题组:《企业社会责任运动应对策略研究》,《中国劳动》,2004 年。
② 艾德等著,黄列译:《经济、社会和文化的权利》,北京:中国社会科学出版社,2003 年,第 254 页。
③ 1999 年,国际劳工大会又将"体面劳动"(Decent work)确定为当前目标,为实现这个目标,明确了促进工作中的权利、就业、社会保护、社会对话这四大战略。

化劳动保障监察执法手段,加大执法力度,严厉打击和制止违反劳动和社会保障法律、法规或者规章行为,保证劳动保障法律、法规和规章更好地贯彻实施;二是通过法规形式,加强对劳动保障监察执法行为的规范,以便有效解决实际工作中存在的监察对象和事项不够明确,监察机构及人员的职责范围和权限不够具体,监察程序不够规范,行政处罚缺乏具体标准等问题;三是通过对劳动保障方面违法行为的制裁,切实维护广大劳动者的工资、劳动合同、休息休假、社会保险等劳动保障权益,维护社会稳定。我国的劳动立法,除少部分内容(如自由结社、罢工问题)外,大多已与国际接轨,现在的问题是必须有严格的监管和有效的执行。

我国《劳动法》颁布多年,但在一些地方,贯彻却迟迟不到位。我们在向市场经济转型的过程中,由于所有制关系的调整,劳动关系发生了深刻变化,资本处于强势,而劳动者则处于明显的弱势。一些私企、外企使用劳工带有早期资本主义的残酷特点,而劳动力严重供过于求,几乎没有什么讨价还价的能力。我国跨地区流动的农民工现在已超过1亿人,在第二产业的就业人员中,农民工已经占了近六成(也就是说一半以上的产业工人身份其实是农民),而对劳动者权益的侵犯主要就集中在他们身上。

事实上,SA8000标准有关条款并没有超出我国《劳动法》的规定(在劳动时间、社会保险等方面还低于我国规定),但在还存在许多有法不依、执法不严的情况下,SA8000标准迫使企业必须这样做,才能保证客户和订单,客观上强化了市场经济运行的劳动标准和法治(制)环境。为了证明其产品是在道德的环境中生产出来的,企业必须把社会责任视为增进经营信誉和公众形象的重要事项。这种责任既要求企业为自己的行为向社会作出道德上的说明(解释),又是企业对社会、对自身行为给社会所造成影响的关注。[①] 道德虽然不能提供有关劳资纠纷的具体解决方案,也不能提供劳资谈判所要得出的什么协议,但是它提供了一个负责任的框架,要求任何方案都必须尊重各方的利益,任何谈判都必须在有道德约束的条件下进行,只有确立起社会责任,才能指望获得大家都可以接受的方案和协议。

随着我国进一步兑现加入WTO的承诺,我们越来越被要求按照国际市场的竞争规则行事。但同时我国又是一个发展中国家,市场经济体制还处在不断完善的过程中,企业在生产安全、员工福利等方面与发达市场经济国家还有很大差距,而且这些差距在短期内也是难以消除的。在企业的社会责任问题上,

---

[①] 理查德·T.德·乔治著,李布译:《经济伦理学》,北京:北京大学出版社,2002年,第235页。

我们反对有人借推行 SA8000 标准构筑新的贸易壁垒，但还是要结合我国的基本国情和企业的具体情况，借鉴别人的经验，认真研究和重视这个标准对劳动者维权的正面效果。对于这一点，政府、企业和工会三方都应该有所作为。

第一，在强资本弱劳工的市场经济条件下，如果没有政府部门的强力介入，就不可能纠正失衡的劳动（劳资）关系；政府的政绩不能只看 GDP，而必须提供主持公道的公共品。当劳动者权利遭到侵犯或实现受阻时，公共权力必须提供及时、有力和低成本的援助，而且这些援助必须落实为法律制度，必须具体化、明确化并具有可操作性，使劳动者权益有切实的保障，广大劳动者有能力依法维权。当然，政府也要根据具体情况来确定劳工标准，毫无疑问，发展中国家与发达国家的最低工资不可能是一个标准，即使在一国内部不同地区，工资标准也未必能够统一。

第二，实施 SA8000 标准，在短期内必然会增加企业成本，仅仅是取得认证，时间、精力的耗费（SA8000 认证一般需要 1 年时间，证书有效期为 3 年，每半年复查一次）就相当可观。但从长期看，实施这个标准还是有利于企业的持续发展的。一是它体现了以人为本的理念，顺应了现代管理潮流，强调企业的社会责任，以确保产品符合道德要求；二是通过关注员工权益、提供健康安全的工作环境来改善劳资关系，增进了员工对企业的归属感，有利于最大限度地调动员工的积极性；三是加强产品信息的透明度，提供企业社会责任的良好证明，无疑将提高消费者对企业及其产品的信任，以更有吸引力的品牌形象参与市场竞争。

第三，随着我国各项改革的深化，人们的维权意识普遍增强了，广大劳动者对于贯彻我国已经签署的国际劳工公约和维护《劳动法》所赋予的权益要求越来越强烈。重要的是，劳动权的有效维护主要在于集体谈判的力量。国际劳工组织倡导的工作场所的民主参与、三方机制和社会对话制度，已为国际社会广泛接受，而集体谈判正是这些制度的基础。集体谈判是市场经济条件下解决劳资冲突、增进劳资合作的有效机制，而劳动者权益的有效维护取决于劳动者有组织的博弈能力。根据我国法律，劳动者享有包括参加和组织工会的权利、集体协商和集体谈判的权利、民主参与和民主管理的权利。而有代表性的工会组织是实现这些权利的前提。工会本来就是劳工联合起来维护自身权益的产物，在道德上具有和企业同等的权利，但是，我国工会目前所扮演的角色还是非常模糊的，不能适应劳动关系已经发生的深刻变化，不能在集体合同的制订与履行中发挥积极作用，不能有效维护劳动者的权益。1990 年代以来，我国劳动争议案件数量直线上升（2003 年，仅各级劳动争议仲裁机构处理的劳动争议案件就有 2216 万件，还有更多的案件没有进入这个程序），特别是广东、福建、浙江等沿海地区非公经济领域劳资纠纷呈多发态势,数量逐年上升,且已具有群体性、突发性的特点,一个重要原因就是工会职能的"缺位"。

我国工会组织首先必须明确自己所肩负的责任,尽快实现适应市场经济条件的职能转变。工会是劳动者利益的代表,必须具有相当的独立性和自治性,而不是上级任命、完成上面指派任务的"二政府",也不是靠企业来"养活"的什么附庸。2001年,新《工会法》以法律形式明确规定"维护职工合法权益是工会的基本职责",并强调工会"通过平等协商和集体合同制度,协调劳动关系,维护企业职工劳动权益"和"依照法律规定通过职工代表大会或者其他形式,组织职工参与本单位的民主决策、民主管理和民主监督"这两大手段来维护劳动者权益。建立有效的集体谈判机制,我国工会组织的扩展问题也正在提上议事日程,特别是在非公企业建立工会组织,吸收外来务工人员入会,维护他们的合法权益,应是今后一段时间工会发展的重点。

作者:钱箭星(1955—),女,安徽宣城人,复旦大学社会科学基础部副教授;

肖巍(1954—),男,江苏镇江人,复旦大学社会科学基础部教授。

原载:《复旦学报》,2005年第4期。

中国企业社会责任博弈分析

杜兰英　杨春方　吴水兰　石永东

一、引　言

企业社会责任是企业、政府、社会各方互动的结果。① 良好的社会责任绩效提高了企业在社会公众中的形象和声誉②；有利于减少政府对企业的监管，降低企业运作的隐性成本③；就企业自身来看，良好的社会责任行为提升了员工的士气和组织的凝聚力④，有利于保持企业的长期竞争优势。也就是说，"企业担负何种社会责任，担负到何种程度，以何种方式担负，确实是一个企业与员工、社会民间组织、政府反复进行博弈的过程以及由此达成的共识"⑤。本文试图通过构建模型，结合中国的实际情况，从企业、社会、地方政府三方的利益博弈中探讨中国企业的社会责任问题。

二、地方政府、社会、企业社会责任行为利益博弈分析

（一）基本假设

我们假设一个在中央政府监督缺失的情况下，有企业、地方政府、社会三方参与的社会责任行为博弈模型，企业首先选择履行社会责任（A）或不履行社会责任（B），然后地方政府将采取相应的措施，如对企业严厉监管（C），或不管（D）。社会也将对企业的社会责任行为做出强烈的反应（E），如投诉、起诉、抵制购买等，或者不反应（F）。企业、地方政府、社会三方社会责任

---

① 参见 Freeman R. E. *Strategic Management*：*A Stakeholder Approach*. Boston：Pitman. 1984.
② Rose C. Thomsen S. The Impact of Corporate Reputation on Performance，*European Management Journal*，2004（22），pp. 201—210.
③ McGuire J. B., Sundgren A., Schneeweis T. Corporate Social Responsibility and Firm Financial performance，*Academy of Management Journal*，1988（4），pp. 854—872.
④ 参见 Solomon R. & Hanson K. *It's Good Business*，NewYork：A Theneum，1985.
⑤ 杜中臣：《企业的社会责任及其实现方式》，《中国人民大学学报》，2005年第4期。

行为选择的扩展博弈图如图1。在三者的博弈收益中，第一个代表企业的收益，第二个代表政府的收益，第三个是社会的收益。

（二）均衡条件

均衡条件1，企业追求利润最大化并尽可能减少社会责任支出。如果企业履行社会责任（A），那么博弈便结束了。企业、地方政府和社会的收益都为0。如果企业不履行社会责任（B），地方政府不监管（D），社会也对其缺乏监督（F），那么，企业的额外收益为 $R_3>0$；但如果社会或地方政府中有一方对企业严格监督，则企业的收益为 $-R_2<0$；如果两者都反应强烈，则企业的收益为 $-R_1<0$，$R_1>R_2>R_3>0$，此时企业的损失最大。也就是说，只有社会监督和地方政府监管都缺失时，企业才选择不履行社会责任。

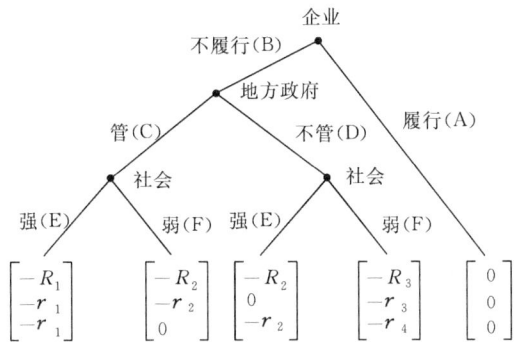

图1 企业、地方政府、社会扩展博弈图

均衡条件2，地方政府的利益主要表现为地方经济总量或GDP的增加。地方政府的收益与其监管成本支出成反比。在企业不履行社会责任的情况下，若社会对企业的监督较严（E），地方政府也对企业进行监管（C），则地方政府的监管成本为最小的 $r_1>0$，其收益为 $-r_1$；若社会对企业的监督机制较弱（F），地方政府对企业严格监管（C），其成本将为较高的 r_2，收益为 $-r_2$；若社会监督缺失（F），而地方政府也缺乏监管（D），则社会损失最大，为 $-r_4$，地方政府的收益为正的 r_3，$r_4>r_3>r_2>r_1>0$。三方的收益之和：
$R_3+r_3+(-r_4)<(-R_2)+(-r_2)<(-R_1)+(-r_2)+(-r_1)<0$。

为什么说企业不履行社会责任，地方政府不加监管，地方政府的收益反而为正且会增加呢？因为设定当前地方政府的利益主要表现为地方经济总量和GDP的增长。地方政府收益 r 是关于其社会责任监管成本 C_1 的减函数，即 $\partial r_1/\partial c_1<0$。企业的收益 R 是关于其社会责任成本 C_2 的减函数，即 $\partial R_2/\partial c_2<0$。企业的收益 R 是关于其社会责任成本 C_2 的减函数，即 $\partial R_2/\partial c_2<0$。且政府对企业监管越严，企业社会责任成本支出越高，即 $\partial c_2/\partial c_1>0$。故：

$\delta r/\delta c_1<0$，$\delta R/\delta c_2<0$，$\delta c_2/\delta c_1>0 \to \delta r/\delta c_1 \div \delta R/\delta c_2 \times \delta c_2/\delta c_1 = \delta r/\delta R>0$

由此可见，地方政府的收益是关于企业收益的增函数。地方政府监管越松懈，企业社会责任成本支出越少，企业投资则会进一步增加，地方政府所追求的经济总量和 GDP 就会不断增加。也就是说，如果企业不履行社会责任（B），地方政府会选择 D，即不予监管。

均衡条件 3，中国社会为弱势社会。中国刚刚进入市场经济不久，市民社会的不够成熟，社会有组织力量的薄弱，导致在对企业的社会责任行为的监督中，社会功能仍然明显地弱于政府功能。不管企业和地方政府如何选择，社会都只能被动的选择 F，即社会监督缺失。

各博弈方收益情况如图 1。这是一个完全信息的静态博弈。由于企业已知不履行社会责任，地方政府必然选择不监管（D），社会也缺乏监督（F），企业必然选择不履行（B）。该博弈的均衡结果为（B，D，F），企业、地方政府、社会的收益依次为（R_3，r_3，$-r_4$）。尽管在帕累托效率上该结果远不如其他几种博弈选择，但企业和地方政府的收益却为最大化的 R_3 和 r_3，所以这是该博弈唯一的纳什均衡。此时社会的收益为 $-r_4$，损失最大。

三、中央政府的企业社会责任治理策略选择分析

作为全社会利益的代表，中央政府有可能对企业社会责任缺失行为和地方政府的监管缺位现象进行处罚。为避免处罚，地方政府更可能会采用混合策略，以某种概率对企业的社会责任缺失行为进行监管。同样，企业也可能会根据地方政府的行为以某种概率选择履行或不履行社会责任，从而形成混合策略动态博弈。下面我们讨论，中央政府在选择治理策略时，从治理成本和治理收益的角度出发，加大对地方政府或企业的监管哪个更为有效。

（一）企业与地方政府之间的监管与被监管博弈

我们设定如果企业不履行社会责任，地方政府选择管，则企业收益为负，否则为正。地方政府选择管，其收益为负，选择不管，其收益为正。这样就形成了一个两阶段的动态博弈。如果企业履行，则地方政府不管，若地方政府不管，则企业又不履行，若企业不履行，而地方政府又会管。这是一个永无止境的循环过程。在进行博弈选择时，地方政府和企业任何一方都不能让对方知道自己的策略或选择偏好，以免给对方以可乘之机，从而最终形成一种混合策略的纳什均衡。我们可以用以下两图分别说明博弈双方的策略选择和期望收益。

图 2 中，我们用横轴表示企业不履行社会责任的概率 P_1，它分布于从 0 到 1 之间，履行社会责任的概率为 $1-P_1$。用纵轴表示政府选择"不管"的期

望收益,其中,Q 到 $-D$ 的连线上的点的纵坐标就表示企业选择不履行社会责任的不同概率下,政府的期望收益。

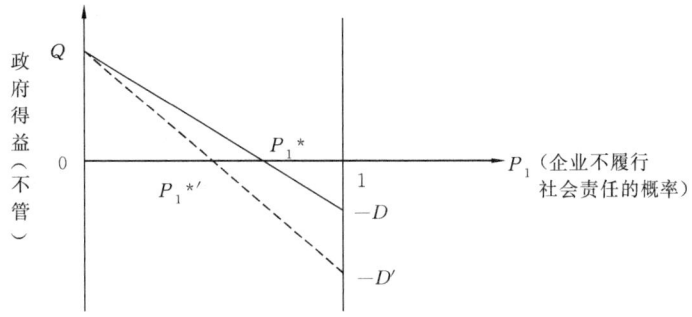

图 2 企业的混合策略

图中 Q 到 $-D$ 连线的纵坐标与横轴的交点 P_1* 是企业选择不履行社会责任的最高水平,此时地方政府的期望收益为 $QP_1* + (-D)(1-P_1)$。如果企业不履行社会责任的概率大于 $P31$,地方政府的收益为负,必然加强管理;如果不履行的概率小于 P_1*,地方政府的期望收益为正,企业不用担心受罚。但此时由于被地方政府处罚的可能性不大,企业不履行社会责任的行为会越来越频繁,不履行的概率最终会趋向于 $P31$。均衡点是企业以 P_1* 和 $1-P_1*$ 的概率分别选择不履行和履行,此时地方政府的期望收益是零。

对于地方政府的不管与管的混合策略概率分布,我们可以用同样的方法加以确定。从图 3 的分析中,我们可以得出,地方政府选择不管和管的最佳概率选择分别是 P_2* 和 $1-P_2*$。

这样,在企业与地方政府的博弈中,企业分别以 P_1* 和 $1-P_1*$ 的概率随机选择不履行和履行,而地方政府则分别以 P_2* 和 $1-P_2*$ 的概率随机选择不管和管,从而构成混合策略的纳什均衡。

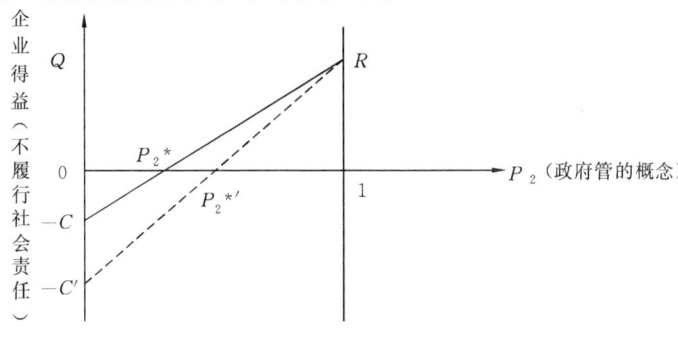

图 3 地方政府的混合策略

(二) 中央政府策略选择

现在，我们假设中央政府开始加大对企业和对地方政府的监管。如果中央政府加大对企业不履行社会责任的处罚力度，图3中，企业的期望收益将从 $-C$ 移到 $-C'$，企业的收益变为负值，企业将停止其不履行社会责任的行为。但在长期中，由于企业不履行社会责任的概率降低，地方政府的管理便会趋于松懈，最终其不管的概率将会提高到 $P_2^*{'}$，从而达到新的均衡，此时企业的期望收益又由负变为零，并将重新选择其混合策略。所以，从长期来看，加重对企业的处罚，只能在短期内减少企业不履行社会责任的行为，其最终作用只是带来地方政府更多的管理上的懈怠。同样，在图2中，我们也可以看出，如果加重对地方政府社会责任监管缺位的处罚，则 $-D$ 将增大到 $-D'$，地方政府的期望得益将变为负，所以，地方政府将加强管理，企业将减少其不履行社会责任的概率，直到 P_1^* 降低为 $P_1^*{'}$，此时地方政府又恢复其混合策略，达到新的混合策略均衡。也就是说加重对地方政府监管缺位的处罚并不能在长期中使地方政府更尽职，但其最终作用却降低了企业不履行社会责任的概率。

由此可见，对中央政府而言，加大对地方政府的处罚和激励，促进其对企业的社会责任行为的监管应是更加有效的选择。

四、经 验 证 据

下面进行简要的分析和探讨，作为对以上博弈分析的实证支持。

均衡条件1中，我们设定企业在追求利润最大化过程中会尽量减少社会责任成本支出。因为社会责任支出与企业赢利目标的不一致性，可能导致企业减少社会责任支出，或者把履行社会责任当成是管理自己经营风险和声誉的一种方式[1]，甚至是追求更高利润的手段。周燕等人研究指出，民营企业实现利润最大化的途径主要在于尽量减少企业内、外部社会责任的成本支出。[2]

均衡条件2，我们设定地方政府的利益主要表现为地方经济总量和GDP的增加，主要原因如下：1. 不合理的官员考核制度。在当前对地方政府或下级官员的考核中，上级政府经常会把GDP及税收增长率等作为评价和奖惩地

---

[1] Doane D. Beyond Corporate Social Responsibility: Minnows, Mammoths and Markets, *Futures*, 2005 (37), pp. 21—229.

[2] 周燕、杨惠荣：《现阶段我国民营企业的社会责任困境与政府应对》，《乡镇企业研究》，2004年第4期。

方官员的主要依据。① 2. 地方财政的困难，迫使各级地方政府不得不把增加GDP以及税源作为头等大事。② 3. 地方政府职能定位失误，中国地方政府既要负责公共事务的管理，还要负责地方经济的发展。③ 4，中国地方政府控制着大量的资源，"尤其是公有土地资源的价格为零或接近于零造成地方投资需求无穷大，产生最贪婪的'公有资产黑洞'和强烈的投资冲动"④。

均衡条件3，中国社会为弱势社会，这可以从中西社会的对比中得出结论。在美国，大学生买运动鞋时会看看鞋上有没有贴"负责任的企业"的标签，消费者会以远高于市场的价格购买一杯星巴克"有社会责任的咖啡"⑤。当一个企业在社会责任方面有消极举动时，人们会拒绝在该公司工作，拒绝投资该企业或购买其产品或服务。⑥ 而我国发展市场经济不久，人们财富积累水平低，加上长期以来的谦和、忍让等传统价值观的影响，使劳工和消费者缺乏基本的维权意识。只要能赚钱，再苦再累再危险，他们认为都是应该的，只要价格低，就买谁的产品，而很少关注企业的社会责任状况。

企业、地方政府、社会三者利益博弈的结果必然是企业和地方政府从自身利益最大化出发，做出有损于社会的行为，这与章伟国等人的观点也是一致的。他们研究指出，地方政府的GDP目标定位最终导致地方政府与企业成为利益共同体。⑦ 王晓玲也指出，地方政府的GDP目标和目前所倡导的服务型政府的定位，使"地方政府因担心资本抽逃和过于重视经济增长，甚至在某种程度上与企业主达成妥协或合谋，社会利益则成了被牺牲的一方"⑧。

我们得出结论，中央政府加强对地方政府而不是企业的监管是更加有效的策略选择。事实也证明，对企业的重罚并不能解决企业社会责任问题。以煤矿矿难为例，有许多矿主是安全事故越多，罚得越重，损失越大，为挽回损失，许多矿主更多地生产，从而安全事故更多，事故损失更大（赔偿、撤职、入狱

---

① 李军杰、周卫峰：《基于政府间竞争的地方政府经济行为分析——以"铁本事件"为例》，[EB/OL]. http://202.114.9.10/, 2005-03-02/2005-10-15。
② 李军杰、钟君：《中国地方政府经济行为分析》（上），[EB/OL]. http://202.114.9.10/, 2004-05-24/2005-11-16。
③ 樊怀洪：《构建和谐社会视角下的政府责任与能力建设问题》，《学习论坛》，2005年第10期。
④ 何晓星：《再论中国地方政府主导型市场经济》（下），[EB/OL]. http://202.114.9.10, 2005-03-09/2005-10-15。
⑤ 刘军：《期待一杯"有社会责任感的咖啡"》，《中国计算机用户》，2005年第31期。
⑥ 姚江舟、李键：《企业如何化社会责任为竞争力》，《中国企业家》，2004年第5期。
⑦ 章伟国、吴海江：《加强企业社会责任建设和谐社会》，《上海企业》，2005年第12期。
⑧ 王晓玲：《"中国制造"里的"血汗"》，[EB/OL]. http://news.hexun.com/detail, 2004-05-21/2006-05-25。

直至企业关闭),陷入一种恶性循环之中。① 而掌握着地方政府政绩的考核及地方官员任免权的中央政府,完全可以通过加强对地方政府的监管,来减少企业社会责任缺失的发生。

作者:杜兰英(1962—),女,山东阳谷人,华中科技大学管理学院教授;

杨春方(1970—),男,湖北松滋人,广东教育学院讲师,华中科技大学管理学院博士研究生;

吴水兰(1979—),女,湖北武汉人,华中科技大学管理学院博士研究生;

石永东(1974—),男,湖北武汉人,华中科技大学管理学院博士研究生;

原载:《当代经济科学》,2007年第1期。

---

① 李立清、李燕凌:《企业社会责任研究》,北京:北京人民出版社,2005年,第260—261页。

金融机构的企业社会责任基准:赤道原则

张长龙

赤道原则(the Equator Principles,简称 EPs)是由世界主要金融机构根据国际金融公司和世界银行的政策和指南建立的,旨在判断、评估和管理项目融资中的环境与社会风险的一个金融行业基准。它于 2003 年 6 月由花旗银行(Citi-group)、巴克莱银行(Barclays)、荷兰银行(ABNAMRO)和西德意志州立银行(West LB)等 7 个国家的 10 家国际领先银行率先宣布实行。随后,汇丰银行(HSBC),JP 摩根(JP Morgan),渣打银行(Standard Charted)和美国银行(Bank of America)等世界知名银行也纷纷接受这些原则,截至 2006 年 2 月 17 日,实行赤道原则的金融机构(the Equator Principles Financial Institutions,以下称 EPFIs)已有 41 家[①],它们中既有发达国家的成员,也有发展中国家的成员,其业务遍及全球 100 多个国家,项目融资总额占全球项目融资市场总份额的 80% 以上。

长期以来,企业社会责任问题困扰着全球金融机构。对金融机构企业社会责任的忽视和评价标准的缺失严重阻碍着金融业的可持续发展。赤道原则的出现为这一问题的解决提供了一个良好的契机。本文首先分析了赤道原则产生的背景,介绍了赤道原则新文本的框架与主要内容,并阐述了赤道原则的意义,

---

[①] 这 41 家 EPFIs 分别是澳大利亚的 Westpac Banking Corporation,比利时的 Dexia Group,KBC Bank N. V. 和 Fortis,巴西的 Banco Bradesco,Banco do Brasil,Banco Itad,Banco Itau BRA 和 Unibanco,加拿大的 BMO Financial Group,Canadian Imperial Bank of Commerce,Manulife,Royal Bank of Canada 和 Scotiabank,法国的 Calyon Corporate and Investment Bank,丹麦的 Eksport Kredit Fonden,德国的 Dresdner Bank AG,HVB Group 和 WeStLB AG,意大利的 MCC S. P. A.,日本的 Mizuho Corporate Bank,Ltd.,The Bank of Tokyo-Mitsubishi,Ltd. 和 SMBC,荷兰的 ABN AMRO Bank NV,FMO,ING Group 和 Rabobank Group,葡萄牙的 Banco Espfrito Santo Group 和 Millennium bcp,南非的 Nedbank Group,西班牙的 BBVA S. A. 和 Caja Navarra,瑞士的 Credit Suisse First Boston,英国的 Barclays plc,HSBC Group,Standard Chartered Bank 和 The Royal Bank of Scotland,美国的 Bank of America,N. A.,Citigroup Inc.,JP Morgan Chase 和 Wells Fargoo,见于 http://www.equator-principles.com/,2006-5-21。

然后考察了赤道原则的国际实践，从中得到一些启示，也发现了一些问题，最后，结合我国实际，指出了我国金融机构对赤道原则的应有态度。

一、赤道原则概述

（一）赤道原则产生的背景

赤道原则是全球企业社会责任运动的产物。早在 1997 年社会责任国际（SAI）发起并联合欧美部分跨国企业和其他一些国际组织，制定了 SA8000，它是世界上第一个可用于第三方认证的企业社会责任国际标准。目前被全球广泛追捧的社会责任型投资（SRI）就是将融资目的和社会、环境以及伦理问题相统一的一种融资模式。后来经由联合国秘书长安南提出，2000 年在联合国总部正式启动的"全球契约"，进一步推动了该项运动的发展，"全球契约"号召企业遵守在人权、劳工标准和环境等方面的九项基本原则。2001 年，英国伦敦股票交易所和《金融时报》共同拥有的《金融时报》股票交易所国际企业推出了 8 种"道德指数"，在世界各主要金融证券市场首先将道德因素纳入指数范畴。

金融机构被公认为在推动企业社会责任运动中扮演着重要的角色，它可以扩大社会大众对企业社会责任与投资行为结合的认知。它们也面临着来自利益相关者的压力，世界自然基金会英国分会执行主任罗伯特·内皮尔（Robert Napier）指出："金融机构有责任在考虑项目贷款时，参照相应的社会和环境标准，并确保这些标准在审批贷款的过程中得以履行。"

在声势浩大的企业社会责任运动中，金融机构所投资的项目也常常由于环境或社会问题而引发重大争议，引起了股东和管理高层的极大不满。金融机构自身也认识到，应该注重企业社会责任，但对此却一直缺乏一个科学的行业标准。虽然，从理论上说，SA8000 也适用于金融机构这样的企业，但在实践中，获得 SA8000 认证的基本上是生产性企业，没有金融机构。因为金融机构是特殊的企业，与其直接有关的环保和员工的合法权益的保护问题并不突出，主要是在配置社会资金时对资金的流向和造成的后果承担一定的责任，是一种间接的社会责任。如金融机构向某一项目提供资金时要认真审查项目本身是否有悖于社会责任。而且，SA8000 主要针对企业的劳工问题，而金融机构面对的大量的社会责任问题是环保问题。因而金融机构不宜采用现成的 SA8000，而应该制定一个专门的标准。

金融机构在制定本行业的企业社会责任标准方面进行了不懈的努力。2002 年的伦敦原则发展三方面的七原则。随后，《南非金融部门宪章》问世，它规定了金融机构在经济繁荣、环境保护和社会发展三方面的十原则。但这些并没有在国际上造成应有的影响。

2002年10月，荷兰银行和国际金融公司在伦敦主持召开了一个由9个国际商业银行参加的会议，专门讨论在项目融资中屡屡碰到的环境与社会问题。会上，花旗银行提出动议，认为国际金融界应尽量制定一个统一的规则来解决这些问题。随后，荷兰银行、巴克莱银行、西德意志州立银行和花旗银行同意成立一个任务工作组来起草一个框架供其他金融机构参考，这个框架就是赤道原则。在起草过程中，受到了一个重要文件的影响，那就是2003年1月非政府组织倡导的《关于金融机构和可持续性的科勒维科什俄宣言》（Collevecchio Declaration），它提出了非政府组织希望金融机构遵守的六项原则，即可持续性、不伤害、负责任、问责度、透明度以及可持续市场和管理。可见，赤道原则脱胎于风起云涌的企业社会责任运动。在此过程中，金融机构面临着来自利益相关者的外部压力和股东从内部施加的压力。在赤道原则的起草和实施过程中，国际金融公司一直起主导作用，赤道原则正是依靠国际金融公司内部所表现出来的实践的集中性和国际项目融资合作与协调的推动力以及本身的科学性和合理性才得以推向全球。

（二）赤道原则文本的框架与主要内容

2006年3月赤道原则的文本经过修改，预计7月1日将投入使用。新文本的正文包括4个部分，分别是序言、适用范围、原则陈述和权利放弃声明，在正文之后有4个展示（exhibit）。

序言部分主要对与赤道原则有关的问题做了简要说明，包括赤道原则出台的动因，接受赤道原则的意义，赤道原则的目的，以及EPFIs的一般承诺。

适用范围部分主要规定了赤道原则适用于总投资1000万美元及以上的新项目和现有项目的扩建或更新。项目财务顾问行为也受赤道原则的约束。

原则的陈述部分是文本的核心内容，一共10条，即十原则，EPFIs承诺只把贷款提供给符合这十原则的项目。第一条规定了项目风险的分类依据；第二条规定了A类项目和B类项目的社会与环境评估（SEA）要求；第三条规定了社会与环境评估报告应包括的主要内容；第四条规定了行动计划（AP）要求；第五条规定了公开征询意见制度；第六条规定了信息披露和社区参与制度；第七条规定了借款人的约定事项；第八条规定了独立的环境或社会专家聘任要求；第九条规定了违约救济制度；第十条规定了EPFI 定期的公开报告制度。

权利放弃声明部分规定了赤道原则的地位和效力。声明这些原则只是发展金融机构各自的内部实践和政策的框架，它们没有给任何人创设任何权利和义务。EPFIs自愿地独立地接受和执行这些原则，不能依赖于国际金融公司和世界银行或向它们追索。

展示部分有4个文件，即项目的分类、潜在的社会与环境影响和风险的列表、国际金融公司关于社会与环境可持续性的实施标准以及世界银行和国际金融公司的专门指南。其中展示1要求EPFIs基于国际金融公司的环境与社会筛选标准，根据项目预期的社会与环境影响人从大到小分为A，B，C类；展示2列举了社会与环境评估报告中必须解决的17种潜在的影响和风险；展示3列出了国际金融公司的8个实施标准；展示4介绍了世界银行的污染预防和减少污染的手册（PPAH）及国际金融公司的环境健康与安全指南（EHS）。

与旧版相比，新版的赤道原则具有如下主要特点：1. 把赤道原则上升到行业基准的高度，而不只是行业方法（approach）；2. 社会问题和环境问题并重，而不是只重视环境问题，如改环境评估（EA）为社会和环境评估（SEA）；3. 文本的框架得到扩充，由两部分改为4部分，而且展示部分也有增加和变化；4. 适用范围扩大，由总投资5000万美元及以上的项目改为1000万美元及以上的项目，受约束的范围由投资、贷款行为扩展到财务顾问行为；等等。

概而言之，实行赤道原则后，金融机构保证只为那些符合条件的项目发放贷款，即项目发起人能使金融机构确信他们有能力和有意愿遵守金融机构的社会与环境政策和程序。为此，EPFIs要根据环境或社会风险的高低把项目分类，不同类型和位于不同国家的项目对社会和环境评估报告（SEA）及行动方案（AP）的要求不同。当然，所有这些都离不开国际金融公司和世界银行的政策与指南。

（三）赤道原则的意义

赤道原则在国际金融发展史上具有里程碑的意义，它第一次确立了国际项目融资的环境与社会的最低行业标准，是国际上第一个专门针对金融机构的企业社会责任基准。它对金融业的影响是全面的，也是深刻的，它有利于金融和谐。

首先，有利于形成良性循环，促进可持续发展。成熟的发起人为使项目顺利得到批准，降低风险，会尽量选择EPFIs，同时，也会给EPFIs带来评估更为科学全面的项目。同样地，作为银团贷款成功的一个先决条件，非EPFIs与EPFIs合作也会被迫适用赤道原则。这样，就在发起人和EPFIs之间、EPFIs和非EPFIs之间形成良性循环。国际金融公司前执行副总裁和世界银行执行董事彼得·沃奇（Peter Woicke）指出："赤道原则被私营部门所接受是可持续发展的重大胜利。"

其次，有利于设立行业标准，平整游戏场地。国际金融公司的前任官员苏伦·拉扎卢斯（Suellen Lazarus）认为"（赤道）原则已经成为新的市场标准，从而改变了项目融资"。统一标准之后，EPFIs就不会在环境和社会问题上展开恶性竞争，而全身心地投入经营管理，这样，游戏更为公平。

第三，有利于确定社会责任型投资的评估标准和社会责任投资股价指数的具体标准。社会责任型投资SRn在对环境和社会问题进行价值判断时缺乏一个具体的标准，而赤道原则具有很强的操作性，可以弥补这一不足。目前全球的社会责任投资股价指数主要有道琼斯可持续全球指数（DJSGD、FFSE4GOOD指数、KLD指数、美国民众指数、克维特社会指数（Calvert）、Domini社会指数和艾斯贝尔可持续发展指数等。只有那些在环境和社会责任方面起表率作用的企业，才能纳入这一指数。汇丰银行、荷兰银行等由于接受了赤道原则，成了多个社会型投资指数的成分股。许多金融机构接受赤道原则，部分也是出于对社会型投资指数的考虑。

第四，有利于加强全面风险管理和金融风险评级。除了巴塞尔文件中提到的传统风险外，金融机构还面临环保、法律和政策、声誉和政治等各种新型风险。花旗银行项目和结构性贸易融资全球负责人克利斯托夫·比尔说，金融机构相信赤道原则将会使它们的投资和贷款更加安全，因为如果它们向那些肮脏的或危害人们的项目提供资金，东道国政府或者当地居民就会干涉甚至把项目从它们手中拿走。

根据《新巴塞尔资本协议》，银行必须满足最低资本要求以防范信用风险和操作风险。但是，如果一家银行通过拥有使用3年以上的可接受的内部风险评估和管理程序而向银行监管者表明它适合初级内部评级法的话，专用于抵御信用风险的资本数量可以减少。EPFIs可以把遵守赤道原则视为一条纪律，这样将改进它们的内部风险评估和管理程序从而有助于它们有资格适用内部评级法[①]的准入标准。

第五，有利于金融机构获得或保持良好声誉，保护或增加市场份额。金融机构在向项目融资时要考虑自身的公众形象。项目发起人接受和执行环境、社会与人权高标准的能力决定了银行自身的声誉保护能力。而且，银行可以通过

---

① 新协议最主要创新之一，就是提出了计算信用风险的IRB法。该法包括两种形式，一是IRB初级法，二是IRB高级法。IRB法与标准法的根本不同表现在，银行对重大风险要素（risk drivers）的内部估计值将作为计算资本的主要参数（inputs）。该法以银行自己的内部评级为基础，有可能大幅度提高资本监管的风险敏感度。然而，IRB法并不允许银行自己决定计算资本要求的全面内容。相反，风险权重及资本要求的确定要同时考虑银行提供的数量指标和委员会确定的一些公式。

接受和遵守赤道原则来提高他们在社会责任型投资指数中的排名。越来越多成熟的项目发起人会青睐 EPFIs，因为 EPFIs 会承担更多的审慎性审核调查义务，这可能意味着项目将会招致利益相关者（包括当地政府）更少的批评，降低风险。

综上所述，赤道原则对整个社会、金融业和单个的金融机构都大有裨益。金融机构在承担社会责任的同时，也实现了股东的经济利益。可以说，赤道原则使金融机构的企业社会责任和经济责任实现统一。

二、赤道原则的国际实践

2003 年 6 月之后，赤道原则就直接运用于世界上绝大多数大中型和特大型项目中，有些项目在是否符合赤道原则方面颇有争议，引起了全世界的关注，如巴库－第比利斯－杰伊汉（Baku－Tbilisi－Ceyhan，简称 BTC）输油管道项目和萨哈林 2 号油气开发项目（the Sakhalin II oil and gas project）等。

案例 1：BTC 项目。这是赤道原则下第一个 A 类项目，是赤道原则的第一次重大试验。该项目由苏格兰皇家银行集团等 9 家 EPFIs 负责融资。世界野生动物基金（WWF）、地球之友（FOE）等非政府组织指出该项目有 127 处违反了赤道原则，因而反对 EPFIs 向该项目提供资金。同时，EPFIs 也受到了来自媒体的压力；不仅如此，非政府组织还诉诸法庭请求保护人权和环境。[①] 迫于压力，贷款银团后来聘请了独立的环境顾问进行评估，结果表明该项目遵守了赤道原则，为了更加放心，贷款银团还聘请了另一个环境顾问代表它们对该项目进行监督。

案例二：萨哈林 2 号石油天然气项目。这是投资规模最大和争议最多的项目之一。它被非政府组织和原住民指责威胁濒临绝种的西部灰鲸，破坏珍稀鱼类和鸟类的栖息地，对地区渔业发展造成污染。迫于压力，项目发起人委托世界自然保护联盟（IUCN）召集一个独立科学评估小组评估该项目对西部灰鲸的影响。俄罗斯的环保组织也向俄罗斯的法院提起诉讼。

2005 年，萨哈林岛的原住民举行了两次抗议活动，并得到了国际声援。他们认为作为 EPFIs 的瑞士信贷第一波士顿银行（Credit Suisse First Boston）不应该在这个项目中扮演财务顾问的角色，因为这个项目多处违反了赤道原则。该项目有关的 EPFIs 还有荷兰银行等。

---

① 该诉讼由格鲁吉亚环保团体绿色替代物组织（Green Alternative）提起，控告当局非法颁发环境许可证。

这两个项目是运用赤道原则的过程中争议最大,同时也是比较典型的案例。从这两个案例和赤道原则的其他融资实践中我们可以归纳出赤道原则在实践中的一些特点:

1. 赤道原则已发展为行业惯例,并具有一种无形的威慑力,它使金融机构意识到这是一个不得不遵守的行业准则,它虽不具备法律条文的效力,但它具有约定俗成的无法抗拒的威力,谁忽视它,就会感觉到在国际项目融资市场中步履艰难,甚至可能会被迫退出国际项目融资市场。因此,EPFIs对有争议的项目融资时会三思而后行。

2. EPFIs成了保护社会和环境的民间代理人。一般来说,全球环境治理是国家通过签署和批准多边环境条约和协定并适用于一国境内的自然人、法人和其他组织来进行,而赤道原则中,环境和社会保护的义务主体是EPFIs,而不是国家,其依据是一个特殊的金融文件,而不是国际条约和协定。赤道原则的应用只受项目融资这个条件的限制,而不受国界的限制。EPFIs通过履行审慎性审核调查义务,直接监督环境与社会标准在项目中的应用,从而实现保护社会和环境的目的。EPFIs保护环境与社会的行为与官方的监督行为相呼应,成为一支强大的民间力量。

3. 赤道原则的出现将会改变国际贷款协议的条款和内容,主要包括定义与例外条款、先决条件条款、环境银行(environment bank)①条款、陈述与保证条款、特别保证条款、违约事件款、银团贷款问题以及债权人之间的关系问题和解决途径,等等;使国际贷款协议将会发生相应变化。

4. 赤道原则没有强制执行的效力,但EPFIs面临着来自利益相关者的压力,其中劳工、环保和人权非政府组织(NGO)是监督赤道原则实施的主要力量;还有一些非政府组织专门盯住金融机构的业务活动;如银行监察组织(BankTrack)②和银行监视组织(Bankwatch)。非政府组织凭着强大的社会影响力和公信力进行舆论监督,如雨林行动网(RAN)抗议花旗银行向破坏热带雨林的活动提供资金就是典型的例子,他们也可直接起诉金融机构,如BTC项目和萨哈林2号项目。

赤道原则在实践中也暴露了一些问题。

---

① 环境银行指的是从项目借款人和其他参与人那里接收有关赤道原则的信息并将监督项目的建设和运营的银行。

② 银行监察组织是一个非政府组织的联合机构,包括世界自然墓金会、地球之友、雨林行动联盟和伯尔尼宣言。该组织旨在推动商业的可持续金融发展,其可持续金融的目标在2003年1月的《联合宣言》中有所体现。目前该组织受到了约200多个组织的支持、《联合宣言》也成为衡量银行业对于可持续发展承诺的主要依据。

1. 以投资额为标准决定赤道原则的适用范围不太科学，因为位于敏感区或发展中国家的 5000 万或 1000 万美元以下的小项目仍可能产生重大的负面影响。

2. 有时赤道原则得不到切实执行。基于赤道原则的自愿性，缺乏一个强制执行的机关，某些 EPFIs 没有真正按照赤道原则开展业务。

3. 赤道原则有时被恶意规避。例如，一个实力雄厚的项目发起人可能会利用股东的资金向一个项目工具自我融资，然后一旦项目完工或投入运营，就会利用有限追索权债务再投资。同样地，项目发起人可能寻求（或银行可能会安排）资金的替代来源，如项目债券或类似的资本市场产品，或者银行融资的替代方式，如在项目发起人的担保下，提供直接的公司贷款给项目公司。另外，项目发起人也可能会把大项目肢解成几个 1000 万美元以下的小项目。

4. 如严格执行赤道原则，A 类项目就可能很难得到资金。

5. EPFIs 对项目的影响是有限的，因为它们前期介入比较困难，一般是项目定下来之后，发起人才向金融机构融资。

三、我国金融机构要积极应对赤道原则

赤道原则无论对国际金融界还是对我国金融界来说都具有重大意义，而且，随着改革开放的进一步深入，也增加了我国接受赤道原则的紧迫性。

由此可见，我国金融机构接受赤道原则是大势所趋。尤其是海外业务较多的中国银行和为国际金融组织贷款转贷的国家开发银行以及名列世界第三大出口信贷机构的中国进出口银行更应率先垂范。我国金融机构要接受赤道原则，必须做到如下几点：

1. 勇于承担社会责任，树立金融业可持续发展的理念。长期以来，我国金融界对企业社会责任了解不深，重视不够。2001 年国际金融公司与南京市商业银行进行参股谈判时，第一项议题就是环保问题，国际金融公司要求南京市商业银行按照国际惯例出具《环保承诺函》，建立环境管理系统。这使中国的银行家大感意外。因此，中国金融界主要是观念更新，把金融机构的企业社会责任与金融业的可持续发展有机结合起来，正确处理好股东的经济利益与利益相关者利益的关系。为此，金融机构要编制详细的企业社会责任报告并向公众披露。如果接受了赤道原则，报告中还要增加与赤道原则有关的一些具体内容，如本年度积极考虑的实行赤道原则的项目数量，贷款人同意和拒绝运用赤道原则的项目，本机构没有严格执行赤道原则的情形和理由等。

2. 要营造一个良好的金融生态环境。赤道原则的正确实施需要一个适宜

的金融生态环境,包括内部环境和外部环境。从内部来说,首先,要增设相应的机构,如企业社会责任部或者环境与社会发展部,专门负责融资中的环境与社会风险评估和防范,还有履规顾问/检查员(CAO)办公室,专门受理和解决申诉和投诉。其次,招聘熟知赤道原则的专职人员和外部专家,培训负责信贷、法律、项目融资等事务的员工,也可以培训客户。最后,把赤道原则转化为内部政策。要借鉴其他金融机构的经验,根据赤道原则的精神,结合本机构的实际情况,编写成如《赤道原则指南》和《赤道原则内部程序》等文件,如JP摩根就出版了绿色投资指南;甚至还可以进一步细化,制定一些单行条例,如汇丰银行分别于2004年和2005年推出了《林地及林产品贷款条例》和《水利工程贷款条例》。

从外部来说,首先,要加大赤道原则的对外宣传力度;其次,处理好与发起人、非政府组织、国家机关、银行业协会、媒体等利益相关者的关系,如可以向立法机关提出立法建议,制定一部《金融机构企业社会责任法》,规定金融机构企业社会责任的内涵与外延、执行与监督、奖励与惩罚等,特别是要详细规定金融机构的权利与义务,增设贷款人应有的注意义务。这样可以实现公平竞争,扩大本机构的影响,也可以得到立法机关和公众等利益相关者的好评。最后,要健全征询公众意见和信息披露制度。

3. 要研究和运用与企业社会责任有关的法律和政策。EPFIs的中心工作是进行审慎性审核调查,包括形式审查和实质审查。实质审查主要是检查《社会和环境评估报告》和《行动方案》是否符合东道国的法律法规、有关的国际条约以及国际金融公司的政策与指南。因此,金融机构要熟悉我国的社会与环境法律和批准的国际条约,如《环境保护法》、《环境影响评价法》、《劳动法》等,要研究新的法律和其他规定,如2005年修订的《公司法》明确规定了公司的社会责任[1],2005年底我国首部社会责任型企业基准问世。金融机构不仅要了解现行的法律和政策,还要关注新的立法动态,如在《劳动合同法》的制定过程中,金融机构要积极建言。对于国际金融公司的政策与指南,主要是要了解和分析它们的变化,如保全政策已经一分为二,变成社会与环境可持续性的政策和实施标准,还有新修订的信息披露政策,这些都值得研究。对将要发生的其他政策的变化也要予以高度关注并积极参与。

---

[1] 该条规定:"公司从事经营活动,必须遵守法律、行政法规,遵守社会公德、商业道德,诚实守信,接受政府和社会公众的监督,承担社会责任。"

四、结　束　语

随着经济一体化和金融全球化程度的加深以及赤道原则被越来越多的实践证明其科学性和合理性，包括中国在内的越来越多的金融机构将会接受这些原则，赤道原则将会成为名副其实的国际金融行业惯例。但是，我们也必须看到，目前赤道原则只适用于项目融资，虽然有些金融机构也用于公司融资等其他融资方式中，但没有在全行业推广。另外，其执行力和可操作性也需加强。这就决定单单一个赤道原则是不够的，还需要其他制度来配合。如要建立一个由第三方认证的金融机构企业社会责任认证体系，同时把赤道原则这样的行业惯例转化为国内法，对金融机构的社会责任进行特别规定。当然，无论如何，赤道原则在推进金融机构企业社会责任制度方面，今后将发挥不可替代的作用。

作者：张长龙（1972—），男，湖南武冈人，广东金融学院讲师，法学博士。

原载：《国际金融研究》，2006年第6期。

试论企业的社会责任
——以烟草企业为例

唐一之

烟草企业的社会责任问题是一个耐人寻味的问题。一方面,烟草企业是国家利税大户,另一方面,烟草企业又是公众健康的一大杀手。随着控烟、禁烟呼声的高涨和国家财政收入的渴求,烟草企业注定要在尴尬的两难中求生存。为了满足国家财政收入的渴求,烟草企业必须扩大销售量,而扩大销售量则意味着扩大公众健康的损害。烟草企业一方面在通过销售香烟不断地损害公众健康,一方面又在履行企业社会责任,通过慈善事业等方式回馈社会。简言之,烟草企业一方面在为恶,一方面在为善。作为这样一种具有二重性的企业,烟草企业的社会责任到底是什么呢?

一、企业社会责任:内部与外部

企业社会责任运动的宗旨是"赋予市场经济以人道主义",强调企业在赚取利润的同时,还要承担对环境、利益相关者和社会的责任。从企业社会责任运动的历史来看,企业社会责任的概念经历了由只注重追求企业利润、维护股东利益,到同时注重维护利益相关者和社会利益的历史演变过程。目前,企业社会责任的概念已经超越了以往企业只对股东负责的范畴,企业不仅要对股东负责,还要对包括员工、消费者、客户、环境、社区、政府等在内的利益相关者负责。[①] 因此,企业社会责任(Corporate Social Responsibility,CSR)是企业作为一种社会组织的应尽社会责任,是企业在生产经营过程中产生的经营决策和企业行为对社会影响所具有的责任,它包括企业对消费者、员工、股东乃至社区、政府、环境所应承担的经济责任和社会责任。也就是说,企业社会责

---

① 朱卫东:《从企业社会责任看"两个至上"价值观的提出》,《烟草政工通讯》,2005年第11期。

任包括两个方面的内容：内部社会责任和外部社会责任。①

内部社会责任主要包括企业治理的道德、保护劳动者的合法权益、遵守商业道德等。企业治理的道德主要包括对法律、法规遵守情况、防范腐败贿赂等交易中的道德行为准则问题；保护劳动者的合法权益主要包括员工安全计划、就业机会均等、反对歧视、生育福利保障、生产安全、职业健康、薪酬公平、保障员工的尊严和福利待遇等；遵守商业道德主要处理供应链伙伴的关系，包括对供应链中上、下游企业提供公平的交易机会。

外部社会责任主要是发挥企业在社会环境改善中的良好作用，包括满足社会各界利益相关者的需求，保护环境、支持慈善事业、捐助社会公益、保护弱势群体等。在环境保护方面，要求减少污染物排放，废物回收再利用，使用清洁能源，减少能源消耗，共同应对气候变化和保护生物多样性等；社会公益事业主要包括员工志愿者活动、慈善事业捐助、社会灾害事件捐助、奖学金计划、企业发起设立公益基金会等②；保护消费者权益主要包括企业内部执行较外部标准更为严格的质量控制方法，对顾客满意度的评估和对顾客投诉的积极应对，对有质量缺陷的产品主动召回并给予顾客补偿，等等。

对烟草企业而言，其内部社会责任没有什么争议，最值得探讨是其外部社会责任。这是由于烟草企业具有与其他企业不同的特质，它所生产的产品具有明显的负价值，因此，它应承担的社会责任除了具有一般企业社会责任的共性外，还具有明显的独特性。它的外部社会责任受到人们的额外关注。《烟草控制框架公约》是世界第一个旨在限制全球烟草和烟草制品的公约，2005年2月27日在全球40个国家生效。《烟草控制框架公约》对烟草企业所提出的社会责任主要是其外部社会责任方面的内容：提高烟草的价格和税收，禁止烟草广告，禁止或限制烟草商进行赞助活动，打击烟草走私，禁止向未成年人出售香烟，在香烟盒上标明"吸烟危害健康"的警示，并采取措施减少公共场所被动吸烟等。本文则主要探讨烟草企业的外部社会责任。烟草企业的外部社会责任主要包括如下几个方面：树立"国家利益、消费者利益和公众健康利益至上"的价值观，积极参与环境保护和社会公益、慈善事业，积极参与控烟和禁烟，改善产品、开发新的替代产品，减少烟草企业数量。

---

① 王淑芹：《企业道德责任论》，《伦理学研究》，2006年第6期。
② 董翔薇：《伦理智慧视野中的企业竞争与企业社会责任》，《伦理学研究》，2006年第5期。

二、树立"国家利益、消费者利益和公众健康利益至上"的价值观

争论来源于烟草企业所生产的产品——香烟。不像大部分其他企业的产品对社会而言具有显而易见的正价值,烟草的社会价值具有明显的争议性,而且在人们的心目中,烟草具有明显的负价值,尤其对公众健康而言。既然烟草企业的产品的社会价值具有如此特性,为什么还让它存在呢?它存在的价值是什么?烟草企业的存在有什么意义?关于这些问题,实践已经作出了回答,也就是说,烟草企业的客观存在表明烟草企业有存在的必要。我国烟草企业之所以存在的最主要的原因在于它能为国家财政收入、就业和社会稳定等方面做出巨大贡献。

烟草企业是我国财政收入的重要来源。我国是世界上最大的烟草生产国,烟草产量占全世界烟草总产量的1/3;我国是世界上烟民最多的国家,目前有3.5亿,占全世界烟民的1/3;我国是世界上最大的烟草消费国,烟草的消耗量占全世界的1/3。巨大的产量和市场使得烟草成为我国最赚钱的行业之一,烟草利税也因此成为我国财政收入的重要来源,烟草业每年2000多亿的税收收入占中央政府总收入的8%左右。这对一个发展中国家来说,实在太具诱惑力。由于经济结构等多方面的原因,与西方国家相比,我国在经济上对烟草的依赖程度更大。如果不调整整个国家的产业结构,要使我国在短期内放弃烟草业,无疑是一个极困难的事情。

烟草企业在整个经济发展和社会发展中也发挥着重要的作用。经过500多年的发展,烟草种植、烟草制品生产、烟草销售与贸易已经发展成一个庞大的产业。目前,全球约有120多个国家种植烟草,有132个国家和地区生产卷烟,所有的国家和地区都销售卷烟,全世界约有1.8亿人直接或间接地依靠烟草业谋生。[①] 在我国,围绕烟草业也形成了一个庞大的产业链,烟叶和卷烟的生产和销售涉及近360多万农户和近420多万零售商户,涉及烟草机械、信息服务、包装印刷、香精香料等辅助产业,全国有近5000万人的就业与生活同烟草业密切相关。烟草业是否稳定、能否健康发展,不仅直接影响到几千万人的就业和生活,而且影响到我国经济的稳定发展,甚至影响到整个社会的稳定和繁荣。因此,控烟在我国将是一个长期的艰巨工作。正如世界卫生组织驻中

---

① 程永照:《以人为本关爱健康——中国烟草企业的社会责任》,选自《中国企业的社会责任研讨会论文集》,美国哥伦比亚大学,2004年。

国代表贝汉卫博士所指出的:"控烟工作并不轻松,尤其是如中国那样。中国的控烟工作一定会面临巨大阻力,需要中国政府各部门做出政治承诺。"①

尽管烟草业为国家财政收入、就业和社会稳定等方面作出了巨大贡献,但烟草业对经济的贡献却不够抵消它对家庭开支、公共健康、环境及国民经济等造成的损失。世界卫生组织的研究表明,全球目前有烟民约13亿人,每年有近500万人因吸烟而死亡,烟草已成为继高血压之后的第二号杀手。如果不加以控制,到2020年每年因吸烟致死的人数有可能增加一倍。世界卫生组织将烟草流行作为全球最严重的公共卫生问题列入重点控制领域。我国吸烟人数为3.5亿,居世界各国之首。我国是世界上最大的烟草受害国,是世界上肺癌发病率最高的国家。全世界每年因烟草导致疾病而死亡的人数是500万,我国占100万。② 被动吸烟也给人们的健康带来极大的危害。据我国卫生部发布的《2007年中国控制吸烟报告》,超过5亿人的健康受被动吸烟危害,其中15岁以下儿童有1.8亿。2002年,11000人因被动吸烟而死于肺癌,31300人因被动吸烟死于冠心病,估计因被动吸烟死亡人数超过10万。③ 既然烟草企业对社会而言具有如此明显的二重性,那么如何处理国家利益、企业利益和消费者、公众的健康利益呢?这就要求烟草企业树立"国家利益、消费者利益和公众健康利益至上"的价值观,切身实践"两个维护"。1992年1月1日起施行的《中华人民共和国烟草专卖法》和1997年颁布的《中华人民共和国烟草专卖法实施条例》都开宗明义提出:"为实行烟草专卖管理,有计划地组织烟草专卖品的生产和经营,提高烟草制品质量,维护消费者利益,保证国家财政收入制定本法。"这里的"维护消费者利益,保证国家财政收入"实际上就是"两个至上"所强调的"维护国家利益和维护消费者利益"的法律明文规定。④

强调"两个至上",实际上是要求烟草企业在国家利益、公众健康利益与烟草企业利益发生冲突时,应当优先考虑国家利益和公众健康利益。如上所述,这种冲突无时无处不存在,因此,烟草企业的外部社会责任具有自身否定性,即要求烟草企业不断地否定自己的利益,甚至否定自身。

---

① 郑洁:《报告称中国超5亿人健康受被动吸烟危害》,《东方早报》,2007年5月31日。
② 参见程永照:《以人为本关爱健康——中国烟草企业的社会责任》,选自《中国企业的社会责任研讨会论文集》,美国哥伦比亚大学,2004年。
③ 卫生部:《2007年中国控制吸烟报告》,2007年5月。
④ 朱卫东:《从企业社会责任看"两个至上"价值观的提出》,《烟草政工通讯》,2005年第11期。

三、积极参与环境保护和社会公益、慈善事业

烟草企业在环境保护、社会公益慈善事业等方面也应承担其应有的社会责任。随着国人环保意识的确立,企业越来越重视提高卷烟包装及印刷的环保性能,选择节能、低耗、无毒、无污染、重复使用、易溶解、多功能、无公害的包装印刷材料,绿色环保已成为烟草包装势不可挡的发展趋势。①

在社会公益事业方面,中国烟草企业在努力为国家财政建设做出奉献的同时,积极回报社会。热心于扶贫、救灾、助残、助学等社会公益事业,积极开展"禁止中小学生吸烟"的宣传教育活动。无论是 1998 年长江特大洪水、2004 年印尼海啸,还是云南普洱的地震,各大烟草企业都慷慨解囊,在相当程度上降低了灾难的危害性后果。国家烟草专卖局与宋庆龄基金会、全国少工委、中国吸烟与健康协会等单位联合主办了"太阳花"杯公益活动,连续 8 年开展劝阻青少年吸烟活动,捐助了大量的资金,体现了烟草企业良好的精神风貌和高度的社会责任。②

但是,对烟草企业而言,仅仅参与社会公益和慈善事业,是低水平的社会责任。③ 英美烟草集团公共事务副总裁 Michael Prideaux 认为,"慈善捐助是企业社会责任的一个重要部分,但不是最主要的。对于那些处于争议性行业的企业来说,只要企业不要让自己成为一个慈善机构,企业社会责任便能具有切实的意义。慈善捐助是企业社会责任盛宴的一个重要的部分,但并不是一道主菜"④。因此,烟草企业不能满足于参与社会公益和慈善事业,而应在控烟、禁烟等自我否定等方面做出更大的贡献。

四、积极参与控烟和禁烟

坚持"两个至上"的共同价值观,意味着企业的经济利益应当让位于消费者和公众的健康利益,烟草企业在控烟、禁烟方面有所作为。表面上看来,这似乎与烟草企业的发展相悖,因为控烟和禁烟意味着控制和缩小烟草的需求

---

① 卫广娜:《写在"和谐·责任"——中国烟草十年盛典活动开幕之际》,《新世纪周刊》2007 年 7 月 26 日。
② 王淑芹:《企业道德责任论》,《伦理学研究》,2006 年第 6 期。
③ 孙燕青:《伦理学视野中的企业社会责任理由解读》,《伦理学研究》,2005 年第 4 期。
④ 佚名:《企业社会责任:是切实的行动还是空洞的口号》,见于 [EL/OL]. http://www. 16888. com. cn/print. asp? newsid=28651。

量,从而导致烟草销售量的减少,影响烟草企业的经济效益。实质上,这正是烟草企业承担社会责任的表现,如果像一般的企业那样,尽自己所能刺激市场的需求量,获得最大的经济效益,烟草企业就会违背"两个至上"的共同价值观。因此,与其他企业的社会责任不同,烟草企业所承担的社会责任具有耐人寻味的自身否定性。在控烟和禁烟方面,烟草企业的社会责任主要包括禁止烟草广告、促销、赞助,规范健康警语标志,禁止向未成年人出售卷烟,采取措施减少公共场所被动吸烟。

烟草企业要客观承认卷烟的危害,引导消费者理性和健康消费,尽可能减少卷烟对人体健康的危害。在烟草广告、促销和赞助方面,不得利用广播、电视、报纸、期刊发布烟草广告,不得在各类公共场所设置烟草广告。在明令禁止的媒介和场所以外发布烟草广告,不得含有吸烟形象、未成年人形象、鼓励和怂恿吸烟的情形;不得含有表示吸烟有利于人体健康、解除疲劳、缓解精神紧张的情形。烟草广告须标明"吸烟有害健康"的警语,警语必须清晰、易于辨认。[①]《烟草控制框架公约》生效后3年内,根据国家法律,确保健康警语面积"宜占据主要可见部分的50%或以上,但不应少于30%",警语"可采取或包括图片或象形图的形式"。《烟草控制框架公约》提出"广泛禁止烟草广告、促销和赞助",规定根据国家宪法以及宪法原则,在《烟草控制框架公约》生效后5年内,广泛禁止和逐步限制烟草制品广告、促销和赞助措施并存。

烟草企业还应当在减少被动吸烟方面有所作为,通过与有关部门的合作,推动公共场所吸烟问题的解决方案。有许多良好的解决方案可以消除香烟烟雾而不是吸烟人士,如更好的通风设施、分设吸烟区和非吸烟区、让餐馆和酒吧选择符合他们的顾客意愿的、合适的解决方案。在劝阻青少年吸烟方面,烟草企业主动开展反对未成年人吸烟的公益活动,并积极作好"禁止中小学生吸烟"的宣传教育工作。另外,各卷烟配送中心、批发网点及卷烟零售客户,都要在柜台的醒目位置摆放"禁止中小学生吸烟、不向未成年人售烟"的警示牌,采取切实措施防止未成年人尤其是中小学生购买卷烟、雪茄烟。

五、改善产品,开发新的替代产品

有关烟草企业社会责任的争议来源于其生产的产品具有显见的负价值,因此,烟草企业若要切实履行好社会责任,就应当改善其产品,降低产品的负价

---

① 参见程永照:《以人为本关爱健康——中国烟草企业的社会责任》,选自《中国企业的社会责任研讨会论文集》,美国哥伦比亚大学,2004年。

值。正如英国 BPRI 咨询公司在对烟草企业社会责任进行一项调查之后所得出的结论："无论烟草企业在公司社会责任方面如何努力,关键还是其产品的特性,而两者之间是水火不容。"[1]

这包括两个方面的内容,一是严格管制卷烟产品的成分含量,降低有害成分,研制开发生产对人体少害甚至无害的卷烟产品;二是开发新型的替代产品。正如国家烟草专卖局2003年4月在昆明召开的"全国烟草行业降焦减害工作会议"所提出的:中国烟草要以中式卷烟为发展方向,以降焦减害为主要任务,把握"一高两低"(高香气、低危害、低焦油)的关键技术,全面、积极地推进烟草行业降焦减害工作。国家烟草专卖局副局长张保振曾提出"一大梦想"——如何能使烟草从有害到低害、无害,直至有益。[2]

第一,严格管制卷烟产品的成分含量,降低有害成分,研制开发生产对人体少害甚至无害的卷烟产品。《中华人民共和国烟草专卖法》、《中华人民共和国商标法》都对卷烟产品的焦油含量及烟气烟碱作出了上限规定,并强制卷烟生产企业必须在卷烟外包装上标注焦油含量及烟气烟碱含量。为提高卷烟吸食安全性和产品质量水平,国家烟草专卖局于2004年1月9日发布《关于调整卷烟焦油含量要求》的通知,规定从2004年7月1日起,烟草企业生产的盒标焦油量在15 mg/支以上的卷烟不得进入销售市场。近年来,我国烟草企业通过广泛采用传统的降焦技术和积极研究开发与推广新的降焦减害技术,国产卷烟的焦油量得到了大幅度的降低。到2002年,我国卷烟焦油量加权平均值已经达到了14.7 mg/支,同时也相继开发出了一批技术含量高、市场前景和经济效益好的低焦油卷烟新产品。

第二,开发新型的替代产品。在这方面,我国已经迈出了可喜的一步,出现了"中式卷烟"的概念和产品。烟草企业挖掘中草药在烟草中的应用价值,借助现代科技手段,将烟草与中草药进行有机融合,在保持"中式卷烟"制品香气、吸味等消费质量的前提下,让中草药在烟草行业发挥其独特功效,使卷烟制品中的有害物质进一步降低。1993年,南昌卷烟厂与江西中医学院中药研究所联合成立了新型混合烟研制课题组,参考《中国药典》中的处方,并与世界著名香料公司合作,开发专用香料。经过很多次反复尝试,一种"药在烟中存,不改烟之本"的新型混合烟——"金圣"终于面世。另外,"黄鹤楼"卷烟在不断降焦的前提下,借鉴中医"香熏"原理,采用了现代科技手段独创

---

[1] 佚名:《全球第二大烟草公司——英美烟草公司》,见于[EL/OL]. http://www.zplight.com/article_html/200609/a66.htm.

[2] 卫广娜:《烟草:在爱与恨之间艰难取舍》,《新世纪周刊》,2007年7月26日。

的"雅香"风格,这种传统方法与现代科技融为一体的创新手段,除了给人心理上带来愉悦感外,还带来一种更为健康的享受。①

六、减少烟草企业数量:烟草企业社会责任的终极任务

烟草企业生产的产品具有显见的负价值,照一般的逻辑,这样的企业应当关闭。但是限于当前的情况,烟草企业仍是国家财政、就业和社会稳定的重要来源,不得不保留下来,但这不是烟草企业的未来,这仅是妥协的产物。烟草企业的未来应当是自我否定,即逐渐减少烟草企业,乃至消失。因此,自我否定、减少企业数量应是烟草企业承担其社会责任的终极任务。

作为第一个具法律效力的国际公共卫生公约,世界卫生组织的《烟草控制框架公约》是全球公共卫生领域和控烟运动的一个里程碑,它的目标是"以便使烟草使用和接触烟草烟雾持续大幅度下降,从而保护当代和后代免受烟草消费和接触烟草烟雾对健康、社会、环境和经济造成的破坏性影响"。可见《烟草控制框架公约》的主旨是要对全球烟草的生产经营实行严格的控制,以致减少烟草企业的数量。

在这方面,我国已取得了一些成绩。2000年我国有卷烟工业企业184家,生产规模小,集中度低,为改变这种状况,优化生产布局,国家确定了"深化改革、推动重组、走向联合、共同发展"的目标,通过关闭10万箱以下的小烟厂,重组10~30万箱的企业,生产力布局逐渐趋于合理,据统计,整个"十五"期间,烟草制造企业的数量在短短的5年内就缩减了近三分之一,2000年全国共有烟草企业184家,而经过兼并重组,到了2005年这个数字已经减少到44家。

作者:唐一之(1971—),男,湖南长沙人,北方交通大学管理学院博士研究生,湖南大学计算机学院讲师。

原载:《湖南大学社会科学学报》,2008年第1期。

---

① 卫广娜:《中国烟草努力增强行业社会责任》,《新世纪周刊》,2007年6月20日。

论跨国公司的社会责任

谢军 苏勇

企业社会责任（Corporate Social Responsibility）是 20 世纪以来凸现于企业管理领域的一个重要概念，它是在对西方传统的企业目的理论，即企业的唯一目的就是实现自身利润最大化的反思中发展起来的。在我国，对企业社会责任问题的关注和讨论，则是在经济全球化背景下，随着跨国公司的不断进入及其在经营所随之产生的一些经济和社会问题而提出的。尤其是近年来，宝洁、亨氏、雀巢、哈根达斯等一批跨国公司品牌相继出现危机，这就更促使我们深入反思跨国公司在其经营行为中对待社会责任的态度、公众对跨国公司社会责任的误解以及跨国公司社会责任的实质等问题。

一、跨国公司对待社会责任的三种消极模式

通过对企业传统一元目的论的反思和修正，越来越多的学者和企业管理者认为，企业对于社会责任问题应有一个全新的视角和行为模式，企业应该尽到自己的一份社会责任。企业社会责任理论认为，企业作为一个商业组织，不再是可以不考虑公众利益的独立实体，"企业的经营行为必须具有社会意义，就像企业的社会行为必须具有经济意义一样"[①]。企业和社会应该是一个利益共同体，为此，要想获得战略主动并且确保长久发展，企业必须在关注利润最大化目标的同时，要承担相应的社会责任正是在这种理论推动下，跨国公司为了树立良好的形象，开展了广泛的社会责任运动。从西方的实践来看，跨国公司对待社会责任主要表现为 4 种战略形式，即：消极反应战略（reaction strategy）、抵御战略（defense strategy）、适应战略（accommodation

---

[①] 乔治·斯蒂纳、约翰·斯蒂纳著，张志强、王春香译：《企业、政府与社会》，北京：华夏出版社，2002 年，第 133 页。

strategy）和提前行动战略（proaction strategy）。[①] 不可否认，一些跨国公司在社会责任方面做出了值得称道的贡献，但与北美、欧洲等发达地区相比，一些在华跨国公司社会责任的实际表现同他们温情脉脉的宣传相去甚远，其对待社会责任主要实施的是消极反应战略和抵御战略。在具体行动中，这两种战略主要表现为3种消极模式：

（一）口号型责任模式

所谓口号型责任模式，是指跨国公司只是将社会责任作为企业经营理念或者是使命陈述的一部分，在媒体或公开的场合高呼要承担社会责任，而在实际的企业行为中，却很少履行社会责任，甚至对自己造成的不良后果拒绝承担相应的责任。据有关资料表明，目前，全球主要的200多家跨国公司中，都设有自己的公司社会责任标准，绝大多数公司在其核心价值观中，也将承担相应的社会责任放在重要的位置。《公司使命陈述》作者杰弗瑞·亚伯拉罕斯，在对301家美国顶级公司使命陈述的关键词进行统计时也发现，几乎每一个跨国公司都在不遗余力地倡导顾客、服务、品质、尊重、道德等责任理念。[②] 然而，观念和行动之间的距离总是比想象的要大，这些动听的信条并非跨国公司在中国的企业文化的全部，而且往往也并未成为其行动准则。让我们来看看下面这些反差：

全球知名会计师事务所普华永道，其经营理念是"促进学习，提供机遇，要提供超越客户和员工期望的高质量服务"。但2004年7月，因中国内地员工不满长年加班、薪资不公平以及不近人情的管理方式等，普华永道爆发所谓的"集体怠工事件"；声称始终关注长期可持续的业务发展，而不是只重视短期利润，把"优质食品，美好生活"作为永久愿景和使命的雀巢公司，在今年6月，其系列奶粉被发现碘含量超标，严重威胁婴儿安全；同样在6月，一直向公众宣扬"绿色无污染"理念，作为冰激凌世界中"劳斯莱斯"的哈根达斯，其深圳店却惊爆"厕所门事件"。[③] 除此之外，美国惠氏奶粉被限令召回，富士胶卷涉嫌走私，家乐福"进场费"风波，宝洁SK-II危机，肯德基苏丹红事件等等。可以说，在这些跨国公司响亮的宣传中没有不标榜以顾客为导向、勇于承担社会责任的，但在面对中国的"利益相关者"（Stakeholder）时却纷

[①] D. R. Dacton, R. A. Cosier. *The Four Faces of Social Responsibility*, *Business Horizons*, 1982, pp. 19—27. 消极反应战略是指不能甚至不愿意按照社会责任方式行动；抵御战略是指采取不积极的防御战略，得过且过。

[②] 杰弗瑞·亚伯拉罕斯著，黄卓华等译：《公司使命陈述》，上海：上海人民出版社，2004年，第24—25页。

[③] 普华永道、雀巢、哈根达斯的公司经营理念及宣言分别参见各公司网站。

纷走下"神坛",行动与口号大相径庭,遭遇危机不断。

平心而论,作为一个经营规模巨大、产品和销售跨越几十个国家的跨国公司,在经营中出现一些问题在所难免,但可怕的是对待危机的态度。与其所宣称的口号根本违背的是,大多数跨国公司在面对这些危机的时候,并没有负责任地承担起相应的后果。他们要么高高在上,傲慢不屑,盛气凌人;要么态度低调,保持沉默,企图蒙混过关;要么被动接受敷衍了事,期待草草了结;要么就是政府公关,媒体公关,进行"特殊沟通"。所有的这些表现,都反映了这些跨国公司在中国市场上言行不一的虚伪、社会责任感的缺乏和对中国消费者的蔑视。可见,这种口号型责任模式,仅仅是出于希望通过"美丽谎言"来蒙蔽公众,以建立公司良好形象,其实质是追求利润最大化,公司不愿也从来没有打算要为社会承担责任。

(二) 歧视型责任模式

所谓歧视型责任模式,主要是指跨国公司在经营上采取双重标准,只在本国或发达国家和地区承担责任,而在发展中国家或落后国家却不承担或较少承担责任。无歧视原则是WTO的基本原则。从企业作为客体而言,其目的是为在不同国家从事国际经营的其他企业建立一个公平交易的平台;从企业作为主体来说,企业的雇员和其产品或服务的消费者应在不受任何歧视的情况下享有他们的一切权利。一个公司如果注重优秀文化和良好形象,那就无论是在发达国家还是发展中国家,都会秉承同样的原则。作为经济全球化的主要主体,跨国公司理应遵守并践行这一原则。但遗憾的是,近年来跨国公司在中国市场上的歧视对待事件不断发生,与其在母国或发达国家的传统做法判若两人,似乎忘记了他们在发达国家社会中高唱的社会责任:

最典型的莫过于2005年初,亨氏辣椒酱在中国被揭露含有"苏丹红"之后,先是矢口否认,否认不了了再遮遮掩掩地承认,但并不主动收回产品,直至被工商部门执法检查和商家将产品撤柜。表现出极不负责的态度。同样,在三菱越野车刹车质量问题、东芝笔记本电脑"软驱控制器缺陷"问题、卡夫食品公司的转基因产品事件等事件中,这些赫赫有名的跨国公司表现都存在问题。在发达国家,企业发现产品有缺陷往往主动召回,如果是被动曝光,也会迅速做出反应,承认和弥补自身失误,尽力挽回在消费者心目中的形象。但是在中国,一些跨国企业没有按照他们在本土或西方国家所一贯奉行的经营管理之道。他们对中国消费者之傲慢与其在西方发达国家的表现形成了鲜明对比。

为什么一些跨国公司在中国等发展中国家的责任承担会存在歧视性对待和双重标准问题?一方面是跨国公司自身的原因,他们在经济和文化上有一种先天的优越感,加之高起点进入中国并通过强势品牌地位引导消费者,由此造成它与消费者的心态不对等,并最终导致无视中国消费者的利益。同时,资本的逐利性要求跨国公司追逐利润,反映在中国这种转型经济的背景下,就使一些公司的行为失去了经济理性。另一方面必须看到的是,中国目前还缺少对跨国企业行为的约束机制或是约束不力。一些地方和部门为了"招商引资",怕把外商"吓跑"没有尽到自己的监管责任,这在某种程度上助长了一些跨国公司的不良倾向。没有约束机制或虽有而不严格执行,光靠企业自觉,是很难要企业来充分履行和承担社会责任的。同时,消费者的观念和传媒的舆论导向,也在一定程度上导致了跨国公司在中国实行了双重标准。

(三)转移型责任模式

转移型责任模式,是跨国公司通过转变经营和生产方式,将本应自己承担的社会责任转移到供应商身上的一种新型消极责任模式。在经济全球化背景下,许多跨国公司的生产和经营方式发生了根本性转变,传统的生产、管理和销售一体化的企业管理和经营模式正在退化,出现了一种产品或品牌的生产、管理与设计、销售及经营完全剥离的新模式。在这种模式中,拥有品牌的公司不再介入生产,而是形成了通过承包、外包的方式由合作伙伴来负责生产的一种新的"生产链"。在这种生产方式的推动下,至今为止,大部分跨国公司的生产厂家都已经转移至发展中国家和地区,形成了较低成本的产品价值链组合。其中,中国就是一个主要的转移目的地,据《远东经济评论》报道说,"中国已从一个具有极强的国际化生产能力的国家变为一个巨大的'国际生产车间'"[①]。

这种生产方式的出现,分化了企业和产品的直接关系,拥有品牌的跨国公司拥有的主要是品牌和形象,而不是产品本身。因此,这些跨国公司对供应商工厂中的劳动标准、工作环境和环保状况等都不再直接负责。同时,对生产地的就业、社会发展状况等更没有任何直接社会责任。尽管伴随越来越多"血汗工厂"的产生,在劳工组织和消费者的压力下,一些跨国公司纷纷制定生产操作守则,对供应商开展社会责任审核。但实际上,跨国公司通常既不为供货商提供相关培训和咨询,也不改变订单的要求,其结果只能是使生产守则流于虚名,甚至成为一种新的贸易壁垒。可见,跨国公司在转变生产经营方式的过程中,只愿意将自己的道德成本转嫁给供应商,却不会为承担社会责任而放弃利润。

---

① 谭深、刘开明:《跨国公司的社会责任与中国社会》,北京:社会科学文献出版社,2003年,前言。

二、对跨国公司社会责任的四种误解

当前,学术界对跨国公司是否应该承担社会责任已没有分歧,绝大多数跨国公司也都承认企业或多或少应该承担一定的社会责任。但总体上看,管是学者还是跨国公司本身,当前对跨国公司的社会责任还存在几种主要误解:

(一)把跨国公司社会责任当作一种纯粹的工具理性

工具理性是个体借以实现其精心计算的短期自利的方式;价值理性行动则取决于对真善美或正义之类较高等级的价值。从纯粹的工具理性的角度理解跨国公司社会责任,依然没有摆脱以斯密"经济人"假说为基础的传统西方经济学对企业的界定,坚持认为企业存在的目标就是追求利润最大化,跨国公司承担社会责任不过是将其作为保证企业长期盈利的工具和手段。

这一认识的误区在于,似乎只有假定跨国公司是追求利润最大化的经济实体这一唯一前提,才能使企业行为具有可预期性和合乎逻辑性。不可否认,跨国公司作为独立的商品生产者和经营者,其利益具有独立性和排他性,其发展的根本目标在于自身利益的最大化,这是不能因为强调社会责任而忽视的重要内容。但我们也应该看到,跨国公司作为一个社会存在物,它从产生的第一天起,就必然面对双重责任:既要满足自身生存和发展的经济利益,同时也必须对社会的稳定发展和人类的福利负责。因此,跨国公司作为社会的一份子,不能仅仅将承担盈利之外的社会责任片面地理解为一种为了长久盈利而使用的时髦工具,而应将其理解成为了共同的社会目标而努力的价值追求。恰如涂尔干所言:"经济功能本身不是目的,而只是实现目的的手段;它们只是社会生活的一个器官,而社会生活首先是各项事业的和谐一致的共同体。"[1]

(二)把跨国公司的社会责任等同于经济责任

企业社会责任和经济责任的区分,是早期企业社会责任理论据以提出和构建的基点,也是早期传统理论的信奉者与企业社会责任的倡导者之间展开"论战"的出发点。长期以来,企业社会责任运动的支持者也都是将单纯的企业经济责任作为其"对立面"来加以反击的,可见,这种反击前提上就预设了企业社会责任和经济责任各自的差异性和存在的独立性,企业经济责任不应也不能被企业社会责任所吸收和包含。但是,随着时代的发展和争论的推进,企业社会责任与企业经济责任的界限变得越来越模糊,许多学者试图建立一种企业对

---

[1] 爱弥尔·涂尔干著,梁敬东译:《职业伦理与公共道德》,上海:上海人民出版社,2001年,第18页。

包括股东在内的所有利益相关者负责的企业社会责任理论。如理查德将企业经济责任作为企业社会责任的一部分,认为"企业的社会使命并非单纯来源于法律,其所承担的一般社会职责,即提供丰富的高质低价产品,事实上也是一种社会职责"①。弗里德曼则干脆将企业经济责任等同于企业社会责任,认为"企业仅具有而且只有一种社会责任——在法律和规章制度许可的范围内,利用它的资源和从事旨在于增加它的利润的活动"②。

受国外理论的影响,近年来,国内许多对跨国公司社会责任问题的探讨者认为,跨国公司利润与中国社会的福利存在一种正相关关系,跨国公司对利润的追求也具有社会功能,其利润最大化也就意味着对我国社会福利贡献的最大化。虽然我们并不否认,跨国公司为社会提供优质的产品,确实也尽到了自己的一份社会责任,但显然不能简单地将跨国公司的社会责任等同于跨国公司自身的经济责任,这将混淆跨国公司社会责任与其经济责任的界限,模糊甚至掩盖跨国公司社会责任与其经济责任的冲突,也使调和或解决这种冲突的努力可以轻易被忽略。将跨国公司经济责任归入社会责任的论调,与其说是对当前跨国公司社会责任理论的发展,不如说是对跨国公司利润最大化鼓吹者的妥协,值得我们予以澄清。

(三) 认为跨国公司社会责任就是 SA8000

如前所述,在"生产链"生产方式下,"血汗工厂"层出不穷,跨国公司为维护公司形象、回应劳工组织和消费者的呼吁,纷纷制定供应链行为准则和生产守则。中国作为"世界工厂",在获得众多跨国公司投资青睐的同时,也受到了来自跨国公司生产守则和其他社会责任标准的约束。目前,国际上有关社会责任的标准数量繁多,归纳起来主要有三类:其一,通过代表制程序制定的政府及政府间组织的标准,如联合国劳工组织公约、联合国人权宣言等;其二,非政府组织制定的民间标准,如道德贸易行动准则(ETI)、社会责任标准(SA8000)等;其三,各类跨国公司如耐克、宜家等自身制定的供应链行为准则。

具体到 SA8000(Social Accountability 8000),它是由美国民间组织——社会责任国际(SAI)制定的一个以保护劳工环境和条件、保障劳工权益等为主要内容的标准管理体系,主要涉及童工、强迫行劳动、健康与安全、自由结社及集体谈判权、歧视、惩戒性措施、工作时间、工资报酬及管理体系等 9 个

---

① 理查德·T.德·乔治著,李布译:《经济伦理学》,北京:北京大学出版社,2002 年,第 22—23 页。

② 米尔顿·弗里德曼,张瑞玉译:《资本主义与自由》,北京:商务印书馆,1986 年,第 128 页。

方面的内容。SA8000不同于国际通行准则ISO9000和ISO14000，作为全球第一个可用于第三方认证的社会责任标准，尽管SAI一直致力于将其纳入国际标准化组织（ISO）和国际认可联盟（IAF）系统，但均遭拒绝。同时，SAI也一直在努力寻求政府和跨国公司的支持，但至今世界上没有一个国家的政府要求强制执行其标准，认可其效力的跨国公司也为数不多。由此可见，SA8000在整个企业社会责任运动中的地位和作用非常有限，我们不能将其等同于跨国公司社会责任。这种误解不仅会为某些商业机构借机进行社会责任认证提供舆论环境，还可能为某些国家设立国际贸易新壁垒提供借口，同时，也会在事实上导致跨国公司真正应该承担的社会责任范围的缩小。

（四）认为跨国公司社会责任是其自发的道德自律

与"生产守则"运动相关，跨国公司运用它迫使供应商遵守劳动标准和环保标准，客观上推动了我国相关企业履行社会责任。因此，在一定程度上，跨国公司推行"生产守则"的行为，成为了跨国公司本身承担社会责任的标志，这很容易使人产生跨国公司仅仅是出于高尚的动机才这样做的错觉。同时，出于对单纯"经济人"假设的修正，现代经济学一般认为企业不仅是"经济人"，还应当是"道德人"。但人们往往将"企业应当成为'道德人'"这一价值判断误读成"企业是'道德人'"这一事实判断，而出于对自身形象的塑造和追求，跨国公司往往又采取一些诸如捐赠、扶贫、关注青少年成长等公关行为，这就更容易让公众产生作为"道德人"的跨国公司，其社会责任行为是自发的道德自律的结果。

实际上，我们知道，不管是"生产守则"运动还是慈善行为，跨国公司往往有着实实在在的利益动机。跨国公司的社会责任行为，大多数不过是社会运动迫使企业按照社会大众的共同价值观所形成的道德准则行事的结果，而不是企业自身道德自律的产物。当前，我们固然应当倡导跨国公司自愿、自觉地履行社会责任，我们也可以发现一些开明的跨国公司自觉地在采取社会责任行动，但我们不能就此忽视他们采取这些行动的出发点和动机。跨国公司社会责任说到底是利益关系的产物，片面地将跨国公司的社会责任理解成其自发的道德自律，不但掩盖了跨国公司社会责任的本质，还会使我们放弃建立必要的、强有力的社会责任约束、保障机制的努力。单纯地寄希望于跨国公司的"良心发现"，是不牢靠的。

三、跨国公司社会责任的实质

跨国公司一方面试图建立自己负责任的高大形象，一方面又力图逃避本应自己承担的社会责任。而作为社会公众，由于各方面原因，对跨国公司的社会责任又存在种种误解，因此，有必要从理论上弄清楚跨国公司社会责任的实质。从企业社会责任的实践看，企业越来越多地倾向于利益相关者管理，企业的社会责任是与利益相关者的利益要求紧密联系在一起的。由此我们认为，跨国公司社会责任的实质是企业利益相关者对跨国公司利益实现机制的重构。

从利益相关者理论的角度来看，跨国公司的发展前景有赖于公司对公众不断变化的期望的满足程度，或者说是公司对利益相关者的合理利益要求的回应质量。以消费者为例，在消费方面，越来越多的消费者关心他们所购买的商品的生产是否符合基本的人权标准。消费者通过手中的"货币选票"，把"拒绝购买"作为手段来对跨国公司实行"公共选择"，其结果，迫使跨国公司为了市场份额不得不认真听取消费者的声音。由此可见，在今天的社会，股东以外的其他利益相关者已经形成了一个与跨国公司命运生死攸关的巨大压力集团，这一集团通过社会运动的激荡，形成了共同的价值观并迫使跨国公司按照这种共同的价值观来调整经营行为。一旦背离这种共同价值要求，就会被社会大众所抛弃。东芝公司失去在中国市场的领先地位、卡夫公司黯然退出中国市场等，都是这种压力的现实写照。在很大程度上，我们可以说，跨国公司利益的实现是以公司利益相关者的利益的实现为前提的，跨国公司如果不顾利益相关者的合理利益要求的实现，就会失去参与市场竞争的资格。

正是从这个意义上，我们认为跨国公司社会责任的实质是企业利益相关者对跨国公司利益实现机制的重构，明确了这一实质，我们这就不难理解，为什么跨国公司在利益相关者利益要求不是特别强烈，以及没有形成共同的价值要求的时候，会选择前文所说的消极责任模式。但是，为什么跨国公司利益相关者能够对跨国公司的利益实现机制进行有效的重构并促进其履行社会责任？这需要我们从综合性社会契约（Integrative Social Contracts）理论的角度给予解答，因为综合性社会契约是联系企业社会责任与利益相关者利益要求的纽带。[①]

在对企业属性的理解中，一方面，企业是一个人格化的组织，它能够而且必须对其所处的社会系统的要求作出回应，承担相应的社会责任。另一方面，现代企业理论还把企业理解为与不同主体之间一组复杂的显性契约和隐性契

---

① 托马斯·唐纳森、托马斯·邓菲著，赵月瑟译：《有约束力的关系》，上海：上海社会科学院出版社，2001年，第26—33页。

约[①]的交汇所构成的一种法律实体。这里"不同主体"实际上就是企业的利益相关者。由于利益相关者是一个有着明确指称的概念,因此,在这种"法律实体"中,交汇的契约既有经营者与雇员之间的契约,也有企业作为债权人与债务人之间的契约,还有企业作为供应商与消费者之间的契约、企业作为法人与政府之间的契约等等。[②] 这样,企业行为实际上就成了一组复杂契约系统的均衡行为,这种复杂契约系统的主题就是一系列目标不同且可能相互冲突的利益相关者。

上述两种对企业属性的界定客观上为企业在承担社会责任的策略选择中提供了两种备选观点。用唐纳森和邓非(Donaldson & Dunfee)的话来说,就是"工具性观点"和"规范性观点"。"工具性观点"的主要思想是企业之所以要承担社会责任、关注利益相关者的利益要求,是因为这样做将使企业变得更有利可图。这一观点从反面来说就是,忽视企业的社会责任、忽视利益相关者利益要求的企业实际上是在冒风险,而与重要的利益相关者对立则可能危及企业自身的生存。与此不同,"规范性观点"的主要思想是不论企业的状况如何,它都有一种伦理性的社会责任,都应当对利益相关者的要求做出恰当的回应。这种观点强调做"正确的事"或做"应该做的事",它不再将关注利益相关者的利益要求作为实现企业经济利益的一种手段和工具。

在唐纳森和邓非看来,企业在履行社会责任的时候,应该对上述两种策略予以综合考虑,基于此,他们建立了综合性社会契约理论。综合性社会契约理论认为,工具性观点容易为企业界所接受,它是指企业必须承担其社会责任,必须考虑其利益相关者的利益要求;但是规范性观点从更根本的基础上奠定了企业与利益相关者之间的契约关系、明确了企业承担社会责任的本质。综合性契约理论之所以更偏重强调规范性观点,是因为企业与其利益相关者之间契约性质的原因:虽然许多利益相关者的利益要求都是通过他们与企业所签订的显性契约来实现的,但是还有许多利益要求是无法显化的,或是显化的成本极高以至于双方都愿意放弃这种显化的努力。但这并不意味着当某些事前没有在契约中明示的或然事件发生时,企业可以以"契约中没有这一规定"为由而推卸责任,因为这既不符合规范性的道德伦理,也会对企业的生存发展产生不利的影响。因此,企业对利益相关者的利益要求必须作出反应。正是在这个意义

[①] 这里显性契约和隐性契约包含两个层面的含义,其一是指作为契约关系主体之一的利益相关者,有些是显性的,有些是隐性的;其二是指作为契约关系确立的形式,有些能明确的界定和说明,因而是显性的,有些则无法界定和说明,因而是隐性的。

[②] 笔者不赞成将企业的经济责任包含企业的社会责任之中,因此,在企业与利益相关者的契约系统中,经营者与所有者之间的契约被排除在外。

上，我们认为跨国公司社会责任的实质是企业利益相关者对跨国公司利益实现机制的重构。

分析跨国公司社会责任的实质以及强调考虑利益相关者的合理利益要求，并不是要跨国公司来承担本不属于它要承担的责任，而是强调，在当前中国，从跨国公司发展来看，应该将自身的社会责任与利益相关者紧密结合起来，在公司治理的架构中寻求相应的措施和制度来保证社会责任的履行。从利益相关者来看，要求我们的政府、消费者、媒体等能成为跨国公司社会责任履行的自觉约束力量。

作者：谢军（1976－），男，湖北天门人，复旦大学管理学院博士后研究人员；

苏勇（1955－），男，复旦大学管理学院教授。

原载：《天府新论》，2006年第6期。

["社会责任"与"政府责任"]

西方现代民主政治视域中的公民责任

吴威威

法国社会学家涂尔干认为:"民主并不取决于支配国家的人有多少;民主的本质及特征,是人们与整个社会的沟通方式。"① 以多元文化价值为基础、以民主和法治原则为特征的现代民主政治,其制度的良好运行需要大量负责任的公民作为其社会基础。民主政治愈发展,公民的主体价值愈凸显,公民责任也愈加突出。在现代民主政治视域中,公民责任是指公民履行与其公民身份相适应的、符合社会公共善的义务以及对行为后果的承担。公民责任包含两层意思:当公民直接面对政府权力运作时,它是公民对于这一权力公共性质的认可及监督;当公民侧身面对公共领域时,它是对公共利益的自觉维护与积极追求。

一、公民责任以非私人领域为主要领域

公民之所以为"公",缘于身份的公共性。公民责任是在权力成为公共用品以及在政府与私人事务之间出现公共领域之后的产物,至少不会产生在这两者之前。从性质上说,公民责任所涉及的领域指向非私人领域。在这里,非私人领域并不等同于公共领域,但同公共领域的界定有密切关系。

汉娜·阿伦特把人的活动分为三种:劳动、工作、行动,认为劳动的目的是维持生命,劳动和工作都是人类在自然环境中采取的活动模式,而行动实际上是人类之间的互动关系。前两种基本属于私人领域,后一种基本属于公共领域。一般为求生而生产物质产品的活动属于私人领域的活动,而类似于古希腊城邦国家的公民所从事的政治活动,则属于公共领域的活动。阿伦特认为,政治属于行动领域,是公共领域重要的一个方面,但不等同于公共领域。她认

---

① 爱弥尔·涂尔干著,梁敬东译:《职业伦理与公民道德》,上海:上海人民出版社,2001年,第91页。

为,作为创造者的人能够创造一个他自己的公共领域——市场,一个非政治层面上的公共领域。① 哈贝马斯的理解有所不同,他视公共领域为介于公共权力与私人领域之间的一块中间地带:"公共领域是介于国家与社会之间进行调节的一个领域,在这个领域中,作为公共意见的载体的公众形成了,就这样一种公共领域而言,它涉及公共性的原则——这种公共性一度是在与君主的秘密政治的斗争中获得的,自那以后,这种公共性使得公众能够对国家活动实施民主控制。"② 一方面,它作为公共权力的批判空间与其针锋相对;另一方面,它虽然作为私人领域的一部分,立足于不受公共领域管辖的私人领域,却又跨越个人和家庭的藩篱,致力于公共事物。哈贝马斯的公共领域理念迅速成为典范,泰勒和雅诺斯基对公共领域的理解深受其影响。泰勒也坚持:"公共领域是政治外的公共活动空间,政治权力在此必须倾听。""在公共领域中,整个社会透过公共媒体交换意见,从而对问题产生质疑或形成共识。"③ 泰勒同哈贝马斯的区别在于,他把私人领域压缩在家庭内部事务领域,认为市民社会不是私人领域,而哈贝马斯的私人领域所涵盖的范围要广泛得多,不仅包括家庭及其内部事务,而且包括商品交换和社会劳动的领域,即狭义的市民社会。雅诺斯基的划分则立足于现代文明社会,突破了国家与社会的二元对立格局,他认为社会由四个相互起作用的组成部分——国家领域、私人领域、市场领域和公众领域——构成。国家领域包括立法、行政和司法的组织。私人领域则包括家庭生活、亲友关系及个人财产的处理。市场领域包括那些通过商品生产和服务而实际创造收入和财富的私营或公营组织。公众领域是其中最为复杂的一部分,至少有五种类型的志愿联合组织活动于其中:政党、利益集团、福利协会、社会运动及宗教团体。我们可以发现公私领域之间存在重叠。公众领域之外的三个领域,每一个都与公众领域有所重叠。国家领域与公众领域重叠的部分是:政党、公共福利、媒体、以公共利益为目的的教育及科研组织等;市场领域与公众领域重叠的部分是各种行业协会、消费者协会等;私人领域与公众领域也有重叠的部分,例如,媒体和法庭中透露的私人生活等。④ 雅诺斯基反对哈贝马斯所主张的各个领域之间的彼此分离,认为各个领域之间的互动对于

---

① 汉娜·阿伦特著,竺乾威译:《人的条件》,上海:上海人民出版社,1999年,第1页。
② 尤根·哈贝马斯:《公共领域》,载汪晖、陈燕谷编:《文化与公共性》,北京:三联书店,1998年,第126页。
③ 查尔斯·泰勒:《公民与国家之间的距离》,载汪晖、陈燕谷编:《文化与公共性》,第200页。
④ 托马斯·雅诺斯基著,柯雄译:《公民与文明社会》,沈阳:辽宁教育出版社,2000年,第16—22页。这里需要说明的是,市场领域与国家领域、市场领域与私人领域也都有重叠,但本文主要讨论的是公共领域。因此,此处不作赘述。

文明社会是非常重要的。

现代社会的纷繁复杂和变动决定了划出一条公与私的清晰界限是不可能的。因此，雅诺斯基的划分似乎更符合现实性。立足于当前的社会图式，公民责任所涉及的领域是开放式的、具有公共性的领域。它主要包括两大领域：其一，公共权力领域。公民要承担对公共权力的支持性责任，包括具有法治意识、政治认同、政治参与、政治监督或反抗等责任。其二，公众领域。它既包括对公共权力进行讨论、监督的公共舆论领域，也包括国家、市场和私人领域中与公众领域相重叠的部分。体现最为广泛的公民责任，包括参与公共讨论、遵守社会公德、积极参与社区服务和公益事业服务、组织各种环保活动等。还包括各种以追求公共利益为目的的集体行动和社会运动。它是公民责任最为活跃的领域。这两个领域具有非私人性的特点，它是公民在公共生活中的责任，不同于日常的责任。日常交往的伦理是感情，而公民责任是一种公共性的交互责任，是我们在公共生活中可以相互提出的那些有效性要求，诉诸的是尊重的态度和审慎的共识。

二、公民责任以公民参与为重要体现

公民履行责任必须付诸行动，公民责任的重要体现就是公民参与。从广义上说，所谓"公民参与"，就是为了落实民主政治、追求公共利益及实现公民资格，由公民个人或公民团体从事包括所有公共事务与决定的行动，这些公共事务是以公民本人切身的地方性事务为基础再逐步扩大到全国的。[①] 具体内容可以包括选举、村民自治、民主评议政府、公共管理决策、公民监督、公民志愿服务等活动，具体形式表现为讨论、对话、选举、投书、请愿、结社、社会服务等。公民参与是民主政治发展、良序社会运行的一个关键因素，对于公民意识及公民美德的形成也具有积极的推动作用。第一，公民参与有助于现代民主政治的形塑。首先，公民参与有助于政府合法性的形成。政府合法性是指公民对政治行政系统的自愿认同。公民只有积极地参与到讨论、对话、选举、决策等政治行政过程中，才能对政府的行政行为有更全面和深刻的理解，进而才会产生对政府行为的自愿认同，形成对政府公共权力的信任和支持。其次，公民的有序参与有助于政治体系的稳定。国家权力的配置是公民按照法律程序行使权力的结果，公民有序地参与政治，影响、支持政治决策，提高了政治体系

---

① 李图强：《现代公共行政中的公民参与》，北京：经济管理出版社，2004年，第37页。

稳定的程度。① 再次，公民参与有助于实现行政管理民主化。公民参与可以扩展行政管理未考虑到的层面，改善公共政策的绩效。当决策出现不同的分歧时，可以通过公民多数决议的方式解决，有助于民主社会理念的实践及各种公共价值观的维护，而且公民参与可以对政府当前尚未展现的公共服务职责加以补充。第二，公民参与有利于公民社会的生成。其一，公民参与可以调整社会结构。国家与社会相互重叠的一元结构极易导致国家权力对社会权利的侵占和僭越，而公民知政、议政和参政机制的健全，有助于社会结构的调整，保持社会相对于国家权力的独立性，防止国家权力对公民权利的侵害。其二，有助于社会公共责任的分担，促进积极而活跃的公民社会的生成。公民资格的普适性和平等性，不只意味着公民权利的平等，而且要求公民享有权利和履行义务的平衡。这种要求具体体现为：公民分担社会公共责任，参加各种社团、组织、协会，参与公共事务，组织参加各种追求和维护公共利益的活动，积极履行维护公共善的责任。只有在这种情况下，一个同公共权力良性互动的公民社会才会逐渐生成。第三，公民参与有利于现代民主公民的形成。首先，公民参与有助于公民表达自己的需求，实现自己的利益，提供公民自我发展与选择的基础。其次，公民参与是公民自我教育的重要方式和公民能力提高的重要手段。再次，公民参与还是公民美德的标志。欧德菲尔德认为，公民资格的内涵包括公民对其行为自律与自主性的道德体认，公民彼此间的友谊与社会联系，以及公民对其社会角色与公共利益的判断力。② 公民参与可以培养与他人的友谊和感情，有助于凝聚共同的社群意识，并从中体认个人的主体性，培养尊重他人的民主素养，获取参与的知识与技巧。因而公民参与也可视为个体认同公共利益的一种社会行动，有助于公民美德的塑造。

  公民参与是一个历史发展着的概念，初期着重于政治参与，而后经历了对公民文化、公民社会的关注以及公共行政中的公民参与的重视，到现在发展为更为广义的公众参与概念。概念内涵的演进源于社会实践的发展和变革，现代民主政治理论的一个重要变化就是从"以投票为中心"的民主理论向"以对话为中心"的民主理论的过渡。广义的公民参与已将政治参与、公共决策参与、参与社团组织、志愿服务等都涵盖其中，而不同种类的公民参与活动的共同宗旨在于对民主社会中公共善的追求。

---

① 塞缪尔·亨廷顿著，李盛平译：《变革社会中的政治秩序》，北京：华夏出版社，1988年，第79页。
② 李图强：《现代公共行政中的公民参与》，第115页。

三、公民责任以公民能力和道德责任意识为基本要求

公民承担责任需要具备一定的素养，主要体现为公民能力和道德责任意识。阿尔蒙德提出了公民能力的概念，将之定义为公民的政治能力，即公民通过政治影响（组织团体、威胁要退出选举或采取其他的报复手段等）对政府的决策施加影响的水平。通过对政府决策施加影响，政治能力又可以转化为行政能力，这种转化有两种类型：一种类型是政治能力强的公民，可以对官员施加压力，逼其按照行政条例办事；如果官员不按条例办事，公民则通过政治机构提出抗议。另一种类型是对行政官员施加政治影响，不是逼官员们按官僚机构的条例办事，而是逼他们做出有利于某个人或某个集团的特殊决策。① 阿尔蒙德认为，这种政治能力首先体现在参与决策上。"民主政治取向的一个要素就是要有这样的信念，即个人可以对政治精英和政治决策有某种支配力。"② 根据阿尔蒙德的分析，公民能力与臣民能力的不同，恰恰体现在是否对制定政策施加影响。"臣民不参与制定法律，而且他的参与不涉及施加政治影响的问题。他参与时，总的政策已经制定，而且正在实施。臣民的能力主要是知道在法规管辖之下自己有哪些权利，而不是参加制定法律。"③ 现代民主政治非常重视公民参与政治的能力，在政治参与的过程中公民以什么样的态度、行为去影响政治决策，是非常重要的问题。否则即使公民参与到政治活动中，但不具备质疑政治权威的能力和愿望，不具备公共讨论的能力，不能为自己的政治要求、政治主张提供论证，依然无法在政治参与中表达自己的利益和主张，体现出自己的主体性。

罗尔斯对公民能力的具体内容进行了研究。他假设在正义体系出发点——原初状态中，存在作为自由个人的代表，在无知之幕下他们是具有"充分参与合作"精神的社会成员，正是他们的合作，建构起现代性公平正义的良序社会。这样，"社会合作能力"就是这些原初代表"基本的"能力。④ 而这种"社会合作"能力又有三个进一步的规定，一是"公共认可的规则与程序"的

---

① 加布里埃尔·阿尔蒙德著，徐湘林译：《公民文化——五个国家的政治态度和民主制》，北京：华夏出版社，1989年，第245页。
② 加布里埃尔·阿尔蒙德著，徐湘林译：《公民文化——五个国家的政治态度和民主制》，第401—402页。
③ 加布里埃尔·阿尔蒙德著，徐湘林译：《公民文化——五个国家的政治态度和民主制》，第42页。
④ 约翰·罗尔斯著，万俊人译：《政治自由主义》，南京：译林出版社，2000年，第320页。

存在以及对这种规则程序的自觉践履；二是公共认可的"公平合作项目"；三是各"参与者合理得利"①。因此，罗尔斯正义理论中原初状态中的人并不是任意的一个人，而是有着具体内在精神气质与人格类型规定的人。罗尔斯认为他们应具备两种道德人格能力，即"正当和正义感的能力"及形成其善的观念的能力。罗尔斯还明确把这两种道德能力当作成为政治正义社会之充分而平等的成员的充要条件，认为那些能够终生参与社会合作的人和那些意愿上尊重"公平合作项目"的人，均可视之为平等的公民。

公民责任的另一个基本要求是道德责任意识。道德责任是指人们从内心意识到的对他人、社会的道德义务以及对行为后果的善恶的承担。道德责任是人们主动意识到的义务，具有良心的成分。道德责任所包含的道德的内在强制力和道德理性，相对于其他道德规范而言，是最集中、最强大和最多的，也是社会的道德要求和个人的道德信念结合得最紧密的。② 道德责任意识是道德责任在人的头脑中综合的心理反应的总和，是衡量个人道德觉悟程度和道德境界高低的重要标志之一。人的德行能力在相当意义上取决于人的道德责任能力。公民道德责任意识增强就会自觉地践行公民道德的要求，促进公民责任意识的提升。公民道德责任意识包括感性阶段和理性阶段。其感性阶段体现为公民对于社会和他人的道德要求而形成的初步的道德责任态度，它是公民对他所属群体的共同活动、行为规范以及他所承担的任务的初步的情感态度。此阶段公民对社会义务形成了一定的责任情感，但并未上升为理性的自觉意识。在理性阶段，公民经过思考而形成更加成熟的道德认知，进而通过道德情感和道德意志形成稳定的道德心理指导个体的道德行动。公民道德责任态度一旦上升为理性的自觉意识，则成为稳定的道德责任意识，公民将社会的道德要求内化为自己的心理需求，积极地实践各种道德行为，形成自己的道德习惯。道德责任意识将公民个体的价值理想与社会道德规范密切联系起来，增强道德责任意识可以提高公民的道德觉悟和道德境界，促进公民道德行为习惯的养成，有利于责任公民的生成，而负责任的公民是现代民主政治的基石。

作者：吴威威（1971— ），女，哈尔滨工业大学人文学院讲师、法学博士。

原载：《马克思主义与现实》，2007年第4期。

---

① 约翰·罗尔斯著，万俊人译：《政治自由主义》，第16—17页。
② 罗国杰：《中国伦理学百科全书·伦理学原理卷》，长春：吉林人民出版社，1993年，第341页。

由自由达致责任
——关于契约自由的内在规定性理论

孙学致

契约自由是契约法的最高理念,其本质应该是单纯一贯而非自相矛盾的,应该是不证自明且对我们的正义直觉有强烈的吸引力的;它应当能够推导出契约关系应然具有的状态和基本特征,将契约还原为人的自由的产物,并在此基础上对契约法的制度安排做出逻辑的解释,而不会导致规范之间的相互矛盾。这一切有赖于对契约自由的本质于理论上进行深入的理论阐释,以此赋予契约法以统一的理念和逻辑,而不至于沦为一部让人随意解释、自相矛盾的东西,才能真正有力量拒斥以各种所谓正义的、政治的或权利的名义强加给契约的外在意志,从而捍卫契约这一属人的自由之域。

一、缔约不受强制

讨论契约自由的逻辑起点,无疑是自由。自由是什么?从字面意义来看,自是自己,由是听之顺之,自由者,听从自己也。何为"自己"?洛克说:"自由要前设理解和意志——一个网球不论为球拍所击动,或静立在地上,人们都不会认为它是自由的主体。我们如果一研究这种道理,就会看到,这是因为我们想象网球不能思想,没有意欲,不能选择动静的缘故。""因此,离开了思想,离开了意欲,离开了意志,就无所谓自由。"[①] 所以,自由是人能够按照自己的意志进行的活动。

意志是什么呢?意志是人的意识的一部分,除意志以外,意识还包括知(认知、思想、理解)和情(欲望、愿望、感情)。自由必与意志相关但未必与知、情相关。一个人即使没有能力做某事,他也会有欲望、思想或愿望做某事,如我没有能力飞,但我想飞,显然我不能飞并非我不自由,而是我无能

---

① 洛克著,关文运译:《人类理解论》,北京:商务印书馆,1959年,第208页。

力。同样，自由与人所处的非人为的客观环境，即某一特定时间和场合所能选择的各种物理可能性的范围大小，也并无直接相关性。一个陷于困境的攀登者，虽说只看到一种方法能救自己，但他此时仍是自由的，尽管他别无选择。① 一个人不能按照自己的意识去做某事，是因为有障碍或强制的存在。如果障碍来自于自身能力，这是无能力的问题，不能说他无自由；如果障碍或强制来自于自己之外，是外界，是他人，则不能说他无能力，而只能说他是无自由。

自由的本质是为许多先哲所认识到的。霍布斯指出："自由这一词语，按照其确切的意义说来，就是外界障碍不存在的状态。""这种自由就是用他自己的判断和理性认为最适合的手段去做任何事情的自由。"② 柏林认为，就没有任何人干预我的活动来说，通常我可以说是自由的。在这一意义上，一个人的自由就是他可以做别人无法阻止或强制的事情。哈耶克也指出：自由是一些人对另一些人所施以的强制在社会中被减至最小可能之限度的一种状态③；自由不是财富，不是权力，而是免于强制。④ 既然自由与强制有着紧密的联系，那么只有在对强制做出定义以后，才能对自由做出精确的界定。所谓"强制"，意指一个人的环境或情境为他人所控制，以至于为了避免所谓更大的危害，他被迫不能按自己一贯的计划行事，而只能服务于强制者的目的。除了选择他人强设于他的所谓较小的危害情境以外，他既不能运用他自己的知识或经验，亦不能遵循他自己的目标及信念。强制之所以是一种恶，完全是因为它据此把人视为一无力思想和不能判断的人，实际上是把人彻底沦为了实现他人目标的工具。这显然是否定自由的力量。

在现实中的情势中，人不受强制、干预或限制几无可能，强制是不可避免的。其中，来自自然环境、财富、家庭、民族、性别、智商等方面的强制（恰当地讲应该是"制约"）不仅是无法避免的，而且在事实上和法律上都是无法克服的。所以我们所谓的关涉自由的强制只能是来自人为的强制。这个"人"包括法律上所有具有意思能力的主体，这种强制是人有意为之的行为。防止强制的唯一途径只能依靠对强制行为的强制，在现代社会，这一强制权力只能赋予国家，由国家出面制止人对人的强制行为。但是，这种强制性的国家权力本身又具有构成侵损自由的内在冲动，于是我们在授予国家保护自由的权力的同

---

① 哈耶克著，邓正来译：《自由秩序原理》，北京：三联书店，1997年，第5页。
② 霍布斯著，黎思复、黎廷弼译：《利维坦》，北京：商务印书馆，1985年，第97页。
③ 霍布斯著，黎思复、黎廷弼译：《利维坦》，第425页。
④ 张文显：《二十世纪西方法哲学思潮研究》，北京：法律出版社，1996年，第260页。

时，亦须谋求限制国家权力，将其限制在使私域确获保障的范围之内。而现代法治国家的意义就在于以法律制约国家权力，使其权力确实发挥保障自由的功效。

简而言之，自由能否实现，取决于自由能否"确获保障"。"自由预设了个人具有某种确获保障的私域（some assured private sphere），亦预设了他的生活环境中存有一系列情势是他人所不能干涉的。"① 这是分析契约自由的逻辑起点。在契约法上，自由的状态以契约成立为界限，呈现为两个阶段：在契约成立之前，契约自由是指"是否缔约的自由"和"选择缔约相对人的自由"；在契约成立之后，契约自由是指"决定契约内容的自由"。笔者把前两种自由称为"个体自由"，后一种自由称为"整体自由"。"个体自由"是纯粹的个人自由，它意味着每一个法律上的人（自然人、法人和其他组织）在契约缔结之前不受任何人约束，是否缔约及与谁缔约纯属个人的自由选择，无论是谁都不能强制他必须缔约或必须与某一个特定的人缔约，包括强制者自己。这是契约之所以有约束力的正当性基础，因为当事人唯有在"个体自由"的前提下决定缔结契约并对相对人承担给付义务，才能证成契约效力的根源在于当事人的意志而非受强制。"整体自由"是已经缔约的双方当事人共享的自由，他们通过缔结契约建构起专属于他们双方的债的关系，这是纯粹的私人领域。在此私域中，他们有着通过协商任意形构双方关系的自由，包括相互让渡或单方放弃自己的一部分自由而背负义务，自愿让对方对自己享有权利。"整体自由"因此有了两个维度：一是作为一个整体、一个契约所应有的不受契约关系之外的力量强制的自由。契约关系之外的人与组织，非依法律不得对双方当事人基于合意确定的契约内容进行干预。除非法律禁止，否则缔约双方享有以约定为双方任意创设权利义务关系的自由。二是作为一个相对独立的私域、一种契约关系，其内部的任何一方所应享有的不受对方强制的自由。这意味着双方在契约关系中让渡或放弃的那部分自由，只能基于让渡或放弃者的真实意志，而非对方的有意强制。义务与被强制不是一回事。

二、约定应当遵守

与无政府状态下的野蛮斗争方式和强权统治下的人治方式相比，通过契约处理与他人的社会关系无疑是人类在进化过程中选择出来具有自由品性的最好方式。在契约订立过程中，双方即处于"个体自由"的状态，与谁缔约，是否

---

① 哈耶克著，邓正来译：《自由秩序原理》，第6页。

缔约，取决于当事人的意志，他人无权干涉。此时，要约人的意志与意欲承诺的受要约人的意志处于相互制约的状态，谁也不会容忍单向度地受对方限制，谁都无权要求对方无条件地接受自己的要求。在这一前提下缔结的契约必是双方自由意志的产物，而不是被强制下的产物。诚然，双方自由达成的合意实际是一种相互约束的关系，即相互为对方设定对自己的权利，为自己设定对对方的义务。但它是双方在自由状态下的交易理性使然，通常情形下，当事人的交易理性既包括他们合理预计交易效果的认知推理能力，也包括他们拥有何以实现所欲之价值目的的正确决策和实践能力。它使双方当事人不仅要考量自身契约行为的目的和效用（个人理性、目的理性），而且要考量与之相关的契约行为的条件和方式，尤其是对相对人的影响。这种以绝对不受强制的理性选择为起点，以自愿自觉地承担义务和自我约束为结果的演进，恰是契约自由的真义；它使人类放弃了为所欲为的妄想和堕入原始丛林状态的危险，摆脱了对强权的身份依赖，得以根据自己的需求、能力、知识及对相对人、对各种社会因素的考量，安排私人生活和交易关系；它使交易双方得以在契约的框架内达致权益关系之平衡，使契约成为维持交易秩序的工具，使社会合作成为可能，而这恰是人类文明在近现代获得巨大进步的基础。由此可以认为，经由前契约阶段的"个体自由"达致契约阶段的"整体自由"，由绝对地不受他人限制达致自愿地接受契约的约束，乃是双方当事人"随心所欲而不逾矩"的自由本性使然；沿着这一思路，我们毋须借助"法定效力理论"，就应该能够对"约定何以应当遵守"做出属于自由主义的解释。

需要强调的是，我们这里所谓"约定应当遵守"，是从契约当事人主观意志的自觉这一层面而言的，与所谓"契约具有法律约束力"不同，与"依法缔结的契约具有法律约束力"也有差异。"契约具有法律约束力"是"意志效力论"的主张。该理论认为，法律行为效力的根源在于行为人的意志，因为意志本身即具有法律的性质。如果某人受到某项契约的约束，仅仅是因为表达了这种意志。用德国学者拉伦兹（Larenz）的话讲就是："法律行为之所以能产生法律效力，不仅仅是因为法律确认如此，而首先是因为实施法律行为的人意图通过法律行为引起法律后果。"法国学者拉荷比尔（Larombiere）说的更直白："合同义务是直接根据当事人的意志而产生的，它们不依赖于法律而独立存在"。与之相对立，"法定效力论"则主张，约定之所以应当遵守，源于法律如是规定，契约唯于法律认为其内容合法且不违背公序良俗时，方能产生"约定应当遵守"的效力，即法律约束力。"法律行为中所表示的意志，它本身不可能在法律范围中产生任何效果，不论参与法律行为的是什么东西，意志表示只是为适用法律作出条件，因此人们一般所谓法律行为的效果只不过是适用法律的一种结果。"① 所以,该理论主张,只有依法缔结的契约才具有法律约束力。

"意志效力论"的错误在于,它否认国家强制力对契约效力的外在保障作用,把契约当成了法律本身。它没有看到,"约定应当遵守"仅仅是契约当事人的意志,这种意志在外化为实际行为的过程中,可能会因具体交易情势的变化而被当事人相反的个别性意志代替。而国家强制力则可以作为外在的力量约束当事人将"约定应当遵守"贯彻到底。"法定效力论"的危险则在于,它把"约定应当遵守"从契约当事人的意志中剥离出来,使之完全变成了国家意志,使契约效力的正当性只能由国家意志加以解释。这是自由主义极力反对的。安东尼·德·雅赛指出:"……如果没有对法律的尊重,法律也是可能和可行的;没有对所做承诺的道德约束力量的信念和关于违约可耻的信念,契约也是可能的和可行的,那么法律和契约的生存就是以强制性的安排为条件的,而强制性的安排最终是与一个自由主义秩序不相容的。"②

"约定应当遵守"绝不是仅当契约法规定如此才是如此,而是因为当事人的自由意志有如此的内在要求。这并不等于承认"意志决定论"所谓意志即为法律的主张,但也不等于否认"法定效力论"强调的法律对"约定应当遵守"具有的保障功能。笔者只是强调:法律对契约之约束所以正当,最终源于契约当事人的意志;仅就此意义而言,契约效力来源于当事人的合意,属于契约自由的当然之义。

为了巩固这一判断,还需要深入讨论一个困扰契约法理论的问题。前面曾提道:"约定应当遵守"仅仅是契约当事人的意志,这种意志在外化为实际行动的过程中,可能会因具体交易情势的变化而被当事人相反的个别性意志代替。这句话里面潜伏了一个矛盾:如果契约当事人的意志是可能变化的,那么为什么他应当遵守契约约定的那个意志,而不能遵循他变化了的另一个意志?或者用英美法的表达方式说,为什么允诺人先为允诺,而后又违反先前的允诺时,他不受违约时的意思约束而是受过去的意思约束?当事人变化了的意志难道不属于当事人的一种意志自由吗?这其实也是现代契约法和契约经济学重点讨论的一个问题:对一个长期性的契约而言,影响交易的因素会随着时间和情势的变化而变化,那么为什么契约法还要求当事人遵守先前订立的那个契约?要回答这个问题,我们必须抛开"个体自由"的思维方式,回到"整体自由"的框架下展开讨论。如前所述,契约自由走向的结果,是落实于双方自愿达成

---

① 董安生:《民事法律行为》,北京:中国人民大学出版社,1994年,第66页。
② 安东尼·德·雅赛著,陈茅译:《重申自由主义》,北京:中国社会科学出版社,1997年,第84—85页。

的相互约束的契约。契约的本质是一种交易，交易的价值在于其以相互交换权利的方式实现双方互惠，并进而促进整个市场的经济效率。仅就最基本的一个契约（交易）单位点而言，交易已经属于社会性行为，契约当事人以独立主体的身份参与交易这一社会互动之后，便成为社会化的行动主体，成为一个社会人。"社会人"的概念意味着，契约当事人的交易行为的动机不仅源于人的求利目的，而且这种求利目的是双向的、相互的。双方都清楚，互利的交易动机本身并不能确保交易真的有利可图，只有确保交易过程始终被控制在双方共同预期的范围内，才能最终实现交易的互利目的或相互性利益，亦即经济学所谓的实现了交易效率。

根据交易费用理论，契约是交易双方确定交易费用的基本参数。契约规定了双方交易的主要内容（标的、价格、质量、数量、规格、履行方式、履行地点、履行期限、免责条件、解决争议的方式、违约责任等）。当事人是在预期这些交易条件不变，即对方能够按照约定履行义务的情形下，计算自己可能付出的交易费用的。契约成立标志着双方在合意的基础上达致了帕累托最优的状态，任何一种变化都将导致一方不利益。因此，遵守约定是任何一方当事人对相对方起码的期待和要求，因而也是双方的共同期待和要求。每一个当事人基于契约总会合理地期待和信赖对方会遵守约定，并且希望这一期待和信赖可以普遍化地实现于所有的交易场合。于是，"约定应当遵守"就既是个别交易人的期望，又是所有交易人的期望；既是市场交易得以普遍化的条件，又是个别交易效率得以实现的保障。某一个契约当事人在个别交易中也许不愿遵守约定，但他绝不会希望其他人不遵守约定。他宁愿把自己的违约当做一个例外，也不希望违约是所有交易下的常态。所以，我们相信，"约定应当遵守"不是由外力强加的，而是在每一个当事人的意志之中的，是契约自由状态下当事人普遍的意志状态。

三、违约应负责任

任何人无论多么不自由或多么自由，他总会有按照自己的意志进行不同选择的可能，总会有利用各种机会改变或转化偶然性的可能，也就是说，一个人总会有一定的自由。人作为一个本质上为自由的生命，绝对的不自由是不存在的，无论在什么样的情境下，我们每个人都拥有按照自己的意志自由活动的可能，这便是所谓的"意志自由"。对此，海德格尔的定义甚为精辟："自由仅在于选择一种可能性，这就是说，在于承担未选择其他可能性并且也不可能选择它们这回事。"①

长期以来，各种形态的决定论都否定意志自由的存在，他们认为，一切事物、任何意志的发生都必然有其原因，都必然为其原因所决定。这是不错的。但是他们把因果性与必然性混为一谈，得出了一个错误结论，即"一切事物、任何意志的发生都是必然的、必定的，不可能存在什么意志自由"。这就错了。

一切事物的发生必然有其原因，但引致结果之发生的原因对于承受这一结果的那个具体的人而言，则可能是偶然的。在一个人遭遇的各种各样的偶然性事件中，有些是人所不能决定或控制的，有些却可以经由人自己的选择而使某一偶然性因素转化为其未来达到的那种结果的原因。就此意义而言，哪里有偶然性，哪里就有意志自由。② 只要在人的活动界域内存在偶然性，就存在着人按其意志对某一偶然性进行选择的可能，这便是自由意志的领地。尽管自由能向个人提供的只是在各种偶然性中选择的种种机会，是一定境况下的选择，而且个人努力的结果还将取决于无数偶然因素的作用，但经验告诉我们，在一定境况限制下的人的选择仍然是自由的，因为我们每个人都具有把判断力集中在自己所能控制的那些境况上的潜在能力，任何其他人都无法代替本人做到这一点。所以当然的预设就是，每一个人行动的后果决定于他自己的选择，亦即其自由意志，除非有显见的反证。强调意志自由与偶然性的联系，并不等于说必然性与意志自由势不两立。对必然性的不断认识有助于一个人在面对偶然性时进行有目的的选择。必然性有助于澄清一个人的目的，也有助于实现一个人欲求的与必然性同一的目的，但它不是强迫一个人必须服从的理由。在将"必然性"视为人的目的之参照的意义上，笔者赞成"意志自由是按照自己的意志利用必然性来改变偶然性从而选择实现某种可能性的活动"的判断，但反对"对必然性的认识，乃是一个人获得意志自由的前提、根据、保证"③的这种过于绝对的断言，因为它仍然没有超出决定论的窠臼：既然"必然性"是自由的前提、根据和保证，那么以"必然性"要求人、强制人，不还是顺理成章的吗？既然一切事物和行为的发生都是历史或自由界的"必然性"所决定的，而非人的意志自由选择的结果，那么人为什么还要对自己的行为负责呢？这是决定论最大的问题，它于根本上否定了个人人格的作用，因而不能说明人为什么要对自己的行为负责。

于是，在个人能够以其自由意志进行意思表示或采取行动的情境下，让该

---

① 海德格尔著，陈嘉庆、王庆节译：《存在与时间》，北京：三联书店，1987年，第340页。
② 王海明：《新伦理学》，北京：商务印书馆，2001年，第412页。
③ 王海明：《新伦理学》，第413页。

人对其行为后果承担责任，实为不言自明的道理。由此推演开来，如果契约是双方经由自由协商共同选择的一种权益关系，则由当事人承担践约履诺的负担，应在契约自由的本意之中；倘若一方当事人于缔约后背弃约定，也不失为一种意志自由下的选择，但同样要为其选择的后果负责，即承担违约责任。违约责任是契约义务的转化形态，是契约当事人选择的承担义务的连带性结果：当契约当事人违反义务时，在相对方请求下，国家公权力强制债务人继续履行约定义务或承担其他替代性的负担，使契约债权一如当初约定所预期的那样得以实现。

在所有法律责任中，唯有违约责任具有意志责任性质，契约法允许当事人通过约定自由选择责任方式，可以约定违约金，也可以约定违约损害赔偿的计算方式。司法实践中，一方当事人如缺乏确切证据证明真实的损失金额过高或过低于违约金，法院通常依契约之约定执行违约金。契约法之所以如此，无非是承认违约责任亦属于契约自由的范畴，是当事人订立的契约内容的一部分，是他们对未来一方违约将要承担的后果的事先预定。

霍尔姆斯认为，违约就是违约，不涉及道德问题；所谓履约的义务本身是假想，因为一个契约当事人具有一种选择——履约或在不履约时赔偿损害，仅此而已。经济分析法学则从资源的有效配置出发，提出"效率违约"概念，认为只要符合效率原则，则应鼓励违约，而不应考虑违约的道德性。[①] 美国的分析法学家科克洛克甚至认为，违约是对义务的违反，同时也是一种法律权利。违约者可以通过对契约义务的违反来创设一种新的法律关系，即违约者与契约相对人之间的违约损害赔偿法律关系。[②] 这些观点陈述的乃是契约自由的一种极端状态，它们将有权选择违约也收入了契约自由的囊中，进而意味着违约者拥有一种选择的自由权利，既可以选择履行契约，也可以选择违约损害赔偿。对此，我们有条件地加以接受：作为契约自由的一种表现，如果违约者具有承担违约责任之意志，则违约与道德就应当是无涉的，除非违约者在选择违约的同时又坚持认为自己没有责任补偿对方因此受到的损害。令人欣慰的是，尽管违约者往往想方设法逃避承担责任，但恐怕没有谁会真的把"随便违约而不必承担责任"当做一条公理。每一个理智的交易者都明白，假如大家都以此为"公理"，社会交易秩序将不复存在，人们将回到"丛林时代"。其实每一个交易者都暗自希望只有自己是违约责任的例外，而不是所有人。由此可见，选择

[①] 罗伯特·考特，托马斯·尤伦著，张军等译：《法和经济学》，上海：上海三联书店，1994年，第398—402页。

[②] 王涌：《私权的分析与建构》，北京：中国政法大学，1999年，第160页。

相对人——创设契约权利与义务——履行义务或不履行义务——接受后果或承担责任，这些都在契约当事人的控制之下，属于契约自由的范畴，不违背自由的本性。有上述论证做基础，违约责任作为法律责任的正当性也就得到了内在的而不是外在的说明。它因此而不再仅为国家强加的意志或命令，而是契约自由的本性使然。

作者：孙学致（1967—），男，吉林长春人，吉林大学法学院副教授。
原载：《吉林大学社会科学学报》，2003年第1期。

试论"责任性权力"及其建构

魏吉华

一、问题的提出

近来,一股势头强劲的"问责"风暴席卷中国政坛,所到之处,一大批权力掌握者纷纷落马,有的引咎辞职,有的受到党纪政纪处分,还有的甚至被追究刑事责任。人们开始意识到,拥有权力已经不像从前那样是一件轻松惬意的美事,相反倒是成了一桩极具风险、随时可能付出沉重代价的"苦差"。对此,我们不应感到诧异,因为,随着我国法治进程的推进,权力在经历了漫长的迷途后,正在不断恢复曾经被掩盖的本来面目,正在积极回归一度失却的真实位置。我们有理由相信,中国政府正在以强化责任追究制度为切入点,着力建构一种契合现代法治国家需要的崭新权力范式"责任性权力"。

二、权力制约理论的发展

在阶级、国家出现以前的原始社会,并没有集中于少数人的"国家权力",有的只是氏族内部由全体氏族成员共同享有和支配的具有共有性质的社会公共权力。氏族成员通过这种社会公共权力的行使,确立维护氏族组织的秩序,谋取保障全体氏族成员的集体利益和福祉。

随着私有制的产生和国家的出现,权力的共有性质消失了。它与其他社会财富一起,日益集中到少数人的手里,由共有变成了私有,成了少数人的"私产"。不仅如此,少数人不仅垄断了本该属于社会的权力,而且进一步将它演化为实行压迫统治的"暴力工具"和牟取私利的"手段"。[①] 权力处于至上的地位,拥有无限的范围,在现实社会中没有任何可以对其进行制约的力量,于

---

① 郭道晖先生认为,"是国家吞食了社会的权利和权力,反过来用国家权力统治社会"。郭道晖:《权力的多元化与社会化》,《法学研究》,2001年第1期。

是造成了人们对权力的迷信与追逐,造成了人们对权力拥有者的崇拜与惧让,也造成了人们对自身权利的麻木与隐忍。如此一来,"权力本位","官本位","义务本位"在古代社会一直占据意识形态的主流也就不足为怪了。这时的国家治理,也就必然是权力拥有者的"人治"。

神秘而恣意的国家权力产生伊始,便有思想家逐渐认识到其危害并开始认真思考权力的真正来源以及如何界定权力的合理位阶进而对之加以控制和约束。当然,这种认识与思考是伴随着法治思想的萌发同步行进的。盖尤斯曾说,"一切权利都是从人民来的,皇帝的命令何以有法律的效力呢?因为皇帝的地位是人民给他的;官吏为什么有权力呢?因为官吏是由人民选举出来的"①。这恐怕是权力来自人民而非源于上天的最早论述。关于权力的定位,法治理论的先驱柏拉图说:"如果一个国家的法律处于从属地位,没有法律权威,我敢说,这个国家一定要覆灭;然而,我们认为一个国家的法律如果在官吏之上,而这些官吏服从法律,这个国家就会得到诸神的保佑和赐福。"② 可以看出,在柏拉图的法治国构想中,试图确立一个高于权力的至上权威——法律。他的学生亚里士多德显然继承了老师的思想,坚信"在任何好的国家里,最高统治者必然是法律而不是任何人,且不论此人是谁"③。进而提出了著名的"已成立的法律获得普遍的服从,而大家所服从的法律又应该本身是制定得良好的法律"④ 的观点,这是对法律权威的进一步阐释。西塞罗则明确阐明了"权力从属于法律"的观点,他提出,"官员是会说话的法律,法律是不说话的官员"⑤。应该说,上述这些思想观点已经开始触及权力来源及其规制问题,但显然还没有系统的论述和完整的理论,更没有深入探究权力的属性以及权力与责任的关系问题。而且,这些零星的思想和观点,在以"人治"为主要统治方式的古代社会,基本上只是停留在"理想蓝图"的层面,并没有现实的实践。

近代以来,随着资本主义生产方式的发展和资产阶级力量的壮大,资产阶级掀起了推翻封建主义的斗争,为了论证封建统治的不正当性进而证明资本主义制度的合理性,一大批代表先进资产阶级的思想家们提出了一系列进步理论和学说,在这些理论和学说中,权力问题受到了相当的重视和深入的探究。也

---

① 陈允、应时:《罗马法》,北京:商务印书馆,1931年。转引自王人博、程燎原:《法治论》,济南:山东人民出版社,1989年,第17页。
② 公丕祥主编:《西方法律思想史资料选编》,北京:北京大学出版社,1983年,第25页。
③ 王人博、程燎原:《法治论》,济南:山东人民出版社,1989年,第10页。
④ 亚里士多德著,吴寿彭译:《政治学》,北京:商务印书馆,1983年,第199页。
⑤ 西塞罗著,王焕生译:《论共和国论法律》,北京:中国政法大学出版社,1997年,第255页。

正是由于这些理论和学说对权力的深入剖析,拨开了长期以来笼罩在权力头顶上的神秘光环,廓清了权力的真正来源,同时深刻揭示了权力的潜在威胁。可以说,民主理论的发展、权利意识的觉醒以及对权力"致害性"的揭示是旧的权力理论和制度土崩瓦解的三大致命武器。

当资产阶级革命取得胜利后,这些在反封建革命中作为理论旗帜和思想武器的先进理论和学说在一定程度上开始付诸实践。民主与法治成了资产阶级共和国的当然选择,人民主权、权力法定以及权力制约等原则在各国宪法中得到了公开确认。在权力法治方面,由于权力制衡思想的广泛影响,各国基本上确立了一种"分立制约式"的权力,强调各种国家权力在配置时的分立、在运行中的相互制约,旨在防止某一权力膨胀和滥用。虽然从根本上说,资产阶级的所谓民主与法治只是徒有其表,正如马克思所说:"现在我们知道,这个理性的王国不过是资产阶级理想化的王国;永恒的正义在资产阶级司法中得到实现;平等归结为法律面前的资产阶级的平等;被宣布为最主要的人权之一的是资产阶级的所有权。而理性的国家,卢梭的社会契约在实践中表现为而且只能表现为资产阶级的民主共和国。"① 但是,我们必须承认,比起封建社会公然宣称和维护君权神授、等级特权以及专制人治,无疑是历史的巨大进步。所以,"人类从封建社会走入资本主义社会,这是人类脱离人治而迈向法治的第一步"②。

现代以来,随着法治理论不断完善和发展,权力也在向"法制化"的方向不断前行,相应地,权力制约理论也在不断发展和完善。

三、"责任性权力"解析

权力制约是一个复杂的系统工程,制约的种类和方式也是多种多样。③ 本文中笔者只想结合对权力属性的揭示来粗略探讨责任对权力的制约,并尝试证明:在现代法治国家,责任才是权力的合理坐标,责任就是权力的"义务",

---

① 中共中央马恩列斯著作编译局:《马克思恩格斯选集》,第3卷,北京:人民出版社,1972年,第57页。
② 王人博、程燎原:《法治论》,第116页。
③ 有学者认为,根据权力运行环节不同,可分为对权力主体的制约,对权力范围的制约,对权力运行的制约和对权力运行结果的制约。根据权力制约力量的来源不同,可分为权力对权力的制约,权利对权力的制约,责任对权力的制约,程序对权力的制约,道德对权力的制约等等。根据权力制约方式的不同,可分为规则性制约,程序性制约,责任补救性制约,沟通性制约,合理性制约。参看公丕祥主编:《法理学》,复旦大学出版社,2002年,第214页。

责任也是制约权力的主要手段,我们可以将现代法治国家的权力定义为一种"责任性权力"。

(一)"责任性权力"的责任根据

为什么说在现代法治国家,权力应该是一种"责任性权力"?其实,这是由权力自身的属性为理论根据并由此决定的。

1. 权力的"人民性"决定了必须用责任作为其使命,权力的"人民性"包含两层含义:第一层含义是"主权在民",即权力的产生源自人民的赋予;第二层含义是"主权为民"即权力的目的在于服务人民。在现代法治国家,人们已经普遍接受了人民主权的思想,就像我国宪法所宣称的"一切权力属于人民",而官僚机构和官员手中的权力则是人民交给他们使用的。实际上,如果对权力主体进行法理分析,笔者以为人民是"实质权力主体",官僚机构和官员是"形式权力主体",而人民之所以把权力交给官僚机构和官员行使,是因为这样能是更好地实现保障自身权利,促进自身发展的目的。因此,认真使用好人民赋予的权力,自然应该是"形式权力主体"肩上不可推辞的责任,胡锦涛总书记所说的"权为民所用,利为民所谋,情为民所系。"实际上就是对权力的责任与使命的精辟概括,其理论依据,显然基于对权力"人民性"的深刻认识。

2. 权力的"权利性"决定了必须以责任作为其义务。从某种角度上说,权力也是一种权利,因为它具有权利的基本属性,即"主体能够作出或不作出一定行为,以及其要求他人相应作出或不作出一定行为的许可与保障"[①]。与权利对应的是义务,那么与权力对应的是什么呢?就是责任,也就是说,权力与责任的关系,就如同权利与义务的关系:没有无权力的责任,也没有无责任的权力,有多大的权力,就有多大的责任。有学者认为,权利和义务有不同的表现形式和变异形态,'权力与责任就是其中一种变异形态。[②]

3. 权力的"支配性"决定了必须用责任作为其约束。对于权力的概念,学者们有着不同的表述,有的认为它是一种"强制力量","权力是社会所承认

[①] 《中国大百科全书》,法学卷,中国大百科全书出版社,1984年第458页。
[②] 谢鹏程先生认为,权利和义务都有不同的表现形式和变异形态。权利有权力、特权、豁免权等变异形态;义务有责任、无权、无资格等变异形态。相应地,法律关系可以分为四种类型:权利与义务对应型、权力与责任对应型、特权与无权对应型、豁免权与无资格对应型。参看谢鹏程:《权利义务四论》,《法学研究》,1992年第3期。

的迫使人们不得不服从的力量"①，"权力是特定主体将它的意志强加于他物，使之产生一种压力继而服从的能力"②，"权力指影响或控制他人行为的力量"；③ 有的则认为它是一种"改变能力""影响力或权力是 A 影响 B 在某些方面改变自己的行为或倾向的能力"④，"权力即指'改造能力'，这种能力是指能够对一系列既定的事件进行干预以至于通过某种方式来改变它们"⑤。实际上，这些不同的表述只是表面差异，其表达的实质基本相同，那就是：权力是一种支配力量，它强制人们服从它，迫使人们作出改变。权力的这种支配性特点使得有必要用某种方式来控制约束它，使它不至于"无法无天"，对人们的正当权利造成损害，这种约束方式就是责任。

4. 权力的"致害性"决定了必须用责任作为其负担。由于权力某种意义上来说是权力主体的一种"权利"，使其具有迫使他人服从的强制能力，可以对权力客体进行指挥、命令和支配，因而对权力客体具有潜在的侵犯性；由于权力主体掌控着财富、机会、许可等资源，可以给权力主体带来地位、荣誉或利益，加上人性中自私、趋利等弱点，使得权力反过来对其主体自身又有一定的腐蚀性。因此，必须用一种"负担"来压制权力的侵犯性，降低权力的腐蚀性。如果我们将权力比作一种潜藏利益的权利，那么毫无疑问，责任就是一种与之对应的隐含负担的义务。

惟如此，才能保证权利义务的统一。

通过上述对权力属性的揭示，我们可以得出如下结论：在现代法治国家，权力即意味着责任。责任和权力乃是一物的两面，如影随形。权力实质上就是一种责任性权力。

(二)"责任性权力"的责任构成

既然权力实质上就是一种责任性权力，责任与权力相辅相成，那么，这种责任性权力如何构成的呢？笔者以为，定责，问责和担责乃是责任性权力之责任构成的三要素：

---

① 孙英：《权利义务新探》，《中国人民大学学报》，1996年，第1期。
② 林喆：《权力腐败与权力制约》，法律出版社，1997年，第1页。
③ 塞缪尔·亨廷顿著，李盛平译：《变革社会中的政治秩序》，北京：华夏出版社，1998年，第107页。
④ 达尔著，王沪宁、陈峰译：《现代政治分析》，上海：上海译文出版社，1987年，第36—37页。
⑤ 安东尼·吉登斯著，胡宗泽、赵力涛译：《民族——国家与暴力》，北京：三联书店，1998年，第7页。

1. 责任预设——定责。这是责任性权力之责任构成的形式要素。有权力就有责任，没有无责任的权力，在配置任何权力时，都必须通过法律为其预设相应的明确责任，使所有权力主体都清楚地知晓并承担起各自权力所伴随的相关责任。这是职权与责任统一性的必然要求，归根到底也是权利与义务关系另一种形式的表现。

2. 责任监督——问责。这是责任性权力之责任构成的实体要素。在权力的运行过程中，必须强化对其所负责任的监督，应当对照事先预设的法定责任。根据依法、公正、合理、公开的总原则来建立科学、有效的问责机制，监督责任的履行。要健全各种听证制度、报告制度、检查制度等，确保权力在运行过程中始终受到责任的"质询"。当然，我们应当注意，对于立法权、司法权和行政权等不同权力，应针对其具体特点，规定不同的问责内容和问责程序，使问责机制既成为权力主体的一种合理的自我约束机制，又成为权力行使失当和危害结果发生的有效预防机制。

3. 责任承担——担责。这是责任性权力之责任构成的保障要素。当权力主体没有按照依法、公正、合理、公开的总原则行使权力时，其结果必须是承担相应的责任。比如引咎辞职、罢免、撤职、处分、追究刑事责任等等。责任承担是对责任预设和责任监督的最终保障和落实，如果没有最后的责任承担，所谓责任预设、责任监督就是徒有其表，不会产生实际作用，无异于毫无价值的虚假摆设。

(三)"责任性权力"的责任内容

责任性权力的责任内容，可以分为两类，即"不作为"的责任和"作为"的责任。

1. 权力的"不作为"责任。所谓权力的"不作为"责任，是指权力所负有的消极地抑止乱权行为的责任，乱权行为包括滥权和怠权两种主要表现形式，因而"不作为"责任其一是指不得滥权的责任。即权力主体有义务在法定的权限范围内行使自己的权力，严格遵循"法无授权即禁止"的原则，不能超越职权行为，更不能滥用职权、恣意行为。其二是指不得怠权的责任。即权力主体不应有任何对职权的疏漏、懈怠行为，任何玩忽职守、怠渎职权的行为都要负担不利的后果。

2. 权力的"作为"责任。权力的"作为"责任，是指权力负有的积极地履行职权行为的责任。具体包括满足公民的权利请求的责任和实施公共管理与服务的责任。从历史的角度来看，这两种"作为"责任主要是现代法治国家的权力负有的责任。因为，现代法治社会中的国家不同于古典式法治社会中国家的一个特点是公共权力不再完全处于消极被动状态，在国家具有了经济职能之后，权力责任的内容也增加了。①

（四）"责任性权力"的责任方式

"责任"一词，按照《现代汉语词典》的解释，包括两层含义：一是指分内应做的事；二是指没有做好分内应做的事，因而应当承担的过失。与之相对应，责任性权力应包括"肯定性"责任和"否定性"责任两种责任形式。

1. 权力的"肯定性"责任。权力的肯定性责任是指权力主体积极完成其职权范围内的事务和使命的必要性。一般来说，这种肯定性责任敦促权力主体积极地履行职权行为，主动地抑止乱权行为。

2. 权力的"否定性"责任。权力的否定性责任是指当权力主体没有正当地完成其职权行为或者没有能抑止自己的乱权行为时，所应当承担的不利后果。

综上所述，所谓责任性权力，就是指由权力的人民性、权利性、支配性和致害性所决定的；以定责、问责、担责为责任构成；以作为的责任与不作为的责任为责任内容；以肯定性责任与否定性责任为责任方式的权力配置、运行、监督的全程责任化状态。

四、"责任性权力"的构建

当前，社会主义市场经济正在不断深入，法治国家建设的进程不断加快，政治文明建设的重要性也日益引起重视。因此，应该加快步伐、大力加强权力法制化建设，尽早建构、确立"责任性权力"。具体途径为：

第一，坚决落实民主、厉行法治，培育"责任性权力"的政治环境。要通过健全、完善各项法律制度，把人民当家作主、一切权力属于人民进一步加以确认和落实。要使权力主体真正认识到，他们手中的权力是人民赋予的，其中蕴含着巨大的责任，必须妥当地行使好人民交给的权力，为国家发展和人民福利服务。要通过推行法治将治理国家和管理社会的重任交给法律，将权力纳入

---

① 徐显明：《论"法治"构成要件》，《法学研究》，1996年第4期。

法律王国，建立起一整套关于权力产生、配置、运行和监督的法律制度体系和运行机制使权力服从法律安排、接受法律节制。应当切实推进政治体制改革，转变国家和政府职能，将权力的触角严格限制在关乎国家安全、关系国计民生的重大产业以及对经济的宏观调控范围之内。其他一切经济事务则应全部交由市民社会加以解决并遵循市民社会之法律规范，限缩权力的运行空间。应当重视"责任性权力"具体制度建设的重要性和必要性，建立、健全有利于"责任性权力"形成的制度体系，使得责任预设、责任监督、责任承担都有相应的合理制度来加以保障。

第二，积极发展市场经济，培植"责任性权力"的经济环境。从根本上来说，社会存在决定社会意识，经济基础决定上层建筑。"责任性权力"的真正建成，离不开市场经济的坚实土壤。"商品是天生的平等派"，只有大力发展市场经济，独立、平等、自由、权利等有利于"责任性权力"建构的思想意识才能生成并形成社会氛围，权力才会遇到明确的"界限"和积极的"抵抗"，才能领受责任的制约。

第三，大力加强现代法制观念的宣传和教育，培养"责任性权力"的社会人文环境。国家的现代化离不开人的现代化，而人的现代化首先是思想的现代化。在推行依法治国，建构责任性权力的过程中，培育公民的现代法律意识与法制观念是必然的选择。具体说来，一是要培养人们的"公民意识"。要使每个人认识到自己是国家主权者之成员（即公民）而非臣民，是社会政治生活和公共生活的参与主体而非无足轻重的被动客体。公民意识的基础是"纳税人意识"，纳税人意识则"是公民政治权利意识觉醒的基础，是衡量公民是否具有主权观念的标尺，只有公民确立起纳税人意识，才能真正确立人民主权的观念、国家机关为人民服务的观念、国家政治权力应当受到人民制约和监控的观念，才能确立起作为一个公民的神圣感、独立感和尊严感"[①]。二是要培养人们的"权利意识"。要破除传统的对待权力的观念，尤其要破除"官本位"思想，代之而树立起权利本位、权利至上观念，使每个社会主体意识到自己享有各种经济权利、政治权利和社会权利，这些正当权利不容侵犯。既鼓励人们积极地谋取合法利益，又鼓励人们大胆地维护自身权益，与乱权行为作斗争。三是要培养人们的"平等意识"。各社会主体应当彻底冲破封建等级特权思想的

---

① 刘旺洪：《国家与社会：法哲学研究范式的批判与重建》，《法学研究》，2002年第6期。

影响，大胆宣称自己和其他任何人一样都是社会的平等主体，在法律面前都享有平等的权利、承担平等的义务。任何人没有理由享受特权！更不能利用手中的职位与权力牟取私利。

  第四，切实健全强化监督制度，保证"责任性权力"的实际运行和实现。任何权力都负有责任，任何权力都必须接受监督。必须通过法律建立科学合理的监督制度，明定监督主体、监督对象和监督程序，以责任为中心，对权力从配置到运行的各个环节进行全程严格有效地监督，发现问题及时指出并责令纠正。对权力运行过程中的各种乱权行为，必须加以严厉制裁。要使各权力主体充分认识到责任的不可推卸以及疏忽责任的严重后果，同时让全体社会主体感受到责任性权力的严肃性。

  作者：魏吉华，男，江苏扬州人，扬州大学社会发展学院讲师
  原载：《理论与改革》，2005年第2期。

责任政府论

张成福

一、责任政府的性质

政府治理——意味着对人们行使属于社会的权力。政府代表社会施政，从社会获取权力或力量以促使全体参加社会联盟的成员履行自己的社会义务并使他们服从法律，因为法律是公民意志的表现。同样，政府治理——也意味着治理者（政府及其公职人员）切实履行社会契约规定的条件。从实质意义上讲，一个政府只有在能够保障社会利益，促进实现社会意志所提出的目的，即真正履行其责任时才是合乎理性、道理的，才是合法的。正是从这个意义上讲，民主政府必然是责任的政府。

如同其他政治理念一样，关于责任及责任政府的概念从来没有定于一宗。在公共行政科学发展的历史上，早期两位学者卡尔·弗瑞德里奇（Carl Frederick）和芬纳（Herman Finer）对于如何保证行政责任（administrative responsibility）的争论为我们提供了两种经典的可能选择的方法。芬纳坚持认为将'职责感'（a sense of duty），即有效的责任（effective answerability）加以区分是重要的。职责感或责任感意味着一个行政官员感觉或理解义务（an obligation），是责任的主观形态。对应于一个人对其行为承担的法律责任，前者是对治理者内在的制约，后者是对行政行为的外在约束。[①] 弗瑞德里奇则坚持认为，行政功能的责任行为并不能像其宣称的那样强制实现。他认为，在现代大型的、复杂的政府体系之中，通过外在的约束，并没有保证客观责任（objective responsibility）实现的有效途径，而且有证据表明大多数行政官员在大多数时间里，事实上遵循着主观的责任道德（subjective ethic

---

[①] Herman Finer. Administrative Responsibility in Democratic Government, *Public Administration Review*, Vol. 1, 1941 (summer), pp. 335-350.

responsibility)。①

他们二人的争论实际上说明了行政责任的两种形式,即主观责任和客观责任。所谓主观责任,意指忠诚、良心以及认同,它是行政者自己本身对责任的感受。主观责任强调行政人员之所以去做某事,乃是源于内在趋力。简而言之,所谓主观责任乃是行政人员伦理的自主性(ethical automation)。所谓客观责任,是指法令规章以及上级交付的客观应尽的义务责任,是另一种责任(accountability)和义务(obligation)。对行政人员而言,客观责任来自法律的、组织的与社会的需求。客观责任不是由个人所做的,相反,乃是由别人来决定在其位应该如何谋其政。

行政学者库普尔(T. Cooper)认为,行政责任实际上由客观上的责任行为和公务员个人伦理自主性两个方面构成。客观上的责任行为意味着:在现有规则及伦理、法律内的行为;维持及提高专业领域系统的知识;维持及发展组织政策领域的知识;将精力和时间致力于组织及其目的;决定要与组织合法指示的任务相互配合;对组织的层级结构责任要有所认知;做最好的技术判断;配合组织非正式的规范及程序;在专业化的组织中工作。个人伦理自主性的内涵包括:在政治团体的价值与个人良知范围内行为;维持及发展当前政治、经济社会系统的知识;维持及发展个人价值、信仰、信念、世界观及生活的顺序之知识;维持及塑造家庭及社会、团体关系;基于大众喜好、需求及利益,对组织任务、立法变迁提出建议;对不符合组织任务、专业守则及政治良知的价值加以质疑,基于大众喜好、需求利益及专业判断个人良知,来对规范、规则、约束及程序提出改变;鼓励与其他组织单位,民选官员及大众合作。②

行政管理学者斯塔林(Grover Starling)认为,尽管很难界定政府的行政责任,但是政府责任或行政责任所涵盖的基本价值在于:1. 回应(responsiveness)——意味着政府对民众对政策变革的接纳和对民众要求做出反应,并采取积极措施解决问题;2. 弹性(flexibility)——在政策形成和执行中,政府不能忽略不同群体,不同地域或对政策目标达成的情景差异(situational difference);3. 能力(competence)——行政责任同样要求政策的制定和执行受到恰当的、认可的目标标准(objective standards)的指引,政府的行为应是谨慎的,而非仓促的,应当关注结果,不应玩忽职守,同时政

---

① Carl Joachim Frederick. Public Policy and the Nature of Administrative Responsibility. *Public Policy*, Cambridge: Harvard University Press, 1940, pp. 3—24.
② Terry L. Cooper, *The Responsible Administrator: An Approach to Ethics for Administrative Role*. San Francisco: Josey—Bass, 1990, p. 228.

府的行为应当是有效率的和有效能的；4. 正当程序（due process）——政府的行为应受到法律的约束，而非受到武断的意志的支配，非经法律程序不得剥夺任何人的生命、自由和财产；5. 责任（accountability）——一个组织必须对其外部的某些人和某些事负责，在做错事情时，一些人必须承担责任；6. 诚实（honesty）。[①]

现在，我们有必要进一步分析政府责任的含义。从最广意义上来看，政府责任是指政府能够积极地对社会民众的需求做出回应，并采取积极的措施，公正、有效率地实现公众的需求和利益。从这个意义上讲，政府的责任意味着政府的社会回应。事实上，政府被划分为不同的部门和组织，正是来源于对不同层级和不同方面的组织回应（organizational responsiveness）的要求。正如企业要对消费者的需求做出反应一样，政府必须对民众的需求做出反应。政府必须是"市场"导向（marketing orientation）的。从"市场"的观点来看，当一个政府回应并满足了"民众市场"的要求时，政府便是有责任的。

从广义的层面来看。政府责任意味着政府组织及其公职人员履行其在整个社会中的职能和义务，即法律和社会所要求的义务。在这里，行政的责任意味着政府的社会义务（social obligation）。社会义务不仅仅意味着政府正确地做事，即不做法律禁止做的事情，而且意味着政府做正确的事情，即促使社会变得更美好的事情，而不做有损社会的事情。从这个意义上讲，当一个政府组织履行了自己的义务时，我们可以说政府是负责任的。

从狭义的角度来看，政府责任意味着政府机关及其工作人员违反法律规定的义务，违法行使职权时，所承担的否定性的法律后果，即法律责任。这种责任与违法相联系，意味着国家对政府机关及其工作人员违法行为的否定性反应和谴责。这是一种消极责任。从这个意义上讲，当政府机关对其违法行为承担法律后果时，政府责任便得到最低限度的保证。

本文从最广义的角度来界定行政责任或政府责任，即把其视为政府社会回应力、政府的义务和法律责任的整体概念。

责任行政（responsible administration）这一观念的真正产生和发展是近代民主政治发展以后的事情。依民主政治的理念，政府的一切措施及官吏的一切行为须以民意为依据。因此，政府必须对民意负责，进而应对民选的代议机构负责。考虑到权力愈是集中于社会的任何一点，愈是要防止它被滥用。在民主政治体制下防止权力滥用所必须依赖的基本原则在于：假如主权者要想有效

[①] 关于斯塔林对行政责任的观点，详细可参见 Graver Straling. *Managing the Public Sector*. Illinois: The Dorsey Press, 1986, pp. 115—125.

地掌握控制权力,则对于一个机构的任何授权,必须同时课以相应的责任。权力如果是广泛地予以分配,并保持较小的限度,那么便容易控制。但事实上,政府机构拥有较大的一权力,假如这种趋势继续发展而越过了某种限度,致使民主控制失去了作用,那就可能鼓励独裁政治的出现。

责任行政或责任政府既是现代民主政治的一种基本理念,又是一种对政府公共行政进行民主控制的制度安排。作为民主政治时代的一种基本价值理念,它要求政府必须回应社会和民众的基本要求并积极采取行动加以满足;政府必须积极地履行其社会义务和职责;必须承担道义上的、政治上的、法律上的责任;政府必须接受来自内部的和外部的控制以保证责任的实现。作为一种制度安排,责任政府意味着保证政府责任实现的责任控制机制,这种控制机制既包括内部的,也包括外部的。内部的政府责任机制或形式至少包括职业主义的作用、代表性的重要性及其伦理道德的考虑。外部责任机制在现代政府体系中,至少包括组织的或监督的义务,行政控制、立法监督以及司法争议的解决。

二、道 德 责 任

行政机关及其官员的生活与行为若不能适合人民及社会所要求的道德标准和规范,将会失去其统治之正当性,因此,即使在君主专制时代,皆对行政之道德规范有明确要求,通称之为官箴。中国古代以"清"、"慎"、"勤"为基本要求。在民主社会,一个高尚的官员,应先具有"良民"身份,再经由法定程序任命。他不仅应娴熟于政策执行技术,更应捍卫与坚持立国的精神,并保障提高公民之道德。行政学者哈特(Hart)认为,政府公共行政人员应以下列几项原则作为行政道德责任的依据:

1. 重视道德(moral significance)。必须站在道德立场,坚守立国精神与公众所托付的责任,如果政策违背立国精神或公众利益,可拒绝执行,并诉诸大众,且请求改进。

2. 关爱公民(caring)。应尽量克服困难,真心关爱所服务的公民,并与公民之间建立信任关系。事实上,关爱是建立公平社会的要素之一,政府是否能够真正服务和照料公民权益,关键在于官员是否真心关爱公民。

3. 道德企业主义(moral entrepreneurism)。应建立官民之间的信任关系,承受公民爽约的道德风险,就像企业家承担财务风险一样。如果公民与政府之间缺乏信任感,要保护公民之自由与培养公民之公德实有困难。

4. 权责并重(noblesse oblige)。享有权利者应尽义务乃是最起码的高尚道德作风(moral nobility)。行政官员应发自内心启动公共服务的召唤、信守立国精神，并成为无私奉献的道德楷模。①

美国公共行政学会于 1985 年发表 12 条伦理法典，也揭示了公务人员之道德责任：1. 公务员执行公务，应表现出最高标准的清廉、真诚、正直、刚毅等特质，激发其民众对政府的信任。2. 公务员个人不能运用不当的方式，去执行职务而获得利益。3. 公务员不应有抵触职务行为的利益或实际行为。4. 公务员要支持、执行、推动以功绩用人及弱势优先计划，确保社会各阶层适合人士均能获得服务公职的平等任用及升迁机会。5. 公务员要消除所有歧视、欺诈、公款管理不善行为，并负责对主管此事的同仁遇到困难时予以肯定支持。6. 公务员要以尊敬、关怀、谦恭、回应的态度，为民服务，公共服务要高于为自己服务。7. 公务员要努力充实个人的专业，并鼓励各类公务员的专业发展和服务公职的意愿。8. 公务员要用积极的态度及建设性的开放、创造、奉献、怜悯精神，去推动行政组织及其运作的职责。9. 公务员要自尊并保守公务机密。10. 公务员在法律授权内进行行政裁量，增进公共利益。11. 公务员要有随时处理新问题、以专业素养公正无私有效地管理公共事业的能力。12. 公务员要支持、研究有关行政机关、公务员、服务对象、全国民众四者相互之间关系的联邦和各州的宪法和法律。②

在政府管理领域如同在其他领域一样，道德责任的实现是一件困难的事情，其困难之处在于道德责任本身。它是一个内在的约束机制，而非外在的强制机制。当然，这并不是说道德责任无法实现或不能实现。无论一个政府或组织是否存在制度化的道德准则，在改进和建立道德责任方面都大有可为。经验表明，致力于建设一个道德责任的气候（the ethical climatmae）是重要的：承认道德努力对政府机构发展的重要性；在人事录用、晋升和福利等环节体现道德的因素；将道德评价纳入组织绩效的评价过程之中；建立有助于道德责任发展的组织文化；提高政府人员参与政策制定的机会；通过培训提高道德水准；为处于道德困境的人们提供咨询和帮助；高层领导以身作则，践行道德；在政府决策中，考虑社会道德的因素。

---

① Hart, D. K. *The Virtuous Citizen*, *The Honorable Bureaucrat*, *and Public Administration*. Public Administration Review. Vol. 44, *Special Issue*, 1984.
② Amercan Society for Public Administration Code of Ethics (Appendix). *International Journal of Public Administration*, Vol. 12, No. 6, 1989, pp. 971—972.

三、政 治 责 任

在民主政治之下，政府的一切措施与政府官员的一切行为须以民意为归依，这是民主政治的基础所在。民主政治与传统专制统治的最大区别之一在于政府要承担政治责任。所谓政治责任，是指政府机关及其工作人员的所作所为，必须合乎目的性（即合乎人民的利益、权利和福利），其决策（体现为政策与法规、规章、行政命令）必须合乎人民的意志和利益。如果政府决策失误或行为有损国家和人民利益，虽不受法律追究，却要承担政治责任。在代议制国家，议会是人民的权力机关，政治责任便表现为政府对议会的责任。从一定意义上讲，责任政府的确立是过去 200 多年社会政治变革的巨大成果之一。因为在封建专制社会，如马克思所言，封建官僚机构，不管就其实质而言，还是就其目的而言，都是作为"形式主义的国家"，即"国家的现实目的对官僚机构来说就成了反国家的目的"，"在官僚机构中，国家利益和特殊私人目的同一表现为以下的形式：国家利益成为一种同其他私人目的相对立的特殊的私人目的"[①]。因此，在传统官僚政治下，是无政治责任可言的。

政府的政治责任机制，发端于英国，是由英国多年使用的弹劾程序演变而来。英国早在 16 世纪就出现了弹劾，一个大臣被众议院控告后然后由贵族院审判，用议会这种形式来反对那些依据普通法律对其不端行为不够判罪的奸佞之臣。随着议会权力的扩大，大臣们日益认识到在政治上同议会多数保持一致的重要性。在 1742 年，内阁首相渥尔波因得不到议会多数信任被击败而辞职，从而开创了政府向议会承担政治责任的先例。以后的实践表明，政府在重大政策问题、预算问题或重要国际条约的签订上得不到议会的批准也需辞职，政府承担政治责任的范围不断扩大。

政府承担政治责任，究竟是集体的还是个人的，在资本主义国家的理论与实践上也不一致。在有些国家，政府的责任通常是集体连带的责任，一旦议会对政府的政策或成员表示不信任，根据内阁一致性原则和集体责任原则由整个政府提出辞职。还有一些国家，政府的政治责任既包括集体责任，也包括政府成员个人的责任。每一个政府成员除了要对政府的总政策承担连带责任外，还必须对其所负责的部门推行的政策承担个人责任。

在民主宪政国家，政府政治责任主要是通过责任政治制度，或国会对政府

[①] 中共中央马克思恩格斯列宁斯大林著作编译局：《马克思恩格斯全集》，第 1 卷，北京：人民出版社，1956 年，第 303 页。

的监督来实现的。① 议会对政府监督或者说保证政府政治责任实现的主要手段有：1. 询问和质询。议员可以书面或口头向政府总理（首相）、政府部长提出问题，要求答复。质询与询问不同，质询所涉及的问题一般较询问重要或深入，涉及较广泛的公共利益问题；质询往往导致一般性辩论；质询通常会带来政治后果，如不信任案或信任表决。2. 国政调查。国会对政府在一些重大问题上，如立法权的行使、选举、违法行为、侵犯公民权等，行使调查权，并以此来监督政府的行为。3. 倒阁权。议会如果不同意政府的政策和施政方针，有权对政府提出不信任案，即有所谓的倒阁权。议会若通过不信任案，那么政府就必须总辞职。② 4. 弹劾。议会对政府的高级官员犯罪或严重失职进行控告或制裁。除此而外，议会还通过行政立法的审查，政府预算的审查来行使对政府的政治监督。

有学者曾言："在中国当官是最少风险的。"③ 这在某种程度上反映了我国政治责任制度的不完善。"在我国，政府官员承担政治责任，并无一套完备的制度。习惯做法是轻者受人民群众或者上级领导的批评，作出检讨，责成其更改政策或改正其行政行为；重者是自请辞职，或被免职、罢免。追究责任的形式，大多限于上级党政领导对下级人员作出行政处分，很少是由人大来监控。"④

我国实行的是人民代表大会制度。政府由人大产生，对人大负责。西方体制的做法，我们不能照搬。但如何完善责任政府制度，真正建立政治责任的保障机制，则是需要真正加以解决的问题。事实上，在我国人大制度中，对政府也有一定的政治监督制度，如质询、辞职、罢免等，只是这些规定尚不完善，主要问题是权力与程序虚置，很少适用，并不是说在我国不存在政治责任问题。近年来，全国和地方各级人大在加强对政府的监督方面，做了许多工作，有了改进和发展，但是离宪法的规定和人们的期望尚有较大差距，普遍存在政治责任监督不力的情况。形成这种状况的原因固然很多，但核心是体制不顺、职权不清、缺乏完善的制度和程序。

---

① 在资本主义国家中，议会对政府的监督权限是不一致的。一般来说，在实行总统制国家，议会对政府的监督权较小。在这类国家中，由选民选举总统和议会，然后由总统任命政府，或者总统本人就是政府首脑；内阁成员和政府各部门官员向总统负责，总统及其政府不向议会负责，而向选民直接负责。在议会制共和国，君主制立宪国家，议会的监督权限较大。
② 议会对政府表示不信任，可以通过五种方式：议会拒绝通过政府提出的某一政策议案；议会否决政府就某一政策向议会提出的要求信任案；议会通过对政府的谴责决议案或弹劾案；议会通过对内阁或某一内阁成员的不信任案；议会通过一项反对政府提案的反提案。
③ 郭道辉：《政治责任与责任政治》，《学习》，1995年第7期。
④ 郭道辉：《政治责任与责任政治》，《学习》，1995年第7期。

四、行 政 责 任

政府及其组成人员不仅要对社会、人民、政党承担政治责任、道义责任，在政府体系内部，对上下级行政机关、领导及职务更须任劳任怨地负行政责任或义务。政府各级行政部门一旦建立，经法定程序进入行政体系的公职人员，一俟确立行政职务关系，政府机关及其公职人员应当遵守法定的权限，不越权行事。在层级控制体系中，对上有服从的责任和义务，对下有监督的权力。政府机关和公务人员执行职务，除司法人员依法审查的诉讼案不受上级的干涉外，一切行政机关和行政人员对上级的命令有忠实服从的义务和责任。在执行职务的过程中，有保守秘密的责任和义务，无论是否主管事务，均不得泄漏；亦不得以私人或代表机关的名义任意发表有关职务的谈话。行政机关及其公务人员的行为自当符合法定的目的，不滥用职权，不容假借权力，以图本身的利益或图利他人或加害于人；行政机关和公职人员自当合理行使裁量权，避免行政失当。这些都属于行政责任。

政府行政责任的实现，一方面取决于一个社会的政治气候和环境以及公职人员的态度和修养，如狄马克（Markall E. Dimock）所言，"如果行政者是来自一个尊重公共利益和诚实的社会环境，则他们大多数必然是有公益心和诚实感的，假如缺乏这种环境背景，那就难以对他们做这种期望"①。另一方面，对于整个政府体系而言，可以凭借许多方法和措施来促使和加强行政责任的实现，其中行政体系的自律或自我控制是十分重要的。

所谓行政自律机制，是政府凭借自身的行政权力所建立起的一种内部控制机制。从历史上看，即使在简单的政府体系之中，都存在着不同程度或形式的内部约束的责任机制。这种内部的控制机制，是维护政府体系赖以存在和发展的最低条件之一，可以称之为维护机制。政府自身的内部控制机制，与政府其他负责控制机制（立法或司法控制）相比，具有一定优势。这种优势在于，监控的广泛性，它贯穿于政府行政活动的全过程，包括事前的、事中的和事后的；监控的全面性，监控的范围覆盖所有的行政行为；监控的及时性和灵活性，政府对其自身的违法行为和不当行为发觉最快，反映最迅速、直接；经济性，所承担的监控成本较小。

在当代各国的政府体系内部，均建立了与自己国情相适应的政府内部的责

---

① 可参阅狄马克（M. E. Dimock）：《公共行政》（Public Administration），台湾：台湾黎明文化事业公司印行，1974年，第600页。

任控制体系。这些控制体系在实现政府部门的行政责任方面起了积极的促进作用。一般而言,政府体系内部的监控和责任体系包括:

一般监督与特别监督。一般监督系上级机关基于行政隶属关系对下级机关实行的全面监督其内容涵盖下级职权的各个方面,具有综合性质特别监督则为无隶属关系的监督,系由专业行政主管机关或单位,对相关机关或单位就特定专门业务范围内所做的业务监督,因此具有专业性质。

权限监督与质量监督。权限监督由监督机关针对被监督机关的行为是否超越职权范围所做的监督,其目的在于监督其合法性。而质量监督则系以监督行为者行为的合法适当为目的。

事前监督与事后监督。前者为使被监督者行为合法适当,在事前采取控制审查的措施,以防弊端的发生,故亦可称为预防监督。而事后监督则系在违法不当事情发生后,对违法不当行为的结果采取矫正、改进以及制裁的措施,以求减少损失,弥补行政相对人所受侵害,并对违法机关及人员予以惩处。

法规监督与非法规监督。前者系由上级机关颁布法规,以拘束力控制下级机关,以此产生的监督作用。此外,其他监督均属非法规监督。

尽管各国政府体系存在差异,但在谋求行政责任的内部机制上,在层级制内部,皆有许多共通的方式,如指挥、指示、认可、备案、审核、撤销、变更、废止、强制执行、代执行、奖惩、管理考核、行政复议等等。

五、政府的诉讼责任

在人类政治和行政的发展历史上,政府及其官员要承担道义上的责任,可以说自政府产生以来,自古有之。政府官员违法,须由行政者本人承担某种法律责任,在民主政治发展之前,已有不争的事实存在,因此有"王子犯法,与民同罪"之说。然而政府承担诉讼责任,则是民主政治发展以后的事情。

在近现代民主政治发展之前,占主导地位的是自给自足的自然经济,在此基础上,人们的政治关系、法律关系. 无论在形式上还是内容上都是不平等关系。国王或皇帝集立法、行政、司法权于一身,统治者与被统治者的关系是人身的依附关系. 而非平等的契约关系。依据"国王不能为非"(The King Can Do No Wrong)这一古老的普通法原则,国王及其所代表的国家和政府,不承担任何实体法的责任。在资本主义社会,商品关系成为资本主义经济中最普遍的和最一般的关系。商品关系是平等者之间的关系。人们只有财产占有的多寡,没有其他诸如人身依附关系。而发生商品关系的途径和手段是契约和意思自治。正因如此,等价有偿、平等自愿、公平竞争成为商品和市场经济的一般要求。正是这种市场关系要求法律确认的所有者的独立的人格权、财产权和平等权，才产生出资产阶级的天赋人权。资产阶级思想家关于人权、民主权、民主政治和法治的理论在思想上为政府承担诉讼责任提供了有力的理论证明。三权分立和法治理论的核心是限制政府的权力，实现责任政府。既然政府和公民之间的关系是平等的，人民、国家和政府均须受到法律的限制，而民主国家的目的在于保障人权，那么当政府机关在行使权力的过程中侵害人民自由和权益，人民有权起诉，司法机关有权通过司法程序处理。正是缘于此种经济、政治和思想的因素，从18世纪到19世纪，资本主义国家均不同程度地确立了适合自己国家特点的政府诉讼责任制度。

在不同的国家，政府的诉讼责任制度各有差异，[①] 但其本质是一致的，即司法机关经法人、公民申请，依法审查行政机关行政行为的合法性及适当性，从而追究政府机关违法责任的诉讼制度。在我国，依据《行政诉讼法》的基本精神，行政诉讼责任是指公民、法人或其他组织认为行政机关的具体行政行为侵犯其合法权益，依法向人民法院起诉，由人民法院依法审理，并追究法律责任。在现代民主国家，政府承担诉讼责任，或者司法机关对政府行使行政权力进行审查，对违法活动通过司法活动予以纠正，并对由此给公民、法人权益造成的损害予以相应补偿，同时追究政府违法的法律责任，已成为责任政府和法治政府不可缺少的一个重要环节和制度。它对于保障公民合法权益，促进政府责任实现，保证宪政完善均起了重大作用。

六、政府的侵权赔偿责任

在民主政治体制下，政府并非是超然于社会之上，享有特权的某种神物，而是作为为公共利益服务、为公民服务的法人。政府具有权利能力和行为能力，是法律关系上权利义务的主体之一，当政府机关的行为侵害人民权利时，应像其他法人组织一样承担侵权赔偿责任。在现代法治国家，政府侵权赔偿责任均被不同程度地予以确立。我国《宪法》规定："由于国家机关和国家工作人员侵犯公民权利而受到损失的人，有依照法律规定取得赔偿的权利。"[②]《行政诉讼法》规定："公民、法人或者其他组织的合法权益受到行政机关做出的

---

① 关于各国行政诉讼责任制度的差别，详细可参阅皮纯协、胡锦光：《行政诉讼法教程》，北京：中国人民大学出版社，1992年，第18—28页。应松年主编：《行政诉讼法学》，北京：中国政法大学出版社，1994年，第22—36页。

② 《中华人民共和国宪法》，第31条，第3款。

具体行政行为侵犯造成损害的,有权请求赔偿。"① 1994年5月12日第八届全国人民代表大会常务委员会第七次会议正式通过《中华人民共和国国家赔偿法》,标志着我国正式全面实施政府侵权赔偿责任制度。

从历史上看,政府侵权赔偿责任的确立,是第一次世界大战以后的事情。在19世纪70年代以前,由于受国家绝对主权论、国家无过失论及不能违法论、国王不能为非的普通法的影响,政府不承担侵权赔偿责任。在此阶段,政府官员职务侵权行为侵害了人民的权利,由政府官员自己负责,受害人依据民事侵权法或普通法的规则,向有过错的政府官员索赔。由政府官员自己承担赔偿责任,无论是从理论上,还从现实中看,都是不公正的。因为普通公民为自己利益而活动,他是自己行为的得益人。政府官员为公共利益而活动,社会得益于他的行为。行政法学家施瓦茨认为"低级官员通常工资很低,要求他承担履行职责所固有的风险,用自己的钱赔偿受他的侵权行为损害的人,那也是不公正的。把政府官员的地位与普通公民的地位相提并论将会导致不公道的后果"②。从另一个层面来看,由政府官员个人承担赔偿责任将无疑会严重损害政府官员从事公务活动的积极性和主动性。因为政府官员履行职务越不积极,他本人就越安全;履行职务越积极,他面临的风险越大,如此产生的后果是"慑于这种责任的威胁,行政官员就不敢按公共利益的要求……果断地履行职责"③。事实上,由于政府公务活动过失所引起的损害往往比较严重,而公务员个人财力有限,令公务员承担侵权赔偿责任不但不公,而且公民(受害人)的权益也不能得到充分保障。

在本世纪20年代前后,政府的赔偿责任得以全面确立,主要表现为:一是政府赔偿责任作为一项原则和独立的法律责任已经确立,二是许多国家均制定了国家赔偿法。1919年德国威玛宪法第131条规定:"官吏就其所受委任之职务行使公共权力,而违反对第三人之职务上的义务时,原则上由该官吏所属的国家或公共团体负其责任但对于官吏有求偿权,上述损害赔偿,得以非常司法手续求之"。这是世界上首次通过国家大法规定的赔偿责任。从此以后,许多国家制定了专门的国家赔偿法,规定了政府的侵权赔偿责任。④

进入20世纪中叶以后,政府的侵权赔偿责任呈现出不断加重和扩张的趋

---

① 《中华人民共和国行政诉讼法》,第67条,第1款。
② 伯纳德·施瓦茨著,徐炳译:《行政法》,北京:群众出版社,1986年,第524页。
③ 《美国最高法院判例汇编》,第416卷,第232、240页。
④ 如1910年《德国联邦责任法》;1946年《美国联邦侵权赔偿法》;1947年《英国王权诉讼法》;1947年《日本国家赔偿法》;1948年《奥地利国家赔偿法》;1981年《德国国家赔偿法》等等。

势,这主要表现在,逐步扩大了政府赔偿责任的范围,政府赔偿的范围覆盖了几乎所有的行政领域;通过扩大对政府官员过失的解释,扩大过失的范围,减轻受害人的举证责任而放宽了政府赔偿的条件;建立了客观过失的概念,只要公务员管理不完善,有缺陷,即构成过失,国家应承担赔偿责任;确立了无过错责任或结果责任原则,作为过错原则的补充等。[1]

作者:张成福(1963—),男,陕西眉县人,中国人民大学教授。
原载:《中国人民大学学报》,2000年第2期。

---

[1] 参阅皮纯协、冯军主编:《国家赔偿法释论》,北京:中国法制出版社,1994年,第35、44—51页。

论政府责任法制化

田思源

在"依法治国，建设社会主义法治国家"的进程中[①]，"全面推进依法行政，努力建设法治政府"[②]，已经成为政治体制和政府工作改革的核心和焦点。建设法治国家重在建设法治政府，法治政府的建立仰赖于政府责任的法制化，法制化了的政府责任亦是公民监督权力和权利救济的前提和保障。由此，我们有必要深入探讨政府责任的法制化问题。

研究政府责任与政府责任法制化，首先应当明确什么是"责任"。综合现有研究成果，[③]"责任"的含义大致有如下几种：第一，责任的含义有二：分内应做的事；没有做好分内应做的事而应承担的过失。[④] 第二，张文显认为，责任的基本语义有三：分内应做的事；特定的人对特定的事项的发生、发展、变化及其成果负有积极的助长义务；因为没有做好分内之事（没有履行角色义务）或没有助长义务而应承担的不利后果或强制性义务。[⑤] 第三，孙笑侠认为，责任是分内应做的事，蕴涵着某种责任关系。[⑥] 第四，冯军收集了1993年4月1日至30日《法制日报》中出现的76例"责任"用语，并对其予以分析，认为责任的含义有三：义务，过错——谴责，处罚——后果。[⑦] 第五，张文认为，责任的内涵具有复杂性和多层次性。包括三个有机联系的组成部分：

[①] 1996年3月，"依法治国，建设社会主义法治国家"被载入了《国民经济和社会发展"九五"计划和2010年远景目标纲要》。1997年9月，党的十五大报告进一步把依法治国提到治国方略的高度，明确提出了建设社会主义法治国家的目标。1999年3月15日，九届全国人大二次会议通过了宪法修正案，把"依法治国，建设社会主义法治国家"写入了宪法。

[②] 2004年6月28日温家宝总理在全国依法行政工作电视电话会议上的讲话，《光明日报》，2004年7月16日。

[③] 参见王成栋：《政府责任论》，北京：中国政法大学出版社，1999年，第1—6页；张梓太：《环境法律责任研究》，北京：商务印书馆，2004年，第6—8页。

[④] 《现代汉语词典》，北京：商务印书馆，2002年，第1574页。

[⑤] 张文显：《法学基本范畴研究》，北京：中国政法大学出版社，1993年，第184页。

[⑥] 孙笑侠：《法的现象与观念》，北京：群众出版社，1995年，第200—201页。

[⑦] 冯军：《刑事责任论》，北京：法律出版社，1996年，第13页。

各种社会规范要求社会成员所应为的行为；社会规范为社会成员所确定的行为标准及其对社会成员的行为及后果的评价；社会对行为不符合行为规范要求的社会成员所给予的处置，或者社会成员所应受到的处置。①

总之，对于责任一词基本含义的理解，学者们似无大的分歧：其一，分内应做的事，此时责任主要指一种角色义务；其二，由于没有做好分内应做的事，行为人所承受的来自各种社会规范的否定性评价；其三，没有做好分内应做的事，根据有关社会规范，应当承担的某种不利后果。

责任有各种各样的分类。从责任主体的角度可以分为国家责任、政府责任、社会责任、个人责任等；从责任内容的角度可以分为立法责任、司法责任、行政责任等；从责任适用范围的角度可以分为对外责任和对内责任；从责任的构成要件的角度可以分为主观责任和客观责任；从责任性质的角度可以分为道义责任、政治责任、法律责任、民主责任，等等。②

本文所述"责任"，是政府的责任，是政府的对内责任，是政府的法律责任。政府的法律责任，顾名思义，就是政府对公民，对公民生存的社会所应承担的法律上的责任。这种责任也包含上述概念中的义务角色、社会评价和不利后果等三个方面的含义。政府的法律责任是法制（法治）化的政府责任。那么，政府责任为什么要法制化呢？下面结合责任政府、法治政府、服务政府与政府责任法制化的关系展开论述，并对政府责任法制化的内容及其责任的追究与承担略作探讨。

一、责任政府与政府责任法制化

我们的政府首先应当是负责任的政府，为此我们强调建立"责任政府"。那么"责任政府"中的责任是什么性质的责任呢？责任政府与政府责任法制化又是什么关系呢？

"责任政府"中的"责任"是从性质上对责任概念的界定，即包括政府的法律责任、道义责任和政治责任。由此我们就有了区别这三种责任的必要，并以此论及政府责任法制化的理由。

首先是政府的道义责任。政府的道义责任是一种人道责任、道德责任，同时也是主观责任和非确定责任。它更多地体现为"责任"概念中的"社会评

---

① 张文等.《刑事责任要义》，北京：北京大学出版社，1997年，第54页。
② 参见张天蔚：《从"官员问责"望"政府责任"》（该文中毛寿龙的观点），《北京青年报》，2004年4月18日。笔者认为"民主责任"可以归到"政治责任"中。

价"。它是政府从人道主义立场出发,对公民的生产、生活、生存等方面的困难所给予的帮助。它使人民产生了对政府的某种特殊的信念,决定了人们采纳和认可政府的某些态度以及用什么方式对政府做出某种行为。例如,我们通常将对弱势群体的保护归入到政府道义责任之范畴。弱势群体的产生有多种原因,可能是地震、洪水、台风等不可抗力的天灾;可能是投毒、爆炸、纵火等恐怖事件的人祸;可能是制度转轨过程中所导致的下岗和失业;也可能是个人生存能力、生存手段的不足,抑或是疾病、健康、机遇等所造成的不良的生活境遇。对弱势群体,政府采取了扶贫救助、抚恤优待、赈灾救济、安置补助等多种方式,承担着社会主义国家和人民政府对人民群众的道义责任。

道义责任本身并不具有严格的确定性。虽然道义有一个人类共通的基本的判断标准,但不同的国家、不同的民族、不同的信仰、不同的社会制度和执政理念、不同的经济文化法治的发展水平、不同的社会历史发展阶段,等等,决定了对道义责任的判定标准、责任的范围、承担责任的方式和程度等认识和理解上的不同。例如,对有劳动能力的乞讨者的救助责任问题,过去我们曾经认为这样的乞讨者是不劳而获,而对其予以道德上的否定评价,但当今社会并不是具有劳动能力的人就一定都有劳动的机会和养家户口的能力,所以在道德判断上并不对其一概予以否定,从而产生了政府救助的道义责任。由于道义责任的不确定性,导致对其难于认定、追究和救济。

其次是政府的政治责任。政府的政治责任,"就是要求政府应对民意负责,其决策和行为必须符合人民的意志和利益"[①]。在政府决策失误或行政行为有损于国家与人民利益而又不违法,不受法律追究时,往往要承担政治责任。[②]政治责任的追究和承担方式,在西方主要是通过国会对政府的监督和制约来实现的,而在我国,一方面政府要对民意机关——人民代表大会负政治责任[③],另一方面政府还要向执政党——中国共产党负政治责任,政府系统内部还有责任承担的政治责任制度。[④] 权力制约是政治责任实现的基本原则。目前我国政治责任的追究方式已经逐渐发展成为"问责制"了。

[①] 王行宇:《我国实现责任政府的理念转变与制度保证》,《云南社会科学》,2004年第1期。
[②] 郭道晖:《政治责任与责任政治》,选自郭道晖:《法的时代精神》,长沙:湖南出版社,1997年,第468页。
[③] 如我国宪法规定:人民是国家一切权力的所有者。人民通过人民代表大会行使国家权力。国家行政机关由人民代表大会产生,对它负责,受其监督。一切国家机关和国家行政人员都必须依靠人民的支持,经常保持同人民的密切联系,倾听人民的意见和建议,接受人民的监督,努力为人民服务。参见宪法第2、3、27条的规定。
[④] 郭道晖:《政治责任与责任政治》,选自郭道晖:《法的时代精神》,第468页。

政府的道义责任、政治责任与法律责任是三种不同性质的政府责任，三者既相互区别，又交互作用和相互转化，所以确定三者范围的相对界限是十分必要的，否则将会出现用道义责任或政治责任代替法律责任的危险，从而阻碍法治国家的建设。

大家都知道我国有一个"低保"制度（城市居民最低生活保障制度的简称），它是根据国务院1997年9月发出的《关于在全国建立城市居民最低生活保障制度的通知》（以下简称《通知》），于1999年9月底在全国城镇建立起来的。该《通知》开宗明义："最低生活保障制度的建立和实施，充分体现了社会主义制度的优越性，体现了党和政府全心全意为人民服务的宗旨，有利于维护社会稳定，促进经济体制改革的顺利进行。"与"低保"制度建立的同时，国务院通过《城市居民最低生活保障条例》（以下简称《条例》）这一行政法规将其"法定化"了[1]，该《条例》（第1条）在规定建立"低保"制度的目的时是这样表述的："为了规范城市居民最低生活保障制度，保障城市居民基本生活。"从《通知》到《条例》关于"低保"制度建立的目的，我们可以清楚地看到道义责任向法律责任的转变，"低保"既体现了政府的道义责任，同时又体现了政府的法律责任（由道义责任转化、上升为法律责任，作为法律责任也体现了道义责任的要求）。当然就"低保"而言，实际上它本来就应该是政府的法律责任[2]，只不过我们开始把它当作了道义责任，或者说是用道义责任代替了法律责任。

政治责任也同样不能代替法律责任。如前所述，"问责制"已经成为我国政治责任追究的主要方式了，但我们在建立"问责制"的过程中需要强调的是：其中的"责"并不仅限于政治责任，它还包括法律责任。2003年"非典"之初，以罢黜卫生部部长和北京市市长为契机，我们开始建立和推行"问责"制度，"问责风暴"席卷全国。"问责"已经成为重要的"官方"用语，成为监督和责任追究的重要形式，成为一种"新的政治文明生长点"[3]。然而我们的"问责"制度，主要是集中于对重大责任事故的问责，集中于对疏于领导、监督、管理的问责，集中于在行政系统内的问责。我们的所问之责主要是政府的政治责任，它以政治官员政治信誉或政治生命受到影响为其基本的责任承担方式。由此便导致了"问责制"中责任追究和承担的最终结果形式就是"引咎辞

---

[1] 《城市居民最低生活保障条例》，1999年9月28日中华人民共和国国务院令第271号发布，1999年10月1日起施行。

[2] 我国宪法第45条规定："中华人民共和国公民在年老、疾病或者丧失劳动能力的情况下，有从国家和社会获得物质帮助的权利"。

[3] 刘仁文：《问责制：新的政治文明生长点》，《中国青年报》，2004年8月31日。

职"或被罢免。

政府的道义责任和政治责任可以归为主观责任,而政府的法律责任则属客观责任。主观责任具有非确定性和任意性,其责任的范围、承担的方式、程度、程序,责任的追究和救济等问题,还都有待于进一步研究和明确。而客观责任则具有确定性、可预见性和可期待性,正所谓"客观责任源于法律、组织机构、社会对行政人员的角色期待,主观责任则根植于我们自己的忠诚、良知、认同的信念"[①]。

我们建立责任政府,应当强调政府的法律责任。切不可用道义责任、政治责任来代替和冲击法律责任,使本应纳入法律责任范围的责任通过道义责任和政治责任予以解决,否则,责任政府只能是与政府法制背道而驰,与依法行政、依法治国背道而驰,这将是极其危险的。

二、法治政府与政府责任法制化

"依法治国,建设社会主义法治国家"是一个长期的历史过程。"依法治国"是使国家成为法治国家,社会成为法治社会,政府成为法治政府。"全面推进依法行政,努力建设法治政府"是"法治国家"建立的核心和关键。法治政府建立的前提是政府责任的法制化,政府责任法制化的前提是政府责任的法定化,政府的法律责任是法定的政府责任,这里我们强调的是"法定"。因为所谓建设法治政府,就是要求我们做到行政权力授予有据、行使有规、监督有效,做到依法治"官"、依法治权,防止行政权力的缺失和滥用,从而带动全社会尊重法律、遵守法律和维护法律。[②] 所以,依法确认政府责任,将政府责任法制(法定)化,是法治政府的必然要求。

讲政府责任法制(法定)化,这是建立法治政府的最基本要求。何为法治?就广义而言,法治是依照法律治理社会、管理国家,它以存在法律制度为前提,是一种治道。[③] 没有法制就没有法治。从1982年宪法序言中规定的"加强社会主义民主,健全社会主义法制",到1999年宪法修正案增加的"依法治国,建设社会主义法治国家",反映了我们对法制(法治)理解的深入和认识的升华。但由于我国的民主制度尚不够健全,法制特别是政府法律责任制

[①] 特里 L. 库柏著,张秀琴译:《行政伦理学——实现行政责任的途径》,北京:中国人民大学出版社,2001年,第74页。

[②] 参见2004年6月28日温家宝总理在全国依法行政工作电视电话会议上的讲话,《光明日报》2004年7月6日。

[③] 高鸿钧等:《法治:理念与制度》,北京:中国政法大学出版社,2002年,第97页。

度的欠缺和不完善，极大地阻碍了法治政府的建立。就这一点而言，为了建立法治政府我们必须强调政府责任的法制（法定）化。当然我们不能片面和机械地理解政府责任的法制（法定）化，并以此排斥法治政府的建立。就我国目前法治建设的状况而言，本文强调的"法制"不是"法治"的倒退，而是"法治"的基础。

三、服务政府与政府责任法制化

从为人民服务到执政为民，几十年来我们一直都在强调政府的"公仆性"、"人民性"、"服务性"，这是政治口号和政治宣言，是人民当家作主的国家性质的体现，是作为政治概念所言的"服务政府"。而我们这里所讲的"服务政府"，不是一种政治宣示（由此而容易走上政府的"道义责任"之路），而是从行政法的视角，对行政权行使主体性质和功能的认识，是从法律意义上对服务政府的理解。这种意义上的服务政府，是当代服务行政、授益行政发展的客观需要，是社会主义市场经济对政府行为理念、功能和模式的客观要求。也就是说，服务行政不是政治家和法学家的理性创造，而是当代行政法发展之客观必然。行政指导、行政合同、行政奖励、行政承诺、行政给付等政府行为模式日益得到重视和被广泛的运用，都是"服务行政"、"服务政府"理念的具体体现。

这里区分政治概念的服务政府和行政法学概念的服务政府，其目的仍在于"政府责任的法制化"。政治意义上的服务政府更强调政府的道义责任，所以如果我们认识不到法律意义上的服务政府，政府的法律责任和政府责任的法制化都将成为一句空话。服务行政应当在法律的框架内进行，在法律责任的约束下进行，在法律监督的环境中进行。没有法律要求的服务行政，是一种"权力"而不是一种"义务"和"责任"，从而极易导致"权力寻租"。当行政许可（理解为对行政相对人而言是授益的行政行为而具有了服务行政的特质）被滥用时，可使"服务行政"异化为"腐败行政"；而脱离法律要求的服务行政，则是对法律的规避，当然无任何法律责任可言，亦无法定的行政相对人权利救济的手段。

服务政府要求服务行政，服务行政体现服务政府。公正、诚信、值得期待和信赖的服务政府的建立，需依法规制其服务行政。政治概念的服务政府需要法律概念的服务政府的支撑，否则政治意义上的服务政府难于实现其政治上的政府服务；政治概念的服务政府也需要向法律概念的服务政府转变，以适应行政法治和法治政府的要求。通过"依法服务"、"依责服务"，达到保证服务政府健康而有序"服务"的行政目的。

四、政府责任法制化的内容

哪些方面的政府责任需要（应当）法制化，这是一个比较复杂的问题，它受一个国家的经济、政治、民主、法治、文化等诸多因素的影响。就我国目前政府责任法制化而言，包括国家补偿责任制度和国家赔偿责任制度。补偿责任主要限于行政补偿，赔偿责任主要限于行政赔偿和刑事赔偿。就立法而言最重要的是国家赔偿法。① 也就是说，政府责任法制化的内容被限定为补偿责任和赔偿责任两种。而实际上补偿也好，赔偿也罢，它们所侧重的是责任的承担，是一种救济责任，而并非责任本身。下面仅就宪法②的规定来分析一下政府责任法制化的内容。

（一）公民权利保护法律责任

"中华人民共和国的一切权力属于人民"（第2条），"国家尊重和保障人权"（2004年修正案），国家通过宪法和法律保护公民的政治权、人身权、财产权、生存权与社会权等各项权利。

就政治权利而言，公民享有"选举权和被选举权"（第34条）；享有"言论、出版、集会、结社、游行、示威的自由"（第35条）；享有宗教信仰的自由（第36条）。

就人身权而言，"公民的人身自由不受侵犯"（第37条）；"公民的人格尊严不受侵犯"（第38条）；"公民的住宅不受侵犯"（第39条）；"公民的通信自由和通信秘密受法律的保护"（第40条）。

就财产权而言，"公民的合法的私有财产不受侵犯"，"国家依照法律规定保护公民的私有财产权和继承权"，国家为了公共利益的需要，而需对公民的私有财产实行征收或者征用时，需"给予补偿"（2004年修正案）。

就生存权与社会权而言，"公民有劳动的权利"（第42条）；"劳动者有休

---

① 《中华人民共和国国家赔偿法》，1994年5月12日第八届全国人民代表大会常务委员会第七次会议通过并颁布，1995年1月1日实施。
② 《中华人民共和国宪法》，1982年12月4日第五届全国人民代表大会第五次会议通过，1982年12月4日全国人民代表大会公告公布施行，根据1988年4月12日第七届全国人民代表大会第一次会议通过的《中华人民共和国宪法修正案》、1993年3月29日第八届全国人民代表大会第一次会议通过的《中华人民共和国宪法修正案》、1999年3月15日第九届全国人民代表大会第二次会议通过的《中华人民共和国宪法修正案》和2004年3月14日第十届全国人民代表大会第二次会议通过的《中华人民共和国宪法修正案》修正。

息的权利"（第43条）；"退休人员的生活受到国家和社会的保障"（第44条）；"公民在年老、疾病或者丧失劳动能力的情况下，有从国家和社会获得物质帮助的权利"，国家"保障残废军人的生活，抚恤烈士家属，优待军人家属"，国家"帮助安排盲、聋、哑和其他有残疾的公民的劳动、生活和教育"（第45条）；"公民有受教育的权利"（第46条）；"公民有进行科学研究、文学艺术创作和其他文化活动的自由"（第47条）。

（二）公共利益保护法律责任

"公共财产神圣不可侵犯"（第12条）；"城市的土地属于国家所有"，"农村和城市郊区的土地，除由法律规定属于国家所有的以外，属于集体所有"，"宅基地和自留地、自留山，也属于集体所有"，"一切使用土地的组织和个人必须合理地利用土地"（第10条）；"国家为了公共利益的需要，可以依照法律规定对公民的私有财产实行征收或者征用并给予补偿"（2004年修正案）；"国家保护名胜古迹、珍贵文物和其他重要历史文化遗产"（第22条）；"国家推行计划生育，使人口的增长同经济和社会发展计划相适应"（第25条）；"公民在行使自由和权利的时候，不得损害国家的、社会的、集体的利益和其他公民的合法的自由和权利"（第51条）。

（三）公共环境保护法律责任

自然资源"属于国家所有，即全民所有"，"国家保障自然资源的合理利用，保护珍贵的动物和植物。禁止任何组织或者个人用任何手段侵占或者破坏自然资源"（第9条）；"国家保护和改善生活环境和生态环境，防治污染和其他公害"（第26条）。

（四）公共安全保护法律责任

全国人大常委会"决定全国或者个别省、自治区、直辖市的戒严"（第67条第20项）；国务院"决定省、自治区、直辖市的范围内部分地区的戒严"（第89条第16项）。

通过上述对宪法关于公民权利和国家（政府）责任规定的列举和归纳来分析宪法确定国家（政府）责任的基本思路。我们根据宪法的规定将国家（政府）法律责任的内容分为了4类，即公民权利保护法律责任，公共利益保护法律责任，公共环境保护法律责任，以及公共安全保护法律责任。这其中有些是正面对国家（政府）责任的规定，有些则是通过对公民的基本权利的规定来间接反衬国家（政府）责任，即国家（政府）保护公民权利、保障公民权利实现、为公民权利实现创造条件等方面的责任。在上述4类责任中，我们可以清楚地看到，关于"公民权利保护法律责任"的规定是最多的，其次是关于"公共利益保护法律责任"的规定，而对"公共环境保护法律责任"的规定较少，特别是对"公共安全保护法律责任"的规定几乎没有。由此可以得出这样的结论，我们更多关注的是个体权利和公共利益，而忽视集体权利和公共安全。

政府的法律责任不限于宪法的规定，它需要法律、法规的具体化，但要以宪法的原则规定为依据。关于国家（政府）责任的立宪思路和宪法规定，也直接导致了法律、法规在确定国家（政府）责任时更多关注的是个体权利和公共利益，而不是集体权利和公共安全。

五、政府法律责任的承担与追究

依法确认政府责任，将政府责任法制化，是法制（法治）国家的必然要求，同时也是公民人权实现的可靠保证。改革开放以来，利益多元化和权利要求个性化的倾向十分明显，公民的"争权"、"维权"意识有了极大的提高。但是，主张个人的权利、自由固然重要，但脱离政府的法律责任而争取个人的权利和自由那是纸上谈兵。

如前所述，政府法律责任的范围是比较广泛的，但仍有诸多不足。政府在保障公民权利、维护公共利益、保护公共环境和公共安全方面的法律责任还有待于进一步扩大和明确。与此同时，对政府法律责任的承担亦需尤为重视，否则法律责任的宪法、法律规定仅仅具有宣言的意义而无法真正落实。比如国家普及九年制义务教育，这是宪法和义务教育法、教育法明文规定的国家（政府）的法律责任，[①] 但至今我们也没有完全实现九年制义务教育，那么国家（政府）需要承担什么样的法律责任呢？又将如何承担这样的法律责任呢？政府的法律责任（特别是宪法规定的责任）常常仅具有宣示之意义，而无须真的要求其承担，此时，其法律责任是政治统治的宣言书，如果它不承担应有的法律责任，将面临政治统治的危机。综观世界各国，政府承担法律责任的共同点是，确立国家（政府）通过补偿和赔偿来承担政府法律责任的制度，颁布国家补偿法和国家赔偿法。

我国宪法规定，"国家为了公共利益的需要，可以依照法律规定对土地实行征收或者征用并给予补偿"，"国家为了公共利益的需要，可以依照法律规定

---

① 我国宪法第 19 条第 2 款规定：国家"普及初等义务教育"。《中华人民共和国义务教育法》，1986 年 4 月 12 日第六届全国人民代表大会第四次会议通过，1986 年 4 月 12 日中华人民共和国主席令第 38 号公布，1986 年 7 月 1 日起施行；第 2 条规定："国家实行九年制义务教育。"《中华人民共和国教育法》，1995 年 3 月 18 日第八届全国人民代表大会第三次会议通过，1995 年 3 月 18 日中华人民共和国主席令第 45 号公布，1995 年 9 月 1 日起施行；第 18 条第 1 款规定："国家实行九年制义务教育制度。"

对公民的私有财产实行征收或者征用并给予补偿"（2004年修正案）。据不完全统计，截至2004年7月31日止，现行有效的涉及行政补偿的法律规定就有40多部，行政法规150多部，地方性法规160多部，规章140多部。① 最高人民法院关于贯彻执行《中华人民共和国行政诉讼法》若干问题的意见（试行）② 规定：公民、法人或者其他组织对行政机关依照职权做出的强制性补偿决定不服的，可以依法提起行政诉讼。这是对行政补偿的救济性规定，对公民财产权的保护具有重要意义。

尽管如此，因为我国没有国家补偿法，国家赔偿法中也没有涉及国家补偿的问题，所以整体的、规范化的行政补偿制度尚未建立，大量的行政补偿问题在我国目前尚无法可依，致使公民、法人或者其他组织的合法财产因公共利益需要而被征收、征用，致其利益受到损失时，不能得到适当的补偿，甚至完全得不到任何补偿。有鉴于此，我们应该建立健全国家补偿法制度。对此，我国学者提出了制度构建的三个基本思路：一是在国家赔偿法之外制定统一的行政补偿法；二是不制定统一的行政补偿法，仅分别制定和完善各个不同行政管理领域的单行行政补偿法；三是在修改国家赔偿法时将行政补偿的基本问题附带做出规定，并同时抓紧制定和完善各单行行政补偿法。③ 笔者认为，可以以国家赔偿法的修改为契机，制定一部包括国家赔偿和国家补偿的国家（包括政府）责任法。④

我国在1994年制定了国家赔偿法，建立了国家赔偿法律责任制度。国家赔偿法对保护公民、法人的合法权益，监督国家机关及其公务员的工作，强化国家和政府的法律责任意识，都起到了积极的作用。但由于当时立法条件的限制，以及我们对国家赔偿和受害人权利保护的认识上的局限，致使国家赔偿法有诸多不尽如人意之处，如责任确定原则过严，确认程序不公，赔偿范围窄，赔偿标准低，赔偿费用支付有漏洞，等等。

鉴于国家赔偿法存在的问题，修改国家赔偿法、改革和完善国家赔偿制度，早已成为学界的共识。改革的基本建议是：第一，建立结果责任原则；第二，确立公正公平的赔偿申请、确认、决定、给付程序；第三，扩大赔偿的范围，财产损失赔偿应包括确定的可得利益损失赔偿，建立国家侵权的精神损害赔偿；第四，提高赔偿标准，使国家赔偿不仅仅体现为是对被害人及其家属的

---

① 青锋、张水海：《大陆行政补偿制度的历史、现状与发展趋势》，[EB/OL]. www.cncasky.com.
② 1999年11月24日最高人民法院审判委员会第1088次会议通过，法释[2000]8号。
③ 姜明安：《行政补偿制度研究》，《法学杂志》，2001年第5期。
④ 参见《我国五年要立76部法基本形成社会主义法律体系》，《中国青年报》，2004年3月1日。

慰抚，而更要体现对被害人及其家属的补偿和对违法者的惩罚。要区分不同地区、不同职业而订立不同的国家赔偿标准；第五，堵塞赔偿费用的支付漏洞，严加监管和监督。

六、结　　论

研究政府责任法制化，对构建责任政府、法治政府、服务政府，建设社会主义法治国家具有重要意义。我们应以宪法为依据，加强政府法律责任制度建设，依法行政，依责行政，唯有如此，公民的权利自由才能得到更充分的实现；也唯有如此，我们才可能一步一步去实现法治政府、法治社会、法治国家的理想。在我们构建社会主义和谐社会的今天，强调"责任"是非常重要的，其中比个人责任、集团（集体）责任等更为重要的，是政府责任，是政府的法律责任。

作者：田思源（1962—），男，内蒙古满洲里人，清华大学法学院副教授。
原载：《清华大学学报》，2006年第2期。

制度公正与政府责任

高国希

追求幸福生活是人的天性,在当代社会,这也是公民的权利。个人的幸福不是在真空之中,而是在社会中才能实现的。正如亚里士多德所说,只有在城邦中,幸福的生活才能实现,只有在城邦内并通过城邦生活,德性才能得到运行。在现实社会中,每个人、每个阶层的利益,需要很多的"磨合"或博弈。每个个体何以能够相互协调、共同促进幸福生活,达到各尽所能,各得其所?这需要对个体、群体、社会、自然等关系的调节,需要在公平正义的条件下来协调利益关系,而提供这样一个公正的制度环境,正是政府的责任。

二、公共利益与公共责任

利益及利益关系是人类社会活动的基础,而政府的基本职能,就是对利益进行社会性的分配。公共行政的根本目标立于社会公共利益。政府不应当有单独的利益,而以追求社会公共利益为唯一目标,以实现社会公共利益为出发点和归宿。公共权力及其行使机构的产生源于人民的委托,其基本目的是为公众服务,供公众使用,受公众监督。

自行政学在19世纪末的美国产生伊始,政府的责任和伦理问题就在这门学科中开始得到探讨。如行政学的创始人伍德罗·威尔逊的著名文章《行政学研究》(1887)认为,行政学研究的目标,首先是政府能够适当地和成功地进行什么工作;其次是如何以高效率和低成本完成这些适当的工作,[1]确定政府的职责、高效率高效能地完成这些职责,就是行政学的研究对象。但平时人们常常意识不到这一点。我们看一下20世纪90年代美国公共管理领域里的认识:"伦理学是哲学、价值和道德的天地。行政是决定和行动的天地。伦理学要寻求正当与错误,而行政管理却必须把工作做掉。伦理学是抽象的,而行政

---

[1] W.威尔逊:《行政学研究》,见《国外公共行政理论精选》,北京:中共中央党校出版社,1997年,第1页。

实践却无可救药地是具体的。伦理学如何能够通令行政？行政如何通达伦理？行政的理念——秩序、效能、经济、产出率——何以能够帮助界定伦理？而伦理的理念——正当与错——又如何帮助界定行政？"① 可见，认识到公共行政具有伦理意蕴，仍是一个紧迫而重要的问题。

由于政府是把公共利益作为宗旨与出发点，作为公益的信托者，要能够代表及回应公共的利益，所以，政府的责任与伦理问题自然是公共行政内生的重要层面，这就要求把一般管理的工具取向与公共管理的价值取向结合起来。公共管理作为整个社会的控制器，担负着维护和提供社会正义的责任。责任（responsibility）是现代民主政治的核心要素，也是政府行政的核心词汇。只有人民同意授权，政府才有治理社会的权力。公共权力合法性的来源，就在于这种权力的设置是为了保护公民的权利，因而，维护和发展公民权利，就是政府的最大责任。

与"责任"相关的两个词还有："职责"（accountability，问责）、"义务"（obligation，duty）。那么这三者之间的关系是怎样的呢？我们具体来分析一下：

"责任"是做一件事情的义务；而职责是接受责任或为他的行为提供辩明理由的分析或解释的义务或意愿；② "职责"是善治的重要因素，是对决策与行动的可回答性，常常是在防止对权力滥用或其他形式的不适当行为的意义上使用。"责任"是社会的期望，自角色而来，是可以分担的，意指以一种可信赖的、值得信任的、守信的方式行为，责任有时可能更多地依赖于自愿的自律；而"职责"意谓必须遵守规制或法律要求，否则就会流于谎言或丑闻，职责是不能由别人分担的，在这个意义上，有人称 accountability 是一种终极责任（ultimate responsibility），它要求要有单独的谨慎的和强有力的机制来保证服从职责，它是保证遵从行为标准的主要机制。这二者并不是同义词，一个人被授权或运行其权威，他是"负责"（responsible）的，因而也是对自己的行为"可说明"的（accountable "可问责"的）。

公共责任是指公共组织（特别是政府）在处理社会公共事务的过程中，对社会公共利益所负有的责任。政府担当公共责任的正当性在于：一是在市场失灵的地方促进效率，二是促进商品、服务和收入在社会成员之间更为合理地分

---

① H. George Fredrickson, Jeremy David Walling. Research and Knowledge in Administrative Ethics, in Terry Cooper: *Handbook of Administrative Ethics*, 2nd Edition, Revised and Expanded, New York.: Marcel Dekker, 2001, p. 37.

② Merriam Webster: *Collegiate Dictionary*, 10th Edition.

配。私人部门、企业管理者追求利润，而公共管理者更关注大众福祉，即公众的利益。"组织成立私人公司是为了雇员与股东的利益，而公共机构应该为机构以外的人们的利益服务。"① 公共责任要求公共部门对社会公众的需求作出积极回应，公正、有效地实现公共利益。公共产品的"公共"性，由其受益对象是否公众而定，政府要对公共产品的支出承担责任，而产品本身并不一定要由政府供给（如，可以用采购的方式）。公共权力和公共事业的公共性，决定了公共服务的核心是公共责任。

如上所述，公共责任立足于公共利益。那么什么是公共利益？在这一问题上，很难作出一个界定。希尔曼认为可以从考虑"什么不是公共利益"而近似地理解"公共利益"。他说："如果政治决策者为社会中的特殊利益集团提供有区别的对待，而该利益集团没有道德或伦理上的理由通过这些公共政策受益，同时（常常是）这些使利益集团受益的政策给社会大众带来损失，则这种政策决定是不符合公共利益的。"② 从这个意义上来说，公共管理中的责任不同于一般管理中的责任，它除了一般的管理技巧之外，还有一个为何如此管理的问题，即公共管理的根本目的是什么。

政府的行政是建立在价值与信念基础之上的，在政府的行政过程中，管理，即我们如何做事，是重要的。但更重要的是，我们要做什么和为什么要这样做。政治生活不能套用经济生活原则。1986年诺贝尔经济学奖得主、公共选择学派创始人与领袖、以将政治决策的分析同经济理论结合起来著称的J. 布坎南，认为民主政治活动中的个人活动也具有交换的性质，人们在政治活动中，在自愿的基础上达成协议、协调冲突、制定规则。布坎南特别强调把政治理解为一个在解决利益冲突时进行交换、达成协议的过程。但这里对利益的考虑却不同于经济市场上的考虑。在论证将个人利益的假定从市场推广到公共行为上去时，布坎南说："人们在从有组织的市场活动领域进入有组织的政治活动领域时，必须改变他们的心理配备和道德配备……[人们必须证明]在市场组织本身性质里有一样东西，它揭示人的利动机，同时在政治组织本身性质里也有一样东西，它压制利己动机，并提示更'崇高的'动机。"③ 这里说明了政治行为的源泉：我们在作出集体决定时，不仅是为自己而且是为他人。在以民主的方式来作决定时，我们需要得到他人的合作和同意。在市场上没有机会

---

① 格罗弗·斯塔林著，陈宪等译：《公共部门管理》，上海：上海译文出版社，2003年，第33页。
② 希尔曼著，王国华译：《公共财政与公共政策》，北京：中国社会科学出版社，2006年，第380页。
③ S. 凯尔曼著，商正译：《制定公共政策》，北京：商务印书馆，1990年，第212页。

表现对他人的关心,而政策制定的过程,则是发挥对他人关心的合适场所。价值和信念解释了公共管理者应该做什么以及为什么要这样做。正如行政学家哈特(David Hart)所说:"公共行政管理,不只关涉专业技术,而且是道德努力的一种形式。"①

责任伴随着权力而来。之所以必须承担公共责任,是因为被赋予了公共权力。而公共权力的合法性来源是什么?洛克认为,在自然状态中,人是同等自由的。每个人生来就拥有对自身的权利,也有能力维护自己的生命、自由和财产,因而是自由的,自由意谓不受他人的束缚和强暴。人们生来就享有完全自由的权利,这种与生俱来的固有权利(innate right),是任何人都不能剥夺的,人人都同等地拥有这种权利,他和世界上其他任何人相等,不受控制地享受自然法的一切权利和利益,他就自然享有一种权力,不但可以保有他的所有物——他的生命、自由和财产——不受其他人的损害和侵犯,而且可以就他认为其他人罪有应得的违法行为加以裁判和处罚。② 为此,洛克提出"同意理论",认为世界上没有任何力量可以强迫人们不经同意就服从政治上的强权,处在社会中的人的自由,就是除经人们同意在国家内所建立的立法权以外,不受其他任何立法权的支配,除了立法机关根据对它的委托所制定的法律以外,不受任何意志的统辖或任何法律的约束。

"为了人民的利益",这是政府的合法性所在,它赋予了公共责任以独特的品格和特质:回应公民的权利要求。公共责任的回应性,要求公共组织快速了解民众的需求,并能够前瞻性地研究问题,解决问题。卢梭说过:"行政权力的受任者不是人民的主人,而只是人民的官吏;只要人民愿意就可以委任他们,也可以撤换他们。"③ 公共权力必须受到制约。密尔提出,代议制议会是要监督和控制政府,"把政府的行为公开出来,迫使其对人们有问题的一切行为作出充分的说明和辩解;谴责那些该受责任的行为,并且,如果组成政府的人员滥用职权,或者履行责任的方式同国民的明显舆论相冲突,就将他们撤职"④。这就点出了公共责任的根本属性:可问责性。也就是说,公共管理者特别是政府官员,应当对自己的政治行为负责,并有相应的责任追究机制。

公共权力的设定,涉及国家与社会、政府与市场、政府与公民之间关系的调整。公共权力的设置如果恰当,可以有效地管理社会,造福公民;如果过

---

① David K. Hart: The Virtuous Citizen, the Honorable Bureaucrat, and "Public" Administration, *Public Administration Review*, Vol. 44, 1984, p. 116.
② 洛克著,瞿菊农、叶启芳译:《政府论》下篇,北京:商务印书馆,1980年,第87页。
③ 卢梭著,何兆武译:《社会契约论》,北京:商务印书馆,1982年,第132页。
④ 约翰·密尔著,汪瑄译:《代议制政府》,北京:商务印书馆,1982年,第80—82页。

度,则造成侵犯公民权利,危害社会。因此,要让公共管理机关和人员权责相等,在设定权力的同时,就要课以相等的责任。约翰·罗尔提出,公共行政人员属于宪政官员(constitutional officer),他们的权力最终来源于宪法,也因此承担了保证宪法得到恰当执行的义务。① 政府机关和人员,如果没有担负起应尽的职责,就要被追究责任。行政人员或政府机关有违法、失职、渎职、不作为等不负责任的行为发生时,必须有人对此负起责任。

二、制度公正与政府责任

与私人企业以赢利为基本目标不同,公共管理的最高价值准则不是效率,而是公正。公共政策常常是具有不同兴趣、不同价值观和影响力的很多参与者之间讨价还价和互相妥协的产物。② 社会的基本结构是正义理论的首要对象。在社会中的个人或私人团体关心的是个人的自由与权利,关心的是特定的个人利益和目的,因此,社会的基本结构,作为所有人活动的背景,本身便不能有任何偏袒,而是对所有的个人目的和利益一视同仁,保持公平,追求一个合于公平原则的社会合作制度。公共政策本质上是关于规定个体和集体"选择集"的制度安排的结构。制度选择与公共政策的制定,应当使不同性别、阶层、种族、文化程度、宗教和政治信仰的公民在政治、经济、文化权利上平等。对于不同的利益集团提出的相互冲突的主张,公共部门都应保护其合法利益,不应偏向任何一方。正如阿马蒂亚·森所说,发生利益冲突的不同集团都参与决策,这是一项基本要求。世界银行首席经济学家 J. 斯蒂格利茨也指出:"当所有人的声音在权力的走廊里都能被听到的时候,政府应更加负责,更加透明。其制定的政策可能就很少会发生突然而急剧的变化。"③ 美国《协商规则制定法》规定,行政机关在政策出台前,必须请相关利益群体的代表预先进行协商以取得共识,其目的在于尽可能早地把不同意见考虑进来,尽量避免政策在执行过程中遭遇冲突或出现资源浪费的现象。预先协商的结果对作出正式决策有着深远影响。④

国家权力、公共权力是为了保障公民权利而设置的。制度是最大的公共

---

① 菲利普·库珀著,王巧玲译:《二十一世纪的公共行政:挑战与改革》,北京:中国人民大学出版社,2006年,第38页。
② 斯塔林著,陈宪译:《公共部门管理》,北京:商务印书馆,2003年,第27页。
③ 联合国开发计划署:《人类发展报告1999:经济转轨与政府的作用》,北京:中国财政经济出版社,第82页。
④ 菲利普·库珀著,王巧玲译:《二十一世纪的公共行政:挑战与改革》,第59页。

品。而制度选择与公共政策制定是政府的基本功能。在社会中的个人或私人团体关心的是个人的自由与权利,关心的是特定的个人利益和目的,因此,社会的基本结构,作为所有人活动的背景,本身便不能有任何偏袒,而是对所有的个人目的和利益一视同仁,保持公平,追求一个合于公平原则的社会合作制度。作为一个现代社会,仅有效率原则是不够的。放任主义(Laissez-faire)会导致极大的社会不公。即使竞争性市场使资源得到有效分配,结果也可能导致令人不快的不平等现象。遵照社会规范实现公平分配是市场力量所不逮的,要解决这一问题只能通过政治途径。① 社会公正如何实现?需要制度来保障,制度是公平正义的根本保证,公正是对制度体制的价值判断,因此,良好社会、善治社会的首要价值就是公正。这是制度的根本属性,正如罗尔斯所说:"正义是社会制度的首要品性……法律和制度,无论它多么有效率和有条理,如果是不公正的,则必须改革或废除。每个人都拥有一种基于正义的不可侵犯性,这种不可侵犯性甚至是以整个社会福利的名义亦不能凌驾其上。它不允许以强加于少数人的牺牲为代价以使更多的人享受更大的利益。因此,在一个正义的社会里,平等的公民自由是确定不移的,由正义所保障的自由不受政治交易的支配,也不受制于社会利益的算计。"②

在"好处"与权利之间,不能侵犯少数人的权利来增进大多数人的好处,否则就会形成"多数人的暴政"。这是幸福总额与权利公正之间的一个矛盾。利益及利益关系是人类社会活动的基础,而政府的基本职能,就是对利益进行社会性的分配。公共政策是政府进行社会性利益分配的主要形式。政府利用公共政策是为了达到一种新的利益结构,也就是说,在保护、满足一部分人的利益需求的同时,有可能抑制、削弱甚至是打击另一部分人的利益。公众利益无疑应当是一切公共政策的出发点和最终目的,但"公众"利益需求在现实过程中存在着不一致,甚至是对立的方面。公正实际上是利益的协调,是通过博弈形成的一种均衡。公共权力作为整个社会的控制器,其职责是提供公共产品,维护和提供社会正义是其核心价值。在 GDP 高速增长的中国,切实实现真正的公平增长,保障社会公平——如权利公平、机会公平、规则公平、分配公平,特别要关注就业机会、市场准入、分配过程的公平,使全体公民的权利能够平等、充分地实现。就中国的发展而言,现在的就业机会并不公平,就业仍存在着户籍、地域的限制。由于城乡户籍制度的存在,使得公民的就业并不能享有平等的机会。公民的受教育权,是人的自由与权利能否充分实现的重要前

---

① 联合国开发计划署:《中国人类发展报告 1999:经济转轨与政府的作用》,第 8 页。
② Rawls. *A Theory of Justice*. Cambridge: Harvard University Press, 1999. p. 3.

提。正如阿马蒂亚·森指出的，要认真考虑不平等的含义，只关注收入不平等会掩盖人类生活和能力的不平等以及它们的变化过程。在分配公平方面，垄断行业、垄断部门直接导致了垄断福利。分配常常不是凭成绩，而是看"投胎"在哪个部门，哪个行业，哪个区域。从这个角度来说，公平地分配利害，促进公平的发展，建设公正合理的社会，还需要整体的制度设定与制度创新，这要求我们把社会管理体制的建设和创新作为突出重要的方面，创新社会管理体制和管理方式，完善利益协调机制，使社会管理科学化、规范化、法制化，全面整合社会管理资源，让社会管理制度为社会公平、社会和谐发挥保障作用，这也正是政府的职责。

作者：高国希（1964— ），男，山东利津人，复旦大学马克思主义研究院教授。

原载：《文史哲》，2008年第6期。

论政府责任及其限度

常 健

随着社会的快速发展,产生了许多前所未有的公共问题。作为公共权力机构的政府似乎无可推托地被要求承担起解决所有公共问题的职责。"政府责任"或"政府职责"[①],已经成为近来国内使用频率最高的词汇之一。

政府承担公共事务的责任,这是学术界比较一致的看法。然而,关于政府究竟应当承担哪些公共职责,却一直存在着争论。在西方近代摆脱封建社会的过程中,这一争论主要集中在政治领域,涉及的主要问题是:政府的职责主要是保障公共安全,还是维护公平或实现平等?随着现代市场经济的发展,关于政府职责的讨论更多地转向了经济和社会领域,涉及的主要问题是:政府是否应当在弥补市场缺陷和维护社会公平方面担负更多责任。随着"政府失灵"和非政府组织作用问题的提出,关于政府职责及其限度的讨论被置于一个更为广阔的背景之下。本文试图通过对关于政府职责讨论的回顾与分析,提出限定政府职责的三个基本原则,即比较优势原则、优势互补原则和量力而行原则。

一、近代政府职责之辩:公共安全、公平与平等

在近代西方摆脱封建专制统治的过程中,对政府职责的讨论集中在政治领域,主要是从政府职权的角度展开的。争论的主要问题有:一是建立政府的主要目的是为了公共安全,还是为了维护政治和法律的平等;二是应当给政府全部的权责还是部分的权责。霍布斯、洛克和卢梭等人的争论,是这一讨论的集中代表。由于权力和责任具有对应性,所以,这种对政府职权的讨论,可以折射出他们对政府职责的观点。

在霍布斯看来,政府的主要职责是维护公共安全,应当给政府几乎全部的职权。他的分析是:人类共有的普遍倾向,就是永无休止的权势欲,它使彼此

---

① 国内对政府责任的讨论,有两个不同的角度:一是涉及政府的职责,二是涉及政府失误所应当承担的责任,本文主要涉及前一种角度。

争斗成为人的天性。在没有任何外在约束的情况下,这种无止境的争斗就会演变成"每一个人对每个人的战争"。他对这种所谓"自然状态"的经典描述经常被人们引用:"在人人相互为敌的战争时期所产生的一切,也会在人们只能依靠自己的体力与创造能力来保障生活的时期中产生。在这种状态下,产业是无法存在的,因为其成果不稳定。这样一来,举凡土地的栽培、航海、外洋进口商品的运用、舒适的建筑、移动与卸除须费巨大力量的物体的工具、地貌的知识、时间的记载、文艺、文学、社会等等都将不存在。最糟糕的是人们不断处于暴力死亡的恐惧和危险中,人的生活孤独、贫困、卑污、残忍而短寿。"①

为了摆脱令人恐怖的自然状态,自然理性引导人们订立和平契约。但和平契约如果不以强力防卫,如果没有一个公正的法官,就不可能得到真正有效的遵守。人类的唯一出路,就是彼此放弃在自然状态下属于自己的所有权利和力量,把它们转交给一个客观的超然的实体,让它来保证社会的和平与安全,这便是被霍布斯称为伟大的"利维坦"的国家的产生。霍布斯指出:"国家的本质就存在于它身上,用一个定义来说,这就是一大群人相互订立信约,每人都对它的行为授权,以便使它能按其认为有利于大家的和平与共同防卫的方式运用全体的力量和手段的一个人格。"②

国家建立之后,接受委托的一方便成为主权者,他拥有的权力包括:"主权者的权力,不得其允许不能转让给他人,他的主权不能被剥夺,任何臣民都不能控诉他进行侵害,臣民不能惩罚他,和平所必需的事务由他审定,学说由他审定,他是唯一的立法者,也是争执的最高裁判者,他是和战问题的时间与时机的最高审定者,地方长官、参议人员、将帅以及其他一切官员与大臣都由他甄选,荣衔、勋级与赏罚等也由他决定。"③

霍布斯认为主权者的职权也是有限度的,这种限度与政府保护公共安全的职能相一致。一方面,主权者如果命令某人自杀、自伤、自残或不抵抗攻击,该人就有自由不服从;另一方面,在没有获得宽恕的保证的情况下,人们没有义务承认自己所犯罪行。这是因为,"服从的目的是保护"④。同时,"在主权者未以条令规定的地方,臣民都有自由根据自己的判断采取或不采取行动"⑤。

与霍布斯不同,洛克更强调政府的职责在于保证公平,并且应当对政府的职权加以一定的限制。在洛克的笔下,自然状态并不是一种战争状态,而是和

---

① 霍布斯著,黎思复、黎廷弼译:《利维坦》,北京:商务印书馆,1985年,第96页。
② 霍布斯著,黎思复、黎廷弼译:《利维坦》,第132页。
③ 霍布斯著,黎思复、黎廷弼译:《利维坦》,第153—154页。
④ 霍布斯著,黎思复、黎廷弼译:《利维坦》,第172页。
⑤ 霍布斯著,黎思复、黎廷弼译:《利维坦》,第171页。

平、友爱和互助的状态。但在自然状态下,却缺少为人们所熟知的法律、公正而有权威的法官,以及不折不扣执行正确判决的权力。人们正是为了克服这些不便和不正义而建立国家。政治职权的全部目的是为了公益。他写道:"所谓政治权力,我以为即制定法律的权利,为了规定与保护财产而制定法律,附带着死刑、下而至于一切轻缓刑罚,以及为执行这种法律和为防御国家不受外侮而运用社会力量的权利,而这一切无非为了公益。"①

值得注意的是,洛克采取了与格老修斯一样的双重社会契约的理论:第一种契约是每个人与每个人的契约,它建立起市民社会;第二种契约是人们与统治者之间的契约,它建立了政府。社会先于政府而存在,这意味着政府只是社会为解决自己的问题而建立的一种可选的机构,社会可能会因没有政府而感到不便,却不会因此而不复存在。这为限制政府的职权提供了基础。洛克在分析君主制弊端的同时指出:"若以为这种缺点只是君主制所特有,那是错误的;其他的政体也同君主制一样,会有这种缺点。因为权力之所以授予某些人是为了管理人民和保护他们的财产,一旦被应用于其他目的,以及被利用来使人民贫穷,骚扰他们或使他们屈服于握有权力的人的专横的和不正当的命令之下时,那么不论运用权力的人是一个人还是许多人,就立即成为暴政。"②

从政府维护公平的职责出发,洛克对政府职权的行使提出了限制条件。首先是法治原则,即统治者应该以正式颁布的和被接受的法律来进行统治,而不是以临时的命令和未定的决议进行统治。其次是多数同意原则,即多数人有权推动剩下的少数人与其采取同样的行动。再次,政府对人民的生命和财产不具有绝对的专断权,未经本人同意,最高权力不能夺取任何人的财产的任何部分。再次,政府不得将人民委托给它的职权转让。最后,如果政府违背了自然法,损害了人们的基本权利,并且人们没有合法的方式纠正政府的错误,人民有反抗政府的权利。③ 他写道:"人们参加社会的理由在于保护他们的财产;他们选择一个立法机关并授以权力的目的,是希望由此可以制定法律、树立准则,以保卫社会一切成员的财产,限制社会各部分和各成员的权力并调节他们之间的统辖权。因为决不能设想,社会的意志是要使立法机关享有权力来破坏每个人想通过参加社会而取得的东西,以及人民为之使自己受制于他们自己选任的立法者的东西;所以当立法者们图谋夺取和破坏人民的财产或贬低他们的地位使其处于专断权力下的奴役状态时,立法者们就使自己与全民处于战争状

---

① 罗素著,马元德译:《西方哲学史》,下卷,北京:商务印书馆,1986年,第163页。
② 洛克著,叶启芳、瞿菊农译:《政府论》,下篇,北京:商务印书馆,1964年,第123页。
③ 洛克著,叶启芳、瞿菊农译:《政府论》,下篇,第83—88页。

态，人民因此就无需再予服从，而只有寻求上帝给予人们抵抗强暴的共同庇护。"①

卢梭对政府职责的讨论走向了另一个极端。他将政府的职责定位为保障平等，并要求用人民的主权对政府职权作出最大的限制。

在卢梭的笔下，人类从自然状态进入社会状态后，人们之间天然的自由和平等关系便为奴役和统治所代替。富人为了保障自己的利益，打着"维护社会公正与和平"的幌子，诱骗穷人和他们一起制定法律，建立国家。国家和法律一经确立，富人变成了统治者，穷人变成了被统治者，人们之间经济上的不平等发展为政治上的不平等。他写道："社会和法律就是这样或者应当是这样起源的。它们给弱者以新的桎梏，给富者以新的力量；它们永远消灭了天赋的自由，使自由再也不能恢复；它把保障私有财产和承认不平等的法律永远确定下来，把巧取豪夺变成不可取消的权利；从此以后，便为少数野心家和利益，驱使整个人类忍受劳苦、奴役和贫困。"②

卢梭主张通过建立新的社会契约，使人类回到平等与自由的状态。因为基本公约并没有摧毁自然的平等，反而是以道德的与法律的平等来代替自然所造成的人与人之间的身体上的不平等；从而，人们尽可以在力量上和才智上不平等，但是由于约定并且根据权利，他们却是人人平等的。

卢梭用人民主权来限制政府职权。他指出，建立在新社会契约基础上的国家，其主权即最高权力属于全体人民，主权是不可转让的。主权是行政权的根据，政府只是主权的受托者，其职责只是根据法律进行统治。③ 主权体现为"公意"，而公意应该是全体公民一致的决定。当公民的意见不能达成一致时，多数可以强迫少数服从。

综上所述，由霍布斯、洛克和卢梭所代表的近代关于政府职责的讨论，从政府起源的角度着重探讨了政府的政治职责。争论的焦点在于政府的职责究竟是维护公共安全，还是维护公平或平等。如果将政府职责仅仅定位为维护公共安全，那么霍布斯那种通过权利的全部转让而产生的政府就是最有效率的，其职权所受的限制也是最小的。如果将政府职责定位为维护公平，那么洛克所提出的那种由权利部分转让所产生的政府便为这一目的预留了更大的空间，它对政府的职权规定了更多的限制。如果将政府职责定位为实现平等，那么卢梭所

---

① 洛克著，叶启芳、瞿菊农译：《政府论》下篇，第133—134页。
② 卢梭著，李常山译：《论人类不平等的起源和基础》，北京：商务印书馆，1982年，第128—129页。
③ 卢梭著，何兆武译：《社会契约论》，北京：商务印书馆，1980年，第123—124页。

主张的主权不能转让且立法权和行政权合一的政府,便是这种理想的体现。回顾历史,我们可以看到霍布斯和卢梭的两种极端主张在现实中都遇到了挫折。霍布斯所主张的专制政府无法与政治民主的发展潮流相容,而卢梭的绝对平等主张也走向了极权主义的另一个极端。相对来说,洛克有限授权的政府主张,在现实政府的发展中得到了更多的实际体现。

二、现代政府职责的扩展:弥补市场缺陷与维护社会公平

随着市场经济发展暴露出的经济和社会问题,关于现代政府职责的讨论更多地转向了经济和社会领域。它主要来自两个方面的考虑:一是来自经济效率的考虑,以所谓"市场失灵"的理论为典型代表;二是来自社会公平或公正的考虑,它已经和正在形成各种权利要求。世界银行对此曾作出了经典的概括:"市场失灵和社会公正是公共责任的规范理由——它们说明了政府应当介入的理由。"[①]

所谓"市场失灵"的考虑,是指市场机制并不能按照人们所期望的那样实现经济效率的最大化,而且在一定条件下还可能阻碍经济效率的实现,因此需要政府对经济领域进行必要的干预。对市场失灵的论证主要来自以下方面:

1. 公共产品与私人产品的区分:公共产品由于具有消费的非排他性和非竞争性,因而不能像私人产品那样通过市场提供充分的供给。严格意义上的纯公共产品如国防事业。不严格意义上的准公共产品分为三类:一类是只具有非竞争性,却不具有严格非排他性的产品,如公共游泳池、电影院、图书馆等;第二类是具有非排他性,却不具有消费的非竞争性的产品,如公共浴场、牧场等;[②]第三类是具有部分非竞争性和部分非排他性的混合产品,如教育、卫生、科技等。公共物品的特征要求政府直接或间接地提供供给。

2. 产品的外部性:外部性通常是指"某些社会收益和社会成本不同于市场价格反映的情形。买者可能得到某些收益,卖者可能承担了某些成本,但其他没有参与市场交易的人也得到了收益或者承担了成本"[③]。它导致社会所得到的收益或所承担的成本不相一致,进而使私人的最优与社会的最优产生偏差,由此产生低效率。如果其他没有参与市场交易的人也得到了收益,就被称

---

① 世界银行:《让服务惠及穷人:2004年世界发展报告》,北京:中国财政经济出版社,2004年,第34页。
② Buchanan, J. M. An Economics Theory of Clubs, *Economics*, 1965, pp. 1—14.
③ 乔·B. 史帝文斯著,杨晓维等译:《集体选择经济学》,上海:三联书店、上海人民出版社,1999年,第76—77页。

为正的外部性；如果这些人也承担了成本，就被称为负的外部性。在市场机制下，产品具有正外部性将产生"搭便车"效应，使其供给不足；产品具有负外部性将导致"公用地悲剧"，阻碍经济发展的可持续性。外部性的存在，要求政府通过税收、补贴等方法进行调节，使社会收益与私人收益趋于相等。

3. 信息不完全和不对称：在竞争不充分的市场经济中，经济主体掌握的信息往往是不完全和不对称的。在信息不完全的条件下，由于经济当事人只能以平均水平判断交易对象的质量，因而交易的结果将使得那些高质量的产品被排除在市场之外，导致所谓"劣币驱逐良币"的情况。在信息不对称的条件下，信息优势一方存在为牟取自身更大的利益从而使另一方的利益受到损害的动机。这些都会阻碍高效率的达成。信息不完全和不对称，要求政府采取促进信息传递的各种措施，如公布产品的质量等。

4. 市场垄断：市场的激烈竞争会导致垄断的产生。在垄断的条件下，产品价格会高于边际收益和边际成本，形成价格高产量低的低效率资源配置。这就要求政府采取措施，如制定反垄断法，对价格和产量予以干预等。

5. 市场不完全：主要是指市场的各种调节信号并不能及时和准确地反映市场的供需状况。凯恩斯曾经提出，由于边际消费倾向的递减、资本边际效率的递减和流动偏好的陷阱，会造成有效需求的不足，从而导致非自愿失业和经济危机。这就要求政府通过货币政策予以干预。20世纪80年代发展起来的新凯恩斯主义进一步认为，由于在微观市场中垄断和合同等因素的影响，价格机制不可能自动实现，它表现为劳动工资、商品价格和资本利息的"黏性"。这必然会导致失业和经济波动，因而需要政府从供给方面予以干预。

6. 福利最大化：福利经济学研究如何使社会整体的经济福利最大化。英国经济学家庇古从国民收入和货币收入的边际效用的角度，提出了社会经济福利最大化的判定尺度，认为福利最大化不仅取决于国民收入的高低，而且取决于分配中边际效用的均等程度。由于货币收入的边际效用是递减的，因此收入分配越均等，全社会的经济福利就越大。他认为，仅仅靠富人的自愿捐助来实现社会经济福利最大化是不够的，还需要政府通过高额累进所得税和遗产税等手段，从高收入者转移给低收入者，使货币收入的边际效用达到均等。意大利经济学家帕累托将资源的最优配置作为经济福利最大化的尺度。最优的资源配置是指：生产资源的任何重新配置，除非使另一个人的境况变坏，否则已经不可能使任何一个人的境况变好。后来的新福利经济学家认为，只有在完全竞争市场的条件下，才可能实现生产和交换的帕累托最优。

所谓社会公平的考虑，主要是考虑市场经济的自发发展并不能保障社会平等的实现，因此政府应当承担起保障社会公平的责任。公平有许多不同的维度，主要包括：

1. 机会公平：市场经济要求机会公平，但自身却无法保证机会公平。在实际的竞争中，存在着各种垄断，存在着起点上的不平等，存在着各种各样的歧视，它们都阻碍着真正的机会公平。

2. 收入公平：在市场经济下，收入按生产要素贡献的市场价值来分配被认为是公平的。这种分配原则会导致较大的收入差距，而这种收入差距并非没有边界。罗尔斯在其正义原则中就提出，任何收入差别都要惠及身处最不利地位的人。在现实中，基尼系数被作为衡量收入差距的主要指标。

3. 社会保障的公平：社会领域不同于经济领域，人们基本社会需求的满足关乎人的尊严和社会的和谐，因而不能完全遵循市场机制来按贡献分配，而应考虑人们的基本需要。它涉及大量社会服务的供给，如教育、基本医疗、基本生活保障、救灾、养老、疾病特别是传染病的预防、儿童保护，以及各种弱势群体的社会保护。

4. 权利平等：当受到各种不公平对待时，要能够得到法律的救助，就要求将上述各种公平要求变成法律权利。而每个人是否能够平等地享受各种权利，是否在权利受到侵犯时得到平等的救助，同样存在着公平性的问题。每个人都能够平等享受的权利，构成所谓"人权"的基本内容。而人权保障不仅不能只靠市场机制，有时甚至要通过对市场机制的一定限制才能实现。

5. 代际公平：公平不仅存在于同代人之间，而且存在于代际之间。但由于子孙后代并非当下现存，因而在现实各种力量的博弈中，他们的利益往往被忽略，甚至被牺牲。这特别表现在环境保护、资源保护等问题上。

市场失灵和社会公平，要求政府在经济和社会领域中采取必要的干预措施，承担起促进经济效率和维护社会公平的职责。但政府干预是否真的能对经济效率和社会公平起到正面的作用，对此却存在着不同的观点。而所谓的"政府失灵"就是对这种质疑的典型概括。"政府失灵"可分为三种情况：第一，政府干预经济活动达不到预期目标；第二，即使政府干预经济活动达到了预期目标，但是成本高昂，造成大量社会资源浪费；第三，虽然政府干预经济活动达到了预期目标，效率也较高，却带来了一些其他负面效应。[①]

哈耶克认为，政府对货币发行权的垄断，才是经济不稳定的直接根源，失业和通货膨胀都由此而来。这一观点得到货币主义主要代表人物弗里德曼的赞同。弗里德曼认为，被政府干预论者当作主要论据的1929—1931年的全球性经济危机，实际上正是由于政府的不适当干预造成的。当1929年经济正处于

---

① 高会宗等：《市场经济中的政府失灵及其防范》，《政治学研究》，1998年，第1期。

高峰期时，美国联邦储备系统却为了减少"投机"而紧缩通货，使货币量急剧下降，从而导致股市崩溃和银行倒闭。他写道："美国的经济大萧条远远不是私有企业制度所固有的不稳定性的象征，而却可以证明：当少数人对一个国家的货币制度拥有巨大的权力时，他们的错误可以造成多么大的损失……凡是赋予少数人如此大权力和如此多的伸缩余地以致其错误能有如此深远影响的任何制度都是一个坏制度。"①

弗里德曼进一步认为，通货膨胀也与政府积极的经济行为有关。货币数量增长过快，主要是因为政府开支的迅速增长，而这又是因为历届政府为了得到公众在政治上的支持而制定了过高的充分就业目标。因此，政府的积极财政政策不仅是无效的，还会造成社会经济的不稳定。

理性预期学派认为，经济当事人完全有能力对政府政策的影响作出相应的理性预期。因此，政府通过制造人为通货膨胀来刺激经济需求的扩张政策是无效的。政策的制定者起初很容易靠引起某种意外的通货膨胀来制造繁荣，但如果他们不断采取这种政策，经济当事人就不再会相信这种信号，也就不会作出相应的反应。这意味着，除非政府能够有效地"欺骗"大众，否则政府所实行的货币政策只能引起物价的提高和通货膨胀，并不能有效地刺激经济的增长。

汉斯曼（H. Hansmann）认为，在民主社会中，政府服务的推行，应该使符合必要条件的人皆能获得，但因为排除的成本过高，使得一些额外的人因而受惠，反而使得应该受惠的人被排除在外。另外，政府服务讲求普遍性，但是人民因收入、宗教、种族背景、教育等的差异性，产生异质的需求，所以服务势必无法满足每一个人，因而造成"政府失灵"②。

公共选择理论认为，在公共部门，决策由集体作出，决策人同样是自私而有理性的。这种诱因体制往往造成政府过分膨胀，管理费用也越来越高，子孙后代的利益不断让位于此时此地的利益，特别是狭隘的特殊集团的利益，因为其赞助在下届选举中是用得着的。因此，除非能够有效地约束利益集团，否则，像效率低下、费用高昂、计划执行不当这些政府缺陷将是不可避免的。正如经济学家詹姆斯·格瓦特勒所说："公共选择学说的主要贡献在于证明，市

---

① 米尔顿·弗里德曼著，张瑞玉译：《资本主义与自由》，北京：商务印书馆，1986年，第50页。

② H. Hansmann. Economic Theories of Nonprofit Organization, in *The Nonprofit Sector: A Research Handbook* edited by W. W. Powel, New Haven: Yale University Press, 1987, pp. 27—72.

场的缺陷并不是把问题转交给政府去处理的充分条件。"[1]

查尔斯·沃尔夫（Charles Wolf Jr.）在1979年提出了更宽泛的"非市场失灵"的理论。[2] 他从非市场产品的需求和供给两个方面进行了分析。他指出，对非市场产品的需求，来自于一般公众对市场失败认识的强化，政治组织化和政治权益的伸张，政治性报偿结构的歪曲，政治行为者在决策时由于时间紧张而形成的近视性思维方式，利益和负担的分离。非市场产品的供给，在产品的界定和测量上存在困难，根据单一源进行生产，生产技术存在不确定性，缺乏底线或终结机制。

据此，他认为非市场失灵来自于四个方面的原因：

1. 成本和收入的分离：非市场活动的源泉来自于税收、捐款以及其他非价格资源，同其产品的价值是分离的，从而使产生非效率的机会大增。

2. 内在性和组织目标：用非市场组织内部的目标来诱导、调节和评价活动成果，会使决策者的非公共性或个别组织的利益及成本支配对公共问题的考虑。它表现为努力获得更多的预算，对最新技术的执著，以及获取和控制信息。

3. 派生的外部性：指以纠正市场失败为目的的政府介入所带来的没有预料的结果。它往往表现出滞后性，而政界人士的视角狭隘和时间紧迫又容易使这种外部性被忽略。

4. 分配不公平：为纠正市场缺陷的非市场活动，会给一定的人以相应权力，它会有意无意地集中在少数几个人的手中，它会导致个人收入差异、企业规模差异以及地区差异。

基于对非市场失灵的上述分析，沃尔夫主张应该充分利用市场因素来解决非市场失灵问题。正因为存在着上述的不同考虑，所以学者们对政府应当在经济和社会领域中承担哪些职责有着很大的分歧。

诺齐克从政治哲学的角度，以不侵犯个人权利作为行为的"边际约束"，将政府职责限制在他所谓的"最弱意义上的国家"。所谓"最弱意义上的国家"，即传统的"守夜人"意义上的国家，它坚持对所有强力使用的独占权，这样就排除了个人（或机构）的报复侵害和索取赔偿。同时，它建立一种以税

---

[1] 詹姆斯 M. 布坎南著，吕良健等译：《自由、市场和国家》，北京：北京经济学院出版社，1988年，第282页。

[2] Charles Wolf Jr., A Theory of Nonmarket Failure: Framework for Implementation Analysis, *The Journal of Law and Economics*, 22, 1, 1979.

收作为财政支持的担保计划，使所有人都能得到它的保护。① 他写道："任何比最弱意义的国家更有权力、或管事更多的国家都不是合法的或者可证明的……最弱意义的国家除了是唯一正当的国家之外，也并非是没有吸引力的国家。"②

弗里德曼认为，除了维护国家安全之外，政府对市场的适当作用应当仅仅限于做那些市场本身需要却又无法或难以做到的事情，这主要包括三个方面：第一是作为市场规则的制定者和裁判员，制定规则、解释规则、强制执行规则，以及在必要时改变规则，以防止个人自由之间的冲突；第二是限制垄断和外部性作用；第三是对那些不能对自己负责任的人的照顾。他写道："从事下列事项的政府：包括维持法律和秩序、规定产权的内容、作为我们能改变财产的内容和其他经济游戏的规则的机构、对解释规则的争执作出裁决、强制执行合同、促进竞争、提供货币机构、从事对抗技术垄断的活动和从事广泛地被认为重要到使政府进行干预的邻近影响的消除，同时，又包括补充私人的慈善事业和私人家庭对不论是疯人还是儿童那样不能负责任的人的照顾——这样的政府显然可以执行重要的职能。"③

国内一些学者认为，在市场经济下，政府的职能主要有六种：社会稳定、社会服务、社会投资、社会保障、市场管理、经济调控。④

三、确定政府职责的原则：比较机制、优势互补与量力而行

综合以上分析，我们可以看到，保证公共安全、弥补市场缺陷和维护社会公平，是政府职责讨论的三大焦点。这三个问题，是现代社会可持续发展所面临的最为关键的公共问题，因而是作为公共机构的政府必须承担的职责。

然而，对现代政府职责的讨论，是以市场－社会－政府三者关系为背景的。也就是说，政府只是解决这些问题的一种主体。而且根据上述关于政府失灵的分析，政府也不是解决这些问题的完美无缺的主体。因此，解决上述问题的讨论，就不能仅仅简单地从市场失灵引出政府责任，或者从政府失灵引出市场机制。正如查尔斯·沃尔夫所指出的，市场和政府各具优点和缺点，因而它

---

① 罗伯特·诺齐克著，何怀宏等译：《无政府、国家与乌托邦》，北京：中国社会科学出版社，1991年，第35页。
② 罗伯特·诺齐克著，何怀宏等译：《无政府、国家与乌托邦》，第62页。
③ 米尔顿·弗里德曼著，张瑞玉译：《资本主义与自由》，第36页。
④ 张向前：《和谐社会的政府责任研究》，《经济体制改革》2006年，第2期。

们之间的选择并不是市场和政府之间选择哪一项的问题。①

针对市场失灵和政府失灵,人们提出的另一种选择是非政府的社会非营利组织(NGO)。但同样需要考虑的是,非政府组织也不是完美无缺的。它在解决公共问题方面也同样存在着各种各样的缺陷和不足。认为凡由于市场失灵和政府失灵所无法解决的公共问题都能够由非政府组织来解决,也是一种过于天真的想法。

基于上述考虑,本文认为,确定政府责任应当采取比较优势原则、优势互补原则和量力而行原则。

所谓比较优势原则,就是政府只应当承担那些与市场和社会两种途径相比更具解决优势的公共事务。如前所述,政府、市场和社会在解决各种公共问题方面各有优劣。这种优劣不仅涉及对问题本身的解决程度,而且涉及解决该问题所付出的代价,还涉及由此途径解决这一问题所导致的其他问题。只有在综合比较这三个方面的优劣之后,才能确定某一问题是最适合由政府来承担解决的责任,还是将其交给社会中的非政府组织,或是听任市场机制的自行了断。在新西兰1984年以来进行的长达十几年的政府角色和职责的改革中,就确立了国家只应当做或资助那些与行使其宪法和强制权力有关的事情,以及那些它具有比较优势的事情。如果政府强行承担自己缺乏比较优势的职责,就会形成通常所说的"政府越位",产生严重的消极后果。在这方面,中国曾经有过刻骨铭心的深刻教训。

所谓优势互补原则,是考虑到市场、社会和政府三种机制都存在着一定的缺陷,因此,在可能的情况下,可以互相取长补短。一方面,对市场机制和社会组织的缺陷,政府可以采取适当的干预措施加以弥补;另一方面,对于政府机制的缺陷,也可以引入市场和社会的力量加以弥补。凯恩斯主义和新凯恩斯主义就是主张通过政府干预来弥补市场的缺陷;而新公共管理理论则主张引入市场机制来克服政府机制的缺陷。而非政府组织又为弥补市场缺陷和政府缺陷提供了新的路径。

弥补缺陷需要注意三个方面的问题。首先,弥补缺陷不能演变为越俎代庖,只能适可而止。如果喧宾夺主,其效果就会适得其反。其次,弥补意味着将两种不同的机制相互组合,由此产生的最常见问题,便是不同机制的协调问题。为使不同机制之间达到协调,需要做很细致的研究工作,付出相当的组织代价。这种成本在考虑政府职责时,也应当被考虑在内。最后,弥补缺陷的方式是多种多样的,应当找到最恰当和适合的方式。世界银行在其报告中曾指

---

① 吴锡泓、金荣枰:《政策学的主要理论》,上海:复旦大学出版社,2005年,第29页。

出，市场失灵要求政府干预，但并不一定要求公共供给，政府可以很好且适宜发挥的作用是提供资金、进行规范或传播信息。同样，社会公平和基本人权表明了政府的责任，但履行这种责任的方式却多种多样。

所谓量力而行原则，是指政府在弥补市场机制和社会机制的缺陷时，要考虑实际的承担能力，包括财政负担、技术能力和政治承受力。在社会转型过程中，对很多公共问题，政府具有解决的比较优势，但经常无力承担。这经常被批评为"政府缺位"，但又是在社会发展的一定阶段难以避免的。政府如果不根据实际的承担能力，强行承担过量的政府职责，尽管可能因此赢得一时的民众支持，却有可能引发严重的长期后果。

比较优势、优势互补和量力而行三个原则，可以作为分析政府在公共安全、社会公平和经济效率三个方面所应承担职责及其界限的基石。

首先，公共安全是政府必须全部承担的职责。这是因为，在现代国家中，政府垄断了社会的所有强制力，而公民除了可以进行有限的合法自卫之外，无权对他人进行强制。而政府对强制力的垄断，就是为了保障公共安全。因此，承担这一职责是政府独有的优势，是市场机制和社会机制无法替代的。

其次，在维护社会公平方面，政府应承担主要职责。这是因为，现代的代议制政府拥有为全社会制定规则的权力，并掌控着执行这些规则的强制机构，而这些都是维护普遍的社会公平的最主要的手段。因此，与市场机制和社会机制相比，政府在维护普遍的社会公平方面有着相对优势，从而义不容辞地应当承担相应的责任。然而，政府在维护社会公平方面也存在着不足之处。一方面，社会公平具有相对性和历史性，随着社会构成日益异质化和多元化，这种相对性也变得日益复杂。普遍的法规无法完全适用于各种具体的情境，这不仅会使政府维护社会公平的努力要付出高昂的成本，而且甚至会在许多具体问题上难以满足不同公众对社会公平的要求，导致对政府合法性认同的威胁。在这方面，非政府的各种社会组织可以弥补政府机制的缺陷。另一方面，社会公平具有许多不同的层次和层面。政府在保障权利平等、法律面前的平等、代际公平等方面具有绝对的优势，在保障社会需求的公平满足方面具有一定的相对优势，因为政府可以通过税收和财政上的转移支付，建立社会保障制度。但这种财政支持会受到政府财政能力的限制，而社会的慈善组织在这方面却能够发挥重要的作用。在保障商品等价交换、按贡献公平分配以及机会平等方面，政府的优势更加减弱，而市场机制的分配结果在经济领域中却更容易被人们所接受。因此，政府在承担保障社会公平的主要职责方面，不仅需要量力而行，还要借助社会机制和市场机制来弥补自身的不足。

最后，在促进经济效率方面，政府应当承担某些重要的职责，主要包括创造和维护有利于提高经济效率的环境，弥补市场机制的缺陷，因为政府在这些方面具有一定的比较优势。但市场机制是促进经济效率的最具比较优势的机制，因此政府不能越俎代庖，去做市场机制可以做得更好的事情。

根据上述思路，有许多问题需要进一步深入研究，特别是政府在面对各种具体的公共问题时，究竟应当承担何种具体的责任，以何种方式来承担责任，如何充分利用市场机制和社会组织来弥补政府机制的不足，政府采取何种方式弥补市场机制和社会机制的不足，如何使各种不同机制协调运行等等。

作者：常健（1957—），男，天津人，南开大学周恩来政府管理学院教授。
原载：《文史哲》，2007年5期。

政治家的责任伦理

何怀宏

政治伦理可分为两个方面：一是政治制度本身的伦理；一是制度中人的伦理。所谓制度，也可以说就是有一套实力和观念支持的、持久的、不断在重复实践的、人们可以对之有合理预期的规则。这些规则本身可以具有道德涵义。政治制度是所有制度中最重要的，构成社会基本结构的主轴。制度固然也是由人的活动构成，但"制度本身的伦理"强调的是对制度的总体判断，是综合了所有人的活动的，且所着眼的是那种规律性的实践。而"制度中人的伦理"则是着眼于一个个的人。一个人会负载多种身份：自然人、社会人、经济人、还有政治人等等，其道德要求或追求都是可以做出一些区分的。而我们这里所强调的是作为制度中的人的伦理，当然，主要考虑的是作为"政治人"的伦理。

之所以要特别区分"制度本身的伦理"和"制度中人的伦理"这两者，一个原因是因为制度更基本，更优先：制度常常决定了一个人活动的道德性质、范围和可能性；依赖于个人——哪怕是很聪慧的一个人或一批人，常常不如依赖一种看起来有点笨拙的制度，除非这个人的最聪慧之处就在于他还着手建立起了一套行之有效、稳定可靠的符合其理念的制度。另一个重要的原因是因为两者还常常不一致，对制度的道德判断常常不同于对人的判断，两者甚至完全相忤：个别政治领袖乃至一个群体有可能是人格上相当高尚的，但其所创建或支持、或者所依托的制度却可能是不公正或不合理的。于是，这个政治家或群体就成了一个相当具悲剧性的角色。相反的一种情形则更常见，这在黑格尔所说的"理性的狡计"、或王夫之评论秦始皇建立郡县制度时所说的"天假其私而行其大公"的评论中可以见到。

而作为"政治人"的伦理大概也可以分为两个主要的方面：一是作为政治社会成员的义务，在现代社会也可以说是"公民义务"；一是担负一定政治职务、掌握比一般政治人更大的权力的人的义务，其高层可以说是政治领导人、政治家的伦理。这样，掌握权力者就除了承担一般的公民义务之外，还需承担更多的由权力引出的责任，且这种责任与权力的递增成正比：权力越大，责任越重。

讨论政治家的伦理一般都绕不开韦伯所说的"责任伦理"（ethic of responsibility），我在此也想从它展开。我在此关心的主要问题是：韦伯所说"责任伦理"最重要的含义是什么？这种含义对政治家来说是否合适或已经足够？在韦伯提出来作为对照的"责任伦理"和"信念伦理"（ethic of conviction）之外，是否还可以有另外的选择或补充等等。

政治家的伦理涉及对政治行为的抉择。我们设想一个完整的行为过程可以区分为：1. 行为者的意图（目的）；2. 行为本身（手段）；3. 行为的结果（它可以作为一种预见而预先存在与行为者的目的或意图之中）。政治行为常常意味着多个人博弈、多种意图互动的过程和影响到千百万人的结果。一般而言，尽管政治行为会影响到许多人，其最初的意图和直接行动却是由很少的政治家主导的。在此我们主要考虑少数政治家的"意图"和"行动"和对大多数人影响的"后果"。

在我看来，韦伯所说的"责任伦理"主要是指一种事先的行为选择，是自我的选择甚至斗争，和事后的对他人的动机论和效果论的评价不同，履行"责任伦理"最重要的就是要顾及后果或至少可预知的后果，这样，就要选择恰当的手段行事以达到或避免这后果。而韦伯所界定的"信念伦理"就是指主要考虑意图，而且常常是终极的意图、理想或信念而不管后果或不计成败。

我们需要注意，韦伯是在一个特定的情境下批评"信念伦理"的。当时正值德国在一次大战中战败，他以两个对象作为他拒绝的"信念伦理"的标本：一是绝对的福音伦理、绝对的和平主义者；一是主张世界革命的社会主义者。就前者而言，且以"勿以武力抗恶"的信念为例，韦伯认为，一个人自己也许可以秉承"绝不以武力抗恶"这样的信念行事，但一个秉持"责任伦理"的政治家却不能这样做，他必须考虑后果。如果不以武力抗恶很可能就是国家的灭亡、同胞的死难，他就必须使用武力抵抗侵略者。另一个例子是关于"政治诚实"的义务，在"信念伦理"看来，应当公开所有的文件，哪怕是会使自己的国家受到谴责的文件。而在"责任伦理"看来，当这样做的结果会被滥用和激化民众情绪的时候就不能这样做。

简言之，"信念伦理"就是宁愿被杀乃至国家失败（后果）也不以武力抗恶（信念）；或者宁愿不和平而再打几年战争（后果）也要实行社会革命的理想（信念）；宁愿多数暴政、文化倒退（后果）也要实行普选（信念、例见韦伯评论俄国革命文）；宁愿国家利益受损（后果）也要公布外交文件等等。对于如何履行"责任伦理"，韦伯并没有明确地从正面举例，而只是在批评上面的"信念伦理"时谈到"责任伦理"要顾及这些例子中所说的后果。

而究竟如何判断后果，判断后果有什么标准，在什么范围内使用武力，有没有什么限制;限制普选到什么程度;隐瞒真相到什么程度;可能一切都要凭政治家个人根据实际情况和自己的责任感决断。当然,我们还是可以从韦伯所述可以看出他心目中必须考虑(或不能接受的)"后果"是什么,这自然不是对政治家或其小集团的后果,而是民族国家或其所代表的优秀文化(更一般的还有人的生命)被毁损的后果。

这里最重要的是"顾及后果"的问题。我们首先要指出,对韦伯"责任伦理"中的"顾及后果"原则容易有一个误解,似乎它是一种功利主义的政治伦理,但在韦伯那里实际上却是一种形式的义务论,我们可以引德国学者施路赫特对韦伯与康德的比较来说明这一点。施路赫特在《现代性的悖论:马克斯·韦伯理论中的文化和行为》的第二章"信念和责任"中,分析了韦伯涉及伦理的著述三阶段中的核心主题,并从规范、动机和制裁三角度,在将韦伯与康德比较的基础上,提出了一种伦理类型学:认为韦伯和康德都拒绝基于功利幸福的审慎原则(包括巫术伦理)、也都脱离了复数的规范伦理、仪式主义伦理和法律伦理乃至宗教性的、实质性的、教条的原则伦理而走向反思性的形式原则。不过,在施路赫特看来,康德是持一种形式的"信念伦理"——之所以被称为"信念伦理",是因为康德的"配享幸福"等概念假设了上帝的存在(但在我看来,这显然不是韦伯意义上的、不管后果的"信念伦理")。而韦伯是持一种形式的"责任伦理"。施路赫特似乎认为韦伯比康德更可取。因为韦伯在规范方面对普遍化原则持一种审视而非构成的观点,容有对话而非独白;在动机方面考虑到后果;在制裁方面容有外在制裁。施路赫特对康德的这一理解是否正确呢?我们又是否同意施路赫特所认为的韦伯的道德观更优越于康德的道德观呢?两者一方强调预先"顾及后果",另一方强调始终恪守某些规则——但这规则一定要是很基本的,而不是基督"山上训众"式的。与施路赫特不同,我可能认为康德比韦伯更可取,或毋宁说,康德与韦伯的某种结合更可取:但在这种结合中,康德是"经",韦伯是"权"。

不过,我们还是先考虑为什么说韦伯的"顾及后果"并不是结果论(consequentialism)或功利主义(utilitarianism)的。关键在于:它是一种事先行为选择时的"顾及后果",此时那后果还没有出现。事先顾及后果选择和事后根据后果评价是很不同的。它不是把"结果"或"后果"作为道德评价的最终标准。还有,这里只是"顾及",而非一味追求结果,尤其是物质利益的结果。与其说它最关注的是如何获得最大效果,不如说是它最关注的是如何防止最坏后果。所以,我们在此宁可说"顾及后果"而不会说"追求最大效果"。

对注重道德选择的"责任伦理"的"顾及后果"与下面注重道德评价的"结果论"究竟有何共同点和不同点可以分析如下:

1. 动机论和效果论——一谈到动机,就涉及对人的评价。因为好坏动机与好坏结果之间有一致和不一致的4种情况:好动机——好结果;好动机——坏结果;坏动机——坏结果;坏动机——好结果。所以,仅从结果看,是有可能把"歪打正着"的行为及人也视作好的。

2. 义务论和结果论——这是更根本的评价,涉及客观的道德评价的根据,是现代伦理学的一个基本分野。它是针对行为或行为准则的评价而可以无需涉及主体、个人。

韦伯"责任伦理"和"结果论"的共同点是都顾及或注重后果;它们的不同点是:"责任伦理"是一种事先的顾及后果,所以表现为一种责任;而且它是一种选择,且常常是紧急情况下的选择;这也是政治家的选择,也就是说,是精英的选择。又由于它的顾及后果不是或不仅仅是影响自己的后果,所以它又有一种道德涵义——它作为一种个人自我的选择,考虑的却是自己治下的他人或群体的利益,甚至人类的利益。它不是评价他人,也不是评价一般的行为,而是自己要为他人进行选择。从个人行为的选择到政治家的决策,一种考虑长远和全面后果的"明智"(明智的自爱)会转变为一种道德:即当他不再只是考虑自己的利益和后果,而是顾及到他人、甚至他国。或从另一个角度说,则还有一种权利、一种德沃金式的王牌意识,即通过"可普遍化"达成的底线原则在使道德真正成为道德。

韦伯又批评其同事福斯特的"善果者,惟善出之,恶果者,惟恶出之。"说这样的话,问题的全部复杂性将不复存在。世界历史指出真相正好相反(但这是否也说得过于绝对了):在动机和效果之间,或更恰当地说,在正当规则和好的结果之间肯定不会完全一致,但我们是否还是可以说正当的规则从长远和总体来说还是更倾向于产生好的结果呢?韦伯说:"政治行为的最后结果往往——甚至经常——完全不合初衷,甚或时常同它截然相悖。这是一切历史的基本现实,对于这个问题,我们今天无暇做详细的证明。"[①]然而,这可能恰恰需要详细的证明。正当的行为规则是否一般倾向于造成好的结果,或至少比不正当的行为更倾向于(更多地)造成好的结果?还是恰恰相反,不正当的行为要比正当行为更倾向于(更多地)造成好的结果?如果对前一个问题的回答是肯定的,即便站在结果论的立场,是否也要不假思索地将优先权给予正当的行为?所以,我们可以考虑在"责任伦理"和"信念伦理"之间还可以有第三种选择,亦即一种底线的规范伦理(minimalist ethic of norm)的选择。其陈述如次:

---

① 韦伯著,冯克利译:《学术与政治》,上海:三联书店,1998年,第102页。

首先，在"责任伦理"和"信念伦理"之间并不是非此即彼，而是还有相当的空间的，两者即便在政治领域内的对立也不是那样极端，而"信念伦理"在非政治的领域内更大有可为。例如，一个政治家可以在敌国入侵时不采取"绝不以武力抗恶，绝不使用暴力，绝不杀人"的"信念伦理"，但也不是简单地采取"为了民族国家利益我们必须诉诸武力，可以施暴、可以杀人"的"责任伦理"，因为"责任伦理"并没有提出或至少没有明确提出对使用武力的规则和限制，我们可以对进犯的军队使用武力，但是为了胜利，我们对对方的无辜平民是否也能使用无节制的武力，甚至我们是否能够先下手为强等等，发动"先发制人"的攻击等等。所以在不使用武力和使用武力之间还有"有节制地使用武力"的空间（这里对"如何使用武力"也是可以由规范伦理中的生命原则直接提出要求的，而非仅仅是提出"节制"以作为对"责任伦理"的一个补充）。这种引入底线规则的伦理显然也要考虑后果，甚至有时为此也得容有道德上可质疑或不正当的手段的例外，但此时这样做必须提出强有力的理由，负起沉重的"证据负担"。

其次，我们是否据此可明确地补充韦伯的"责任伦理"以一种建立在"可普遍化原则"基础上的行为规则意识？即可以抗恶，但是只能伤害对方的武装人员，不能伤害对方无辜的平民。这样，我们就会说：除了"顾及后果"还应"顾及手段"，行为者的意识中不仅应该有"可预知的后果"的意识（即"责任伦理"的意识），还应该有一种基本的规则意识（底线伦理的意识）。也就是说，在"责任伦理"和"信念伦理"之间还可以有第三种选择，这就是一种规则伦理，或更确切地说，是一种底线的规范伦理。它将"可普遍化原则"视为一种排除原则而非构成原则，即主要不是从正面考虑是否所有能普遍化的准则都需履行，而是直接从有道德意味的行为准则的是否能够普遍化的检验开始，同时也参照人们直觉性的正义信念乃至千百年来的合理传统和权威。所以，再回到行为过程，我们说，在事先的"行为意识"中，除了一种目的意识（也就是对一种"可能的后果"的意识），行为者实际还应有一种规则意识（或作为底线的界限意识——即对那些众所周知的不可普遍化的准则的禁忌意识）。

这种底线规则意识会比笼统的责任意识更为明确，也更易实行。责任意识太依赖于一种道德精英的能力，也有赖于一种文化教养和自觉意识，而且要对一种众多意图和行动冲突的合力的政治行为"预测后果"实际是非常困难的，而规则意识可以建立在某些规则一般或更倾向于产生好的结果，而某些规则一般或更倾向于产生坏的后果的基础之上。这样其实将会更为有效地达到"顾及后果"的结果。当然,这种规则伦理并不要求政治上一定要禁止所有不正当的行为,因为可能有义务的冲突,因而在义务之间还是可以有某种权衡,当需要履行某种更高的义务时,也有可能采取某种例如"政治隐瞒"等不当行为。但它无疑对道德上可质疑的行为比韦伯意义上的"责任伦理"更为警惕,认为这样的不当手段只有在某些很特殊的情况下才能采取。

所以,规则意识自然也是"顾及后果"的,但主要是通过原则规范来"顾及后果"。它比"责任伦理"似更能沟通精英伦理和大众伦理。当然,反过来说,"责任伦理"和"信念伦理"也并非没有规则意识,但它们没有把规则提到首要。所以我们也许要提出一种政治的底线伦理,它的要求也许低于其他行为领域,但还是对行为提出了一种明确的规范要求,而不仅仅是含糊的"责任伦理"。

萨特在其"存在主义是一种人道主义"的讲演中也曾讲到过一种对所有人的高度"责任","向全人类负责"等,但这种说得很高的"责任"没有把"顾及后果"考虑在内,实际是相当空洞的。韦伯的"责任伦理"强调"顾及后果"比之要具体切实得多,但还是不够明确。而"底线伦理"则更为明确地提出了道德的理由和行动的方案,当然,它仍然要把很大的一个行动空间留给政治家个人的决断。

回到上面所说的行动的整个过程,或者我们可以这样说,"信念伦理"似更注意行动意图的纯洁性;"责任伦理"更注意行动后果的可接受或承受性;而"规则伦理"更注意行动的方式或手段的正当性。三者的结合当然是最理想的,但我们也许只能在历史上相当罕见的伟大政治家那里才可以看到这种结合。而如果一定要在这三者之间做出轻重或次序的一般权衡,从道义论的角度会说手段第一、后果第二、意图第三。道德对政治的限制应当首先和主要地是对手段的限制。一种政治家的"规则伦理"的中间地位也许是在"信念伦理"之下,却在"责任伦理"之上(我们在此且不谈完全否认道德,根本不进入"伦理"层面的道德虚无主义)。

对于这种政治家的伦理,我们仍然可以说这是一种政治家的责任伦理,即相对于一般的公民义务来说更高的责任伦理。但是,它将不止是韦伯意义上的"责任伦理",亦即,它是一种不仅顾及后果,也顾及手段、不仅顾及自己所属的群体,也顾及其他群体的责任伦理。在中国的政治领域,现在也许主要不是面临理想主义过度或"信念伦理"盛行的危险,而多的是功利滔滔,实用主义泛滥,甚至卖官鬻爵,私欲公行。同时,在知识分子的边缘,却也有一些不结果实的浪漫的政治批判、一种"无生育力的亢奋"。总之,当前中国在大力建设一个以人为本的"责任政府"的时候,还需要培养许多"责任政治家"。"问责"将不仅是制度的,也是观念的,甚至必须首先是观念的。

作者:何怀宏(1954—),男,江西省清江县人,北京大学哲学系教授。
原载:《伦理学研究》,2005年1期。

[环境保护和可持续发展视野中的"责任"]

环境伦理作为责任伦理

罗亚玲

一、伦理学与环境

环境伦理学,也称生态伦理学,兴盛于20世纪70年代初,其主要任务是为环境保护提供理论观点和准则规范,这一点并不存在争议,但是其中非人类中心主义与人类中心主义关于非人类存在物是否具有伦理地位以及哪些非人类存在物具有伦理地位的争论,却使得这门学科的自身界定问题复杂化。

非人类中心主义理论伦理学主张扩展伦理学的应用范围,按照这种观点,传统伦理学是人类中心主义的思维模式的产物,在这种思维模式下,人们把自然仅仅看成是利用的对象和工具,因而对自然进行无节制的开发利用,导致了环境问题的产生;要保护环境就要彻底改变这种思维模式,承认自然界具有独立价值,尊重自然。在各种非人类中心主义观点中,不管是痛苦中心主义(Pathozentrismus)、生命中心主义(Biozentrismus),还是整体主义(Holismus),尽管他们在遵循权利主体的范围问题上存在着一些分歧,但他们或者以高等动物的痛苦感知能力,或者以生命或整个生态系统的自身目的性为依据,都认为非人类存在物具有固有价值和道德地位,主张将伦理关系扩展到人与非人类存在物之间的关系上。当前美国最著名的环境伦理学家霍尔姆斯·罗尔斯顿坚决主张,环境伦理学不能仅仅是"关于环境的功利主义、享乐主义之类的伦理",不是"被用到环境问题上或根据对环境的知识作了改进的伦理"[1],而是一种直接"从生态系统的机能整体性特征导出的"改变了性质的"生态的"伦理学。[2] 在德国,在尼达-吕梅林(Nida-Ruemelin)主编的《应用伦理学》一书中,环境伦理学也被定义为"追问人与自然在伦理上正确

---

① 罗尔斯顿著,刘耳、叶平译:《哲学走向荒野》,长春:吉林人民出版社,2000年,第5—6页。
② 罗尔斯顿著,刘耳、叶平译:《哲学走向荒野》,第15页。

相处的"学科。① 在这种环境伦理学的定义下，环境保护不仅仅被理解为为了人类的福利，也是为了实现其他生物本身的目的，为了"保持生物共同体的完整、稳定和美丽"②。

虽然，非人类中心论者对人类中心主义（确切地讲，应当是工具理性主义）的批判是很深刻的，但他们简单地从人类中心主义走向非人类中心主义，并不能令人信服。人类中心论者指出，只要不把人类中心主义狭隘地理解为工具理性主义，在人类中心论的基本立场上也能为环境保护提供理论依据，因为自然不仅仅具有工具价值，还具有认识价值、审美价值和教育功能等等。双方围绕着价值、道德地位、道德权利以及它们的根据等问题展开了激烈的讨论，到目前为止，在所谓强、弱人类中心主义③，或道德的人类中心主义和认识论（或方法论）的人类中心主义的区分下④，双方在大的方向上达成了很多共识。但非人类中心论者始终认为，在实践操作层面，仅从人类的视角出发总会遇到一些难以克服的问题。例如，人的知识不完备，理性有限，他根本不可能确切地知道，一个物种的毁灭或一个特定生态系统的破坏究竟会产生哪些长远的影响；他也不可能知道，有些在现代看来毫无用处又没有美感的自然存在物，在未来的某一天是否会成为一种新的资源。

非人类中心主义和人类中心主义关于自然的道德地位问题的争论，构成了迄今为止环境伦理学发展的主要线索。上面提及的非人类中心论最后的辩驳，是人类中心论者的一大难题，但这种必要性论证终究无法为非人类中心主义提供充分的依据。因此本文主张摆脱双方争论的这一线索，重新追问伦理学与环境问题的关系。

按照人类学的观点，伦理学是人类理性对人类特殊处境的回应。阿佩尔赞同这种观点，他指出，人类不像动物那样具有天然的生存能力和充分的直觉，工具和武器的发明使得人类意义体验的知觉世界和其行为后果可能达到的效应

---

① Angalika. Krebs. Okologische Ethik 1: Grund lagen und Grand begriffe, in Julian Nida – Rümelin ed., *Angewandte Ethik*, Stuttgart: Kröner, 1996, p. 347.
② 罗尔斯顿著，刘耳、叶平译：《哲学走向荒野》，第 16 页。
③ 参见徐嵩龄主编：《环境伦理学进展：评论与阐释》，北京：社科文献出版社，1999 年，第 129 页。
④ Angalika. Krebs. Okologische Ethik 1: Grund lagen und Grand begriffe, in Julian Nida – Rümelin ed., *Angewandte Ethik*, p. 351.

世界失去平衡,伦理学是人类理性对这两个失衡的世界的平衡调整。① 因此,伦理学只能限于具有理性能力的人与人之间的关系,非人类存在物没有也不需要伦理学对其行为进行调整。环境伦理学,就其产生而言,也表现为人类在现代科技足以毁灭全人类的危险境遇的挑战下的理性调整,在本质上跟一般的伦理学没有差别。在众多被广泛引用的环境伦理学著作中,除了史怀泽和利奥波德的著作是 20 世纪上半叶的,大多是 20 世纪 70 年代以后出现的。环境伦理学在这一时期开始兴盛,直接与当时环境危机的出现有关。罗马俱乐部的第一篇报告《增长的极限》,对环境承载力的分析和对全球环境危机的预测在很大程度上可以说是人们转向环境伦理学思考的动因。

其实,引发环境伦理学思考的环境危机也是相对于人类而言的。从生态学的角度讲,生态系统是由食物链构成的,自然界的基本规律是弱肉强食,无所谓自然的权利,尤其是个体意义上的权利。生态系统本身一直处于不平衡——平衡——不平衡的动态过程之中,生生灭灭都是自然的现象,甚至大规模的生态改变,在地球本身的历史上也曾出现过好几次。没有人类的出现,没有对人类继续存在的威胁,生态系统的任何改变都不成其为危机。

因此,环境伦理学所要论证的环境保护的伦理义务,是人类理性对其能力进行自我约束的尝试。环境伦理学是处理与环境问题有关的应用伦理学,而不是人与环境或自然的伦理关系。"生态伦理学"这一名称中"生态的"修饰语是指这种伦理学的应用领域,而不像罗尔斯顿说的那样是指其性质。

这也是本文倾向于用"环境伦理学"这一名称的原因,而且"环境"一词所包含的主——客结构以及伦理学所处理的主体间关系,正表明了本文的基本观点:人类中心主义的基本立场和环境保护必须通过主体间关系的调整得以实现。

二、环境保护:未来责任

环境危机的实质是环境的恶化影响人类的生活,甚至威胁人类的持续存在,因此环境保护的实质是人类自我保护,即保护人类——包括同时代和未来

---

① See Karl-Otto Apel. Die Situation des Menschen als ethisches Problem, in *Diskurs und Verrantwortung*, Frankfurt am Main: Suhrkamp, 1998; Die Situation des Menschen als Herausforderung an die praktische Vernunft, in *Funkkolleg Praktische Philosophie/Ethik*, Bd. I, Frankfurt am Main: S. Fischer, 1980; Karl-Otto Apel. Die okologische Krise als Herausf ordrung für die Diskursethik, in *Ethik für die Zukunft*, edited by Bohler, München: C. H. Beck, 1994.

世代的人——持续存在的条件。

这样,在环境伦理学中就形成了(现在的)人与自然、现在的人与未来世代的人以及现在的人之间的三维关系。人与人之间的关系是传统伦理学的主题,似乎不成问题,问题是如何将后两种关系纳入环境伦理学。非人类中心主义环境伦理学的自然权利论以及受其影响形成的环境法学或政治学所提出的代际公正的问题,试图将这三维关系拉到同一维度上。这种做法不但在理论上难以自圆其说,而且在实践中由于自然的沉默以及未来世代的缺位,被赋予的自然的权利,以及预支的未来世代的权利最终在被代理中变成了现代人的主观任意。

汉斯·约纳斯基于他对现代科技社会危险性的认识而建构起来的责任伦理学则提供了新的视角。约纳斯指出,在科技高度发达的现代社会,人类具有了巨大的、足以毁灭全人类的能力,人们集体活动的后果由于其累积性而变得不可预测,这些都威胁着人类的持续存在。他赞同韦伯的观点,认为只有动机伦理是不够的,还需要责任伦理。① 动机伦理只强调行为的动机,把对行为的可能结果的考虑摒弃在行为的道德价值的考虑之外,但善的动机不一定产生好的结果,甚至往往相反,因此动机伦理须用责任伦理加以补充。责任伦理要求人们在作行为决定时,不但要考虑行为的动机,还要考虑具体行为与其后果之间的因果联系,并对行为的后果负责。②

责任伦理学的责任不同于法律上的回溯性的责任,即从已发生的后果出发的归咎,而是一种前瞻性的预防性责任。它也不等于传统的与职业和社会角色联系在一起的责任(如教师对学生的责任,游乐场管理人员对场地安全问题的责任等),而是在具体情景下对具体的行为后果的责任意识。这种前瞻性的责任概念也不同于传统伦理学或法学中的权利义务概念,后者包含的是主体与对象之间对称的关系,而前者在对象的层面上是一种不对称的关系。责任,在约纳斯看来,是有能力的主体对没有能力的对象负责,人的能力,即人的理性自决能力,是责任的根源。③ 在人与自然及现在的人与未来时代的关系中,(现在的)人是唯一能对行为的做与不做作出选择的具有理性能力的因素,是唯一能负起责任的道德主体。就此而言,环境伦理学应是有能力的、存在着的人(主体),对无能力的自然(客体)和未来世代(尚未实现的主体)的责任伦

---

① See Weber Max. Politkals Beruf, in *Gesamm elte politische Schriften*, Tübingen: J. C. B Mohr, 1988, pp. 550—560.

② Hans Jonas. *Prinzip Verantwortung*. Frankfurt am Main: Suhrkamp, 1984, p. 41.

③ Hans Jonas. *Prinzip Verantwortung*, p. 231.

理，保护环境就是我们为了未来世代而对自然负责。

这种责任也可称之为关护责任或未来责任，约纳斯在其《责任原则》一书中对其所包含的道德原则作了明确的表述："要使你的行为后果有利于保持地球上人类的真正的生活"，或者"要使你的行为后果不破坏未来人类生活的可能性"，或者"不要危及地球上人类持续存在的条件"[①]。

在约纳斯的未来责任观中，保全人类持续存在和使人类过有尊严的生活就相当于绝对命令。这在现实中具有很重要的指导意义。因为环境问题，如水资源短缺、土地沙漠化等，已经严重地影响到了当代人的生产生活，在中东或非洲的一些国家因此屡屡发生冲突，甚至爆发战争。就当代人而言，战争也算是解决冲突的办法，但是从保全人类的存在，尤其是子孙后代的生存条件出发，寻求合作保护并改善生态环境不但是更加明智的做法，而且是当代人不可推卸的责任。

三、环境保护：共同责任

约纳斯着重论述了现在的人对未来世代的关护责任，实际上环境保护完整地讲应该是对同时代及未来时代的责任。环境问题在今天已经是现实的危机，这使得环境保护不光是预防性的，也是治理补救性的。而且，仅强调未来责任，在逻辑上容易陷入社会达尔文主义的谬误，阿佩尔曾就此对约纳斯提出责难，他指出，从生物学的角度出发，人类生存条件的保存完全可以通过集体自杀或者饿死一部分第三世界的人得以实现。[②] 这显然是人无法接受的。因此，责任概念必须包含两个方面，即存有的保全和社会的进步。

社会的进步和社会的公正紧密相关，这一方面是责任概念应有的内涵之一，另一方面也是责任之承担在实践中的保障。环境保护的义务虽然像约纳斯说的那样，"你看，你就知道"，可以由人的道德直觉得以说明，但是环境保护在实践中的贯彻则有很多客观的困难。

约纳斯把未来责任与父母对子女责任相比，这只能就责任感而言，在实践中，环境保护作为对同时代人及对未来世代的责任，其主体和对象上都不像父母—子女模式那么明确。由于人类行为的集体性及其后果的累积性，一定的行

---

① Hans Jonas. *Prinzip Verantwortung*, p. 36.
② Karl-Otto Apel. Verantwortung heutenur noch Prinzip der Bew ahrung und Selbstheschrankung oder immer noch der Bef reiung und Verw irklichung von Hum anitat, in *Diskurs und Verrantwortung*, p. 184.

为后果很难归咎到具体的行为者。而具体的个人,由于知识和能力的限制,也无法预知和把握其所参与的集体行为的长期效应,就是"恐惧的启发学"① 也很难带来真正的启发,个人没有能力负责,甚至不知道要对什么负责。因此,正像阿佩尔指出的那样,要求个人对集体行为的未来后果承担责任,这几乎可以说是一个悖论,一种苛求。②

另外,个人(或企业),由于其自身的利益需求,不可能无条件地承担未来责任。在现实的市场经济社会里,个人,尤其是企业,面临着经济上优胜劣汰的竞争压力,他们追求的是经济效益,而不是道德上的善。即使有些个人或企业具有很强的环保意识和责任感,身体力行,那么结果往往就像美国学者艾伦费尔德说的那样,"他们在接受第一枚公共服务勋章时就可能面临破产的危险"③。

而且,世界上还有一部分人,为了维持基本的生存条件不得不开采已经到达警戒线的地下水,开垦本来就很贫瘠干旱的土地。有统计资料显示,全球生活在最底层的 10 亿人口造成的环境退化超过了发展中国家的其他 30 亿人口所造成的环境退化的总和。④ 但对于这些人来说最重要的是"今天的晚餐",而不是"明天的世界"。要求他们保护环境和对子孙负责,实在也是一种苛求。

环境保护在贯彻中的这些客观困境使得环境伦理学必须进一步探讨未来责任的实现条件问题。阿佩尔为此提出了共同责任的概念。阿佩尔指出,个体无法直接承担环境保护的责任,但可以通过参与对话讨论共同承担责任。共同责任的必要性源于以上所分析的环境保护在实践中的困境,其可能性则内在于对话讨论的前提条件。以共识沟通为目的的对话讨论的一系列有效性宣称(语言的可理解性、真诚、关系的真实性、规范的有效性)内在地包含了讨论参与者的平等权利,以及参与讨论并在讨论中提供充分的可被检验的理由的义务。因此,参与讨论本身就是承担共同责任,参与讨论的义务说明了共同责任也是责无旁贷的义务。

共同责任相对于个体责任的优越之处首先在于,集体的共同负责能够承担个人所无法承担的责任。只有通过共同责任才有可能全面地揭示相关的问题,

---

① Hans Jonas. *Prinzip Verantwortung*, p. 63.
② Karl-Otto Apel. Die ökologische Krise als Herausforderung für die Diskursethik, in *Ethik für die Zukunft*, edited by Bohler, p. 374.
③ 艾伦费尔德著,李云龙译:《人道主义的僭妄》,北京:国际文化出版公司,1988 年,第 159 页。
④ 诺曼·迈尔斯著,王正平、金辉译:《最终的安全》,上海:上海译文出版社,2001 年,第 22 页。

并找到正确的、能被普遍接受的解决途径。① 环境问题的困境之一就是由系统效应和积累效应带来的后果的不可预测性，这一困境在学科细化和利益冲突的条件下变得更加棘手。约纳斯责任概念所赖以成立的基础——人的行为抉择的理性能力——因此变得没有着落。这一困境也因此成了非人类中心论者最后的似乎难以撼动的根据。通过无条件限制的、平等的、真诚的对话讨论，最能够尽可能地获取全面的真实的信息，穷尽行为的可预期的后果，寻求合理的解决方案。

这样，个人虽然没有直接承担环境保护的责任，但作为讨论参与者在讨论中的贡献使他间接地承担了责任。共同责任也不是无法落实责任主体的抽象的责任，而是个人在民主平等的基础上根据能力和职业的不同而承担不同的责任。

根据对话讨论的结果拟定的策略性行为可以最大可能地减少危害，同时，对话讨论的开放性——即对具体结论的可错性的承认——也要求在实践中采取审慎的不作为原则，② 对于无法预知其后果的行为，只要其有可能带来危害性的影响，就该采取不作为的原则。由对话伦理学导出的这一原则为约纳斯的"赌博的思想实验"③ 提供了操作的可能性，也在一定程度上排除了预设非人类存在物的权利的非人类中心主义的做法的必要性。

共同责任的优越之处还在于它还包含了不断改善社会制度的义务，使个人或企业能够承担未来责任。共识的普遍同意性要求讨论参与者通过真诚、可信的讨论为其谋求在实践中顺利贯彻的条件，这是从对话讨论的前提条件出发不可怀疑的义务。这在实践中必然要求建立公正的社会制度，也就是要不断地改善现有的制度，使其不断地合理化。格荣克将此表述为"社会机制化的进步原则"："努力使得你的行为方式有助于改善社会和制度环境，以便行为和决策的正确性尽可能地在以沟通为目的的公共讨论中得以检验，并使得那些基于值得同意性而被视为合法的观点尽可能地得以贯彻实施。"④

只有在公正合理的制度体系下，"个人才能做到，既按照道德原则行事

---

① See Dietrich Böhler. Dialog reflexive Sinnkritik als Kernstück der Transzenden talp ragmatik in Dietrich Böhler ed., *Reflexion und Verantwortung*, Frankfurt am Main: Suhrkamp, 2003, p. 37.

② See Horst Gronke. Verantwortungspflichten gegenüber der Natur? in M. Niquet etc. ed., *Diskursethik—Grunglegungen und Anwendung*, Würzburg: Verlag Konigshausen & Neumann, 2001, p. 234.

③ Hans Jonas. *Prinzip Verantwortung*, p. 76.

④ See Horst Gronke. Verantwortungspflichten gegenüber der Natur? in *Diskursethik—Grunglegungen und Anwendung*, edited by M. Niquet etc., p. 233.

(比如承担集体行为的共同责任），又不用因此担心得失"①。经济效益和未来责任的无法克服的两难处境也使得"改善社会机制原则"不局限于细枝末节的修改，还要求革命性的根本的变革。除了改善一个国家之内的制度，"社会机制进步原则"也指向国际政治经济秩序。不合理的国际政治经济秩序不但是环境保护在实践中难以贯彻的主要原因，也是造成环境恶化的主要原因。非人类中心论者恰恰忽略了所有这些问题，他们企图直接通过承认（甚至是通过立法的方式）非人类存在物的权利，论证保护自然的义务，这只能是个难以落实的观念革命。

阿佩尔非常重视未来责任在实践中的社会公正条件，他在不少文章里很具体地分析了与环境问题有关的制度问题和国际矛盾，以此强调社会公正的问题是责任伦理必不可少的重要层面。这使得责任伦理不再局限于约纳斯所作的唤起责任意识、激发责任感，而是进一步为谋求承担责任的现实条件提供指导。

四、小　结

环境伦理作为责任伦理，所强调的是未来责任和共同责任，表明了这是一种不同于传统的处理家庭、邻里关系的微观伦理，而是宏观的普遍伦理。未来责任是指环境保护的动机；共同责任则谋求未来责任的实践可能性。将环境伦理学理解为责任伦理的优越性，一是存有的保全比起自然的福祉更具理论的说服力；二是共同责任的公正原则具有现实指导意义。环境伦理学，诚如有些学者所言，"在实践上讲，必须最终转变为社会政治学、生态经济学，才能发挥其应有的效力"②，但是对照70、80年代的以技术改进、零星的动物保护等为主要内容的"浅层生态运动"，可以得出结论：只有有洞察力的环境伦理学才能转化为有实际意义的社会政治学和生态经济学。这大概也是我们需要环境伦理学的原因。

本文对环境伦理学作责任伦理的理解旨在强调环境保护是人类为了自身利益的不可推卸的责任，其在实践中的落实必须与社会的公正联系起来。这种理解就其理论自身的逻辑而言应该说是比较圆满，在实践中的指导意义也是不可低估的。但是，有些问题终究还是没能解决。在现实的对话讨论中，即使在环境保护问题上有明确的存有保存义务作为规导性理念，又如何保证讨论不局限

---

① Karl—Otto Apel. Die okologische Krise als Herausf ordrung für die Diskursethik, in Bohler ed., *Ethik für die Zukuniſt*, p. 375.
② 甘绍平：《应用伦理学前沿问题研究》，南昌：江西人民出版社，2002年，第143页。

于有限的参与者的利益要求，而真正将未来世代作为利益相关者考虑进来？在承认讨论结果可错性的基础上得出的不作为原则在多大程度上能被贯彻？在学科日益细化的情况下沟通即使可能，其效率问题也是不可忽视的重要问题。对话伦理学的这些难题也是本文难以解决的问题。

作者：罗亚玲，女，复旦大学哲学系教师。
原载：《道德与文明》，2005年第1期。

论国家的国际环境责任

刘湘溶　刘雪丰

当代社会系统日益复杂，个体的作用越来越有限，"我"正向"我们"、共同体以及作为共同体的国家扩展。单个的人在社会中的责任又越来越和社会共同体的责任联系在一起，成为共同体责任的实际承担者，不仅因为人只有以共同体的形式才能存在和发展，而且在于共同体是人类最具有尽责任能力的主体。历史发展到今天，这种共同体的典型形式就是国家。人类第一次环境会议就宣布：保护和改善人类环境是关系到全世界各国人民的幸福和经济发展的重要问题，也是全世界各国人民的迫切希望和各国政府的责任。《人类环境宣言》第7条更明确提出：各地方政府和全国政府，将对在他们管辖范围内的大规模环境政策和行动，承担最大的责任。①

一

主体是否承担责任取决于两个前提：主体意志自由和认同于客观理性。恩格斯在《家庭、私有制和国家的起源》中曾写道："自路德和加尔文的宗教改革以来，就牢固地确立了一个原则，即一个人只有在他握有意志的完全自由去行动时，他才能对他的这些行为负完全的责任。"可见，意志自由是行为主体负责任的一个必要前提。同时，如果不存在普遍的道德准则和价值标准，主体就无从为自己的决定和行为负责，因为他无法判断自己决定和行为的善或恶，基于同样的理由，我们也无从评价任何主体的任何行为。

意志自由的问题不仅是主观意愿的问题，还必须考虑它的实现条件和能力。主体是否愿意承担责任是一回事，主体实际能否承担责任又是一回事。在国际环境问题上，此种情形是屡见不鲜的，一个个体甚至一个企业造成的损害和破坏所应承担的责任，往往是他们自己承担不了的，只有国家的力量才有能

---

① 万以诚等编：《新文明的路标》，长春：吉林人民出版社，1997年，第3页。

力承担，所以，当法国阿尔萨斯钾矿开采和冶炼中将大量氯化物倾入莱茵河，造成下游荷兰环境的损害时，荷兰自来水公司和菜农就控告了法国政府。国家有能力承担国际环境责任并不是国家应该承担国际环境责任的充要条件，国家之所以应该承担国际环境责任，还因为两个原因：其一，国家已然成为国际交往中权利义务关系的主体，个人和集团的利益通常需要通过国家的行为得到实现和维护。其二，国家的行为在国际环境中造成的影响远远超过任何一个企业和个人。

对客观理性的认同，最初是局限在部落内部的，道德观念仅仅是相对于部落和氏族而言的，责任的内容与部落的生存相关。为自己部落和氏族利益而进行的血亲复仇、种族屠杀、财产掠夺而牺牲生命和彻底的财产平均分配不仅是道德的，而且是部落成员最能够尽到责任的表现。所以马克思、恩格斯指出："部落始终是人们的界限，无论对于另一部落的人来说或者对他们自己来说都是如此；部落、氏族及其制度，都是神圣而不可侵犯的，都是自然所赋予的最高权力，个人在感情、思想和行动上始终是无条件服从的"。私有制和阶级的产生导致阶级利益的分野和国家的诞生，道德就上升到意识形态和上层建筑的高度并日益发挥出巨大的作用，客观理性认同的范围随之扩大到阶级范围和整个国家层面。如果说，在以往的阶级社会里，以整体、国家和全社会利益面目出现的所谓的责任具有隐蔽性和欺骗性，统治阶级利用不同阶级具有共同利益的特点，对被统治阶级进行了广泛的宣传和欺骗，把仅仅只是部分的共同利益说成是全面的共同利益，进而把维护自己利益的责任说成是全体人民共同的责任，使被统治阶级在内心深处自觉自愿地服从统治阶级的需要和命令，为统治阶级的利益去尽力、献身。在国际环境问题日益严重的今天，共同利益已然成为了不争的事实，生存问题如梦魇般再次成为人类的难题，只不过这一次不是一个部落，而是整个人类。在全球化的背景下，理性认同问题超出了国界，成为了所有国家必须面对的新问题。

二

不是所有的责任都应该由国家来承担，国家只在是国家行为或国家可控制的行为造成的后果上承担相应的国际环境责任，国家的国际环境责任从程度上可以分为四个层次：

1. 绝对责任。绝对责任和人与自然的关系密切相关，是国家行为或国家可控行为极大地破坏了人与自然的关系，并可能对全人类造成毁灭性的后果所导致的。此种行为的发生与国界无关，但后果必然导致跨国界、全球性的损害。典型的案例如海湾战争中的伊拉克,将科威特的原油直接倾入大海,导致水体大面积污染和大量动物死亡,几十口燃烧的油井,直接污染周边国家的空气,并影响全球气候。之所以称之为绝对责任,因为这是任何一个主权国家不能回避的自然责任,这种责任是独立于任何事先约定的、不可取消和不可更改的。造成破坏的国家必须马上停止此种行为并做出修复和赔偿,其他国家都负有不可推卸的监督乃至救助责任。绝对责任也可能源自生产、生活、军事等活动本身带来的副作用,如核试验,其活动本身甚至曾经是合法的,或者在国际范围或国内都是未加限制的。

2. 契约责任。这种责任和国家的权利是一致的,一国的国际环境问题侵犯的就是别的国家的主权。契约责任来自世界各国对环境问题基于共识达成的协议所形成的责任,签约的目的是保护国家主权,责任的大小与契约的约定一致。国家行为或国家可控行为的后果有的是可预见的,有的是不可预见的,可预见的结果之所以没能得到避免,原因是多方面的,有的甚至对本国而言是必不可少的。但由于这些活动本身的物理或化学效用,在本国境内从事的活动,常常直接导致其他国家环境的污染和破坏。契约责任以行为后果为量度,不管行为动机如何,给别国造成了多大的损害,就相应地承担约定责任。当然,契约责任是后天责任,是以自然责任为前提和基础的。

3. 期望责任。履行契约责任的国家往往是作为平等的主体出现的,彼此的权利和责任是相互的。而实际上各个国家由于历史和现状的决定,在处理国际环境问题的能力上是不尽相同的,从全人类的整体利益出发,欠发达国家希望发达国家在国际环境问题上尽更多的责任,是一种合理的期望。如果发达国家能自觉意识到这一点,将极大地提高其国际地位和影响。这类责任体现在对臭氧层的保护上,就是广大发展中国家都希望发达国家能提供更多资金和技术上的保障,体现在外层空间的开发上,希望留下更少的空间废弃物。期望责任可能形成约定,成为契约责任,也可能只是一种呼吁。

4. 自愿责任。自愿责任出于对人类未来的关注和自觉,或是别的神圣使命感,是一种非强迫性责任。道德责任从来不局限在强制性领域,而是不断地彰显着人的伟大和崇高,从而使人的灵魂在高处飘扬。这种荡气回肠的诗意,升华着人格和国格。达尔文在《人类的世系》中,曾追述了道德意识的自然史。认为"人的道德标准是向越来越高的水平发展的"。良知的增长是人的"社会性本能和同情心"的对象不断扩展的过程。这首先扩展到家庭和部落,后来"越来越顾及到同胞的福利",再后来,扩展到"所有种族的人",扩展到

"低能者、伤残者及社会上其他无用的成员",甚至扩展到"比他低级的动物"①。正是基于这样的责任感,非洲酋长自觉减少放牧,建立荒野保护区,从而为我们今天留下了原初状态的非洲荒野。

三

国家的国际环境责任的界定并不能掩盖在国家的国际环境责任追究中存在的诸多障碍,这些障碍突出表现在:

1. 责任主体是很难合理界定的。在一国范围内,国家行为和国家可控行为的边界很难做明确的划分。已有的国家责任形式分三类:绝对的国家责任、国家和营运人的双重责任、营运人的赔偿责任。虽然后两类都是国家一定程度可控的,为进一步明确跨国污染的国家责任,有学者提出:"当损害的危险是跨国性的,危害的程度深,即使采取合理的措施也无法排除事故时,该国就应该承担严格赔偿责任,并且由国家直接承担责任。"② 从世界视域看,造成国际环境问题的往往不是一个国家,而是几个甚至很多国家造成的。世界上有很多国家在过度砍伐森林、破坏草场,引起全球的荒漠化,单独追究哪个国家的责任是行不通的。从历史的纵向看国际环境问题的国家责任,这个问题会更显模糊,发达国家和发展中国家为此一直不曾定论。

2. 各个国家的标准是不同的。各个国家的习俗和传统不同,在对环境责任的裁定上也是有区别的。1984 年印度发生的美国联合炭化公司博帕尔农药公司毒气泄漏事件就充分说明了这个问题。③ 类似的环境污染转移或环境标准的不一而导致跨国公司中子公司所在国造成跨国污染,仅由跨国公司母公司承担责任,而子公司所在国家完全排除责任,是否符合国际法的规定,各国见解不同。

3. 在损害区域上是难测定的。通常我们认为一个国家只是在其国内造成损害的话,别国是无权干涉的,实际上,环境问题从来就不是一个国内问题,任何一个国内的环境问题,都是国际环境问题,环境是没有国界的,它是一个整体。一个国家的核试验,其放射性污染决不会停留在一国的范围内。在水源污染上,离污染源越近的河段受害越大,但远的地方是不是就没有污染了呢?尤其是长期存在的有毒物质,如铅、汞、农药和放射性废料,已经在全球的每

---

① Charles Darwin. *The Descent of Man*, New York: D. Appleton & Co., 1895, pp. 24—25.
② 江伟钰:《跨国污染的国家责任》,《法治论丛》,1995 年第 5 期。
③ 江伟钰:《跨国污染构成国家责任和国际赔偿责任初探》,《世界环境》,2003 年第 3 期。

一角落,从阿拉斯加的爱斯基摩人到新德里的城市居民的人体脂肪中积聚起来。

4. 损害往往是非当下的,不是马上可现的。从排放污染物到它以有害的形式出现,在任何时候都有一滞后过程,"许多污染遍及全球,它们的有害影响在离它们产生的地点很远的地方出现"①。如工业废气造成的酸雨,如同空中死神在到处游荡,给人类造成了巨大的灾难,但究竟是哪个国家制造了酸雨,时空的间隔使它成为了一个难题。实际上我们总是在损害已经达到难以忍受的时候,才会想起环境原来已经变得如此糟糕。

5. 责任的量化也存在难题。真正的负责,必须有可以量化的依据,而环境污染和破坏恰恰是不易量化的,你能确定一个国家在南美洲砍一棵树应负多大的责任吗?你能确定一个国家烧的煤造成多大的空气污染吗?当几个国家同时往河里排污时,我们同样很难确定到底给全球的水体造成了多大程度的伤害。DDT 在适当控制的条件下使用,对于人类几乎没有任何直接的和立刻的危害,只有经过长期使用,在食物链中逐渐产生积累作用之后,才对整个自然生态系统和人类产生毒性。换句话说,某一个国家使用 DDT 在整个自然生态系统中通常是无害的,但几个或更多的国家都长期连续使用就带来了严重问题。

四

国家如何尽到在国际环境问题中的责任,是我们最关心的所在。针对国家国际环境责任的成因和所面临的障碍,我们应该采纳相应的措施。

人类解决人与自然矛盾的第一个历史活动就是人的劳动实践,在此过程中提升和外化的本质力量就是生产力,人的本质力量对象化是一个不断进步的过程,最集中体现在科学技术的进步上。如果说国际环境问题的一个重要原因是对科学技术的片面理解和滥用,那就是科学技术的发展仍然很不完善,其成果的应用仍然有局限性的结果。实际上,虽然这方面的科学技术所带来的问题屡屡被视为科学技术的谬误,但谁都不能否定人类历史的每一次重大进步,都和科学技术的突破相关,即便是价值观念上,近代自然科学把人从上帝那里解救了出来,现代自然科学又把人从人类中心的狂妄里解脱出来,但在具体操作中,解决国际环境问题,仍然必须依靠科学技术,必须通过科学技术的进步来取得;国际环境问题中的量化问题,同样需要依靠科学提供标准。

---

① 丹尼斯·米都斯著,李宝恒译:《增长的极限》,长春:吉林人民出版社,1997年,第40页。

建立普遍理性，是国家承担国际环境责任的思想前提，而普遍理性必须建立在世界各国广泛的对话与交流基础之上，否则就会成为一种强加而非自觉，引起抵制和反抗。

　　当人们意识到环境破坏将带来的灾难时，各自短期的考虑肯定没有生态系统的完整重要，但各自应如何尽到责任和尽多大的责任，不可能是完全一致的。地球只有一个，世界却不是，有富人的世界和穷人的世界，一些还没出现严重污染而又欠发达的国家，在第一次环境发展会议上就认真地提出："我们需要的是繁荣带来的一些污染。"① 但是，经过对话与交流建立普遍理性是完全可能的。

　　国家签署协议并不意味着国家就承担了国际环境责任。当责任具体化的时候，往往会遭遇极大的阻力，而实际上只有国家责任具体化才真正具有意义。自1988联合国就气候变迁问题举行了首次联合国大会，到1992年世界地球大会，很快有154个国家在公约上签了字，其后又有30个国家成为该公约的缔约方，其中仅有欧盟是作为地区签字的。当1997年《京都议定书》责成欧盟、美国和日本等发达国家较1990年的温室气体排放量分别减少8％、7％和6％时，美国政府的态度日渐明朗，终于在2001年3月28日，通过白宫发言人表示决定放弃实施《京都议定书》所规定的义务，因为该议定书不符合美国的国家利益。而过了议定书原定的生效期，多年的努力将付之东流，各国不得不重新讨论达成新的减排协议，减少温室效应、阻止全球变暖的工作被无限期推迟。而且，国家签署协议并不必然意味着就遵守协议，不遵守的协议的行为如果可以是任意的，协议将失去其意义。缔约国的任意必须受到两个方面的制约：其一是协议或公约本身有约束力的规定，如《关于消耗臭氧层物质的蒙特利尔议定书》对缔约国的退出就明确规定：任何此种缔约国，须在承担第二条第一款至第四款所载义务的四年后，经向存放机构提出书面通知，才得退出本议定书。② 其二是有公认的仲裁机构如国际法院对缔约国的违约行为做出有效裁决。

　　任何协议，不可能绝对地平等，平等地对待和被视为平等地对待，在事实上是存在差异的，也不可能人类的任何行为，都在协议或其他文本形式的范围内活动，这就需要在适当国家利益基础上，提高世界各国在人类道德生活中国际环境问题上的自觉。这种自觉来自对国际环境问题的认知，从而对世界各国环境教育的展开和深化提出了要求。这种自觉又包括世界各国对人类整体利益

---

① 余谋昌：《创造美好的生态环境》，北京：中国社会科学出版社，1997年，第89页。
② 万以诚等编：《新文明的路标》，第176页。

的关注,和对世界一体的把握,并因而在某些先进国家国家行为中浮现出对人类的崇高奉献精神。

作者:刘湘溶(1955—),男,江西新干县人,湖南师范大学教授;
刘雪丰,男,湖南师范大学公共管理学院讲师、博士研究生。
原载:《湖南社会科学》,2004年第1期。

试论空间环境损害的国际责任

李寿平

自 1957 年前苏联发射第一颗人造卫星以来,人类利用和探索外层空间的活动与日俱增。有关外层空间的技术和活动的迅猛发展,使外层空间和地球的环境也遭到了前所未有的污染。空间环境污染主要是空间物体在外层空间引起的放射性污染、化学性污染,特别是人类在外空活动所留下的空间碎片[①]所造成的环境污染。由于空间环境污染的损害对象、致害主体以及空间环境损害的认定的特殊性,因此,与传统的国际责任制度相比,空间环境污染所产生的国际责任在责任的性质、责任构成要件及责任的实现等方面具有其自身的特殊性。

一、空间活动对空间的环境损害及其产生的国际责任的性质

从空间环境污染源及空间环境污染的表现形式来看,空间环境损害主要包括人类发射活动中核动力源的使用对空间造成的环境损害,以及人类空间活动产生的空间碎片对空间环境造成的损害。

由于核动力设施具有使用寿命长、可不依赖太阳辐射而工作的特点,因此,航天活动中的动力源大多来源于核动力设施。目前使用比较广泛的核动力源有两类,一是同位素核动力源,即通过放射性同位素的衰变获得能量;另一类是核反应堆,即通过可控核裂变获得能量。航天活动中的核动力设施的使用将产生大量的核粒子,这些核粒子对于航天物体可能产生致命的损害,对空间环境产生放射性的污染。

此外,半个世纪以来,已有 20 多个国家和国际组织先后进行了 5000 多次

---

① 空间碎片是指人类发射的已经失去作用的进入外层空间的物体,所有的空间碎片都是《关于各国探索和利用包括月球和其他天体在内外层空间活动的原则条约》中所指的空间物体,但不是所有的空间物体都是空间碎片。

航天发射与飞行活动,这些航天活动在空间产生了大量的空间碎片。根据国际宇航科学院的资料显示,当前在近地轨道上已经注册的空间物体有8600个,其中仍处于有效工作状态的只有500个左右,还有可以观测到的非注册性的空间飞行物体近1000个。[①] 至于其他的空间碎片,其数量则更是难以估量。外层空间存在的大量空间碎片导致近地轨道或静止轨道的构成发生变化,影响了近地轨道或静止轨道的正常利用,同时也可能对功能性航天物体的正常运行产生重大的威胁。

与传统的环境损害相比,空间环境损害具有特殊性:一方面,空间环境损害的对象是特殊的,即近地轨道或静止轨道及以外部分,该区域属于人类共同财产,类似于公海,不属于任何国家的主权管辖范围[②];另一方面,空间环境损害的概念及其表现形态是特殊的,与传统的环境损害相比,空间环境损害既包括空间物体在外层空间引起的放射性污染、生态污染以及化学性污染,也包括空间碎片的存在而导致近地轨道或静止轨道的构成发生变化,影响了近地轨道或静止轨道的正常利用及功能性航天物体的正常运行。

尽管空间环境损害具有特殊性,但由此产生的国际责任并没有特殊性。国际责任主要包括因国际不法行为而产生的一般国际责任及因国际法不加禁止行为造成损害所产生的国际赔偿责任两类。根据现行的国际责任的理论,一般国际责任产生的原因主要是因为国际不法行为,因此其归责原则采用过错责任原则。而国际赔偿责任产生的原因主要是行为造成了实质性损害后果,因此其归责原则将主要采用严格责任原则。[③]

1971年的《损害赔偿责任公约》所规定的损害赔偿仅限于对他国的人身或财产造成损害的赔偿责任,并不适用于对空间环境产生的损害。[④] 因此,依据《损害赔偿责任公约》之规定将空间环境损害产生的国际责任归属于一般国际责任确实缺乏直接的国际法依据。

但从现行的国际空间法的立法旨意来看,"和平使用外层空间原则"是现行国际空间法的基本原则,因此,使用与探索外层空间应为"人类的共同利益"。为此,保护空间环境既为所有利用空间国家的条约义务也是其国际习惯法义务,只要造成了空间环境损害,即产生空间活动国的国际责任。显然,空间环境损害国际责任的产生只需要考虑损害事实,不需要考虑过失的存在,因

---

① 转引自:尹玉海:《空间碎片与近地轨道环境污染的法律协调》,《中国航天》,2001年第7期。
② 梁西:《国际法》(修订版),武汉:武汉大学出版社,2000年,第240—244页。
③ 李寿平:《现代国际责任法律制度》,武汉:武汉大学出版社,2003年,第42—65页。
④ 沃尔夫刚·格拉夫·魏智通著,吴越、毛晓飞译:《国际法》,北京:法律出版社,2002年,第582页。

此，将此类国际责任归属于国际赔偿责任相对比较恰当。

二、空间环境损害国际资任的构成要件及其面临的新问题

国际责任的构成要件主要包括两个因素：1. 行为违背该责任主体的国际义务；2. 行为可以归责于国际责任主体。依此理论，空间环境损害的国际责任也包括两个构成要件：第一个构成要件是在空间活动中空间物体在太空直接排放了污染物或产生了空间碎片，这就表明空间活动已经违背了"避免使空间受到有害污染"的国际条约义务，也违背了"空间活动应为人类共同利益"的国际习惯法义务；第二个构成要件就是上述违背国际义务的行为可归责于国际责任的主体。

上述关于空间环境损害的国际责任的构成要件仅仅是理论上的分析，在空间活动半个多世纪的国际实践中，随着空间活动商业化、私营化趋势的发展，要确立此类性质的国际责任，以下几个方面的问题有待进一步规范和研究：

第一，关于空间环境损害的国际责任的责任主体问题。在《赔偿责任公约》的制定过程中，最终的观点是空间物体造成损害的国际责任是一个国家对另一个国家的责任[①]，该观点实际上也认定，空间环境损害的国际责任的责任主体是"发射国"。根据《外空条约》的规定，"发射国"是指发射或促使发射空间物体的国家和从其领土或设施发射空间物体的国家。[②] 对此，联合国外空委员会法律小组委员会进行了进一步解释，为确定"发射国"提供了7项标准，即：1. 为发射外空物体提供领土者；2. 为发射外空物体提供设备者；3. 对外空物体的轨道或弹道实行控制者；4. 外空物体为其所有或占有者；5. 促使发射外空物体者；6. 参加外空物体之发射者；7. 外空物体的登记者。[③]

然而，随着空间活动的发展，空间活动的国际合作难以避免，空间活动商业化、私营化趋势日益明显，为此，空间环境损害的国际责任主体必然面临新的挑战。一方面，空间活动的国际合作使同一次发射行为可能产生多个"发射

---

① 尹玉海：《航天开发国际法律责任研究》，北京：法律出版社，2004年，第83页。
② 《外空条约》全称为《关于各国探索和利用包括月球和其他天体在内外层空间活动的原则条约》，该条约第7条规定："凡发射或促使发射物体进入外层空间，包括月球与其他天体在内的缔约国，以及以其领土或设备供发射物体用的缔约国，对于这种物体或其组成部分在地球上、在大气空间或在外层空间，包括月球与其他天体在内，使另一缔约国或其自然人或法人遭受损害时，应负国际责任。"
③ 联合国和平利用外层空间委员会法律小组委员会第四次会议1968年报告，第4页。

国",如当一国航天器在另一国登记后委托第三国进行发射,这就使同一次发射行为产生三个责任主体。尽管《损害赔偿责任公约》规定了三个国家承担连带责任,但对于三个国家之间如何分担责任没有明确规定。实践中,往往是通过不同"发射国"之间协议确定。例如,1990年为香港发射"亚洲1号"卫星时,中国政府与英国政府达成协议,对于"亚洲1号"卫星在发射阶段,即从发射器点火至卫星与发射器分离,对其他国家或国民造成损害,中国将根据《赔偿责任公约》和《外空条约》及其他国际法原则承担责任,分离以后的国际责任不再由中国政府承担。

另一方面,空间活动商业化、私营化使空间活动的主体发生了重要的变化,空间活动不再仅限于国家和国际组织的行为,私人开始成为空间活动的重要主体,这为空间活动国际责任主体的确定提供了诸多的复杂因素。现行的国际空间法所确立的原则是"国家之间承担责任"[①],因此,私人所有的航天器造成的损害应由所在国承担责任。但在实践中,由于私人的介入使国际责任的分担变得尤为复杂。例如甲国的商业企业,到乙国取得了发射的许可证,再从丙国的场地和设备上进行发射活动,到底由哪国承担赔偿责任?依照《外空条约》和《责任公约》的规定,发射国是从实质发射的角度来定义的,即无论发射者的私人机构是属于哪国国籍,只要是符合该公约中构成"发射国"的条件的缔约国,都应承担赔偿责任。但对于各责任主体的地位及其相互之间责任的分担,现行国际法没有明确规定。

第二,空间环境损害行为的归责性问题。在空间环境损害案件中,行为的归责性最难以确定。一方面,外空数以万计的空间碎片,已经构成了严重的空间环境污染问题。然而,要将这些空间碎片具体归属到某一个国家是十分困难的,因此,将目前的空间环境污染的国际责任归责到某一具体的国家或国际组织也是不现实的。对此,现行的国际空间法也没有明确的规定,仅有《外空条约》第6条、第7条及《损害赔偿责任公约》第2、3条和第4、5条规定了空间实体发射国应对其发射的空间实体造成的损害承担责任。由于空间碎片的所属主体无法确定,因此,该规则的适用性显然是十分有限的。

另一方面,目前,航天活动的非推进的动力源大多采用核动力源,因此,核动力源对空间环境造成的损害只有出现类似于"宇宙—954卫星坠落事件"[②]的情况,损害行为的归责性才是明确的。否则,不仅核动力设施对空间的环境

---

① 曼弗莱特·拉克斯:《外层空间法》,上海:上海社会科学院出版社,1990年,第128页。
② 1978年前苏联"宇宙—954卫星"意外在加拿大坠落,卫星碎片中包含45公斤重的浓缩铀在内,对加拿大一个无人区产生了放射性的污染。

损害事实难以认定，而且损害行为的归责性也难以确定。

第三，空间环境损害国际责任的客观构成要件问题。只要空间环境损害行为违背国际义务即产生国际责任。空间环境损害主要是由于核动力设施引发的放射性污染、化学污染和生态污染，以及空间碎片造成的空间环境损害。从现行的国际空间规则来看，空间活动使用核动力源产生空间环境损害并不一定违背国际义务，因为空间法并无是否允许在外层空间使用核能源的规定。[①] 根据1992年联合国大会第47/68（1992）号决议通过的《关于在外空利用核动力源的原则》规定，只要核动力源的使用是以产生电能为目的而非以推进为目的，且限于非核动力源无法合理执行的航天任务，当出现危险时及时通知有关国家，那么，这种情况的核动力源污染似乎可以不产生国际责任。例如，俄罗斯在火星96探测器发射之前向联合国秘书长通报了探测器使用核动力源的情况。当该探测器失灵坠入大气层时，俄罗斯按该原则规定及时通知了有关国家。该做法也得到了美国等国的效仿，正逐步成为习惯法性质的国际法律规范。

显然，上述原则对于空间环境保护是不利的，与"和平使用外层空间原则"及"人类共同利益原则"是相冲突的。在空间环境保护中，只要产生了环境损害事实，不论相关责任主体是否具有过失，都应该承担相应的国际责任。

三、空间环境损害国际责任的实现及其制度构建

空间环境损害国际责任的实现问题是国际责任领域一个独特而又亟待解决的问题。其中空间环境损害国际责任的求偿主体、责任方式及责任的实现途径面临诸多问题，相关国际法律制度亟待构建：

第一，选择空间环境损害的国际责任方式。由于空间环境损害具有特殊性，一方面，空间环境损害可能并不对任何国家或个人产生直接的损害，特别是空间碎片产生的空间环境损害甚至并不改变空间的生态构成，因此，此时的国际责任方式中也就不存在等值赔偿和惩罚性赔偿等方式，只有在空间碎片损害他国的功能性航天物体时才产生等值赔偿问题；另一方面，由于空间环境损害的对象是任何国家都不能主张主权的近地轨道或静止轨道等外层空间，在空间环境受到损害但不损害别国财产或人身的情况下，道歉等责任方式也是不适用的；同时，由于国家和平利用和探索外层空间活动是国际法不加禁止的，甚

---

① 盖伊斯贝尔塔·C. M. 雷伊南著，谭世球译：《外层空间的利用与国际法》，上海：上海翻译出版公司，1985年，第48页。

至是国际社会鼓励的科技探索行为，因此，保证不再犯的责任方式在空间环境损害的国际责任中也难以适用。

在空间环境损害的国际责任中，恢复原状是此类国际责任最主要的责任方式。对空间环境损害恢复原状主要包括两方面的工作：一方面，对空间碎片造成的环境损害恢复原状。数以万计的空间碎片对于外空的环境及人类进一步探索和利用外空产生了十分不利的影响，因此，要求已经或正在从事太空活动的国家承担共同的责任，共同研究开发新技术尽快清扫空间碎片，恢复外空清洁的原状。同时，这些已经或正在从事太空活动的发达国家应承担共同责任研究开发新技术避免新的空间碎片对空间的环境污染。另一方面，对核动力源的使用所造成的空间环境损害恢复原状。核动力源造成空间环境损害主要是核同位素对外层空间产生的放射性损害，如对他国的功能性空间物体造成的损害。因此，核动力源使用国家应承担采取措施防止核泄漏，防止放射性空间碎片的产生，采取措施和研究技术清扫放射性空间碎片。

第二，构建空间环境损害国际责任新的实现途径。外层空间不属于任何国家的主权范围，它属于人类的共同继承财产，因此，追究空间活动造成外空的环境损害国际责任，求偿主体究竟如何确定是优先需要解决的问题。

在空间活动对别国造成实际性的损害后果的情况下，受害国作为求偿主体是没有异议的。但当空间活动仅仅造成空间环境污染而没有对别国产生实际性损害的情况下，谁有资格作为此类空间环境损害的求偿主体？既然外层空间属于人类共同财产，当共同财产受到损害时，当然由人类共同的机构来代表全人类进行求偿，但是，由哪一个机构代表全人类向这些产生空间活动的国家主张责任呢？这是国际社会急需解决的问题，否则，要求外空活动当事国共同研究开发新技术清扫空间碎片和研究开发技术预防外空污染都将成为空话。

对于一国因其自身行为造成全球公域（公海、南极、外空）环境损害从而引起国家责任时，其他国家如何行使相应的程序权利问题，国际法本身并没有明确的规定。而且在三大公域环境保护立法中，外空环境保护立法明显落于其他两者之后。目前有关外空环境损害的求偿主体的确定有两类观点：

第一类观点认为，对抗公域环境损害可以借助于国内法中的"普遍诉权"理论，任何国家都可以代表全人类提起赔偿诉讼请求。第二类观点认为，对抗公域环境损害只能是国际社会集体行动。例如，在国际海底区域资源管理中，设立了国际海底管理局来代表全人类对国际海底资源进行统一管理，该机构当然可以在国际海底资源受到损害时代表全人类作为求偿主体在国际海洋法庭进行求偿。

鉴于空间活动目前主要集中在几个发达的空间大国，国际社会成员间对外空的开发利用程度存在较大的悬殊,这种状况导致各国在空间环境保护中地位的实质不平等,其参与外空环境保护的能力及积极性都有很大差距,因此,赋予各国都有代表全体人类利益提出空间环境损害赔偿的权利可能面临不现实和不公平的情况。

但在空间环境保护的协调与管理中,目前尚没有一个机构具有合法地代表全人类的利益提出空间环境损害赔偿的权利。尽管联合国框架下成立了和平利用外层空间委员会,但该外空委员会要作为代表全人类的利益在外空受到环境损害时成为求偿的主体,其法理依据和法律依据还有待于进一步完善。因为联合国外空委员会在 1959 年成立时所确立的宗旨和职能表明,该机构仅仅是一个审议机构和国际协调机构,它在国际法上也不具有独立的国际法律人格,属于联合国大会的下属分支机构。且联合国外空委员会的普遍性也有待进一步加强。[①]

因此,在全球尚未建立一个既具有执行力又具有专门性的国际组织来代表全人类利益对某一全球公域的环境损害提出赔偿要求的情况下,在联合国框架下成立一个类似于国际海底管理局的机构来作为代表全人类利益对外空的环境损害提出求偿的主体,这显然不失为一个次优的选择。当然,即使是成立一个类似于国际海底管理局的外空管理机构也非易事,需要国际社会广泛、持久地协调和努力,在此情况下,联合国大会理所当然要挑此重担,督促国际社会加强国际合作,共同承担消除空间活动所造成的外空环境污染的责任,共同承担在未来的外空活动中预防空间污染的责任。

第三,构建空间环境损害的国际责任分担制度。国际责任制度不仅要解决谁来承担责任、向谁主张责任的问题,也要解决承担多少责任(责任的份额)问题。目前,在空间环境损害的认定中,主要是依赖联合国秘书长对空间发射物体的登记来认定空间碎片、使用核动力源的航天器的归属,从而确定空间环境损害行为主体。然而,浩渺的空间存在数以千计的无法辨认或没有登记的航天核废料、空间碎片及不明航天器。因此,对于目前空间环境损害结果,众多的空间活动国该如何承担国际责任?是共同责任还是连带责任?是等额责任还是有区别的份额责任?这亟待国际立法予以规范。

---

① 联合国和平利用外层空间委员会(COPUOS)是根据 1959 年苏联第 1472 号决议建立的,现有包括中国在内的 67 个成员国。联合国维也纳办事处外空司是外空委的秘书处。外空委的宗旨是制定和平利用外空的原则和规章,促进各国在和平利用外空领域的合作,研究与探索和利用外空有关的科技问题和可能产生的法律问题。参见联合国和平利用外层空间委员会简介。[EB/OL]. [2006-7-27] http://www.fmprc.gov.cn/ce/cgvienna/hplywk/COPUOS_CH/t209025.htm.

显然，要将目前的空间环境损害归属于哪一个国家或哪些国家十分困难。对此，国际法学界提出了责任保险、基金、市场份额三种责任内化的方案：责任保险方案针对的是责任主体明确的情况，但对于无法辨明责任主体的损害如何用责任保险制度进行风险分散，并没有理论上的研究或实践中的做法。基金方案是针对外空环境损害赔偿实现困难，尤其针对不明责任主体造成的损害无以救济这种情况，建议在联合国主持下建立一个国际保证基金。所有发射国以及发射的私人企业，均须按每年发射次数的多少交存一定数目的款项作保证金。以此为基础，在条件成熟时，可以设立一个专门针对责任主体不明的外空环境损害赔偿基金。市场份额责任方案是在责任主体不明确的情况下，根据目前各国在空间活动中的市场份额来确定责任份额。也有人提出，可以根据各国已辨明空间碎片的比例来确定未辨明碎片的比例，再根据这一比例分配责任份额。

实际上，基金方案与市场份额责任方案是一致的，两者都是依据空间活动的份额或发射次数来确定缴纳的保证金或责任。在目前空间环境损害责任难以归责的情况下，这是一个比较科学的方法。

作者：李寿平（1969—），男，湖南邵东人，北京理工大学法律系副教授。
原载：《现代法学》，2007年第1期。

[社会问题对策中的"责任"]

全球化时代的个人自由、危机与责任

沈湘平

马克思认为,人类历史的第一个前提就是有生命的个体存在,而且,"每一个单个人的解放程度是与历史完全转变为世界历史的程度一致的"①。从本质上说,我们今日指称的所谓全球化的进程不过是马克思所说的"历史转变为世界历史"中的一部分,是现代性不断扩展的结果。"现代性的显著特征之一在于外延性(extensionality)和意向性(intentionality)这两'极'之间不断增长的交互关联:一极是全球化的诸多影响,另一极是个人素质的改变。"②这种交互关系表明,全球化时代的个人存在状态发生了重大变化,我们必须对之加以全新的考察。

一、自由:个人活动对时空局限的突破

一切物质存在的形式是时间和空间,物质的存在就是它的运动,运动和时间、空间是内在统一的。同样,人类的存在就是它的活动,人类的活动与时间、空间是内在统一的。如果说人类的发展史是一部走向自由、获得解放的历史,那么一切束缚人们自由的条件归根结底都可以说是人类活动的时间和空间的局限。从最抽象的层次上说,全球化正是人类实践活动在时间和空间上突破自然局限、获得更大自由的过程。从个人的角度来看,这种自由力量的增长主要体现在如下几方面。

首先,全球市场化导致的商品、资本的自由流动使得个体在世界的范围内成为独立的主体。在一个个体本位的时代,即"以物的依赖为基础的人的独立性"的时代,个体之间的复杂社会关系都会通过"物的依赖"表现出来。这里

---

① 中共中央马恩列斯著作编译局:《马克思恩格斯选集》,第1卷,北京:人民出版社,1995年,第89页。
② 安东尼·吉登斯著,赵旭东、方文译:《现代性与自我认同》,北京:三联书店,1998年,第1页。

的"物"包括一切能用货币表征出来的东西。而从整个社会生产的两端（C—W—C'）来看，这种物越来越集中在资本（包括人力资本）上。流动是资本的固有属性。但是，以往不同的群体施行着不同的经济制度和金融制度，商品和资本是以国家为界限的流动。随着以"WTO"为标志的全球经济市场一体化的逐步实现，资本终将实现全球性的无障碍流动。资本的主体——企业或个人按照商品经济的规律在全球的范围内寻找自己最优配置的位置，在很大程度上已经突破了国家的界限而成为独立的主体。机会和利润之所在，就是个体的活动或影响之所在。个体或企业的全球利益活动形成了全球市民社会的基础。

其次，技术发展导致的时空压缩使个体活动的广度和深度空前加大。在全球化以前，不同群体（民族、地域性的共同体）之间都缺乏交往，就更不用说不同群体的个体之间的交往了。那时，人们活动的界限是国家，甚至仅仅是乡村邻里的"熟人社会"。"鸡犬之声相闻，老死不相往来"的写照也许并不算夸张。在全球化的第一个阶段，人类不同的群体之间发生了联系，与此同时，不同群体的个体之间也就发生了关系。但是第一，这种关系是通过群体（民族-国家）为中介进行的，因而不同群体间的个体交往关系是从属的、有限的和片面的；第二，由于当时技术水平的原因，个体之间发生的关系还是通过以时间消灭空间的方式完成的，不具有即时的时效性；因此，第三，整个人类个体之间的关系还是偶然的和不经常的。而在全球化发展的第二个阶段，交通、通信，尤其是网络技术的发展真正突破了时空的局限，使得整个世界的个体之间的交往成为即时的、超越空间的。全球化的力量对时间和空间进行前所未有的重新组合，"抽离化机制"① 使人与人的生活关系从特定的场所中解脱出来，进入一个远距离的交往方式之中。因此我们才说地球被压缩成为了一个"地球村"。

再次，网络技术造就的虚拟世界形成超越"国界"的"世界3"，那是一个个体全新互动的世界。网络技术所造就的虚拟世界完全是人类智慧的产物，一经产生，它就具有了对于物质世界和精神世界的相对独立性特征。它是一种以往不曾存在的"世界3"。它使所有历时性的东西都以共时、共享的方式呈现出来，也使远距离的事件即时地参与到现场的事件。古今中外，尽收眼底。虚拟世界不仅具有学习、娱乐、即时交往的功能，而且它通过人——机互动还具有难以想象的创造性功能。虚拟世界的个体间的交往也真正实现了无国界

---

① 这是吉登斯的一个著名概念。所谓抽离化机制就是把人们交往的社会关系从情景性、地域性中脱离出来在不确定的时空上加以重新结合的机制。这种机制主要包括象征性标志和专家系统。

的交往,真可谓"天涯若比邻"。人们在虚拟世界所形成的"互联"首先是知识和思想的交流,而后又逐渐超越了这种交流。因为对很多网民来说,虚拟世界逐渐成为他们的情感和精神的家园之重要组成部分。网络虚拟世界是一个真正的个性化生存的世界,尽管我们和很多的人进行着即时的交往,但作为终端的个人却是独处的。而且,虚拟世界中,人们的性别、身份资料都可以是假的,只要你愿意,别人监察不到你的真实身份——在网上没有人知道你是条狗!个人获得了前所未有的免于强制的自由空间。

全球化对个人而言的总的结果是,"单个人才能摆脱种种民族局限和地域局限而同整个世界的生产(也同精神的生产)发生实际联系,才能获得利用全球的这种全面的生产(人们的创造)的能力"[①]。个人活动突破时间、空间的局限,个人真正成为世界性的、普遍的个人,在世界的意义上获得了自己的独立性与自由。

与全球化对个人自由空间扩展的过程相伴的是,人们从政治法律的角度越来越强调对个人自由权利的保护。1948年《世界人权宣言》发表是一个重要的标志。在当代社会中,有学者认为,"完整的自由"包含五个方面:独立、隐私、能力、机会和权力。[②] 尽管人们对这些权利的具体限度的理解上存在着分歧,但至少没有一个正常的人会去否认这些价值,而是几乎无一例外地把这些口号写在自己的旗帜上。对这些权利的遵从已经成为一种现代合法性的源泉,而对个体人权的尊重也成为了一个社会、政府合法的标准:"无论社会接受什么样的政府,都必须以人类自由——即为保证每个人类个体在经济上、社会上以及文化上最大限度地发展他或她的个性的那个自由为基础。"[③][④]

一方面是技术支撑的全球化的扩展,另一方面是现代社会制度的刻意保护,当代社会中的个人享有的自由独立性空间确实是以往任何时代无法比拟的。

二、危机:个人活动的世界性威胁

个人"独立性"自由空间的扩展无疑是人的自由、发展的确证。但是,我们必须看到,"随着人类社会的进化过程沿着它自己的轨迹的不断发展,人类

[①] 中共中央马恩列斯著作编译局:《马克思恩格斯选集》,第1卷,第89页。
[②] 乔·萨托利著,冯克利等译:《民主新论》,北京:东方出版社,1998年,第341页。
[③] 乔治·赫伯特·米德著,赵月瑟译:《心灵、自我与社会》,北京:华夏出版社,1999年,第334—335页。
[④] 保罗·库尔兹著,肖峰译:《21世纪的人道主义》,北京:东方出版社,1998年,第64页。

个体在把它们全都包含在其中的既定的和有组织的社会生活过程中所具有的连锁性（interlocking）相互依赖状态，也变得越来越错综复杂、越来越紧密结合、组织程度越来越高了……走向形成完全统一的整体的境地。"这就导致了一个与以往时代迥然不同的复杂状态：由于现代制度的导入所引起的日常社会生活的嬗变，从而与个体生活进而有与自我以一种直接的方式交织在一起。个人与整个人类、整个世界的"两极"关系是一种非线性的复杂的依赖关系（complex interdependence）。在这种依赖关系中，1. 发生在全球的事件，即使是极其遥远地方的事件都比以往任何时候更为直接、更为迅速地对个体发生着影响；同样，2. 个体行动的结果总是比原因的范围大得多，个体的微小活动可能产生全球性的宏观效应；3. 无论是个人对于世界的影响，还是世界对于个体的影响，都不是线性的，而可能是不确定的。因此，"全球化必须理解为一种辩证的现象，在一种时空分延关系中，一极的事件会在另一极上产生不同甚至相反的结果"①。

这样一来，个体活动存在着足以威胁人类存在的可能：

1. 个体与类的敏感依赖使个体与类的关系处于一种高风险的状态。个体活动范围和深度的不断加大，而行动结果的范围越来越大于原因的范围，甚至很多个体的行为的结果直接影响到整个人类。"这既引出希望，也引出一种威胁。说希望，是因为哪怕是小的涨落也可能增长并改变整个结构。结果，个别活动不是注定不重要的。另一方面，这也是一种威胁，因为在我们的宇宙中，稳定的、永恒的规则的安全性似乎一去不复返了。我们正生活在一个危险的不确定的世界中。"② 这就是所谓"高后果风险"（High-consequence risks）。因此，从这个意义上说，个体的行为在这种复杂关系中越来越不具有私人性质。一个微小涨落的蝴蝶效应，最初不过是某个个人、某个公司所引发的，最后却可能导致某种全球性的政治和经济危机（例如索罗斯和亚洲金融风暴）。而且这种风险还在于，它们所包含的灾难、危险越多，我们对于所冒风险的任何真实经验就越少，因为如果事情一旦"出错"的话，那就已经太晚了——例如核战争，我们没有试错而后改之的机会。在科学技术时代，所有人类活动都具有能够威胁人类生存的宏观效应。

2. 不确定性和多样性使得个体出现自我认同的危机。经济和技术"簇拥"下的全球化正在全面提速，人类在拥有全球性统一经验框架的同时，一切特色

---

① 安东尼·吉登斯著，赵旭东、方文译：《现代性与自我认同》，第 23—24 页。
② 伊·普里戈金、伊·斯唐热著，曾庆宏、沈小峰译：《从混沌到有序》，上海：上海译文出版社，1987 年，第 373 页。

的东西都被唤醒或创造出来,快速的时尚节奏呈现出来的是迷人的多样性。"一切固定的僵化的关系以及与之相适应的素被尊崇的观念和见解都被消除了,一切新形成的关系等不到固定下来就陈旧了。一切等级的和固定的东西都烟消云散了,一切神圣的东西都被亵渎了。人们终于不得不用冷静的眼光来看他们的生活地位、他们的相互关系。"① 全球化所束集的高容量、高密度的社会关系已经深刻地触及人们经验中最为私人的方面,与个体生活产生了一种直接的交织关系,而人不过就是他的这些社会关系的总和。在一种全面、复杂而快速变换关系的漩涡中,身份成为一种跳跃、即时的东西,个体往往迷失自己的方向,一些古老的问题重新出现:我从哪来?身在何处?——归结起来即是追问"我是谁?"这就是身份认同的危机。这种危机在人从共同体(古代的人的依赖关系)到社会(以物的依赖为基础的独立性)的发展中曾全面地发生过。这一次的危机则是人从从属于地域的群体(民族——国家)开始走向现实的类存在而出现的(在中国,从共同体到社会的转变和走向全球化的过程是几乎同步的,所以她所遭遇的个体认同危机更为突出)。

3. 占有式的自由和权利使得个体道德失范。从总体的发展水平来看,人类还处于个体本位的时代,全球化,尤其是全球经济的市场化,在一定程度上可以被理解为这种个体本位在世界范围内的扩展和全面确立。全球范围内的"人的独立性"比民族国家内的个体所拥有的选择和机会要多得多,个体选择所带来的影响也要大得多。全球化时代的高风险特征要求个体必须有很好的道德自律,但是,在快速变换的多样性造成自我认同危机的个体却很难建构一个健康的道德主体。尤其是在近代个体本位时代所形成的占有式自由、权利观念与世界复杂系统的现实状况是正相抵牾的。他们把全球化只看成是个体自由、权利的延展,比如,在网络社会中大多数人都还认为那是一个自己随意进入、退出、纵横捭阖、为所欲为的私人世界。一些在现实世界中迫于法律、道德规范而被压抑的欲望在网络上被尽情地宣泄出来,网络犯罪、网络色情、网络黑客、网络沉迷(上瘾)成为了虚拟世界的棘手问题。人们在理所当然地享用这种自由和权利时并没有考虑到自己应该承担的责任和义务。用吉登斯的话来说,全球性的个体本位形成一种"生存的孤立",这种孤立不是物的依赖关系上的孤立,而是指意义关系上的孤立,"是与实践一种圆满惬意的存在经验所

---

① 中共中央马恩列斯著作编译局:《马克思恩格斯选集》,第 1 卷,第 275 页。

必需的道德源泉的分离"①。库利则称之为"个体退化（degeneracy，也译作堕落）"②。个体的道德失范就很难保证个体的理性行为，进而也为整个人类的理性方向埋下了祸根。

个人在获得空前的自由的同时，也为彻底颠覆这种自由，甚至颠覆整个人类的存在埋下了隐患。从整个人类发展的历史来看，这可能是不可避免的生存性挑战。我们既不能以抛弃自由的方式重返小国寡民的过去；也不能放任自流，等待一个危险的前途。我们必须寻找积极的拯救之途。

三、责任：全球化时代个人活动的规范

人类对存在的领悟达成的是对自我生存的规范。当今人类正在试图建立一些世界性的组织、规则，以规范包括个人在内的主体行为。但是，直到目前，这些努力都还远远不能适应全球化发展的需要。例如作为全球化重要支撑技术和表征的网络，尽管我们看到许多国家出于种种原因对网络进行种种管制，但在日新月异的技术进步面前，这种管制总是显得力不从心、收效甚微。原因就在于开放性、互动性是网络的基本特性，网络一旦被创造出来，就其发展趋势而言就是一种超越政府管制的东西。一方面是原始欲望的动员；一方面是管制的基本不可能。那么，网络社会怎么办？难道只有当它造成现实世界的重大损失再追究个体的法律责任吗？法律的这种补救性措施对于造成重大问题，甚至世界性问题的行为是补之晚也；且个体的道德状况还是在它的视野之外。所以，至少在目前的阶段，我们所能期望的只能是个体的道德自律。

我们不奢望很快建立精致的全球信息法律体系，但我们必须具有信息伦理、网络伦理。就整个全球化的现状而言，我们"迫切需要去创建能使世界各地区和平共处与相互合作的新的政治、经济、文化和社会制度。在可以充分实现这一目标之前，至关重要的是我们要达成在认识我们对于世界共同体的责任和义务上的真正世界范围内的伦理共识"③。这就是所谓的全球伦理。严格地说，全球伦理可以区分为两个层面：群体主体层面的全球伦理和个体主体层面的全球伦理。所谓群体主体层面的全球伦理主要是指不同民族、国家、地区之间的伦理共识；所谓个体主体层面的全球伦理是指全世界每个人之间应该遵

---

① 安东尼·吉登斯著，赵旭东、方文译：《现代性与自我认同》，第9页。
② 查尔斯·霍顿·库利著，包凡一、王源译：《人类本性与社会秩序》，北京：华夏出版社，1999年。
③ 保罗·库尔兹著，肖峰译：《21世纪的人道主义》，第405页。

循的伦理。目前，关于全球伦理的探讨主要是群体主体层面的，而对于个体主体层面的探讨还很少。然而，基于全球化时代个人存在状态的重大改变，我们发现，个体主体层面的全球伦理的树立显得十分的重要和紧迫。

从根本上说，所谓个体层面的全球伦理应该是领悟人类生存状态后的类的责任意识。"人类今天面临的基本任务就是需要去促进关于我们相互依存的一种全球性的伦理上的自我意识。"① 在一个个体本位的时代，由于表面上的自身独立性往往声张的是个体的权利，而认为个体的许多行为是纯粹私人的。可是，在全球化的当代阶段，个体与类强相关性使一种传统的责任观已经值得怀疑。我们不仅需要责任意识，而且需要的是一种类的责任意识。同时，我们的责任意识不光是一个人与人的关系问题，它还涉及人与自然的关系问题。诚如埃里克·詹奇所指出的："从现在起，我们每个人都对宏观系统负有责任。不仅对我们的社会系统负责任，而且对具有生态有序的整个行星负有责任，也许很快还要对超出我们行星的太空负有责任……"② 正因为如此，这种类的责任意识应该成为个体权利是否合理的一个限度标准："自我决定和自我实现，只有在不脱离人的自我责任和全球责任，就是说，不脱离对人类同伴的责任和对我们居住的地球的责任的时候，才是完全合理的。"③

除非转变个人的意识，否则世界不可能变得更好。为了真正做到对人类的责任，就必然要求我们诚信地呈现自我——无论是在现实世界还是虚拟世界，无论是在群体中，还是独处。交往得以扩展和加深的前提是对世界、其他个体的基本信任（普遍主义的信任）。"基本信任的建立是自我认同的精致化，同样也是与他人的客体认同的精致化的条件。"④ 虚伪和猜疑在交往中只会导致矛盾的加剧，不守信用就会导致事情更为复杂的不确定性和风险性。所以，我们需要：真诚守信，遵守诺言和契约，对于人类共识的道德不仅信奉其原则，而且信奉其精神，履践以行动。同时，也只有诚信地呈现自己，才能避免人格的分裂，在一定程度上缓解自我认同的危机。

在一个个人自由独立性是如此之强的时代，希望人们能自律，不是一件容易的事情，尽管很多人在认识上可能认同这样的观念。所以，全球化时代的自律需要意识、情感、意志的统一。责任意识是建基一种对人类（当然也包括个

---

① 保罗·库尔兹著，肖峰译：《21世纪的人道主义》，第408页。
② 埃里克·詹奇著，鲁国屏译：《自组织的宇宙观》，北京：中国社会科学出版社，1992年，第199页。
③ 孔汉思、库舍尔著，何光沪译：《全球伦理世界宗教议会宣言》，成都：四川人民出版社，1997年，第15页。
④ 安东尼·吉登斯著，赵旭东、方文译：《现代性与自我认同》，第46页。

体自身）深切的仁爱之情，她需要个人的意志来保证落实。在这种责任中，如履薄冰的理性、深切关怀的情感与一以贯之的意志是平分秋色的。

作者：沈湘平（1971— ），男，湖南浏阳市人，北京师范大学哲学与社会学学院副教授。

原载：《宁夏社会科学》，2004年第4期。

责任伦理与城市居民的家庭养老
——以"北京市老年人需求调查"为例

杨善华　贺常梅

一、问题的提出

根据国家统计局的统计,2000 年中国 60 岁以上人口已经达到 1.132 亿,占总人口的 10%,中国已经进入人口老龄化国家的行列。据预测,到本世纪中叶,中国老年人口将达到 4 亿左右,约占总人口的四分之一。与发达国家人口老龄化过程相比,我国的人口老龄化呈现出"人口基数大,增长速度快,高龄化趋势显著,地区差异明显,老龄化超前于社会经济发展"等特点。[①] 例如,日本在 1970 年进入老年型社会时,人均国民生产总值已超过 2500 美元,而中国在 2000 年进入老年型社会时,人均国民生产总值为 7078 元。[②] 可见,中国是典型的"未富先老"的国家。

从北京市的情况看,人口老龄化主要表现出如下特点:1. 老年人口数量大,2000 年 60 岁及以上的老年人口已超过 170.2 万人(占总人口的 12.5%);2. 人口老龄化增长速度快,程度高于全国平均水平,与 1990 年第四次全国人口普查的数据相比,2000 年老年人口在总人口中的比重上升了 2.4 个百分点,老龄化程度仅次于上海和浙江,居全国第三位;3. 人口平均预期寿命进一步延长,根据北京市统计局以 2000 年普查资料所做的计算,北京市人口的平均预期寿命为 76.7 岁,其中男性为 74.9 岁,女性为 78.6 岁,分别比 1990 年提高了 1.1 岁和 1.2 岁;4. 城乡的老龄化存在明显差异。东城、西城、崇文、宣武四个城区的老年人口的比重在 1990 年就达到了 13%,2000 年

[①] 《中国老龄事业发展"十五"计划纲要(2001-2005 年)》,选自《老龄工作文件选编》,北京:华龄出版社,2002 年。

[②] 《中国统计年鉴》,北京:中国年鉴出版社,2001 年.

则超过了 17%；房山、延庆和密云等远郊区县的老年人口比重则刚接近 13%。① 这样庞大的老年人口加上在 21 世纪我们必须面对的由于独生子女政策带来的家庭结构的变化（"四二一"的家庭人口模式）以及仍在完善之中的社会保障制度，肯定会给中国固有的家庭养老模式带来新的变数。因此，家庭养老能不能持续下去？如果能得以持续则其合理性和现实可能性又在哪里？这就成为我们必须回答的问题。

二、以往研究的回顾和研究假设

家庭养老，通常认为是指家庭所具有的让老年人（按现有的说法，老年人通常被界定为 60 岁以上的人口）通过家庭（特别是子孙后代）的赡养（这样的赡养通常包括经济支持或给予物质生活资料，日常生活的照顾和精神慰藉三个方面，并且通常被认为是由老年人的配偶或子女所提供）安度晚年这样一种功能。对于家庭养老，国外主要是从"理性经济人"的视角给出解释，比如权力和协商论（power and bargaining model）认为老年父母从子女或其他家庭成员中获得的支持的程度与其对资源（如家庭财产）的控制有关。随着社会经济的发展，老年父母对经济等资源的控制有下降的趋势，其权威因此大为削弱，他们从子女或其他家庭成员处可获得的支持也减少。互助论（mutual aid model）亦认为，家庭成员之间存在着广泛的互助与各种非自愿交换，这种互助与交换涉及很多方面，如照看孩子、帮做家务、购买物品以及其他的资源共享等，父母之所以能得到其子女的支持，是因为他们自己也正在向家庭成员提供这方面的支持。而合作群体论（corporate group model）指出，不同的家庭成员间（尤其是代际之间）存在着有效的利益共同性，家庭成员之间的关系犹如合作群体，跨越时间的契约是可以保证得以实施的，在家庭这样的合作群体里，父母向他们的子女投入时间、精力、金钱和情感，是希望当他们年老的时候，能从这种投资中获得他们应有的回报——家庭支持。②

但是，事实上代际之间的关系不是简单的、线性的因果关系。老年人与其家庭中别的成员的关系会因为不同社会中文化与伦理的不同而不同，也会受到社会经济发展水平的制约，事实上，在东方，家庭养老很大程度上是由反映在

---

① 此类数据来自《"北京市老年人需求与对策"学术研讨会主题报告》(2001)、《北京老龄事业简介》(2002) 和北京市统计局 2000 年"五普"资料。

② Yean-ju Lee. Sons, Daughters, and Intergenerational Support in Taiwan. *AJS* Volume 99, No. 4, 1994.

与经济发展水平相适应的"责任伦理"(这一点我们将在后文中重点加以讨论)中的社会习俗和文化传统来支持和保障的,儒家强调的"孝道"就充分体现了这一点。

中国国内对家庭养老的研究始于上世纪 20 年代。① 80 年代之后,随着中国城乡社会现代化进程的加速和向市场经济的转型,学界对家庭养老也有不小的争论,一种观点认为,家庭养老只是适应落后生产方式的一种对老年人的保障制度,社会保险、退休金制度、商业保险等"现代养老体系"才是适应现代企业制度和社会发展的养老制度,并进而认为从家庭养老向社会养老过渡是社会发展的必然趋势。另一种观点认为,家庭养老在中国具有悠久的历史传统,因为"孝道"是中国文化中规范亲子关系的最根本的价值观,所以建立在"孝道"文化基础上的家庭养老应该继续发挥作用并表现出它的生命力。他们希望中国保持家庭养老的传统。②

实际上,这两种观点的争论忽视了两个重要的前提条件,第一,我们往往在研究中将老年人默认为需要他人给予资助或照料,即假定老年群体是个弱势群体,其中的每个成员在进入老年阶段的每时每刻都需要社会帮助,但实际情形可能是,对于大多数老年人来说,他们可以不依靠他人的帮助而走完自己的一生。第二是,老年人在需要他人帮助时,就一定会让子女或其他人给予帮助,而这没有考虑到我国传统的代际关系中相互的责任对家庭养老的影响。实际上,在这样的关系中存在一种可以称之为"责任伦理"的机制,使老年人到了需要帮助的时候,出于尽量减轻子代负担的责任感,他们也会通过降低生活标准,减少需求等途径,达到减轻家庭的养老负担的目的。③

当然,真正对家庭养老研究产生较大影响的则应推费孝通教授在 1983 年提出的"反馈模式"。他指出,在西方社会,子女没有赡养父母的义务,但在中国,子女在赡养自己父母方面却有义不容辞的责任。用公式来表示,西方的公式是 $F_1 \rightarrow F_2 \rightarrow F_3 \rightarrow F_n$;中国的公式是 $F_1 \leftrightarrow F_2 \leftrightarrow F_3 \leftrightarrow F_n$(F 代表世代,→代表抚育,←代表赡养)。在西方,甲代抚育乙代,乙代抚育丙代,是一代一代接力的模式,简称"接力模式",在中国,是甲代抚育乙代,乙代赡养甲代,乙代抚育丙代,丙代又赡养乙代……即下一代对上一代都要给以反馈的模式,简称"反馈模式"。反馈模式的基础用一句通俗的话来说就是"养儿防老"。中国传统社会就是采取反馈模式来解决赡养老年人这个任何社会都必须

---

① 潘光旦:《中国之家庭问题》,《潘光旦文集》第 1 卷,北京:北京大学出版社,1993 年。
② 贺常梅:《责任伦理与大城市家庭养老》,北京大学社会学系 2002 年硕士学位论文。
③ 贺常梅:《责任伦理与大城市家庭养老》,北京大学社会学系 2002 年硕士学位论文。

给予解决的问题。如果从理论角度看,"接力模式"和"反馈模式"虽然形式不同,但都贯彻了社会均衡互惠的原则。"接力模式是乙代取之甲代,而还给丙代,取予之间是均衡的,反馈模式是乙代先取之甲代,然后及身还给甲代,取予之间也是均衡的。"① 费孝通教授指出了中国家庭养老模式与西方的差别,这是一个创造性的贡献,但是他认为子女具有对父母尽养老责任的前提是社会均衡互惠的原则,这有可能导致忽视文化和伦理因素对中国家庭中代际关系的影响,如果从文化与伦理的视角去分析,就会发现家族绵延在中国人的心目中是一个永远不可改变的"情结",正是这样的情结使得他们永远不忘自己对儿孙的责任,而这恰恰是中国式的家庭养老得以在城乡实现的前提,也构成了中国城乡家庭代际关系的特色。我们在中国农村的调查也已经证明了这一点。②

正是在这样的基础上,我们提出"责任伦理"这个概念来解释城市家庭中的代际关系以及家庭养老模式得以存在的原因。

"责任伦理"这个概念首先是德国社会学家马克斯·韦伯于1894年在一次演讲时提出的概念。韦伯认为,存在两种不同的政治理念:信仰伦理(以某种终极的信仰和信念为自己政治行动的指南)和责任伦理(对于某种政治行动的投入是出于某种清醒自觉的内在责任感)。韦伯从政治行动的效果价值和信念价值的角度来讨论责任伦理,赋予了责任伦理更广泛的内涵,比如清明(clarity)、眼光、激情、与人和事之间的内在的超脱,还有责任感。这里包括了认知方面(清明、眼光)和情感方面(激情和责任感)的素质。韦伯说:"不管怎么说,当一个成熟的人——无论其实际年龄大小——意识到为自己行为的后果所担负的责任,并真心诚意地感受到这样一种责任时,这是极其感人的。"③

我们在文中引用韦伯"责任伦理"这一概念,保留了韦伯这一概念中所包含的道德、道义、责任感(应该指出的是,韦伯这里的责任感具有一种很强的伦理和感情色彩,与一般意义上的"责任"不同,但这和我们本文中对"责任"的理解较为一致);除此之外,我们也保留了韦伯赋予"伦理"的个人行为准则的原意(这和通常人们对伦理的解释很接近)。当然,根据中国的情况,我们也赋予了"责任伦理"以新的意义,它包括三个特征:第一,它与传统文化相联系,含有观念沉积的意味;第二,它亦有道德的成分;第三,它具有普

---

① 费孝通:《家庭结构变动中的老年赡养问题》,《北京大学学报》,1983年第3期。
② 杨善华、吴愈晓:《中国农村的社区情理与家庭养老》,选自《中国社会工作研究》第1辑,北京:中国社会科学文献出版社,2002年。
③ 李康:《信念与责任——马克思·韦伯论伦理》,选自李猛编《韦伯:法律与价值》第1辑,上海:上海人民出版社,2001年。

适性,即这种"责任伦理"是为社会的大多数成员接受并奉行的。而当这样的"责任伦理"体现在家庭养老方面时,它就表现为老年人对待子女的一种责任义务观,虽然家庭养老涉及老年人与他们的子女两个方面,但就"责任伦理"而言,其特征是老年人只强调自己对后代的责任和义务,从而在各方面对子女(包括孙子女)不计回报地付出,当子女在养老方面尽"孝"不到位时则给以宽容(或者说对"孝"的含义和标准作出自己的与传统标准不一样的解释),同时在赡养的三个方面(经济支持、生活照料和精神慰藉)尽量自立和自己解决(即强调老年人自养和老夫妻互养),以减轻子代的赡养负担。

由以上文献分析和概念界定我们可以提出以下基本假设和判断:城市(大城市)中家庭养老的存在及其未来的命运取决于家庭养老对社会发展的正面支持作用,取决于家庭养老对于老年人晚年生活所能承担的基本的保障功能,取决于它的现实可能性。而家庭养老的现实可能性则是建立在老年人对其下一代的"责任伦理"的基础上的。因此,与农村一样,实行家庭养老的主要力量在于老年人自身。与农村不同的是,城市老年人中的绝大多数主要依靠来自社会的离退休金而获得自己的生活来源。

三、资料来源和研究方法

本文所使用的数据资料来自北京市老龄问题研究中心1999年在18个区县(包括城区、郊区和郊县)对常住人口中的60岁以上的老年人所做的"北京市老年人基本需求问题调查",该调查采用入户访谈填写问卷的方式进行。调查样本以随机抽样的方法抽取,样本总数为2000个,本文分析的是城区部分的1275个样本的统计结果。

四、资料分析

1. 被调查老年人的基本情况

表1—表3是城区被调查老年人的年龄、性别和受教育程度的分布情况。

由表1—3可知,调查样本的情况基本符合老年人口演变的规律,即它是金字塔形的,高龄老年人的比例最小,且女性老年人占老年人总体的比例要超过男性老年人,而且,由于历史的原因,文化程度高的老年人在样本中所占比例不大,表4和表5进一步说明了这一点(女性高龄老年人的绝对数要超过男性,文化程度较高的女性老年人的比例要远远低于男性老年人)。表6则表明,女性老年人丧偶的比例要远远高于男性老年人,这显然与女性老年人的平均寿命高于男性老年人有关。

总而言之，这次调查样本的分布所反映的情况和北京城区老年人的总体状况没有显著差异，因此下面的分析结果基本可以反映北京市城区老年人口的情况。

表1　　　　　　　　　　　调查样本分年龄段的分布

年龄段	60～65岁	410
		32.2%
	66～69岁	298
		23.4%
	70～75岁	320
		25.1%
	76～79岁	136
		10.7%
	80岁及以上	111
		8.7%
	合计	1275
		100.0%

表2　　　　　　　　　　　调查样本分性别的分布

性别	男	577
		45.3%
	女	698
		54.7%
	合计	1275
		100.0%

表 3　　　　　　　　　调查样本的受教育程度分布

受教育程度	阅读有困难	337
		26.5%
	小学及以下	402
		31.6%
	初中	217
		17.1%
	高中/中专/技校	133
		10.5%
	大专	48
		3.8%
	大学本科及以上	135
		10.6%
	合计	1272
		100.0%

表 4　　　　　　　　调查样本不同性别的年龄分布

年龄段	男	女	合计
60~65 岁	170	240	410
	29.5%	34.4%	32.2%
66~69 岁	147	151	298
	25.5%	21.6%	23.4%
70~75 岁	143	177	320
	24.8%	25.4%	25.1%
76~79 岁	66	70	136
	11.4%	10.0%	10.7%
80 岁及以上	51	60	111
	8.8%	8.6%	8.7%
合计	577	698	1275
	100.0%	100.0%	100.0%

表 5　　　　　　　　调查样本不同性别的受教育程度分布

受教育程度	男	女	合计
阅读有困难	12.0%	38.5%	26.5%
小学及以下	30.1%	32.9%	31.6%
初中	22.1%	12.9%	17.1%
高中/中专/技校	14.3%	7.3%	10.5%
大专	5.6%	2.3%	3.8%
大学本科及以上	16.0%	6.2%	10.6%
样本量	575	697	1272

表 6　　　　　　　　　　分性别婚姻状况

婚姻状况	男	女	合计
有偶	471	374	845
	55.7%	44.3%	100.0%
	81.6%	53.6%	66.3%
丧偶	99	319	418
	23.7%	76.3%	100.0%
	17.2%	45.7%	62.9%
其他	7	5	12
	58.3%	41.7%	100.0%
	1.2%	0.7%	1.9%
合计	577	698	1275
	45.3%	54.7%	100.0%

2. 城区老年人的经济状况

前面已经说过，对绝大多数城市老年人来说，他们与农村老年人的最大区别是他们生活费来源是自己的离退休金，同时，城市的社会保障制度也给他们提供了医疗保障，因此，这大大减轻了他们子女在赡养费用方面的压力，表 7 即为调查样本的个人收入分布情况。

由表 7 可知，被调查的北京城区老年人的收入并不高，月收入在 1000 元以下的就占了有效样本总数的 77.4%，超过了四分之三，甚至还有占 5.2% 的老年人月收入不超过 200 元。

表7 调查样本个人收入水平分布

收入水平	199以下	200—499	500—999	1000—1499	1500—1999	2000—2499	2500—2999	3000以上
个案数	61	192	648	195	48	14	3	3
占百分比	5.2%	16.5%	55.7%	16.8%	4.1%	1.2%	0.3%	0.3%

根据北京城区目前的物价水平,我们知道这样低的收入只能维持日常开销,绝对经不起突然变故,包括支付本人及配偶的严重疾病的治疗费用。但是由表8可知,即使是这样低的收入,老年人主要还是依靠自己的离退休金作为生活来源。虽然这是一个可以有两种以上选择的问题,但是,哪怕是在月收入不足500元的低收入人群中,老年人主要还是依靠自己的离退休金过活。由表7可知,月收入在200元以下的老年人有61人,从表8可以看出,其中有18人(次)选择以离退休金为自己主要经济来源,虽然多项选择题不应直接计算百分比,但是如果与总数作一个相对比较,那么它占61人总数的29.5%;而在200元以上、500元以下的人群中,这样的选择有149人(次),假如能计算百分比,那么它占该群体总数的77.6%,因此,撇开最低收入人群(这样的老年人占样本总数的比例也很小,可以忽略),我们可以清楚看到老年人主要经济来源就是他们自己的收入(主要是离退休金)。

表8 个人收入水平分布和主要经济来源(多选题)

	离退休金	配偶	子女	再就业
199以下	18	13	41	3
	1.7	10.1	9.0	4.5
200—499	149	23	93	6
	14.5	17.8	20.5	9.0
500—999	622	65	256	24
	60.4	50.4	56.4	35.8
1000—1499	181	21	49	21
	17.6	16.3	10.8	31.3
1500—1999	41	6	12	7
	4.0	4.7	2.6	10.4
2000—2499	13	1	3	3
	1.3	0.8	0.7	4.5
2500—2999	2	0	0	2
	0.2	0	0	3.0
3000以上	3	0	0	1
	0.3	0	0	1.5
合计	1029	129	454	67

另一方面，老年人对自己经济情况的评价却比较乐观。这反映在表9中。由表9可知，不管是男性老年人还是女性老年人，认为自己在花钱方面略有困难或很困难的比例都不高（男性老年人中两者合计是9.0%，女性老年人中这两者合计是16.3%）。但是，表9同样也反映出，事实上他们认为自己经济充裕的也不多（男性老年人中这一比例为59%，女性老年人中这一比例仅为32%），男性老年人与女性老年人多数还是处在"略有节余"和"大致够用"这两类，而且相比之下，女性老年人经济情况好的比例还要低于男性老年人。另外，表9提供的另外一个信息是老年人对自己经济情况的主观评价与他们所处的年龄段没有什么关系，即在各个年龄段，评价的分布情况是基本相同的。

因此，在多数老年人实际收入并不高的情况下，老年人对自己的经济情况却有这样的主观评价，这说明，他们是用"知足常乐"、"生活但求过得去"这样的传统观念来对待自己的经济情况，并以"量入为出"作为自家收支的主要原则（从表10中可以更清楚地看出这一点，即使在月收入不到200元的老年人中，他们对自己经济状况表示比较满意或者很满意的比例也有47.6%；而在月收入超过200元但不到1000元的群体中，这一比例达到了59.5%）。很显然，这样一种生活的标准和收支原则也大大缓解了他们的子女在赡养自己父母方面的经济压力。

经济赡养方面的另一重要指标是老年人与子女互相资助的情况。

统计表明，被调查的老年人中有8位没有子女（男2人，女6人），除此之外，都有孩子，但是，不管是男性老年人，还是女性老年人，他们基本上都不需要资助自己的子女（在男性老年人中，占总数77.2%的人从不或只是偶尔资助自己的子女，女性老年人中这样的比例是80.2%），而且，随着年龄的增长，资助人占总数的比例在下降。这表明，在现时的北京，由于收入分配格局的变化，年轻的一代的经济状况已经有了很大的改善（许多年轻人的收入已经远远超过了他们的父母），所以需要父母经济帮助的子女已经大大减少了，但是，约有20%左右的男性老年人或者女性老年人仍然报告说他们在资助自己的子女（至少是有时）。

表 9　　　　　　　分性别分年龄段，老年人的主观经济状况评价

			相当充裕	略有节余	大致够用	略有困难	相当困难	合计
男	年龄段	60～65 岁	9	59	84	14	4	170
			5.3%	34.7%	49.4%	8.2%	2.4%	100.0%
			26.5%	32.6%	27.3%	31.1%	57.1%	29.6%
		66～69 岁	8	47	80	11		146
			5.5%	32.2%	54.8%	7.5%		100.0%
			23.5%	26.0%	26.0%	24.4%		25.4%
		70～75 岁	10	43	76	12	1	14
			7.0%	30.3%	53.5%	8.5%	0.7%	100.0%
			29.4%	23.8%	24.7%	26.7%	14.3%	24.7%
		76～79 岁	2	20	38	6		66
			3.0%	30.3%	57.6%	9.1%		100.0%
			5.9%	11.0%	12.3%	13.3%		11.5%
		80 岁以上	5	12	30	2	2	51
			9.8%	23.5%	58.8%	3.9%	3.9%	100.0%
			14.7%	6.6%	9.7%	4.4%	28.6%	8.9%
		合计	34	181	308	45	7	575
			5.9%	31.5%	53.6%	7.8%	1.2%	100.0%
女	年龄段	60～65 岁	8	65	136	25	6	240
			3.3%	27.1%	56.7%	10.4%	2.5%	100.0%
			36.4%	41.9%	33.7%	28.1%	25.0%	34.6%
		66～69 岁	3	31	91	19	6	150
			2.0%	20.7%	60.7%	12.7%	4.0%	100.0%
			13.6%	20.0%	22.5%	21.3%	25.0%	21.6%
		70～75 岁	4	34	104	29	5	176
			2.3%	19.3%	59.1%	16.5%	2.8%	100.0%
			18.2%	21.9%	25.7%	32.6%	20.8%	25.4%
		76～79 岁	2	16	38	10	3	69
			2.9%	23.2%	55.1%	14.5%	4.3%	100.0%
			9.1%	10.3%	9.4%	11.2%	12.5%	9.9%
		80 岁以上	5	9	35	6	4	59
			8.5%	15.3%	59.3%	10.2%	6.8%	100.0%
			22.7%	5.8%	8.7%	6.7%	16.7%	8.5%
		合计	22	155	404	89	24	694
			3.2%	22.3%	58.2%	12.8%	3.5%	100.0%
			100.0%	100.0%	100.0%	100.0%	100.0%	100.0%

反过来，有57.2%的男性老年人和38.7%的女性老年人称自己从未得到或只是偶尔得到子女的经济帮助。而称自己经常得到子女的经济帮助的男性老年人的比例是18.9%，女性老年人的比例是34.8%。由于历史和社会的原因，在老年人中女性老年人具有更突出的弱势群体的特征。但是即便如此，大多数女性老年人仍然不是主要依靠子女的资助来生活（只是在80岁以上的高龄女性老年人中经常得到子女经济资助的才超过该年龄组群体的半数），男性老年人就更不用说了。

由以上分析我们可以得到的一个结论是，如我们在假设中所说的那样，至少在养老的经济来源这一方面，其主要组成部分仍是老年人自己的收入（虽然按目前北京市的生活水平来看，他们的收入只能维持低水平的生活），虽然由于向市场经济转型导致的社会变迁的影响，老年人不用像过去那样，再给子女更多的帮助，但是被调查老年人中仍然有20%左右的人在资助自己的子女。而且，老年人得到子女资助的比例则要远远低于按"反哺"设想所应达到的范围和程度。

3. 城区老年人的生活照料

正如在生活来源方面北京城区中的大多数老年人是依靠自己的离退休金或其他收入那样，从"责任伦理"的观念出发，在日常生活照料方面，当他们到了需要别人帮助或者至少是在观念上被认为是需要他人帮助的时候，他们也是尽量不给子女添麻烦，尽量做到"自力更生"。表11清楚地说明了这一点。

从表11看，不管是男性老年人还是女性老年人，其生活自理程度都是非常高的。被调查的男性老年人中，只有1人生活完全不能自理，女性老年人中有2人生活完全不能自理。男性老年人中生活完全自理的比例高达94.1%，即使在80岁以上的高龄老年人中，这一比例也有86.3%，女性老年人生活完全自理的总比例略低于男性老年人，但也达到了92.7%，80岁以上生活完全自理的比例则为80.0%，虽然也会有因为健康情况不好（例如失语、老年痴呆）不能接受调查这样的例子，但是因为生活完全不能自理还包括了神志清楚、语言能力健全但有肢体残疾这种情况，而这种情况是能够接受调查的，所以以上数据可以说明：（1）从总体上看，老年人的健康情况是比较好的；（2）即使是过了80岁，这些老年人还是尽量做到自己照顾自己以减轻子女的负担。

表 10　　　　　　　　　个人收入水平和经济状况的满意度

		很不满意	不太满意	一般	比较满意	非常满意	合计
个人收入	199 以下	7 11.5% 25.0%	16 26.2% 14.5%	9 14.8% 2.9%	22 36.1% 3.6%	7 11.5% 6.5%	61 100.0% 5.2%
	200—499	17 8.9% 60.7%	30 15.6% 27.3	59 30.7% 19.2%	79 41.1% 12.9%	7 3.6% 6.5%	192 100.0% 16.5%
	500—999	4 0.6% 14.3%	53 8.2% 48.2%	177 27.3% 57.7%	347 53.5% 56.8%	67 10.3% 62.0%	648 100.0% 55.7%
	1000—1499		9 4.6% 8.2%	46 23.6% 15.0%	121 62.1% 19.8%	19 9.7% 17.6%	195 100.0% 16.8%
	1500—1999		1 2.1% 0.9%	11 22.9% 3.6%	29 60.4% 4.7%	7 14.6% 6.5%	48 100.0% 4.1%
	2000—2499		1 7.1% 0.9%	5 35.7% 1.6%	7 50.0% 1.1%	1 7.1% 0.9%	14 100.0% 1.2%
	2500—2999				3 100.0% 0.5%		3 100.0% 0.3%
	3000 以上				3 100.0% 0.5%		3 100.0% 0.3%
合计		28 2.4% 100.0%	110 9.5% 100.0%	307 26.4% 100.0%	611 52.5% 100.0%	108 9.3% 100.0%	1164 100.0% 100.0%

另一方面要看的是被调查的老年人的健康情况，它从一个侧面印证了我们这一观点。由统计可知，男性老年人自述身体情况属于比较健康或健康的两类合计是48.9%，加上身体情况为一般的30.8%，一共是79.7%。这意味着至少从理论上说，这些男性老年人可以做到生活自理。而剩下的20.3%的男性老年人生活只能部分自理。但从对照表11，我们可以发现，实际上男性老年人自述生活不能自理或只能部分自理的只有5.9%。换言之，约有14.4%的男性老年人尽管健康情况较差，但是仍然坚持生活自理。女性老年人的情况也是这样。从统计结果看，女性老年人的健康情况还要差一些。只有占总数40.6%的女性老年人自述"非常健康"或"比较健康"加上自述"一般"的共占了74.0%，也就是说健康情况不好或不太好的占了26.0%。但与男性老年人相似的是，女性老年人自述生活只能部分自理或完全不能自理的比例也只有7.3%，这也说明了女性老年人有着和男性老年人基本相同的态度：若生活能够自理则一定尽量自理。

与此相关的问题是，当他们生活不能自理或只能部分自理时，谁向他们提供帮助？表12对此有统计。由表12可知，照料男性老年人生活与照料女性老年人生活的情况有所不同，在少量的（共计 33 人，占被调查男性老年人总数 5.7%）需要帮助的男性老年人中，主要是靠配偶（占 54.3%）来解决这方面的问题，而女性老年人则更多的是靠子女（当然，需要帮助的女性老年人也不多，只占女性老年人总数的 6.6%），应该说，这与女性老年人丧偶的比例大以及男性老年人在家务方面不太擅长不无关系。

表 11　　　　　　　　　分年龄段分性别的生活自理程度

			完全自理	部分自理	完全不自理	合计
男	年龄段	60～65 岁	164 95.5% 30.2%	5 2.9% 15.2%	1 0.6% 100.0%	170 100.0% 29.5%
		66～69 岁	143 97.3% 26.3%	4 2.7% 12.1%		147 100.0% 25.5%
		70～75 岁	131 91.6% 24.1%	12 8.4% 36.4%		143 100.0% 24.8%
		76～79 岁	61 92.4% 11.2%	5 7.6% 15.2%		66 100.0% 11.4%
		80 岁及以上	44 86.3% 8.1%	7 13.7% 21.2%		51 100.0% 8.8%
		合计	543 94.1% 100.0%	33 5.7% 100.0%	1 0.2% 100.0%	577 100.0% 100.0%
女	年龄段	60～65 岁	233 97.1% 36.0%	6 2.5% 12.2%	1 0.4% 50.0%	240 100.0% 34.4%
		66～69 岁	141 93.4% 21.8%	10 6.6% 20.4%		151 100.0% 21.6%
		70～75 岁	161 91.0% 24.9%	16 9.0% 32.7%		177 100.0% 25.4%
		76～79 岁	64 91.4% 9.9%	6 8.6% 12.2%		70 100.0% 10.0%
		80 岁及以上	48 80.0% 7.4%	11 18.3% 22.4%	1 1.7% 50.0%	60 100.0% 8.6%
		合计	647 92.7% 100.0%	49 7.0% 100.0%	2 0.3% 100.0%	698 100.0% 100.0%

与日常生活照料有关的是老年人的住房情况及与子女同住（若不同住则在理论上还有居住远近的问题）情况。表 13、表 14 与表 15 即是关于这方面的统计。

由表 13 可知，男性老年人中有 68.8% 的人，女性老年人中有 61.7% 的人是住在自己家里，两者合计，住在自己家里的老年人占了老年人总数的

64.9%。而住在子女家中的老年人只占了老年人总数的10.7%。这除了说明老年人在住房方面对子女没有很大的依赖外，也从一个侧面说明老年人在日常生活中接受子女照料的情况，因为根据经验和我们的观察，一般都是老年人到了需要子女照顾的时候才会考虑住到子女的家里。

由表14可以看出，老年人无论男女，与子女同住的比例是相当高的，男性平均51.2%，女性平均58.6%。但值得注意的是，男性老年人与子女同住的比例随着年龄的推移是一个大致下降的趋势，没有随年龄的增大而增加。而住同一居委会的比例倒是随着年龄的增大在最大的年龄组（80岁以上）出现一个明显的跃升（增加到24.0%）。这说明大约半数左右的男性老年人还是愿意和子女住在一起（但是若与前面的分析联系起来，老年人住在子女家中在大多数情况下并不意味着他们在寻求子女的帮助，而只是表明他们愿意享受和晚辈住在一起的骨肉亲情和天伦之乐，避免单独居住带来的孤独，而对于不愿意和子女住一起的老年人来说，这种不同住正是为了使自己在生活中享有更高的自由度，避免和子女的矛盾，这当然更谈不上他们需要子女的照顾了），而现在他们的住房情况也可以帮助他们做到这一点了。女性老年人的情况则与男性老年人的情况差不多。

表12　　　　　　　　　　　　主要帮助者

			配偶	子女	其他
男	年龄段	60～65岁	3 16.7%	1 10.0%	
		66～69岁	1 5.6%	2 20.0%	
		70～75岁	11 61.1%	1 10.0%	
		76～79岁	1 5.6%	1 10.0%	3 60.0%
		80岁及以上	2 11.1%	5 50.0%	2 40.0%
		合计	18 100.0%	10 100.0%	5 100.0%
女	年龄段	60～65岁	1 16.7%	1 3.4%	1 9.1%
		66～69岁	2 33.3%	4 13.8%	2 18.2%
		70～75岁	3 50.0%	12 41.4%	1 9.1%
		76～79岁		3 10.3%	4 36.4%
		80岁及以上		9 31.0%	3 27.3%
		合计	6 100.0%	29 100.0%	11 100.0%

表 13　　　　　　　　不同性别老年人的住房状况

住房状况		男	女	合计
	自己家	397	431	828
		68.8%	61.7%	64.9%
	子女家	33	104	137
		5.7%	14.9%	10.7%
	其他	147	163	310
		25.5%	23.4%	24.3%
	合计	577	698	1275
		100.0%	100.0%	100.0%

表15则进一步证明了我们在上面所说的观点，即对大多数老年人来说，他们只是愿意在自己家里与子女同住，其中住子女家但不与子女同住这一栏是指他们住的是子女家的房子，但是子女不在。这就是说，在居住问题上老年人也表现出很强的独立性，尽量减少自己对子女的依赖，尽量在日常生活中不给或少给子女添麻烦，而在这样的前提下他们和子女的同住则意味着他们还能对子女有所帮助。

4. 城区老年人的精神慰藉

在代际关系平等的城市家庭中，三代同堂的主干家庭得以维持的前提是双方在这种合住中都获得了好处，而且任何一方都不过于依赖另一方。① 因此，在不需要子代的经济支持和生活照顾的前提下，如上面所述，老年人对子代的需求只能是在精神慰藉这一方面了。这种精神需求在某种意义上又可表现为老年人与子代的沟通与交流。

由表16可知，② 不管是男性老年人还是女性老年人，首选都是和"其他人"即家外人聊天，这里的家外人指邻居、朋友、亲戚、居委会、单位同事等。其次才是与家里人聊天，但是与家里人聊天时，男性老年人首选是和配偶聊天，而女性老年人首选是与子女聊天。这可能有个很重要的原因是女性老年

---

① 杨善华：《经济体制改革和中国农村的家庭与婚姻》，北京：北京大学出版社，1995年。
② 此为多选题，行、列百分比本来都无法计算，为了让大家有个相对的概念，故暂以此列人次与该年龄段总人数之比来计算。如表中第一行，该年龄段男性老年人进入统计的总人数为169人，故"配偶"栏百分比等于97/169，即是57.1%。但是此行百分比总数肯定不等于100%，余类推。

人丧偶的多（参见表6）。但这同时也表明，儿女可能会认为都是家里人，每天在一起，未必愿意听老年人说话。

表 14　　　分性别、分年龄段的老年人与子女的居住距离

		60～65岁	66～69岁	70～75岁	76～79岁	80岁及以上	合计
男	与子女同住	58.4%	55.2%	43.2%	45.3%	46.0%	51.2%
	同居委会	8.4%	9.1%	8.6%	12.5%	24.0%	10.5%
	同街道	1.8%	4.9%	3.6%	3.1%	2.0%	3.2%
	同城区	12.7%	13.3%	15.1%	17.2%	10.0%	13.7%
	不同城区	14.5%	14.7%	27.3%	20.3%	18.0%	18.7%
	外地	4.2%	2.8%	2.2%	1.6%		2.7%
	样本量	166	143	139	64	50	562
女	与子女同住	57.9%	50.3%	64.7%	61.8%	61.1%	58.6%
	同居委会	11.2%	13.6%	8.2%	5.9%	11.1%	10.4%
	同街道	3.0%	3.4%	1.8%		1.9%	2.4%
	同城区	10.3%	14.3%	12.4%	10.3%	7.4%	11.5%
	不同城区	15.0%	17.0%	12.4%	22.1%	16.7%	15.6%
	外地	2.6%	1.4%	0.6%		1.9%	1.5%
	样本量	233	147	170	68	54	672

表 15　　　　　　居住独立性和住房状况

		自己家	子女家*	其他	合计
居住独立性	与子女同住	417	104	161	682
		50.4%	75.9%	51.9%	53.5%
	不与子女同住	411	33	149	593
		49.5%	24.1%	48.1%	46.5%
	合计	828	137	310	1275
		64.9%	10.7%	24.3%	100.0%

＊注：这里"自己家"和"子女家"均指的是住房产权，"子女家"意味着产权归子女，只是老年人在这里住。

当然这对老年人来说，难免觉得不满意。表17也是这样，是老年人有事愿意与晚辈商量，而子女有事则不见得都与老年人商量，这对男女性老年人都一样，虽然这里也有高龄老年人脑子反应不够快，思路可能不太清楚的问题，但是从总体上看，相当一部分子女确实表现出一种不太愿意与老年人沟通的倾向。通过对与家庭养老有关的三个主要组成部分的资料的分析，我们可以清楚地看到，北京城区的老年人，在生活来源方面主要依赖于他们相对微薄的离退休金，在收入有限的情况下，他们通过降低生活标准、量入为出来克服自己生活中遇到的困难从而减少子女的付出，在生活照顾这一方面，虽然有健康情况改善的因素，但老年人还是尽量争取（哪怕是在自己十分困难的条件下）生活自理，不给或少给子女添麻烦。反过来看，子女在这两方面对父母的帮助都是很有限的。根据我们的经验和观察，他们的子女是把对自己的孩子的责任摆到了第一位，即"先顾小，后顾老"（正因为这样，老年人希望从自己子女那里得到的精神慰藉也不可能完全被满足），而这一做法其实也得到老年人的赞同（多数老年人愿意让子女住在自己家里而又不需要子女的帮助，正是想反过来给子女以帮助），他们为自己的子女照看孩子，承担力所能及的家务，这就是"责任伦理"的涵义。老年人对子女的这种付出正是达到了"春蚕到死丝方尽"的地步。

5．关于"孝"的观念和实践

在中国，家庭养老是与"孝"这一观念和以"孝"为核心的传统的家庭伦理连在一起的。"孝"是儒家文化的核心内容之一，儒家将"孝"具体化为"养亲"、"尊亲"、"无违"、"无改"和"立嗣"等行为准则，从而使"孝"成为传统社会中家庭养老的道德基础。但是，这样的"孝"作为一种伦理道德是和传统的小生产的农耕社会相适应的，也是和传统的父系父权的家庭制度相适应的，那么像北京城区现在的情况，家庭制度已经发生了很大的变化，两代人之间也已经建立起一种平等的关系，那么作为一种观念和行为准则，仍在实践中的"孝"是否被赋予了新的涵义？在观念和行为方面是否表现出新的特征？显然，这也是我们在考察"责任伦理"时必须予以关注的。

表 16　　　　　　　　分年龄段分性别老年人的聊天对象

			配偶	子女	其他
男	年龄段	60～65 岁	97 57.1%	53 31.2%	108 63.5%
		66～69 岁	77 52.4%	41 27.9%	85 57.8%
		70～75 岁	61 42.7%	43 30.1%	83 58.0%
		76～79 岁	23 34.8%	17 25.8%	41 62.1%
		80 岁及以上	13 25.5%	13 25.5%	24 47.1%
		合计	271 47.0%	167 28.9%	341 59.1%
女	年龄段	60～65 岁	95 39.6%	82 34.2%	155 64.6%
		66～69 岁	44 29.3%	54 36.0%	95 62.9%
		70～75 岁	43 24.3%	79 44.6%	113 63.8%
		76～79 岁	11 15.7%	29 41.4%	44 62.9%
		80 岁及以上	6 10.0%	25 41.7%	37 61.7%
		合计	199 28.6%	269 38.6%	444 63.6%

由统计可知，男性老年人认为子女"不孝顺"或"不太孝顺"的比例都很低，只占了男性老年人总数的 0.6%，而认为"十分孝顺"或"比较孝顺"的比例则分别为 20.8% 和 6113%，两者合计为 82.1%。女性老年人也是如此。认为"不孝顺"或"不太孝顺"的比例是 2.9%，认为"孝顺"或"比较孝顺"的比例则是 83.7%，并且老年人对子女孝顺的评价并不随着年龄的增大而呈现出有规律的变化趋势。由前面的分析可知，如果用上面传统社会中"孝"的标准来衡量，则在这些老年人的家庭中其子女对他们的赡养并没有达到这样的标准，那么为什么老年人还会对自己的子女在对待自己的行为与态度上给出这样高的评价？

我们认为，对这一点可以从以下两个方面来加以解释。

第一，老年人对子女的"孝顺"赋予了新的含义。比如孔子曾说过，"父母在，不远游"（《论语·里仁》），传统的"孝"也将"事亲"放在首位。但是现在很多子女都外出工作，他们不可能与父母日夜在一起。所以现在的老年人强调子女将自己的工作做好,家庭管好,孩子教育好,即工作有成就,家庭和睦,给父母增了光,就是"孝顺"。可见,"孝"的内涵是在不断变化的。

第二,"责任伦理"的特征是强调自己的责任和义务,对老年人来说是强调自己的不计回报的付出,而"事亲"则是子女这边的事情,它是子女的角色规范。因此就老年人而言,"责任伦理"势必意味着对自己的高标准和对子女的宽容。他们总是在为子女着想,对子女在"孝"方面未达标的行为给出让自己满意的解释,在这样的前提下他们决不会挑剔自己的子女,只要子女在这方面做了一点他们就会非常满意。因此,在这样的"责任伦理"中包含的是老年人对自己子女的浓浓的亲情和殷切的期望,也正是在这样的基础上。老年人坚持依靠自己的力量养老与他们对子女的(我们认为是未达标的)行为之评价达成了统一。

表17　　　　　　　　老年人与晚辈遇大事是否商量

			老年人与晚辈商量	子女与老年人商量	两者之差
男	年龄段	60~65 岁	141 82.9%	122 71.8%	19 11.10%
		66~69 岁	113 76.9%	99 67.3%	14 9.60%
		70~75 岁	101 70.6%	84 58.7%	17 11.90%
		76~79 岁	41 62.1%	34 51.5%	7 10.60%
		80 岁及以上	41 80.4%	31 60.8%	10 19.60%
		合计	437 75.7%	370 64.1%	67 11.60%
女	年龄段	60~65 岁	195 81.3%	173 72.1%	22 9.20%
		66~69 岁	121 80.1%	97 64.2%	24 15.90%
		70~75 岁	146 82.5%	114 64.4%	32 18.10%
		76~79 岁	54 77.1%	32 45.7%	22 31.40%
		80 岁及以上	39 65.0%	25 41.7%	14 23.30%
		合计	555 79.5%	441 63.2%	114 16.30%

注:"有时商量"和"经常商量"视为"商量","从不商量"、"较少商量"和"偶尔商量"视为"不商量"。

由以上的分析我们也可以更进一步地理解"责任伦理"何以成为家庭养老的基础。因为"责任伦理"强调老年人的自立而不强调对子女的要求（老年人对子女的要求，在很大程度上转化为希望子女提供家庭养老所必需的亲情环境），这就大大减轻了子女在赡养老年人方面的负担。反过来，子女还能得到老年人提供的各种力所能及的帮助，因此必然会大大减少老年人在家庭中与子女相处时的矛盾和冲突，而当养老在家庭中被实行时，社会的负担自然也会大大减轻。这样，家庭养老就成了老年人、子女和社会的共同选择，因而也具备了现实可能性与必然性。当每一代人成为老年人时都是这样，家庭养老就会得以长久的延续，成为中国社会中基本的养老方式。

五、结　　论

1. 通过资料分析，我们可以清楚地看到北京城区老年人对其下一代的"责任伦理"是确实存在的。这种"责任伦理"在养老中表现为大多数老年人都是依靠自己的力量来解决生存必需的经济来源和日常生活照料这两件大事。即使在改革之后由于社会保障体系处在改革和完善之中，给老年人的生活带来了一些困难，他们也是采取量入为出、降低自己生活标准来实现自给。对于城市家庭赡养必须具备的精神慰藉的问题，他们虽有这方面的需求，但是当子女不能完全满足的时候，他们也采取了一种理解和宽容的态度，不会因此责备子女不孝顺，而只是希望子女提供一个家庭养老所必需的亲情环境。其次，这种"责任伦理"也表现在老年人在与子女相处时责己严、待人宽的态度，对自己，他们永远是高标准。年轻时，他们抚养子女是不计回报的付出，到老了，只要自己有能力，他们还是不计回报的付出。等到自己丧失了付出能力的时候，他们则把不要子女的付出或尽量减少子女的付出作为自己的付出。这样，"责任伦理"就从老一代有孩子时起，一直贯彻到他们离开这个世界，对每一代人来说都是这样，这就是中国家庭养老得以延续的前提和基础。

2. 基于"责任伦理"这样的前提，在北京城区老年人的晚年生活中，配偶的作用和子女的作用自然不能等同视之。老夫妻是把在各方面的相互帮助和支持视为家庭养老的不可或缺的一个组成部分的。因为他们是同一代人，不属于"责任伦理"制约的范围，因而也不会有求子女帮助时的犹豫和顾虑。于是，家庭养老首先也成了老年人的"自养"和他们与配偶之间的"互养"。"百年好合"与"白头到老"因此被赋予了新的意义，这也是家庭养老的现实性之所在。所以，当我们制定与家庭养老有关的政策时，一定要重视配偶在家庭养老中所能起的作用。

3. 从子代来说，作为儒家思想核心的"孝"的观念确实对他们的行为构成了约束，因而就从子代方面保证了家庭养老的实行。但是，"孝"的内涵和实践并不是一成不变的。随着时代的变化与社会流动的增加，"事亲"成了一件执行难度日益增大的事情。"孝"的内容和实践也随之发生变化。"立嗣"已经变得不重要了，"无违"也随着父系父权家庭制度的瓦解而淡化了，倒是子女尽力去实现老年父母对自己的期望逐渐成了"孝"的内容，慢慢地，这些期望变得与子女自己的事业和家庭有了越来越多的关系。"孝"的内涵的变化以及老年人出于"责任伦理"对子女在赡养方面不到位所给予的宽容，因此也大大缓解了传统的"孝"所规定的养老方面的要求给子女所带来的紧张，这样一种"责任伦理"的存在和被奉行，自然会大大减轻年轻一代赡养老年人的压力，也会有效缓和两代人之间的矛盾和冲突，从而使子女和父母能在一个家庭中和睦相处。

4. 由以上的结论我们可以对费孝通教授当年提出的养老方面的"反哺模式"给予新的解释，首先应该肯定的是，子代对亲代的"反馈"或"反哺"是确实存在的。即使不是直接的赡养而只是给老年人创造一个亲情的环境，就已经体现了家庭养老的本意，更不用说在老年人丧失自养能力，配偶也已经去世的情况下子代给予老年人的经济支持和生活照料。但是，如前所述，在亲代的付出和子代的反哺之间并不是一种对等的关系。事实是，亲代基于"责任伦理"的付出要远远超过子代的"反哺"。因此，在两代人之间，费先生所言的"均衡互惠"实际上是看不到的。但是，在多代之间，费先生所说的"均衡"（不包括数量上对等的互惠）还是实现了的，因为老年人和子女在抚育与赡养方面是一种付出及不计回报的关系，而他们的子女和子女的下一代之间也是这样一种付出及不计回报的关系，如此一代一代传下去，这种均衡就表现出来。因此，在"反哺"方面，中国的城市和乡村的家庭存在着很强的相似性[①]，这显然是中国传统文化对城乡社会影响的结果。

5. 本文对"责任伦理"在家庭养老方面所起的作用的探讨，实际上是指出了家庭养老的现实基础和可行性。只要老年人对子代的"责任伦理"继续存在，家庭养老作为主要的养老方式将会在中国城乡家庭中继续存在下去。那么下一个与家庭养老相关的问题是：我们如何提高老年人自养以及他们与自己配偶互养的能力？经济收入（包括医疗费的支付）首先与大环境有关，它依赖于整个社会经济发展水平的提高，需要统筹解决。这样，日常生活的照料就变得

---

① 杨善华、吴愈晓：《中国农村的社区情理与家庭养老》，选自《中国社会工作研究》第 1 辑，北京：中国社会科学文献出版社，2002 年。

非常现实了。因此，不管"自养"还是"互养"，最好的办法是尽量延长老年人健康生活的时间。社会，包括老年人自己和他们的子女都应将尽量提高老年人存活期间的生存质量作为养老追求的最终目标。显然，在"责任伦理"的主导下，老年人的健康存活将会大大减轻社会以及他们子女的负担。所以，可以把这作为一项社会系统工程来实施。我们认为，比起增加老年人的社会保障设施来，这可能是一项更积极的措施。

6. 本文提出"责任伦理"，主要是从文化和观念的角度分析了"责任伦理"的存在对家庭养老的影响。从"责任伦理"所产生的实际效用看，它的确减少了子女和社会的赡养负担，促成了家庭和睦，代际和谐。本文强调了由于"责任伦理"所造成的老年人自立的现象，但这并不意味着本文有淡化子女和社会责任的倾向，相反，从老年人的初衷来说，选择"责任伦理"有文化和自愿的成分，也会有被迫无奈降低自己生活标准的因素。这时社会和他们的子女更应该注意老年人的实际需求，将有限的社会资源用到最需要家庭养老和帮助的老年群体中。为此，我们在"责任伦理"和家庭养老方面除了做定量研究外，还应该做定性研究，以通过对典型个案的调查与分析，探讨"责任伦理"对老年人家庭养老需求影响的"类"的差异和更细微的但对研究来说又是不可或缺的实情。

作者：杨善华（1947—），男，浙江宁波人，北京大学社会学系教授。
原载：《北京大学学报》，2004年第1期。

论消费者的社会责任行动

周中之

个人的消费是自由的，它是建立在平等、自愿、自主的基础上的。它可以根据消费者的经济状况、个人性格、生活习惯做出选择。然而，消费是在社会中进行的，个人消费的自由又意味着要承担一定的社会责任。消费者的社会责任是企业履行社会责任的重要外部制裁力。消费者的社会责任与企业社会责任的关系是当代中国的经济伦理研究中一个崭新的课题，需要认真加以研究。[①]

一、消费者社会责任对于企业履行社会责任的重要价值

国际经济伦理学界在企业的责任问题上已基本达成共识，企业不仅要承担经济责任，也应承担环境责任和社会责任，这三方面的责任是相互联系的，缺一不可。换言之，企业除了创造财富，对股东与其他利益相关者负责外，还必须对全社会承担责任，一般包括遵守商业道德、保护劳工权利、保护环境、发展慈善事业、捐资公益事业等。讲人道，实现社会公正，是基本内容之一。为了更好地落实企业的社会责任，国际有关组织专门出台了 SA8000 标准，以保护人类基本权益为宗旨，对企业（组织）内生产环境条件提出了最低要求。强调企业对社会公正的责任，对于当代中国落实"以人为本"的科学发展观，建设和谐社会有着重要的现实意义。

改革开放以来，中国经济迅速增长，以致被认为是一个奇迹。这个奇迹的产生有众多的条件，其中之一是中国劳动力价格低廉。由于劳动力价格低，大量劳动力密集型的产品在国际市场上有较强的竞争力。但是中国的经济在发展过程中，也出现了容易为国外企业所攻击的"软肋"，即对劳动者权益的有效认定不够。企业为了减低成本，获得更多的利润，对产品生产的过程与条件不愿投入更多的物力和财力，特别是中小企业，对劳动者和工作环境条件缺乏重

---

① 周中之：《经济全球化背景下当代中国消费伦理观念的变革及其研究》，《上海师范大学学报》，2007 年第 3 期。

视，竭力打压职工的权益空间，甚至违背企业经营的人道底线。强调企业对社会公正的责任，从理念上接受 SA8000 标准所体现的人道标准，才能造成社会的舆论氛围，促进职工维护自己的基本人权，推动企业改变侵犯职工人权的做法，更好地实现社会的公正。同时，这样做也有利于社会的和谐与稳定。企业违背社会责任的理念与行为，已经造成了严重的社会问题。例如在建筑、服装、电子等行业，存在着明显压低和大量拖欠民工工资的现象，使劳资关系的矛盾激化，成为社会不稳定的重要根源。中国内地煤矿经常发生重大伤亡事故，成为社会的重大新闻。企业社会责任建设，日益成为整个社会的强烈呼声。

解决企业社会责任的问题，不仅仅是要解决认识问题，更重要的是解决实践问题，即企业如何真正履行社会责任。在这里，主要有三条操作思路：

第一条，通过企业的自我约束、自我规范。企业作为独立的法人，既有相应的权利，同时也承担着相应的责任和义务。企业在通过自我约束、自我规范的内部机制，实现权利和义务的统一，才能实现良性发展。在追求经济利益最大化的过程中，履行社会责任，才能为社会所肯定。

第二条，通过政府有关职能部门的监管。在市场经济体制下，假如各个经济利益主体都为了最大限度地追求自己的利益，而不顾他人利益时，从长远和整体的观点看，反而难以使利益主体获得更好的效益（人们往往用经典的"囚徒困境"的例子来说明问题）。通过政府的监管即"政治解决"，是必须的。尽管这种监管可能会导致政府或监管部门的腐败，但这种监管不可能被否认和取消，在某些情况下甚至要加强。

第三条，通过广大消费者的力量。企业和消费者的关系影响着企业经济发展的战略，消费者的价值观念、道德评价及行动对企业履行社会责任的重大作用正在形成，并逐渐加强。这是一股潜在的、有着广阔发展空间的督促企业履行社会责任的力量。

第一条思路通过主体自觉自愿得以实现，而第二条则以政策法规为后盾强制执行，第三条则借助强大的社会舆论产生重大影响力，可见三者各具特点。仔细分析归纳一下，不难看到，第一条属于企业内部制裁的范畴，而第二、第三条则属于企业外部制裁的范畴。为了更好地促使企业履行社会责任，必须将内部制裁和外部制裁有机结合起来。但从国内对企业社会责任的研究情况分析，对第一、二条的研究比较多，其中有些问题已经研究得相当充分。但对于促使企业履行社会责任有着重要价值的消费者社会责任行动的研究几乎是一个空白，迫切需要学者奋力开拓。

在国际上，"消费者责任协会"（The Institute for Consumer Responsibility,

简称 ICR) 在 1989 年就已成立了,之后还建立了"消费者社会责任运动"网站 (http://www.onemovement.net)。该协会的宗旨在于将消费者团结起来,在企业势力不断增长的情况下,通过削弱企业的影响和企业对社会的控制以及建立对企业的抉择,形成消费者的强势。该协会认为,当今的社会是企业的社会,当今的文化是企业的文化,企业的势力和影响已经超越了经济和政治的结构,进入到我们文化和价值的核心,进入到我们生活的"心脏"。无论是涉及人权、环境、劳工、公民自由、经济正义、动物福利的问题,还是其他社会病态问题,企业的势力是这些问题的核心。企业的利益直接和间接地引起和加剧了这一系列问题,它们阻碍了拟议中的问题解决方案的实施,使公众不能正确地认识这些问题的本质,将资源和注意力远离真实的需求。消费者只有联合起来,履行自己的社会责任,采取抵制等手段,才能对企业的不良行为产生威慑力,从而有助于社会公正的实现。这一网站的出现和发展,标志着作为一种新兴的、具有巨大潜力的推动企业履行社会责任的力量的消费者社会责任行动已经走上了国际舞台。

从理论上分析,消费者社会责任行动之所以会对企业履行的社会责任产生巨大的威慑力,其最深刻的经济根源在于世界进入了"消费社会"。在这个社会中,消费和消费者在社会生活中的地位已与过去的时代迥然不同,它表现在:

第一,消费需求对于经济发展的拉动作用越来越明显。生产决定消费,现代化大规模生产,必然要求相应的消费规模。消费又反作用于生产,但这种反作用的"分量"在当代社会中已举足轻重。消费的增长是产生新的社会需求、开拓广阔的市场、促进生产更大发展的强大推动力。传统的观点认为,投资、出口、消费是拉动中国经济的"三驾马车",而中共十七大报告认为,为了"实现经济又好又快发展",要使"居民消费率稳步提高,形成消费、投资、出口协调拉动的增长格局"。在这里,消费在"三驾马车"中居于前列,反映了消费在中国经济发展战略中的新地位。

第二,消费者主权地位的确立。"消费者主权理论"是市场经济最重要的原则之一,它的主要内容是企业生产什么商品、生产多少商品,最终取决于消费者的意愿和偏好。平时所说的"消费者是上帝"正是"消费者主权理论"的通俗表达。国际著名经济伦理学家彼得·科斯洛夫斯基说得好:"消费者的自由意志的表达、消费主权决定着经济行为的协调,消费主权作为市场经济标准的基础是这样一种东西,即人必须愿意。"① 消费者基于一定的价值观对于商品的评价和选择,直接关系到商品的销售业绩和企业的经济效益。"消费者主权理论"表明,消费者的地位在现代生活中有了很大的提高,尽管消费者作为个体,它的声音是微弱的,但消费者社会责任行动形成了巨大的伦理力量,使企业不敢小觑。

海外一些成功案例表明,消费者社会责任行动对企业履行的社会责任的影响不可低估。10多年前,美国200多所学校的学生举行了反血汗工厂的消费者社会责任运动。他们从要求校方拒绝采购血汗工厂生产的商品开始,进而向耐克等著名公司施压,要求他们提高加工工厂工人的经济权益。起初,耐克公司并未理会,但当学生发动"不买运动",耐克公司才感受到巨大压力,同意与大学生谈判,答应增加工人的福利,并公布所有供应商的名单,接受公众的调查和监督。这场消费者社会责任行动产生了巨大影响,它促使耐克公司和一大批欧美企业成立了企业社会责任部,负责监督和解决劳工权益问题。

在中国,24岁的香港女孩丘梓蕙走在了消费者社会责任行动的前列。她在香港中文大学读书期间,被1993年深圳一家港资玩具厂的火灾所震惊。在这场火灾中,80多名女工死亡,100多名受伤。这家工厂代理的是意大利某著名品牌的儿童玩具,香港老板为此赔了100多万元就破产了,而意大利企业不愿承担责任,受伤女孩命运悲惨。具有强烈社会责任感的丘梓蕙和她的同学在那年暑假组织了一场"干净衫"行动,期望用实际行动来改善工人的待遇。他们将几家大学定制的1万多件T恤的订单直接下到工厂,每件T恤还多付2元钱用于提高工人待遇。2005年大学毕业后,丘梓蕙决定把唤醒中国消费者力量当作一项事业来做。她与一班志同道合者共同创立了"大学师生监察无良企业行动"(简称SACOM)。他们高举"有良心的消费"的大旗,组织香港大学师生志愿者到跨国公司在内地的代工厂进行独立调查,并把调查结果向公众公布,以唤醒消费者对企业不良行为的关注,从而形成一股压力,迫使企业改善现状。他们的这些行动在海内外产生了广泛的影响。②

二、从提倡入手,"唤醒"消费者的社会责任意识

海外发达国家和发达地区的实践已经证明,消费者社会责任行动可以对企

---

① 彼得·科斯洛夫斯基著,陈筼泉译:《经济秩序理论和伦理学》,北京:中国社会科学出版社,1997年,第152页。
② 《新民周刊》,2007年第5期,第22—23页。

业社会责任问题产生重大的影响，而消费者对社会责任意识的理解和认同是其基石。

为了培养消费者的社会责任意识，必须追溯到对消费行为的实质进行分析。在许多消费者看来，消费纯粹是一种经济行为，一手交钱，一手交货，整个过程就是公正的。至于这些商品或服务是否来自于血汗工厂或者它们的生产过程严重破坏环境、残害动物，是政府部门或其他有关组织的事。也就是说，商品和服务的"清白"，与消费者无多大关系。消费者没有必要和可能知道商品和服务的来龙去脉，因此要求消费者为此承担社会责任是难以接受的。

当然，我们不能轻易给那些购买血汗工厂产品的消费者戴上一顶"不负责任"的帽子。消费者要考虑社会责任，但不要追究消费者的责任。戴上这样的帽子不利于消费者责任意识的建立，反而会引起消费者的反感。应该从"提倡"的角度入手，唤醒消费者的社会责任意识。消费者是生活在一定的社会环境中，消费活动是一种经济行为，同时也是一种社会行为。它反映着一定的伦理和文化的要求，甚至政治的要求。例如，为了表达某种爱国主义的情感，拒绝购买某国的商品。血汗工厂侵犯劳工的权益，对社会的和谐与稳定构成了威胁。血汗工厂的大量存在与发展，不利于整个社会其中包括消费者在内的长期的、根本的利益。尽管消费者购买了血汗工厂的商品或服务，获得了某些经济上的利益，但这是暂时的、局部的和有限的。当然，我们不能仅仅从工具理性角度分析问题，更应该从价值理性上把握消费者的社会责任问题。人不仅是经济人，而且是道德人，需要有人道的精神。我们应该同情那些在社会最底层为生存而煎熬的弱势群体，为他们争取正当的权益做些贡献。同时，对于一个具有社会良知的消费者来说，消费"不文明"的商品，难以获得幸福的感受，甚至会产生耻辱和痛苦的感觉。

做"负责任"的消费者是建立在消费知情权的前提下的，消费者要了解足够的有关商品生产过程的信息，才能更好地判断商品是否"清白"。有时被戴上"不负责任"消费者帽子的人，也许并不知情。要通过大众传媒的力量，使商品的来龙去脉更多地为消费者所了解。但是，假如消费者确实是知情的，消费者没有拒绝血汗工厂的商品，是否要承担道德责任？从发达国家的实践看，更多地不是追求消费者的这种道德责任，而是使消费者在充分知情的情况下，根据个人的道德信念进行选择。这意味着这里的道德责任是"倡导性"的，让消费者在人道和公正的信念下做出自己的选择。鼓励"负责任"的消费者，而不是惩罚"不负责任"的消费者。

美国人以喜欢喝咖啡闻名于世，其每年的消费数量非常惊人，占世界总产量的四分之一。而这些咖啡大多是从拉美穷国进口的，经营咖啡的商人利润丰厚，而生产咖啡的拉美农民每磅咖啡豆仅获得 40 美分的收入。过低的价格使这些农民年收入在 600 美元上下，生活非常艰难。

"咖啡公平交易运动"正是在这个背景下产生。由美国一些劳工 NGO 和"有责任心的消费者"共同推动。由于他们的努力，美国从 20 世纪 90 年代末起建立了"公平交易证书"制度。在这个制度下，加入这个体系的咖啡进口商必须以 1.26 美元一磅的价格，绕过中间商，直接从咖啡农合作社手中购买咖啡。与此同时，一个叫 Trans Fair USA 的独立公证机构，给该进口公司颁发公平交易证书。1.26 美元一磅的价格，是以前收入的三倍左右，由此受益的咖啡农收入明显提高，摆脱了极端贫困。[①]

同样的咖啡，不同的价格，区别仅在于是否有一张公平交易证书。消费者会做怎样的选择？根据经济学家的观点，人都是自利的，因此，消费者总是考虑价格对自己有利的商品。但是，在现实生活中，并不尽然。国外许多有"消费责任感"的消费者宁愿多花钱购买价格稍高的"清白"的咖啡，而不愿购买价格便宜但"肮脏"的商品。可见，在消费的选择中，伦理观念起着重要的作用，世界上"负责任"的消费者不乏其人。

三、中国消费者社会责任行动研究的前瞻

以"公正、人权"为核心的消费者社会责任行动是在一定的社会政治、经济、文化背景下孕育起来的。胡锦涛总书记提出了"以人为本"的科学发展观和建设民主法治、公平正义的和谐社会，为推进中国消费者社会责任行动及其研究提供了良好的契机。与此同时，也应该看到，推进中国消费者社会责任行动及其研究也是落实科学发展观，建设和谐社会的一个有机组成部分，一个新的生长点。研究中国消费者社会责任行动，必须研究中国的国情，并注意研究两大基本事实：

第一，由中国经济发展的不平衡带来的消费观念的差异性，以及由此带来的消费者社会责任行动可接受性的差异。也许处在社会主义初级阶段的中国，要让大多数消费者接受消费者社会责任的伦理观念有很长的路要走，但东西部地区的情况也有所不同。改革开放使中国东部沿海地区首先发展起来了，人们在满足温饱的基础上，对消费的理解已经有了新的变化，对消费者的社会责任可能有相对有利的接受条件。而中西部地区由于经济发展的差异，许多地区首

---

① 《影响世界的咖啡公平交易运动》，http：//blog.china.alibaba.com/blog/klk540/article/b0-i1493723.html。

先要解决温饱问题，因此，消费者的社会责任行动更多的是"将来式"。

第二，由于诚信的缺失，消费者权益保护成为热点问题。在中国社会主义市场经济的发展过程中，企业和商家坑蒙拐骗的事件屡有发生，以致成为社会公害。消费者的社会权益保护是社会的热点问题，学者在研究消费者的问题时，目光往往更多地集中在消费者权益的保护上。但是，随着社会诚信体制的完善和公民道德素质的提高，诚信问题逐步得以改善，其他有关消费者问题的研究就会更多地浮出水面，尤其是消费者社会责任行动问题。

为了推动消费者的社会责任行动，实现社会的和谐、公正，有一系列的课题需要研究和解决：

1. 如何倡导消费者从价格最低化的误区中走出来，确立"公平交易"的观念，为培育中国消费者社会责任感建立伦理基础？

当代中国社会需要消费伦理观念的启蒙。在当代中国的经济生活中，消费者的信条是：同样的商品，价格越便宜越好。而商家为了占有更多的市场份额，他们之间的竞争往往是激烈的价格战，由此形成了价格倒逼机制。这种机制一方面推动了企业加强管理，降低成本，另一方面过度的"倒逼"有可能为企业不择手段地压低劳工的工资，侵犯劳工的权益提供"合法的理由"。消费者应确立"公平交易"的伦理观念，为保护劳工的权益，实现社会公正创造条件。在劳动密集型的产业中，消费者给收入低微的生产者以适当的道义的帮助，虽然不是最"理性"的"经济行为"，但可能是最"道义"的"社会行为"。虽然没有获得最大的利益好处，却也获得了道德良心的满足。当然，对于商家来说，随着消费者社会责任感影响的扩大，公平交易提高了它们的商业信誉，一部分经济损失所换取的道义形象最终可能带来更多的经济效益。一项针对消费者的调查表明："84%的消费者说，他们对努力让这个世界变得更美好的企业有着更积极的印象；78%的消费者说，他们更倾向于购买某种与自己关心的公益事业有关联的产品；66%的消费者说，他们会为了支持某项自己关心的公益事业而改换购买的品牌；62%的消费者说，他们会为了支持某项自己关心的公益事业而改换光顾的零售商店。"[①]

2. 如何加强配套的政策和法规的建设，为消费者社会责任行动创造良好的社会条件？

在当代中国，"有责任"的消费者履行社会责任，也会遇到一些意想不到的尴尬。例如，香港女青年丘梓蕙与合作者在深入调查的基础上发表了有关报告，督促大企业找回良心，但结果却出人意料，海外大企业停单后，内地代工

---

① 《新民晚报》2007年10月6日A5版。

企业陷入了困境,1 000多名工人的饭碗成了问题。不难看到,消费者的社会责任问题是一个复杂的涉及社会政治经济多方面的问题。有社会责任感的消费者的行动对于保护劳工权益,实现社会公正有重要作用。但当代中国的消费者还处于弱势地位,声音还很微弱。有人估计,中国消费者力量的壮大到当今欧美消费者的水平,至少要10年以上。没有配套的政策和法规的支持,消费者社会责任行动难以走得很远,难以将副作用减到最小。中国消费者的社会责任行动还刚刚起步,是有着旺盛生命力的新生事物,要着眼于未来。它在表达道德诉求的同时,要积极推动政府和有关部门建立和完善配套的政策和法规。

3. 如何充分发挥大众传媒的作用,让消费者有更多的知晓,从而支持和推动消费者社会责任行动?

消费者履行社会责任的必要前提是"知情权",但由于消费者个人条件的限制,他们对有关商品的信息往往知之不多,对商品生产的背景更是知之甚少。而影视、广播、网络等当代大众传媒拥有广泛的信息渠道和众多的从业人员,掌握着先进的信息技术。它们对商品信息和商品生产背景的披露,迅速使更多的消费者了解"内幕",这对于消费者社会责任行动来说,往往起着关键的作用。前述的好莱坞电影《血钻》引发了一些有"良心"的明星门的抵制,就是典型的例子。与强势的企业力量相比,消费者的力量明显处于弱势,但当企业违背社会责任,而大众传媒一旦介入,强弱双方的力量就会发生变化。在强大的舆论压力下,消费者的社会责任行动必将产生积极的成果。

4. 如何正确认识消费者社会责任行动的"利"与"弊"?

当今的中国是一个开放的中国,大量中国的商品出口海外。海外消费者社会责任行动促使内地的企业要重视劳工的权益,具有正面的意义,然而在这同时,也难免使人产生一丝忧虑。中国的经济、政治、文化发展水平与欧美不同,在劳工权益保护方面的标准还有相当的差距,欧美一些别有用心的人是否会利用消费者社会责任运动来抵制中国商品,搞"贸易壁垒"?这需要我们加以警惕。

从国内情况来说,消费者社会责任行动对社会的和谐稳定可能产生正负两方面的效应。

一方面,消费者社会责任行动对不良企业产生了威慑力,成为它们履行社会责任的重要制裁力,这就为实现社会公正做出了贡献,从而有利于社会的和谐稳定。但同时,由于网络等媒体的兴起,消费者相互之间联系和沟通的渠道进一步便利和快捷,消费者之间情绪相互影响加剧,以致采取过于激烈的方式,有可能对社会和谐稳定产生负面影响。因此,当代中国的消费者社会责任行动要强调在法治的轨道上进行,在利益兼顾的原则下逐步解决有关问题。

可以相信，中国社会正在公正、文明的大道上迈进，消费者社会责任行动带给我们更多的是"利"，而不是"弊"。

作者：周中之（1952—　），男，上海人，上海师范大学法政学院教授。
原载：《上海财经大学学报》，2008年第1期。

网络社会伦理
——一种基于责任伦理的建构

李 涛

一、责任的含义

本文所指的责任（responsibility），不同于与社会角色联系在一起的义务（duty）、责任（obligation）、法律上的应负责任的含义。从词源上考察，"责任"来源于拉丁语的"respondere"，意味着"允诺回应"或"回答"。因此它可能用于犹太教、基督教传统中最早的体验：人们接受或拒绝上帝的召唤。英语中"责任"最初用于宗教是19世纪中叶，在各种实际的，或对宗教团体或其领袖成员的责任讨论中。责任一词用于伦理和法律中的含义是人们应对自己的行为负责，这种行为应该是可答复的、可以解释说明的。法律往往只讨论某一行为发生后的责任，而伦理则更强调一种责任意识，它是前瞻性的。在法律体系中，角色、因果关系、义务和能力都与责任有关，它们常被用来说明惩罚理论。责任进入道德和政治领域是在18世纪末19世纪初。作为一个抽象名词，它源自于与现代英语同时期的形容词"负责任"。那时，责任的积极扩张和民主的发展是一致的。在传统社会里，一个好公民，应尽自己的本分，遵守与其在社会中的位置相应的约定俗成的规则。

在愈来愈注重功利、强调个性和民主的社会里，人不仅是社会的一个角色，而且更重要的是行为者。现代人的行为选择是自由的，但自由是指认识到公共社会秩序的责任人的自由。因为建立在等级制度和义务基础上的旧社会秩序的崩溃，以及局限于平等和自私自利基础上的新秩序的毫无生机，要求每个人不仅要追求他们自己的利益，也承认和考虑其他人的个人利益，要以同等地位的水平负责任。因此，现代人对"责任"思考得更多。德国著名学者马克斯·韦伯区分了"责任伦理"和"信念伦理"。信念伦理的信徒需要的仅仅是"去盯住信念之火，不要让它熄灭，他的行动目标从可能的后果看，毫无理性可言"①。责任伦理的行为必须顾及自己行为的后果。

从哲学上分析责任的概念,它是同因果关系联系在一起的。责任有三个条件:最一般、最首要的条件是因果力,即我们的行为都会对世界造成影响;其次,这些行为都受到行为者的控制;第三,在一定程度上能预见后果。② 必须有这三个条件,责任才存在。在哲学上转向责任和在技术上转向责任一样,要面对两个问题。首先要对由于技术思维方式占优势而提出的挑战作反应;其次是努力把技术实践中存在的大量有关疑问的复杂情况统统考虑进来。欧洲的传统哲学家汉斯·约纳斯指出,因为在社会的、政治的和现代技术产生之前的行为中知识力量的范围狭小,所以,以前责任不是个中心概念。"事实上,在过去的道德体系或有关伦理体系中,责任要领并没有起过显著作用"。原因在于,"责任仅仅是知识和力量的函数,从前它们是如此有限,以致不管什么样的后果都交给了命运和永恒的自然规律,全部注意力都集中在做好现在不得不做的事情"③。汉斯·约纳斯非常明确地把责任和技术联系在一起,技术的力量使责任成为一个必需的新原则,特别是对未来的责任。随着科学技术的应用对自然和社会的影响日益增强和一系列技术的滥用、误用以及未曾预料的后果的出现,科学家们感到:科学技术的成果及其应用来自他们的活动,他们所掌握的知识也使得他们对可能产生的危害比别人有更清楚的认识,他们有责任确保科学的成果运用于好的而非破坏性的目的。对于工程师和技术专家来说,其责任更为直接,他们的工作与科学技术的应用效果、与公众的利益关系更为密切。一方面,他强调"责任首先是人对人的责任"④;另一方面,自然概念不仅构成责任概念的一部分,而且本身就是责任的基础。"作为人的责任,不是特别对自然而言,而首先是在自然面前。"⑤ 约纳斯认为,责任固然首先是人对人的责任,但其依据是人对自然的责任。针对科学技术导致的对人的控制,约纳斯提出"一个自愿的自我检查观念"⑥以限制科学技术的统治,杜绝对人本身的操纵和使用。他建议人们重新理解古老的德性——"节制"和"适度",把

---

① 马克斯·韦伯著,冯克利译:《学术与政治》,北京:三联书店,1998年,第107页。
② 卡尔·米切姆著,殷登祥等译:《技术哲学概论》,天津:天津科学技术出版社,1999年,第97页。
③ 卡尔·米切姆著,殷登祥等译:《技术哲学概论》,第101页。
④ Hans Jonas. *Das Prinzip Verantwortung: Versuch einer Ethik fuer die technologische Zivilisation*, Frankfurt am Main: Insel Verlag, 1979, p. 184.
⑤ I. Breuer, P. Leuch u. D. Mersch. *Welten im kopf, Profile der Cegenwartsphilosophie — Deutchland*, Hamburg: Rotbuch Verlag, 1996, p. 137.
⑥ Hans Jonas. Technik, *Medizin und Ethik: Zur Praxis des Prinzips Verantwortung*, Frankfurt am Main: Insel Verlag, 1985, p. 107.

它们提高到责任原理的高度，指出责任的首要原则就是维护责任。他发展了康德的绝对命令，指出"人的'第一命令'是'不去'毁灭大自然按照人使用它的方法所给予的东西"①。"责任伦理是实践的，它不只是专注于'良知'，而更强调行动及后果，我们的活动创造着实在，也创造着自己的未来，应该对自然、自己及子孙后代负责。但是人的能力和预见又是有限的，我们的行动常常导致无法控制的结果，因而更应该增强对后果的自觉。"②

二、网络社会中的责任分析

探讨网络社会中的道德责任，其核心是以"指导控制"为基础，所谓指导控制，包含两个基本成分，一是导致行为的机制必须是行为者自己的，也就是说，凭借作为道德主体的"我"是行为的主人和控制者，"我"可以自由地选择是否做某种行为。反之，如果某种行为虽然是行为者自己发出的，却不受他的主观意志的指导控制，而是受他人或另外的机制的控制，那么，在进行道德责任归因时，就不能一概而论。二是道德行为必须是对理性的适度反应，也就是说，要具体地分析一个人为什么要做出某种行为，导致某种行为的理由（或理性）是不是恰当的反应。这是因为在进行道德归因时，弱理性反应和强理性反应③都不足以说明行为者本人为此所负的全部责任。

下面是一个发生在 2000 年 7 月的一个有关"网络蚂蚁事件"的信息共享与保护的真实案例，有关争论至今还在进行，我们以此来讨论相关的责任问题。

案例：事件发生在 2000 年 7 月下旬，一位网民在使用网络蚂蚁时，发现自己的防火墙软件不断发出警告。经过多次实验，该网民发现有一个非授权的进程在自动访问国外的网站。这个进程文件，正是通过网络蚂蚁的安装程序被安装进入用户电脑的。随后这位网民发现那个被访问的国外网站，是一个广告站点。其运作方式是通过如网络蚂蚁这样的免费软件让用户上网后，就自动向这个网站传送用户的信息，然后通过这个网站与其他广告商的合约，按使用软件的用户访问的次数向软件开发人付钱，当然这家网站也从中获利。让这位网

---

① Hans Jonas. *The Imperative of Responsibility*, Chicago: University of Chicago Press, 1984, pp.129—130.
② 朱葆伟：《科学技术伦理：公正和责任》，《哲学动态》，2000 年第 10 期。
③ 约翰·马丁·费舍、马克·拉扎维著，杨韶刚译：《责任与控制》，北京：华夏出版社，2000 年，第 37—40 页。

民无法接受的是：一旦使用网络蚂蚁，自己电脑就会将用户信息传给别人。①

分析：在此案例中，软件的开发者洪以荣受到网民的强烈指责，但我认为这种指责有点过分，洪以荣不应承担过多的道德责任。但是洪以荣应承担一定的道德责任，因为他对网络蚂蚁的开发这一行为具有指导控制，即用户个人信息泄露这一特殊后果产生于行为者洪以荣的适度的理性反应，并且他有能力去阻止这一结果的发生，这也就意味着洪以荣对导致用户个人信息泄露这一结果有指导控制的能力，洪以荣预料这一结果将要从开发软件这一行动中产生，这种预料是合理的。

但是在这一案例中，还有一个导致用户个人信息泄露的重要因素就是广告商。作为一个经营性质的公司，广告商在网络蚂蚁里安放了一个控件，即一个广告条，该控件中有一个叫 MSIPCSV.EXE 程序，其功能就是把用户显示的一些广告数量和点击次数等信息反馈给广告商，并以此作为软件开发者收益的依据。问题的关键在于，经过调查发现，许多软件都用上了该公司的广告条，软件开发者的目的仅仅是想得到一些广告费用于自己软件的开发和维护，并不存在恶意地泄露用户个人信息的行为，因此把所有指责都加到洪以荣一个人身上是不客观的。因此我们更愿意继续以比较客观和中立的立场来深入对这次事件的认识。首先，我们必须确认软件开发者有没有恶意收集或者利用用户个人信息达到商业目的的事实，如果没有，就不能把所有的道德责任都加到软件开发者一个人身上；其次，如果软件开发者加载广告条和程序的行为在客观上泄露了一些用户的个人信息，而且如果对用户有所危害的话，那么软件开发者也应该负一定的责任，但是最大的责任应该首先在那家广告公司而不是软件开发者本人。如果那家公司没有蓄意收集用户的个人隐私信息并把它出售或者应用于商业活动，而仅仅是广告的话，就不存在任何道德责任问题。

三、网络社会责任体系的建构

网络社会是现实社会的延伸，网络社会伦理的建构一定要立足于现实社会，如果没有现实社会的伦理作基础，那么建构网络社会的伦理就成了无源之水、无本之木。网络社会伦理建构实际上就是解决网络社会和现实社会如何调适和兼容的问题。那么建构网络社会伦理就意味着要找到沟通网络社会与现实社会的通道，这是解决问题的关键。

---

① Net User. 免费软件藏"阴谋"：泄露用户个人信息[EB/OL]. 2000－07－21 [2006－11－23]. http://tech.sina.com.cn.

（一）社会责任伦理建构的基本要求

网络社会和现实社会的冲突和转换机制提醒人们，网络社会伦理的建构最重要的就是要以责任观念为指导，建立起强调公平与正义、契约化的伦理底线，建立起网络社会的责任伦理制约体系。这里要注意三个方面：

第一，掌握计算机和网络技术知识的科学家、工程师和技术专家应承担相应的社会责任。在人类漫长的历史长河中，技术从最初的"大体上是以生活发展为方向，而不是以工作或权力为中心"慢慢地转变为"目的主要在于经济扩张、物质丰盈和军事优势"[①]。尤其是在现代，技术越来越表现为一种权力结构，也就是说，技术具有一种权力结构，网络作为一门技术，其内在地也具有一种权力结构，掌握计算机知识和网络技术知识的科学家、工程师和专家在网络社会中处于优势地位，是强势群体，既然如此，要求他们承担相应的社会责任是合理的，也是必要的。"责任的首要原则是维护责任……负责的公民或科学家或工程师不同于那尽本分或者效率高的公民或工程师或科学家。用责任标准来衡量一个人和用义务论或实用性标准来衡量是不同的。做事尽本分的人是集中注意力一心一意地执著于规定好的途径。而有用的或效率高的人知道怎样做事情，并为了获得最大利益或成果来调整行为，至少短期内是这样的。"[②]掌握计算机知识和网络知识的科学家、工程师和专家一定要时刻牢记自己的责任，不能光专注于知识的使用，在人类面临许多伦理困境的今天，更要注重责任意识的培养。

第二，作为一般的网民应确立公平、正义的责任意识。正如戴森所言，"网络赋予个人强大的权力——能够赢得全世界的观众，能够获取关于任何东西的信息。但是随着运用或滥用权力的本领的日益强大，个人需要为他们自己的行为以及他们所创造的世界担负起更大的责任"。网民应确立公平、正义的责任意识，注意区分虚拟与现实，不陷入网络所制造的虚拟生活中，积极控制自己的行为，遵守网络伦理道德，不散布社会谣言、小道消息等不良信息，不扩散网上黄色淫秽、消极反动的内容，不做低级趣味的网上聊天，不发表不正确的言论，不点击网上文化垃圾内容，不恶意攻击别人、损害他人名誉和人格，不散发垃圾邮件，不做违反网站 ISP 安全策略和服务条款的网络行为，不侵犯他人的知识产权。

第三，作为政府、社会组织的首要责任是建立起立体的控制体系，防患于未然。这种控制体系应是前瞻性的，而不仅仅是防范性的，确保既要能有效地

[①] 卡尔·米切姆著，殷登祥等译：《技术哲学概论》，第 102 页。
[②] 卡尔·米切姆著，殷登祥等译：《技术哲学概论》，第 21 页。

预防和控制网络所引发的伦理问题，又能促进网络技术的顺利发展。针对已经出现的、具有破坏性的活动，在网络实践的基础上，在不遏制人们的权利和网络技术发展的前提下，形成某些制度和规约，如在法规政策方面，政府和相关的管理部门应首先是加强信息安全管理工作，增强信息系统的安全性，在已有的信息安全技术的基础上，制定适合网络社会发展需要的信息安全标准和安全信息标准；其次是加强国际信息安全管理，完善网络的法律法规，既注重防范计算机犯罪，还要注重对于密码的应用管理；最后是加强信息安全法规建设。政府和相应的社会组织应大力促进网络伦理观念的确立，并在全社会开展网络伦理的研究与教育，提倡个人自律，确立网络道德，将法律法规的他律控制、个人道德自律和技术控制有机地结合起来，以确保网络社会健康、有序、和谐地发展。

（二）网络社会责任意识培养的重要性

计算机技术网络技术联姻为人类创造了一个延伸的世界——网络社会，使全世界都浓缩在一个小小的"电子空间"里，由于网络社会的虚拟性、开放性和全球性，网民在网络社会里具有更大的自主性，现实社会的道德控制力在网络社会是一个相对弱化的区域，与现实社会比较，人们的个体责任和社会责任显得更重大，正像西方的责任伦理学大师约纳斯所认为的那样，应该强调"责任与谦逊"。他指出，由于科技行为对人及大自然的长远的和整体的影响很难为人所全面了解和预见，因此，存在一种"责任的绝对命令"，这种"责任的绝对命令"又呼唤一种新谦逊。所谓新的谦逊，与以往人们因为力量弱小而需保持的谦逊不同，其原因在于，科技力量是如此的巨大，以至人类行为的力量远远超出了实践主体的预见和评判能力。有鉴于此，科技行为更需要一种责任意识。如果在现实社会，这种责任意识需要加强，那么在网络社会中，由于网络社会的种种特点，则更需要加强责任意识。网民是网络社会的主体，网民责任意识的强弱，直接影响到网络社会健康有序的运行，因此培养网民的责任意识在建构和谐网络社会的过程中至关重要。

在现实社会中，由于受时间延迟和空间传递滞后的影响，主体的行为产生的后果往往是相当有限的，其涉及的范围和影响面比较小。而网络社会是一个"浓缩"的电子空间，信息的传递是实时性的，因此主体行为产生的后果往往波及面非常广泛，可称之为主体行为影响的"蝴蝶效应"。网络是一种具有权力结构的技术，掌握专业计算机知识和网络知识的人，如果责任意识差，利用他所学的知识来做一些破坏活动，在网络社会里，其破坏力是非常强的，影响面是非常广的。例如，1988年11月2日下午5时1分59秒，美国康奈尔大学的计算机科学系研究生，23岁的莫里斯（Morris）将其编写的蠕虫程序输入计算机网络。在几小时内导致因特网堵塞，运行迟缓。这个网络连接着大学、研究机关的155000台计算机。这件事就像是计算机世界的一次大地震，震惊全球，引起了人们对计算机病毒的恐慌，也使更多的计算机专家重视和致力于计算机病毒研究。1988年下半年，我国在统计局系统首次发现了"小球"病毒，它对统计系统影响极大。新近的CIH病毒、美丽杀病毒等等都在全世界范围内造成了很大的经济和社会损失。从这些案例中我们看出，随着计算机和因特网的日益普及，如果一些掌握计算机专业知识和网络知识的网民缺乏责任意识，那么他们的不良行为产生的后果将会给人类社会带来巨大的损失，甚至会造成人类的灾难。作为网络社会的一个网民，尤其是技术知识较高的网民，培养其责任意识更为重要。

（三）社会自我责任伦理之建构

虚拟现实技术是很强的技术，它们所创造的虚拟现实达到了逼真的境界，使很多人对网络产生了依赖，轻度的依赖表现为一旦无法上网就会有一种缺失感，较为重度的依赖则表现为网络沉迷，更严重的则是网络沉溺。根据心理分析表明，网络沉溺的心理机制是个人力图控制环境和竭力表现自我的权力欲望，而网络恰恰能满足那些在现实生活中受到挫折的人的欲望，导致他们更容易溺于网络。这种机制普遍作用于上网者，一旦网民体会到网络比现实生活更容易满足其权力欲望，就有可能诱发网络沉溺。在这种情况下，网民更易放纵自己，从而导致一系列的自我异化现象，自我控制能力和自主性丧失。

网络社会的这种异化表明，非中心化的网络社会使人的自主性大大提高了，但这种自主性提高到一定程度又使网络主体在知识权力实体的左右下，失去了以个人或集体方式把握自身的能力，人们的行动和创造能力也在此权力结构的安排下被大大削弱了。"最终成功地超出了个人躯体的定位能力，使他无法借助感知来组织周围环境，无法在一个原本可图绘的外在世界中理智地标定自身的位置。"[①] 自主性的丧失一方面削弱了主体的责任意识，使得人们既在网络中毫无规则地任意作为，又没有能力为自己的行为负责，自我根本不可能在虚拟生活中获得自主的发展。另一方面，使人要么部分地失去分辨真实与虚拟的能力，要么陷入某一个虚拟身份难以自拔，最后也使主体丧失了参与有利于自我发展的活动的机会。基于传统效益论和道义论的缺陷，建构自我责任的伦理势在必行。从存在主义的角度看，人只能是自我负责的人，命运得由自我把握，而不可能依赖或抱怨他人。萨特强调："企图抱怨是荒谬的……我所遇

---

① 道格拉斯·凯尔纳，斯蒂文·贝斯特著，张志斌译：《后现代理论：批判性的质疑》，北京：中央编译出版社，1999年，第245页。

到的事情只有通过我才能遇到,我既不能因此感到痛苦,也不能反抗或屈服于它。所有我遇到的东西都是我的;因此应当认识到:首先作为人,我作为人总是与我遭遇到的事情相称的。"①每个人都应当且必须对自己负责,维持自己所理解的尊严,使"人作为人"存在,实现这一点的最大困难并不是极权和强大的知识权力结构,而是自我"逃避自由"之禀性。因此建立自我责任伦理是现代人应该无条件践履的一项绝对命令。

在网络社会中,自我责任伦理更为重要。一方面主体自我与客体自我的差异需要调节,调节的重点应消除网络技术对自我的控制性,摆脱网络知识权力结构的宰制,加强自主选择的能力,另一方面要对自我的"双面人"身份(虚拟社会的身份和现实社会的身份)进行整合,消除自我对虚拟生活的过度依赖,分清虚拟与现实,把握好虚拟与现实的度。

网络社会由于数字化和虚拟化,为网络主体身份的隐匿创造了条件,网络创造的虚拟环境很逼真,更能满足那些在现实生活中受到挫折的人的欲望。网络主体要能积极地自我控制,并借助朋友或其他人对自己施加影响,帮助自己控制自己,尽力摆脱网络技术的宰制,必须从自我负责的高度上来认识自己、把握自己。这也是在网络社会中每个网民应践履的一项绝对命令,让网络真正成为我们达到自我幸福美好生活的手段,而不是沦为网络的奴隶。

(四) 从个体伦理向集体伦理的延伸

所谓集体伦理是指科技发展使人类社会中的个体行为既高度独立又高度相关,为此必须建构一种与传统的集体伦理有别的新型集体伦理。传统社会中,由于个体行为的影响范围是有限的,传统集体伦理的指向往往只是局部利益。传统集体伦理只注重规范有直截当下影响的行为,因此,传统的集体伦理是一种局域性的集体伦理。然而,科技发展所带来的全球一体化的趋势,则促使人们进一步发展一种具有大同世界胸襟的新型集体伦理。尤其在网络社会里,人们通过网络被连成一个整体,原来注重调节个体的传统伦理规范,已经越来越不适应全球化的网络社会的群体发展要求,要在强调个人责任的同时,更注重强调集体责任。正如阿佩尔所论证的,"如今科学技术已在如此广泛的范围内影响着人类的所作所为,再也不能满足于调节小群体内人类生活的道德规范,而把群体之间的关系抛给达尔文所说的生存竞争……科学的结果向人类提出重大的道德问题。科学技术文明使一切国家、民族、文化都面对着一个共同的伦理问题。人类面临着这样的任务:在世界范围这样的规模上对他们的行动后果

---

① 让-保罗·萨特著,孙周兴、陆兴华译:《存在与虚无》,北京:三联书店,1987年,第708页。

集体负责,这在人类历史还是第一次"①。建立这样一种基于责任的"集体伦理学",在这个利益既共存又尖锐冲突的世界上有一定的难度,但随着网络社会的日益发展,却要求一种这样的"集体责任的伦理学"规范网络社会中人们的行为。

作者:李涛,男,厦门大学哲学系博士研究生。
原载:《道德与文明》,2007年第1期。

---

① 卡尔-奥托·阿佩尔著,胡万福等译:《哲学的转变》,北京:《光明日报》出版社,1992年,第256—258页。

[科技伦理视野中的"责任"]

"科学家的社会责任"问题的由来与发展

莫少群

第二次世界大战以来,在科学技术的各个领域出现了许多惊人的、划时代的发现。这些发现深刻地影响到人类社会的政治、经济、军事和社会生活诸方面。科学的社会化、政治化以及社会的科学化成为现代科技与社会发展的重要特征。伴随这一历史进程,在科学共同体的内部出现了大量关于科技的社会后果和科学家的社会责任的讨论与争辩。我们今天所熟知的"核能的社会控制"、"DNA基因重组"以及"克隆人"等争论的核心就是科学家到底应该对其研究成果的社会影响负什么样的以及何种程度的责任。不仅如此,科学家的社会责任问题也很早就吸引了科学社会学家的注意。贝尔纳在《科学与社会》、《科学的社会功能》等著作中曾以大量的笔墨论述了"科学与战争"、"科学与政治"、"科学的应用"等问题,强调科学和科学家在为人类服务和社会改造中应有的使命;默顿在谈到纳粹德国和苏联的科学政治化时,认为"最近的变化迫使科学家们陷入他们的根深蒂固的某些社会角色和价值标准之间的突然冲突之中","人作为科学家的角色与作为公民的角色之间的深刻冲突,使得科学被广泛看做社会问题的来源之一"[①]。巴伯在《科学的社会秩序》一书中以专门的篇章,从社会学的角度讨论了科学的社会后果的不可避免性,并得出"无论是作为一个整体的科学家还是单独的科学家个人都不能以任何敏感直接的方式被认为是对他们的活动的社会后果负有责任"的结论。[②]

虽然"科学家的社会责任"问题受到了科学与社会研究者的关注,相关的争论至今仍然存在,但是,对这一问题的由来一直都缺少系统的说明。特别是近年来有人认为在科学家社会角色产生之初就存在着一个社会责任问题,甚至认为默顿对于科学家活动规范(即科学的普遍性、公有性、无偏见性和有条理的怀疑主义)的归纳中缺少了"科学家的社会责任"这一项。[③] 笔者认为这种

---

① 默顿:《对科学社会学的忽视》,《科学与哲学(研究资料)》1982年第4期。
② 巴伯著,顾昕译:《科学与社会秩序》,北京:三联书店,1991年,第265—274页。
③ 此种说法见于《自然辩证法研究》2000年第12期"科学家职业的演变及其社会责任"一文。

说法既缺少历史依据,也曲解了默顿对于科学活动规范的含义的表述。那么,究竟在什么样的历史条件下才出现"科学家的社会责任"问题?这个问题的出现说明了什么?科学家的社会责任的性质是什么,可以归为科学活动规范吗?另外,随着科学和社会的发展,"科学家的社会责任"问题在当代有了哪些新情况新变化?带着这些问题,笔者重新研读了相关的科学史材料和科学社会学家的有关论著,并对当代涉及科学家的社会责任的一些争论进行了简要的考察,拟对这个问题的由来和发展做一个说明。

(一)在科学家社会角色出现之初以及之后的很长一段时间里,并不存在所谓"科学家的社会责任"问题

17世纪科学活动首先在英国获得初步体制化,表现为业余科学和业余科学家的特点,开始出现了科学家这种社会角色;18世纪法国法兰西科学院的成立使科学专门职业化向前迈进了一步;到了19世纪,科学活动最终在德国获得了全面体制化,在大学、工业、政府的机构中出现了大量的科学研究的职业岗位。在这个过程里,自然科学的各门学科逐步建立起来,并获得了巨大的发展,科学活动作为一种精神的追求和社会改造力量始终受到了社会的广泛承认和推崇。尽管如此,从总体上说,当时的科学仍然处于"小科学"状态,科学与社会是在有限的范围内发生交互作用,并且主要表现为科学对社会进步的促进作用。因此,无论是科学家本身还是一般公众都普遍认为科学活动构成了社会进步的主要基础。贝尔纳指出,"当时,很少有人去考虑科学的社会功能。如果有人考虑这个问题的话,他们当时也认为,科学的功能便是普遍造福于人类。科学既是人类智慧的最高贵的成果,又是最有希望的物质福利的源泉"[①]。在这种情况下,科学共同体既没有可能也没有必要向自身提出所谓的"社会责任"问题。事实上,19世纪末之前的科学家讨论科学的社会后果和相应的社会责任的文献是不多见的。

(二)"科学家的社会责任"问题最初是在20世纪30年代,由以贝尔纳为首的一群英国科学家首先明确地提出的

为什么他们会提出"科学家的社会责任"问题,贝尔纳在1939年解释道,"过去20年的事态不仅仅使普通人改变了他们对科学的态度,也使科学家们深刻地改变了他们自己对科学的态度"[②]。一方面,科学在世纪初出现了的巨大变化,相对论、量子力学的建立,生物化学和遗传学的发展等,"这些都是在科学家个人一生中相继迅速发生的变化,迫使他们比前几个世纪的科学家更加

[①] 贝尔纳著,陈体芳译:《科学的社会功能》,北京:商务印书馆,1982年,第33页。
[②] 贝尔纳著,陈体芳译:《科学的社会功能》,第34页。

深入得多地去考虑他们自己的信念的根本基础"①。另一方面,"来自外界的激烈事态终于打破科学家的平静心境,并且强迫他比以往更认真地考虑自己在社会中的地位和职能。在这些事态中,近年最重要的有四件事:经济危机、苏联的建设、德国法西斯主义的崛起以及备战活动的普遍加强"②。"他们再也无法不受外界力量的影响。对所有各国的科学家来说都一样,战争就意味着把他们的知识用来为直接的军事目的服务。经济危机直接影响到他们,使许多国家的科学进展受到阻碍,并使其他国家的科学事业受到威胁。最后,法西斯主义证明,虽然人们本来认为迷信和野蛮行为已经随着中世纪的结束而绝迹了,但是现在,就连现代科学的中心也可能受到迷信和野蛮行为的波及。"③

正是由于科学与社会的经济和政治问题有了紧密的联系,使得科学家深刻认识到他们的科学工作并不终止于实验室,从而开始关注科学与外部社会的关系,思考各种影响科学事业发展的因素。1936 年,英国促进科学协会布莱克普尔会议把"科学和社会福利"当作它的课题。英国科学工作者协会作为一个科学家团体,最先主张把科学唯一用于建设性目的。1937 年,美国促进科学协会委员会在决议中明确表示把研究科学对社会的深刻影响当作它的一个目标,同一年,科学联合会国际委员会成立了关于科学及其与社会的关系的国际委员会。科学家们不仅开展了各种积极的活动,更重要的是出现了许多朝气蓬勃的讨论小组,试图认识科学的本身的发展、科学与整个社会的相互作用,以及作为一个科学家的美德赋予科学家责任的范围等等。30 年代,科学家的这些讨论结果导致了许多相关的专著出版,其中最重要的是贝尔纳著的《科学的社会功能》,它对提高全世界科学家对其社会责任的认识产生了深远的影响。

但是,这个时期,科学家所关注的"社会责任"除了科学本身的利益和科学在社会中的地位外,还有科学和科学家面临战争所应有的态度。战争向科学和科学家提出了一个不可回避的问题——是屈从于政治家的淫威,甘做政治家的鹰犬还是服从于社会良心和道德责任的召唤用科学保卫和平。在希特勒纳粹主义残酷迫害犹太人科学家并威胁到世界和平时,国际和平运动科学委员会于 1936 年在布鲁塞尔讨论了科学家在战争形势面前所应有的社会责任。讨论主要围绕着科学家参与战争和备战工作的问题,并形成了三种不同的看法:一些人把国家利益放在首位,认为科学家没有必要过问自己工作的后果,所以在任何情况下都要参加这类活动;一些人表示在任何情况下都拒绝参加战争或者备

---

① 贝尔纳著,陈体芳译:《科学的社会功能》,第 34 页。
② 贝尔纳著,陈体芳译:《科学的社会功能》,第 522 页。
③ 贝尔纳著,陈体芳译:《科学的社会功能》,第 34 页。

战工作；另一些人数较多的科学家则强调视战争的目的而定。尽管意见存在着分歧，但是绝大多数科学家都把反对战争、维护世界和平看作是科学应有的责任。1934年在英国，大约有80位科学家组成了剑桥反战小组，举办了多次会议和研究小组，讨论战争的原因，特别是讨论科学家能采取何种措施来保卫和平的问题。1936年，一些英国科学家急切地来到巴黎，与朗之万、约里奥—居里等法国科学家讨论"科学家能做些什么"的问题，并提出建议组织一个科学家的国际组织，来敦促科学正当地应用于建设，反对危害人类的倾向。这些讨论，直接促成了世界科学工作者协会的建立，但是，协会的正式成立，却是在1946年战后的事。[1]

（三）第二次世界大战把"科学家的社会责任"问题尖锐地突现出来，并使得科学共同体对其"社会责任"有了更为深刻的领悟

当战争正式爆发后，大多数同盟国方面的科学家很快都参与了军事武器的研制，特别是制造原子弹的工作。英国物理学家伯霍普在回忆这段历史时说，在曼哈顿计划执行期间，由于良心责备许多参加者曾举行过几次讨论会。开始，有人异想天开，希望会由于某种原因如发现一些根本性的毛病而中止正在大力发展的核武器。后来，当看到肯定会成功地制造核武器时，一些人又聊以自慰地空想，希望那些对生产核武器发挥重要作用的科学家能对使用核武器具有决定性的发言权。但是，严格的保密制度控制着科学家的言行，并且事情并未按这些科学家的期望进行。在政治家的谋划下，原子弹最终以其难以置信的毁灭力量攻击了日本的广岛和长崎。科学家在政治家眼中仅仅是"智囊人物"，是为战争的最终胜利提供新思想和新发明的工具。

芝加哥一些参与曼哈顿计划的科学家，对人类已进入核时代的意义早有洞察。他们以弗兰克教授为首草拟了一个报告，警告政治家说，如果真的使用核武器，那么对今后持久和平的建立就构成巨大威胁。尽管弗兰克报告中的警告没有引起政治家的重视，但使科学家，特别是参加制造原子弹的科学家强烈意识到他们应负的社会责任。由于原子弹的使用，许多科学家在伦理上陷入进退两难的境地。于是，科学家中掀起了一场史无前例的政治运动。许多从未想过要参与政治活动的人，开始成为核能和平利用政策的影响者。更重要的是，由于大多数美国科学家的努力，成立了致力于将科学发现用于建设目标的团体——"美国科学家联合会"和"科学的社会责任协会"。另外一个成果，便是创办了《原子科学家通报》杂志。自1946年以来，这份杂志一直定期出版，

---

[1] E. H. S. 伯霍普：《科学家的社会责任》，选自《科学的科学》，北京：科学出版社，1985年，第25—36页。

拥有广泛的读者。它成功地提出了种种科学和社会的关系问题，如关于核武器、裁军和科学在当今社会中的应用等，这不仅影响了科学家，还影响着政府、工业界、知识界以及其他社会人士。①

（四）战后世界范围内的和平运动是科学家对其社会责任的觉悟的总爆发

第二次世界大战结束之后，氢弹的研制成功，大国之间军备竞赛的不断升级，使得世界和平又受到了严重威胁。科学共同体对科技成果被越来越多地用于军事目的，特别是原子弹和氢弹造成的恐怖普遍感到担忧，也更进一步意识到他们对维护世界和平所应承担的责任。这种责任感早在战争结束之初就表现出来。1946年7月，包括美国和中国在内的14个国家科学家协会的代表和观察员在伦敦举行首次聚会，成立了世界科学家协会。明确地把充分利用科学，促进和平和人类幸福作为协会的宗旨。这是第一次世界性的科学家组织会议，也是第一次世界范围内讨论科学家的社会责任的会议。但是，科学共同体发起并参与大规模的维护世界和平运动主要是在50年代。

1955年，获得诺贝尔奖的52位世界级科学家聚会博登湖畔，联名发表了《迈瑙宣言》。其中写道："科学是通向人类幸福生活之路。但我们怀着惊恐的心情看到，也正是这个科学在向人类提供自杀的手段。"宣言呼吁所有国家"自动放弃使用武力作为政治中的极端手段"，同年7月，爱因斯坦、罗素等十位科学家联名发表宣言，呼吁各国科学家行动起来反对核战争。这个宣言导致1957年召开了关于科学和世界事务的第一次帕格沃什会议。这次会议有10个国家的22位代表参加，一致认为："科学家除了他们的本职工作之外，最大责任就是竭尽全力来防止战争，帮助建立一种持久的、广泛的和平。他们应该在力所能及的范围内对公众进行启蒙教育，使他们了解科学的破坏性和创造潜力，还要寻求一切机会来影响国家政策的形成。"会议提出了"为了全人类的未来"而发展科学技术，"合理利用"科学成就等11项要求。

1958年，有70位著名的科学家在第三次帕格沃什会议发表宣言，即著名的"维也纳宣言"，明确指出科学事业的意义：由于科学家具有专门的知识，使科学家们能够预先见到由自然科学的发展所产生的危险性，并能清楚地想像出同自然科学发展相联系的远景。科学共同体在这方面对解决我们时代目前最紧要的问题具有特殊的权力，同时肩负着特殊的责任，科学家有责任考虑到科学给人类提供的正反两方面作用。

在这些世界性的科学家反核活动中，曾两次获得诺贝尔奖的科学家纳斯·鲍林是一个重要的代表人物，他代表了科学家维护世界和平的最强音。从

---

① E. H. S. 伯霍普：《科学家的社会责任》，选自《科学的科学》，第25—36页。

1954年鲍林就认真地考虑科学家的社会责任问题。1958年他和妻子一道征集了世界各地11000多名科学家的签名,并向当时的联合国秘书长哈马舍尔德递交了一份请愿书,力诉核试验的危险性并要求立即阻止任何试验。同年他还出版了《不要再有战争》一书。在科学论证的基础上详细揭露了核试验本身对全球大气环境所造成的破坏,以及一旦用于战争而会带来的毁灭性的恶果,号召世界一切爱好正义与和平的人尽一切可能去阻止它。在回顾自己的研究生涯时,鲍林说:"如果说我关心控制癌症和心脏病是为了让人们免受痛苦之折磨,从而过一种健康而长寿的生活,那么我必须同时要关心他们不在战争中被杀害或被致伤致残。"①

(五) 新的科学技术革命对科学共同体提出了新的"社会责任"问题

70年代以来,科学技术的发展突飞猛进,特别是生物技术和电子信息技术的革命创造了巨大的生产力,为人类提供了许多新的可能。与此同时,也在科学共同体内部引起了许多关于科学技术及其社会应用的后果的争论,这些争论无一不牵涉到新的技术条件下科学家的社会责任问题。与以往相比,科学共同体关注的焦点并不仅仅限于科学技术的社会应用,而在于科学技术本身所隐含的社会后果。他们对科学研究的社会价值的思考,不是发生在技术形成和应用之后,而是在某种技术发生之初或之前就开始了。这反映了科学家们比以往在更大的程度上意识到自己的社会使命,也比以往更多地参与了社会的发展。

新的技术条件下,科学家关注的社会问题的范围极其广泛,从基因工程、医疗、饮食到发展工业、治理环境等。在许多争论中,发生在70年代的DNA基因重组争论是科学家的社会责任心的典型表现。这次争论最初的主题是重组DNA技术是否会引起"生物危害"。当重组DNA实验刚刚起步时,一些分子生物学家就敏锐地意识到在理论上存在这种潜在的危险性。在1971年的长岛冷泉港实验室讨论会,以及1973年6月戈登核酸会议和1975年的第二次阿斯拉姆国际会议上,分子生物学家讨论了生物技术可能导致的危害,并进行了不同观点之间的争论。争论的主要结果是科学共同体对其研究进行"自我约束"。但是,科学共同体的争论引起了社会各方面的广泛关注,一些地方政府和立法机构试图对DNA基因重组研究进行"法律上的控制",这样,科学共同体又掀起了一场"反法律控制行为"的斗争。②

这场争论主要发生在美国、英国,同时也波及到西欧其他国家和加拿大等

---

① 刘大椿等:《在真与善之间》,北京:中国社会科学出版社,2000年,第243页。
② 朱静生:《重组DNA研究:一场关于潜在的"生物危害"之争》,《自然辩证法通讯》,1990年第4期。

国及有关国际科研机构。更重要的是，这场争论超越了技术问题本身，广泛涉及科学技术的社会风险，科学与人类进步、与人的基本权利的保障，科学的自主权与社会立法控制等多方面的关系。它不仅表明科学技术与现代社会生活的联系愈来愈密切，也充分反映了科学共同体对科学技术的负面影响以及对科学家的社会责任的全新认识，因此被称为"科学共同体的一次大洗礼"。

这场争论的意义还在于科学家自觉地把自己的研究成果与整个人类的利益联系起来，积极地对其研究进行伦理道德和社会价值上的评估，自觉地控制自己的研究行为，并对未来的研究产生了深远的影响。1997年联合国教科文组织和巴西圣保罗大学所召开的有关科学、科学家和容忍的国际研讨会正是这种社会责任意识的延续。当时有来自拉美、北美15个国家的近130位科学家参加了这次会议。会议引起激烈辩论的主题是：在科学上，可容之处在哪里终结，而不可容之事又从何处开始？科学家作为有专业技能和知识的人，同时也作为社会公民，是否对重大工程的建设和科学技术的开发应用负有特殊的责任？如果有，这种责任的性质是什么？科学家应该向谁负责？向他们所属的政府负责吗？虽然这些问题目前还不可能有一个明确的统一的答案，但它的提出触及到科学研究价值的核心问题，表明科学家已经对其专业角色与社会道德义务之间的冲突有了深入的思考。

从以上的历史回顾中可以看到，科学家的社会责任问题不是从来就有的，只有当科学的社会影响成为某种社会问题时，才有可能和必要提出这样的问题，而且在不同的科学和社会条件下，科学家所关注的社会责任也有着不同的内涵。同时，"社会责任"问题是由活跃在科学研究第一线的科学家所提出来的，是科学家本身的自觉意识，正如巴伯所指出的那样，"因为我们对科学的社会后果的认识不断增加，所以最近在所有方面都出现了对于我们所谈到的科学的社会责任的关心的扩大与加强"。从这个意义上说，"科学家的社会责任"是科学共同体对科学与社会的关系的理解和觉悟，它不属于一个确定的科学活动规范的范畴，无论在任何意义上都不可以将之生硬地塞到默顿的"科学活动规范"的框架中去。

作者：莫少群（1965－），男，江苏海安人，南京师范大学社会发展学院副教授。

原载：《自然辩证法研究》，2003年第6期。

科学家的社会责任
——以"曼哈顿计划"为例

叶继红

科学技术革命深刻地改变了世界面貌和人类生活,使我们充分享受到了高科技的巨大恩惠。然而,科学技术在造福人类的同时,其负面影响也日益凸现。科学家——作为科学技术主体的人——的社会责任被极其尖锐地提到议事日程上来。

科学家的社会责任是与科学的精神气质分不开的。美国科学社会学家默顿把科学活动的行为规范称之为科学的精神气质,提出了科学家共同体所遵循的一致的精神气质和行为规范:普遍主义(universalism)、公有主义(communism)、无私利性(disinterestedness)、有条理的怀疑主义(organized skepticism)。这些规范保证了科学的自主发展和科学知识生产的正常运行。实际上,默顿的规范只是一种理想化的社会规范。科学界不是世外桃源,绝大多数科学家在进行科学研究时必然要涉及各种社会因素。如果把科学放到社会的环境中,考虑科学家在社会中身份的多重性,我们认为科学家的行为规范应该增加一条:有责任性(responsibility),即有责任去思考、预测、评估他们所生产的科学知识可能的社会后果。简言之,科学家的科学良心就是他的社会责任心。对于正直的科学家而言,科学良心是一种道德屏障,它可以限制那些利用科学技术力量来进行反社会倾向的活动,使科学家能够坚持以造福人类为最高宗旨,来支配自己的研究工作。

一、"曼哈顿计划"的始末

第二次世界大战前夕的 1939 年 1 月,德国科学家尼尔斯·玻尔访问美国,带来了发现铀核裂变的消息,在美国引起轰动,因为核裂变会产生巨大的核能。8 月 2 日,爱因斯坦从匈牙利籍物理学家里奥·西拉德(Leo Szilard)那里得知纳粹德国已经禁止从本国及占领的捷克斯洛伐克出口铀。爱因斯坦和西拉德断定德国正在制造一种威力空前的武器。两位科学家给罗斯福总统发去了一封由西拉德起草，爱因斯坦签名的信，正是这封信催生了曼哈顿计划。罗斯福总统在收到信件后，开始重视原子弹计划，1941年夏指示要全力以赴进行研究。与此同时，英国科学家提醒英国政府存在着将核裂变用于军事目的的可能性，于是英国政府进行了代号为MAUD的原子计划。最后，美、英二国的研究小组合并，开始了真正制造原子弹的"曼哈顿计划"。曼哈顿计划于1942年进行了重组，交给美国军政委员会，由格罗夫斯将军负责。格罗夫斯起用原子科学家奥本海默（Robert Oppenheimer）。他从1941年秋开始，参加了美国研制原子武器的工作，1942年受命组建曼哈顿计划中的洛斯阿拉莫斯科学实验室，1943年被任命为该实验室主任，成为原子弹研制设计的总负责人，为第一颗原子弹的制造作出了重要贡献，被誉为"原子弹之父"。从1942年8月13日起，整个研制计划使用了代号"曼哈顿工程"，原子科学家也统称为"科学工作者"，并且实行了严格的军事保密制度和隔离制度。直到1945年7月16日，代号为"三一"的原子弹试验在新墨西哥州阿拉莫戈多试爆成功，曼哈顿计划宣告结束。

战争结束前，继任罗斯福总统的杜鲁门总统成了是否使用原子弹的真正裁决者。1945年4月底，由五位政治家和三位科学家组成了一个"临时委员会"。委员会下设了一个原子科学"专家组"，成员有奥本海默、费米（EImlco Femi）、康普顿和劳伦斯（Ernest Lawrence）。委员会最终作出了尽快向日本使用原子弹的建议，呈送杜鲁门总统。西拉德得知消息后，在芝加哥发起在一份请愿书上签名，其中提出了三种选择：1. 将原子弹使用到最有效的军事目标上；2. 进行原子弹威力示范，但不真正使用；3. 不使用原子弹。① 请愿书的大部分建议都是西拉德和尤金·拉宾诺维奇（Eugen Rabinowitch）提出的，后来就成了著名的《弗兰克报告》。这份请愿书递交到了美国国防部，后被提交到原子能专家"临时委员会"讨论，结果遭到了否决。委员会中的四位科学家本来无疑是可以支持这项建议的，但没有采取任何行动去制止。这份请愿书是科学家积极投身社会活动的开端，随后成立了橡树岭科学家协会（后来扩大为工程师与科学家协会，简称AORES），借以履行科学家在重大核决策上对社会的责任。

---

① 参见艾尔文·温伯格著，吕应中译：《第一核纪元》，北京：原子能出版社，1996年。

二、科学家参与曼哈顿计划的原因

曼哈顿计划的成功实施离不开原子科学家们所作的贡献，尤其是像爱因斯坦、费米等世界一流的科学家。前后共有 15000 名科学家和工程师参与了该工程。许多科学家被一种真诚的信念所鼓舞："我们必须采取适当的政策，以便应付来自德国方面的原子战争的威胁。如果我们也有这种武器，那么不论是希特勒，还是我们，都将不得不放弃使用这种武器。"1952 年，爱因斯坦在一家日本杂志上谈到："我参加原子弹的制造表现在唯一的一次行动中。我签署了给罗斯福的一封信，在信中强调指出必须对制造原子弹的可能性展开广泛的实验研究。当然，我知道，这项措施的成功给人类带来了可怕的危险。但是，德国人也在研究这个问题，并且工作进行顺利，这迫使我走了这一步。我看不到别的出路，尽管我始终是一位坚定不移的和平主义者。我认为在战斗中的屠杀一点也不比普通的屠杀好。"[1] 他还指出："在我们这个时代，科学家和工程师担负着特别沉重的道义责任。因为发展大规模破坏性的战争手段有赖于他们的工作和活动。"[2]

1939 年夏季，美籍意大利科学家费米访美期间与德国科学家维纳尔·海森伯（Werner Heisenberg）讨论过原子弹问题。在海森伯的回忆录[3]里他们俩有一段对话：

【费米】："你知道哈恩的原子核裂变的发现可能被用来产生连锁反应。换句话说，现在存在制造原子弹的可能性。一旦宣战，双方可能千方百计加速这一计划，这时各国政府便期望本国的原子物理学家，献出他们的全部才能，研制新武器。"

【海森伯】："当然，那个危险是很大的。有关我们在战争中的责任和义务，你说得非常正确……无论如何……不管政府如何努力呼喊，原子能宁可慢慢地发展；我相信第一个原子弹制造之前，战争早已结束。"

海森伯作为德国方面的科学家，他敏感考虑到的是一种道德的两难问题：如果德国原子科学家不帮助他们的政府发展原子武器，而对方却发展了，那么他们的祖国和人民或许就可能受到对方核力量的威胁与伤害；如果他们帮助本

---

[1] 佛里德里希·赫尔内克著，徐新民等译：《原子时代的先驱者》，北京：科学技术文献出版社，1981 年，第 320 页。
[2] 爱因斯坦著，许良英等译：《爱因斯坦文集》（第三卷），北京：商务印书馆，1979 年，第 205 页。
[3] 王自华，桂起权：《海森伯传》，长春：长春出版社，1999 年，第 213 页。

国政府发展原子武器,那么战争狂人希特勒将要率先掌握原子弹,整个世界就将要面临变为人间地狱的危险。总之,让人感到左右为难。

伊西多·拉比(Isidor Rabi)是流亡美国的欧洲科学家。在制造和发展原子弹的问题上,拉比实际是最早知情人之一。1942年夏奥本海默邀请拉比出任洛斯阿拉莫斯实验室的副主任,被拉比拒绝了。他的理由是讨厌炸弹,他更愿意发展雷达而不是原子弹。不过,拉比答应作为奥本海默不领薪金的顾问,说服了巴彻(Bacher)、阿尔瓦雷茨(Luis Alvarez)、班布里奇(Kenneth Bainbridge)、拉姆奇(Norman Ramsy)等著名的科学家参加了曼哈顿工程,使曼哈顿计划的质量和进度都大大提高。

奥本海默对此作了总结,他说科学家们参加曼哈顿计划有几个原因:1. 害怕敌人制造出原子弹;2. 感觉到没有原子弹可能不会赢得战争的胜利;3. 好奇心;4. 冒险意识;5. 既然在理论上制造原子武器是可能的,他们渴望看看实际上会是什么样子;6. 希望原子武器会导致合理地解决当前和未来的全球冲突。[1]奥本海默认为其中任何一个原因都足以解释如此之多的科学家努力参加这一工程。他继续说,"要是你提到原因的话,我们进行工作是因为它是一个有机的必要。如果你是个科学家你会禁不住从事这一工作。如果你是科学家,这是很有意义的:弄清楚世界是如何运行的,现实是怎么一回事,根据自然的价值观和凭借人类最大可能的权力去控制和对付这个世界"[2]。奥本海默的真诚体现在他的"有机的必要"话语中,好像仅凭这一话语就能够解释每个被问及的从事此项工程的技术科学家的感觉。这种"有机"的努力工作的本质,能够用持续不断追求知识和征服自然这样的话语来解释。"必要"的意思是与欣赏技术科学过程的必然性相联系的:他们一旦探索了世界的一部分,他们就将全部探索整个世界。

三、曼哈顿计划引发关于科学家社会责任的讨论

1945年8月6日原子弹在日本广岛爆炸后,引起了人们对科学成果的应用和科学家社会责任的广泛讨论。正如第三次帕格沃代表会议上发布的宣言指出的,"科学家的事业所具有的意义,使科学家们能事先预见到自然科学发展

---

[1] 参见 Raphael Sassower. *Technoscientific angst*. Minnesota: University of Minnesota Press, 1997.

[2] Smith Weiner, Robert Oppenheimer. letters and recollections, Cambridge, M. A. and London: Harvard University Press. 1980.

所产生的危险性,并能够清楚地想象出同自然科学发展相联系的远景。他们在这方面对我们时代目前最紧要的问题具有特殊的权利,同时肩负特殊的责任……在许多国家,对自然科学的物质支持正在增加,这主要是自然科学对国防军事潜力产生直接或间接影响的结果。然而,这将使自然科学离开其本身的目的:增加人类知识的总和以及帮助征服自然力而有利于全人类"①。

(一) 民众的反应

民众对美国使用原子弹反应强烈,几乎就在爆炸的当时,全世界成千上万的知识分子、社会活动家和宗教界人士谴责了原子弹,并且对决定使用它表示难以理解,或者说是极其厌恶。"我们可以归纳成一句话:我们的技术文明刚刚达到最高水平的暴力。近期,我们必须在集体自杀和明智地使用我们的科学成果之间做出抉择。此时,我们觉得庆贺这个发明是不道德的,因为它的利用造成了史无前例的对人的毁灭。科学已经献身于大规模屠杀的世界,暴力已经难以控制,已经丝毫不顾及正义和人们的幸福;这会给这个经受所有暴行蹂躏的世界带来些什么?只有最没有怜悯心肠的理想主义者才敢于这样思考问题。"② 新闻记者和历史学家卡顿认为,美国赢得了战争的胜利,却并没有感到自豪,"的确,整个战争中最为奇特的事情,是我们赢得了战争之后对它的反应。美国完成了历史上最艰巨的任务,也打赢了,但是打赢的时候却带着自卑的情节和深深的恐惧感"③。日本作家大江健三郎在其诺贝尔获奖作品《广岛札记》中说:"人类面对无法控制的危机,科学技术本身的力量把人类拉进危险,即将成为现实,或者说再向前迈一步就到达的现实。只要看一看今日世界的核状况就一目了然,该权力按其科学技术的伦理不仅毫无阻碍地使核武器壮大化和多样化,而且人类也放弃了控制的任务,甚至打算把人类的命运完全委之于科学技术本身。难道实际情况不是这样吗?"④

(二) 科学家的反应

原子弹在广岛爆炸后,在科学界引起震动,不论参与该工程与否的科学家都反应强烈。参与原子弹研制工作的科学家更是感受到良心上的自责。爱因斯坦得知爆炸消息后,惊恐万状,失声无言,只能叹曰:"鸣呼哀哉!"他说:"大多数科学家都充分意识到了他们既作为学者又作为世界公民的责任……我

---

① 佛里德里希·赫尔内克著,徐新民等译:《原子时代的先驱者》,第350页。
② 帕斯卡尔·扎卡里著,周惠民等译:《无尽的前沿——布什传》,上海:上海科技教育出版社,1999年,第367—368页。
③ 帕斯卡尔·扎卡里著,周惠民等译:《无尽的前沿——布什传》,第369页。
④ 大江健三郎著,李正伦、刘光宇译:《广岛札记》,北京:光明日报出版社,1994年,第172页。

们科学家也必须拒绝屈从它的邪恶要求,有一条不成文法,那就是我们的良心,这是华盛顿制定的任何法案也束缚不了的。"① 爱因斯坦始终谴责这一仇视人类的行为,并为自己致信罗斯福使美国抢先生产原子武器感到遗憾。他告诫青年学生,"如果你们想使你们一生的工作有益于人类,那么,只懂得应用科学本身是不够的。关心人的本身,应当始终成为一切技术上奋斗的主要目标;关心怎样组织人的劳动和产品分配,这样一些尚未解决的重大问题,用以保证我们科学思想的成果会造福于人类,而不至成为祸害"②。

对于德国科学家玻恩(Max Born)来说,"科学的作用和科学的道德方面已经发生了一些变化,使科学不可能保持我们这一代所信仰的为科学本身而追求知识的古老理想。我们曾确信这一理想决不可能导致任何邪恶,因为对真理的追求就是善的。那是一个美梦,我们已经从这个美梦中被世界大事惊醒了。即使是睡得最熟的人,在第一颗原子弹掉在日本城市时也惊醒了"③。"我虽然没有参加把科学知识用于制造原子弹和氢弹那样的破坏性目的,但我感到自己是有责任的。"④ 但是,美国物理学家温伯格则是另一种感受:"在刚投掷了原子弹后,我并未感到良心不安。对于战争结束的兴奋抑制了我任何一点可能的罪恶感。甚至在50年之后,我仍然认为在广岛投掷原子弹不仅结束了战争,也显示了原子弹的可怕威力。"⑤

作为曼哈顿计划的技术总顾问和项目组织者,奥本海默的感觉又非同一般。他支持美国政府对日本使用原子弹的决策,还参加了选择具体投掷地点的讨论。战后他为此产生了沉重的负罪感。他在和杜鲁门总统的谈话中说:"我觉着,我们手上粘着血污。"在进行曼哈顿计划之前,奥本海默一直认为科学家不应当干预政治领域和科学成果的应用问题,他说:"科学家不应该对社会有益地或有害地利用他的成果承担责任。他仅对自己的工作或成果的科学价值负责。"⑥ 但是在原子弹试爆的当时,奥本海默幡然悔悟。原子弹在广岛爆炸后,他更是良心发现,一种强烈的负罪感使他写道:"在没有把粗鲁、幽默、夸张完全限制的某种粗俗的意义上说,那些研制原子弹的科学家已经知道了自

---

① O. 内森、H. 诺登编,刘新民译:《巨人箴言录:爱因斯坦》,长沙:湖南出版社,1992年,第11页。
② 爱因斯坦著,许良英等译:《爱因斯坦文集》第3卷,第73页。
③ 玻恩著,李宝恒译:《我的一生和我的观点》,北京:商务印书馆,1979年,第102页。
④ 玻恩著,李宝恒译:《我的一生和我的观点》,第27页。
⑤ 艾尔文·温伯格著,吕应中译:《第一核纪元》,北京:原子能出版社,1996年。
⑥ 胡文耕主编:《科学前沿与哲学》,北京:中共中央党校出版社,1991年。第480页。

己在犯罪,而且这是科学家们所不能忘记的。"[1]

四、科学家应该做什么

(一)求真和求善的对立统一

科学作为一种社会活动和社会建制是通过作为价值载体的人来实现的,因此科学家(包括科技工作者)在科学研究中要求作出价值判断,这就必然涉及科学家的社会责任问题。贝尔纳说过:"科学传统却重视不计利害地探寻真理而不管它会引起什么后果……"[2] 因此就有了如下认识:"一个科学家的道德义务是在任何情况下,甚至在经济和政治压力下,都为丰富真正的知识作出贡献,并以此来减少对自然界包括人的愚昧、偏见和迷信。"以及"从事科学的人们与其说是对作为一个整体的社会负责,还不如说是对自己的理想负责"[3]。事实上,科学探索未知领域所谓"求真",即获取确证无误的知识;科学的社会功能所谓"求善",即造福人类,有益于人类健康。科学的最高宗旨是致善,科学家的科学活动也在追求这个目标。因此,科学家对事物奥妙和真理的探索,不能够抵触最高宗旨,好奇心必须服从责任心。求真只是手段,求善才是最高目的,二者对立统一。就基础研究(科学发现)而言,求真高于求善;对于应用研究(科学发明)则是求善大于求真,甚至是为了求善而放弃求真。

可见,科学家不仅要对自己的科学研究负责,而且要对他人、对社会负起责任。正直的科学家都是科学纯洁性的捍卫者。科学家应当尽力防止和排除有悖于人类文明发展的科学研究,担当起科学家应该负有的社会责任。"曼哈顿计划"完成后,奥本海默开始重视科学家的社会责任和对社会应尽的义务:"一、他建议科学家对于他们的知识以及他们能够回答技术问题的方式要保持谨慎和诚实;二、他倡导科学家国内的和跨国的友爱,以免在同行科学家中丧失信心;三、他敦促科学家不要丧失对科学价值以及科学能够有益于世界的能力的诚信;四、他提醒科学家要保持与同行科学家的联系以及科学家在职业活动以外所担负的社会责任。"[4] 参与原子弹研制的科学家也表达他们这样的心声,"我们这些把这种巨大力量释放出来的科学家在这场控制原子以造福人类

---

[1] Rorbert Oppenheimer. Physics in the Contemporary world, *Bullitin of Atomic Science*, 1948, 4 (3), p. 148.
[2] 贝尔纳著,伍况甫译:《历史上的科学》,北京:科学出版社,1959年,第4页。
[3] 参考王育殊主编:《科学伦理学》,南京:南京工学院出版社,1988年。
[4] Smith, Weiner. *Robert Oppenheimer: Letters and Recollections*. Cambridge, M. A. and London: Harvard University Press. 1980.

而不是毁灭人类的生死斗争中具有重大责任。""我们亲手创造了这种新的能源，制成了这种可怕的武器；我们希望它变为人类的福音，而不沦为一种灾难……我们所有从事核能的人全都希望看到这种背着原子弹黑锅的新技术能够真正造福于人类。"①

（二）致力于民众教育，提高民众科学素养

科学家的重要社会责任之一就是致力于民众教育，提高民众的科学素养。国际科学素养促进中心主任，美国芝加哥科学院副院长米勒（J. D. Miller）教授认为，科学素养应被看作是社会公众所应具备的对于科学技术的基本理解能力，是"理解包含科学技术内容的公共政策、议题的能力，即应当全面正确地理解科学技术对社会的广泛影响，能够对个人生活中出现的科技问题作出合理反应。"并且，"作为科学家我们主张公众需要对科学技术有更多的了解，以便在当今时代成为有责任心的公民，并能够作出合理的决策"②。为什么我们每个人都需要关心公众科学，这是因为，"一、科学被有争议地认为是我们文化中取得的最显著的成就，公众应当对其有所了解；二、科学对每个人的生活产生影响，公众需要对其进行了解；三、许多公共政策的制定都涉及科学的方面，只有在经过具备科学素养的公众的讨论后才能真正称得上是民主的决策；四、科学是依靠公众支持的事业，而这种支持是建立在公众最基本的科学知识基础之上的"③。合理政策的实施都离不开公众支持，"公众必须是在他们对科学及其涵义有了更多、更深刻的了解之后才会有对科学的支持。对公众来说至少需要了解一些基本的科学思想，这是必要的和值得做的。"

那么，如何提高公众的科学素养呢？爱因斯坦指出，"……我们计划推出一项有力的教育节目，以使公众了解某些科学事实及其社会含义。这一节目将由全国原子能报道委员会发到美国人民手中……在这紧要关头，我们请求公众给予支持，以使原子能科学家能够尽到他们的社会义务"④。原子能科学家应急委员会宗旨的第二条也着重强调，"传播原子能的知识和信息，促使广大公众了解它对美国社会和人民的后果，以使全体知情公民为本身和人类的利益明智地决定采取何种行动"。要把相关事实传达给公众，民主的原子能政策最终必须依赖于公众的了解。

---

① 艾尔文·温伯格著，吕应中译：《第一核纪元》，北京：原子能出版社，1996年。
② W. E. Massey. Science Education in the United States：What the Scientific Community Can Do? Science，1989，245（9）：981.
③ Jhon R. Durant, Geoffrey A. Erans, Geoffrey P. Thomas. The Public Understanding of Science. Nature，1989，340（6），p. 915.
④ O. 内森、H. 诺登编，刘新民译：《巨人箴言录：爱因斯坦》，第49页。

(三) 科学研究不能因噎废食

从曼哈顿计划来看,科学家研制高新技术产品需要极大的谨慎。对许多技术专家来说,这意味着必须不断地对他们研制的技术的潜在危险加以警惕,既不能太危险,也不能在出现问题时胆怯得停下研究工作。"尽管爱因斯坦在战后的关键岁月中经常强调科学家应作出的贡献,但他不同意科学家的责任与其他人有不同的看法。倘若因科学家导致诸如原子弹这样可怕的发现而要求科学家为政治和社会事件承担更多责任的话,那牛顿就得为提出万有引力定律而'负责',发展了语言的语言学家就得为希特勒的演讲'负责'了。科学家当然不能因担心科学发现可能被应用于制造毁灭性武器而放弃研究工作。"例如有人问爱因斯坦:"由于一项发明总是既可以用来造福人类,也可用来毁灭人类,这最终不会影响到科学的发展吗?"爱因斯坦答:"科学的进步起源于人类对知识的探求,极少源于人类对实际应用的追求。倘若让科学服务于实际目的,科学就会停滞不前。"① 一方面,伴随可能对人类社会带来深远影响的技术的出现,常常会带来伦理道德上的巨大恐慌;另一方面如果绝对禁止这些新技术,我们又可能丧失许多为人类带来巨大福利的新机遇,甚至与新的发展趋势失之交臂。但是,"只有在一个乌托邦的社会中,对发明的绝对禁止才是可以想见的"②。

(四) 科学家、公众与政府三维一体的互动关系

科学家、公众与政府是一个互动的整体,也是一个利益共同体。他们有着各自的责任和义务。科学家负责科学知识的生产,并尽可能客观、公正、负责地向公众揭示科学知识的潜在风险,并自觉地用伦理规范制约其研究活动。社会公众就科学知识所涉及的伦理道德问题展开深入、广泛、具体的讨论,使支持方、反对方和持审慎态度者的立场及其前提充分地展现在公众面前,然后通过层层深入的讨论和磋商,对科学知识在伦理上可接受的条件形成一定程度的共识。"这样一种讨论一方面能够引导政治活动家们参照技术上可能的和可行的情况,纠正他们对其利益所持的那些传统坚定的想当然态度;另一方面,政治活动家们将能够根据讨论中所表达的和得到重新解释的需求的认识,实事求是地作出判断;将来,我们想在哪个方向上和在多大规模上发展技术知识。"……"科学家们向作出决策的行政当局'提供建议',反过来,政治家们按照实际需要给科学家们'交付'任务。在这种情况下,一方面,从明显的视野中产生的新技术和新战略的发展,将受到需求和这些需求的历史的既定解释,即

---

① O. 内森、H. 诺登编,刘新民译:《巨人箴言录:爱因斯坦》,第79页。
② 巴伯著,顾昕译:《科学与社会秩序》,北京:三联书店,1991年,第252页。

价值系统的控制；另一方面，这些反映在价值系统中的社会利益将通过检查满足这些社会利益的技术可能性和战略手段加以控制。"①

总之，"曼哈顿计划"是特定历史条件下的产物，已经完成了其相应的历史使命。参与该计划的真诚和善良的科学家没有想到高科技竟然被用来涂炭生灵。他们开始醒悟和反思，开始意识到科学的精神气质和科学家的社会责任。在科技迅猛发展的今天，科学的力量在哪个方面发挥作用，取决于这些使用科学技术的人——科学家。无疑，他们的社会责任感更重要了。

作者：叶继红（1969—），男，安徽合肥人，苏州大学社会学系讲师，南开大学科学社会学博士研究生。

原载：《科学学研究》，2001年第4期。

---

① 哈贝马斯著，李黎、郭官义译：《作为"意识形态"的技术与科学》，上海：学林出版社，1999年，第120页。

工程活动的伦理责任

朱葆伟

从宏观上说,自觉地担负起对人类健康、安全和福利的责任,是工程伦理学的第一主题(或首要条款,paramount clause)。事实上,这也是我们时代的重大问题之一。

一、伦理学中的责任概念

责任意识的出现首先缘于社会的分工和角色分化,并伴随着人的能力的增长和对行为后果的自觉,以及社会交往的发展而不断增强。在古代中国,"责"包含有帝王对"天"或臣民对君主、国家的主动尽职和效忠,[1] 以及对行为所产生的不良后果和过失的追究[2]等基本含义。在古代希腊,很早就有波西多纽的《责任论》。伊壁鸠鲁甚至提出"我们的行为是自由的。这种自由就形成了使我们承受褒贬的责任"的深刻思想。亚里士多德对"自愿的行为和非自愿的行为"也多有讨论。但责任(responsibility)作为一个范畴,特别是与法律意义相区别的伦理学范畴被研究,则是近代的事。

从词源上说,responsibility 来自于拉丁文 respondere(回答),它意味着"负责任",即对"你为什么要做这件事"的回答。康德把责任看作是一个自由的行动在理性的定言命令之下的必然性。所谓"应当是"实际上是向道德主体发出的一种行动命令,它对应着主体的应答能力。主体的应答(response)就是负责任。康德还刻画了道德责任的特征——善的意志不仅依照责任而且出于责任而行动。专由法律所规定的义务只能是外在的义务,而伦理学的立法则是一般地指向一切作为义务的东西,它把行为的动机也包括在它的规律内。单纯因为"这是一种义务"而毋须考虑其他动机而行动,这种责任才是伦理学的,道德内涵也只有在这样的情形里才清楚地显示出来。

---

[1] 《尚书·金縢》:"若尔三王,是有丕子之责于天。"
[2] 《论语·卫灵公》:"躬自厚而薄责于人,则远怨矣。"

负责任的行为至少要有两个前提：行动主体必须具备自由意志；必须对道德规则以及自己行为的后果拥有最起码的认识能力。在一个机械决定论的世界里无需谈论责任问题，因为一切都由一个外在的因果链条所严格决定；在一个由上帝统治的宇宙中也是这样，因为一切都由冥冥中的全能全知的神意所支配。康德揭示了人的自由与道德法则彼此相互蕴涵的性质：自由是道德法则的存在论根据，而道德法则则是自由的认识论根据。这也就是说，因为我们是自由的，所以才要负责任，也才能够负责任。

但是，康德片面地强调出于责任的行动的道德价值乃在于它规定的准则，这样的行动可能完全不顾后果，也无力应对社会生活的复杂性。马克斯·韦伯尖锐地批评这种责任观念，认为它只限于内心的道德感受，"盯住信念之火不要让它熄火，它的行动目标从可能的后果看毫无理性可言"[1]。韦伯提出了责任伦理的概念，他区分了信念伦理与责任伦理，认为从后者看来，一个行为的伦理价值只在于其后果，行为者要义无旁顾地对后果承担责任，并以后果的善来补偿或抵消为此后果所使用的手段的不当或可能产生的副作用。

显然，这种对后果的关注要优于对原则的关注，尤其是在今天这个科学技术和工业高度发展、人的主体性和干预自然乃至自身的能力都得到了极大增强的现代社会中。因而，韦伯的责任伦理思想成为后来讨论科学技术伦理学的出发点。今天，汉斯·约纳斯以及一些技术哲学家，如伦克、胡比希等，都把责任伦理看作是科学技术时代伦理学的核心。但康德的伦理责任思想在今天仍有重要的启发意义。它强调了责任的积极的、高尚的方面。这有助于我们克服那种只是把伦理责任看作一种担保责任和过失责任，并立即指向对少数过失者或责任人的追究的狭隘理解。

当然，无论在康德还是在韦伯那里，自由都只是被理解为观念中的东西，"负责任"也局限于个人的道德践履。马克思主义的社会历史理论，特别是它的实践观有助于我们克服这一局限，进而把责任范畴乃至责任伦理建立在更坚实的哲学基础之上。马克思多次谈到了责任问题，并认为这个问题具有优先性，他说："如果不谈谈所谓的自由意志、人的责任、必然和自由的关系等问题，就不能很好地讨论道德和法的问题。"[2] 在马克思看来，人就其超越其自然存在而具有自由自觉性而言，是"社会化了的人类"、"历史行动中的人"，人在实践中不断地改变环境也不断地在生成和发展自身。人类生存的第一个前

---

[1] 马克斯·韦伯著，冯克利译：《学术与政治》，上海：三联书店，1998年，第107页。
[2] 中共中央马恩列斯著作编译局：《马克思恩格斯选集》，第3卷，北京：人民出版社，1995年，第454页。

提是社会生活,这种客观的内在联系便决定了"作为特定的人、现实的人,你就有规定,就有使命,就有任务"①。而这种责任决不仅仅是个人的。

二、科学和工程活动的伦理责任

工程活动的伦理责任,或者更一般地说科学和工程活动的伦理责任问题,是随着科学技术对社会的影响力日益增大而出现的。把它们放到一起来谈,是因为它们在科学伦理学、技术伦理学和工程伦理学中相互联系,属于同一话题,基于同一背景,并且是由科学家首先提出的。

工程直接关乎人们的福利和安全,因而从远古时代,工匠的活动就要受到道德和法律的制约。例如早在巴比伦的法典中,就有诸如对造成房屋倒塌事故的工匠的处罚规定。近代以来,随着科学和工业的兴起,工程活动蓬勃发展起来。在19世纪末期,工程师中开始萌发出一种责任意识。桥梁学家莫里森(George S. Morison)等人大胆地提出,工程师是技术改革的主要力量,因而是人类进步的主要力量。他们是有着广泛责任确保技术改革最终造福人类的人。这一思潮并且推动了专家治国运动。但正如米切姆指出的,"这种工程意识没有彻底摆脱资本主义制度自私自利的局限性,也太幻想于训条本身的目标,以至于不能被接受"②。与此不同的是两次世界大战之间,人们对工程技术力量的一种新的忧虑。1932年,尤因爵士(Sir Alfred Ewing)在英国科学促进会主席致词中指出,工程师的丰硕成果遍及全世界,把过去从来没有过的,也从来不敢想象的人才和力量赐给世界各地。这些礼物当中有不少无疑是有益于人类的。

但是我们深深地明白,工程师的才能已经被严重滥用而且以后还可能被滥用……人类在道德上,对这样巨大的恩赐是没有准备的。在道德缓慢演进的过程中,人类还不能适应这种恩赐所带来的巨大责任。在人类还不知道怎样来支配自己的时候,他们已经被授予支配大自然的力量。③

尤因的论述已十分接近我们今天所讨论的问题。但是现实中,在很长一段时间内,工程技术人员的职业活动还只是被认为是从属于雇主和组织的,除了追求效率以外他们似乎也没有独立的价值取向和职业行为准则。

---

① 中共中央马克思恩格斯列宁斯大林著作编译局:《马克思恩格斯全集》,第3卷,北京:人民出版社,1960年,第329页。
② 卡尔·米切姆著,殷登祥等译:《技术哲学概论》,天津:天津科学技术出版社,1999年,第88—89页。
③ 贝尔纳著,陈体芳译:《科学的社会功能》,北京:商务印书馆,1982年,第43页。

20世纪初期在西方工业发达的国家，随着各工程师专业学会的建立，工程伦理问题被正式提出。然而这些伦理准则一开始还只是比较狭隘的行业规范，并且主要强调的是对雇主的义务。责任问题的提出是在第二次世界大战后期的核武器研究中。科学家们发现，至少有一部分科学研究具有潜在的灾难性因素。1945年原子能科学家致美国战争委员会的信反映了科学家对这个问题的最初的思考："过去，科学家可以不对人们如何利用他们的无私的发现负直接责任。现在，我们感到不得不采取更主动的态度，因为我们在发展核能的研究中所取得的成功充满了危险，它远比以往所有发明带来的危险都要大得多。"科学家们力图加强科学的民主，使核研究脱离军方的控制，并致力于公众教育，使他们广泛地了解科学空前发展所带来的潜在危险。在这一背景下，美国工程专业发展委员会（ECPD，后来成为工程和技术认证委员会APET）在1947年起草的第一个跨学科工程伦理准则中，对工程师提出了"对公众福利感兴趣"的要求。

　　到1970年代，主要是环境污染的严重性以及重组DNA研究风险的问题的提出使得人们认识到，科学技术的研究和应用有着长期的、不确定的和不可预料的后果，它可能威胁到人类的生存。由此，关于责任的讨论进入到新的阶段，一些持审慎态度的科学家自愿限制一些研究或推迟某些类型的实验，还有的科学家开始对研究者的职责和无限的追求真理的权利提出批评和表示怀疑。总之，到这一阶段，对科学家的社会责任的讨论达到高潮。科学家们自觉地强调这一点，是由于他们认识到，可能的危害产生于他们研究工作的过程和结果，他们所掌握的知识也使得他们对可能产生的危害比别人有更清楚的认识。此外，科学家除了从事自己的专业工作，他们还参与政府和工业的重大决策，以及在法庭上充当专家证人。在这些场合，他们的专业知识和诚实使他们受到格外的尊重，这也使他们负有特殊的责任。

　　不同于科学家，工程师的目标就是探索有实用价值的知识并把它付诸实践。当核威胁、环境破坏、资源短缺等问题受到普遍关注时，工程技术首当其冲，它们比科学受到了更为严厉的指责。社会也加强了对技术的管理和引导，很多国家建立了技术评估（TA）机构。一些工程学会纷纷修改原有的伦理准则，增加对社会责任的内容。例如，上文提到的美国工程师专业发展委员会（ECPD）1947年的伦理准则中要求工程师"对公共福利感兴趣"条款，70年代以后不断被强化。如今，该伦理准则的第一条就是要求工程师"利用其知识和技能促进人类福利"，其"基本守则"的第一条又规定"工程师应当将公众的安全、健康和福利至于至高无上的地位"①。德国工程师学会在2002年颁布的《工程伦理的基本原则》被称为是"关于工程师特殊责任的文件",文件开宗明义即指出:"自然科学家和工程师决定未来发展的重要力量,对我们的日常生活施加积极和消极的影响……专业的工程领域对施加这些影响具有一种特别的责任。"工程师承担着来自技术的质量、可靠性、新技术产品和技术的安全性等责任,他们应该对其职业行为及其带来的后果负责。②上述准则还包括了"工程师应明白技术体系对他们的经济、社会和生态环境以及子孙后代生活的影响"、"有义务发展理性的和可持续发展的技术体系"等条款。显然,它反映了一种扩展了的、普遍化的也是更为积极的责任观念。这实际上是20世纪70年代以后科学和工程伦理学发展的一个基本取向。2003年美国工程师团体向联合国教科文组织提交的"为更美好的世界而发展工程学"的建议中,还特别提出把消除极端贫困和饥饿、环境可持续发展、性别平等以及促进全球合作发展作为"千年发展目标"。

世界工程组织联合会(WFEO)也把承担可持续发展的责任,寻求人类生存中所遇到的各种问题的解决作为自己的基本宗旨。2004年第二届世界工程师大会的《上海宣言》宣布"为社会建造日益美好的生活,是工程师的天职"。宣言不仅涉及"利用知识的手段把资源转化为产品和服务"等职业活动的内容,也提出了工程师和工程组织对"当今世界面临的众多严峻挑战"的关切。《宣言》把"创造和利用各种方法减少资源浪费,降低污染,保护人类健康幸福和生态环境","用工程技术来消除贫困,改善人类健康幸福,增进和平的文化"作为自己的责任和承诺,以及工程技术活动的目标。

三、风险时代的人类共同责任

率先从伦理学或者说从哲学上提出科学技术活动的责任问题的,人们公认是美籍德裔学者汉斯·约纳斯。在《责任之原理——技术时代伦理学的探索》中,约纳斯认为,知识曾被看作是达到幸福的手段,但在我们这个文明中,它随着人类的滥用已经逐渐变成了灾祸与不幸。科学技术的创新能力与摧毁性潜能发展之快已远远超过伦理的进步,从而产生出许多目前无法解决的问题,如

---

① Kristin Shrader—Frechette (ed.). *Ethics of Scientific Research*. Maryland: Rowman & Littlefild Publishers, Inc., 1994, pp.155—156.

② 德国工程师协会:《工程伦理的基本原则》,选自《工程·技术·哲学》,大连:大连理工大学出版社,2002年。

生态环境的恶化、土地与食品的毒化等。可是，以往的伦理学涉及的只是人与人之间的直接（或者说，"近距离"）关系，它们从未曾考虑过"人类生存的全球性条件及长远的未来，更不用说物种的生存了"。因而，今天的科学技术带来的危机以及人类活动类型和方面的变化"需要一种相应的预见和责任的伦理学"，它要求人类"对自己进行自愿的责任限制"，这种审视和谦虚不是如以前那样，由于我们的力量弱小，"而是由于我们的能力过分强大，这种强大表示我们的活动能力超越了我们的预见能力以及我们的评价和判断能力"。必须阻止这种变得如此巨大的力量最终摧毁我们自己。这样，道德行为的根本任务也不在于实践某种最高的善，而在于阻止一种最大的恶，在于拯救濒危者和保护受害者。约纳斯把责任的范围扩大到对全体人类特别是我们的子孙后代，以及包括物种在内的整个自然界。约纳斯指出，这是一种新的义务种类，它不是作为个体而是作为我们社会政治整体的责任。① 同一时期提出这个问题的还有德国哲学家汉斯·伦克。伦克声称他比约纳斯更早地提出了责任伦理。他认为在工程技术领域出现的六个变化趋势使责任伦理问题突出出来，这六个趋势是："1. 技术措施及其副作用影响到的人数剧增；2. 自然系统开始受到人类技术活动的干扰甚至支配；3. 人本身也受到技术的控制，不仅通过药理作用、通过大众媒体对潜意识的影响，而且潜在地受到基因工程的影响；4. 信息技术领域技术统治趋势加强；5. '能够意味着应当'的'技术命令'大行其道；6. 我们对人类以及自然系统的未来具有重大的影响力。"②

伦克指出，除传统的因果责任外，人们还应当承担起关爱性的保护与预防责任。这一扩大了的责任主要是为了"人类的未来存在，以及子孙后代"。伦克还进一步研究责任伦理的体系，区分了不同层次，不同类型的责任形式。在英美的科学哲学尤其是技术哲学中，责任伦理也得到了广泛的讨论。

显然，这里的责任伦理问题已不同于韦伯，也超出了狭义的科学和工程伦理学的框架。它针对的是当今时代人类面临的挑战，要求整个人类共同承担起责任。

约纳斯等人的责任伦理为解决当代人类面临着的复杂课题提供了一条适当且重要的途径。他们所倡导的"预警原则"已成为当今工程和技术活动必须遵守的准则。但是约纳斯的理论也带有明显的技术恐惧论的色彩。这恐怕有当时

---

① Hans Jonas. *The Imperative of Responsibility*: *In Search of An Ethics for the Technological Age*, London: University of Chicago Press, 1984.

② Lenk. Introduction: The General Situation of the Philosophy of Technology and A Tribute to Tradition and Genii Loc, in Hans Lenk and Matthias Marting ed., *Advances and Problems in the Philosophy of Technology*, Munster: LIT, 2001.

社会思潮的影响——众所周知，上一世纪60－70年代，正是西方工业社会中"反技术主义"兴盛的时期。而在那以后，情况发生了很大变化。信息技术和生物工程的兴起以及科学向"后学院科学"的转变推动了新一轮产业发展，全球化和知识经济的出现也使得科学技术成为经济发展和提高竞争力的主要工具。各个国家纷纷改变科技政策，把发展科学技术看作是国家的最高利益所在，并努力促进科学和工程界与公众之间的相互理解和沟通。与此同时，工程哲学和技术哲学的研究出现了"经验转向"，即超越以往的技术批判而力图理解技术本身。工程伦理学的研究也从过去只是注重灾难性的案例的研究转变为同时也研究一些"样板"的案例。总之，在今天，人们对伦理责任的呼求早已超越了对科学技术负面作用的局限，他们更多地关注的是人类的集体责任，是以一种更为积极、主动和前瞻性的态度，去解决当前人类面临的诸多重大问题，包括通过政府、企业、公众与科学家、工程师携手合作，共同引导科学技术和经济社会的发展。

因而，不同于约纳斯，在我们看来，科学技术力量的强大、它们的高速度发展以及后果的不确定性，使我们置身于巨大的风险之中。力量、不确定性和风险是我们需要责任伦理的根本原因。

约纳斯的责任概念的基础是"因果力"，即我们的行为都会对世界造成影响。这些行为都受行为者的控制；在一定程度上他能预见后果。要真正负起责任，就要对行动及其后果有清醒的、科学的认识。但是，科学技术的发展及其后果又有极大的不确定性，其中的一些后果是我们不能预料、或不愿看到的，甚至是人类自己无法支配的。当我们强调"长远责任"、"前瞻性责任"、"预防性责任"时，这个问题更为突出，因为在这里我们处理的是"预期的结果"，其意义和重要性直接与它们的不可预测性以及威胁成正比。

从对后果的把握考虑，可以将科学和工程活动引起的后果归纳为三种可能性：

现实的可能性：我们了解导致这一后果的原因，知道什么行为会带来怎样地结果；假设的可能性或理论的可能性：人们对可能出现的后果（或，出现某一种后果的原因）还不完全了解，只能从理论上提出假说；隐蔽的可能性：人们完全无法预知的后果，或新出现的人们还无法解释的后果。当我们运用科学技术创造出此前的现实世界不曾有的实体与关系，例如合成一种新的有机物时，常常出现这种情况。

不确定性的出现并非全然来自我们认识的局限。工程和技术创新的目标就在于设计和制造出不曾存在的物品或产品，或给某些物品赋予新的目的或功能，以满足人们的需要，这些物品、目的或功能，有些在以往看来甚至是逻辑上不可能的。它们开拓了新的空间,也打破了原有的平衡与稳定,从而带来风险。尤其是,我们已日益生活在一个人工的世界中,人工安排(按照技术理性和方法设计的社会环境)以及人类活动影响下的自然已取代原有的自然构成了我们生存的基本环境。这样的环境系统还具有脆弱性和易受攻击性。这些因素和其他一些因素,例如人类对自然的干预和开发已臻于某种极限,多数人都在使用技术而很少理解它,等等,与经济的、政治的因素一起,共同把我们的社会推入一个"风险社会"。德国学者格鲁恩瓦尔德认为,技术伦理学的理论可能性和实践意义,就在于运用它来解决技术发展和技术冲突的可能性。而"技术冲突的范型恰恰是风险概念",现代技术发展造成的社会冲突就是在"我们能够接受何种风险"的问题上引发的。①

我们强调风险的概念,是要把时代变化,也是我们思维方式变化的某些根本之点突出出来,就像乌尔里希·贝克所说的,在以往的工业社会中,是财富生产的逻辑统治着风险产生的逻辑,而在风险社会中,这种关系被颠倒过来了。风险不再可能被限制于局部中去解决,这就要求我们超越"技术乌托邦"和"技术恐惧症"的狭隘对立,以及"人文主义"和"技术决定论"的对立,从更为积极的角度去考虑问题。约纳斯要求人类摆脱乌托邦的诱惑,尽量从长远的、可能是否定性的结果方面去考虑问题,审慎地使用科学技术的力量,这些都是有深远意义的。但是他把责任原理归结为"恐惧与敬畏"则是片面的。

约纳斯提出的"绝对命令"——"要这样行动,使你行为的一切后果与地球上人类生命的持久性相一致"也并非只能从否定的方面去理解,相反,它可以理解为要求我们做出积极的选择,寻找工程技术活动的新的空间,或是在出现困境时提出解决问题的其他可能。

对风险的认知及其可接受性的判定必须,也只能依赖于科学。现代科学技术为此也发展出很多量化分析方法。但是这种认知或判定又不是仅依赖于科学,对什么是受益,什么是危险,如何使二者得到妥协的标准,等等,都依赖于我们的价值观念和社会期望,也依赖于我们的实践智慧。尤其是,我们在这里处理的是各种可能性,要对可能的风险负起责任,就不仅要有对后果的清醒认识,对手段的恰当选择,还需要对目的和意义本身进行思考。这种思考中渗透了对好的技术、好的社会的理解。正像斯蒂芬·安格尔所说的,"过去,工程师主要关心是否把工作做好了,而今天是考虑我们是否做了好的工作"。

这样,工程活动的伦理责任就是多层次的。我认为,它至少应该包括三个

---

① 格鲁恩瓦尔德:《现代技术伦理学的理论可能性与实践意义》,《国外社会科学》,1997年第6期。

层次：1. 职业责任或内部责任，即科学家或工程师的道德规范所要求的，如工程师对技术产品的质量、安全性等应负的责任；2.（狭义的）社会责任，即对科学或工程的社会后果的关注，哈里斯（Charles E. Harris）等人把它称为"合理关注"。按照他们的看法，前述职业责任的出发点是那些引起伤害的人将会承担怎样的责任，而合理关注的出发点则是那些可能受到伤害和努力防止伤害的人本身的处境。德国工程协会《工程伦理的基本原则》中关于"工程师有义务发展理性的和可持续发展的技术体系"等规定应当属于这一范畴。3. 道义责任。这是一种更广意义上的社会责任，它高于或超出义务要求，例如"把对于公众幸福的责任放在重要地位"。层次 2 已不完全属于职业伦理规范要求的那些如不履行就肯定会招致责备和处罚的责任和义务。但是，它构成了职业伦理的背景并且往往以"应当"的形式直接反映在职业伦理规范中。并且，很多灾难的避免并不仅仅在于职业人员履行了他们必须做的，而在于他们做了多于要求做的事。至于层次，则更多地属于一种美德了。

上面的讨论主要是从工程师（以及科学家）的职业角色出发的，也可以说是"工程师的伦理责任"。在我们看到的关于科学技术伦理或责任伦理的研究中，很多都采用了这样一种出发点。这种方法有它的合理性，它有助于揭示人们在工程活动中面对的伦理困境，尤其是"义务冲突"、"利益冲突"和"价值冲突"。再者，在工程活动中，毕竟工程师是起决定性作用的。他们直接参加到了工程活动的每一环节，从立项、设计到施工，验收等等中去，并且只有他们掌握着专业知识，在事关质量，安全方面最有发言权。此外，对工程技术可能产生的负面效果，从研发阶段开始控制最为可行。上述责任的讨论也可以很容易地推广到对决策者、使用者的规范中去。

但是这种讨论又是有局限的。因为从根本上说来，工程乃是一项集体的以至全社会的活动过程，尤其是当代高技术条件下的工程更是如此。这里不仅有科学家和工程师的分工和协作，还有决策委员会、管理者、鉴定专家、使用者乃至投资者等等的参与。他们总是试图在工程安排中实现自己的目的和需要。这样，责任的承担者就不能仅仅限于工程师，而是要涉及法人、决策者乃至作为使用者或消费者的广大公众。如何按照每个人所能起到的积极或消极的作用来分配相应的责任，成为工程伦理实践的一个问题。例如，马里奥·邦格提出，"应用科学研究和技术研究与开发的目标，是由经营者和政治家而非科学家和工程技术专家选择的"[①]，他们理应担负更大的责任。

更重要的是如格鲁恩瓦尔德所说的"技术发展的匿名性和无主体性"。现

[①] M. 邦格：《科学技术的价值判断与道德判断》，《哲学译丛》，1993 年第 3 期。

代工程和技术不同于手工的乃至早期的机械技术，它们都是复杂系统。在这种高度分化和网络化的复杂系统中，耦合或组织化的作用要远大于单个因素（或个人）的作用，其中潜藏着的巨大风险很难归结为线性的或单一的原因。工程和技术的社会效果具有累积性，而且往往是不可预见的。这些都使得由谁、以及如何承担起这种责任，即责任主体和责任实现的问题变得格外复杂。而这实际上也是现代性的一个基本特征："高度专门化的机构在系统上与不存在可分离的单个原因和责任的情况相一致。"① 传统的西方伦理学已经难以处理这种情境，因为它是建立在个体主义假设的基础之上，总是试图把事情归结为单一的原因，把责任归结为个体的责任。这就要求伦理学建立在新的基础上，要求一种为整个人类的生存和发展负责的集体责任的伦理学。

集体责任的主体应该是参与工程技术建构和受其后果影响人们，它可以是一个（或多个）群体或组织，例如企业、研发机构以及各种评估机构、伦理委员会、国家乃至全人类。因而，通过广泛的民主参与和对话以求得共识，是实现这种集体责任的基本条件。集体的责任并不必然与个体责任相对立，也不是要取消个人责任，个人的责任只有通过制度、机构的转换才得以履行。工程技术伦理要付诸实践，必须得到制度的支持，需要组织伦理的形式。

作者：朱葆伟（1950— ），男，天津人，中国社会科学院研究生院教授，《哲学研究》编审。

原载：《伦理学研究》，2006 年第 6 期。

---

① 乌尔里希·贝克著，何博闻译：《风险社会》，南京：译林出版社，2004 年，第 33 页。

技术发展与责任伦理

方秋明

德裔美籍哲学家汉斯·约纳斯（Hans Jonas，1903—1993）于1979年出版的第三部代表作《责任原理：技术文明时代的伦理学探索》迅速风靡全球，售出20多万册。该书在全球首次明确地倡导责任伦理学，责任伦理学成为当代德国两大最新伦理学流派之一，并且引起许多西方国家的注意。责任伦理学试图为技术时代的伦理学建立基础，把责任推向伦理学舞台的中心，把人类存在作为责任伦理学的首要要求。

细究约纳斯的责任伦理思想，我们可以发现它与他的技术观是分不开的。概言之，约纳斯认为人类行为的伦理意义与技术活动的性质紧密相关：在传统社会，技术的影响范围极其有限，因而人的伦理行为遵循此时此地的原则；而在现代社会，由于科学技术的影响超越时空，因此人类的伦理观也应该相应地产生变化。

一、古代人类活动与传统伦理学

在古代，人类活动的中心集中在城市，相对于大自然它自足封闭，因此人的技术活动导致的所有善恶都发生于人类社会内部，而与外部自然无关。人类世界是"人的责任行为全部而唯一的领域"，而自然则不是人类责任的对象。所以"整个传统伦理学都寓于人类的内部结构，并与这个框架划定的行为标准相称"[①]。

由于古代技术活动对大自然几乎没有什么冲击，不会对作为整体的自然秩序产生什么长远的伤害，因此在伦理上是中立的。古代技术并不确保人类主要目标的进展，并没有主张追求人类的终极结果和终极关怀。所以说，作用于非人类事物的技术活动没有形成真正的伦理学意义领域。"人"和他的基本状况

---

① Hans Jonas. *The Imperative of Responsibility: in Search of An Ethics for the Technological Age*, London: University of Chicago Press, 1985, p.4.

被认为在本质上是经久不变的,他本身不是技术的对象。

那么传统伦理学的意义领域在哪里呢?在其他活动领域,主要属于人与人之间的直接交往,包括个人与他自己的内在交往。它是人类中心主义的,还没有涉足非人类领域,并且伦理行为多与此时此地有关。这是因为在古代,人们活动的有效范围很小,预见、目标设置以及责任的时间跨度很小,对环境的控制有限。因此伦理学关注的是此时此地、人伦关系、私人和公共生活。①

约纳斯指出传统伦理学具有如下几个特征:

1. 在时间上具有当下性。如,"爱邻如己","对待别人像你希望别人对待你自己一样","教你的孩子忠诚老实"等,它们都对活动的直接标准加以规定,并且活动的主体和对象是同时存在的。伦理学中的人由同时代的人组成,它的未来的地平线由可以预见的这些人的寿命所限定。

2. 在空间上具有相邻性。伦理地域被限定在这样一些范围内:伦理主体和对象作为邻居、朋友或敌人相处,或作为统治者与被统治者,弱者与强者以及所有其他人与人相互作用的角色相处。所有的德行对于这些相近的活动范围都适用。

3. 伦理学知识注重此时此地,是一种适用于所有具有善良意志的人的知识。约纳斯认为在传统伦理学中,人类善良的普通观念通常建立在人类天性和状态的恒定性的假设之上。但是当它转化为实践时,就要求一种此时此地的知识,因为这种道德知识"总是与当下问题联系在一起,在它的特定情境中,主体活动自然地发展和终止,活动的善恶完全决定于那种短期的情境"。只要出发点是好的,就可以不对后果负责。在那时,"人类力量的有限性不需要长远的预测知识,两者的贫乏几乎同样没什么过错"②。

过去伦理学有三种形式:直接发布律令,为了这些律令而提供原理,或确立服从这些原理的义务的基础。约纳斯认为这三者"都蕴含着一个互相关联的共同前提:1. 由人的自然和物的自然所决定的人的状况有着一劳永逸地给定的基本特征;2. 在这一基础上容易看清人性问题;3. 人的行为的范围,以及相应的人的责任范围,被狭隘地圈定"③。在现代社会这些前提不再有效,因为随着现代技术的发展,人的行为的性质已经发生了改变。

---

① Hans Jonas. *The Imperative of Responsibility*: *iIn Search of An Ethics for the Technological Age*, pp. 4—5.
② Hans Jonas. *The Imperative of Responsibility* : *in Search of An Ethics for the Technological Age*, pp. 5—6.
③ Hans Jonas. *The Imperative of Responsibility*: *in Search of An Ethics for the Technological Age*, p. 1.

二、现代技术的发展与人的行为性质的改变

现代技术使人类活动无论在规模、对象和后果等方面都发生了巨大变化，以致先前的伦理学再也不适应新的形势，无法解决新的问题。

1. 技术使人与自然的关系发生了重大改变

现代技术活动产生的第一个主要变化是：自然再也不能像过去那样面对人类的入侵不屑一顾，而恰恰是软弱无助。在现代社会，人类向自然界不断扩张，自然已经被人工领域所吞没，同时整个人造产品也产生了一个它自身的"自然"。这改变了人在宇宙中的地位，他不再是一种偶然性力量，而成了自然的征服力量。种种迹象表明，人的行为的性质发生了变化。约纳斯警告人们，在大自然的毁灭因人类的行为已变成真正可能的时候，人类的毁灭再也不是什么危言耸听了。

2. 技术改造了人自身的内在结构

现代技术已成为人类的无限推动器，增强了人的无穷力量，为人类控制事物和自我带来了巨大的成功，因此它还改造了人自身的内在结构，使人以一个方面的无限膨胀压抑了其他方面的需要，从而使人的自我意识和存在萎缩了。由于技术对人类、自然和未来的深远影响，它已处于人类目标的中心地位，因而负有了伦理学意义，也因此，责任向不确定的未来敞开了它的地平线。这需要新的伦理学原理，要求公共政策介入技术活动，认真研究预测知识，预测技术发展对人类、自然和未来造成的各种可能的后果，从而提出有效措施，引导技术发展而不是让它盲目发展。

3. 技术把人变成自己的对象

这是技术达到的最为骇人听闻的高度，因为到了这一步，人就有可能扮演造物主的角色，任意创造地球上的任何物种。人作为技术的对象，在古代也存在，例如医学领域，但那只是在一定限度内进行研究，还不可能达到改变人的固有性质的程度。只是进入现代，技术才全面深入地把人作为对象来研究、试验。至此，人类完成了他对自然的最终征服。

可以选取延长寿命、行为控制、基因控制三个典型例证。

（1）延长寿命

自古人都渴望长生不死，现在，随着细胞生物学的新进展，这不一定是痴人说梦了，至少延长寿命是可能的。英国遗传学家约翰·哈里斯在 2000 年预

言,遗传基因研究的不断发展有一天可以使人活到 1200 岁。① 这就产生了诸多新的伦理问题,如:"这对个人和人类有什么价值?""什么人该受益?具有突出品质和贡献的人?社会精英?出得起钱的人?还是每个人?"② 等等。

(2) 行为控制

约纳斯列举了化学控制、电学控制、药物控制等,这些以前都在医疗范围内实行,现在却扩大到非医疗领域,形成社会行为的控制,如克服人的攻击性行为,诱导学习动机,运用于企业提高员工的工作绩效等。这产生了大量的人类权利和尊严问题,比如:我们可以运用技术手段对个体行为加以控制以达到社会管理的目的吗?这样不是牺牲了个人的自主性吗?这种牺牲换来的标准化的社会安定使人类的生活还有多少意义?约纳斯抨击了当代社会对人的问题撇开人本主义的方法,而一味简单地采用非人的机械主义方法,认为这剥夺了个体人的尊严,逐渐抽去责任主体的身份,把人安排在程序化的行为系统之中。

(3) 基因控制

约纳斯于 20 世纪 70 年代以前已经看出基因控制将对人类造成的不可估量的影响,而当时基因研究还处于起步阶段,今天的事实更加证明了约纳斯的先见之明。约纳斯指出,基因控制的目的是"人类要把自己的进化掌握在自己手里",不仅保持人种的完整性,还要"修改"人种。这种行为迫切呼唤伦理学加以密切的参与和关注,要思考这些问题:我们有资格扮演造物主的角色吗?"谁是这种前景的制造者?通过什么标准、根据什么知识来制造?"我们有在未来人身上做试验的道德权利吗?这些问题"生动地表明了我们的行为力量把我们推出所有过去伦理学的范围之外有多远"③。

三、技术过度发展对人类生存的威胁

对现代技术过度发展的预测使约纳斯看到了深深的技术忧患,其中最突出的忧患或启示性前景有两种:一是原子弹或者类似的一次性大毁灭,一是整个地球生态圈的渐进的灾难。

技术的诸多富有启示性的可能性集中体现在原子弹上,不过令人安慰的是

---

① 陈志刚:《解读天书——人类基因组距我们的生活有多远?》,北京:企业管理出版社,2000年,第 10 页。
② Hans Jonas. *The Imperative of Responsibility: in Search of An Ethics for the Technological Age*, pp. 18—19.
③ Hans Jonas. *The Imperative of Responsibility: in Search of An Ethics for the Technological Age*, p. 21.

原子弹的危险存在于主观选择领域。人类有可能引发原子战争，但也可以不让它发生，甚至可以废除核武器，不管怎样，人们的决定还会起作用，其中就有忧患的力量。在原则上，原子弹不会必然被使用，它恰恰用来预防运用它的必然性。

约纳斯更忧虑的是"内在于技术文明结构之中的无意识现代组织的威胁，迄今技术以几何级数的累加任意地漂流着：这就是产生伴随耗竭、污染、星球荒凉等'发展太多'的启示。这里可信的推断是可怕的，可估计到的时间跨度正惊人地缩小。在这里避免灾难要求废除现存的全部生活方式，甚至发达工业社会的（生活）原则，这将触犯无数利益"①。所以这比核灾难更难防止。

约纳斯认为时间炸弹的毁灭性力量抵得上任何数量的氢弹，这种威胁决不小于原子弹大屠杀的突然威胁，其结果同样是不可逆的，而且对于它的到来我们每个人都不辞其咎。如果我们幸运地躲过了核危险的话，那么这种前景正等待着我们的子孙。

一切当中最黑暗的是一种灾难将导致另一种灾难的可能性；在全球性的生物圈毁坏的大灾难中，对于全部人口来说"有无"问题变成"生死问题"，"人人为我"变成普遍的战斗口号，绝望的一方与另一方在日益减少的资源争夺战中，将诉诸原子弹战争的最后一搏——即，它将被迫那样。很可能炸弹（"原始"形式上的）将被足够广泛地使用，以至于不仅穷国甚至一些小的恐怖团体也会使用了（引者注：今天国际恐怖组织的猖獗已证明了约纳斯的预见！）。即使我们不会受到"大爆炸"的伤害，这"带哭的启示"也能通过几次小"爆炸"预知了。两者都应该防止。悲观主义的更大理由在哪里也许尚不清楚。对我自身来说，只有随着全面解魔的自动化而来的技术发展的全面趋势才具有一种几乎不可避免的特征，而人类的突然毁灭却没有这些特征。②

有人会说约纳斯的预言是杞人忧天，因为技术进化会产生更加确定的进化成功的前景，而且如果技术发展"中途"出了问题，我们还可以纠正它，约纳斯对此给予了批驳。首先，他把自然进化比作小赌博，把技术进化比作大赌博，"自然进化总是伴随着小事物运转的，从来不会押上全盘的赌注，所以在它的单个的运动中能够允许无数的'错误'，它的耐心而缓慢的脚步也就从中选择了少而小的'运气'。现代技术这个宏大的事业，作为一个整体以及在它

---

① Hans Jonas. *The Imperative of Responsibility: in Search of An Ethics for the Technological Age*, p. 202.

② Hans Jonas. *The Imperative of Responsibility: in Search of An Ethics for the Technological Age*, p. 203.

的许多单个工程中,不再容忍耐心和缓慢,压缩了自然进化的许多细碎的步子,使它一下子就能跨巨大的几大步,并且通过那种方式摒弃了大自然'求稳'的重大优点"[①]。可见技术大赌博会产生新的不安全和危险因素,并随赌注的上升与让人纠正失误的时期的缩短而增加。自然界过去经得起小输,而今被控制于技术之手,进化节奏如此加快,一项失误就有可能赌掉整个自然界,包括人类。

其次,约纳斯认为技术自我修正的观点是一种幻想。因为经验告诉我们,技术发展到一定程度,就"倾向于独立,就是说,集聚它们自身的发动力,即一种自发的冲创力,借此它们不仅变得像前述那样不可逆转,而且一往无前,并因此背离创造者最初的愿望和计划"[②]。有一天,技术会脱离人的控制,甚至反过来控制人。技术到了这个程度,很难保证有一天人类不会被他自己创造的物种毁灭。因此技术促动的发展并不给自己留下时间进行自我纠正,它在任何时间进行纠正将越来越困难,并且纠正的自由也将越来越受限制。正由于对现代技术的深刻透视,使约纳斯宣称,现代技术实践构成了他的责任伦理学的理论前提:"首先,我们共同的技术实践形成了一种新的人类行为,这不仅是因为它的方法的新颖性,更是因为它的一些对象的前所未有的特征,它的工程的十足庞大以及它的效果的无限累加的蔓延。由于上述三个特点,我们又得出第二个前提:无论它的任何直接目的有什么特殊性,我们以这种方式所做的一切,作为一个整体再也不能中立于伦理学之外了。"[③]

四、伦理责任的新维度

这意味着伦理学再也不能局限于此时此地,不能局限于人与人之间的关系。为了人类和整个大自然的安危,它必须把视野扩展到未来的地平线,扩展到自然界乃至整个地球生物圈。这样,就应在伦理学中引入责任的新维度。

1. 对未来人类的责任

鉴于过去伦理学只对此时此地负责,就不会考虑遥远未来的后代的生存,这样就会继续过度地发展技术,而不顾它可能会对子孙后代的存在产生威胁,

---

① Hans Jonas. *The Imperative of Responsibility*: *in Search of An Ethics for the Technological Age*, p. 31.

② Hans Jonas. *The Imperative of Responsibility*: *in Search of An Ethics for the Technological Age*, p. 32.

③ Hans Jonas. *The Imperative of Responsibility*: *in Search of An Ethics for the Technological Age*, pp. 23—24.

为此就要强调"人在世界中的存在"这个公认自明的律令,要制定这样的普遍公理:"让千秋万代拥有这样一个环境,在其中适于居住并有一个无愧于人的称呼的人类居住。"①人类活动中所有的义务观都由"人在世界中的存在"产生。例如,为了人类存在,我们要发展预测知识,要引导技术发展,要保护大自然等等。现在这律令本身也成了义务的对象:"也就是确保所有义务的前提的义务,即物理世界中道德普遍性的立足点。"②这就要求我们承担责任,保护物理世界,使未来后代的存在环境保持完好。

约纳斯模仿康德提出了与新型的人类活动相应的律令:"如此行动,以便你的行为的效果与人类永恒的真正生活一致";或"如此行动,以便你的行为的效果不至于毁坏未来这种生活的可能性";或"不要损害人类得以世代生活的环境";或"在你的意志对象中,你当前的选择应考虑到人类未来的整体"③。

这个律令把个人行为与人类整体命运联系起来,它并不限制个人作出一些不利于自己的选择,但不允许拿人类命运冒险。"我们无权为了眼前的更好生活而危及未来后代的生存。"④我们对那些尚不存在和从来也根本不必存在的负有义务——一种不仅对它恰巧存在的命运负责,而且首先对它即将到来的存在负责的义务。

2. 对自然的责任

这有两种原因,一是基于人类中心主义的考虑:人类命运受自然条件的影响。二是非人类中心主义的考虑,也就是自然的道德身份问题。在第一种情况中,约纳斯的思考与古典伦理学人类中心主义还是有巨大差别的。因为现代技术累积的自我蔓延空前发展,赶上它赖以发挥作用的活动环境,甚至于可以毁灭整个体系的基础,即它自身存在的条件。⑤所以对自然负责不仅是考虑到人类命运受自然条件的影响,更是考虑人类和自然是否还会存在的问题。

至于第二种情况,约纳斯认为这种新的人类活动意味着不仅要考虑人类利

---

① Hans Jonas. *The Imperative of Responsibility*: *in Search of An Ethics for the Technological Age*, p. 10.
② Hans Jonas. *The Imperative of Responsibility*: *in Search of An Ethics for the Technological Age*, p. 10.
③ Hans Jonas. *The Imperative of Responsibility*: *in Search of An Ethics for the Technological Age*, p. 11.
④ Hans Jonas. *The Imperative of Responsibility*: *in Search of An Ethics for the Technological Age*, p. 11.
⑤ Hans Jonas. *The Imperative of Responsibility*: *in Search of An Ethics for the Technological Age*, pp. 6—7.

益，而且要冲破人类中心主义的束缚，考虑非人类的自然的利益，把它变成人类责任的对象，因为它对我们有某种责任要求，这要求不仅是为了我们的长远目标，还是为了它自身的目的。这样就需要对伦理学基本原理进行相当多的重新思考。然而过去伦理学和占统治地位的自然科学观点没有为我们提供这方面的思想资源。而那些自然科学观念还"极力否认我们采用理性方法把大自然视作值得尊重的东西，它们使它处于漠视必然性与偶然性的境地，剥夺了它任何目的的尊严"①。但是，这生机勃勃的世界还是呼吁我们不要伤害它的完整性。对此伦理学的行为理论是不够的，还要把它推向形而上学的存在理论，因为后者是所有伦理学立足的基础。

由上可见，约纳斯在伦理学责任中拓展了时间和空间两个维度。传统伦理学只要求人们对同时代人负责，至多对与自己有一定联系的几代人负责，约纳斯则要我们对与我们无关的遥远后代负责；传统伦理学的责任只限于人类社会，约纳斯还要求人们对自然负责。这也正是约纳斯伦理学的新颖之处，它也被称为"远距离的伦理学"。

这种伦理学把一种新的伦理学知识——预测知识引入责任的维度。过去伦理学不必考虑人类生活的全球条件、遥远的未来、甚至人类的生存。而由于现代科学技术的飞速发展，这些问题现在已成为值得研究的课题，只有借助于预测知识才能对其进行较好的控制。约纳斯还宣称预测知识是技术时代的一项显著职责，是新伦理学的组成部分。这样，他就在伦理学中打开了一个新的突破口，即从预测知识的角度，把伦理学视野投向遥远的未来和整个地球生物圈．

作者：方秋明（1969—），男，哲学博士，湘潭大学哲学学院教师。
原载：《科学技术与辩证法》，2005 年第 5 期。

---

① Hans Jonas. *The Imperative of Responsibility: in Search of An Ethics for the Technological Age*, p. 7.

论科技伦理主体与伦理责任的结构性失衡

李 侠 邢润川

随着科技的迅猛发展，带来了社会的巨大发展与结构转变，随之而来的由科技引起的风险也日益加大了，如何解决好伦理主体与责任之间的平衡就成为当今科技发展的一个亟待解决的问题。当前面临的情况是原有的伦理责任体系已不能有效地约束和规范科技主体的行为，导致人类开始对自己的科技进步持有更多的忧虑和担心，从某种意义上说这直接决定了科技未来发展的生存空间问题，因而，此刻研究科技伦理主体与伦理责任存在的结构性失衡就具有了重大的理论和现实意义，为了更好地解决这个问题，对两者目前存在的结构缺陷进行梳理就成为解决问题不可回避的起点。

一、当前科技伦理主体与伦理责任的结构分析

为了仔细地梳理二者之间的结构对应关系，首先要把科技伦理主体的结构揭示出来；其次，再把当下的伦理体系结构揭示出来，只有在二者的对比中才能找到问题的症结所在。粗略地说科技伦理主体是指从事科技活动的人、团体等，目前的科技伦理主体有三个层面。（见图一）1. 直接从事科技活动的单个主体，如工作在第一线的科学家、技术人员等；2. 专业共同体是指在同一领域工作的科学家和技术人员的总和；3. 科技共同体是指在一个特定时间和空间内不分专业的、遵守相同范式的所有科技人员。这样划分的好处在于便利指出相应的伦理责任。（说明：一．科技共同体，二．单个主体；伦理结构部分：1. 信念伦理，2. 责任伦理，3 经济伦理其中，1、2 经过变迁后内涵有了很大改变）。

目前衡量和约束科技伦理主体的伦理体系基本上是属于韦伯提出来的信念伦理（ethics of conviction）和责任伦理（ethics of responsibility）体系。韦伯对此曾说："我们必须明白一个事实，一切有伦理取向的行为，都可以受两

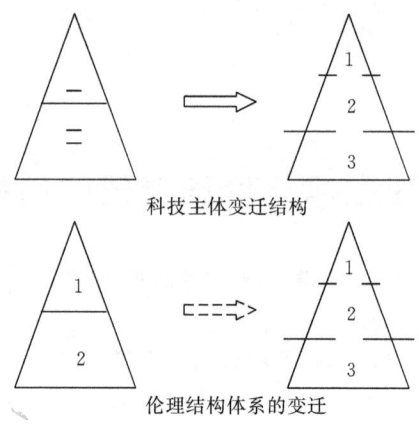

图 1

种准则中的一个支配，这两种准则有着本质的不同，并且势不两立。"① 韦伯认为，这两种准则是截然对立的，非此即彼，在这点上我们认为是不正确的，就是韦伯自己在某些时候也承认二者之间有某种比较紧密的关系，如在他的名著《新教伦理与资本主义精神》一书中，也暗含了对这两种伦理的界定绝不是势不两立的。稍后，20世纪30年代美国社会学家默顿更是在他的博士论文《英国十七世纪的科学、技术与社会》一书中，用了比较大的篇幅详述清教徒对两种伦理的包容，而又不矛盾，因此我们可以说，信念伦理和责任伦理已经构成了一个比较完整的伦理体系。因为我们不可否认一个人选择了信念伦理同时也不妨碍他在行为中对责任伦理的遵守；但是信念伦理与责任伦理又是有很大的不同：正如韦伯指出的那样："信念伦理的信徒无法容忍这个世界在道德上的无理性，他是一位普遍主义伦理观意义上的理性主义者。"② 然而责任伦理的界定就比较复杂了，如果说责任伦理只从字面上理解，就是从结果出发来判断行为是否"好"，这样就滑到了结果论的陷阱，而韦伯明确指出，结果是不能使手段圣洁化的，这样就出现了一个矛盾：既要承担后果，又不以结果定善恶。如何理解责任伦理，正如冯钢指出的那样："与意志相关的道德命令宣示，是无条件命令宣示，它与那些行动的特别种类，或以愉快的形式作为预期从它得出的种种后果都没关系。如此看来，责任伦理必须是一种无条件命令宣示，才有其道德意义，否则就只是一种机会主义。"③ 因此韦伯的责任伦理就

---

① 马克斯·韦伯著，冯克利译：《学术与政治》，北京：北京三联书店，1999年，第107页。
② 马克斯·韦伯著，冯克利译：《学术与政治》，第109页。
③ 冯钢：《责任伦理与信念伦理——韦伯伦理思想中的康德主义》，《社会学研究》，2001年第4期。

是无条件地对自己的行为承担责任。至此,我们来看一下两者之间的结构关系:从图一中我们可以很清晰地看出伦理主体的结构由原来二层演变为如今的三层,位于最上层的是科技共同体,中层的是专业共同体,底层的是单个科学家和技术人员;而伦理体系的结构是二层,上层是信念伦理,下层是责任伦理。这里要说明的一点是:根据韦伯的陈述,信念伦理并不等于不负责任,从某种意义上说,它是源于神性而存在的。正如韦伯不无嘲讽地说:"信念伦理的信徒所能意识到的责任,仅仅是去盯住信念之火,不要让它熄灭。他的行动目标从可能的后果看,竟无理性可言,这种行为只能也只应该具有楷模的价值。"[①] 但是它又是基础性的,因为任何人都是有信仰的,这也指涉了它的作用范围是宽泛的,是整个人群的一种文化习得。通过上述的分析可以看出,两者的结构是不平衡的,因为从科技伦理主体的角度上看,信念伦理的最佳约束对象是科技共同体的整体部分,而责任伦理相比之下要具体得多,它的作用范围也要小得多,一般说来是针对小范围人群的,此时约束力最强,而对大范围的群体的约束则相对较弱。在19世纪以前,即真正现代意义上的科学建制化诞生以前,科技伦理主体变迁的路径是:由单个科学家和技术人员直接到科技共同体(此时专业化尚未形成,因而还没有专业共同体),也是二级结构,与伦理体系的二级结构对称,二者之间是平衡的;但是随着科学建制化的形成,伦理主体的结构变为三级结构,而伦理体系却未能相应的改变结构,这样就不可避免地出现结构不对称,这种结构不对称导致科技负面效应的急剧增加,即科技异化(alienation)的出现,伦理的约束出现失效,以及科技共同体内部出现的失范(anomie)现象等。因为科技伦理本是调节人与人和人与自然关系的道德规范,不像法律法规那样具有强制性,它是通过柔性的约束,来达到人与人和人与自然的和谐。而原有的伦理体系面对多元的科技伦理主体呈现出一种断裂,造成了科技活动中约束的真空地带的出现,而这些已妨碍了科技的健康发展,以及科技共同体内部的和谐,比如目前出现的全球环境问题等就反映了当前的伦理约束的失灵,再有高科技犯罪,科技成果的申报,评审及抄袭、作假等都反映了目前在伦理约束方面,原有的体系出现了结构性的断层,它已不能很好地引导科技健康发展,更为严重的是由于溢出效应(spillover effect)(这个概念本是经济学上描述技术扩散外在性的)所导致示范与模仿(理论上认为只有在技术差距存在的前提下才可能出现示范与模仿)使科技界的伦理约束失灵,迅速蔓延到社会各个层面,使失范由局部范围向更大范围扩散。从这个意义上说,正如渠敬东指出的那样:失范意味着与集体意识相和谐的个体意

[①] 马克斯·韦伯著,冯克利译:《学术与政治》,第108页。

识的丧失，意味着社会在个体意识上的不充分在场，换言之，个体意识失去了自我规定的属性，把社会抛在了一边，只是在单一向度上寻求发展。① 如果我们不积极寻找解决办法，人类历经劫难发展起来的科技事业就有可能由于伦理体系结构不合理导致的约束失灵，而最终崩溃。这不是危言耸听，巴比伦塔的寓言已经向我们揭示了这一切；从另一个意义上说，科技活动本是人类追求真善美的活动，伦理规范体系的出现正是在千百年的实践中人类为了适应这种情况自发生成的。但目前的情况是科技的发展速度远远快于伦理规范的发展速度，由于时间差的关系在二者之间就出现了滞后效应（delay time），这也是科技伦理主体与伦理体系结构出现不平衡的深层原因；对此 William Ogburn 指出："不是文化系统的所有元素都按相同的速度变化，技术的变化速度比非物质文化（如父母身份的概念）快，产生新的物资文化元素（如试管婴儿）。"② William Ogburn 称这种不一致为文化滞后（cultural lag）。再者，在空间上科技扩张的强度也远远大于伦理规范在空间上的扩张强度，出现了信息缺口已是必然；再加上随着 19 世纪公共领域结构转型的完成（哈贝马斯语），都造成对伦理体系的持续挤压，自 20 世纪 50 年代以来科学完成了由小科学到大科学的转变，这个矛盾不是消解了而是加大了。如果我们仔细梳理一下近 50 年来科技发展带来的诸多影响，不难理解这些，现在是到了解决这个问题的时候了，这也是大科学时代科技发展的必然要求，如何实现这个目标就成了一个刻不容缓的问题。

二、科技伦理主体与伦理责任的结构性失衡与均衡建构

任何新的伦理责任体系的建构都不是一蹴而就的，因为它涉及文化的深层结构与当时的哲学思想的影响。另外任何伦理的建构都要基于所处时代的特点，否则的话就流于形式达不到应有的效果，但是这种建构还要有前瞻性、更符合人性，而不是目前流行的道德说教，从这个角度说：伦理学的重建应把重点转移到求知上去，规范并非不需要，不过它们应是科学探索的结论与引申。正如 70 年前石里克（Mortiz Schlick）所说的那样："近代伦理学中存在着两种观点的尖锐对立，第一种观点，伦理价值与快乐和痛苦毫无关系；第二种观

---

① 渠敬东：《缺席与断裂——有关失范的社会学研究》，上海：上海人民出版社，1999 年，第 35 页。

② John J Macionis. *Sociology*. New Jersey: Prentice Hall Inc., 1997, p. 82.

点,道德行为起源于快乐和痛苦。"① 他把这两种立场称为:义务伦理学和善良伦理学,第一种论点的代表是康德,义务伦理学起源于把道德的根据建立在绝对可靠的基础上的愿望,但是我们都知道那是不可能的,因此石里克委婉地告诉我们,他更倾向于马克·奥雷尔(Mark Aurel),他说:"在至善至美的阶段,你做正义的事,不是因为这样就合乎道德,而是因为这样就确立了你的乐趣。"② 不过,我们可以看出:石里克过于理想了,因为他的基础奠基于:人类之所以高尚,就是因为他以道德行为为快乐,但是在我们重建伦理体系结构时,这个视角于我们还是具有启发性的,因为它直接关涉人性,而这是一切重建工作的基本前提假设。

重建工作要解决的最大问题是使主体结构与伦理体系结构首先要从结构上对称,即伦理体系也应该是三层,这样才能达到一一映射的关系,重新约束变化了的主体结构。由于考虑到在全球科技经济一体化逐渐加快的今天,每个从事科技活动的个体都要生活在这样一个背景下,而这个时代的最大特点是经济因素成为影响人类活动的主要影响因子,再加上,现代的科技一刻也离不开经济的支持,从各种经费的取得到R&D的分配等,都是经济与市场用一双看不见的手在指挥着科技活动的发展方向,这就要求从最根本的经济视角切入,用经济伦理去约束科技人员的活动,就具有更大的现实可操作性和针对性。因而经济伦理结构的出现,使原来的伦理体系二级结构变成了与伦理主体相适应的三级结构(见图二)。

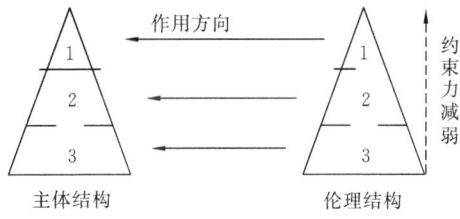

图 2

图表说明:主体结构:1. 科技共同体;2. 专业共同体;3. 科学家与工程技术人员个体;

伦理结构:1. 信念伦理;2. 责任伦理;3. 经济伦理

那么这个经济伦理是如何在科技活动中起作用的呢?首先我们是基于这样

---

① 莫里茨石里克著,孙美堂译:《伦理学问题》,北京:华夏出版社,2001年,第156页。
② 莫里茨石里克著,孙美堂译:《伦理学问题》,第157页。

的预设：科技人员也是一个活生生的人，也生活在经济社会中，同样感受着经济因素对他们的影响与制约，因而他们也遵循市场中经济规律的制约。根据古典经济学的假定，人在经济活动中追求利益最大化的原则，同时也受市场那双看不见的手的约束，因而经济伦理就为科技活动规定了一系列的游戏规则，这样通过运用经济杠杆来完成道德的要求，便以经济的形态固定下来。正如甘绍平指出的那样："道德规范真要有约束力，就必须通过某种固定的形态得以设置和体现。从这种意义上讲道德准则的有效性取决于这固定形态的稳定性。"[①]通过经济伦理的构建，尽量达到减少道德与自我兴趣之间的潜在冲突，但是有必要补充的是：这里提到的经济伦理不是欧美近年来所研究的经济主体与市场之间关系的那种经济伦理，而是从新的意义上考量科技主体与社会的关系。另外，我们要看到各级伦理结构对科技主体的作用力，由下往上是逐渐减弱的，对此，尼古拉·哈特曼提出一个"力量和高度的反比定律"。他认为："一个价值越高级，达到它就越值得赞扬，而缺乏它也就越不值得责备；一个价值的力量越强，它的缺乏就越值得责备，而它的出现却越不太值得赞扬。"[②] 这也说明越低的价值其力量越强，越高的价值则力量较弱。上面从宏观上介绍了经济伦理的构建，那么它是如何对科技活动进行调节的呢？

三、均衡结构的伦理体系对科技主体的调控机制

新的伦理结构体系与主体结构的一一对称，导致伦理约束的针对性得到明显加强，首先我们借用经济学的概念沉没成本（sunk cost）来研究经济伦理对科技主体的约束作用，对于科技活动主体来说，沉没成本是指在他（她）从事科技活动以前，为完成基本知识、技能、资格等科研工作所必需的条件所投入的资本，这部分资本已转化为他的能力，如果他违背了科技活动的伦理要求，就有可能被科技界从学术圈中驱逐出去，他（她）在科技界工作的时间越长，则沉没成本越大。这种经济伦理对任何个体来说都造成了强大的约束压力，因为一旦违规被发现，他只有另谋生路，以前多年的投入都变成了沉没成本，再加上进入科技界本已存在的知识壁垒，也促使他珍惜这份荣誉；所以通过适量的宣传使沉没成本这种经济伦理的内在规定性得以明确表述，促使科技主体对约束的遵守成为一种必须，真正使约束处于一种明确和可见的状态。

在完成了伦理结构与主体结构的平衡这一重大的改造后，接下来的任务就

---

① 甘绍平：《伦理智慧》，北京：中国发展出版社，2000年，第27页。
② 宋希仁：《当代外国伦理思想》，北京：中国人民大学出版社，2000年，530页。

是对原有的结构进行改造,因为原有的伦理结构已不能适应科技发展的需要,这主要是指伦理得以存在的社会、文化背景与伦理确立的前提条件都变了,因而根据变化了的条件对原有的结构进行改造已是发展的必然。由于19世纪末尼采喊出:"上帝死了",意味着信念伦理基础的崩溃,由于上帝的缺席,忏悔无效,伦理主体整体面临着信仰的真空,无处负责,也不需要负责,主体在信仰真空的状态下,对科技的应用肆无忌惮,终于导致科技负效应的急剧增多,甚至造成的危害即使是在今天我们也无法完全根除。那么,信念伦理在新的形势下应以什么为前提条件呢?这就成为人类急需解决的问题,它事关科技的健康发展和人类的命运,20世纪初许多哲学家对此已进行了多方面的探索,以胡塞尔为代表的现象学家在上帝缺席的日子里试图通过对笛卡儿的"我思"的再批判,为科学和技术的发展确立一种绝对的基础。他通过高扬人的主体地位来代替不在场的上帝,而人的主体地位只有通过人的理性得以体现,这样科技主体通过对理性的追求和信赖来达到信念伦理的基础地位,和绝对可靠的具有内秉的约束力,这也是胡塞尔认为解决欧洲科学危机的唯一有效的途径。而且欧洲自亚里士多德以来,一直坚信人是理性的动物,这种理性观具有悠久的历史;海德格尔则通过对"思和诗"的思考来达到这个目的,在一定时期内这种理性暂时替代了上帝缺席带来的真空状态和无序的纷扰,但是,人的理性是绝对可靠的吗?第二次世界大战以后,人类开始怀疑这种理性的基础地位,20世纪60年代,以法国结构主义者为代表的后现代主义者更是提出了"人之死"的宣言,它无异于又一次宣告人的理性作为信念伦理的前提的失败。法国社会学家布尔迪厄曾指出:"理性之所以受到限制,不仅因为现有的信息被衰减了,或者因为人类思维普遍受到限制,缺乏完全了解所有情况的手段,理性之所以受到限制,更重要的是因为人类思维在社会性方面是受到限制的,并且是被社会性建构的,即局限于他成长和受训的体系之中。"① 后现代主义者虽然看到了人的理性的局限性,但是他们并未提出有效的替代物,因而问题并未就此解决,但信念伦理存在的合理性却是双方都认可的。我们从历史上不难看出宗教、理性等在信念伦理中发挥的作用,其实要解决这个问题关键是找出问题何以产生的原因,这种变换更为本质地反映了问题的实质,马克斯·韦伯认为:科学的主要功能是为世界驱除魔力,也即"世界的祛魅"。但是,我们要看到科学的祛魅正如大卫·格里芬指出的那样:"科学必然和一种祛魅

---

① 布尔迪厄著,包亚明译:《文化资本与社会炼金术》,上海:上海人民出版社,1997年,第174页。

(disenchanted)的世界观联盟,其中没有宗教意义和道德价值。"① 而人类的许多价值关怀都与对世界的神秘感和敬畏感有关,因而大卫·格里芬指出两者之间并不必然水火不相容,因而后现代科学观提出了科学的"返魅",返魅的存在确立了信念伦理存在的必然。在新时代作为信念伦理的基础的应该是一种有机的而非机械的"新理性",这种新理性克服了传统旧理性的局限,它充分考虑到后现代主义者的批评意见,近代科学史告诉我们:西方近二千年的理性传统所倡导的理性是有局限的理性,它只单方面承认经验的、实证的科学,只关注事实本身,而忽略了对意义、价值和审美的追求,从这个意义上说它恰恰忽视了对作为理性主体的人的关注,导致在这种理性统治下的人成为"单向度的人"（马尔库塞语）,而建设性的后现代主义科学观提倡返魅(reenchantment),本质上要倡导一种新型理性,也即我们所命名的"有机理性"。它既关注事实,又关注人本身,恢复人的全方位潜能,正是这种新理性要求科技主体在从事科技活动中时刻遵守这种以新理性作基础的信念伦理,它也表明人对自身意义的认同,用它取代死掉了的上帝和单向度的人,这种新理性突出了科技主体对科技活动的意义的追求和对人本身的尊重,如近年来自发兴起的绿色环保运动就是这种新理性的最好体现。

伦理结构的宏观和微观部分都进行了相应的改革,那么中观部分:责任伦理的发展路径是什么呢?其实责任伦理在近代科学的发展进程中一直都在进行着自身的调节与完善,即使在信念伦理遇到危机的时刻,责任伦理也在进行着对科技活动的约束,只不过近代以来的责任伦理的结构一直在承担着双重的任务:对专业共同体和单个主体两方面的行为进行的约束,这无形中削弱了它的约束力,按照结构平衡的原则,责任伦理应该主要针对个体的行为,因为责任伦理一直是伦理结构中相对来说比较具体的约束行为,但是大科学时代,专业共同体比单个主体对科学的影响要大得多,这也从客观上要求责任伦理的约束对象应该上调到与专业共同体对称的地位,这样才能发挥它的约束作用。这里需要指出的是:责任伦理与法律责任虽然有相似之处,但是它们之间有着本质的区别,一个专业共同体的行为违反了责任伦理,首先会引起公众舆论的谴责,然后是相应主管部门的惩罚措施,最后导致该行为失去了一切支持条件,无法继续下去,但它是软约束,而法律则是强制执行的硬约束(也许该行为并未引起舆论的关注)。至此,新的伦理结构与科技主体结构相平衡,各种伦理的约束策略和规范更具有针对性,但是我们也应该看到这些划分并不是泾渭分

---

① 大卫·格里芬著,马季方译:《后现代科学——科学魅力的再现》,北京:中央编译出版社,1998年,第16页。

明的,它们往往是同时在起作用,而不只是其中一个在单独约束主体的行为,只是作用的强度不同罢了。比如一个科技人员从事某项科技活动时,他首先对该行为进行价值判断,来决定该行为是善还是恶,以及可能的后果(信念伦理);接着他会考虑这个行为引起的社会对他所处的共同体的影响(责任伦理);最后,最重要的是这个行为对他本人的影响、命运、前途等(经济伦理)。这样一来,我们就能看得很清楚,只有这三种伦理的有机结合,才能促进科技的健康发展,任何分割或强调一方的行为都会导致科技活动的失范现象的发生。之所以强调伦理结构的改革,是因为当前科技发展带来的风险加大了,如果不进行有针对性的改革,则完全有可能导致科技发展的失控,最终危及到人类本身;再者,科技的发展速度远远超过伦理观念的变革速度,如果仍是用过时的伦理结构,只能导致约束的失灵,任何伦理学说从本质上说都是关于责任的学说,以前的失败说明旧的伦理观念太空泛了,缺少针对性,我们提出的改革措施只是为了减少这种情况的发生,从科技的最基层抓起,把伦理规范落实到科技活动的每一个环节,因为人类需要科学,而且需要更安全和符合人性发展的科学,而不是没有约束的失控的科学。

四、结　　语

综上所述,本文详细地梳理了由于原有的科技主体结构与伦理责任结构的不对称产生的结构性失衡现象,并分析了产生这种情况的原因,进而提出了对伦理责任结构的改革,使二者达到均衡结构,进而使伦理的约束力得到应有的张扬。在构建新结构的同时,本文详细阐述了新的伦理结构对科技主体产生约束力的作用机制,这为科技的健康发展提供了理论支持。面对我国科技大规模扩张的今天,对科技伦理的研究就具有了重大的理论和现实意义,更为重要的是它为我国的科技管理提供了一种有益的尝试。

作者:李侠(1967—),男,辽宁省辽阳市人,山西大学科技与社会研究所技术哲学与STS博士研究生;

邢润川(1940—),河北省邯郸市人,山西大学科技与社会研究所教授,《科学技术与辩证法》杂志主编。

原载:《科学技术与辩证法》,2002年第4期。

科学家和工程师的伦理责任

曹南燕

科学家和工程师作为社会的成员,除了做个好公民以外有没有特殊的伦理责任?一种流行的观点认为,科学在本质上是进步的、有益于全人类的。科学是探索真理的活动,而科学知识作为真理的代名词在本质上是有利于社会的,或者至少是中性的。因此,科学家的责任就是做好本职工作。科学研究的成果越多,科学家对社会的贡献也就越大。至于有人利用这些成果危害社会、危害他人,那与科学家无关。另一些人则相信,科学知识可能给社会带来潜在的危险,因此,科学家在道义上有责任去避免科学知识被用以危害社会。

一、现代社会中责任的含义

责任(responsibility),与和社会角色联系在一起的义务(duty)、责任(obligation)、法律上的应负责任(liability)含义稍有不同。责任在伦理学中是较为新近出现的用语,其词根是拉丁文的"respondere",意味着"允诺一件事作为对另一件事的回应"或"回答"。它在西方宗教伦理传统中用于接受或拒绝上帝的召唤。"人行善就是指他充当应上帝召唤而负责任的人……就我们回答上帝对我们的启示而言,我们的行为是自由的……因此人的善总是在于责任。"[①] 英语中作为抽象名词的"责任"已知最早(1776年)被用来描述统治者的一种自我权利,即"对他行使权力的每一行动的公众责任"。法语、西班牙语、德语中相应的名词也在那个时期才出现。在汉语中,责任最通常的含义是指与某个特定的职位(社会角色)或机构相联系的职责,指分内应做的事或没有做好分内应做的事而应当承担的过失。

责任一词最常用于伦理和法律时的含义是人们应对自己的行为负责,这种行为应该是可以答复的、可以解释说明的。如果说法律往往讨论行为发生以后

---

① 卡尔·米切姆著,殷登祥等译:《技术哲学概论》,天津:天津科学技术出版社,1999年,第93页。

的责任,那么伦理责任则有前瞻性。在法律体系中,角色、因果关系、义务和能力都和责任相关。但是在传统的道德体系中,对公民的要求只是尽自己的本分,遵守与其在社会中的地位相应的约定俗成的规则。责任概念并没有起显著的作用。(至今在国内的许多百科全书,包括哲学大百科全书中也查不到"责任"的词条。)

在重视功利、强调个性和民主的现代社会,人不仅是社会中的一个角色,而且更重要的是行为者。现代人的行为选择是自由的,但自由是指认识到对公平和社会秩序的责任的人的自由。因为原来的社会等级制度被冲垮以后,每个人追求自我利益、进行个人奋斗,会导致社会的混乱,所以人们必须学会考虑他人,以同等地位的水平来负责任。因此,现代人对"责任"的思考越来越多。德国学者马克斯·韦伯区分了"责任伦理"和"信念伦理"。"信念伦理"的信徒需要的仅仅是"去盯住信念之火,不要让它熄灭,他的行动目标从可能的后果看毫无理性可言"。责任伦理的行为则必须顾及自己行为可能的后果。他强调在行动的领域里责任伦理优先。[1]

关于责任的道德理论有的强调行为者,即把责任的基础放在行动着的行为者(例如康德把自治——自我的责任——作为他的伦理哲学基础);有的把对行为者的社会角色和社会职业作为伦理的基础;还有的强调自我和他人的对抗,自我存在于和他人、世界的活动关系之中。总之,作为行为者的人和行为后果之间的关系是责任的核心。

从哲学上讲,责任观念和因果性联系在一起。"责任的最一般、最首要的条件是因果力,即我们的行为都会对世界造成影响;其次,这些行为都受行为者的控制;第三,在一定程度上他能预见后果。"[2] 然而,事物之间的因果关系往往不是一一对应的单向线形链,而是错综复杂的。原因有直接原因和间接原因之分,一个原因可能产生多种结果;一种结果也可能由多种原因共同造成,其中有些被人们了解,有些却不甚被了解。因此,讨论责任不是一件简单的事。

责任是知识和力量的函数,在任何一个社会中,总有一部分人,例如医生、律师、科学家、工程师或统治者,由于他们掌握了知识或特殊的权力,他们的行为会对他人、对社会、对自然界带来比其他人更大的影响,因此他们应负更多的伦理责任,需要有特殊的行规(诸如希波克拉底誓言)来约束其

---

[1] 马克斯·韦伯著,冯克利译:《学术与政治》,上海:三联书店,1998年,第107页。
[2] Hans Jonas. *The Imperative of Responsibility*, Chicago: University of Chicago Press, 1984, p.90.

行为。

但从前人们的知识和力量还相当有限,以致常常把许多后果都推给了命运和永恒的自然规律,人的全部注意力都集中在做好现在不得不做的事情。随着科学技术的发展、知识的增长,人的能力增加了,人的行为本性也发生了变化。个人的行为的后果越来越复杂、越严重、越持久而且不易预测。现代技术已经引入有如此巨大规模的行动、目的和结果,技术的力量使责任成为伦理学中必须遵循的新原则,特别是对未来的责任。哲学家汉斯·乔纳斯在他的《责任命令》一书中提出,"人的'第一命令'是不去毁灭大自然按照人使用它的方法所给予人的东西"[1]。

如果说在相当长时期内西方关于公民的理论还更多强调公民的个人权利和利益的话,那么近几十年来,人们越来越强调的是"责任"。"责任"正在起着比以往巨大得多的作用,已成为当前社会中的主导性规范概念和最普遍的规范概念。用卡尔·米切姆的话来说,在当代社会生活中,责任在西方对艺术、政治、经济、商业、宗教、伦理、科学和技术的道德问题的讨论中已成为试金石[2]。在当今大科学时代,科学技术渗透在社会的所有领域,科学家、工程师不仅人数众多而且参与社会重大的决策和管理,因此科学家和工程师的伦理责任已成为一个不容忽视的话题。

二、科学是价值中性的吗?

虽然"责任"是一个现代话题,但科学家的责任似乎被看作例外。近二三百年来,许多人相信科学是价值中性的:科学知识(纯科学)不反映人类的价值观;或者科学活动的动机、目的仅仅在于科学自身,不参与个人的价值;或者科学理论不直接对社会产生影响,科学家不对其成果的社会后果负责。

"中性论"中最具代表性而且在科学界影响甚广的是逻辑实证主义。这种观点认为,只有那些由经验的语句组成、摆脱了主观和价值因素的、能借助于数学公式和进行严格逻辑推理的具有精确性概念和稳定体系的有用知识才是科学。于是,人的社会、历史、文化、心理因素统统被排除在科学之外。科学被看作建立在事实和逻辑基础上的客观知识,它不受社会价值的影响,也无善恶之分,是价值中立的。

还有人认为不仅科学知识本身价值中性,而且科学活动的动机、目的只在

---

[1] Hans Jonas. *The Imperative of Responsibility*, pp. 129—130.
[2] 卡尔·米切姆著,殷登祥等译:《技术哲学概论》,第72页。

于科学自身,不参与个人的价值。例如,马克斯·韦伯视科学为工具理性并从科研机构的科层制(bureaucracy,一种有效的、合理性的组织形式)要求出发认为,科学的目的是引导人们作出工具合理性的行动,通过理性计算去选取达到目的的有效手段,通过服从理性而控制外在世界,因而他主张科学家对自己的职业的态度应当是"为科学而科学",他们"只能要求自己做到知识上的诚实……确定事实、确定逻辑和数学关系"。他甚至断言"一名科学工作者,在他表明自己的价值判断之时也就是对事实充分理解的终结之时"①。

不同时期的"中性论"有不同的形式和目的,其中有认识方面的原因,也有社会政治、经济、文化方面的原因。它反映了科学发展一定阶段由于专业分工过细,专业化程度高而造成的注重局部、忽视整体的局限性(把科学活动和科学的社会后果截然分开);反映了科学作为一种理性活动与人类的其他活动(例如艺术、宗教等)的区别(建立在经验事实和逻辑基础之上的科学确实有其客观性的一面,但经验事实也不可避免地渗透着价值观念);也反映人们对自然界基本图景的理解(近代机械论世界观把精神世界彻底和物质世界分离开来,与第二性质相联系的价值的根源不在上帝或自然界而是工业和人的功利,作为科学研究对象的自然界本身是没有价值的);还反映了科学作为一种社会建制对自主发展的要求(为保证科学活动的正常运行,科学系统应具有相对的独立性)。正是由于这后一点,有人称"中性论"是一种面具、一种盾,甚至是一种剑。② 例如,17世纪,羽毛未丰的英国皇家学会的科学家以向保皇党保证保持价值中立,不插手神学、形而上学、政治和伦理的事务,作为不受检查而自由发表文章和通信的权利的交换条件。而在20世纪,在科学日趋强大甚至成为时代的主旋律时,"中性论"又被用作反对"科学政治化"、"科学道德化"(李森科事件、纳粹对犹太科学家的摧残)的武器。

"科学价值中性论"在某种意义上、某个特定范围内似乎可以成立,至今在学术界仍很有影响,并常常被用来作为拒绝考虑科学家的伦理责任的挡箭牌。但是如果从认识角度、从整体上来历史地考察科学产生及其发展的社会背景,科学对社会、尤其是现代社会的影响,那么我们只能把"中性论"看作一种神话或一种理想。逻辑实证主义的"价值中性论"受到历史主义和其他科学哲学流派的批判。③ 而韦伯本人对"工具理性"以及把个人看作内行而又无意

---

① 马克斯·韦伯著,冯克利译:《学术与政治》,第37—38页
② Robert N. Proctor. *Value-Free Science*? Cambridge and London: Harvard University Press, 1991.
③ Helen E. Longino, *Science as Social Knowledge*, New Jersey: Princeton University Press, 1990;李醒民:《科学价值中性的神话》,载《兰州大学学报》,1992年第1期。

识的齿轮的"科层制"的局限性就有所认识。

在当今"科学-技术一体化"、"科学技术-经济社会一体化"的大科学时代,科学在工业、军事中的占据着不可替代的作用,发展科技在各国都已成为国家行为,价值中立的纯科学理想的基础不复存在。"纯科学"概念已被相对于应用科学的"基础科学"所代替。科学研究概念也被包括基础研究、应用研究和开发研究在内的 R&D 所代替,纯科学早已不足以代表科学整体。"科教兴国"、"国家利益中的科学技术"等口号明确地表达了国家投资科学的社会目标。从科学自身来看,现代科学已成为一种社会事业,科学家一般都是属于某个机构或组织的成员或雇员(既然科学研究已经成为一种谋生的职业),科学发展离不开社会的支持(资金及其他社会资源),而这种支持是不可能不期望回报的,虽然不一定是短期的或直接的。"为科学而科学"的清高和超脱已不符合时代的要求。科技工作者必须考虑科学的社会后果以及自己的社会伦理责任。

三、对科学的社会后果的关注是科学家的伦理责任

美国科学社会学家默顿从"为科学而科学"的态度出发把科学家的共同精神气质和伦理规范归纳为普遍主义(universalism)、公有主义(communalism)、无利益性(disinterestedness)、有条理的怀疑主义(organized skepticism)和独创性(originality)。[①] 对这些规范有很多争议,本文暂不作讨论。后来又有人增加了谦虚、理性精神、感情中立、尊重事实、不弄虚作假、尊重他人的知识产权等等。科学家的研究工作本身(比如做实验)还应遵守人道主义原则(比如《纽伦堡法典》)以至动物保护和生态保护原则(如1978年保护动物权利国际联盟通过的《动物权利世界宣言》)等。[②]

这些规范保证了科学的自主发展和科学知识生产的正常运行。但如果把科学放到社会的环境中,考虑科学家在社会中身份的多重性,科学家的伦理规范应该增加一条:有责任性(responsibility),即有责任去思考、预测、评估他们所生产的科学知识的可能的社会后果。

如果人们把科学(不管是否直接由科学家)给人类带来的福祉归功于科学家的话,那么科学家对科学导致的其他消极后果是否应该负责?如果说很难要

---

① Robert Merton. *The Sociology of Science*, Chicago: University of Chicago Press, 1973, pp. 269-270.
② 见约翰·迪金森:《现代社会的科学和科学研究者》,北京:农村读物出版社,第238页。

求科学家对应用前景尚不清楚而且不易预测的基本原理的发现的应用后果负责的话,那么对试图把科学理论应用于实际(工业、军事或其他)的科学家(这是当代科学家中的大部分)来说,不管他们的主观动机意愿如何,都应该要求他们对其科学活动的后果作慎重的考虑。"虽然他除了设计自己的实验之外并不设计任何东西,但他能为企图作恶或在应用上有明显危害的副作用的人工制品或工艺程序的设计提供基础概念。"① 只要他们的行为是出于自由意志,他们在科学应用的因果链中是不可缺少的环节,那么他们对科学应用的后果就负有一定的伦理责任,当然不是全部的、直接的。韦伯认为在行动的领域里"责任伦理"优先于"信念伦理",必须顾及自己行为可能的后果。我们是辩证唯物主义的动机和效果的统一论者,为大众的动机和被大众欢迎的效果是分不开的,必须使二者统一起来。这种统一的基础是实践。

20 世纪以来,随着科学在军事和工业中的应用日益增加,科学技术的负面社会影响越来越明显。核战争、基因工程、与科技发展不无相关的生态危机等将对人类的生存起决定作用,科学家们对科学的社会后果再也不能漠不关心。1945 年原子能科学家致美国战争委员会的报告就反映了科学家这种责任的思考:"过去,科学家可以不对人们如何利用他们的无私的发现负直接责任。现在,我们感到不得不去采取更主动的态度,因为我们在发展核能的研究中所取得的成功充满了危险,它远比以往所有发明带来的危险都要大得多。"② 他们感到有责任"就因原子能释放而导致的科学的、技术的和社会的问题对公众进行科学教育",并且相信,"致力于民众教育,让他们广泛地了解科学空前发展所带来的危险的潜在可能性,是所有国家的科学家的责任。"

世界各国的科学家还在各种场合就科学家的责任开展了广泛的讨论,其中著名的有 1957 年以来的普格沃什(Pugwash)会议、1975 年的阿西洛马(Asilomar)会议等。70 年代初,科学家对重组 DNA 研究的潜在危害的讨论使科学家对其责任的范围有了新的思考,"科学家自身开始对研究者的职责和无限地追求真理的权利提出批评和表示怀疑"③。近年来关于克隆技术的伦理问题讨论是这种思考的继续。然而,对科学研究,尤其是那些可能有潜在危险的科学研究是否应该加以限制,人们对此仍有争论。有人认为号召科学家拒绝研究可能危害社会的项目带有空想的性质④;也有人担心,对责任的强调是否

---

① M. 邦格:《科学技术的价值判断与道德判断》,《哲学译丛》,1993 年,第 3 期。
② 卡尔·米切姆著,殷登祥等译:《技术哲学概论》,第 79 页。
③ 卡尔·米切姆著,殷登祥等译:《技术哲学概论》,第 84 页。
④ B. 普罗丹诺夫:《科学与道德》,选自《现代世界伦理学》,贵阳:贵州人民出版社,1981 年。

会造成对科学家不必要的限制。

尽管如此,由于科学家掌握了专业科学知识,他们比其他人能更准确、全面地预见这些科学知识的可能应用前景,他们有责任去预测评估有关科学的正面和负面的影响,对民众进行科学教育。由于现代的科学家不仅从事自己的专业工作,作为社会精英,他们还经常参与政府和工业的重大决策,享有特殊的声誉,他们的意见会受到格外的信任。因此他们对非本专业特长的事应谦虚谨慎,在各种利益有矛盾时他们有责任公开表达自己的意见,甚至退出某些项目的研究,如果他们的良知这样决定的话。

四、工程师对什么负责、对谁负责?

如果说关于科学家(主要是指理论科学家)对科学的社会后果(知识生产的间接后果)应负什么责任,人们的意见有很大分歧的话,那么,关于工程师对其工作的社会后果应负责任似乎应该没有什么分歧。工程师探索应用知识并把它们付诸实践。他们的工作与理论研究,尤其是基础理论研究的后果不同,工程项目的效果是高度清晰的。那么工程师应该怎样对工程的后果负责?

工程哲学家塞缪尔·佛洛曼(Samuel Florman)认为工程师的基本职责只是把工程干好;工程师斯蒂芬·安格(Stephen Unger)则主张工程师要致力于公共福利义务,并认为工程师有不断提出争议甚至拒绝承担他不赞成的项目的自由。"过去,工程伦理学主要关心是否把工作做好了,而今天是考虑我们是否做了好的工作。"①

工程师的责任的本质是什么?他们是否和医生和律师一样要遵守某些职业行规?事实上,与为健康服务的医学和以公正为目标的法律不同,工程本身除了效率以外没有什么明确的、内在的、独立的理想。早期的工程师(拉丁语ingeniator)是指建造和使用"战争机械"的人,直到18世纪末,工程指的主要都是军事工程,那时的土木工程只是和平时期的军事工程,相当程度上听从于国家的指导。不管工程师的技术力量有多强,他都首先要服从,服从命令是他最主要责任。即使后来机械、化学和电子工程等领域不断发展也没有改变工程从属于外界社会机构(政府或商业企业),工程师的服务对象也主要是政治力量或经济力量,它们远远超过单个工程师所行使的任何技术力量。

19世纪末在一些工业发达国家,随着工程师人数的增加和手中的技术力量的增强,工程师要求独立自主,相继成立了各种工程师协会。他们认为工程

---

① 卡尔·米切姆著,殷登祥等译:《技术哲学概论》,第86页。

师是技术改革的主要促进力量,因而是人类进步的主要力量。他们是不受特定利益集团偏见影响的、合逻辑的脑力劳动者,所以也有广泛的责任以确保技术改革最终造福人类。他们应该遵守可称之为"技术命令"的东西:"你应该只设计或帮助完成不会危害公众幸福的工程,应该警告公众反对任何不满足这种条件的工程。"比如,美国工程师莫里森(George S. Morison)曾踌躇满志地宣称,"我们是掌握物质进步的牧师,我们的工作使其他人可享受开发自然力量源泉的成果,我们拥有用头脑控制物质的力量。我们是新纪元的牧师,却又绝不迷信"。另一位工程师则说:"工程师,而不是其他人,将指引人类前进。一项从未召唤人类去面对的责任落在工程师的肩上。"① 本世纪初到30年代西方国家的专家治国运动就是这种思想背景下引发的。虽然专家治国运动并不成功,但它对全世界的政治产生长远而深刻的影响。

我们在这里要讨论的是,既然工程师要求对技术的成就接受全部荣耀,那么他们是否也应该承担工程技术的全部过失呢?实际上,工程师的责任是非常有限的。因为,所有工程技术专家的工作在相当大程度上是受经营者或政治家控制,而不是由他们自己支配的。当然工程师对自身工作中由于失职或有意破坏造成的后果应负责任,但对由于无意的疏忽(如产品缺陷)或由于根本没有认识(如地震预报失误)而造成的影响分别应负什么责任?更重要的是,在前一种情况,即大量的工程项目是受经营者或政治家控制的情况下,工程师有否责任,应对谁负责?对工程本身(桥梁、房屋、汽车等)、对雇主、对用户还是对国家、对整个社会?如果工程本身、公众利益、雇主利益以至社会或人类的长期利益之间有冲突,工程师应首先维护谁的利益?理想状况是作为科学共同体的一员,作为社会的一个公民,以及作为科研机构的一个雇员这三者责任的统一,但事实上,它们常常有各种冲突。

一个有争议的问题是工程师是否应该成为"告发者"(whistle blowers)?由于科学家和工程师的工作性质使他们常常直接和最早了解公司或其他机构中存在的一些问题,例如产品质量、性能的缺陷,对公众的安全和健康或环境的影响等。他们有没有权利,是否应该披露事实的真相。在实际生活中,这些告发者常常被解雇、调动或被视为捣乱者。戏剧家易卜生在《人民公敌》中曾生动地描述了这种现象。现在一些科学技术专业协会常常支持告发者,例如工程师伦理法规要求工程师在履行职业任务时把公众的安全、健康和幸福放在首位。

然而,这种要求显然偏离了默顿提出的为保证科学活动自主性的"无利益

---

① 卡尔·米切姆著,殷登祥等译:《技术哲学概论》,第89页。

性"要求。另一方面，告发者的判断是基于自己的认识，如果没有得到同行评议的认可，或甚至遭到同行反对时，他的做法是否符合科学规范，他们是否在专业工作上不负责任？这都需要对具体问题作具体分析。当然，想从根本上解决政府、企业和公众之间的利益冲突，除了像 M. 邦格所设想的力争技术的民主控制，即公众参与所有大规模的技术规划①之外还需要有整个社会的变革。即使这样，工程师和科学家也还是有预测和评估科学技术应用中的正负效应、对公众进行科学教育的责任。因为没有公众科学素质的提高，对科技的民主控制将只是形同虚设。

当代科技革命的新发展赋予科技工作者前所未有的力量，使他们的行为后果常常大到难以预测。计算机信息技术、互联网、基因工程、核能、新材料等技术在给人类带来利益的同时还带来可以预见的和难以预见的危害甚至灾难，或者给一些人带来利益而给另一些人带来危害。科技工作者的伦理责任成为极需重视的问题。总之，在科学技术高度发达的大科学时代科学家和工程师的伦理责任要远远超过做好本职工作。

作者：曹南燕（1946— ），女，上海市人，清华大学人文社会科学学院科学技术与社会研究所教授。

原载：《哲学研究》，2000 年第 1 期。

---

① M·邦格：《科学技术的价值判断与道德判断》，《哲学译丛》1993 年第 3 期。

伦克的技术伦理思想评介

王 飞

一

汉斯·伦克（Hans Lenk，1935—），当代德国著名哲学家，曾任社会哲学国际联合会的副主席和世界哲学协会的副主席。除了对哲学和科学感兴趣外，他还是一位取得过竞赛体育最高成果的运动员（1960年获得过奥林匹克运动会欧洲赛区皮划艇的冠军，1966年获得业余选手的世界冠军）。伦克兴趣广泛，研究领域包括哲学、解释学的方法论、现实主义问题、自然科学学、工程科学、知识系统哲学、经济学、社会学、技术评估、跨学科视角的行为理论、知识伦理、技术伦理、信息伦理、标准化分析、人的权利—国际文化、人文哲学、纯粹社会哲学、竞赛和体育社会哲学、现代社会中理智的机遇。

在技术伦理领域，伦克被认为是继汉斯·约纳斯（Hans Jonas）之后最重要的一位德国哲学家，被称为科技伦理的"集大成者"[1]、"引起德国技术哲学的伦理转向"[2]、"最早注意到技术的责任和伦理问题"[3] 的哲学家。然而同人们对约纳斯和胡比希两位哲学家的关注程度相比，伦克在某种程度上可以说被人们所冷落了，特别是在中国。约纳斯，因为他对技术伦理学的突出贡献，也因为他已经相去已远，他的思想在世界范围内被广泛地关注和讨论。众所周知，胡比希则因为他的年轻力壮而活跃于世界舞台，在我国则由于王国豫女士的工作而被人们所熟知。而对于伦克，尽管不少地方学者们已经提到其在技术哲学领域的重要地位和影响，但是他没有上面两位哲学家那么走运。他的思想在其他非德语国家，特别是在中国，还很少被别人提到，更谈不上深入地研究和探讨。

研究伦克的技术伦理思想，对于丰富我国的技术伦理理论，以及更系统深

---

[1] 邓锦琳：《现代科学技术发展的伦理诉求与法律问责》，《社会科学研究》，2003年第4期。
[2] 李文潮，刘则渊等：《德国技术哲学研究》，沈阳：辽宁人民出版社，2005年，第18页。
[3] 王国豫：《德国技术哲学的伦理转向》，《哲学研究》，2005年第5期。

入地把握德国技术伦理发展的历史脉络和未来走向,推动我国技术伦理学科的发展都有重要的理论意义。约纳斯、伦克、胡比希,以及其他著名哲学家对技术问题的伦理转向,表明了对技术进行必要的伦理规范已经上升为一个世界性的紧迫的时代话题。研究伦克的技术伦理思想,有助于我们借鉴深刻的伦理思想来思考、讨论和解决现实中的重大技术伦理问题。

二

在技术伦理方面,伦克的著作主要有:《技术的社会哲学》(1982)、《技术与伦理》(1993)、《权力与技术的可行性》(1994)、《应用伦理导论:责任与良心》(1997)、《技术伦理与经济伦理》(1998)、《具体的人性:有关责任与人性的演讲》(1998)。伦克的技术伦理思想的主要贡献在于对"责任"的分类。哲学家约纳斯从本体论的角度比较系统地论述了责任问题,回答了"对谁负责?""对什么负责?""谁来负责?"这样三个传统的但又受到新时代挑战的问题。伦克在此基础上做了进一步的发展,他对"责任"进行了分类,并对此进行了深刻系统地分析,形成了自己的责任伦理体系。在著作《技术力量对伦理的挑战》、《权力与技术的可行性》、《技术与伦理》、《应用伦理导论:责任与良心》以及论文《进步、价值与责任》、《问题的分类与未来解决责任冲突的挑战》中,他都对责任的分类问题进行了探讨。需要指出的是,伦克责任伦理体系针对的不是具体的人的特权,而首先是规范和规章。下面我们就对他的责任分类理论进行简要地介绍和评价。

(一)伦克区分了内在责任与外在责任,即区分了道德与伦理。他认为在责任承担问题上必须明确区分内在的责任与外在的责任。科学工作者对科学共同体的内在责任,如公平竞争、尽可能的追求真理和确定性,这不属于科学伦理,而是科学道德的基本构成部分。对研究自由、审查自由、非团体主义的关注不属于真正意义上的道德领域,而属于科学家的外在的责任。如果科学家参与了技术开发和发明,他必然要承担外在责任。

(二)伦克把责任分为不同层次的各种责任类型。如同通常把普遍的责任分为道德责任和法律责任一样,他把行为责任分为任务责任和角色责任。具体来讲,伦克将责任概念分为四个层次:第一层是行为(结果)责任,第二层是任务和角色责任,第三层是普遍的道德责任,第四层是法律责任。(见图1、2、3)

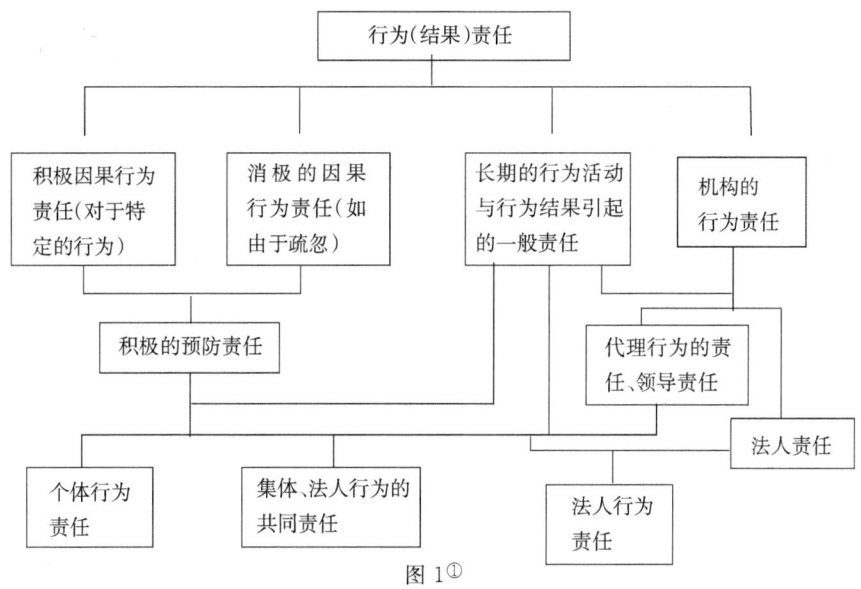

图 1①

从图 1 可以看到伦克把行为因果责任作为一个普遍性的概念，他认为行为因果责任是人们由于行为引起一定的结果和效果而承担的责任或共同责任，而不是由于法院的判定而承担的责任或共同责任。在此之下他将行为因果责任分为四个亚种，即消极的行为因果责任、积极的预防责任、长期的行为活动与行为结果引起的一般责任以及机构行为责任。

其中消极的行为因果责任主要是指科学或技术人员在工作中由于态度上的不积极而导致的有意、无意的疏忽、马虎甚至错误的行为，这样的行为给项目留下了隐患，当不幸的事件发生时，他为此应当承担责任。如工程师在设计方案时由于疏忽而没有为项目设计发生意外情况时的紧急救助功能（技术上是许可的），当事件发生时，它是难免其咎的。工程师除了具有避免疏忽的责任，还有积极的预防责任。如工程师积极周密地查找技术系统中可能存在隐患，或积极地预测可能出现的问题并采取预防措施，这样就有可能避免不幸和破坏的发生，这是积极的行为因果责任与任务责任。行为或疏忽责任可以由代理人承担：部长必须对隶属于他的部门的行为方式承担决策上的责任，并且对那些不是他本人做出的或疏忽的行为负责。

伦克还对上面他进行的责任类型划分与约纳斯对传统的行为因果责任进行的道德扩展作了区分。约纳斯把责任扩展为一般的道德关心责任和抚养责任，

---

① Hans Lenk. *Macht und Machbarkeit der Technik*, Stuttgart: Philipp Reclam Jun, 1994, p.121.

即存在责任和关爱责任。他认为约纳斯提出的关心责任和抚养责任超出了积极的或消极的行为因果责任，尽管在具体的事件中人们积极地承担预防责任。"这些不是新的行为责任，也不是要代替老的行为责任，而仅仅是任务责任的一种补充类型。"①

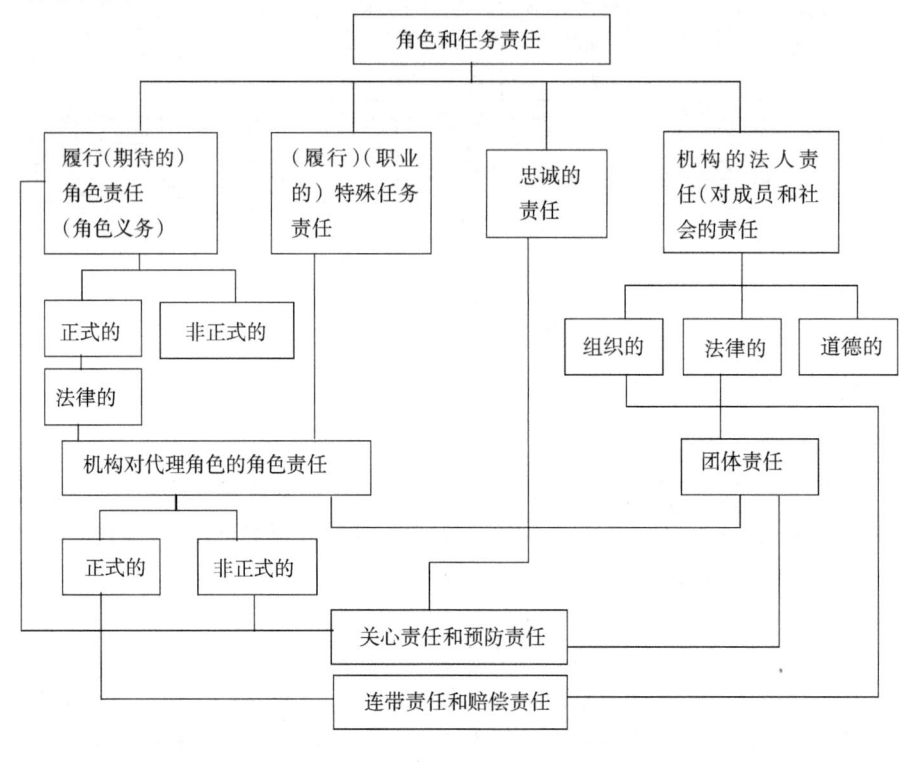

图 2②

在图 2 中机构行为责任被进一步分类。当然机构行为责任首先是行为责任的一个亚种，同时机构行为责任又有亚种，即主管机关和法人的责任。主管机关和法人的行为责任可能涉及特殊的任务和角色，或者承担一般的道德责任。相应地，特殊任务、特殊角色或普遍道德也可以具体化或解释为行为责任的各种亚种，亚种有两种情况，即正式的、非正式的。每种职业角色和任务都具有相应的任务责任和角色责任。不同于角色期待、职位述职，每个科学家和技术人员因为他的行为、他的疏忽以及他的设计对上司、公司和组织机构负有

---

① Hans Lenk. *Macht und Machbarkeit der Technik*, p. 22.
② Hans Lenk. *Macht und Machbarkeit der Technik*, p. 23.

责任。

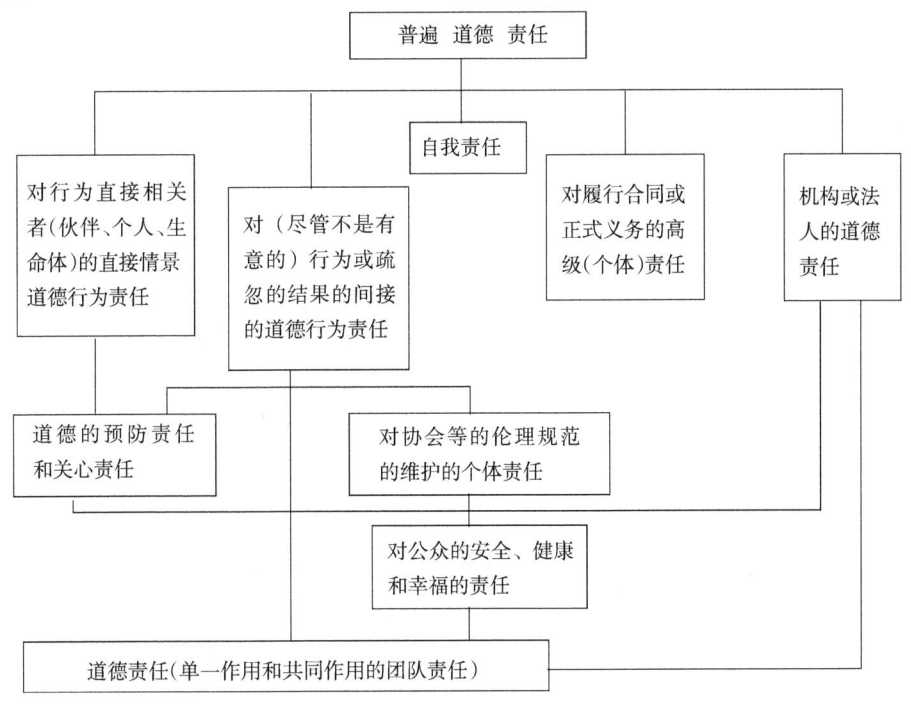

图 3①

图 3 是对普遍道德责任的图示。普遍道德责任是最高层的、意义上高级的责任（或称为超级责任）。任务责任和角色责任是普遍道德责任的亚种。如果没有其他紧迫的（道德）义务与之相冲突，一般应当履行普遍道德责任，如履行职业或契约规定的责任。通常人们应当遵守普遍的伦理规则、伦理法则，履行承担的义务，当然在特殊情况下可以允许打破法则或忽略义务。遵守法则、义务和特殊的道德法则，是每个科学家和技术人员应当遵守的一种普遍的高级责任，如不撒谎。在科学技术领域，如科学共同体和工程师协会的伦理规范——关注公众的安全、健康和幸福——就属于普遍道德责任。普遍道德责任针对的是行为，涉及幸福、痛苦等。普遍道德责任不仅仅局限于特殊的角色和领域，而是适用于原则上的一般，即适用于同等情况下的每个个体。普遍道德责任不允许合揽和推卸，也不能被授权。并且伦克指出，当特殊的任务责任在与角色相关的行为中可能是道德中性时，任务责任叠加（普遍）道德责任，任务

---

① Hans Lenk. *Macht und Machbarkeit der Technik*, p. 125.

责任与道德是相关的，它涉及其他人或其他生命形式。

普遍责任包括对个人和生命体的道德责任（直接的责任）与间接的道德责任。对个人和生命体的道德责任（直接的责任）与主体的行为直接相关。伦克以博帕尔化学物品灾难为例对直接与间接的道德责任进行了说明。他谈到，技术操纵人员在博帕尔化学物品灾难中不仅没有履行角色义务，而且对于气体泄漏造成的人员伤亡承担道德责任（直接的责任），因为在发现气体泄漏之后，他没有更多的时间报警。公司领导有间接的道德责任，在博帕尔没有安装计算机操纵的探测设备和报警装置；公司领导的道德失误，而不是法律上的失误。由这个例子还可以推论，行为结果责任的亚种以及任务责任和角色责任的亚种是"法律的"。除了道德的解释，法律的解释也是不能忽视的，因为刑法解释、民法和政法具有不同的罪责问询和惩罚，对法律责任概念必须进行分析和概括。

简单地讲，行为结果责任是最高层的、纲要性的形式部分，针对相应的价值和标准领域，它必须通过内容上的特殊任务和特殊角色或通过（普遍的）道德的（或法律的）责任，这样在内容上才是可以实施的。行为结果责任是概括性的，可以通过解释获得补充；而所有的具体行为只能被把握为内容上的和具体情景中的。

道德责任是普遍性的，它不仅涉及特殊的角色与领域，而且在原则上对每个有关的人以及每种状况都普遍有效。任务和角色责任在内容上是各个不同的，仅与特定的任务承担者有关，在这种意义上是明确的或界限分明的。

（三）伦克讨论了共同责任的分配问题。在共同责任的分配问题中，道德责任不是对于个人而言的，而是对于作为集体的社团或团队而言的。道德责任不能分配，也不可以被拒绝或分担，参与者只能（或经常是必须）共同承担。团体责任以及"共同责任"不能根据稀释效果在民主的公投中消失，或由于参与者数量的增加而消失，在参与者共同承担责任时，每个个体的责任一点也不能削减。伦克将其称之为团队中"无误解的共同承担的责任"或"共同责任"（mitverantwortung）。

伦克对共同责任的分配问题主导理念如下：每个人在效果和行为方案中，在大型项目或系统的力量与知识关系中，承担与战略位置相应的共同责任，特别是如果它有可能破坏系统和系统的给养——积极的或无意的、疏忽的。每个人在系统中应当根据战略上的重要性，根据规定的权限承担责任，不能加和或减差。每个人在系统中都是有责任的，这依赖于他的行为和参与的几率。总的责任是由许多人共同承担的，不能变小，不能完全消失，并且可以作为单个的共同责任推至可操作的个人的责任。当然，没有人可以单独完全承担所有的责任。

总的责任不是通过集体的行为产生的,而是由许多行为者的行为产生的,是许多行为的累积结果或联合效果。森林的死亡是一个贴切的例子:它不是源于单一的原因——个体的责任,而常常是下意识地污染的结果,并急剧地放大。

通过相互作用完成的副作用既不能归于单一原因,也不能根据规则预见。对这种情况又可以分为两类问题:一是可积累的和合成的伤害的责任分担问题。人们称之为战略框架下的责任分担问题。哈丁(Hardin)《公共地悲剧》中,单个牧牛人在草地上合法地放牧,根据传统的文化他拥有尽可能多的牛是合法的,然而个体的合法行为导致公共地的超载和生态的灾难。二是没有预见的或根本不可预见的系统作用和副作用,这也是由于积累和合成产生的。这也不能由单个行动者承担责任,而是整个系统同时具有责任。一个系统如何承担责任呢?是否由于技术的迅速增长,本来人能够预见或原本负责时,现在却不能总是完全预先估计到和控制技术的进犯和支配力量,即不能负责?他不必承担科学技术大型企业没有预见到的副作用的责任?然而对此他能怎么做?人们不知道应对什么负责,谈论道德上负责几乎是无意义的。所有学科的科学知识发展如此之快,以及由于各门学科的相互作用和推动,行为力量的增长大于人们的预见能力——在系统技术时代责任的二难困境。我们必须勇于认识新知识,验证新知识,然而我们在做大型项目时必须当心对自然和人可能造成的伤害。当今时代的特点就是,科学技术项目大多是大型项目、团体项目。

(四)伦克对机构责任和法人责任进行了分析。他与 Patrica Werhane 一起对法人责任的特点做了如下说明:

1. 法人是具有道德责任的,并且是道德个体,它是有目的的行为系统;

2. 法人是意志自由的,按照契约组成的个人联合体,是一个习俗和精神机构;

3. 法人是有特定目的的形式机构,(结构上)类似于机器;

4. 法人具有社会即道德责任,具有组织特征;

5. 法人是——按照社会契约理论——道德行为主体,不是道德个人为行为主体,按照这种观点首先强调法人对社会的外在的义务关系。

6. 法人是否是道德个人或道德施动者,从法律观点看问题是不大的。重要的是,法人通过约束和促进措施使之成为社会接受的行为。

(五)针对责任和角色冲突伦克还拟定了十个基础性的优先原则。

1. 权衡每个相关个体的道德权利,这优先于利益考虑。

2. 在无法解决的情况下,在同样重要的基本权利之间寻求妥协。

3. 权衡每个党派的道德权利，人们可以或应当投票解决，这为所有党派带来最少的伤害。

4. 根据前面3条原则权衡利弊，即不可放弃的道德权利先于伤害的避免与预防，先于利益的权衡。

5. 在实践中面临无法解决冲突时人们应当寻求公正的妥协（公正的妥协即同样地分担或合法地分担负担和利益）。

6. 共同的（高层次的）道德责任优先于非道德的基本义务。

7. 普遍的道德责任原则上先于任务和角色责任。

8. 直接的基本道德责任至少优先于非直接的、远的、最远的责任以及次级的法人责任。

9. 公众的福利应当优先于特殊的、实践中的非道德上的利益。

10. 在安全法的制定中给予优先解决，通过这些措施达到技术上的、经济上保护的目的。由此无疑对技术的安全性要求优先于经济的考虑。①

（六）伦克对科学工作者和技术人员的责任的说明。相对于其他自由职业者如医生、药剂师、律师来说，科学家、工程师和技术人员是个人、企业或顾问中的主体部分。这些自由职业者的活动表明他们对社会是重要的，他们为个人和社会提供了服务，甚至是生命攸关的服务，他们应经过专业培训具备高水平的专家能力。这些自由职业至少需要经过任命和程序认可。这些自由职业者不仅占据了相应的独立的职业地位，而且其专家和顾问角色也自然造就了他的独立以及自身责任。专家对顾客、公众、上司和同事具有特殊的义务、权利和责任。多数权利、义务和责任通过职业法则、规章或法规系统规范职业行为，并由相应的协会进行监督。

关于"技术人员的义务和责任"，当时人们对技术人员的道德责任与伦理责任或者说内在责任与外在责任的区分是很模糊的。人们认为技术人员除了对相关人员、社会、公众福利具有外在责任，专家对他所从事的行业、职业和同事还具有内在的责任。这些内在责任不仅包括对待共同合作的同事的行为规则，而且包括对待相互竞争的同事的行为规则。获得或促进职业团队的声誉也是义不容辞的。但是，因为内部规则和行业声誉涉及狭义的伦理意义上的行业和职业道德，这样道德和伦理又交织在一起，道德和伦理的不清晰以及由于意识形态和利益问题导致的伦理规范的滥用曾经并仍然可能继续存在。为了避免上述问题的发生，伦克提出，工程师对他的同事具有责任，包括作为合作者的同事和作为竞争对手的同事以及自己的行业都具有责任。同时如同医生和律师

---

① Hans Lenk. *Macht und Machbarkeit der Technik*, pp.133—134.

一样，技术人员——职业团队共同——通过相应的行业组织或协会代理，如通过德国工程师协会和德国电子协会——对公众和社会负责。专家对当事人、顾客或雇主的责任是具有重大意义的。但是，在当事人和专家利益之间常常存在着不可避免的冲突：顾客最关注的是尽可能好的服务，专家要同时考虑最高的收入和最短的时间内获得最好的服务。面对这样的冲突，伦克认为行业组织或协会应当积极地发挥作用，行业的规则应当关注专家的高能力、劳动的高质量。试图回避责任、滥用权力以及追求利润等行为，个体的积极行为可能会失败，行会机构或职业协会承担着控制这些企图的责任——通过惩罚的威慑、撤销毕业证、学位证或禁止行业等手段来完成。行会组织或职业协会还有义务保持与各个行业的知识、技术相称的尽可能高的培训标准和资格要求。对知识和技能的要求不仅针对个人，而且针对相应的职业机构和责任承担者。这里提出了促进和监督的任务，它通常不是法律义务，而是一种道德义务。尽管一个机构是法律上的个体，不是道德个体，仍然存在着道德上类似的义务。

伦克还认为，由协会的这种上层的义务可以推出每个技术人员的个体义务：每个技术人员根据最好的知识和良知履行义务，达到技术的最高水平。如果某个人不履行义务，他人对他提供同样的技术服务。如果一个人的生命正受到技术设备的威胁，处在这种情景下，只有技术人员运用专业能力才能够帮助他（如果可能的话）。作为技术人员，如果他在应该履行义务的时候而不履行义务，那么他人在他受技术威胁时，可以用同样的方式对待它。

最后，伦克将责任问题归结为10点：1. 技术（超人的）力量应当履行义务；2. 技术的支配性力量的发展引起扩展的责任：在肇事责任之外，人还应当承担关心保护和预防责任，并且这些责任不能仅由个人承担，共同责任必须由集体承担；3. 责任的目的是下一代和人类整体的福祉，以及对自然和非人类的生物的抚养和爱护；4. 应当扩展下一代人与生物的道德权利与法律权利；5. 必须区分和研究责任类型与责任层次，确定优先原则和解决战略；6. 可控的鉴定、评价以及法律和社会程序推动了机构、协会、国家和企业道德责任的形成与发展；7. 科学家和技术人员个体几乎不能承担严格的"共同的"个人肇事责任，更重要的是预防责任；8. 人不可以制造人在技术上能够制造的一切，不能使用人生产的一切，必须学习明智地对待技术；9. 伦理的反思必须贴近现实、不断发展，必须意识到由于技术的挑战而引起的不断增长的责任；10. 职业伦理的发展迫在眉睫，技术人员和研究人员的培训中应当加入伦理教育。

最后，伦克倡议，明智地对待科学技术力量，理性地调节技术的进步，承担扩展的责任。"人的价值在于对其他生命以及依赖于他的生命负责——并且明智地对待技术力量。"①

三

以上我们主要对伦克的责任分类理论进行了简要的介绍。伦克不仅通过对责任的分类形成了自己独特的责任伦理体系,而且对当时以及后来德国技术伦理的发展都产生了重大影响。首先,他对内在责任与外在责任的划分,即科技道德与伦理的划分,促使后来德国科学技术伦理的发展走上了与英美等其他国家(包括我国)不同的路子:英美等其他国家(包括我国)的科学技术伦理重视对科学工作者与技术人员的专门的职业道德(内在责任)的研究;而德国的科学技术伦理则偏重于对科学与技术运行中涉及的伦理问题(外在责任)以及现代科学技术发展本身所带来的对传统伦理的挑战的研究。其次,他提出的"道德权利先于利益考虑"、"普遍的道德责任原则上先于任务和角色责任"、"直接的基本道德责任至少优先于非直接的远的、最远的责任以及次级的法人责任"等十条原则(后来又扩展为十六条②),也受到许多科学技术伦理学者的普遍的认同与称赞,成为后来的科学技术伦理学者建立自己伦理体系的基础性原则。

除此之外,我们还应当注意到,伦克是从正面或积极的意义上将技术伦理纳入技术哲学研究视野的第一人,此后"价值即带有规范要求的技术伦理研究"成为德国技术哲学的一个重要方向。在《技术的社会哲学》一书中,他指出了建立一个能够适应现代技术时代的伦理学的紧迫性。"从现在起,特别是在未来,我们已不能再忽视技术及应用科学的紧迫的伦理问题。③ 他还注意到单靠技术人员的良心、公众的批评是不能保证技术人员完全履行道德责任的,提出必须制定伦理的规则,为履行义务和责任的人提供制度上保障。"'我不做,别人也会做,这没有什么区别'不再能够成为违反道德条例和逃脱道德责任的辩解。"④ 德国技术伦理研究中,注重对技术人员伦理原则、伦理规则以及伦理框架的建构,注重技术评估、技术伦理的制度化、程序化建构,或许与这位技术伦理开创者的主张与理论或多或少的某些联系。尽管如此,伦克在技

---

① Hans Lenk. *Macht und Machbarkeit der Technik*, p. 144.
② Hans Lenk. *Einfführung in Die Angewandte Ethik: Verantwortlichkeit and Gewissen*. Stuttgart: Kohthammer, 1997, pp. 82—112.
③ Hans Lenk, Simon Moser. *Techne, Technik, Technologic — Philosophisehe Perspektiven*. Puttach, Dokumentation, 1973, p. 201.
④ Hans Lenk. *Macht und Machbarkeit der Technik*, p. 93.

术伦理领域仅仅是做了开启性的工作，他的责任分类理论对科学、技术人员伦理实践行为有多大意义还是一个有待探讨的问题。技术伦理领域更是存在着许多他不曾注意到或探讨过的问题。伴随着现代科学技术的发展，技术伦理可以说是旧病未除，又添新疾，这需要后来者的努力。

作者：王飞（1976—），女，山东潍坊人，大连理工大学讲师。
原载：《自然辩证法研究》，2008年第3期。

米切姆关于科技人员责任伦理的观点述评

朱勤　莫莉　王前

一、前　　言

现代科学技术已成为一股强大力量,影响着社会生活的各个方面,其结果的不可预测性和产生危害的毁灭性,使得科技伦理成为学术研究的热点,而科技人员(包括科研人员和技术开发人员)的责任又成为科技伦理研究的焦点。对于科技活动所造成的后果,他们是否应该承担责任?应该承担怎样的责任?当代技术哲学家米切姆对此作了深入考察,提出了一系列富有启发性的见解。

米切姆对"责任"一词作了语义学考证,他认为"责任"(responsibility)这一用语是新近出现的,它的词根是拉丁文的"respondere"(回答)。① 在古代,人类变革自然的能力有限,知识范围较窄,常常将一切事物的前因后果归于"天意",因而并不需要总是对现象做出回应或回答(response)。在传统伦理学中,责任并非中心概念。随着现代科技力量的增长,人们认识到科技进步可能给现代以至将来的发展带来一定风险,这就需要对整个人类的生存环境负责。传统伦理学以功利论、义务论和德性论为主,关注的仅仅是当下的实践活动,而没有将视野拓展到未来。② 米切姆看到这一不足。他认为"传统的伦理学只是关注个人行为范围内的选择,其考察的始终是人们如何对待自己和他人。在工业革命发生300年后,人们才开始扩大伦理研究的范围,包括动物、自然,甚至人工制品"③。因此,他将"责任"置于应对现代社会风险的新伦理学的中心,倡导一种适用于当代科技发展的"责任伦理学"。

米切姆吸收了韦伯、约纳斯和伦克等人关于责任伦理的思想。韦伯在《学

---

① 卡尔·米切姆著,殷登祥、曹南燕等译:《技术哲学概论》,天津:天津科学技术出版社,1999年,第72页。
② 潘斌:《风险社会与责任伦理》,《伦理学研究》,2006年第3期。
③ Carl Mitcham. Ethics and the Transformations of Technology. In Thinking Ethics in *Technology* (Hennebach Lectures and Papers, 1995 – 1996), Colorado: Colorado School of Mines Press, 1997, pp. 4 – 5.

术与政治》中揭示了"责任"概念的道德内涵,认为人们的行为必须顾及可能的后果,对自己行为产生的影响负责。汉斯·约纳斯指出,"人的行为已经涉及整个地球,其后果影响到未来。因此,人类应当承担的义务亦应有同步的增长……为了那个未来的我们的眼睛看不到的人类负责"[①]。与约纳斯一样,米切姆也看到了科技发展给人类社会带来的巨大伦理挑战。米切姆强调科技人员因其对科学技术的认识最为丰富,从而导致他们的行为会对他人、社会、自然界带来更大影响,因此他们应负有更多的伦理责任。

米切姆和约纳斯都认为人们应当自觉节制自己的权力,但约纳斯强调人类的整体行为,特别是政治行为所带来的责任,而米切姆认为现代人因为掌握了强大的科学技术,必须对自己的科技行为负责。约纳斯在一定程度上是技术悲观主义者,其着眼点是避免极端的"恶";而米切姆则是一个技术的乐观主义者,他看到了科学技术的消极影响,但他认为人们应当勇于承担责任,用科学技术弥补其不足,他讨论科学技术的着眼点是求"善"。在研究方法上,约纳斯受现象学、解释学传统的影响,从总体上对技术进行人文主义的批判;而米切姆则从分析哲学的视角,从具体科学技术出发研究哲学与伦理学问题,解析技术本质,有着技术伦理研究经验转向的特征。

二、科技人员责任的内涵

在米切姆看来,科技人员责任的内涵,包括科学家的责任和工程技术人员的责任两个方面。

(一) 科学家的责任

米切姆认为,当代科学家的责任已扩展为一种社会责任。在科学家作为社会角色出现后很长一段时间内,科学家的责任还只是对真理的追求,并不存在社会责任。20世纪30年代以来,以贝尔纳为首的一些英国科学家首先明确提出科学家的社会责任。曼哈顿计划的实施、核武器的研制以及原子弹爆炸带来的巨大伤亡,都使得这些科学家强烈意识到他们的社会责任的重大。米切姆认为,第二次世界大战后科学家对他们的责任的讨论已经展开,这些讨论是看待科学和社会之间关系的两种不同传统密切配合的尝试。关于这两种传统,米切姆谈到,"第一种是最老的传统,它把经验科学看作是一种与较低层次现实有关的天生有限的知识形式,是一种在思想和实践水平上对社会秩序潜在的威

[①] 李文潮:《技术伦理与形而上学——试论约纳斯〈责任原理〉》,《自然辩证法研究》,2003年第2期。

胁，科学家（和政府）对其学科进行界定的责任也随之产生了"①。这种传统认为知识或科学不应公开化，因为如果使用者价值取向本身就是危险的，那么技术应用对于社会的后果也不堪想象。爱因斯坦晚年曾不止一次说过，他悔不该在给罗斯福的信上签名。"假如我知道德国人不会造成原子弹，我是连一个手指也不会动的。"②

米切姆又谈到第二种传统，即更现代的观点："认为科学已经完全把握了真理，因此它在本质上无论在什么条件下都有利于社会。相应地，科学家应对从事和扩展其学科研究负责（国家也应该支持这些活动）。"③这种观点最初随近代欧洲启蒙运动而产生，康德曾把"敢于求知"称为18世纪欧洲启蒙运动的基本观点。启蒙运动倡导人性和自由，也提倡科学研究的自由。但在第二次世界大战后，科学技术消极后果的增长进一步扩大了科学家真正责任的讨论范围，也对传统伦理学提出了挑战，科学家认识到他们的某些工作存在有害结果，希望社会做出调整。20世纪70年代以后，严重的环境污染问题使得人们怀疑科学自身就存在着问题，渴望去改变科学的内部特性。④"大科学时代"的到来使得科学与社会发展紧密相关，两种传统之间的冲突与对话使第一种传统拓展了前现代对科学的批判，也使第二种传统开始意识到必须对科学应用加以限制。米切姆认为，"由于科学与社会之间张力的加大，科学家们不仅仅对他们的专业，而且要对社会负责"⑤。两种传统由此引发了科学家对责任问题的反思，并在有关于当代科学家责任的问题上取得共识：科学家的责任范围不再局限于科学事务本身，他们必须为科学后果负责，对公众负责，向社会负责。

（二）工程技术人员的责任

在米切姆看来，工程技术人员的责任变化趋势与科学家类似，也向着公众和社会领域发展。他认为关于工程技术人员的责任主要有三种观念：第一种观念强调对公司忠诚，第二种强调技术专家领导，第三种强调社会责任。⑥

"工程师"原意指设计军事堡垒或操作弓弩等战争器械的士兵。在这种语

---

① 卡尔·米切姆著，殷登祥、曹南燕等译：《技术哲学概论》，第79页。
② 任爱玲：《科学家伦理责任的哲学思考》，《科学技术与辩证法》，2001年第6期。
③ 卡尔·米切姆著，殷登祥、曹南燕等译：《技术哲学概论》，第79页。
④ 卡尔·米切姆著，殷登祥、曹南燕等译：《技术哲学概论》，第81页。
⑤ Carl Mitcham. Coresponsibility for Research Integrity. *Science and Engineering Ethics*, 2003 (9), pp. 278.
⑥ Carl Mitcham. Engineering Design Research and Social Responsibility. In: *Ethics of Scientific Research*. Maryland: Rowman & Littlefield Publishers, 1994, p. 153.

境下,工程技术人员忠诚于组织就比较好理解了。但纯粹的服从有时也会出现盲目的情况,因为支配的理由未必是正当的。于是人们开始认为,忠诚应当是有限度的。19世纪末20世纪初,随着工程师手中技术力量的增强,工程师人数增加,工程师们作为下级和上司之间的关系也越来越紧张。美国技术史学家埃德温·莱坦(EdwinLayton)称之为"工程师的叛乱",进而诞生了轰轰烈烈的"技术专家治国运动"。米切姆认为,"这场叛乱的必要基础就是某种工程理想的明确表示,哪怕它只是一种思想意识,即工程师事实上能'负责任'的思想意识"① 工程师们认为,他们不是受特定利益集团偏见影响的劳动者,而是有着广泛的责任以确保技术改革最终造福人类的人,是人类进步的主要力量。第二次世界大战中核武器的使用所带来的恶果,使人们不再相信技术是完全向善的,纯技术目的治国方式看来对公众、人类并没有带来福祉,包括一部分工程技术人员在内的人们开始对工程技术人员的责任进行反思。他们认为工程技术根本上是面向公众的,工程技术人员的责任应该从"技术专家统治"的"普遍责任"回归到对公众负责的"有限责任"。1947年美国工程师专业发展委员会起草了第一个工程伦理标准,被认为是伦理观念转变的标志,它要求工程师"使自己关心公众福利",工程师应当将公众的安全、健康和福利置于至高无上的位置,他们的责任变为一种公众的、社会的责任。

总之,无论是科学家还是工程技术人员,其责任范围总的趋势都从最初对个人和公司负责发展到对公众、社会负责,从隐性责任发展为显性责任。责任范围逐步社会化,其根本原因就在于他们手中的科技力量及社会影响的增强造成科技活动与公众利益之间的冲突。在科学技术上可行的事情,从社会伦理上看未必可行,这需要伦理规范的约束。正如加拿大技术哲学家邦格(M. Bunge)所说,"你应该只设计和帮助完成不会伤害公众幸福的工程,应该提醒公众反对任何不能满足这些条件的工程"②。科学技术人员责任向社会的扩大化,使得他们面临着更多的责任困境。

三、科技人员的责任困境

在米切姆看来,科技人员面临的责任困境主要有以下三类:首先,科学技术本身所负载的价值成为造成科技人员责任困境的一个重要原因。米切姆指出,"事实上,即使科学家们怀着最善的目的对技术进行研究,即使使用技术

---

① 卡尔·米切姆著,殷登祥、曹南燕等译:《技术哲学概论》,第88页。
② M. 邦格:《科学技术的价值判断与道德判断》,《哲学译丛》,1993年第3期。

的人们也没有随意误用或滥用技术,科学技术自身仍经常会带来伦理问题"①。
"当爱因斯坦认为对待核武器的出现需要新的思维方式时;当加入美国科学家协会(FAS)、原子科学家公报、帕格沃什运动、忧思科学家联盟(UCS)的科学家和工程师们宣称(用 UCS 领导人肯德尔的话说)'核能量本质上是危险的'时候,这些观点清楚地暗示着,至少原子能这一项技术已经表现出绝不能成为中性手段的特性,即不论出于何种动机使用原子能都会产生副作用。"②

其次,米切姆认为,"科学家和工程师在广阔的社会经济背景下,扮演着不同的职业角色和公众角色,诸如政策制定者、私人企业的顾问或雇员、政府的顾问或雇员、管理者、公众顾问以及一些传统的角色,诸如教师、研究者、独立的从业人员。""角色的变化使得科学家和工程师不仅要承担职业责任,还要额外地承担对公众的责任。"③ 角色的激增以及角色间可能出现的矛盾使科技人员陷入责任困境。这里还存在另外一个问题,工程师眼中的自己和公众眼中的工程师这两种角色往往是冲突的。工程师将自己视为解决事关公众利益问题的能手。而一些对人体与环境造成危害的失败工程,使得公众把工程师看作是制造麻烦的罪魁祸首。科技人员所能承担的责任只能是有限的责任,他们不可能对一切负责。他们通常都受雇于某个社会组织(公司、机关等),而这些社会组织都为自己的目的、利益所驱使,工程师、科学家个人很难与组织的力量相抗衡,从而难以履行自己的伦理责任和社会责任。

最后,米切姆还指出,"单个科学家的研究逐渐细化,使得角色责任甚至是集体的角色责任成为科学家逃避公众责任的借口",由此也造成科学家和工程技术人员的责任困境。"当科学家集体和其他社会集体共同施行某种行为时,我们如何应对责任问题?"④ 1939 年爱因斯坦签了一封给罗斯福总统的信,信中请求开展核武器计划;将近 20 年后,也就是 1955 年,爱因斯坦又发表了一篇公开声明,号召他的科学家同胞们致力于限制和控制核武器的发展。这两封不同时期的信件,充分显示出科技人员的责任困境。

科技人员的责任困境的产生,主要是因为没有协调好公众利益与科学技术

---

① Carl Mitcham. Coresponsibility for Research Integrity. *Science and Engineering Ethics*,2003 (9),pp. 279.
② Carl Mitcham. Professional Idealism among Scientists and Engineers: A Neglected Tradition in STS Studies. *Technology in Society*,2003(25),p. 260.
③ Carl Mitcham. Coresponsibility for Research Integrity. Science and Engineering Ethics,2003 (9),pp. 278—279.
④ Carl Mitcham. Coresponsibility for Research Integrity. *Science and Engineering Ethics*,2003 (9),pp. 280.

之间的关系。面对这些问题,米切姆认为最可行的解决方法就是,"积极地承担角色责任,而不是消极被动地逃避责任。我们应认识到,在我们扮演了新的角色的同时,这一角色对我们也提出了承担相应角色责任的要求。因此,我们有义务去承担我们所扮演的角色责任,而且我们还应反思角色本身的意义及扮演角色的方法"①。米切姆认为应当超越集体责任,去调节科学技术与公共利益之间的关系。为解决责任困境问题,需要使公众参与到科学技术事务中,从专家统治向公众参与转变,在科技人员和社会公众之间倡导合作责任",即科技人员与非科技人员之间相互联合的一种责任,以谋求科技活动与公众利益的统一。

四、消除困境的出路:合作责任

米切姆所强调的科技人员与非科技人员之间的合作责任,需要两者相互对话、相互协调,这类似于哈贝马斯的商谈伦理(discourseethics)。责任主体间的商谈是以平等、相互承认和尊重为基础的交流。

(一)合作责任中的公众参与

在米切姆所倡导的合作责任中,社会公众在科学技术决策的过程中的行为是公众参与行为。事实上,工程师往往会认为普通公众对技术的经验不够丰富,只有受过专业训练的专家才能做出理性的判断。同时工程师可能也并不完全了解公众的需求甚至工程对公众的影响,这违背了民主的意愿,公众参与将有助于消除这种困境。

米切姆认为,技术决策中公众参与的问题应当在民主参与的背景之下研究。米切姆将有关民主参与决策的理论大致分为两类:一类是现实主义理论,另一类是参与理论。前一种理论认为,民主政治不过是为争取公众选票的竞争。公众对决策不感兴趣,并不应参与利益相关者以及精英们的决策制定活动。这样做的目的是为了保持政治的稳定,因为如果每个作为参与者的主体都参与政治,他们就会被分裂成许多亚团体,使政治充满动荡。这种公众参与的民主模式其实是技术统治的一种改良,公众并没有广泛地参与,只是选出一部分公众作为代表。米切姆称这样的参与模式是一种"浅薄"的参与。后一种理论反对这种不彻底的参与模式。他们力图在公民中寻找发展广泛参与的方法。米切姆称这是一种"厚重"的参与,他更倾向于这种模式。他认为,"在公众

---

① Carl Mitcham. Coresponsibility for Research Integrity. *Science and Engineering Ethics*,2003 (9),pp. 280—281.

参与活动之前，有必要在人们的观念上（从下层百姓到上层决策者）实行革新"①。

因此，米切姆提倡在两个方面开展广泛的公众参与。一方面是广度，即提倡多个学科、专业而不仅仅是与科学技术相关的专业参与讨论，包括人文和艺术，以便沟通科学文化与人文文化。另一个方面是深度，即提倡讨论应当超越学科划分，包含广大公众的利益。② 米切姆主张建立一个"公众、技术专家、伦理学家的跨专业、广泛参与的共同体一起对科学技术问题进行思考"，以协调科技活动与公众利益之间的关系。

米切姆将公众参与理论分为以下 4 类：1. 坚持把参与作为目的和最终价值。这一论点来自于康德的道德自治理论，实际上就是强调个人决策的自由。2. 将参与作为一个工具或手段。这一论点将科学与社会、科技人员与公众联合起来，相互沟通、对话。3. 关注现实主义。公众参与应当面对一些现实问题，例如，专家事实上并不能脱离公众的影响，专家在决策的时候会加上自身的利益等。4. 把参与看作是一个学习或教育的过程。这种论点想通过教育和学习的过程，通过普及科学技术知识，使公众尽可能多地参与到决策过程中来。

米切姆对第四种类型特别关注，他认为"作为教育启蒙这样的参与模式增强了公众的智力，同时又给予了公众参与影响他们生活的技术决策的机会，这种模式提高了技术的民主"③。要实现这一途径，就需要把参与过程看作是一个教育学习的过程。对公众特别是理工科大学生普及科技伦理教育，一方面可以提高公众的素质，使他们在技术决策中更有发言权；另一方面可以减少专家统治，达到科学技术与人文之间的融合。

米切姆关于公众参与的责任伦理思想对我国科技伦理建设很有启发意义。从我国现实情况看，公众参与科技决策的问题已经引起国家有关部门的重视，但刚刚起步，还没有制度化。近来一些重大科技项目决策之前召开"听证会"，就是一个明显的进步。可是还有不少公众可以参与的科技项目决策仍由少数人凭想当然"拍板"。当然，公众参与讨论的议题会受到限制，不可能讨论所有

---

① Carl Mitcham. Why the Public Should Participate in Technical Decision Making. In *Thinking Ethics in Technology* (Hennebach Lectures and Papers, 1995－1996). Colorado: Colorado School of Mines Press, 1997, p. 32.

② Carl Mitcham. Coresponsibility for Research Integrity. *Science and Engineering Ethics*, 2003 (9), pp. 28.1

③ Carl Mitcham. Why the Public Should Participate in Technical Decision Making. In: *Thinking Ethics in Technology* (Hennebach Lectures and Papers, 1995－1996), p. 35.

技术问题。许多科技决策不是由公众认同决定的,高、精、尖技术决策更多是一种国家行为。如何在保障经济效益的同时又维护公众利益而不至于"走过场",这些问题仍有待进一步研究。

(二) 合作责任中的科技人员义务

米切姆倡导将科技人员的集体责任扩展到与公众的合作责任。他提倡科技人员在工程设计活动中,应当承担向公众披露真相的警示义务、考虑周全的义务和使公众知情同意的责任。

当科技人员发现雇主或经理违背职业道德,得知工程项目中存在隐患,或对公众存在危害时该怎么办?米切姆认为,科技人员应当承担向公众披露真相的警示义务,揭露有可能对公众安全、健康和福利有负面影响的缺陷。在商业机密的传统下,科学家和工程技术人员要履行这一义务会相当困难。"这不仅需要专业协会的支持,同时更需要广大的公众参与和支持。"[①]

考虑周全优于向公众披露,原因在于"如果工程师能更好的进行研究和测试,而不是揭露设计中存在的或潜在的危害从而使计划取消,也许就不至于浪费纳税人的钱。另外,在阻止一些伤害产生时不可避免地又会造成另外的伤害。这样,往往会对善和恶的评判标准造成某些两难困境"[②]。因此,米切姆更提倡在设计过程中,科技人员履行"考虑周全的义务",通过精心的和考虑周全的设计以避免由于设计上的缺陷而需要向公众披露,从而使他们自己陷入两难境地中。但是米切姆自己也承认,"由于对科技伦理中的诸多问题研究不够,因此在技术评估中,考虑周全本身就是一个伦理问题"[③]。为此,米切姆提出了一些具体的可供参考的准则:"在技术评估时,科技人员应该问:这种理想化或模型化在设计过程中是否有可能忽略了那些在技术中不是很重要却对技术以外的世界很重要的因素?这一模型是否包括了一切非技术标准?这一分析是否考虑了伦理维度?我是否尽力把工程研究和设计纳入到一个广阔的社会背景中考察它潜在的影响,包括对环境的影响?关于最终用户的假设是否经得起严格的检查?研究和设计流程是否通过了与其他较大的非技术团体的对话?

[①] Carl Mitcham. Engineering Ethics in Historical Perspective and as An Imperative in Design. in *Thinking Ethics in Technology* (Hennebach Lectures and Papers, 1995-1996). Colorado: Colorado School of Mines Press, 1997, p. 127.

[②] Carl Mitcham. Engineering Ethics in Historical Perspective and as An Imperative in Design. In *Thinking Ethics in* Technology (Hennebach Lectures and Papers, 1995-1996), p. 136.

[③] Carl Mitcham. Engineering Ethics in Historical Perspective and as An Imperative in Design. in *Thinking Ethics in Technology* (Hennebach Lectures and Papers, 1995-1996), p. 142.

还有哪些可能在研究和设计过程中不受重视的因素应予以直接考虑?"①

米切姆还将使公众"知情同意"作为科技人员责任的重要方面。知情同意起源于20世纪后半叶的医学领域,指的是患者在知情的前提下以书面形式对某种可能产生副作用、影响患者未来生活、甚至可能带来死亡的危险治疗或外科手术表示同意。同样,工程和技术本身也存在着复杂性和风险性。因此,知情同意的原则后来被应用到工程技术领域。用户需要在被告知项目的性质和可能后果的前提下,做出是否同意该项目实施的决定。知情同意原则也是个人民主、自我决定意识在工程技术领域的增强,这成为公共参与技术决策的前提。用户需要对施行项目的信息有比较全面的了解。而由于科技人员掌握了绝大部分信息,他们有责任对公众进行告知和教育,向公众披露工程设计中可能出现的问题。这样,科技人员与非科技人员之间的合作责任就建立起来了。

米切姆关于科技人员在合作责任中作用的思想,对我国科技伦理建设很有启发意义。我国的科技人员在适应由计划经济向市场经济转型的过程中,不可避免会遇到部门、公司利益与公众、社会利益可能冲突的问题。当发现某种科技决策有可能损害公众和社会利益时,科技人员能否披露真相,能否考虑周全,能否使公众知情同意,这需要广泛深入地进行责任伦理教育,特别是对理工科学生进行责任伦理教育。另一方面,社会上也要建立保护科技人员实践责任伦理的机制,特别是保护为公众利益披露真相提出警示的科技人员,使科技活动可能带来的负面影响降到最低限度。

作者:朱勤(1983—),江苏兴化人,大连理工大学科学技术哲学专业硕士研究生;

莫莉(1980—),女,湖北恩施人,大连理工大学科学技术哲学专业硕士研究生;

王前(1950—),男,辽宁沈阳人,大连理工大学人文社会科学学院教授。

原载:《自然辩证法研究》,2007年第7期。

---

① Carl Mitcham. Engineering Ethics in Historical Perspective and as an Imperative in Design. In: *Thinking Ethics in Technology* (Hennebach Lectures and Papers, 1995—1996), p. 143.

武器研发的伦理困境与科学家的道德责任

曾华锋　钱彦琮　陈晓兵

武器伦理问题既是一个古老的问题，也是一个新兴的问题，其重要性随科学技术的发展而同步增长。在现代科学技术突飞猛进的条件下，各种杀伤破坏力强大的新式武器的出现，拷问着人类武器伦理观念的更新，呼唤着科学家道德责任感的增强。

一、武器伦理的源起

文明之初，随着科学技术的发展，专门用于作战的武器出现之后，人类武器伦理思想开始萌芽，并开始了对武器的伦理限制。美国学者杜普伊断言，在原始社会末期的战争中"人类就确立起一种典型方式，即采用跟自身能力相适应的特定手段来发明、改进、选择和使用武器"[①]。随着人类思维能力和认识能力的提高，人们的道德意识、道德水平也不断发展，用道德限制武器装备研究、发展和使用的伦理思想逐步形成，并在世界军事道德文化中长盛不衰。公元前500年，古印度《摩奴法典》中对战争和武装冲突中使用工具和作战方法做了限制："当与敌人交战时，勿用不守信义的武器，带齿的箭，带毒的箭，以及在尖端用火烧红了的箭头杀其敌人。"在欧洲中世纪，梵蒂冈教会颁布禁止在基督教徒之间使用"十字弓"的法令。1868年12月11日签订的《圣彼得堡宣言》明确规定："考虑到文明的进步，应尽可能减轻战争的灾难；各国在战争中应尽力实现的唯一合法目标是削弱敌人的军事力量；为了这一目标，应满足于使最大限度数量的敌人失去战斗力；由于武器的使用无益地加剧失去战斗力的人的痛苦或使其死亡不可避免，将会超越这一目标；因此，这类武器的使用违反了人类法律；缔约国相互保证，在它们之间发生战争时，它们的陆军和海军部队放弃使用任何轻于400克的爆炸性弹丸或是装有爆炸性或易燃性

[①] T. N. 杜普伊著，严瑞池等译：《武器与战争的演变》，北京：军事科学出版社，1985年，第1页。

物资的弹丸。"① 现代，国际社会禁止核试验、防止核扩散和消减核武器等条约的签定，以及《禁止生物武器公约》和《禁止化学武器公约》等限制武器研发的措施在全世界的实行，充分说明人类作为战争的主体，应该完全能够凭借自己积累的伦理智慧，驾驭战争手段的发展轨迹。遗憾的是应该不等于现实，人类武器装备研发的伦理问题日益严重。

二、武器研发的伦理危机

武器是直接用于杀伤、瘫痪敌方有生力量或破坏、瘫痪敌方军事设施和战争潜力的作战工具。随着科学技术的发展，人类研制出了威力巨大的各种武器系统，也使自己面临深层的伦理危机。

（一）高技术武器的研发使人类面临毁灭的危险

现代科学技术的发展在为人类社会的美好生活带来了无限可能性的同时，也带来了人类"作恶的无限可能性"。军事技术在本质上是科学技术成果被"恶用"的产物，武器装备则是军事技术"恶用"效果的物化、对象化，是对人的生命、财产、尊严和生态环境造成巨大伤害的"凶器"。现代新概念武器论者认为，当代所有能运用于战争行动的手段都可以看作武器。在他们眼里，凡能造福于人类的，便皆可危害于人类，当今世界上的一切，凡乎没有什么不能成为武器。传统的武器不用说，一次人为的股灾、一次电脑病毒的侵入、一次使敌国汇率的异动，或是在互联网抖落敌国首脑的丑闻、绯闻，统统都可以被纳入新概念武器之列。随着武器装备研发和使用的极端化，人类面临越来越严重的毁灭危险。

追求最大限度杀伤威力的核武器，使人类首次获得了彻底消灭敌方的能力，但同时也足以毁灭人类 N 次。毁灭性核战争依然是高悬在人类头顶的达摩克利斯之剑，人类依然生活在恐怖的核阴影之下。即使高技术时代以来研制的各种新式武器也足以使人恐怖到夜不能寐。美国在对伊战争前试爆"高威力空气爆裂炸弹"（简称 MOAB 炸弹）时，48公里外仍可清楚地看到爆炸涌起的白色蘑菇云。据美军方介绍，一枚这样的炸弹即可夷平巴格达整座城市。基因技术用于武器研制，其蕴涵的种种人道危机比起核武器更是有过之而无不及，如超级基因武器"热毒"，20 克就足以使 60 亿地球人死于非命。研制这种以消灭特定人种为目的的生物武器无异于自掘坟墓，因为生物学家发现，不同种族之间的基因差异微乎其微，武器研制方难保不会惹火烧身，而使人类文

---

① 王铁崖等：《战争法文献集》，北京：解放军出版社，1986年，第 7 页。

明毁于一旦。

（二）高技术武器的研发耗费大量资源

目前，武器研究和发展汇聚了世界上50万最优秀的科学家和工程技术人员，吸引了世界上1/3到1/2的人力和物力。由于科技密集与经济密集存在必然联系，当前高技术武器的开发和制造费用呈现越来越高的增长态势。如F-15战斗机的单机造价为4700万美元，F-22的单机采办金额则为1亿3千万美元，而B-2隐身战略轰炸机的造价也在制造过程中一涨再涨，1997财年的单机造价竟然高达近20亿美元。而1998年投入现役的"杜鲁门"号核动力航空母舰的造价更耗资45亿美元！可以说，在武器装备更新换代的同时，其费用也呈几何级数递增。

武器装备研制耗费大量宝贵资源。据不十分精确的统计，在不可再生资源石油的消耗方面，全世界用于维持军备的石油占了石油总量的6％，这一用量是所有发展中国家石油消费总量的约50％。美国是全世界消耗石油最多的国家，其军队的耗油量占了全国耗油总量的3％-4％。钢铁是军民两用材料，更是军工的支柱，每年用于军工的钢铁，约占全球总用量的9％。铅、铂、铜、镍等金属用于军事的总量，大大超过了第三世界国家对这些金属的需求量。空间资源对于人类生活是非常宝贵的。但全世界几乎所有领土和领空都被用于军事目的，用作军事基地的土地约占全球土地的0.5％-1％，这还不包括军工工业、军队调动和飞行训练所占用的土地。

武器研发惊人的费用意味着人类失去了解决世界诸如饥饿、疾病、痛苦等众多问题的无数机会，但在奉行军事凯恩斯主义的西方国家，军事工业的开支向来被宣扬为创造就业、刺激经济发展的一种手段。事实上，"政府总是大肆鼓吹通过出口交易可以保证就业机会，但对用于保证这些交易的补贴却尽量闭口不谈，1985-1994年，军事出口仅占英国出口的1.7％，却得到了政府出口信贷担保的40％，1990-1994年间，由于其他国家拖欠武器款项，出口信贷部每年不得不花费平均大约4亿美元纳税人的钱用于补贴军备公司"[①]。研究表明，将武器研究和发展的开支用于其他行业，可能会创造更多的就业机会。

三、武器研发中科学家的道德责任

对于科学家与武器研发之间的关系，贝尔纳曾经指出，"并不是由于科学

---

① 巴里·布赞，埃里克·海凌著，薛利涛译：《世界政治中的军备动力》，吉林：吉林人民出版社，2001年，第133页。

家具有好战的特性,而是因为战争的需要比其他更为急迫"[①]。受政治强制力的驱使,科学家可能是在被动状态下研制武器。由于科学技术发展的意外性,科学家也可能不知情地导致了武器负效应的产生。但这不能说明,科学家对武器发展的道义责任要比政治家或者其他人员少多少,无论如何,从技术到现实武器,科学家是最初的、也是最关键的一环。多数情况下,科学家不仅是技术的第一推动者,也是武器研发的思想提供者。

(一)武器研发凸现科学家的伦理责任

从现代军事技术史看,每一次重大的变革无一例外是由科学家做出而后被应用于武器研制。TNT炸药的发明、核武器的研制、战略导弹的改进,以及太空向军事化的过渡,无不显示出科学家的思想轨迹。然而,20世纪以前,科学家的科学研究大多还是出于兴趣,并非职业使然。例如,生物学家列文虎克是市政大厅的看门人;爱因斯坦提出狭义相对论时也还是专利局的审查员;这种状态下,科学家对于武器发展的推动作用多数是偶然的结果,可视为意外的负效应。另一方面,受当时技术发展水平、伦理认识水平的限制,许多科学家制造和改进武器时也未必认识到武器负载的伦理价值。此外,一度盛行的工业技术和平主义思想也在很长时间内混淆了科学家的武器伦理视线。

20世纪以来,科学技术的复杂性和巨额的科研费用使得业余科学家成了时代的另类,科学研究成为了一种职业。由于职业的强制性原因,科学家与不计成本的军事需求和武器研制之间的关系出现了深度的融合。目前,"科学家们每年差不多有200万个小时用于破坏这个星球的工作上,这个世界上有30%的科学家、工程师和技术员从事着以军事为目的的研究和开发"[②]。政府为组织高技术武器发展计划,往往会动员几乎是全社会的科学家资源置身于武器研究,现代科学家对武器的负效应通常是知情的,道德作用常常使心存良知的科学家备受谴责。不过,与军事研究并无直接关联的科学家对武器研制的推动也是无法直接察觉的。例如,20世纪50、60年代对基因技术做出过重大贡献的科学家们,应该不会想到,基因技术会给人类生存带来甚至超过核武器的困惑。

然而,不知情只能证明没有动机过错,并不意味着科学家可以推脱道义责任,"目前,实际上任何一个自然和技术科学部门都与武器的制造有关"[③]。

[①] 贝尔纳著,陈体芳译:《科学的社会功能》,北京:商务印书馆,1982年,第82页。
[②] 保罗·库尔兹著,肖峰等译:《21世纪的人道主义》,北京:东方出版社,1998年,第4页。
[③] M.基里扬著,中国人民解放军科学院外军部译:《军事技术进步与苏联武装力量》,北京:中国对外翻译出版公司,1984年,第3页。

新技术一旦问世，便会迅速转化为武器力量。而科学技术发展到今天，其力量如此之巨大，以至于军事应用的后果远远超出了人们的预见和判断能力，常常引发科学家无法想象的、人类无法承受的伦理危机。在应对武器伦理风险的过程中，作为科学技术与现实武器联系纽带的科学家，理应认识到所肩负的沉重道义责任，自觉加强行为的道德约束与伦理意识，引导社会的道德导向，令科学技术为人类带来的是幸福而不是灾难和毁灭。

（二）科学家道德责任分层

对于武器研制带来的恶性后果，科学家承担有道义责任。然而，笼统而不加界定地谈论科学家的道义责任，只会得出混乱且缺乏操作性的结论。由于科学研究已经成为一种职业行为，对于大多数科学家而言，科研活动是种交换劳动换取酬金的谋生手段。存在于科学家与政府、企业或科学共同体之间的合同关系，使得科学家很难游离于体制之外，可以说，许多科学家参与武器研究，多少出于无奈。这种情况下，武器研制活动中原本属于科学家的一部分道义责任转移给了社会。而不同层次、不同类型的科学家，由于受到的社会强制性影响并不相同，责任转移的情况也不一致，对武器研发承担的道义责任也不相同。

依据资历和对科学技术贡献的能力，科学家可以分为不同层次。美国社会学家哈里德·朱克曼曾对美国科学家做过如下分层：诺贝尔奖获得者、美国科学院院士、获有博士学位的科学家、收入《美国男女科学家》一书的科学家、登记进《全国科技人员登记册》的科学家、美国科学家的全集，各个层次的科学家人数比例是一种典型的金字塔的结构。（见图1）①

事实上，任何一国或团体中的科学家均存在类似的分层。显然，处于金字塔结构顶层的科学家对科技发展和政府决策的影响力远远超过底层的科学家，其责任转移相对要少。由于技术和技术应用具有高度复杂性，武器革新的必要性和可能性均需科学家提供建议和论证，而最终能够打动政府和军方的建议往往来自于顶层科学家。可以说，对于武器研究引发的道义危机，顶层科学家承担了更多的道义责任。譬如，没有爱因斯坦、西拉德等著名科学家的推动，原子弹的历史会是另外一种可能，罗斯福总统曾说过，"正是爱因斯坦一封义正辞严的信改变了我对核武器的态度，也改变了人类在20世纪的命运"②。没有人会怀疑爱因斯坦写信动机的正义性，但是超出预料的结果却让爱因斯坦良心

---

① 哈里德·朱克曼著，周叶廉等译：《科学界的精英》，北京：商务图书馆，1982年，第20页。
② 罗青等：《黑色档案：世界核武器揭秘》，北京：长虹出版公司，2000年，第6页。

备受谴责。当然，凸显顶层科学家的道义责任，并不是忽视大量底层科学家的道义力量。科学技术的未知领域，对所有探索者都是公平的，科学家之间的分层和类型区分也是相对的。只是社会体制对于大多数底层的科学家的制约力更强，若使所有的科学家受到同等的道义追问和谴责，显然缺乏合理性。

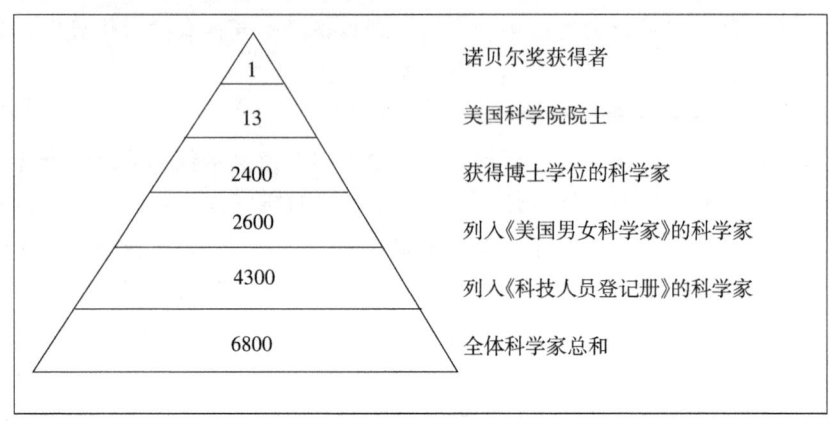

图 1　美国科学家分层状况

（三）科学家的道德自律

武器研发是最能反映科学技术价值分裂的环节。诺贝尔发明了炸药，约里奥·居里发现了铀裂变的链式反应，成功荣耀的背后，道义的忧思却令他们自责难安。确切地说，核武器的研制是个划时代的起点，最终促成了科学界对科学技术和武器研制进行深层的、系统的伦理解析。在"曼哈顿"工程执行期间，由于良心的驱使，参与其中的科学家就曾召开过几次讨论会。从最初希望发现理论缺陷而名正言顺地中止核武器的研制，到希望对核武器的使用具有决定性的发言权，再到向美国政府进言：建议将原子弹在无人区演习以达到震慑日本人的目的即可，一些科学家的内心承受了巨大的道义压力。然而，广岛、长崎上空升腾的"蘑菇云"最终粉碎了科学家们幼稚的规划，在伦理道德上进退两难的他们，由此发起了史无前例的以自律为基础的政治运动。

1945 年，参与曼哈顿工程的科学家成立了原子科学家联合会，即美国科学家联合会的前身。这是致力于结束军备竞赛和避免使用核武器的最早的研究机构，其创办的《原子科学家通报》杂志（1946 年），半个多世纪以来在探讨科学的社会责任和伦理意蕴方面产生了广泛的影响。原子弹爆炸之后，科学家们的伦理意识得到了惊人的觉醒，1946 年 7 月，包括美国和中国在内的 14 个国家科学家协会的代表和观察员在伦敦集会，宣告成立世界科学家协会，协会着重强调：充分利用科学，促进和平和人类幸福。这是科学界首次在全球范围内强调科学家的道义责任。20世纪50年代，科学界反对核武器的浪潮更是此起彼伏，仅1957年就产生了三个著名的科学家宣言：《麦淄宣言》（由52位诺贝尔奖获得者署名发表）；《罗素——爱因斯坦宣言》；《哥廷根宣言》（联邦德国18名原子科学家声明不参加研制和实验原子武器）。为响应《罗素——爱因斯坦宣言》，1957年7月，包括我国科学家周培源在内的22位著名科学家还在加拿大小城普格瓦什，举行了国际科学家和平反战会议。目前，总部设在伦敦的普格瓦什组织已有2000名科学家参加，并在30多个国家设有分部（1995年，该组织及其主席英国物理学家罗特布拉特（J. Rotblat）获得了诺贝尔和平奖）。

伴随着科学技术的飞速进展，20世纪60、70年代以后，科技研究和应用引发的负效果的范围和程度不断扩大和深化，科学界的伦理探讨随之有了更深的拓展。由"乌普萨斯协会"，著名科学家联名制定了"乌普萨斯"规范（1984年）集中反映了这种趋势及其伦理成果。该规范呼吁科学家用正确的伦理准则来控制自己的科研成果及其应用，不断对其后果做出判断，并经常性地公开自己的判断，进而抵制其认为是与伦理道德规范相悖的科研活动。"科学家应该保证他们所进行的科学研究的后果不会危害我们这一代及我们的后代的生存安全，因此科学成就不应用于或有利于战争和暴力。""当科学家断定他们正在进行或参加的科学研究活动与伦理规范相冲突时，他们应该中断他们所进行的研究活动，并公开声明他们做出这一判断的理由。科学家在做出这种判断时，应该充分考虑不利后果出现的可能性和严重性。"[①] 当然，由于缺乏现实机制和国际国内伦理环境，科学界的自律带有浓重的理想主义色彩，现阶段能对武器研发带来多少实质性的限制并不乐观。今天，科学家们继承了过去轰轰烈烈的限制核武器运动的优良传统，他们中很多人已经意识到现代高技术的军事化会有严重伦理危机，他们对太空武器、基因武器、环境武器、信息武器等等高技术武器提出了伦理批评。但是，仅靠科学家口头的伦理批评似乎不能减慢上述武器研制步伐，军事科学家们在强化伦理责任的同时，必须将伦理意识变为自觉行动。当今世界武器装备研发的伦理危机一方面说明目前科学界的自律机制并不完善，不足以有效阻止武器演进的趋势；另一方面也说明，仅靠科学界的道义力量是远远不够的，整个社会都负有重要的道义责任，人类用道德

---

① 刘大椿等：《科学技术哲学新视野》，北京：中国社会出版社，2000年，第244页。

制约武器研究发展依然任重道远。

　　作者：曾华锋（1965—），男，国防科学技术大学人文与社会科学学院人文系教授。

　　原载：《北京理工大学学报》，2007年第5期。

[国际关系视野中的"责任"]

"中国责任论"析论

牛海彬

近年来,观察中国外交的视角正在从创造有利于经济发展外部环境的实用主义观点转向国际体系层面的结构因素对中国外交的塑造方面。① 这种视角的转换反映了国内外关于"世界中中国"作用的解读和期待。中国的实力上升正在成为当代国际政治的结构性因素之一,中国如何运用新获得的力量在国际社会引起关注。"中国责任论"的提出正是在这种结构性因素压力下对中国外交的新挑战。

一、"中国责任"话语的兴起

"中国责任论"的出现具有深刻的国际背景。伴随着国家实力上升以及不断走向全球的脚步,中国如何在国际社会运用新获得的力量日渐引起世人的广泛关注,部分西方国家或国家集团开始要求中国在国际体系中承担更多的国际责任,其中最具代表性的观点,当属时任美国常务副国务卿的佐利克于2005年在美中关系全国委员会关于鼓励中国成为国际体系中负责任"利益攸关方"的演讲。② 美国希望中国在国际体系中承担更大的责任,这些责任涉及中国的内政外交等各个层面,比如要求中国加快政治改革步伐、加强知识产权保护、放松人民币汇率管制、增加军事预算透明度、加大对阿富汗和伊拉克战后重建的投入、增加联合国会费、对朝鲜和伊朗施加更大的压力、改变获取外部能源

---

① 参见牛军:"世界的中国:21世纪初的中国外交研究",《国际政治研究》,2006年第1期;陆伯彬:"从冷战到中国的崛起:美国对中国外交政策研究的变化与延续",《世界经济与政治》,2006年第10期。
② See Robert. B. Zoellick. Whither China: FromMembership to Responsibility? *Remarks to National Committee on U. S. - China Relations*, September 21, 2005; Commission of the European Union. *EU - China: Closer Partners, Growing Responsibilities*, October 24, 2006.

的方式、处理好与苏丹及缅甸等国家的关系等。①

欧盟理事会 2006 年 12 月发表的关于"欧中战略伙伴关系"的结论力图从全球层面看待双方关系的重要性，在明确表示积极支持中国成为国际社会成功和负责任成员的同时，呼吁中国在贸易、知识产权保护、人权、援助政策、气候变化、地区安全等领域承担更大的国际责任。②德国总理默克尔在 2007 年达沃斯世界经济论坛的主旨发言中，呼吁发展中国家承担更多的全球责任，拟邀请中国、印度、巴西、墨西哥和南非参加 2007 年夏季在德国举行的八国集团峰会，通过"新形式的对话"鼓励拥有最快发展速度的国家担负各自的全球责任，特别是在能源安全与气候变化领域。另外，德国希望中国在对非援助和经贸领域加强与欧盟的协商，通过限定条件促进非洲国家的人权、减少腐败和提高治理能力，以此促进非洲的可持续发展。③ 日本则以联合国现有会费分配比例不能反映中国不断增长的经济力量及其在联合国的地位和责任为由，要求中国承担更大的联合国会费交纳份额，为常任理事国的会费缴纳比例设置下限，并谋求降低日本缴纳的联合国会费份额。④

广大发展中国家则期望中国能够在国际社会代表和增进发展中国家的利益，更多地增加发展援助和对外投资以实现共同发展，比如，要求中国逐渐从防御性外交政策转向利用新增的经济影响力引导世界的积极变化。与此同时，随着中国加入世界贸易组织过渡期的结束，中国国际贸易竞争力的上升也给部分出口导向型发展中大国造成了一定压力，关于中国忽视劳工标准、产品补贴、非公平竞争以及海外企业缺乏社会责任等批评声音在发展中国家也时有所闻。上述声音反映出国际社会对中国的国际责任和作用随着中国实力的提升而有了更高期待。中国需要在继续拒绝表态、事实上抵制、犹豫地合作和承担更大的领导作用之间做出抉择。⑤

---

① Glenn Kessler, US Says China Must Address Its Intentions: How Its Powerwill Be Used Is of Concern, *The Washington Post*, September 22, 2005.
② Council of the European Union. Council Conclusions on EU — China Strategic Partnership. 2771st External Relations CouncilMeeting, Brussels, 11 & 12 December, 2006.
③ See *Chinaps Africa Policy Poses Risks—German Official*. Reuters, January 15, 2007.
④ *Japan Demands China Boost Its U. N. Fees Contribution*. International Herald Tribune, November 7, 2006.
⑤ Judith F. Kornberg & John R. Faust. *China in World Politics*, Colorado: Lynne Rienner Publishers, 2005, p. 8.

二、"中国责任论"的自由主义色彩

"中国责任论"的出台与"中国崩溃论"和"中国威胁论"在现实中不断碰壁有密切关联。"中国崩溃论"严重夸大中国国内发展面临的困难,试图唱衰中国,但中国在实现经济快速增长的基础上正在向全面、可持续发展的道路转型。"中国威胁论"则因中国奉行和平的外交政策而不攻自破,现在,中国与美国的盟国如韩国、澳大利亚等国的关系有了大幅改善;中日关系也在回暖之中;中国与东盟在地区合作中密切配合;与欧盟的战略伙伴关系内涵不断深化,双方已经正式启动伙伴关系协定的实质性谈判;与非洲、拉美和中东建立了紧密的贸易合作关系,对上述地区的投资保持着积极势头。在这种情况下,被学者和官方采纳的"中国责任论"在西方国家的话语中流行开来。

从"中国崩溃论"到"中国威胁论"再到"中国责任论"的转变表明,国际社会希望影响或约束中国运用权力的方式,进而规范中国未来的国际角色。

面对"中国责任论"的兴起,中国学者纷纷撰文对其背后的西化图谋、谋求主导中国外交、要求中国分担霸权治理成本等战略意图表示警惕,以及对中国能否在西方主导的国际体系中维护自身利益感到疑虑。[1] "中国责任论"在国际社会的主要倡导者是美国,而"中国威胁论"在美国也很有市场,比如2006年美国的《四年防务评估报告》称中国为"处于战略十字路口的国家",这在某种程度上支撑了关于"中国责任论"是"中国威胁论"变种的说法。美国一方面鼓励中国成为国际体系中"负责任的利益攸关方",与中国一道处理世界热点和难点问题;另一方面又在东亚地区保持美日同盟、构建东亚安全机制、强化美印关系以及建设跨太平洋而不是泛亚地区秩序,以此遏阻或防范中国崛起,这促使中国学者对"中国责任论"持较多的保留态度。

与"中国崩溃论"和"中国威胁论"相比,"中国责任论"较为中性、客观,它更多地从积极和正面的视角看待中国的实力增长和国际角色;在方式方法上更加强调对话与协商等接触性手段,而不是孤立与制衡的遏制性手段;在理论色彩上更加突出自由主义而非现实主义的色彩,不是旨在阻止中国追求更大的权力,而是鼓励中国在融入国际体系过程中承担与其地位和权利相称的国

---

[1] 参见刘建飞:《负责任大国对谁负责》,《环球时报》,2007年1月3日;林逢春:《祸兮?福兮?——"中国责任论"解读》,《社会观察》,2006年第4期;谢莉娇、唐彦林:《美国的"中国责任论"与中美关系》,《长春师范学院学报》,2006年第4期;袁鹏:《美国对华态度分析:从中国威胁论到中国责任论》,《东方早报》2005年12月22日。

际义务。正如部分学者所言,"利益攸关方"与"战略对手"、"伙伴关系"相比有很大不同,它彰显了中美之间的利益共性和共同义务,以及中国对国际体系的影响和重要程度。[①]"负责任的利益攸关方"概念的提出表明,美国政府一方面承认中美两国在国际体系中享有共同的重要利益,另一方面意味着美国要求中国在享受国际体系带来收益的同时承担相应的责任。

在某种程度上,"中国责任论"的兴起是中国力量上升和参与国际生活深化的必然产物。中国与世界各国经济相互依存度的提高促使多数国家选择与中国保持积极的合作关系,以便受益于中国发展带来的重大机遇,也促使所有"利益攸关方"去关注中国的国际角色。同时,面对全球化带来的巨大挑战,国际体系内的主要行为体在客观上需要团结起来加以应对,特别是团结新兴发展中大国的作用备受瞩目。汇聚了主要工业国家、并被认为是全球治理中心的八国集团虽然实力强大,但面对众多全球性问题的挑战仍显力不从心,与包括中国在内的新兴大国加强对话与合作已经成为该集团发展的重要趋势。"中国责任论"的兴起还在于国际社会对中国构建负责任大国形象的努力和未来国际角色的积极认同和预期。

三、"中国责任论"的挑战

"中国责任论"的兴起将有助于中国在国际舞台上获取更多的活动平台,国际社会在中国涉外事务以及重大国际问题处理和国际制度安排中将更多考虑中国的声音。与此同时,中国如何在国际体系中承担国际责任,维护自身发展权益和国际体系的稳定有序发展成为中国外交的严峻挑战。

第一,国际责任的美国性与国际性难以平衡。国际体系本身正处于转型之中,国际责任的内容与履行方式变动不居。美国要维护其霸权的长期性,就需要尽可能降低其霸权成本,由此希望中国能够分担其治理成本,将中国纳入其预设的发展轨道,促使中国在朝核危机、伊核危机、阿富汗和伊拉克战后重建中发挥积极作用。与此同时,"中国责任论"的不同倡导者由于其各自在国际体系内的位置不同,因而提出的中国责任并不完全一致,甚至大相径庭。日本、印度、巴西、德国、南非等大国希望中国能够帮助它们在国际体系中获得与其国力相称的地位,特别是在重要国际组织的改革中获得中国的支持。欧盟则从自身的利益需求、历史经验和价值标准出发,要求中国在地区合作、人权、市场开放以及能源市场上与其合作。广大发展中国家期望中国能够在国际

---

① 陈东晓:《"复杂性"与中美关系结构的新变化》,《美国研究》,2006年第2期。

体系中代表其利益,减少相互间的贸易竞争,向其提供更多的发展援助和投资借贷优惠等。中国的基本考虑是在现存国际体系中实现和平发展、建设和谐世界。中国对自身国际责任的定位尽管与上述期待不乏重合之处,但在关注的优先程度上显然不尽相同。这种不一致性反映出中国所处国际体系的复杂性,既为中国提供了回旋的空间,也有些令人无所适从、左右为难。

第二,责任意识初备,但责任战略有待细化。随着中国国力的上升以及对外交往的扩展,中国学者从不同角度逐渐意识到和开始强调中国需要承担力所能及的国际责任。从负责任大国的角度出发,要在权利与义务之间保持平衡。[①] 从中国作为地区强国的角度出发,中国首先要成为负责任的亚洲国家。[②] 从国际战略的角度出发,中国的角色定位和国际责任已经成为国家对外战略中一个重大的基础性战略问题。[③] 从中国海外利益扩展的角度出发,中国从闭门主义者转换成国际秩序的积极维护者。[④] 从外交哲学和政治文化的角度出发,是对世界的责任,而不仅是对自己国家的责任,这在理论上是一个中国哲学视界,[⑤] 权力的增长要求中国政府重新界定与之相符的国际身份和国际责任。[⑥] 上述思考表明中国学术界已经具备较强的国际责任意识,在政策研究层面上较为关注核扩散以及联合国改革等热点问题中中国的责任,但是在援助、能源、国防现代化等敏感和重要问题领域的深入探讨尚不多见。

第三,中国建设负责任大国初见成效,同时也存在不少挑战。中国在外交决策透明度、国际制度和国际组织参与度,全球公共产品提供、地区热点问题的解决、周边外交和地区合作等领域取得明显进步,国家软实力和国家形象大为改善。中国自1998年以来连续公布的五部中国国防白皮书,2003年和2006年先后发表的《中国对欧盟政策文件》和《中国对非洲政策文件》,均以政策文件的形式表达中国的立场,在国际社会起到了促进合作、增信释疑的积极作用。中国全面加入国际制度的行为赢得了国际社会的赞许,减少了国际社会对中国挑战国际体系现状的担忧。[⑦] 如果一个国家的境况越好,它越有可能默许组织的扩张,而且越有可能在某些制度化领域采取将其命运与其他国家联系在

---

① 王逸舟:《全球政治和中国外交》,北京:世界知识出版社,2003年,第323页。
② 肖欢容:《中国的大国责任与地区主义战略》,《世界经济与政治》,2003年第1期。
③ 潘忠岐、郑力:《中国国际责任与国际战略的理论思考——"中国外交与国际关系理论"2006年度国际青年研讨会综述》,《国际观察》2007年第1期。
④ 胡键:《中国国际角色的转换与国际社会的认知》,《现代国际关系》,2006年第8期。
⑤ 赵汀阳:《天下体系:世界制度哲学导论》,南京:江苏教育出版社,2005年,第3页。
⑥ 李宝俊、徐正源:《冷战后中国负责任大国身份的建构》,《教学与研究》,2006年第1期。
⑦ See Alastair Iain Johnston. Is China a Status Quo Power? *International Security*, Vol. 27, No. 4, 2003, pp. 5—56.

一起的做法。① 中国通过合作的方式管理其与邻国的领土领海分歧,特别是签署了具有自我约束性质的《南海各方行为宣言》,这在东亚产生了重要的战略效应,东亚国家普遍对中国的崛起持积极态度,渴望扩大和深化与中国的合作。②

目前,中国在建设负责任大国中存在的主要困难,一是西方对中国国内决策体制仍存担忧,它们倾向于认为精英政治和民族主义增加了中国对外政策的不确定性,希望促使中国进行与经济改革相适应的政治体制改革,培养具备高素质的新一代领导人以避免领导水平滑坡;③ 二是在国际组织方面,中美国际组织观差异较大,中国没有加入部分重要的国际组织,中国履行国际责任的可用资源和方式仍然较为有限;三是在国际体系内中国因素日趋突出的情况下,"韬光养晦"战略引起了部分争议;④ 四是军事透明度问题。⑤

四、树立中国的国际责任观

随着中国国力的不断提高,中国在国际事务中将会更具影响力、更受关注,面对层出不穷的各种国际问题,完全的实用主义或者被动的撞击反射式反应都不能替代前瞻、严谨、细致地对自身国际责任的思考。树立中国的国际责任观成为我们当前及今后相当长时期内的重要学术和政策命题。首先,中国需要厘清国际责任的内涵,掌握国际责任的话语权。对负责任大国行为进行评价的统一标准并不存在,不同的行为体通过其话语权推销各自的标准。中国完全可以在接受"中国责任"这个话语的同时,对其内涵输入中国特质。从学理来看,国际责任是国家作为国际社会一员的身份派生的属性,大小国家均应承担一定的国际责任,区别只是因国家资源和能力不同而有所差异,大国理应承担

---

① 谢里尔·尚克斯、哈罗德·K.雅各布森和杰弗里·H.卡普兰:《国际政府间组织格局的惯性与变革,1981—1992》,选自《国际制度》,上海:上海人民出版社,2006 年,第 166 页。
② See David Shambaugh. China Engages Asia: Reshaping the Regional Order, *International Security*, Vol. 29, No. 3, Winter 2004/2005, pp. 64 - 99.
③ See Dominique Moisi. The Clash of Emotions. *Foreign Affairs*, Vol. 86, No. 1, 2006, p. 12; John L. Thornton. ChinapsLeadership Gap. *Foreign Affairs*, Vol. 85, No. 6, 2006, pp. 133 -140.
④ 参见刑悦、张冀兵:《"韬光养晦"战略再思考》,《国际观察》2006 年第 6 期;彭光谦:《"韬光养晦"绝非暗藏杀机》,《环球时报》,2006 年 9 月 21 日。
⑤ 参阅马伟宁:《中美军事关系中的透明度问题》,《现代国际关系》,2005 年第 10 期;李义虎:《中美军事透明度问题的新安全观思考——兼与马伟宁先生商榷》,《现代国际关系》,2005 年第 11 期;吴晓明、徐纬地:《军事透明与安全互信——兼与马伟宁先生等对话》,《现代国际关系》,2005 年第 12 期。

更多的国际责任。国际社会关于国家国际责任的评价标准还表现出与时俱进的特点,从早期对主权制度和国家多样性的强调,发展到第二次世界大战后强调共同利益依存和国际制度,再到冷战后对国内社会关系和人权状况的高度关注,评价标准一直在不停地变化。国际责任应该根据国家能力和国际共识进行界定。

中国要履行国际责任,但不是履行由少数国家界定的国际责任。在缺乏世界政府的国际体系中,界定国际责任的最终权力仍然应当保留在国家手中。当前的国际体系中以美国为首的西方国家占据优势地位,我们对其有关中国国际责任的认知不能不予以重视,但不一定完全认同。在国家崛起的进程中,美国曾尽力避免卷入欧洲的内部争斗,中国也应当尽力避免卷入美国的霸权政治。面对美国主导的话语体系和外交议程,中国需要明确自身的国际责任内涵,避免完全追随他国设定的国际责任。面对美国提出的增加军事透明度、人民币汇率升值、政治制度民主化、反恐防扩以及注意与所谓的"无赖国家"交往等责任要求,中国可以结合自身的优先考虑妥善加以应对。中美两国在国际体系中有着共同的考虑也有各自的优先关注,中国既要防范美向中国转移矛盾,又要在考虑自身关切的基础上积极地通过对话谋求两国合作,在履行相关责任上寻求共同战略。

中国在国际体系结构中的位置提升显然不能过多基于异质性,而是依靠更多的同质性。建设和谐世界不仅需要利益的和谐,而且在价值观上也要贡献更多具有普适性的中国内容,例如"和平"、"发展"、"合作"、"公正"与"人权"等价值观就较具普适性;中国提出的"新安全观"、"和平发展"以及"和谐世界"等相关概念在国际社会产生了积极的反响。中国面临着软权力合法性不足与资源不够均衡的制约,应该努力培育和挖掘自身的软权力资源,提高使其转化为既定外交政策的能力。

其次,中国要明确自身国际身份及其对应的国际责任,增强责任意识,优化海外中国形象。国家身份明确与否影响国际责任的确定。给当代中国定位,回答"我们是谁"的问题不是件容易的事情。中国的国家身份处在不断的定位调整之中,在20世纪经历了从革命性国家向现状性国家的转化。20世纪70年代之前,中国的国家身份明显定位于革命性国家,70年代具有一定的游离性,80年代之后表现出明显的体系内负责任大国的特征。[①] 与上述中国国家身

---

① 秦亚青:《国家身份、战略文化和安全利益》,《世界经济与政治》,2003年第1期。

份转变相一致,中国的国际责任分别为支援世界革命,推翻不合理的国际秩序;反对苏联霸权主义,力争建立国际政治经济新秩序;侧重认同和完善现有国际体系。[①] 改革开放以来中国外交开始了部分转型,但实际政策往往较为模糊,决策过程集中度较高,在寻求大国地位和权力的同时没有很好地接受随之而来的义务和责任,直到20世纪90年代以来情况才大大改观。[②] 20世纪90年代兴起的"中国威胁论"表明,对安全和国际地位的追求不能仅仅依赖物质力量,国际合法性对消解由权力增长带来的疑虑非常重要。中国在加强综合国力的同时,也试图通过合作和负责任的方式提高自己在国际共同体中的社会声望。由此可见,自身定位以及责任意识会影响到国家对自身国际责任的界定。

中国具有多重身份,这便于居间调解,但是也容易导致角色紧张。社会主义国家、发展中国家、崛起中大国等概念从不同侧面概括了中国的国家身份。大国与发展中国家的双重身份导致中国可供履行国际责任的资源并不充分。如果能够继续维持又好又快的发展,中国的发展中国家身份将会被逐渐淡化,大国品质将不断强化,中国履行国际责任的能力也因而会得到大幅提升。目前而言,中国可以利用大国与发展中国家的双重身份,沟通南北对话,促进南北合作。中国的国家身份包含众多特质,不能将其人为地分裂开来加以片面定位,这样既容易导致忽视国情,也可能导致不切实际地承担国际责任。制定和履行中国的国际责任要量力而行、量入为出,中国的人均国民收入还非常低,贫富差距还很大,建设国内和谐社会仍然需要国家巨大的投入。发展中的社会主义大国仍然是对中国国家身份比较客观全面的定位,物质力量和全球利益依然有限的中国无需承担过多的全球责任。

第三,中国须更多地从国家利益与国际利益相互结合的角度思考中国的国际责任观。中国逐渐认识到它采取的每项国际行动都会产生相等或者相反的反应,比如随着中国全球贸易盈余的增加,要求中国重估人民币币值的压力也会随之增加;中国从穷国获取资源、向受失业困扰的低收入国家输出劳动力有可能招致这些国家对中国政策的疑虑甚至憎恨。中国力量的增长也容易招致外界的误读。随着中国海外利益的扩展,维护海上航道安全和保护海外利益需要一支具备远洋作战能力的蓝色海军,然而中国海军力量的提升显然会影响美国在

[①] 李宝俊,徐正源:《冷战后中国负责任大国身份的建构》,《教学与研究》,2006年第1期。
[②] See Evan S. Medeiros &. M. Taylor Fravel, Chinaps New Diplomacy, *Foreign Affairs*, Vol. 82, No. 6, 2003, pp. 22—35.

西太平洋和东南亚的军事存在。① 面对这种局面，中国国际责任的履行要在国家实力的基础上，尽量寻求将自身国家利益与国际利益结合起来，在国际组织合法性的框架下履行促进世界和平与发展的大国责任，在避免承担过重责任的同时赢得相关行为体的理解与支持。

作者：牛海彬（1978—），男，上海国际问题研究所助理研究员。
原载：《现代国际关系》，2007年第3期。

---

① Robert S. Ross. Assessing the China Threat, *The National Interest*, No. 81, Fall 2005, p83.

"中国责任"与和平发展道路

胡 键

大国的成长往往伴随着国际社会的种种议论,这主要是因为大国成长壮大会对现存国际体系产生直接而深远的影响。中国的成长也不例外。冷战后随着中国发展加快,国际社会特别是西方大国大肆渲染"中国威胁论"以及"中国崩溃论"。然而,在这些聒噪还余音尚存的时候,一种大力捧杀中国、一再鼓吹中国需要承担大国责任的论调在持续升温,这就是"中国责任论"。西方大国为什么会炒作"中国责任论"?"中国责任"的内涵是什么?中国究竟怎样来承担大国责任呢?这些都是中国和平发展道路上必须面对的问题。

一、"中国责任"是中国崛起进程中不可回避的话题

近年来特别是佐利克提出"负责任的利益攸关方"以后,"中国责任论"成为西方大国谈论中国时的一个重要话题,也是中国崛起进程中不可回避的话题。

首先,中国在其崛起已成事实的同时,已通过市场方式全面融入国际体系。在西方大国看来,遏制中国的崛起势头和把中国排斥在国际体系之外已经不可能,也会导致其自身利益受到损害;同时,中国已经成为世界经济中举足轻重的经济体,且它又通过对外贸易形式与世界各国建立了深度的相互依存关系,"中国因素"在当今国际经济体系中可以说是无处不在。因此,明智的选择只能是让中国在国际体系内承担更大的责任。西方大国特别是美国作为现存国际体系的主导者,维持国际体系的稳定是其全球利益所在;而作为主导者,它们就不得不为整个世界提供"公共品"并为此支付成本。但是,随着国力的相对衰落,西方大国包括美国越来越缺乏提供全球"公共品"的能力,因而,将实力不断提升的中国纳入国际体系并使之在接受现存的国际规制前提下承担某种义务,这既可以减少西方大国维护国际体系稳定的制度成本,也可以促使

中国成为负责任的国家。①

其次,中国国际地位的提升以及中国对国际体系的作用力在增大。从大国成长的历史逻辑看,大国崛起对国际体系的作用力主要有两种:要么用武力手段摧毁现存国际体系,要么以和平方式参与其中并承担相应责任。历史上的大国崛起,特别是德国、日本、苏联等国的崛起,都是在外部压力之下而产生的崛起冲动。德国的崛起是迫于法国的压力而"为自己争夺阳光下的地盘"②;日本的崛起是在受困于西方列强所产生的一种悲情驱使下而实现自己的军事强国之梦;苏联则完全是在战后两极实力不对称的天平上通过军事扩张而形成的内部结构畸形的超级大国。它们都有一个共同特点,即都是通过硬实力破坏现存体系而崛起的,但最后都陷入"崛起的陷阱"之中。中国既没有日本式的"悲情心理",也没有德国式的外部威胁,更没有苏联式的扩张之举,中国不会产生所谓的"国家强大焦虑症",中国的和平发展道路也决定了中国崛起不会根本改变国际体系的现状结构。不过,由于体系守成大国有前车之鉴,当今中国崛起究竟对国际体系产生什么样的影响就成为它们的必然话题。

再次,西方大国因忧虑中国发展模式而要求中国承担更多责任。所谓"中国发展模式"不仅指中国的经济发展模式,也指中国作为一个发展中国家在全球化背景下实现社会现代化、应对全球化挑战的发展战略和治理模式。正是这种模式造就了中国经济发展的奇迹。然而,中国经济增长主要是依靠劳动力、资金、土地、资源等要素的粗放投入实现的,增长效率和质量不高,增长基础比较脆弱。③ 这种增长方式的必然结果是高消耗、高污染。西方大国认为,在资源、能源日益短缺,环境问题愈益严重的当今,中国粗放的发展模式是一种不负责任的模式,也是一种"威胁"。

此外,对中国未来不确定性的担心使西方大国试图"掌控"中国崛起的进程。在西方大国看来,中国内部缺乏必要的透明度使国际社会无法预测其崛起后的行为方式。这就是说,中国一方面继续搭乘全球化便车而成为其中最大的受益者,另一方面又不愿增加内部透明度而使得其未来具有不可预测性,二者之间的反差使中国成为"潜在威胁"。因此,西方大国要求中国向国际社会表明自身的未来意向,以便它们减少对中国崛起的疑虑以及"掌控"和应对中国崛起的进程。④

---

① 参见 Joshua Kurlantzick. China Syndrome. *New Republic*, No.16, 2006.
② 孙炳辉、郑寅达著:《德国史纲》,上海:华东师范大学出版社,1995年,第205—206页。
③ Paul Krugman. The Myth of Asia's Miracle. *Foreign Affairs*, Vol.73, No.6, 1994, pp.62—78.
④ 参见 Robert Kagan. The Illusion of "Managing" China, *The Washington Post*, May 15, 2005.

二、"中国责任"是国内责任与国际责任的统一

西方大国在强调"中国责任"时,主要要求中国在维护现存体系稳定、反恐、反核扩散、人民币汇率、贸易平衡等方面承担更大责任。也就是说,西方大国所要求的"中国责任"主要是指中国的国际责任。但是,中国责任不仅仅是国际责任,还有国内责任。中国的和平发展包括两个方面内容:内部的和谐发展与外部的和谐稳定,二者缺一不可,两个"和谐"的良性互动才能促成中国的和平发展。如果内部不和谐,中国的发展就不可持续;如果外部不和谐,中国的发展就会受到钳制。特别是随着中国参与国际机制的广度和深度越来越大,中国发展受国际因素与国内因素联动效应的影响也越来越明显。①

众所周知,国家在发展进程中要面临许许多多的新问题,但对中国来说,改革、发展、稳定仍然是关系中国整个发展进程的三大战略性问题,亦即这三个问题就是中国三大战略性的国内责任。经过近30年的改革开放,中国综合实力有了大幅提升,但中国仍是发展中国家,内部发展十分不平衡,而且存在着诸多的两重性问题:较发达的东部沿海地区与落后的中西部地区同时存在;较先进的工业与落后的农业并存;较发达的城市与落后的农村并存。简单地说就是地区二元性、工农二元性、城乡二元性构成了当前中国的现实。这些二元性困境决定了保证13亿多人的生存权和发展权仍是中国发展的最大责任。确保社会稳定也是中国重要的内部责任。发展的前提是稳定,没有稳定就不能发展。当前中国所追求的稳定绝不是过去那种集中控制下的稳定,而是在社会加速分化下的稳定,也就是以和谐为价值诉求的稳定。中国的社会转型正处于加速转型期,转型前的社会同质性(homogeneity)逐渐被社会的异质(heterogeneity)所取代,利益主体、社会思潮、价值取向以及社会诸多的功能性领域都在日益多元化。在这种情形下,爆发社会冲突的可能性增大,社会风险度有所提高。但是,中国并不就此重新回到集中控制的同质性社会中去,而是在正视社会加速分化和尊重社会异质性的前提下构建和谐社会。构建和谐社会的重要手段只能是进一步的改革。走出二元性困境需要改革,消除不平衡的社会结构需要改革,经济增长方式的根本转变也需要改革,社会主义民主政治建设同样需要改革。总之,中国只能依靠改革创新才能实现和平发展。

当然,西方大国在谈论"中国责任"时有时也会关注中国的国内责任,但它们往往不是善意地希望中国解决好内部问题,而是以中国内部存在的问题来

---

① 黄仁伟著:《中国崛起的时间与空间》,上海:上海社会科学院出版社,2002年,第7页。

对中国横加指责，如认为中国人权问题严重、民主政治建设停滞、经济改革步履缓慢、不负责任的发展（环境污染、能源消耗巨大）等。实际上，中国在这些方面已经作出了许多积极的努力，且状况正在不断改善。西方大国之所以对此视而不见，一个很重要的原因就在于，它们关注中国的国内责任是为了使中国在其"掌控"下为之承担更大的国际责任。或者说，所谓的"中国责任论"实际上反映了西方大国对华认知的一种复杂心态：一方面，在中国国际地位和国际影响力不断提升情况下，它们不得不调整对华战略，承认中国的战略崛起和相应的国际利益；另一方面，在自身呈衰落趋势情况下，西方大国对中国的崛起以及崛起后的对外行为方式感到严重不安。因此，西方大国即使关注中国的国内责任，也往往是借以敦促中国听令于它们，这实际上是希望中国把自己最重要的国内责任完全抛在一边。

"中国责任"是国内责任与国际责任的统一。中国作为一个崛起中的大国需要承担国际责任，但中国还有更最重要的国内责任。西方大国既不应忽视中国的国内责任，也不应用中国的国内问题强压其承担超出自身实际能力的国际责任。把国内责任与国际责任有机地统一起来，才意味着中国的和平发展是负责任的发展。

三、"中国责任"的关键是承担好国内责任

与国际责任相比，中国的国内责任显得更为重要。因为国际责任虽然是国家作为国际社会成员身份派生的属性，① 但国际社会成员身份是由国内社会"管理者"身份派生出来的，没有国内社会的"管理者"身份，国家也丧失了国际社会成员的相应身份，亦即国家的国际责任是其国内责任对外的特殊延伸。在这种逻辑关系中，国内责任必然要优先于国际责任。同时，内部问题没有得到有效解决，国家就不可能有能力、有资格去承担国际责任。所以说，"中国责任"的关键是承担好国内责任。

当下的"中国崛起"之说，实际上主要是指中国经济实力的快速提升。但是，中国经济实力明显存在着"量大质不高"的特点。② 首先，中国的经济规模在2006年首次超过20万亿人民币（约2.6万亿美元），排在美国和欧盟之后，居世界第三位，但人均收入不到2000美元；而且中国经济仍以粗放的增

---

① 牛海彬：《"中国责任论"刍议》，《现代国际关系》，2007年第3期。
② 这部分的观点得益于跟着黄仁伟研究员从事"中国软实力"研究过程中所获得的启发，在此谨表示感谢！

长方式为主，因而竞争力较低。据世界经济论坛最新公布的《2006—2007年全球竞争力报告》显示，中国在全球经济竞争力排名中排在印度（第43位）之后，居第54位，比上年度下降6位。① 其次，中国是贸易大国，2001年中国的外贸总额是5100亿美元，到2006年已经达到1.7万亿美元，平均年增长25%左右。然而，中国贸易大国的地位主要是靠出口大量低端产品而支撑起来的，高新技术产品出口仅占出口总额的28%，而发达国家的这一比重一般都超过40%；而且，中国产品出口的主要贸易方式是加工贸易，且集中于低附加值的加工制造环节。因此，中国在国际分工体系中的地位不高。

与中国经济实力的快速提升相比，中国国力的非经济部分不仅提升缓慢，而且发展十分不平衡。自加入WTO以来，中国的文化贸易存在着严重逆差。国家版权局公布的信息显示，2004年，中国引进与输出版权的比例是7.6∶1；2005年，全国通过出版社共引进图书版权9382项，输出图书版权1434项，引进与输出比例为6.5∶1。版权贸易逆差虽有所缩小，但并没有根本改变文化贸易逆差的大格局。与此同时，中国也存在着严重的教育贸易逆差：中国一年的教育贸易逆差就高达20亿美元。这两种逆差集中反映出中国软实力"量小质不高"的特点。②

此外，中国内部的社会结构十分不平衡。中国的改革是在起点不公平的前提下启动的，这使得那些拥有市场资本或可以直接转化为市场资本的其他资本的社会成员，迅速获得了竞争优势，而那些缺乏相应市场资本的社会成员不仅没有获得竞争优势，还丧失了原有优势。于是，社会逐渐走向两极分化。更为严重的是，自20世纪80年代中期以来，中国社会两极分化的现象越来越严重。根据中国社会科学院经济研究所"收入分配课题组"依据两次住户抽样调查数据和较为接近国际标准的收入定义，对1988年和1995年全国的基尼系数进行的估计，两个年度的数据分别为0.382和0.452。如果根据全国样本的10等分组，1988年的最高收入组获得的收入份额是最低收入组的7.3倍；1995年，这一比率已上升到17.3倍。③ 按中国城镇家庭收入情况来分析，20世纪

---

① "Global Competitiveness Report 2006 — 2007" http//www.weforum.org/en/initiatives/gcp/Global%20Competitiveness%20Report/index.htm 26 — 9 — 2006.
② 关于中国软实力的评估有多种观点，其中有一种看法值得注意，认为中国拥有丰富的软实力资源，但由于资源配置不平衡、外交缺乏合理性以及外交政策的不连贯性使得中国缺乏把资源变成实力的能力。参见 Bates Gill and Yanzhong Huang. Sources and Limits of Chinese" Soft Power", *Survival*, Vol. 48, No. 2, 2006, pp. 17—35.
③ 王梦奎主编：《改革攻坚30题：完善社会主义市场经济体制探索》，北京：中国发展出版社，2003年，第294—301页。

90年代中期以后,中国贫富差距也呈扩大趋势,中国城镇家庭最高20%收入户与最低20%收入户年人均收入差距,从1990年的4.2倍、1993年的6.9倍增加到1998年的9.6倍,而且由于中国在过渡期中存在着大量的隐性收入,实际的贫富差距情况可能比数据所反映的还要严重。[1] 而最近的研究显示,中国的收入分配不平等程度大大高于美国,基尼系数在2004年达到了0.53。[2] 另外,在经济迅速发展的时候,中国的人文发展指数(HDI)[3] 却上升较慢。根据联合国开发计划署公布的数据,2004年中国人文发展指数为0.745,全球排名第94位;2005年为0.755,排名第85位;2006年为0.768,排名81位。中国人文发展指数虽呈上升趋势,但发展指数不高的现状没有根本改变。这表明,经济的快速增长虽然提高了中国国民的整体生活水平,却没有促进中国人文发展的同步提升。[4]

由此可见,中国正在崛起是事实,但中国在快速发展进程中既有"硬伤"也有"软肋"。"硬伤"主要是指中国发展中出现的新问题,"软肋"则是指发展进程中的种种不平衡性。无论是"硬伤"还是"软肋",都决定了"中国责任"的关键是要承担好国内责任,解决好国内问题;同时也表明,中国不可能根据西方大国的要求来承担国际责任。

四、国家利益是确定中国国际责任的根本依据

西方大国是根据其国家利益来确定中国国际责任的。这就正如萨义德 (Edward W. Said) 所说的"东方主义"(Orientalism),即西方总是根据东方在西方经验中的特殊位置来理解东方,[5] 西方在认定中国的国际责任时也充满着"东方主义"色彩。它们鼓励中国成为国际社会中"负责任的利益攸关方",敦促中国成为一个负责任的、建设性的、更为融入的参与者,强调中国作为国际体系的参与者应该承担的责任。但是,在无政府的国际体系中,中国究竟要承担什么样的国际责任,不应该由西方大国来认定,而只能是中国根据自身能

---

[1] 李培林、李强、孙立平等著:《中国社会分层》,北京:社会科学文献出版社,2004年,第94页。

[2] 参见 Josephine Ma. Wealth Gap Fuelling Instability, Studies Warn. *South China Morning Post*, 2005.

[3] 人文发展指数是由反映人类生活质量的三大要素指标(出生时的预期寿命、受教育程度、人均GDP)合成的一个复合指数,通常作为人类发展的综合尺度。

[4] Bates Gill and Yanzhong Huang. Sources and Limits of Chinese "Soft Power", *Survival*, Vol. 48, No. 2, 2006, pp. 17—35.

[5] Edward W. Said. Orientalism. New York: Pantheon, 1978, pp. 1—2.

力和国家利益来确定。亦即必须把握以下四组互动关系：

第一是中国与国际体系的互动关系。现存国际体系为中国和平崛起提供了良好机遇，中国发展得益于现存国际体系。二者之间产生了结构性的良性互动：一方面，国际体系的相对稳定性和其中不同行为体之间的"位势差"，为和平崛起过程中的中国提供了新的但互不产生陌生感的空间；另一方面，中国是在接受国际规则前提下通过市场化道路而非以殖民掠夺方式进入国际体系的，这种和平崛起方式将有力地促进国际体系的和平转型。因此，中国是现存国际体系的参与者和建设者而不是破坏者。这种互动关系还表明，维护现存国际体系完全符合中国的国家利益，维护国际体系的相对稳定是中国作为一个崛起大国的当然责任。

第二是中国与国际程序（国际制度与国际法）的互动关系。一方面，尽管民族国家存在的前提是主权独立，但主权本身也是在国际程序上建构起来的。[①] 可以说，没有国际程序就无法确保民族国家的独立主权。因此，国际程序既是民族国家赖以生存的环境，也是独立主权存在的前提；另一方面，国际程序本身也有合法性问题。[②] 这种合法性来自于国际社会行为体对国际程序的认同、尊重和遵守。[③] 从主权国家与国际程序的互动关系看，历史上的大国一般都是通过破坏国际程序而兴起的，最后基本上没有逃脱大国兴衰的历史"周期律"；现存的超强大国美国为了维护其既有霸权地位，则常常直接在国际社会实施"程序暴力"。[④] 而中国的崛起是以认同尊重、遵守国际程序为前提的。由此可见，国际程序是中国国家利益之所系，维护国际程序的合法性权威是中国非常重要的国际责任。

第三是中国与其他大国的互动关系。大国关系的理性调整是中国和平崛起的重要机遇。冷战后特别是进入新世纪以后，大国之间爆发战争的概率极低，

[①] 建构主义大师亚历山大·温特（AlexanderWendt）认为，主权不是国家的自然属性，只有当主权得到他国的承认以后，国家才拥有了主权，因此，主权也是与实质性权利和行为规范相认同的一种角色身份。参见亚历山大·温特著，秦亚青译：《国际政治的社会理论》，上海：上海人民出版社，2000年，第286页。

[②] 关于合法性的讨论基本上是就国家而言的，正如哈贝马斯所说的只有政治程序才拥有或丧失合法性，这主要是指国家内部的政治程序。既然合法性是就政治程序而言的，那么，国际社会的政治程序同样也可以从合法性的角度来理解。

[③] Ian Hurd. Legitimacy and Authority in International Politics. *International Organization*, Vol. 53, No. 2, 1999, p. 318.

[④] 所谓"程序暴力"是指某一行为体应该获得但没有获得国际程序的授权而对其他行为体所施加的某种行为。冷战结束以后，科索沃战争、阿富汗战争、伊拉克战争，都是美国没有获得联合国授权而发动的，所以说在后冷战时代，"程序暴力"已经成为美国对外的习惯性行为方式。

相互关系主要是通过协商、谈判来调整,国际权力的分配也是一种合作博弈过程。中国以一个新的大国角色参与这个博弈过程,所追逐的目标不是简单的生存或安全,而是为了世界的共同生存与安全的全球善治(global good governance),构建一个和谐世界。当前,伴随着全球性巨大经济收益的是环境污染、资源短缺、难民潮、恐怖主义、贩毒、核扩散等既超越国界、地区界限又超越意识形态,并关系到整个人类生存与发展的全球性问题。[①] 对此,任何一个国家都没有能力独立应对,必须通过国家间的合作来共同治理。在和谐理念基础上崛起的中国正是追求和实现全球善治的新兴力量。因此,对其他大国来说,意味着只是多了一个合作伙伴,最多也只是谈判对手,而绝非西方大国的挑战者,更不是冲突的对手。正是在这种合作博弈中,中国与其他各大国之间建立起越来越多的共同利益。由此可见,与其他大国携手合作共同应对包括恐怖主义、大规模杀伤性武器扩散、环境污染、能源短缺等全球性问题,是中国和平崛起的重要国际责任。

第四是中国与其他发展中国家的互动关系。一方面,中国的发展使其他发展中国家分享到了中国发展带来的巨大机遇。这主要包括:分享了中国"和谐"理念所带来的稳定与安宁,特别是中亚各国通过中国倡导建立的上海合作组织分享到了地区稳定与经济繁荣;分享到了中国发展的经验,特别是中国模式的益处。如何实现现代化一直是发展中国家最大的困惑,而中国为应对全球化挑战开创了一种独特的现代化模式。这种模式中既包含着成功经验,也有着深刻教训,对于广大发展中国家如何迎接融入全球化、利用自身优势实现现代化都有着重要的借鉴意义;还直接分享到了中国的经济繁荣。如自2000年以来,中国在中非合作论坛框架内免除了非洲31个国家156笔债务,总金额约109亿元人民币,并拟于2007年底前免除33个非洲重债穷国和最不发达国家截至2005年底168笔对华到期的无息贷款债务。同时,中国承诺给予非洲一些最不发达国家190种输华商品免关税待遇。据中国商务部测算,中国对非贸易对于非洲经济增长的贡献率已达20%。另一方面,中国是最大的发展中国家,发展中国家是中国外交的基石,也是中国和平崛起的重要依托。因此,与其他发展中国家携手共同发展,是中国崛起过程中不可推卸的国际责任

作者:胡键(1968—),男,湖南道县人,上海社会科学院欧亚研究所研究员。

原载:《现代国际关系》,2007年第7期。

---

① 蔡拓等著:《全球问题与当代国际关系》,天津:天津人民出版社,2002年,第2页。

[学术责任]

大学学者的使命与学术责任

王恩华

一、"学者"概念界定

关于什么是学者，邓实在《国学讲习记》中说："学者，学其一国之学以为国用，而自治其一国者也。"① 曹聚仁先生认为："学者是青年们的慈母，慈母是兼有饲育和扶持两种责任的。第一，他运用精利的工具，辟出新境域给人们享受；第二，他站在前面，指引途径，使人们随着在轨道上走。"② 对学者颇有研究的郑晓沧（1892—1979）认为，学者相当于德国的"Research scholar"（专门研究工作者）。他说："兹姑以一般 scholar 为言，其在中国，今日通称为'学者'，求之旧籍，依个人意，相当于'士'。"③ 且"士""以其主持风化，作社会之表率言，其行为、事功，影响于社会者亦至巨。今吾人姑且置伦理的意义而不论，则'士'之解释，为'推十合一'，即能以演绎与归纳整理想。""凡具有此种修养者，始可谓之'士'或'学者'。然中国向重人本主义，故向来'士'之涵义，除学识外，亦必注重其人格修养。"④

笔者认为，学者有理想型与现实型之分。理想的或者说真正的学者是知识分子的中坚，是从事知识与思想的创造性探索而不是简单传播与应用的人，他们主要不是实践活动中的操作性人员，而是活动于思想观念领域的探索者与创造者，他们不仅关心学术与思想前沿，亦关心国事民瘼，富有人间情怀。那些不从事创造性学术工作的人不是学者；那些完全超乎世俗的、象牙塔里的思想家以及极为孤立并献身于深奥、甚至可能是玄奥问题的人也不是真正意义上的学者。现实的学者系指认识主体、研究主体，即《辞海》里讲的"做学问人"

---

① 章太炎：《国学概论》，上海：上海古籍出版社，1997年，第7页。
② 章太炎：《国学概论》，第1页。
③ 杨东平：《大学精神》，沈阳：辽海出版社，1999年，第58页。
④ 杨东平：《大学精神》，第58页。

(the academic man)①。从现实的学者概念出发,笔者认为,学者可分为科技学者和人文学者。科技学者是指从事自然科学理论的发现与发明的那部分人,他们对于自然界的探索不断改变着人类对于自然(外在世界)的认识,这种认识也必然作用于人对于社会以及自身的认识,推动人的整个知识观念的更新。当他们的成果转化为技术时,就成为生产力的重要因素,直接推动物质层面的社会发展。人文学者指的是从事思想文化、价值观念等人文领域探索的那部分人。他们担当着社会的道德规范、意义模式、生活方式等等的反思与批判、建构与阐释的使命,他们解释着人的意义与价值、社会理想以及人际交往的规则,并传播新的价值观念与人文理想。并非所有的大学教师都是学者。大学学者主要是指大学教师中那些从事创造性工作的人,创造性是大学学者的根本特性。自科学研究学院化及学术体制化以后,大学教师的工作不仅仅是传授知识,他还要发现知识、增扩知识、综合知识、运用知识,要不断地进行思想探索与实践探索,这是大学之所以成为大学的根本所在。在大学教师中既有理想的学者,也有现实的学者,既有科技学者,亦有人文学者,等等。

二、学者的理想

理想在中国古代被称为"志向"。《尚书》中"射之有志"的"志",就如同射箭的靶子,可以理解为目标。志向就是一个人的抱负和奋斗目标,立志为人之根本。"夫志,气之帅也,木之根也,水之源也,源不浚则流息,根不植则木枯,命不续则人死,志不立则气昏。是以君子之学,无时无处而不以立志为事。"② 学者的理想是"志于学"、"志于真"、"志于道"、"志止于至善"。学者"志于学"主要是以学术、学问研究为目标。"志于真"指的是学者以追求真理为目标。学者是真理的代言人,是能向权势说真话的人,哪怕是被烧死、放逐、钉在十字架上。正如费希特所说:"当你们离开这个地方,分散到各地去的时候,不管你们在什么地方,我都总有一天听说你们是大丈夫,这些大丈夫选中的意中人就是真理;他们至死忠于真理;即使全世界都抛弃她,他们也一定采纳她;如果有人诽谤她、污蔑她,他们也定会公开保护她;为了她,他们将愉快地忍受大人物狡猾地隐藏起来的仇恨、愚蠢人发出的无谓微笑和短见

---

① 辞海编辑委员会编:《辞海》,上海:上海辞书出版社,1989年,第2947页。
② 朱贻庭:《中国传统道德·名言卷》,北京:中国人民大学出版社,1995年。

人耸肩表示怜悯的举动。"① "志于道",这个"道"在哲学层面就是论证儒家统治秩序合理性的观念学说,在制度层面就是保证这种统治得以实施的规章,在人的心理层面就是对其全面认同而获得的精神满足。"富贵不能淫,贫贱不能移,威武不能屈",这是历史上无数学者的真实写照。

中国学者一向以儒家思想为知识系统的核心,而这一知识系统重在人伦道德。钱穆先生称中国文化精神就是"道德精神",它使学者追求"一种做人的理想标准",这种理想人格常常只有在与他人的交互关系中体现出来。作为知识分子中坚的学者就要身体力行成为社会的典范。因此,对学者而言不仅要讲究学风,还要讲究人格风范,社会要求他们和他们要求自己的是以内化的道德力量来约束自己,这种约束是为了由"内圣"而达到"外王"。因此,志于道,就是由"内圣"而达至"外王"。"内圣外王"不但是中国学者追求的最高道德标准,而且其理念使中国学者在现实社会中不但不拒绝政治,反而以极大的热情走向政治,在这一点上中西方学者的社会角色有不同之处。西方学者一般都认为应站在政治圈之外,而在中国,这样做就是失职。这是教育传统不同造成的,西方教育传统崇尚学术自治、学术自由,学统与道统二分,而中国教育传统崇尚政教合一。"学而优则仕",强调学术与政治的统一,强调学者不仅要实现学术理想,亦要实现政治理想与抱负,"以天下为己任","为天地立心,为生民立命"正是这种理想的写照。"风声、雨声、读书声,声声入耳;家事、国事、天下事,事事关心"把读书治学、齐家治国紧密地联系在一起。这就表明中国学者有着强烈的社会使命感、积极的入世精神和将个人融入社会整体的行为特征。其实,在国外,学者除了献身于专业工作以外,也深切地关怀着国家、社会以至世界上一切有关公共利害之事,只是这种关怀是超然的,批判的,而不是融入的。"志止于至善"中的"至善"是人生道德的最高境界,实际上是无止境的。《大学》讲:"大学之道,在明明德、在亲民、在止于至善。""止于至善"也是明明德和亲民的目标。当学者确立了"止于至善"的人生目标后,就会有一种崇高的精神追求和坚定的信念,且恒久不迁,锲而不舍,毫不动摇,无论在什么情况下都坚定不移地向前走,直到理想实现。

三、学者的使命

如果说,理想是内在的、主观的、自我建构的,那么,使命则是外在的、

---

① 费希特著,梁志学、沈真译:《论学者的使命,人的使命》,北京:商务印书馆,1997年,第46页。

客观的、外界赋予的。"学者"既不能等同于"事业成功人士",也不能等同于"闻人"或"名人",甚至连"文人"也不能与之相提并论。学者之为学者,应有他特殊的使命、品格和德操,当然,也须有货真价实的学问。1794年德国哲学家、柏林大学校长费希特在耶拿大学作了题为"学者的道德"系列演讲,其中第四讲题为"论学者的使命"。他从"自在人的使命"出发进而谈到"社会人的使命",再进而谈"学者的使命"。费希特指出:"学者阶层的真正使命:高度注视人类一般的实际发展进程,并经常促进这种发展进程。"① 按照费希特的说法,人类的整个发展直接取决于科学的发展。因而谁阻碍了科学的发展,谁就阻碍了人类的发展。显然,学者的使命就是促进科学的发展从而促进人类社会的发展。他肯定了科学在人类征服自然和自我完善中的伟大作用,认为科学不仅能够帮助人类开发大自然的宝藏,丰富自己的物质生活,而且能够帮助人类把自己变得更高尚,在大地上建立起"理性王国"。故而学者的使命必定是促进科学的发展,而不是阻碍科学的发展。学者的第二个使命是促进本学科的发展。科学本身是人类发展的一个分支,如果人类的全部天资应当获得进一步发展,科学的每一分支也应当进一步得到发展。因此,每一个学者以及每一个选择了学术职业这一特殊阶层的人,都本能地要求进一步发展科学,特别是发展他们所选定的那部分科学。这种愿望是学者本来就有的,也是每一个从事专业的人所具有的,但学者的这种愿望要大得多。"(学者的)进步决定着人类发展的一切其他领域的进步;他应该永远走在其他领域的前头,以便为他们开辟道路,研究这条道路,引导他们沿着这条道路前进。"② 学者是不甘落后的,"如果落后,他就从此不再是他所应当成为的人了。因为他可能不是别的什么人,所以他就会什么都不是了"③。因此,"(学者)应当尽力而为,发展他的学科;他不应当休息,在他未能使自己的学科有所进展以前,他不应当认为他已经完成了自己的职责。只要他活着,他就能够不断地推动学科前进,要是在他达到自己的目的之前,他遇到了死亡,那他就算对这个现象世界解脱了自己的职责,这时他的严肃的愿望才算是完成了"④。但这些还都属于学者献身学术、鞠躬尽瘁、死而后已的私德,学者看重的还有公德,因而学者的第三个使命便是为社会服务。费希特指出:"学者的使命主要是为社会服务,因为他是学者,所以他比任何一个阶层都更能精确地通过社会而存在,为社会而

---

① 费希特著,梁志学、沈真译:《论学者的使命,人的使命》,第23页。
② 费希特著,梁志学、沈真译:《论学者的使命,人的使命》,第40页。
③ 费希特著,梁志学、沈真译:《论学者的使命,人的使命》,第41页。
④ 费希特著,梁志学、沈真译:《论学者的使命,人的使命》,第41页。

存在……他掌握知识不是为了自己,而是为了社会"① 这就是说学者应当把自己为社会而获得的知识,真正用于造福社会。也就是说,学者的使命就在于用科学知识为社会服务,关心人类的进步事业,使人类不要停顿和倒退。正如马克思所言:"科学完全不是自私自利地享乐,有幸能够致力于科学研究的人,首先应该拿自己的学识为人类服务。"学者不仅要看到当前的立脚点,同时也要看到人类现在应当向哪里前进。他特别主张学者要有一种不怕任何艰险去完成自己的使命的火一般热忱,要有一种敢想敢做,忍受痛苦,至死忠于真理的献身精神。他十分藐视那些追逐个人利禄的御用学者,说他们研究问题时考虑的不是"人类是否会得到什么好处",而是"我是否会由此得到什么好处",比如得到多少金钱,得到哪个亲王的赏识。学者为社会服务并不是狭义的庸俗的学以致用,而首先是指学者要向社会指明真理。正是在此意义上费希特把学者叫做"人类的教师"。但这还不是学者的最高使命,因为在学者的职责之上还有人的职责,人的职责应当高于学者的职责,这个职责就是提高整个人类的道德风尚。这是每一个人的最终目标,"不仅是社会的最终目标,也是学者在社会中全部工作的最终目标,学者的职责就是永远树立这个最终目标。但是,谁不是善良的人,谁就无法顺利地致力于提高人类道德风尚的工作……所以学者从这最后方面看,应当成为他的时代道德最好的人,他应当代表他的时代可能达到的道德发展的最高水平"②。这也是中国传统对学者的基本要求,言教身教并用,身教重于言教,给社会树立道德榜样,既是历代儒家大师教导的核心,也是他们身体力行的行为准则。

四、学者的学术责任

随着大学改革的不断深入,学术自由、大学自治等理念越来越深入学者的心中。没有学术自由就不可能发现和验证真理,因此,学术自由是追求真理的先决条件。但学术自由与学术责任是相伴相生的,正如唐纳德·肯尼迪所指出:"与学术自由互为补充和对应的是学术责任。但后者却鲜为人用。在我们这样的民主社会里,这二者被视为一个硬币的两面。"③ 社会责任理论也认为,人们有言论和学术的自由,但同时强调,完全的或绝对的自由是没有的。社会责任理论坚持权利与义务的统一、自由与责任的统一,强调行使权力不能损害

---

① 费希特著,梁志学、沈真译:《论学者的使命,人的使命》,第41—42页。
② 费希特著,梁志学、沈真译:《论学者的使命,人的使命》,第44—45页。
③ 唐纳德·肯尼迪著,阎凤桥译:《学术责任》,北京:新华出版社,2002年,第4页。

他人利益，享有自由必然伴随着责任。但近年来学术越轨频繁，且有愈演愈烈之势，缺乏学术责任，恐怕也是原因之一。"教师拥有太多的自由，然而却缺乏规范。"① 对于学术自由与学术责任，单纯强调某一方面，都有失偏颇，只有坚持二者辩证统一，才有利于学者的发展，才有利于大学的健康发展。学者究竟负有哪些责任呢？

1. 对学生的责任

大学学者应真正为学生的发展负起责任，这大体现在两个方面：一方面，通过专业教学开发学生力，使学生掌握一定的专门知识，获得一定的工作力和谋生本领；另一方面，通过广博的通识教育使学生了解人生的责任和意义，形成合理的知识结构、力结构和素质结构，成为全面发展的人，成为有创性和建设性的个体。唐纳德·肯尼迪把对学生的责任概括为三方面，即培养的责任、教学的责任、指导的责任。这是非常中肯的。

2. 对知识的责任

大学不仅是知识的"仓库"和"聚散地"，更是产生新知识的"工厂"和新思想的"源泉"，"大学应该是新的、有争议的，非正统异端学说的论坛……如果在一所大学里听不到与众不同的意见，或者它默默无闻地隐没于社会环境中，我们就可以认为这所大学没有尽到它的职责"②。在大学，权力与真理是水火不容的，权力和金钱必须服从知识的尊严和真理的标准。追求真知，修正谬误，坚持真理，反对愚昧是大学的重要使命。

首先，学者对知识的责任是增扩知识、创新知识、传递知识。要传递知识，学者就应当不断研究新东西，这并不否认学者对学生的智力发展负责，增扩知识就是为了更好的发展学生智力，而增扩知识显然需要研究和探索，如果学者把原创性工作丢在脑后，那么他很快就会落伍。然而研究过程有难以控制的特点，且"由于高深学问处于社会公众的视野之外，在如何对待学问上遇到的问题方面，公众就难以评判学者是否在诚恳公正地对待公众利益"③。这就需要学者有良好的道德责任。

其次，学者除了发现真理、增扩知识的责任外，还有验证真理的责任。验证真理既包括学者在研究过程中认真引用数据，注重实验和论证，同时也包括重复实验、对实验或数据进行检验。正如费希特所言："所有的人都有真理感，

---

① 唐纳德·肯尼迪著，阎凤桥译：《学术责任》，第5页。
② 约翰·布鲁贝克著，郑继伟译：《高等教育哲学》，杭州：浙江教育出版社，1987年，第48页。
③ 约翰·布鲁贝克著，郑继伟译：《高等教育哲学》，第113页。

当然，仅仅有真理感还不够，它还必须予以阐明、检验和澄清，而这正是学者的任务。"①

第三，学者对自己的研究成果有发表的责任。在学术领域，学者的成果是以出版物来体现的。在硬科学领域，尽管多数工作是实验性的，但研究成果的发表同样重要。如果结果没有公开发表，就等于没有做实验，这是不言而喻的。在向学界或公众报告研究成果时，学者不仅必须提供支持结论的证据，还应提供与结论矛盾或制约结论的事实。"在任何情况下他们都必须尽力提出可供其他学者检验的结论。向各地学者社团通报他们的研究成果可以使其他学者能站在别人的肩上注视目前知识的前沿。"② 当然，学术成果发表的责任更包括以严肃的态度对待自己成果的出版，抄袭、剽窃、友情署名、将一篇文章拆成几篇发表等行为都是不负责任的表现。

第四，对知识的责任还包括对本学科发展的责任，这就要求学者不断进取。因为他的进步决定着人类发展的其他领域的进步，他应该走在其他领域的前头，以便为他们开辟道路，研究这条道路，引导他们沿着这条道路前进。因此，学者必须发展他的学科，只要他活着，他就应该不断地推动学科向前发展。这就意味着学者不仅要忠于自己的学科，更要献身于自己的学科，故而，布鲁贝克认为，学者献身于自己的学科领域是最为重要的。"这种献身精神还要求理智上的彻底性和精细的正确性。"③ 对于学者来说，自己的理论无论受到了何种批评，都应该是无关紧要的。真理愈辨愈明，没有学术批评，学科进步就无从谈起。此外，学者还必须有"板凳甘坐十年冷"的精神和不为利益驱动的精神。"学者不应该允许自己的研究目标被个人的感情和职业前途利益所损坏，实际上，学者一味追求个人利益就一定会自寻失败。"④

第五，维护学术自由也是学者对知识的责任。知识的扩展、真理的发现与修正没有学术自由的保障是无法实现的。在大学日益卷入市场和政治的时代，大学学者应意识到维护学术自由是最本质的知识责任。现代大学已进入到企业、公司计划安排的项目之中，这固然加强了大学与社会的联系，然而学者不能为了承担资助项目而损害学术自由，学者应该认真考虑这些项目是否值得研究及能否推动学术发展。同样，学者也不能让资助损害教学自由，违背或妨碍大学实现高等教育目标。总之，大学教师除了承担学者的角色外，还要通过自

---

① 约翰·布鲁贝克著，郑继伟译：《高等教育哲学》，第43页。
② 约翰·布鲁贝克著，郑继伟译：《高等教育哲学》，第114页。
③ 约翰·布鲁贝克著，郑继伟译：《高等教育哲学》，第113页。
④ 约翰·布鲁贝克著，郑继伟译：《高等教育哲学》，第113页。

身的行为方式,为学生树立榜样。因此,学者一部分学术责任正在于学术言论中的规范行为,通过这种方式,学者以身作则,鼓励和弘扬宽宏大量的态度和行为。

3. 对社会的责任

科学从"小科学"进入"大科学"阶段后,已大规模地介入到社会的政治、经济、军事和文化中。学者不仅仅是科学共同体的一员,也是社会共同体的一员。第三次帕格沃什会议上通过的《维也纳宣言》提到:"科学家们由于具有专门的知识,因而相当早地知道了科学发现所带来的危险和约束,从而他们对我们这个时代最迫切的问题也具有一种特殊的能力和一种责任。"[1] 这说明学者在从事学术研究时应自觉地承担起社会责任。

(1) 把握研究方向,使科学造福人类。学者的社会责任是多方面的,但首要一点就是把握自己的研究方向,使自己所从事的科学活动成为造福人类的事业。现代科学的飞速发展在给人类带来福音的同时,也产生了一系列负面影响,滥用科学可能会导致灾难性后果。科学同人类其他任何事业一样,应以确保人类的生存和促进人类的发展为终极目标。科学绝不仅仅是一个求真的过程,同时也是一个求善的过程。著名科学家杨振宁说,学术研究"基本的最终的价值判断就不会取决于为了科学而科学,而是取决于科学是否对人类有益"[2]。因此科学家的精神气质和伦理规范就不仅仅是普遍性、公有主义、无私利性、有条理的怀疑主义和独创性,也不仅仅是谦虚、理性精神、感情中立(价值中立)、尊重事实,不弄虚作假和尊重他人的知识产权,还应包括一项重要内容:责任,即负责任地思考、预测、评估其所产生知识的社会后果。正如前苏联学者谢苗诺夫指出的:"科学为人类提供了一种伟大的认识工具。它使人类有可能达到史无前例的富裕和绝无仅有的平等。这便成了科学的社会功能最重要和最有成效的关键。因此,科学家的社会责任也就越来越大了。随着科学的社会功能的日益增大,科学家的社会责任也就越来越大了。一个科学家不能是一个'纯粹的'数学家、'纯粹的'生物物理学家或'纯粹的'社会学家,因为他不能对他工作的成果究竟对人类有用还是有害漠不关心。也不能对科学应用的后果究竟是使人民境况变好还是变坏采取漠不关心的态度。不然,他不是在犯罪,就是玩世不恭的。"[3]

---

[1] 陈恒之:《从科学家对待原子弹的态度看知识分子的社会责任》,《政治学研究》,1987年第6期。

[2] 徐少锦:《科技伦理学》,上海:人民出版社,1988年,第36页。

[3] M. 戈德史密斯著,赵红州等译:《科学的科学——技术时代的社会》,北京:科学出版社,1985年,第27页。

(2) 影响政府行为。当代学者不仅要对科学知识及其应用承担责任,还应对科学体制和社会政治承担责任。学者作为社会精英已从社会边缘逐步走向社会中心,"专家参政"已成为我国各级政府较普遍的一种现象。这就要求学者的注意力不能仅仅限于各自的学科专业领域。在这一点上,爱因斯坦为我们树立了典范,他曾对他的学生说:"如果想你们一生的工作有益于人类,那么,你们只懂得应用科学本身是不够的。关心人的本身,应当始终成为一切技术上的主要目标,关心怎样组织人的劳动和产品分配这样一些尚未解决的重大问题,用以保证我们科学思想的成果会造福人类,而不致成为祸害。"① 事实上,"社会责任很大程度上是一件自愿承担的道义责任问题,我们中的所有人都承担这种责任,科学家和非科学家是一样的,这就是我们社会的性质"②。因此,科学家作为社会成员,除了作为一种建制的职业要求之外,在普遍的意义上,他们还应当关心政治,承担促进社会的文明和进步的责任,这种责任将驱使他们对社会表现出更强烈和自觉的责任心。

(3) 反对伪科学。时下各种各样的伪科学盛行,导致了人们思想的混乱和人类文化的衰退。应该看到,伪科学的流行有其社会土壤,在其传播过程中,"权威效应"起到了一定的作用,因为地位较高的或特殊的权威者的意见比一般人的意见更容易成为群体的集体规范与见解。科学家在群众中拥有较高的威望和权威,伪科学往往利用他们来支撑门面、挡驾庇护。因此,作为学者的科学家要特别注意提高自己识别伪科学的能力,防止被形形色色的伪科学所利用。由于学科不断分化与综合,培根式的百科全书式的科学家已经很少了,科学家只是某一领域的专家,除了精通本学科专业外,其他学科与专业科学家知之甚少,甚至是门外汉。因此,科学家也要不断扩大自己的知识面,尤其要注意弘扬科学精神。科学精神是科学共同体在从事科学研究活动中所遵从的精神价值和道德规范,包括理性信念、普遍主义、有组织的怀疑精神和感情中立等。科学家通过科学思想、科学方法、科学思维、科学道德体现出严肃认真、客观公正、实事求是、敢于实践、独立思考、尊重证据、坚持真理、修正错误,使那些明显违背科学精神和科学道德的伪科学活动受到应有的抵制。

总之,学者的学术责任概括起来就是对未来负责。地球上一切生命的命运都掌握在人类手里,更是掌握在科学家手里。"人必须从生物学的'是'走到伦理学的'应该',必须在它们中间找到一条通路。人类不仅要为自己的孩子

---

① 赵中立、许良英编:《纪念爱因斯坦译文集》第5册,上海:上海科技出版社,1979年,第73页。

② 伯纳德·巴伯著,顾昕译:《科学与社会秩序》,北京:三联书店,1991年,271页。

负责，也要为天下万世的孩子负责……思考并承认对未来的责任，也是每一个还有道德良知或天良的人的任务。"[1] 思考未来，对未来负责，更是学者义不容辞的责任。正如阿尔文·温伯格所指出："在分辨一个科学家是不是科学共和国的合格公民的所有特征中，我们要把责任放在首位。一个科学家可以是英明的、富于想象的、手巧的、渊博的、宽广的、专门的，但是除非他是负责任的，否则他就不太像是个科学家。"[2]

作者：王恩华（1963—），男，湖南永州人，湖南工业大学副教授。
原载：《高等教育研究》，2005年第1期。

---

[1] 张汝伦：《激情的思想：第三代学人自选集》，济南：山东教育出版社，1999年，第181页。
[2] 科学、工程和公共政策委员会：《怎样当一名科学家——科学研究中的负责行为》，北京：科学出版社，1996年，第17页。

社会批判：
大学与知识分子的历史使命与学术责任

周 玲 谢安邦

社会批判是从社会良知出发，并运用高深知识，评论各种社会问题，反思无可非议的信念、不证自明的真理，以及实践者常识性的理解，从而揭示出有可能阻碍实践进程的前提性条件，最终提出实践过程的价值取向。有人说：社会批判是大学与知识分子的历史使命与学术责任。因为，任何社会组织与群体都必须承担自己的使命与责任，大学与大学学术人员的价值就在于不仅承担着教学的责任、研究发现的责任和服务的责任，还担负着社会批判的历史责任。不同的时代，不同的历史时期，大学使命也许会有所演变，但是，大学作为独特的社会组织，所具有的学术性与教育性决定了其大学自治、学术自由的根本特征，由此而形成的独立、自由和社会批判精神是在任何时代都必须坚守的，大学与知识分子的社会批判是在审慎思考、自我反思的前提下进行的。

一、社会批判使命的起源与衰落

批判，是指在一定科学理论指导下，对客观世界的现象、事物、理论和行为的精确性、真实性的判断，是指按照某种尺度对事物或现象进行事实上或价值上的评论，即对事物和现象的是非、善恶与美丑的断定。批判社会学的创始人霍克海默认为，批判是价值意义上的超越。① 批判是一种独立的怀疑精神，它不承认任何绝对、永恒、神圣的东西，它总是对观念、事物以及人们的行为进行反思，发出疑问，进行深入的考察和分析。西方学者早就指出，大学应该承担社会批判的使命，因为大学的本质是批判，大学是社会批判的中心，批判是区分大学与非大学的关键。在美国社会学家科塞看来：大学是这样的组织，它对现行的一切永远都不满，总是以更高更博大的真理来对当前的真理提出质

---

① 马克斯·霍克海默著，李小兵等译：《批判理论》，重庆：重庆出版社，1990年，第256页。

疑。大学产生之初，虽然受到教会和世俗政权的双重控制，但大学往往能够在两者之间寻求一种平衡，表现出对于现实政治和宗教势力的"异议"与"反叛"倾向。19世纪结束之前，大学一直作为研究和探讨纯粹知识的场所，"为知识而知识"使大学与现实生活存在一定的距离，大学被誉为"象牙塔"。那一时期，大学对普遍的理性知识的探求本身，就是对一切具体直观性存在的超越和否定，也是对以常识为根基的现实生活和社会秩序合理性的批判和超越，而这就在客观上为社会提供了真善美的评价标准和基本向度。

但是，随着历史的发展，一些复杂的因素导致了大学批判精神的逐渐衰落。具体而言，知识整体性的坍塌、工具理性的主导、政治和意识形态的限制，以及经济和物质利益的诱惑，是致使大学的社会批判使命趋于淡化、弱化和衰落的主要原因。

（一）知识整体性的坍塌

近代以前的大学，知识结构基本上是全面、完整、统一的学问，那时的大学培养的是"百科全书"式的人物，著名的人物几乎都在几个专业上具有独到的见解，放射出自己的光芒。而随着现代社会科技发展、社会分工加剧，全面的知识与大学教育被分化为不同学科的知识和专业教育。对于每一个独立的受教育者而言，所接受的专业教育都只是人类整体知识体系中的某一部分，不仅与人类整体知识相隔阂，而且专业与专业之间也形成壁垒，掌握的知识虽然比较深入，但是往往只见树木不见森林，知识的整体性消解了，大学教育与研究的价值取向也发生了很大变化。

（二）工具理性的霸权与主导

20世纪以来，工具理性成为现代意识形态的主导力量，获得了霸权地位，原来占主导地位的知识性质发生了转变：传统知识转为现代知识，神圣知识转向世俗知识，人文知识转为技术知识，装饰性知识转为功用性知识，反思性知识转为适应性知识。由此，原来在大学中占主导地位的人文学科课程，地位不断下降，地盘不断缩小，人文社会科学本身也不断地被科学化、技术化、精确化，人文社会学科逐步丧失了自己独特的地位，在人类知识体系中，沦为自然科学和工商技术学科的配角。与历史上传统的知识分子相比，现代知识分子更看中效用，功利价值取向更为明显。他们的知识视野不够开阔，因而阻碍了他们对于广泛的社会问题和人生问题的认识。今天大学中的知识分子社会地位、性格特点与角色定位发生了变化，他们的兴趣和能力从某种意义上说，已经不足以承担起社会批判的大学使命。

（三）政治集团的专制统治

在专制和集权的社会里，统治者决不允许个人保持必要的独立性、个性，甚至出于怜悯而生的一点做人的良知，知识分子的命运十分可悲，受到高压与权威的奴役。他们有的主动与当权者合作，成为统治机器的一部分，沦为政府和政治的工具；有的不与世俗同流合污，最终触犯统治者利益，甚至被流放或招来杀身之祸；还有一些人，则主动逃离统治者的视野，远走江湖，吟风弄月，成为闲云野鹤似的人物。在这样的社会环境里，大学的学人们所肩负的只不过是谋生的教书匠职责，难以承担社会批判的使命。

（四）经济和物质利益的诱惑

在物欲横流的商业社会里，大学及其学人往往不会只是物质利益的冷眼旁观者，而会成为直接竞争者和瓜分者，不仅高科技研究者成为商业社会的宠儿，甚至本来与物质利益相距甚远的人文科学工作者也变相的技术化、商业化、市场化，他们常常通过名目繁多的办班、考级、培训等方式牟取个人或小集团、小群体的经济与物质利益。

二、大学与知识分子社会批判使命的在位与缺失

大学作为一种学术机构，是知识分子聚集的场所。因此，大学的学术生产者作为一种社会角色，如果把他们放在整个社会人群中，他们会获得一个响亮的称谓"知识分子"。什么是知识分子？定义差异很大。在现代中国，人们从语义学角度理解知识分子，指的是有一定科学文化知识的脑力劳动者。如教授、工程师、医生、会计、编辑、记者、文艺工作者，他们是具有较高文化水平、从事脑力劳动的人。这里的"知识分子"是从学历与职业界定的，"较高文化"与"从事脑力劳动"是其识别标志，大学教师是当然的知识分子。在西方，人们认为"知识分子"是现代性的特有产物，西方学术界认为18世纪法国启蒙运动的"哲人"们是最早的知识分子，巴黎的沙龙和伦敦的咖啡屋是知识分子的摇篮。"Intelligentsia"一词大约起源于19世纪的俄国民粹派，指的是一群有知识的俄国人接受了西方价值观念，用以观察俄国社会，和民众一起直面苦难的生活，对专制制度强烈不满，表现出改变现实的强烈责任感。19世纪末，法国发生"德雷福斯事件"，左拉等一批具有正义感的人士勇于为受诬陷的德雷福斯上尉辩护，1898年左拉发表《我控诉！》被誉为"知识分子宣言"。

对于知识分子的分类，葛兰西和福柯有不同的认识。前者将知识分子分为传统知识分子和有机知识分子。在他看来具有自由和独立特行的特点，可以完全依靠自己生存，而不需要托庇于某个私人或郡主的保护与赡养人就是传统知识分子；而在现代社会，知识分子已经很难独立于政治、经济结构而存在，而

是如有机体般依附着这些结构而生存,他们不一定完全听命于依存的对象,为他们说话,也可能发出自己的声音。但是总体而言,有机知识分子迫于现实经济利益的考虑,或迫于政治制度的压力,而不得不最终被驯服。① 福柯认为"知识分子的工作不是要改变他人的政治意愿,而是通过自己专业领域的分析,一直不停地对设定为不言自明的公理提出疑问,动摇人们的心理习惯、他们的行为方式和思维方式,拆解熟悉的和被认可的事物,重新审查规则和制度,在此基础上重新问题化"②。

随着现代化的不断推进,知识的分化与剧增,大学与科学院越来越专业化、职业化,社会需要能够克服各种诱惑,耐得住寂寞的学院派知识分子。同时,现代化带来的各种社会问题与社会危机,也需要知识分子走出象牙塔,在担任专业人士应有的责任的同时,还必须承担原来由巫师、教士担任的社会核心价值的创造者、维护者的角色。由于现代性隐含着一定的虚无主义倾向,又使得这些创造者和维护者必定也要担当起怀疑者与批判者的角色。因此,知识分子的责任是双重的,既有专业和职业责任,还应在他们的活动中体现出对社会核心价值的关注,他们是社会道德标准的寻求者。他们对事物现状与习惯不满,根据更高的真理提出质疑,他们往往用不实际的"应该"来反对现实。他们是理性、正义、真理的专门看护人,是市场与权力场忽视的道德标准的忠实保护者。

20世纪之后,知识分子活动中的政治色彩逐渐淡化,但其公共性日益凸现。依据芝加哥大学教授理查德·波斯纳关于公共知识分子的分析,公共知识分子是那些越出专业领域经常在公共媒体上就社会公众关心的热点问题发表自己的观点或评论的知识分子,或是由于在特定时期,自己的专业是社会热点问题而把相关知识介绍给社会公众并获得一定的社会关注的知识分子。与甘于寂寞的学院派专业知识分子不同,他们对学术发展的知识贡献也许不如前者,但是他们对于社会的发展与进步具有特别的贡献。香港的大学有一位在政治学界很有影响力的教授,过去经常有好的论文,但从不热衷于在公共媒体上露面,认为学者的价值主要应该体现为对知识的贡献。但是,面对香港近几年来的社会分化与经济危机,香港特区政府为了维护社会必要的凝聚力,成立由这位教授领衔的课题组进行研究,通过专业圈的学术研讨,这位政治学家在媒体上公开发表研究成果,以非常专业的眼光分析时弊,表达自己在社会转型与困境中作为知识分子的一份责任。他的这种表达也许区别于他习惯用的纯学术的思维

---

① 爱德华·W. 萨义德著,单德兴译:《知识分子论》,北京:三联书店,2002年,第111页。
② 福柯著,严锋译:《权力的眼睛:福柯访谈录》,上海:上海人民出版社,1997年,第47页。

和表达方式，发表见解的倾听者也不是专业人士，但他与社会公众的交流与理解有助于一个痛苦转型社会的平稳与发展。

自然科学与社会科学的发展大大刺激和加强了知识分子的自我意识和自我角色认同，也带来了知识界的冲突与争论。比较典型的就是传统人文知识分子和技术专家型知识分子的相互攻击，前者指责后者忽略了人的基本价值，使人沦为经济动物与社会工具，丧失了更完整的思考世界的能力；后者则批评前者软弱无用，是沉溺于传统、拒绝社会进步的代名词。20世纪末，这场争论甚至演化成波斯纳所说的"公共知识分子"与"学院知识分子"的论争。波斯纳认为公共知识分子有可能沦为市场的俘虏，他们为取悦于读者与听众，而滑向浅薄，使知识成为快餐式消费品，而学院派知识分子更可能对知识进行彻底与本质性的追求。存在两类知识分子的争论表明：大学组织中的知识分子可能已经发生分化，他们的角色责任也开始有所不同，在笼统的知识分子范畴下，大学的学术生产者已经存在层次多元的群落，不同层次与群落的知识分子都是社会所需要的。一类是象牙塔中的知识分子有宽松的探求知识奥秘的环境与氛围，从而愿意走出象牙塔，致力于捍卫或改变各种观念，对社会进行理性思考与批判，另一类是通过自己的专业知识为技术进步服务与尽责的知识分子，这两类人社会都需要也都应该受到尊重。

20世纪80年代以来，中国知识分子走出了长期受压制的状态，精神上获得了解放，但随着计划经济向市场经济转轨，大学中的竞争与市场化行为在某种程度上调动了广大教师的积极性，但也加剧了浮躁、短视与急功近利的心态与行为。大学及其学人在一定程度上与政府合作，以自己的学术成就获得政府投入；通过社会服务获得社会承认，争取社会关心教育，获得热心赞助与捐赠，这些都是可以理解的行为。但是，这样的行为一旦越过警界，变成为一己私利而角逐，将牟取物质利益作为目标，他们也就失去了为真理而生存的动力，失去了无经济利益的阶级属性，也就最终失去了客观性、中立性、超然性和批判性。

大学作为"高深学问"的探求机构，具有其他社会机构如政府和企业都无法承担的学术责任，具有批判与引领社会前进的权威性，因为大学聚集了大批不同学科的知识分子，围绕不同学科组织起来进行知识探求的学者们，可以对于社会进行深刻而广泛的批判，并通过批判分辨是非，引领社会走向光明。因此有人说：知识分子是时代的眼睛。这双眼睛正是通过批判使命的完成而发出光芒，烛照社会。

三、社会批判是大学发展的必然要求

在人类社会发展过程中,组织机构无疑占有十分重要的地位。大学是人类创造的最具特色、最有持久生命力的组织机构之一。"西方世界在1520年以前建立的75个公共机构仍旧以可辨认的形式存在,有着类似的功能和未中断的历史,包括天主教会;马恩岛、冰岛和英国的议会;若干瑞士的州的管理结构;锡耶纳银行,以及61所左右的大学。统治百姓的君主,有着附庸的封建领主,拥有专利的行会全都消失了(现存最古老的商业单位是贝雷塔家族于1560年在意大利创办的)。但是这61所大学大部分仍在同样的地点,拥有一些同样的校舍,教师和学生从事很相同的事情,学校管理按基本上相同的方法进行。的确,对于古代的主题已经有了很多变化,但是,教学、学术研究和服务这种永恒的主题,以一种或另一种结合的形式继续存在。"[①] 由此可见,大学的生命力和自我更新力是多么强大。西方学者洛韦尔认为,大学的存在时间超过了任何形式的政府,任何传统、法律的变革和科学思想,因为它们满足了人们的永恒需要。在人类的种种创造中,没有任何东西比大学更经受得住漫长的吞没一切的时间历程的考验。也就是说,大学作为一种独特的社会组织,具有顽强的生命力,是因为大学担当着其他社会组织所无力担当的社会使命,也因为大学具有独特的社会批判精神和社会批判能力。大学自诞生之日起,大学中的知识分子不仅为人类保存、传播文化,探求自然与社会的奥妙,而且以为人类谋求福祉为己任,为探索真理而献身,他们勇于向权威说真话,因此被人们誉为社会的良心。

自古以来,大学在维护、传播和研究永恒真理方面的作用是无与伦比的;在探索新知识方面的能力是无与伦比的;在服务先进文明社会的众多领域方面所做的贡献是无与伦比的;在社会批判和引领社会前进方面的贡献也是无与伦比的。[②] 大学作为一种社会组织,在自己800多年的发展历程中,不断调整自己以便承担传播与发展社会文明的使命,适应社会的需要;始终保有批判精神,以便以质疑的心态、警醒的目光关注社会既有的思想与观念,担当社会良心的使命;时刻牢记具有用专业的知识与理论引领社会走向理性发展道路的职

---

① 克拉克·克尔著,王承绪译:《高等教育不能回避历史——21世纪的问题》,杭州:浙江教育出版社,2001年,第50—51页。
② 克拉克·克尔著,陈学飞等译,赵宝桓校:《大学的功用》,南昌:江西教育出版社,1993年,第29页。

责与使命。正因如此，大学才能够基业常青。与西方大学相比，中国大学还是一个后来者。要想后来者居上，使中国大学组织在短时间内实现跨越，持续发展，基业常青，就要求大学在努力适应社会需求的基础上，还必须对社会现实保持独立意识与批判精神。

　　这样的要求与我国大学及知识分子的现实状况存在较大差距。长期以来，传统的思想观念和技术主义思想主导，影响了我国大学和知识分子批判精神的张扬。从思想观念上看，我国对大学的定位基本上是将之视为实现政治和经济目的的手段，大学处于政府和社会经济发展的附属与辅助地位；对知识分子批判精神也存在诸多不正确的观点与认识，以为知识分子的社会批判主要是为了针砭时弊，易造成社会的不安定，从而对知识分子的批判精神鼓励少，指责多。对大学和知识分子本质作用的认识基本上只认可其专业知识功能，不认可社会批判的功能，不承认批判精神也是形成知识、特别是形成创新性知识的重要前提。经过建国后的历次院系调整和政治运动，中国大学受到空前的损伤与浩劫，知识分子经历了太多的艰难困苦与身心磨难。大学和知识分子应有的社会批判意识和批判精神受到空前的压制。20世纪90年代之后，以市场经济为导向的中国社会发生了转型，在商业主义、实用主义和功利主义冲击下，科技知识分子走向中心，技术专家治国论通行，人文知识分子逐渐边缘化，固守原有理想的知识分子处境艰难。市场经济的大潮使知识分子的批判精神面临重大危机，相当一部分大学和知识分子为了谋求自身的生存，主动放弃了社会批判的责任。

　　大学现实的精神状况与社会发展的迫切要求形成一定的冲突与矛盾。现代社会，人类面临着生存危机和发展极限的挑战，人类变成了物的奴隶，人性摆脱了神性的束缚却被自私与贪婪所吞噬，人在自封为上帝的时候却像动物一样生存。国与国之间竞争激烈，现代化带给人类的不仅是物质利益的极大丰富，也带来了许多消极影响和前所未有的问题，如环境污染的加剧、人口爆炸、饥饿、疾病、战争、精神堕落。而这些问题的解决，都要求大学充分发挥社会良知的作用，进而承担起引领社会绕过险滩暗礁，走过黑暗，走向光明的社会责任。中国社会正在发生巨变，经济与社会各方面发展迅速，现代化给人民带来了福祉，也带来了精神迷惘、社会秩序的混乱、生存环境方面的灾难。今天的中国更需要大学及其知识分子作为独立思考的社会组织和社会良知的代言人，对面临的诸多难题进行理性冷静的思考与判断，大学和知识分子所要担当的社会使命与学术责任越来越艰巨，大学理应超越一般的学术责任，不只是完成单纯的教学、科研和普通的技术服务任务，而是期望产生建立在批判精神基础之上的具有重大创新意义和价值的科技成果与社会改造之良策。

大学及其知识分子要生存与发展,首先必须适应社会的需要,完成现实使命,即通过教学、科研、服务工作完成传承与创造社会文明的使命,这些使命的完成为他们提供了生存的空间;与此同时,大学及其知识分子还具有独特的使命,是其他社会组织和社会成员无法承担的使命,即在自我反省与批判的同时,通过理性精神与专业知识从科学与价值两个维度对人类的实践活动及其结果进行质疑和反思,只有这样,才不会盲目"适应",无所适从,抛弃自己的理想,而有可能真正成为:不是出于功利和眼前需要而存在的社会机构,而是人类精神激励的场所,国家理智的神殿,知识分子也才能真正成为社会批判的精英,社会良知的代言人。

作者:周玲(1963—),女,安徽合肥人,上海交通大学高教研究所副研究员。

谢安邦(1948—),男,江苏常州人,华东师范大学高教研究所教授。

原载:《现代大学教育》,2006年第2期。

自治・自由・责任：
马克斯・韦伯的大学观

易红郡

19世纪初，德国古典大学在以洪堡、施莱尔马赫、费希特等为代表的新人文主义思潮影响下，发生了一场韦伯所说的由内而外、由观念而制度的革命性变革，给德国大学的科学研究活动和精神气质带来了全新的气象。柏林大学的创办就体现了与传统大学不同的新面貌。"虽然柏林大学在很大程度上继承的乃是过去中世纪的结构形式，但它有一项意义深远的创新，即确立以研究为大学的首要使命……这种以研究为己任的思想对19世纪德国大学所取得的巨大科学进步起了很大的推动作用。它使教授集研究与教学于一身，加强了其作为研究所主任和大学管理决策参与者所起的重要作用。"[①] 1870年俾斯麦上台后推行"铁血政策"，逐渐加强政府对大学的干预；第一次世界大战爆发后，大学几乎沦为军国主义的工具和纳粹统治的国家机器，德国大学自治、学术自由等传统受到严重破坏。生活在同一时代的德国著名社会学家马克斯・韦伯（1864—1920）以其独特的学术经历和卓越的洞察力对德国大学所阐述的真知灼见为我们留下了一份宝贵的思想财富。

一、大学自治：为保持自治权力，大学应反对官僚化管理

大学自治是西方源远流长的一种学术价值观，文艺复兴和宗教改革后，随着国家权力的日益强大和大学社会功能的凸显，政府和社会力量通过财政拨款等手段进一步加强了对大学的干预，如插手教师的聘任和开设研究班等大学传统的学术事务，致使大学自治的传统受到破坏。19世纪后半期，随着科学技术和工业的发展，德国的社会经济生活，按照韦伯的说法，不断走向官僚科研

---

① 约翰・范德格拉夫等著，王承绪等译：《学术权力——七国高等教育管理体制比较》，杭州：浙江教育出版社，2001年，第18页。

化或者理性化。同样，在德国大学中，大学自治虽然得到了一定程度的承认，但在资本主义体制下大学也逐渐变成了官僚化的机构。"这种机构（官僚制）一旦建立，其客观上的不可或缺性加上它特有的'非人格性'，使得它——相对于封建的，基于个人忠诚的秩序——很容易为任何人服务，只要此人知道如何来驾驭它。"① 这种官僚化趋势不仅在医学和自然科学研究领域存在，还在向其他学科领域蔓延。"即使在科学研究以及教育研究的领域，大学常设的研究所的官僚制度，是经营中的物质设备、器材需要增加的'函数'。"② 韦伯将大学经营看作是一种官僚制度，他说医学、自然科学领域的大型研究所是国家资本主义企业，必须采用与大规模经营一致的手段。在这样的研究机构里，学者必须依赖国家才能获得劳动器材和研究设备。这种官僚制度使得研究者、大学教师与他们的"生产资料"分离了。

韦伯竭力主张维护大学自治的传统，他认为由国家决定大学经费支出是导致德国大学内部产生官僚制度的重要因素，国家预算作为媒介在催化和促进这种官僚化，它决定了研究群体对官僚制度的服从。从19世纪后期开始，自然科学、医学研究领域大量增加实验室和研究所，教育上大量采用研究班的形式。"在普鲁士，从1882年到1907年，共有9所大学，得到一位著名（很不受喜爱）的高等教育部长阿尔特霍夫的帮助，在哲学学部建立了不下77个研究所和研讨班，86个医学实验室和诊所，9个法律研讨班和4个神学研讨班。"③ 韦伯把研究班制度也看成是推动大学官僚化的一个因素，因为随着研究班制度的发展，对助教和教室、图书馆等人才、物资的需求不断增加，也需要获得国家财政预算的支持。大规模、体制化的教学和科研建制需要政府和工业界提供物资、经济上的支持。而后者在提供支持的同时也加强了对教学和科研的干预与控制。这种干预导致传统的大学体制发生了质的变化，于是传统的大学体制内部孕育了与新型资本主义相对应的研究和教学设施。学术"生产"机构首先发生变化的是化学研究所，化工界在对大学研究和教学进行大量投资的同时，对大学讲座制度的科研效率不满而对其进行干涉。这种变化也带来了德国大学研究体制上的危机。

韦伯认为，政府对大学教授职位人事权的干涉也是导致大学自治权力丧失的一个重要因素。一般而言，当学者们在决定接受教授职位之前，应拥有智力

---

① 施路赫特著，顾忠华译：《理性化与官僚化：对韦伯之研究与诠释》，桂林：广西师范大学出版社，2004年，第55页。
② 马克斯·韦伯著，孙传钊译：《韦伯论大学》，南京：江苏人民出版社，2006年，第118页。
③ 伯顿·克拉克著，王承绪译：《探究的场所——现代大学的科研和研究生教育》，杭州：浙江教育出版社，2001年，第33页。

上的信心，或至少得到同行的信赖，愿意和他共事，这是最基本的学术要求。但有的学者为了在学术上"出人头地"，竟然破坏这些不言而喻的规则。他们为了获得职位晋升，竟然捞取"惩罚教授"①之职，而且政府也鼓励这种"投机者"，因为这种人是禁锢学术所需的。从政府的观点来看，对大学教授职位的任命，实际上是一种赋予其金钱利益和社会声誉的赞助行为。对于接受者而言，追求名利和地位的欲望越大，则人格和尊严所受到的贬损也必然更加严重。韦伯指出："如果对这种聘用教员时的非学术目的做出让步，特别是偏离应该尽可能任命学术杰出的人这一基本原则的话，那么，最终会导致大学的道德权威的削弱。"②

在韦伯看来，德国学者失去了自身的尊严感，如同政治领域一样，他们被阿尔特霍夫（Friedrich Althoff，当时德国教育部主管高等教育和大学的部长）这样的强权人物所愚弄，学术在引诱、欺骗、蛊惑中走向腐败。他在《论"阿尔特霍夫体制"》一文中指出，"这种盛行的体制，试图把新的一代学者改变成学术'生意人'，变成没有自己思想的体制中的螺丝钉，误导他们，使他们陷于一种良心的冲突之中，步入错误的道路，甚至贯穿他们整个学术生涯，都要承担由此而来的痛苦"③。

当然，在大学里也有一些性格强硬的学者，他们继承和保持着相对于教育行政当局的独立传统。如像鲍尔森（Paulsen）那样的学者，始终坚持民主信念和质朴思想，拒绝向皇室卑躬屈膝。"但是，我们必须指出，即使大权掌握在一个不懈地追求学术绩效评估客观性的人手里，当一个人控制这么多任命权的时候，仍旧有被他的个人偏爱与兴趣好恶所左右的危险。"④ 正因如此，在那些本该由专家学者和院系决定的重要事情上，他们实际上已很难有所作为。那些习惯于运用个人关系以庇护人身份帮助其保护对象的人，抛弃了作为一个专家和行使官方权力的人对其观点应负有的道德责任。这对学术群体的团结而言是一个极大威胁。韦伯呼吁建立全国性的大学教师组织以唤醒学者们的团体自尊感，并借此重建日益衰落的大学道德责任感。

韦伯将美国大学与德国大学进行了对比，认为两国大学无论在质量还是数

---

① 当德国政府看到不顺眼的学者占据教授职位时，就任命一位迎合政府需要的学者当教授，以此与前者相对立，表示对前者的惩罚，韦伯把后者称为"惩罚教授"。如为了平衡天主教与新教、新教内部正统派与自由派之间教授职位的人事安排所做的任命。参见马克斯·韦伯著，孙传钊译：《韦伯论大学》，第2页。
② 马克斯·韦伯著，孙传钊译：《韦伯论大学》，第3页。
③ 马克斯·韦伯著，孙传钊译：《韦伯论大学》，第51页。
④ 马克斯·韦伯著，孙传钊译：《韦伯论大学》，第4页。

量上都存在着巨大差别。与德国大学相比，美国大学在很大程度上是一种彼此竞争的机构，这种竞争原则上是完全自由的。美国大学以一种相当无情的方式与它们的同类竞争，美国官方也不强制大学为了政府机构的需要而对年轻人进行各种训练。韦伯希望德国大学能像美国大学那样在一个比较好的学术氛围中保持自治，而且更多地保护自己最神圣的价值观；唯此，面对政府的强大力量，大学自治才能保持得更加完美无缺。

二、学术自由：学术研究应植基于科学兴趣和学术特长，反对官僚机构对学术自由的钳制

早在洪堡创办柏林大学时就鲜明地提出了学术自由的办学理念，这一理念逐渐成为德国大学不可动摇的核心价值；但19世纪后半期国家对大学内部事务的干预却越来越明显，"学术自由"只能在政府规定的参政以及宗教的范围里存在，超越这个界限就不存在了。这种"学术自由"有三层含义：一是申请教授职位者不仅要受到是否具备学术和学者资格的审查，而且要受到对政治权威的顺从程度和宗教习惯的限制；二是在公共场所公开向政治权威挑战，可以成为被免除教授职位的借口；三是在课堂上引起公众注意和批评是不允许的。[①] 在韦伯看来，这种学术自由对于那些"衣食无忧"和"知足常乐"的人而言是一种理想的追求，因为它在很大程度上能刻意掩盖教学领域中任何一种特定的政治基调。但这种自由将极大地危及教授职位候选人的品性，如果教授职位的任命必须以教会和政府可以接受为前提条件，那么"科学、学术和教学的自由"就不可能存在。

在韦伯看来，真正的学术自由也有三层含义：一是审批教师资格时，不能以任何信仰方面的理由加以歧视和区别对待；二是允许教师在大学以外的公共场所从事政治活动；三是教师在大学讲坛上必须对自己的价值观和信仰有所自制。为了捍卫学术自由，他对社会民主党、阿尔特霍夫体制、控制整个德国资产的中央工业家联盟和天主教会进行了猛烈抨击，因为这些力量的存在都威胁着学术自由。

韦伯认为，大学作为国家的法定机构，必须制定一个任命学术职位的统一标准。但在德国，如果一个人被政治宪兵认为是"对国家有害"的话，其教授任命必须经过德行审查，候选人需要提供有关政治表现的证明或就任后政治当局的许可证明。"纳粹上台后，大学意识形态盛行，冷酷无情的政治迫害席卷

---

① 马克斯·韦伯著，孙传钊译：《韦伯论大学》，第29页。

大学,学术自由的价值被贬损,走向了极端的社会干预。"① 之所以会发生这种情况,是因为大学受到政府的财政援助和享受政府授予的特权。"在'国家'支配下,学术所享受的利益——对科学出于兴趣的选择和学术特长的发挥,不是比以前从属于教会的时候有所改善,而是在很多方面更加恶化。这样一种变了质的'自由'和非兴趣化的大学教育结果是阻碍了个人天性的发展。"② 在韦伯看来,即使大学拥有最好的研究机构、礼堂,甚至拥有多如牛毛的论文和获奖成果,也不能弥补其失去的东西。

三、价值判断:大学教师在讲坛上应恪守"价值中立",反对作出实际的价值判断

大学不应传播"对国家有害的学说",已成为当时德国学术界关于大学教学的普遍理念;同时大学也不是教导绝对或终极道德价值的机构。大学可以分析事实及其存在的条件、法则和相互关系,分析概念及其逻辑的前提、内涵,但不应教"什么是应该发生的"之类问题,因为个人价值和信仰是不能像科学命题证明那样可以论证的。大学可以让学生了解世界观的基本观点,可以研究哲学的心理起源,可以分析理智的内涵和普遍的原理,甚至可以分析普遍存在的被人信仰的东西。但如果大学不仅提供知识和方法,还教以信仰和"理想"的话,就超越了科学和学术的界限。例如,一个大学教师要论证某些社会需求是"正当的",那就是胆大妄为;而他想通过科学和学术的手段证明它们是"不正当"的,情况也同样如此。

在韦伯看来,刻意通过政治、伦理或其他"实际的"文化理想去塑造年轻人,这并非大学的任务。然而,很多大学教师却要充当"政治家"式的中介人,不能履行自律的义务,把培养学生特定的政治信仰和世界观作为大学教育的特权。韦伯认为这种傲慢自大会导致大学走进死胡同。

大学教师避免表达自己在各种思想斗争中的态度是被严格规定的义务,他只能在讲坛上讲授盖棺定论式的观点,即使这种观点与他自己的观点完全相反或者有分歧,也不能在讲坛上鼓吹自己的观点。韦伯称之为"讲坛禁欲"。在韦伯的大学理念中,"价值判断"和"讲坛禁欲"是紧密联系的。在某种意义

---

① 周光礼:《学术自由与社会干预——大学学术自由的制度分析》,武汉:华中科技大学出版社,2003年,第133页。
② 马克斯·韦伯著,孙传钊译:《韦伯论大学》,第31页。

上,"价值判断"可以说是一套固定的成见,这套成见会使一个人以其好恶来做判断,而不是根据客观事实做出判断。那么大学教师在授课时是否应当公开表明他们的实际价值判断呢?韦伯认为这个问题无法从科学上予以讨论,这本身就是一个大学的政策问题,它只能由个人根据自己的价值判断来决定。有的教师要求大学发挥塑造人,向学生灌输政治、伦理、美学或其他意识的作用;有的教师则认为大学课堂只有通过实施专业教育才能真正发挥它的作用,"理智的诚实"是应该培养的唯一特殊美德。

在韦伯看来,如果一个拥有学术权威和职位尊严的教授在讲坛上把个人的信念和观点强加给学生们,那就错了。他认为利用这种职位在课堂上构筑政治观点是绝对荒唐的。"对大学教师来说,课堂上唯一正当的教育理想就是教育学生走向思想的诚实和朴素的客观性。凡是无关的因素应当一概忽略不计,'尤其是爱与恨'。"① 然而,当时德国大学中仍然有一批官方认可的"先知"不是在闾巷间、教堂或其他公开场合宣讲布道,而是在政府赋予特权的讲坛竭力"以科学的名义"就世界观问题做出权威性判断。韦伯认为教授在课堂上除了传授给学生所需要的知识外,不应灌输那种无可辩驳的所谓"世界观";教授不能利用讲坛不受攻击的特征来做政治家的事情。"对韦伯而言,在教室里向学生们暗示世界观,和蓄意进行政治灌输一样令人讨厌。"② 在他看来,学生应从教师授课中学到以下知识:熟练地完成教师给定的任务的能力;承认事实并把事实的规定和自己的价值态度区别开来;使自己服从职责,抑制不必要地表示个人兴趣和其他感受的冲动。韦伯认为价值判断是不能在讲坛上讲述的,教师首先应追求事实及其因果关系,然后才能以确定逻辑事实为满足。他通常给予学生一个清晰的理解,而把价值判断的权利留给学生自己。他说:"阻止听讲的学生下某种价值判断,或者暗示他们应该做出某种选择的做法都是不允许的。"③ 因此在他的学生中有持各种观点的人。韦伯在教学活动中坚持不掺杂任何价值判断的立场,并以此为自豪。韦伯在海德堡大学时的同事李凯尔特指出:"专业研究者必须使自己同一切伦理的、艺术的、宗教的尤其是所有政治的价值判断保持距离。对于披着学术外衣做出的'预言',特别是教授在课堂讲台上作这种预言,韦伯是深恶痛绝的。"④

与"价值判断"相对应的是"价值中立"。"所谓价值中立,乃是指大学和

---

① 玛丽安妮·韦伯著,阎克文等译:《马克斯·韦伯传》,南京:江苏人民出版社,2002年,第364页。
② 玛丽安妮·韦伯著,阎克文等译:《马克斯·韦伯传》,第367页。
③ 马克斯·韦伯著,孙传钊译:《韦伯论大学》,第104—105页。
④ 马克斯·韦伯著,冯克利译:《学术与政治》,北京:三联书店,1998年,第135页。

学者在追求学术时,应尽可能排除主观的价值判断,严格遵守以事实和逻辑推理为基础的客观性,力求得出'不受价值影响'的结论,又称价值自由。"①韦伯认为社会科学研究离不开价值的参与,他将价值分为"科学外"和"科学内"两部分,前者在于为社会提供规范性建议;后者在于描述事实本身。他主张恪守"科学外"和"科学内"两种价值的界限,认为社会科学研究者在选择研究对象时可以参照"科学外"的价值判断,而一旦进入研究过程就必须杜绝任何"科学外"的价值解释倾向,应严格遵循科学认识方法本身的逻辑规范,只描述事实本身"是什么",而不应加入"怎样做"之类的价值引导。韦伯主张学术活动应严格恪守价值中立的立场,与信仰有关的价值判断问题应由政治家或宗教先知解答,在讲坛上不能做出选择。"在科学里面,我们只能用一种价值中立的态度去讨论事实是什么,而不是应然、应该如此的问题……但是当有人宣称用科学方法来研究现象,就请注意必须放弃自己的成见,而用一种尽量不去评价事情好坏的态度来讨论事实是什么,这个就是科学的成就,而这种态度也就是科学客观性的保证。"②

韦伯指出,在大学里无疑存在着由强大的利益集团和党派偏见所夹带的虚假价值中立的倾向性,因此很多个性独立的学者现在主张讲坛价值判断,因为他们也参与制造了那种纯粹虚假的"价值中立"的伪装。如果把讲坛变成讨论实际价值的场所,就应允许人们对最根本的基础问题进行自由讨论,但在现实中却很难做到。如那些关系到民族生存的实际政治问题,在德国大学讲坛上无法得到充分自由的讨论。鉴于大学讲坛一直不允许讨论决定实际政治的价值问题,韦伯认为唯一能维持科学尊严的是对这类价值问题保持沉默。总之,我们必须反对这种观念,即认为通过权衡各种彼此对立的价值判断和通过它们之间"政治家式的"折中,就能踏上科学"客观性"的道路。"价值中立"不仅与"最极端"的价值判断一样不能通过经验学科的方法得以科学证明;而且在价值判断范围内,它不属于讲坛,而是属于政治纲领、官僚机构和议会。

四、学术职责:大学教师应以学术为志业,培养献身于志业的独立人格

韦伯认为每一项专业工作都应有其"职责",专业工作者应当克制自己,排除并非严格地从属于职责的东西,而最需要排除的就是爱和恨。他在《以学

---

① 周光礼:《学术自由与社会干预——大学学术自由的制度分析》,第75页。
② 顾忠华:《韦伯学说》,桂林:广西师范大学出版社,2004年,第152页。

术为志业》一文中提倡学者要为事业献身，应积极地做好作为"职业人"生存下去的思想准备。"我们今天从事的'职业'应该是专业的，扮演着发现和认识各种各样事物之间联系的角色，这从一开始就是在今天的时代状况中不可避免的事实。"① 在德国，有志献身于学术研究的年轻人通常是从编外讲师的职位做起，编外讲师可以按照自己的专长开设一门课程，但他除了学生的听课费外没有其他工资收入。这意味着一个没有经济基础的年轻学者要面对学术生涯困窘的职业条件，必须承担极大的风险。

韦伯把理性化意义上的技术和预测看作学术职责的首要条件，因为学术就是在现实生活中通过预测外界事物和他人行为来达到支配社会的目的。学术职责并不局限于技术，还有超越技术界限的训练和自我责任，学术职责是个人根据各种各样行为的终极意义所担负的责任。韦伯赋予学术强烈的伦理价值，他的伦理价值就是激情、责任感和一副好眼光。激情是义无反顾地投身于一项理想事业；责任感是指冷酷、平静地算计他的行动后果并能承受这些后果的意志；而好眼光则是超然于一切人和事之上从而作出正确的判断。他呼吁学者们将伦理价值作为灵魂融入到技术中去，必须意识到技术带来的选择判断所具有的自我责任，这正是韦伯认为学术职责的核心。在这里，"自我责任的态度有其（内在的）条件，即有充分的准备来阐明事理以及迎接生活的挑战——现代生活不但要有勇气面对紧张，生活本身其实就时时处在二元论的、多元价值的紧张之中"②。

由于社会各系统的运作有着相对的自主性，而且依据自己的法则，这使得人类在其与世界的关系上空前地需要"可预测性"。这种可预测性基于可计算性，也就是人们确信原则上可以预计现世秩序的种种规则。因此当时一些年轻人普遍认为，学问是可以通过量化解决的问题，在实验室或统计系统中即可生产出来，它和在工厂制造产品没有区别。而从事这种计算只需要冷静的头脑，无需心灵参与。韦伯指出，发表这种高论的人必定是对工厂或实验室工作情形一无所知，在那里，工作人员的脑子里必须有一些正确无误的想法，才能取得有价值的成就。"这些源自灵感的想法不能强求，它和冷冰冰的计算机毫无关系。"③ 这种"灵感"只有经过专心和辛勤工作之后才能涌现，灵感在学术上的重要性并不亚于它在艺术领域中的作用。

韦伯认为从事学术研究时"人格"和"个人体验"也很重要。在学术领

---

① 马克斯·韦伯著，孙传钊译：《韦伯论大学》，第152页。
② 施路赫特著，顾忠华译：《理性化与官僚化：对韦伯之研究与诠释》，第53页。
③ 马克斯·韦伯著，孙传钊译：《韦伯论大学》，第97页。

域，只有那些纯粹为具体工作献身的人才有"人格"。当一个人把他应该献身的学术当作一项表演事业，并以事业的经理人身份登上舞台，力图以"个人体验"证明自身的价值时，我们不应把他看作是一个有现实"人格"的人。一个人如果不是发自内心地献身于科学，他必定给人一种卑劣的印象，并降低自己的人格。"只有那发自内心对学问的献身，他才会因为献身于志业，给人以高贵与尊严的形象。"① 学者人格的独立表现为一种学术上的献身精神，即没有对一己私利的关怀，没有对已有成就的迷恋，而唯真理是求。

学术工作要求不断被"超越"，我们每个人取得的业绩在 10 年、20 年或者 50 年内都会过时，这是学术研究必须面对的命运，或者说这就是学术工作的真正意义。任何一个有志献身于学术工作的人都必须接受这个残酷的事实。学术承担起理性化的宿命，应成为不断地为后继研究者所"超越的东西"。那么，是什么动力促使人们努力从事这种实际上永无止境的工作？韦伯认为，首先是出于纯粹实用或技术性的目的；其次更重要的是从事学术工作的人对志业保持的一种人生态度。按照韦伯的卡里斯玛理论，② 这种人生态度就在于学者能远离政治、经济生活，献身于科学，甘于寂寞，学术通常成为其主要的生活内容。或者说具有对事业的投入和个性内倾的职业气质，追求"寂寞中的自由"。德国学者的内向性特点与其寂寞的倾向互为表里，寂寞中包含着对事业的投入和对世俗的轻视。

五、结　语

综上所述，韦伯关于大学自治、学术自由、价值综上所述，韦伯关于大学自治、学术自由、价值中立、学术职责的见解是精辟的、高瞻远瞩的，值得我们关注。但由于受所处时代的制约，韦伯的大学观存在一定的矛盾性和模糊性。

首先，韦伯对大学官僚化趋势的态度是矛盾的。他一方面承认大学的官僚制度化是一种历史的必然，另一方面对官僚机构压制学术自由、研究者职位变成了谋生的手段等深表担忧，他号召人们与这种官僚制度带来的僵化进行斗争。同时，韦伯一方面承认管理体制中的服从关系，另一面更加激进地举起

---

① 马克斯·韦伯著，孙传钊译：《韦伯论大学》，第 100 页。
② 卡里斯玛是韦伯社会学中的一个核心概念，是韦伯从划分统治类型的角度提出的。他在《经济与社会》一书中提出了三种统治类型：理性型、传统型和卡里斯玛型，韦伯认为卡里斯玛是人在体质和精神上所表现出的一种特殊的、被视为超自然的才能。

"学术自由"的旗帜,抗议由于思想差异而遭受的迫害。

其次,"价值中立"的命题也反映了韦伯矛盾的人格。"价值中立"本身就是一种既定的价值判断,韦伯不可能真正做到绝对的价值中立,这只不过是他以人格方式所表现出来的对资本主义社会深层精神危机的担忧。正如有的学者指出:"韦伯提倡客观的价值中立,实际却深藏悲天悯人的道德情怀,他试图避开各种无谓的争论,通过多学科研究完成资本主义发展变化的'深描',以期抵达现实世界的边缘。"① 韦伯强调在已经被官僚化的大学里不能对学生进行世界观教育,因此在大学讲坛上必须抑制价值判断,维护"价值中立"才能保持科学的纯洁和知性的诚实,在伦理上达到统一。韦伯所说的学术职责也并不意味着放弃价值判断,而是积极地融入伦理责任。"责任伦理的态度并没有在价值立场与现实之间,或在不同的价值立场之间调解纠纷的能力,这种态度只创造了一个前提,提醒人们承认有对立的情况存在,而让相反意见之间的对抗能够合理地进行。"②

韦伯的学说对当代社会科学领域影响巨大,有的学者认为,唯有韦伯的思想学说与当今社会问题维持着普遍的联系,仅凭这一点便足以奠定他在学术史上不可取代的权威地位。"韦伯触及的是人类社会存在的最深层元素。这些元素具备恒久的重要性。但它们在人类历史中以不同的形式与组合出现,它们本身很难予以明确的界定,有其几乎不可避免的模糊性,此种模糊性有时候阻碍了对它们的理解,有时候却也能带来收获。韦伯的模糊性属于后者的成分远甚于前者。"③ 这一评价是中肯的。我们今天发掘和诠释韦伯的大学理念将有助于增进对现代大学本质和特征的认识,为重建现代大学精神和当今大学改革提供一定的理论基础。

作者:易红郡(1970—),男,湖南攸县人,湖南科技大学教育学院教授。
原载:《高等教育研究》,2007年第4期。

---

① 张斌贤、李子江:《大学自由、自治与控制》,北京:北京师范大学出版社,2005年,第54页。
② 施路赫特著,顾忠华译:《理性化与官僚化:对韦伯之研究与诠释》,第53页。
③ 顾忠华:《韦伯学说》,第48—49页。

美国大学的社会责任与学术自由理念

王晓阳　张京顺

1977年春天，美国哥伦比亚大学宣布，将一个国际关系方面的特殊教席授予亨利·基辛格博士。但在随后的几个月内，许多哥大的教授和学生对这一任命表示了强烈抗议。他们列举了基辛格的许多"劣迹"，包括参与决定轰炸河内、入侵柬埔寨、拖长了越南战争等。最终，这一争议以基辛格宣布他不准备接受哥大的任命而告终。①

尽管这一争议结束了，但美国的学术界人士却提出了更多的疑问：哥伦比亚大学是否应该以早先基辛格作为一个公务员制订的政策为由而否决对他的任命？该校管理层是否能够对基辛格的那些政策作道德判断？作为教授任命，该大学是否应该评价候选人在政府任职时的行为（这种行为与该学术领域的能力没有关系）？

这些疑问表明：在大学教师越来越多地与"真实世界"的重大事务发生联系的当今社会，有关学术自由的争论变得越来越复杂。而这些争论直接关系到大学学术活动的价值趋向、大学的运行方式及社会功能的发挥，因此应该加以澄清。

一、学 术 自 由

（一）为什么要有学术自由？

学术自由可以说是大学最重要的价值支柱。哈佛大学前校长博克指出："当大学履行发展知识的义务时，学术自由是一种基本的价值前提。由于这种义务是大学的基本目标，因而在任何情况下都不能牺牲这种探究和表达的自由。不管是为了照顾捐助者的善良愿望，还是为了平息外界激烈反对某种学术观点的愤怒声音，都不能以牺牲学术自由作出妥协。"② 美国著名教育家赫钦

---

① Derek Bok. *Beyond the Ivory Tower*. London: Harvard University Press, 1982, p. 17.
② Derek Bok. *BeyondtheIvoryTower*, p. 35.

斯认为,"如果在一所大学里听不到与众不同的意见,或者它默默无闻地隐没于社会环境中,我们就可以认为这所大学没有尽到它的职责"①。可见,在学术自由的保障下,大学教师自由探讨,发出不同的声音,是大学职责的必然要求。

学术自由也不仅仅是美国学术界自己所珍视的价值,而是受到社会的认同。在一宗颇有影响的美国联邦最高法院的诉讼案中(斯威泽与新罕布什尔州诉讼案,1957),美国首席法官沃伦代表法院多数说:"对我们学院和大学的理智领袖横加任何束缚都会葬送我们国家的未来。任何教育领域都没有被人们认识得如此深刻,以至不再能取得新的发现。"②

美国著名高等教育哲学家约翰 S. 布鲁贝克对学术自由观念作了较深入的探讨。他认为:学术自由之所以必要,存在三个理由。第一是学者探索高深学问活动的性质决定(所谓认识论的);布鲁贝克认为:"为了保证知识的准确和正确,学者的活动必须只服从真理的标准,而不受任何外界压力,如教会、国家或经济利益的影响"。第二是学者作为公民应该享有言论自由(政治论的),这是美国联邦宪法第一修正案规定的。第三是学术自由是大学为公众服务的必要条件(道德论的);布氏认为,学术"自由的基本理由完全是为了公众利益。社会依靠高等学府作为获得新知识的主要机构,并作为了解世界和利用它的资源改进人类生活条件的手段"③。

(二)学术自由理念的历史发展

中世纪的大学是最初的"学者的社团"。这种学者社团具有国际性:大学的教师和学生来自许多国家;它教授没有国界的科学;因此眼界开阔,主张"普遍教学的自由"④。要求有到处进行教学的权利,规模较大的大学的毕业生都享有这种权利。它和其他社团组织不同之处在于,没有对地区市场的垄断,而是面向整个基督教世界。

学术自由在 19 世纪以前主要指由中世纪延续下来的大学生的特权。一方面,学术自由指大学生享有的精神生活的自由;施莱尔马赫认为,大学的目的不在于简单的学习,训练记忆力,而在于为学生"唤起一种全新的生活和高尚的、真正的科学精神……而这些远非强制所能造就,只有在精神完全自由的氛围中才有可能达此目标"。另一方面,学术自由指大学生生活方式的自由;施

---

① 约翰·S. 布鲁贝克著,郑继伟译:《高等教育哲学》,杭州:浙江教育出版社,1987年,第48页。
② 约翰 S. 布鲁贝克著,郑继伟译:《高等教育哲学》,第43页。
③ 约翰 S. 布鲁贝克著,郑继伟译:《高等教育哲学》,第42—44页。
④ 雅克·勒戈夫著,张弘译:《中世纪的知识分子》,北京:商务印书馆,1996年,第65页。

莱尔马赫认为，致力于科学和探索真理的人本身就会具备道德和高尚的品质，自会通过一番尝试分辨出好坏优劣。他们所需要的就是一段脱离家庭、国家和社会的自由尝试时期。随着柏林大学的建立，学术自由成为德国大学的核心价值。但这种自由包括两方面的含义，一是组织管理方面，指大学的自治；第二指教学、学习和研究方面的自由。

德国大学的学术自由理念对美国等西方国家的大学产生了很大的影响。像美国这个年轻的国家一样，学术自由在美国也是一个比较新的理念。虽然早在19世纪，去德国留学的学生就带回了德国"科研自由、教学自由和学习自由"观念的影响，但直到1915年，美国大学教授协会（AAUP）成立，学术自由的理念才得以制度化。这一年，约翰·霍普金斯大学的阿瑟 O. 拉夫乔伊（Arthur O. Lovejoy）、哥伦比亚大学的 E. R. A. 瑟里格曼（Seligman）、约翰·杜威等为新成立的 AAUP 起草了《关于学术自由和教授终身任期的报告》。[1] 这一报告，标志着美国的学术专业开始成年。

但在1915年，与第二次世界大战以后相比，美国大学（除了一些规模比较大的大学外）基本上还是与社会隔绝的孤岛。有关学术自由的争议也只是局限在大学内部，在大学校长、行政部门和教授个人之间。因此上述报告的主旨是："为了防止对学术自由的侵犯，需要实施保障教授职业安全感的条例，避免大学当局（老板）的专断"。这些条例，报告称之为学术终身任期和任期程序（Academic Tenure And Due Process），后来得以在较大范围内推广。至于学术自由的含义，报告认为，学术自由主要是教授个人的言论自由，这种自由不仅限于教学和研究场所，而且可以在校外在本专业的范围内就社会和政治问题发表意见；但是，教授的言论和发表不代表学校的观点，学校不承担责任，保持中立（Neutrality）。

在第二次世界大战期间以及随后的冷战时代，美国大学发生了根本性的变化。从与社会隔绝逐渐变成了社会的轴心。[2] 与社会的关联（Relevance）、受到的影响也大大增加。许多大学开始受到中心城市的包围；不断壮大的科层化的慈善组织成了大学革新项目的主要资助者；招生负责人越来越要听从主张民权改革的立法议员的意见；教育问题的决策权，开始从大学当局部分转移到校外。20世纪60年代到70年代，为了满足急剧增加的入学人数的要求，许多州的公立大学系统进行了协调和统一规划，例如1949年成立的庞大的纽约州

---

[1] Philip G. Altbach, etc. *Higher Education in American Society*. New York: Prometheus Books, 1994, p. 38.
[2] 克拉克·克尔著，陈学飞等译：《大学的功用》，南昌：江西教育出版社，1993年，第6页。

立大学，接管了全州46所公立学院。1959年加利福尼亚州的高等教育总体规划（California Master Plan），将全州9所大学、18所州立大学、76所初级学院进行统一规划。60年代末，越南战争、种族平等等社会政治问题破坏了大学校园的宁静，出现了学生反叛。最后，从1940年代开始的联邦拨款对一些主要大学产生了重大的影响，许多大学教授不但属于大学，而且日益依赖于联邦政府各部门的资助。

上述变化，对大学学术自由的理念产生了重大的影响。总的来看，随着大学对社会重要性的增强，大学教授的学术自由也得到了发展。比如联邦拨款，就使得大学教授获得了更多的研究自由（许多人受雇于大学，为联邦政府服务）。但是，大学教授的学术自由，也受到了一些限制。比如研究方向日益受资助者左右。美国国防部研究项目的保密要求、对发表的限制等等。此外，研究型大学特别是公立研究型大学的本科生教学由于联邦资助教授从事科研而受到了较大的冲击。

近年来，美国学术界人士自己也反思学术自由理念，并有一些人强调"学术责任"问题。例如克拉克·克尔认为，高等教育需要新的规则和机制，替代旧的规范和习惯，形成更明确的契约（合同）制度，和更公正的内部学术规则。在高等教育的使命方面，更加强调多样化、多种形式与功能。[1] 斯坦福大学前校长肯尼迪·唐纳德在《学术责任》强调大学教师的八种学责任，即"教学、指导、为大学服务、发现、出版、说真话、走向社会、变革"等。[2]

总的来看，在面临越来越大的社会要求的压力之下，学术自由面临越来越多的限制。但无论如何，学术自由作为一种主导价值观，仍然会继续发挥其核心作用。究其原因，第一，在面临社会与政府压倒性的力量面前，学术自由仍然是保证大学不受干涉地履行教学与科研使命的基本价值前提。第二，根深蒂固的美国自由主义传统、个人主义价值观也会使得这种原则继续发挥其主流学术价值观作用。阿尔特巴赫在谈到当今大学教授队伍的变化时说"（虽然）兼职与非永久职位增加了，但很少有全时教授被解雇；许多国家教授工资停止增长甚至减少，但一般减少不多。教授们仍然控制着课程、学位，并保持了大部分传统权力。"[3]

（三）学术自由的主要含义

美国大学教授协会1915年的声明对学术自由的含义作了较详细的阐述

---

[1] Kerr, Clark. *Higher Education Cannot Escape History — Issues for the Twenty - First Century*. New York: State University of New York Press, 1994.

[2] Donald Kennedy. *Academic Duty*. London: Harvard University Press, 1997.

[3] Philip G. Altbach. *Higher Education Policy*. 11 (1998), *pp.* 350—351.

(如前述),在美国学术界有着广泛的影响,比较深入人心。1940年、1970年,该协会两次对1915年报告作了补充解释。声明学术自由的原则包括:"教授有权探索知识,不管这种探索可能导向哪里;但同时他又有责任完全地和准确地报告研究成果;教授有在其观点和材料不受审查的条件下执教的权力,只要他不超出大家公认的其所属的专业领域;教授有不受束缚地在公共场合发表讲话的权力,只要以个人的名义而不是作为其所属大学的代表"。1940年的声明第一次给任期程序以明确的界定,即大学教师和研究人员经过最长不超过7年的试用期,经同行评议,就应享有永久的或继续任职的资格,除非是在财政危机的非正常情况下,终止这种任期必须有充足的理由。①

美国教育家舍拉·斯拉夫特(Sheila Slaughter)具体列举了大学教师在大学内部所应享有的学术自由。她认为:"学术自由包括大学教师所享有的如下权力:研究自由;教学自由;有关同事雇佣、晋升或解雇方面的发言权;教师集体的自治权等。"②

但美国哥伦比亚大学历史学家麦兹格认为:现代大学的学术自由不应只是大学教师个人的权利;大学作为一个组织能够维系,需要某种完整性;研究的自由不应该牺牲教学使命为代价。此外,限制行政权力也并不能解决所有学术自由方面的问题,正像美国宪法缔造者所认为的那样,官方的残暴和软弱可能都会给自由造成损害。

还有,大学在现时代不应当盲目遵守政治中立的原则,虽然大学不应该涉足纯粹政治问题,但对有政治意义的教育问题则应该作出自己的判断。③ 麦兹格举例说,在越南战争时期,美国曾颁布选择性服役法案,规定:如果大学生达到了某个成绩等级,或者通过某种标准测验,就可以推迟服役。这种规定,等于说,官方推迟成绩"好"的学生的服役期,而让那些成绩"不好"的学生去当炮灰。政府还认为,大学有责任给学生评分,并把分数通报给政府。如果大学不这样做,就是没有保持政治中立,就是反对该法案和越南战争。显然,在这个问题上,什么才算是政治中立是很含糊的。麦兹格认为,这是有政治意义的教育问题,学校应该作出自己的判断。

这些观点,反映了近几十年来,在美国大学与社会的关系越来越密切的情况下,美国学术自由观念和现实的新发展。

在下面部分,本文将对美国大学社会责任观念作一考察,并揭示其与学术

---

① 陈学飞:《当代美国高等教育思想研究》,沈阳:辽宁师范大学出版社,1996年,第83页。
② Philip G. Altbach, etc., *Higher Education in American Society*, p. 73.
③ Philip G. Altbach, etc., *Higher Education in American Society*, p. 52.

自由观念之间的联系。

二、社会责任

大学承担社会责任，或者说大学的社会职责，是任何国家大学存在的目的。这种社会职责，一般包括培养人才、发现新知识和社会服务活动。前两个职责，可以说是大学的间接的社会责任；这两种社会责任，一般来讲，是比较清楚的，而引起的争议也相对较少，因此不在这里重点讨论，但后文有些时候也包含在这个意义理解大学的社会责任。而社会服务活动，则是直接的社会责任，概念也较含糊。以下探讨的，主要就是美国大学的这种直接社会责任。

(一) 大学为什么要承担直接的社会责任？

服务型大学是美国人的创举。正如英国剑桥大学前副校长埃里克·阿什比爵士所说："美国人对高等教育的伟大贡献是推倒大学的围墙。当威斯康星大学校长范海斯 (Van Hise) 说校园的边界就是州的边界时，他是说出了大学发展史上罕有的一种创举。这一点已经被历史发展所证明，其他国家正在效仿美国的榜样。"① 本世纪初出现的威斯康星思想，强调大学为地方经济发展服务，是美国大学承担直接社会责任、履行社会服务功能的最典型的观念。这种观念在美国具有很大的影响。

美国前加州大学校长克拉克·克尔指出：在 20 世纪 60 年代与 70 年代，美国曾作过两次重大努力。有意识地利用大学来变革社会（这当然超出一般意义上的社会服务，而是较大规模的社会行动）。② 一次是联邦政府力图要利用大学来增加教育机会的均等：规定根据大学生支付学费的实际能力来向他们提供资助；迫使大学改变入学政策和教师聘任政策，以接纳更多的少数民族和女性进入高校。实施结果，对于改变种族和性别歧视起到了一定作用，但对于改变基于经济原因的歧视，收效甚微。另一次是在部分大学教师的支持下，学生们利用校园作为阵地，通过政治讨论、游行示威和抗议活动来"重建"社会，其主要反对目标是种族不平等、越南战争，还有环境污染和核能等。这些行动，引起了公众对这些问题的重视，也在一定程度上推动了问题的解决。但是当然，这些行动也引起了很多争议。

大学为什么要承担直接的社会责任、增加服务功能呢？博克认为，有如下三个理由：③ 首先，大学近乎垄断了某些类型的有价值的资源，例如，只有他

---

① Derek Bok. *Beyond the Ivory Tower*, p. 64.
② 克拉克·克尔著，陈学飞等译：《大学的功用》，第 124 页。
③ Derek Bok. *Beyond the Ivory Tower*, p. 64.

们能够授予学位,而学位是许多令人渴望的职业所必不可少的。其次,大学在教育和研究方面的专长和能力是其他社会机构所不能替代的。再次,大学接受了政府的巨额资助,这些资助的钱来自纳税人,因此大学有责任回报社会,帮助解决社会问题。

基于上述原因,大学应该利用他们特殊的资源服务于社会,正象公共服务部门有责任为顾客提供服务一样。

(二) 大学承担直接社会责任的原则

尽管美国学术界对大学应该服务社会这一点基本上有着共识,但是,由于与社会具有关联性的任务太多,维持大学主要功能的高质量、高标准变得日益困难。因此,对于什么是大学适当的社会责任?大学能够承担多少责任?大学应该怎样作出最重要的贡献?学术界人士往往存在分歧。

一方面,一些持传统主义观点的人认为,服务社会的大规模努力,例如面向公司、面向政府部门的大量咨询活动,使高等教育面临太多的压力和诱惑,可能会腐蚀学术价值。例如博克在哈佛大学 350 周年校庆讲话中指出:"我们需要说服公众并时时提醒我们自己,大学不是营业性公司,不是国家安全的工具……许多组织可以提供咨询服务或帮助解决社会问题,或开发新的产品,或推行军事目的,但只有大学或类似的学术机构能够发现为提出创造性解决办法作基础的知识,只有大学能够教育出永远作出批判性决定的人。"[①] 还有些人认为,为了满足社会需要,大学各种教育和研究计划不断增加,管理机构和层次也不断增加,于是,在管理部门,官僚方法代替了非正式的支持与监督。办事程序更加刻板,管理过程不能敏感反映各种需要以及大学内部各单位不同的目的;简单的决定也要花更多的时间,领导质量、管理效果降低,只顾处理眼前危机,无暇考虑未来长期的问题,严重的问题长期被忽视。

另一方面,一些比较激进、持行动主义立场的人则认为,大学校长、教师、学生应该发挥自己的创新精神,形成自己对美好社会的看法,并主动积极促成理想的实现,制订实施某些计划,拒绝另外一些计划。例如加尔布雷斯认为:"由于高等教育规模的扩大、对科学发现的近乎垄断以及在社会改革中的独特作用,高等教育已经积聚了相当大的影响力;为了带来建设性的变化,教育家们不能只是写文章、发表演讲,而要运用他们的力量去行动。"[②] 一些人还认为,应该对参加社会服务的人以鼓励,就像评价和奖励从事教学和科研活动一样。

---

① 姜文闵:《哈佛大学》,长沙:湖南教育出版社,1988 年,第 12 页。
② Derek Bok. *Beyond the Ivory Tower*, p. 80.

大学究竟应该承担什么性质的社会服务活动？博克提出了如下 3 条原则：

（1）大学应该避免承担其他类型组织能够做得同样好的任务。大学的资源在于图书馆、实验室、享受很大独立性和具有不同知识兴趣的教师，应该从事利用这种资源的活动。

（2）每新增一个计划都应有利于促进学院现有的教学和研究活动。

（3）新计划应该得到教师们的热情支持和拥护。

（三）大学直接社会责任的含义

美国大学教师的社会服务究竟包括什么内容呢？具体看起来，无非是参加校内外各种委员会、从事各种咨询活动等。但是，美国卡内基教学促进会的一个报告提出如下界定：这些活动必须具有学术性，而不应该包括教师以公民身份从事的活动；此外，这种服务还不止是专业知识的应用，而且实践应该促进理论的发展。无论是医疗诊断、心理咨询、参与制订公共政策、建筑设计，都应该具有这种相互促进的性质。

三、学术自由与社会责任理念之间的关系

（一）运用学术自由产生的社会责任困境

从上面的介绍可以看出：学术自由是大学教授履行社会责任的必要前提。学术自由是大学教授在处理两种关系时的黄金律：一种是在处理和学校行政部门的关系时，学术自由要合理的聘任程序和一定任职阶段以后的终身制。另一种是在处理和社会的关系时，秉持由探索和言论自由的原则。本文主要在后一种意义上介绍美国学术自由的理念。

但是，今日的学院和大学已陷入了错综复杂的社会力量的网络之中，常常卷入人的价值，在这种背景下，学术自由的运用必然导致社会力量的现有平衡的改变。[①]

在实施学术自由触及社会问题时，既要对社会进行谴责又要对社会负责，应该如何处理这种矛盾？一种意见是区分言论和行动的界限；大学教授可以批评社会，但是不能诉诸实行。还有一种建议，大学研究自然界和社会现实，但是不谋取权力去实施由这种研究所建议政策。

（二）履行社会责任对学术自由原则的损害

在另外一种情况下，履行社会责任可能对学术自由原则产生损害。最明显的是美国教授在执行国防部合同时受到的限制：军事研究需要在完成任务的时

---

① 约翰·S. 布鲁贝克著，郑继伟译：《高等教育哲学》，第 46 页。

间上取得对敌人的优势,因此不能太早甚至完全不能发表研究结果,还要检验参加者的忠诚程度、限制一些人对研究设施的接近、保护研究数据、严格控制出版等等。

在大学进行科研开发、和企业进行合作研究或者技术转让时,同样也会碰到这种问题。如进入 90 年代以后,麻省理工学院在继续接受联邦政府的研究资助的同时,积极拓展和工业的合作。[①] 但是,关键的工业研究项目往往涉及公司的保密信息。因此大学常常不得延迟出版研究结果数月之久,以等待资助者清除秘密。此外,大学倾向于保留大学产生的知识的产权,即使工作完全由公司出资也是如此。而对公司来说,如果是至关重要的项目,不大愿意将产权让给大学。于是,从 1994 年起,MIT 不得不妥协,规定:凡是由工业和大学的合作小组在校外进行并由工业资助的工作,知识产权归于公司。显然,在这里,学术自由、学术权力屈从于服务原则。

当然,坚持学术自由原则和履行社会责任并不总是矛盾的。很多时候,坚持学术自由,可以更好履行社会责任。就像赫钦斯说的,大学如果没有不同的声音,就没有尽到自己的职责。另一方面,履行社会职责,也常常可以获得更高程度的学术自由、推动学术发展,美国研究型大学接受联邦资助进行研究,既丰富了大学教授们的研究自由,更极大推动了学术和大学的发展。

再回到基辛格的例子。哥伦比亚大学放弃对他的任命是维护了学术自由的原则?还是违反了学术自由的原则?在博克看来,[②] 如果因为基辛格的政策行为有争议而放弃对他的任命,这正好是大学不恰当地把自己的道德和政治判断强加于人,而正好违反了学术自由的原则。如果坚持学术自由的原则,那么就应该只基于基辛格的学识和能力来决定是否任命他。看来,在实际学术生活中,学术自由是一个相当复杂的问题,和社会职责观念常常纠缠不清,不但要运用原则,也要考虑现实和人心向背。

作者:王晓阳(1964—),男,江西九江人,清华大学教育研究所副教授;
　　　张京顺(1965—),男,北京人,清华大学教育研究所讲师。
原载:《清华大学教育研究》,2000 年第 4 期。

---

① 参见乔尔·莫西斯提出的 MIT 工学院 1994—1998 年长期规划《大工程观与工程集成教育》第五章。
② Derek Bok. *Beyond the Ivory Tower*, p. 83.

[附录]

当代中国思想探索中的"责任"概念（综述）

赵轶峰

一、责任：一个既古老又新颖的概念

在中国，责任是一个既古老又新颖的概念。中国最古老的书籍《尚书》中就有"乃能责命于天"[1]、"是有丕子之责于天"[2]，其中的"责"含义与今日所说的"责任"基本一致。战国时期的思想家孟子曾说："吾闻之也，有官守者，不得其职则去；有言责者，不得其言则去。我无官守，我无言责也，则吾进退，岂不绰绰然有余裕哉？"[3] 这里表达的一种政治原则是，在朝廷中担任谏议责任的官员，如果其主张不能被接受，就应该辞去其官职，而不留恋职位而附庸不合自己信念的统治。汉代的董仲舒在解释《春秋》时，赞同史书责备贤者："今赵盾贤，而不遂于理，皆见其善，莫见其罪，故因其所贤，而加之大恶，系之重责，使人湛思，而自省悟以反道……《春秋》为人不知恶，而恬行不备也，是故重累责之。"[4] 这里的"责"，兼有责备和责任双重涵义，其意思与英文中的"keep somebody responsible"一致。唐朝的韩愈曾论古代三公的责任，说："故阴阳不和，四时不节，星辰失度，灾变异常，则责之司马；山陵崩竭，川谷不流，五谷不植，草木不茂，则责之司空；君臣不正，人道不和，国多盗贼，下怨其上，则责之司徒。故三公典其职，忧其分，举其辩，明其隐，此三公之任也。《诗》曰：'济济多士，文王以宁。'又曰：'明昭有周，式序在位。'言各称职也。"[5] 这里的"责"，与《春秋繁露》中的"责"基本一致，同时更强调责与职的对应关系，表达了人的位置（position）与责任对

---

[1] 《尚书·西伯戡黎》。
[2] 《尚书·金滕》。
[3] 《孟子·公孙丑章句下》。
[4] 《春秋繁露》卷1。
[5] 《韩诗外传》卷8。

应的观点。宋代的苏轼解释《周易》中的卦象"明夷"时说:"夫君子有责于斯世,力能救则救之……君子居"明夷"之世,有责必有以塞之,无责必有以全其身而不失其正。"①这里的"责"就与今天汉语中的"责任"完全相同了。明末清初的思想家顾炎武也在这种意义上使用"责"的概念,他说:"保天下者,匹夫之贱与有责焉耳矣。"②这一用法在后来变通成为更流行的"天下兴亡,匹夫有责"。除此以外,"责"在古代汉语中与"债"通假,可知从语言学角度看,政治和社会伦理中的责任概念与法理中的责任概念是交叉的,因而"责"是一个非常严峻的概念。

在现代中国,关于责任的文化记忆从来是一种现实的社会要素,但是,关于哪些人对哪些事物如何承担责任,以及各种责任关系之间是何种秩序,乃至作为一般伦理概念的责任之终极意义上的元点等等,却由于长时间中社会关系状况和思想价值观念的频繁变动而模糊不清。近年以来,随着开放、发展,关于责任的思考逐渐在中国思想界的多重领域展开,展现出中国社会对责任意识的强烈诉求和中国思想界探索的一个新的向度。本文拟对国内学者在进入21世纪以来有关"责任"的严肃论述做大致的分类,尽量分析其思想纹理,进而就关于责任作为一种普遍价值的现实意义提出一些看法。

二、企业社会责任:经济伦理中的责任概念

近年以来,中国政府以社会主义"和谐社会"为建设目标,促进了关于伦理和责任问题的讨论。"企业社会责任"(corporate responsibility)是近年中国的一个热门话题。这个话题的提出主要基于两种社会需求和思想路线。其一是从企业发展角度提出的一种策略,即从企业获取利益的基点出发将承担社会责任作为实现根本利益的方法。其二是从法制建设的角度,探讨通过法律制约使企业承担必要的社会责任,尤其是对于环境的责任和产品质量责任。

前者的表述如下:"企业社会责任是企业、政府、社会各方面互动的结果。良好的社会责任绩效提高了企业在社会公众中的形象和声誉;有利于减少政府对企业的监管,降低企业运作的隐性成本;就企业自身来看,良好的社会责任行为提升了员工的士气和组织的凝聚力,有利于保持企业的长期竞争优势。"③

---

① 《东坡易传》卷4。
② 《日知录》卷17。
③ 杜兰英、杨春方、吴水兰、石永东《中国企业社会责任博弈分析》,《当代经济科学》2007年第1期。

正如该文作者所拟的标题所体现的那样，这种看法基本上把企业的社会责任看作是企业、政府、社会三者之间的"博弈"。其基本预设是：企业受追求经济利益最大化原则的驱动，在没有政府监管和社会监督的情况下必然逃避社会责任。根据这种逻辑，企业责任的落实之前提，是强有力的政府行为；企业责任来自外在压力，而非内在需求，企业与社会是对立的。企业承担社会责任，完全是策略性的选择。这种理论，把追求最大利润的责任归于企业，把社会责任归于政府。另有学者主张：经济行为与道德是"二律背反"的，经济行为本身不具有道德性，不可能产生道德原则，"所谓经济行为与道德行为的一体化，永远都是乌托邦"。"其实，商品拜物教、货币拜物教不仅是资本主义经济的必然现象，而且是一切经济行为的必然归宿……在经济行为中，真正的道德无从建构，非善的行为无法避免……经济行为没有道德基础。恰恰相反，由于道德，经济学家最基本的逻辑被打破了。""即使经济行为强调社会责任，从来也不会把意志自由作为社会责任的前提，只有利益才是经济行为的永恒的前提。"[①] 论者认为，经济行为与道德行为的悖谬根本上源于人性中动物性与神性的二元分裂。因为这种分裂是本质性的，因而经济行为的非道德属性是永恒的。这种看法并不否定伦理的一般价值，但认为伦理与经济行为无关。企业责任只能出于外部制约而非内在的自觉。

与基于"最大利润伦理观"的企业社会责任论对立的是从"社会责任伦理观"出发的企业责任论。有学者注意到霍德华 R. 鲍恩 1953 年出版的《企业家的社会责任》，认为该书"宣告了现代企业社会责任观念的开始"[②]。他们主张，强调企业承担社会责任，体现了权力和义务的统一；企业权益与社会权益应统一起来，企业是社会整体中的一部分，企业人应是经济人与社会人、道德人的统一；追求财富而局限于物本身，是颠倒了物与人的关系，物应服务于人；企业伦理应从他律走向自律。大致看来，这种看法很大程度上依托于对西方企业社会责任方面的著述，未能充分与中国文化中的伦理要素融会贯通，同时回避了企业社会责任伦理如何能够得到社会普遍认同的实践问题。[③] 还有学者认为：企业自利性膨胀会导致社会混乱，"商业伦理正是人类为了寻求企业发展在自利性的满足与社会和谐之间确立一种平衡机制。"论者指出：企业是社会的公有物，享用公共秩序和资源，属于公共范畴，"它在追求自身利益的

---

① 戴茂堂《试论经济行为与道德行为之背谬》，《湖北大学学报》，2001 年第 5 期。
② 孙君恒《西方企业伦理走向：从最大利润伦理观到社会责任伦理观》，《武汉冶金科技大学学报》，1999 年第 3 期。
③ 值得注意的是，此文刊于 1999 年，而前面提到的企业社会责任博弈论刊出于 2007 年。这是否暗示着"博弈论"成为主流趋势，尚待观察和研究。

同时，必须重视社会利益，对社会负责……企业对社会负有责任。""企业在市场机制作用下只是追求利润最大化的时代已经一去不复返。"① 关于企业社会责任的定义在争论中逐渐系统化和明确起来。孙燕青在简要追溯了国内外关于企业社会责任的各种争论之后，相当程度上借鉴西方思想家，包括罗尔斯等的理论，主张企业负有社会责任，这种责任不同于慈善公益活动，也不是替代部分政府职能，"就社会而言，它是寄予企业的一种希望企业成为出色的团体公民之愿望，就企业而言，是对这种愿望折射出的具有普遍性的道义与强制约束之遵守……企业社会责任，作为一种抽象，指的是企业对外化为一些不可取消标准的具有普遍约束性的价值观念的遵循。它主要包括环境保护、对作为目的的人的基本态度等内涵并外化为公众认可的具体准则"②。作者认为企业社会责任的理由，首先在于社会正义的要求，其次，承担社会责任对企业并非无利可图。王继辉提出，企业行为必须符合"社会主义功利主义原则"、"承担社会责任的原则"、"尊重人性的原则"、"可持续发展的原则"。③

有人研究了企业社会责任的"条件极值"，认为：求利是企业经济行为的内因驱动；求德是企业经济行为的外在规制；理性的企业经济行为立足于前两者的均衡，"无论从短期还是从长期来看，企业求德择善的最终目的并不是为了尽义务而尽义务，而是为了追求自身利益最大化。如果企业在选择善的行为过程中总是不能获利，那么，它就不会在活动中持久地去求德……企业求德利是有限度的，而这个限度就是在企业因求德而发生的边际成本支出等于边际收益的均衡点上。这个均衡点不仅决定了企业经济行为的道德基础和伦理限度，也决定了企业承担社会责任的植根土壤与'条件极值'，是企业经济利益增进与道德素质提高的逻辑与现实的切入点"④。与此相反，有学者认为企业的"道德经营"使企业增强竞争力，"企业道德由过去可有可无或只有少数美德企业所拥有的状况变成了激烈的经济竞争中几乎所有的企业都必须关注的、关涉企业存亡的重大问题。"世界上愈来愈多国家的企业在制定企业伦理公约，成为一个有力的趋势。中国的荣士达集团也于1997年5月公布了《荣士达企业竞争自律宣言》提倡企业自律。1999年7月15日，中国33位非公有制经济代表发布《信誉宣言》。⑤

参照中国政府提出的建设"和谐社会"的方针，有学者研究了"和谐社

---

① 哈达、马力《商业伦理势在必行》，《清华大学学报》，2001年第5期。
② 孙燕青《伦理学视野中的企业社会责任理由解读》，《经济伦理学研究》，2005年第4期。
③ 王继辉《论评判我国企业行为的道德原则》，《南华大学学报》，2002年第1期。
④ 杨文兵《论企业经济行为的伦理限度》，《现代哲学》2001年第4期。
⑤ 左高山、卢明纯《企业道德是企业竞争力的源泉》，《湖南工程学院学报》，2001年第2期。

会"的经济伦理，将之归纳为以下主要方面：1. 公平竞争；2. 权利意识；3. 职业道德；4. 诚信原则；5. 公共或社会责任。① 2006年11月30日，中国中央电视台（CCTV）在深圳举行的中国经济年度人物评选，将"责任"放在评选标准的第一位。内蒙古伊利集团董事长潘刚表示："无论是企业家做慈善，还是企业承担社会责任，都应该净化动机，不要在公益的瓶子里装营销的酒。"该企业在2006年12月6日，获得"最佳企业公民奖"②。

中国的经济伦理学正在形成中。③ 关于西方企业伦理学（business ethics）发展的介绍也已经展开，其中包括对企业社会责任问题的关注。④ 事实上，中国学术界关于企业社会伦理的讨论，在问题意识角度是针对中国的经济社会生活现状与课题，在文化意识方面，"责任"意识有深厚的传统文化基础，但在目前讨论的抽象理论基础和话语体系方面，则很大程度上借助于西方的经验和概念。其中，复旦大学方秋明的博士学位论文《汉斯·约纳斯的责任伦理学研究》对当代西方伦理学的思想倾向作了相当深入的考察。⑤

三、法制建设中的责任概念

改革开放以来的中国面临复杂的法制建设，多种新的法律、法规相继出台。在这一过程中，曾经流行法律万能的观念，认为法律、法规的制定可以保证社会公平、正义、平等和所有公民的合法权益。但是同时，弱势群体的权利常常受到损害，而且长期不能真正解决。在日益关注到这种实际情况后，法学家中出现强调法学家社会责任的主张。中国政法大学民商经济法学院院长王卫国认为：法学家要具有"正义精神和理性精神，并且在理性的基础上追求正义……法学家相比其他行业承担着更多的社会责任，法学家代表一种声音，一种

---

① 何静《论和谐社会的经济伦理道德》，《特区经济》2006年9月号。
② 《伊利：社会责任只有起点》，《法律与生活》，2007年2期，"企业天地"栏。
③ 参看周中之《当代中国经济伦理学研究的进程和趋势》，《上海示范大学学报》，2001年第6期；刘震《伦理道德与交易成本》，湖南师范大学2002年硕士学位论文；郭建国《经济行为的伦理审视：从"经济人"谈起》，湖南师范大学2004年博士学文论文；刘长喜《利益相关者、社会契约与企业社会责任：一个新的分析框架及其应用》，复旦大学2005年博士学位论文。
④ 龚天平《企业伦理学：国外的历史发展与主要问题》，《国外社会科学》2006年第1期。西方知名学者的相关论述也在中国学术期刊有所发表，如埃德温·爱泼斯坦（Edwin Epstein）的《美国的商业伦理》（American Business Ethics），见《国外社会科学文摘》，2002年第12期；阿里埃尔·科洛诺莫斯（Ariel Colonomos）的《"守德则有利"的道德信念》，见《国际社会科学杂志》，2006年第3期。
⑤ 方秋明《汉斯·约纳斯的责任伦理学研究》，复旦大学2004年博士学位论文。

理念，一种人格。他们应当是社会良心的维护者和社会良知的代言人。"他倡导法律专业的学生要抵制金钱、权势及人情的诱惑，"我国法学教育的首要任务是教育学生如何做人，其次才是做事。"他强调法律保护弱势群体，包括进城工作的农民工的权益，这些问题正在逐渐改善。①

政府是社会责任体系中行为能力最强大的成分，关于政府责任的问题，已经有重要的系统性研究。中共中央党校 2006 年的一篇博士论文题为《当代中国政府责任问题研究》，论文认为："当今世界，各国政府在面临越来越多挑战的同时，无一不意识到民主政治必然是责任政治，民主政治下的政府必然是负责任的政府，并且，只有真正履行其责任的政府才具备统治的合法性。我国政府也不例外……政府责任包括两层涵义：一是指政府在其行为活动中对公民或社会应尽的职责，二是指政府因没能履行相应的职责而必须承担的后果……政府责任包括法律责任、政治责任、行政责任、道德责任这四个类别。"论文分析了当代中国政府责任现状及其原因，在此基础上探讨了政府责任难以落实的影响因素，进一步比照美、英、法等国对政府的责任要求，尝试提出了对中国政府的责任要求，最后又讨论了政府责任的评价问题。② 吉林大学的一篇博士学位论文题为《政府在社会信用体系建构中的责任研究》，作者提出：就中国目前情况而言，政府在社会信用体系的建构中负有两种责任，其一为自我责任，指政府自身信用的建构与完善；其二为他我责任，指政府对社会信用体系中其他信用主体信用的架构与完善承担责任，包括道德规约责任、市场规范责任、法律规制责任等。③

政府责任问题还涉及主权国家对国际不法行为的责任问题，在这个问题上，赵建文博士论文《国际法上的国家责任：国家对国际不法行为的责任》展开了专门研究。④ 李红的《国际组织的责任》则是对国际性组织机构责任问题的法理学角度的比较系统的研究。⑤

关于上节所讨论的企业社会责任问题，有从法理学角度展开的深入研究，这对于企业社会责任落实的法律保障可能性，是一种必要的准备。王艳梅《公司社会责任的法理学研究》根据中国国务院于 2004 年 12 月 28 日提交人民代

---

① 史宝华《法学家的社会责任：经世济民——访中国政法大学民商经济法学院院长王卫国》，《中华时报》2003 年 1 月 13 日。
② 李蔬君《当代中国政府责任问题研究》，中共中央党校 2006 年博士学位论文。
③ 陈楠《政府在社会信用体系建构中的责任研究》，吉林大学 2005 年博士文论文。
④ 赵建文《国际法上的国家责任：国家对国际不法行为的责任》，中国政法大学 2004 年博士学位论文。
⑤ 李红《国际组织的责任》，中国政法大学 2006 年博士学位论文。

表大会常务委员会讨论的《中华人民共和国公司法（修订草案）》基本精神，采用部门法哲学研究方法，对公司社会责任的法律内涵加以界定，追问公司社会责任的前提，探寻公司社会责任思想的资源，从而阐释了公司社会责任的理论依据，提出公司社会责任符合正义、效率与秩序的价值原则。[1]

中国法学界对 Social Accountability International 公布的 SA8000（社会责任国际标准）给予了充分注意，并将之与中国现行的和正在制定中的一些相关法律、法规进行比较研究。截止于 2002 年 8 月 26 日，中国有 34 家企业通过了 SA8000 认证，至 2003 年 8 月，中国通过 SA8000 认证的企业扩大到 40 多家。该国际标准的核心是要求企业承担社会责任，包括不使用童工，不使用强迫性劳动，保障员工健康与安全，尊重员工结社和集体谈判权，反对歧视，不得从事或支持体罚、胁迫、侮辱，遵守工作时间标准规定，保障法律规定的工资标准，管理透明等。研究者认为，该标准的基本内容与中国法律体系契合，但也有一些待改进的问题。中国不仅要注意企业赢利的问题，"同时也应当看到公司社会责任问题的存在"[2]。《中国标准化》杂志开办了"SA8000 专栏"，讨论中国开展社会责任活动的基础、条件和有针对性的问题。有研究者指出，基于中国面临经济的快速发展，关于社会责任活动的研究重点应是如何把开展社会责任活动与有效地协助解决中国经济运行中的重要问题结合起来，其中包括：提高经济增长质量，保护与合理利用自然资源，改善以高消耗换取高增长的局面，遏制环境污染；防范经济风险、生产事故；打击企业欺诈、假冒伪劣产品生产；把提倡社会责任与法律、法规以及奖励惩罚制度建设结合起来。[3] 2005 年，中国国家标准委批准成立全国环保产品标准化技术委员会（SAC/TC275），负责修订环保设备、资源综合利用的国家标准；成立全国农业转基因生物安全管理标准化技术委员会（SAC/TC276），负责转基因植物、动物、微生物及其产品的研究、试验、生产、加工、经营、进出口及与安全管理方面相关的国家标准修订工作；成立全国植物新品种测试标准技术委员会（SAC/TC277），负责大田作物、林业植物、果树和花卉、蔬菜等植物新品种测试及新技术在植物新品种测试中的应用等方面的国家标准修订工作。[4]

---

[1] 王艳梅《公司社会责任的法理学研究》，吉林大学 2005 年博士学位论文。与此主题接近的还有沈洪涛《公司社会责任与公司财务业绩关系：基于相关利益者理论的分析》，厦门大学 2005 年博士学位论文。
[2] 李莉《公司社会责任基本标准的法律研究》，《河北理工大学学报》，2007 年第 1 期。
[3] 参看杨子强《关于我国开展社会责任活动的思考》，《中国标准化》，2004 年第 11 期。
[4] 《交通标准化》2005 年，第 2/3 期，"信息荟萃"栏。

四、环境保护和"可持续发展"追求中的责任概念

中国作为发展中国家,基本建设持续大规模进行,快速增长带来相当严重的环境破坏代价。近年来,在普遍呼吁保护环境和资源,追求可持续性发展的声浪中,关于责任问题的讨论有所深入。有人提出:"人类在发展现代化的过程中,由于片面追求经济利益,忽视了人与自然的和谐共生,使人类生存的地球出现了诸如环境污染严重、全球温室效应的加剧、物种灭绝的速度加快等种种生态危机,它为人类的生存和发展敲响了警钟。人类社会的发展迫切需要解决人与自然日益激化的矛盾促进人与自然和谐发展。""人类担负起人与自然和谐发展的社会责任,离不开人类自身的生态价值观的确立。"人们通常认为自然界的价值是对于人作为资源或工具满足人的需要的属性,这其实是认为自然的价值是人类劳动赋予的,因而人可以无限制地利用自然。人类是自然生态系统中的一环,人和自然万物是一个有机的整体,生态价值观可以理解为:"人类关于自然生态系统能够满足人类可持续发展的物质和精神的需要,以及人的实践活动可以帮助自然生态系统恢复平衡的观点的总和……人类的发展依赖于自然的进化与繁荣,被破坏的自然生态系统的恢复也有赖于人类的管理和调控。人与自然的关系实质是共同进化、共同发展的关系。"因而,人类要转变生活方式,"走出单纯追求物质现代化的陷阱,理顺经济发展与环境保护的关系,解决人与自然的矛盾,使人类真正寻求到返璞归真、回归自然的生活方式上来。"新生活方式体现在:人类的生活方式应以维护自然生态健康为基础;倡导选择回归自然的生活方式,倡导崇尚精神享受的生活方式。人类对于自然的道德责任包括:合理利用一切自然资源,进行绿色消费;拥有宽广和慈爱的胸怀,善待其他生命;维护生态系统的稳定,爱护自然生态环境。① 关于环境责任的思考也已经进入学位论文课题设计中。在这方面,有吴椒军的《论公司的环境责任》。②

中国学者、知识分子积极参与了国际社会关于人类责任的探讨和思考运动。2001年,东北师范大学与查理·梅耶人类进步基金会共同在长春举办了"人与自然关系论坛",结合内蒙古沙化、土地盐碱化等问题,讨论了人在与自然关系中承担责任的多方面问题,并进行了实地考察。此后,中国知识分子参与了《人类责任宪章》的制定,有50名中国各界人士在2002年12月于法国

---

① 吕洪涛《论促进人与自然和谐发展的社会责任》,《江西农业大学学报》,2006年第2期。
② 吴椒军《论公司的环境责任》,中国海洋大学2005年博士学位论文。

里尔举行的"世界公民大会"上与来自世界各地的数百名代表一起签署了这份旨在倡导人类在整体文化历史反思的基础上共同承担更多责任的历史性文件。2005年,东北师范大学亚洲文明研究院在长春召开了"亚洲文明与《人类责任宪章》研讨会",并编辑出版了《当代文明的困惑与追求:解读〈人类责任宪章〉》。①

五、社会转变与社会问题思考中的责任概念

中国正在经历社会组织方式和生活方式的深刻转变,在这种转变中,伦理观念是一个内在的变动要素和被改变的要素。不同职业领域人们在这样的转变中对自己的责任进行思考。关于建筑企业的责任,有人提出应该包括如下内容:认真贯彻国家相关法律法规,提供优质合格的建筑产品;诚信经营,依法纳税,维护和促进建筑市场的健康发展;安全生产;文明施工;尊重员工,保障员工合法权益;热心公益事业。② 有人提出:工程师的伦理要求包括4个方面:慎独、责任、公正、审慎。③ 关于文学家的社会责任,有人认为:文学创作活动不仅是作为谋生手段的纯粹个人行为,从来是一种社会行为,文学作品总内蕴着一种影响社会的意识力量,因而必须强化社会责任意识。④ 还有人指出:当代中国的许多诗人脱离人民大众,远离人间烟火,退守到社会的边缘,"对现实生活的痛处、生存状态的无奈,已经视而不见、充耳不闻,缺失了一个诗人最应该具备的冲动和悲悯,很多人对现实麻木不仁,却无比自得、无比悠闲地陶醉在自娱自乐当中",诗人"需要找回对社会责任的担当"⑤。关于艺术家,有人提出艺术家对社会产生影响,因而负有社会责任,而现代艺术家并没有充分承担起这种责任。⑥ 有人提出:与医生、教师等行业专家相比,工程师的职业活动更多的是凭借科学知识设计直接作用于人类自然环境的人类活动,因而必须承担对环境的责任,通过自己的工作,尽量避免高能耗、高污染

---

① 见赵轶峰、于硕主编《当代文明的困惑与追求:解读〈人类责任宪章〉》,北京:团结出版社,2006年。
② 吴建军《建筑企业的公共使命和社会责任》,《中华建设》,2005年第1期。
③ 张松《工程伦理的又一向度:现代工程风险中的伦理要求》,曲阜师范大学2006年硕士学位论文。
④ 权海帆《文学创作与社会责任》,《人文杂志》,1997年第5期。
⑤ 杨斌华《需要找回对社会责任的担当:谈当下诗歌的两种转体》,《文汇报》,2006年4月30日。
⑥ 黄怀平《艺术的社会责任:现代性出境下重建艺术社会学的一个中心课题》,陕西师范大学2004年硕士学位论文。

的工程。工程师的这种责任不能仅仅依赖法律强制，要具备伦理责任意识，因而要注重对工程师社会责任观念的教育，同时也需要加强与环境责任相关的立法。① 关于哲学家，有人指出：现在哲学在一定程度上被私人化、"生活化"了，思想家不再关注他人、社会，而是退回人的内心，发掘个人的生命体验。但哲学不能消解掉责任。它行使着社会的"灵魂"、活力的作用，扮演着调节、平衡者的角色。因此，哲学必须回归生活世界。②

作为一个发展中国家，中国仍旧没有彻底解决贫困问题。20世纪90年代以后，由社会结构转变和快速发展带来的诸多社会问题中，城市贫困即相当数量的城市居民处于贫困线上下的问题凸显为一个重要的问题。2004年，湖南师范大学唐宜荣完成了以"中国城市反贫困责任伦理问题研究"为题的博士学位论文。论文指出：责任伦理是中国城市反贫困的伦理诉求，社会公正是中国城市反贫困责任伦理的内在标准，保障城市贫困群体的基本权利、保障城市贫困群体的机会平等、保障按贡献进行分配和保障城市贫困群体的社会调剂原则是作为中国城市反贫困责任伦理的社会公正的基本原则。共同富裕是中国城市反贫困责任伦理的价值目标。论文还探讨了中国城市反贫困中责任伦理思考中的个人责任、政府责任、社会群体责任方面的实践性问题。③

由电子信息网络发展而形成的虚拟社会（virtual society）交往引发了一系列伦理和社会责任问题。这种真实与虚假混合的公共领域缺乏公共权力制约，开放，半隐蔽，在极大扩展了个人自由的同时，也诱发了大量超越实在生活中的道德制约限制的现象。由于网络技术持续快速发展，虚拟空间的公共秩序和责任问题日益引起关注。有学者认为，相关的问题可能"威胁到社会的正常运转"。"需要一套新型的道德规范体系和道德运行机制"。应该制定系统的网络行为规范，确立和量化网络行为和网络责任主体的对应关系。④

中国电影在发展中出现的一些迹象也引起了涉及社会责任的评论。如商业大片《满城尽带黄金甲》的批评者中有人认为："近些年来，在中国影坛，一些艺术家甚至大腕明星为了几个钱，根本不去关心当今社会人们的心灵、情感、生活……作为一名艺术家，是黄金重要，还是社会责任重要？"⑤ 中央美术学院院长潘公凯对艺术品造假提出严厉批评，认为解决的途径之一在于艺术

---

① 陈万求《论工程师的环境伦理责任》，《科学技术与辩证法》，2006年第5期。
② 李文阁《哲学家的社会责任》，《学术研究》，2003年第1期。
③ 唐宜荣《中国城市反贫困责任伦理问题研究》，湖南师范大学2004年博士学位论文。
④ 李娟芬、茹宁《"虚拟社会"伦理初探》，《求是学刊》，2000年第2期。另外可参看毛静《浅论"网络社会"的伦理道德问题》，《苏州丝绸工学院学报》，2001年第6期。
⑤ 广羽《黄金与责任》，《金融经济》，2007年第5期。

家本身增强社会责任。①

近年以来中国经济发展和综合国力增强一定程度地加强了中国在国际事务中的影响力,随之出现关于中国对现存世界秩序是修正、改变的因素,还是认同、维持现状的因素的各种不同言论。2006年10月28—29日,复旦大学国际关系与公共事务学院召开"中国外交与国际关系理论"研讨会,50位海内外学者参加讨论,其中的一个重要话题就是"中国的角色定位和国际责任"。与会者看到,1997年亚洲金融危机后,中国把自己重新定位为"负责任的大国",正在由一个注重经济利益、独善其身的发展中国家成为一个注重发展软实力、兼济天下的"负责任大国",负责任的基本条件是维护世界体系的稳定和国际社会秩序,并愿为此承担义务,付出代价。会议对什么是国际责任,国际上对负责任大国的共识如何,要对国家负责还是对国际负责,大国责任由什么决定,负责任大国与民族主义和国际主义的关系如何,负责任大国是外交用语还是实际定位等问题进行了讨论。②

六、科技伦理探讨中的责任概念

关注到关于科技发展中诸如克隆人、个人隐私权侵害之类问题引起的伦理问题,中国学者也在进行积极的思考。比较普遍的看法是,真正的科学技术本身并非与伦理矛盾,"科学技术之所以会与伦理产生冲突的负面影响的直接原因,是人们将科学技术成果不恰当地运用到人类社会,不恰当运用到与人类赖以生存的自然界……科学技术与道德的矛盾实际上是运用科学技术成果的人自身的伦理精神问题……科技伦理实际上是科学技术工作者和经营者的社会伦理责任问题。""科学技术是人类创造的,科学技术研究的目的,是要使自然界能够为人类的幸福服务。造福人类是科学技术道德的根本原则。""所有善良正直、具有高度的科学良知和科学荣誉感的科学家从来都把科学技术研究、应用与人类的利益结合在一起,为人民的利益服务,为人类的利益服务,而从不计较个人的利益得失。科学技术工作者和管理决策者应该尽可能客观、公正、负责任地向公众揭示当代科学技术应用上的潜在风险,并且自觉地用伦理价值规范及其伦理精神制约其研究与开发应用活动。对科学技术工作者和管理决策者

---

① 孙惠莲《建设和谐:艺术家的社会责任——访全国政协委员、中央美术学院院长潘公凯》,《中国产经新闻报》,2006年2月23日。
② 潘忠岐、郑力《中国国际责任与国际战略的理论思考:"中国外交与国际关系理论"2006年度青年研讨会综述》,《国际观察》,2007年第1期。

来说,一切严重危害当代人和后代人的公共福利,有损环境的可持续性的研究、应用、经营活动都是不道德的,也不是真正意义上的科学。对可能损害大多数人民利益的、危及社会基本伦理规范的研究项目应该放弃、暂缓或者封存。当某种研究成果将严重损害相关个人和公众利益的时候,科学研究者有义务向有关人群乃至全社会发出警示。"① 关于科学与道德的关系,有研究者认为:"科学具有工具价值和目的价值,与此相适应,其也有物质功利之善和内在精神之善",主张从工具性和目的性两个方面探求科学价值意义和道德意蕴。②

关于科技伦理问题用力更深的研究是吉林大学的一篇博士论文,题为:《从"我"到"类"的责任:现代科学技术的伦理反思》,该论文着重考察了网络技术引发的实我与虚我伦理问题、克隆人技术引发的自我复制的伦理问题、现代科技整体引发的人"类"伦理问题,结论是:"现代科学技术的应用必须是有限度的,不能无限制地使用科学技术,科学技术并不是万能的工具,因此必须在伦理道德上限制科学技术无限僭越的要求。"③

2000 年 8 月 5 日,中国国家主席江泽民在会见诺贝尔奖获得者时说到:"科学技术极大地提高了人类控制自然和人自身的能力。但是,科学技术在运用于社会时所遇到的问题也越来越突出。核心问题是,科学技术进步应服务于全人类,服务于世界和平、发展与进步的崇高事业,而不能危害人类自身。"④ 中国科学院院士邹承鲁在 2003 年中国科协学术年会上,大声疾呼要严肃对待科学工作中的违规行为。⑤ 作为对 1999 年联合国教科文组织和国际科学理事会联合举办的世界科学大会通过的《科学和利用科学知识宣言》的积极回应,国际科联中国理事会在 2002 年举行的"科技伦理及其对社会的影响研讨会"纪要指出:"与会专家一致认为,我国科技界必须关注科学技术伦理和科技工作者的社会自认问题,必须正确地利用科技成果为社会造福,必须最大限度地避免由于科技成果的不当使用而给社会带来负面的影响。"⑥

科学家要为自己的职业行为承担责任,要具备道德良心是一种日益被注重

---

① 倪天祥《建立和完善高尚的科技伦理——略论科技应用伦理问题》,《上海第二工业大学学报》,2001 年第 2 期。
② 杨信礼《科学的道德意蕴与道德规约》,《山东大学学报》,1998 年第 3 期。
③ 林琳《从"我"到"类"的责任:现代科学技术的伦理反思》,吉林大学 2005 年博士学位论文。
④ 江泽民《论科学技术》,北京:中央文献出版社,2001 年,第 216—217 页。
⑤ 沈铭贤《科技伦理与两种文化》,《毛泽东邓小平理论研究》,2005 年第 11 期。
⑥ 沈铭贤《科技伦理与两种文化》,《毛泽东邓小平理论研究》,2005 年第 11 期。

的共识。① 不过，科学家在什么情况下判断或表示科学家对某事负有责任，如何负责，科学家责任的伦理学基础究竟是什么，仍旧是引起困惑的一些问题。研究者指出，科学活动的责任基于因果力，即引起后果，对世界造成影响；而且，那些行为受行为者控制；行为者在一定程度上能预见后果。但是在实际上，科学家责任归属并非这么简单。追究责任的标准常常在于信仰和意见，是不确定和缺乏标准的，科学家通常在某个具体的领域研究，该研究是更大领域或计划的"碎片"，一个科学家对于全局、对于被拼起来的"碎片"会如何应用常常是没有发言权或者知之甚少的。科学家参与科学决策以及影响政府行为的能力有限，科学家的自由意志与职业性科学行为的社会环境存在矛盾，即科学家不能不把他们的日常工作看作其生存的条件，因而受社会环境的制约。"科学家只有遵循客观必然性，为自己所自由选择的行为，才负有道德责任。在科技活动中，对于他人执意选择的行为，对不顾科学家的反对，以强权控制科研成果的使用所造成的后果，科学家是不能负责任的。因此，不能把一切善恶责任都归之于科学家的自由选择，把社会造成的后果由科学家个人来承担，对于科学家'身不由己'的行为责任，主要应该由支配这种行为的集体或集团来承担。"②

七、结　语

以上所述，主要反映的是当前中国知识分子通过文字媒体发表的公开看法。在实际生活中，涉及责任的问题要宽广得多。即使如此，以上归纳的情况仍旧是非常有意义的。第一，它展现出当代中国至少是知识、思想界对于"责任"的关注已经在一种迫切的意义上相当普遍地展开，这必定会带来责任意识的新的理解和新的规约。第二，责任不仅是一个伦理学意义上的概念，而且是实践性的概念，关于责任的思考，触及法律、国家制度、国际战略、社会组织方式等超出伦理以外的话题。因此，关于责任的非单一文化的即世界性、人类总体性的思考和建议，将如何面对世界秩序、人类制度性关系问题就成为一个在未来难以回避的问题。第三，当下中国关于责任的思考显然在很大程度上是参照当前中国社会的具体问题、状况而提出的，这种对具体问题的强烈关照是

---

① 关于科学家的责任问题，有关奥本海默（Robert Oppenheimer）的传记、研究和评论引发了一定程度的公共注意。参看叶继红《科学家的社会责任：以"曼哈顿计划"为例》，载《科学学研究》，2001年第4期；奥本海默《奥本海默自传》，北京：东方出版中心，1998年；艾尔文·温伯格《第一核纪元》，北京：原子能出版社，1996年。

② 卢彪《科学家道德责任的理论蕴含与困惑》，《扬州大学学报》，2002年第5期。

否会走向关于责任的工具主义的理解，目前还不得而知。第四，迄今为止关于责任的讨论，较多地倾注于公共生活领域中的责任问题，较少研究个人伦理领域的责任问题，因而有关的答案或者方案，也多着落到社会制度方面，或者公共生活的社会安排方面。但公共伦理在相当程度上依托于个人伦理，而个人伦理又因为更直接地涉及"私人"、"自由"、"文化"领域而更具有复杂性。在当下中国，许多公共生活中的责任意识缺失是个人价值生活中责任意识缺失的逻辑后果。所以关于责任的更为彻底的思考，仍旧是非常艰难的事情。第五，公共权力腐败和社会不平等、不公正的现象总会冲淡关于社会责任的意识，而那些问题并非从伦理思考的角度可以解决，这就使得关于责任的思考只能在社会建设的总过程中逐步地行进。

2007 年 7 月 24 日于中国长春

作者：赵轶峰，（1953 年－），男，内蒙古开鲁人，东北师范大学亚洲文明研究院教授。

原刊：http://base.china-europa-forum.net/rsc/docs/doc_205.pdf。